忽 必 烈 传

李治安 著

人民出版社

元世祖忽必烈画像

元世祖出猎图

目　录

2

8

序　言

与祖父成吉思汗一样,忽必烈堪称蒙元一代的伟人。

在人们的脑海中,成吉思汗几乎成了蒙古征服的代名词。提起忽必烈,人们又马上会联想到元朝大一统帝国。成吉思汗以征服武功震撼世界,忽必烈则以文治著称于天下。

忽必烈是成吉思汗继承者中最杰出的政治家。他吸收汉法,毅然南下,迁都幽燕,建立了与大蒙古国略有不同的元帝国。他成功地平定南宋,完成了统一中国南北的大业。他创立了高层政区分寄式中央集权的行省制度,把江浙、江西、湖广、河南、陕西、甘肃、四川、云南、辽阳等地置于行省管辖之下。他创立行御史台和二十二道肃政廉访司,大大完善了地方监察制度。他实施帝师、宣政院和政教合一制度,第一次将吐蕃纳入中国版图并进行直接、有效的治理。他第一次在元帝国广袤疆域内统一发行纸币,第一次开辟东南粮食北上的海道运输。他重用郭守敬和札马鲁丁,支持他们从事世界先进水平的天文、历法及水利等的科学研究。他崇信喇嘛教,又兼容并蓄,对儒学、道教、伊斯兰教、基督教等多种宗教文化采取一定的保护优待政策。

意大利旅行家马可·波罗曾给予忽必烈很高的赞誉:"大可汗,是一个最智慧,在各方面看起来,都是一个有天才的人。他是各民族和全国的最好君主。他是一个最贤明的人，鞑靼民族从来所未有的。"①即便屏除某些过头的赞誉饰语，忽必烈仍不愧为13世纪中国政治舞台上叱咤风云的人物。

二十年前，笔者随杨志玖师学习元史，开始研读包括《元史》、《史集》在内的诸多史书。读书之余，两点直观感受，油然而生：一是成吉思汗征服亚欧的功业，令人惊叹不已，其取得成功的原因，也令人疑问丛生，兴致盎然；二是忽必烈在少数民族中第一个统一和治理中国南北，同样令人拍案赞叹，其动机、背景及利弊得失，也充满了困惑狐疑。这两个感受，几乎陪伴着笔者近二十年学治元史的全过程。笔者在撰写《元代分封制度研究》和《行省制度研究》两本拙著之后，上述感受更为强烈，其中的一些疑问开始有了答案，对这两个人物的思考也比较深入和理性了。

1999年，人民出版社陈鹏鸣同志和我谈起撰写成吉思汗、忽必烈两传记之事，希望我选写其中一传。我考虑再三，觉得自己对早期蒙古史研究较少，国内外成吉思汗传记已有数十种。相对而言，忽必烈传记目前仅有周良霄、罗沙比等五六种，有关内容自己也比较熟悉。所以表示愿意承担《忽必烈传》的约稿。

记得在承担约稿之初，蔡美彪先生曾经对我说，撰写《忽必烈传》实际上相当于写半部元史。

忽必烈是元王朝的创建者，他在位三十五年，占去元朝百年历史的三分之一。而且，元王朝的大部分典制奠定于忽必烈，许多重要事件发生在忽必烈时期。在这个意义上，蔡先生的"半部元史"说颇有道理。

---

① 《马哥孛罗游记》张星烺译本，第151页，商务印书馆1936年。

蔡先生语重心长，呵护后学，给我以很大的鼓励和鞭策，使我时时想着要把《忽必烈传》写好。但是，究竟能不能写好这"半部元史"，我又感到学识浅薄，心中没底，只能是尽力而为。

概括地说，撰写《忽必烈传》的宗旨有三：其一，全面系统地描述和诠释元王朝的缔造者忽必烈，让这位曾经对13、14世纪的中国和亚洲产生很大影响的人物，进一步为世人所了解认识；其二，以忽必烈其人为切入点，深化对元代历史的探索和认知；其三，笔者始终抱着这样一个执著的愿望或追求：认真揭示忽必烈在少数民族中首次统一和治理中国南北的来龙去脉和曲折经历，以及动因、背景和利弊得失。

如果这本书能够就上述三方面给予读者比较满意的答案，那将是笔者深感欣慰的。

《忽必烈传》毕竟是传记，体例上应该和断代的元史有所不同。经过一番考虑，本书在体例上拟作如下安排：全书共计十九章，内容又分为六部分。第一部分（第一章），忽必烈的家世与四大汗留下的基业。第二部分（第二章、第三章），藩王时期的忽必烈。第三部分（第四章——第七章），忽必烈在位前二十年建元朝、平定李璮之乱、重用阿合马，灭南宋统一南北等重要活动。第四部分（第八章——第十六章），忽必烈在位期间行省分镇、吐蕃治理、种族分治、两都巡幸、宗亲分封、平定叛王、海外征伐、站赤外贸、科技儒学宗教等政事功业。第五部分（第十七章、第十八章），忽必烈暮年政治、后妃皇子和皇位传承。第六部分（第十九章），关于忽必烈的总体评价。

由于元朝皇帝的特殊身份，《忽必烈传》的内容不可能仅限于忽必烈私人事迹，自然会跟他在位三十五年的重要政事及制度实施,紧密联系在一起。所以,本书拟采取与上述情况相适应的写作方式,即以传主忽必烈人生历程为纵向主线,又横向涉及他在位三十五年间政治、军事、经济、文化诸领域中以传主为主导的重要史事。纵与横结合,人与事兼顾,写成的结果,实际上是"忽必烈及其时代"。在专制王朝的条件下,帝王是王朝的中心人物,当时许多重要事件都是围绕帝王个人延伸发展的。忽必烈个人传记很难和他所在的时代截然分开。这似乎也符合一般帝王传记的惯例。

在写作过程中,遇到的另一个困难是资料的不完善。与元史有关的史料,虽然比汉唐以前诸断代丰富一些,但比起宋史、明史、清史,就相形见绌了。有关元世祖忽必烈的史料,也大体如此。关于忽必烈时期的朝廷重要史事,史料记载还算比较丰富,可涉及到忽必烈个人性格、情操、才识和作风,史料方面的零散和缺漏,就比较严重了。这种史料记载的客观困难,给写作带来许多不便,致使笔者企望描述、揭示忽必烈个人性格、情操、才识的努力难以如愿以偿。有些场合确有"巧妇难为无米炊"的苦楚。这一点,敬请读者见谅。

还有一个问题,文言与白话的使用。考虑到这套传记的通行惯例,考虑到某些文言文史料十分生动、翔实,本书的处理方式是:凡情节重要和描述生动的史事或人物言语,多半使用史书原有的文言文;凡是不太重要的史事或话语,一概使用白话文。这样虽然有半文半白之嫌,但在叙述描绘的生动和真实方面却可以增色不少。本书属于历史学传记,这样处理应该是比较适宜的。

不凑巧的是,承担此书撰写工作以后,本人先后忝居南开图书馆和历史学院职务,人在公职,身不由己,搜集资料和写作,大部分需要利用夜晚时间或休息假日,写作速度放的较慢,竟然历四寒暑。今天总算完成了任务,我也如释重负。

　　断断续续的写作,有时会影响思维的连贯性,但时间较长,倒可以从容研读史料,从容构思,反复修改,说起来也有它的益处。效果究竟如何,只能让读者评判了。

著　者

2003 年 5 月于天津南开大学龙兴里

第一章　煊赫祖宗业　巍然征服功

公元 1215 年 9 月 23 日(阴历八月乙卯①),一名黄金家族的男婴,在漠北蒙古草原呱呱落地。他就是成吉思汗的又一位嫡孙和继承者,拖雷次子忽必烈。

说来也巧,此时乃祖成吉思汗亲自统率的蒙古铁骑攻破金朝中都(今北京市)不满百日。45 年后,忽必烈竟把这个前金中都改建为大都城(西方人称为"汗八里"),在那里做起第五任蒙古大汗和元帝国的皇帝,而且成为可与乃祖成吉思汗相媲美的伟大人物。

忽必烈在拖雷十个儿子中排行第四,但因系正妻唆鲁和帖尼所生,又是四名嫡子中的第二子。

相传,成吉思汗对刚出生的孙儿忽必烈端详良久,说道:"我们的孩子都是火红色的,这个孩儿却生得黑黝黝的,显然像他的舅父们。去告诉唆鲁和帖尼别吉,让她把他交给一个好乳母去喂养"。

拖雷正妻唆鲁和帖尼出自蒙古克烈部,这里所说的"舅父们",应指突厥后裔克烈部男子。遵照祖父的意见,带有部分克烈—突厥血统的忽必烈被交给拖雷次妻撒鲁黑。这位出自乃蛮部

---

① 《元史》卷四《世祖纪一》。

1

的女子,成了忽必烈的乳母。忽必烈十分尊重乳母撒鲁黑,一直和乳母及其所生子末哥保持着良好的关系①。

忽必烈的父亲拖雷和母亲唆鲁和帖尼,都曾经是大蒙古国最有权势的人物。所生四子中,蒙哥、忽必烈及阿里不哥,曾任第四、第五任大汗,旭烈兀则是波斯伊利汗国的开国君主。可见,在成吉思汗子孙中,拖雷——忽必烈支系是最为显赫和举足轻重的。

早在少年时代,祖父成吉思汗征服者的剽悍身影,给忽必烈留下了不能磨灭的记忆。

1224年,当成吉思汗从西征前线班师回到自己的帐殿之际,他的亲属们都专程赶来迎接,包括幼弟斡赤斤·铁木哥,也包括两名嫡孙:十一岁的忽必烈和九岁的旭烈兀。

恰巧忽必烈、旭烈兀兄弟刚刚在原乃蛮部边境的爱蛮·豁亦之地初猎而归,忽必烈射杀了一只兔子,旭烈兀射杀了一只山羊。按照蒙古人的风俗,小孩子第一次出猎时,长辈要在孩子大拇指上拭以肉和油脂。成吉思汗不顾长途征战跋涉的劳累,亲自为这一对初猎成功的嫡孙拭指。两位嫡孙对胜利归来的祖父满怀崇敬。或许是未成年的缘故,当时他们并不能完全明白祖父的心愿和寄托,忽必烈只是轻轻地握了握祖父的大拇指,旭烈兀则用力掐住祖父的拇指,还让身经百战的老祖父痛得叫出声来②。

这次拭指在忽必烈兄弟后来的人生历程中又是永远难以忘怀的。随着年龄的增长,尤其是两人分别成为第五任蒙古大汗和伊利汗国君时,他们或许会领悟到当年拭指时祖父欲其将征服伟业

①　《史集》余大钧、周建奇译本,第二卷,第281页,商务印书馆1985年。
②　《史集》余大钧、周建奇译本,第一卷第二分册,第315页,商务印书馆1983年。

薪火相传、发扬光大的心愿和寓意。

让我们先来追溯成吉思汗建国和前四位蒙古大汗的征服伟业吧！

第一节　成吉思汗建国与征服伟业

六、七百年来,成吉思汗铁木真的名字几乎成了蒙古国和军事征服的同义词。他所发动的蒙古征服,改变了亚洲及欧洲的面貌与历史,震撼了整个世界。

十二世纪的蒙古草原,充满了动荡和血腥劫杀。"有星的天,旋转着,众百姓反了,不进自己的卧内,互相抢劫财物。有草皮的地,翻转着,全部百姓反了,不卧自己被儿里,互相攻打"①。铁木真统一蒙古诸部和建立蒙古国,就是由此而起步的。

铁木真虽然出自蒙古乞颜·孛儿只斤氏贵族,但其父也速该被塔塔儿人毒杀后,厄运一直在作弄着他。部众离散,泰赤吾氏的绑架,新婚妻子被掠等等,大小灾祸,接踵而来。

铁木真没有向厄运低头屈服,而是艰难抗争,奋力改变着自己的命运。他求助于克烈部王罕和札只剌部札木合,向他们借兵三万,打败了篾儿乞惕首领脱脱,夺回了被掠的妻子孛儿帖等②。于是,蒙古部众和乞颜部贵族逐渐重新向铁木真聚拢。1189 年,铁木真被推选为乞颜部可汗③。

而后,在与札木合及泰赤吾氏贵族较量的"十三翼之战"中,

---

① 《元朝秘史》第 254 节。

② 《元朝秘史》第 110 节。

③ 《元朝秘史》第 123 节;《蒙古源流》卷三。可汗,北方游牧民族最高统治者的称号。

铁木真军力受挫而归附者转多①。

接着,铁木真与金朝内外配合,藉斡里札河战役进攻东邻劲敌塔塔儿部,败其精锐,掠其民众。1201 年,他还击溃了札木合率领的塔塔儿、泰赤乌等部族联盟军队。1202 年春,再次出兵,彻底消灭了塔塔儿部,为父亲复了仇②。

1203 年,铁木真与克烈部王罕决裂,双方先后在合兰真和折折运都山展开激战,最终克烈部败亡。

翌年,铁木真迎战率军来攻的乃蛮部太阳罕,在纳忽山一带大败乃蛮军,灭亡了国土广大,百姓众多的乃蛮部③。

铁木真终于用他的铁骑和弓箭,将蒙古诸部统一在自己麾下。

1206 年春,在斡难河源头的"忽里台"(蒙古语"聚会")贵族会议上,铁木真被尊为成吉思汗。还建九脚白旄纛,立国号"也客蒙古兀鲁思"(大蒙古国)。成吉思汗的大蒙古国就这样诞生了。

成吉思汗又着手规定了草原游牧帝国的一系列重要制度。

首先是设置九十五千户。

全体牧民百姓被统一编组在十进制的九十五个千户内,千户之下,又有百户、十户,并且划定相应的牧地。千户既是军事单位,又是地方行政组织。千户成员"上马则备战斗,下马则屯聚牧养",必须在划定的千户内游牧和应役,不得擅自离去。千户长那颜(蒙古语"官人")由大汗任命的有功贵族和那可儿(蒙古语"伴

① 《圣武亲征录》王国维校注本;《史集》第一卷,第二分册,第 114 页,商务印书馆 1983 年。
② 《元朝秘史》第 153 节;《圣武亲征录》王国维校注本。
③ 《元朝秘史》第 170 节,185 节,196 节;《元史》卷一《太祖纪》。

当、同伴")世袭担任。千户之上又设左、右翼两个万户,节制所属的数十个千户①。

千户制度从总体上取代了旧有的氏族部落组织。它的编组又分两种情况:一是那些始终忠诚于成吉思汗的部落首领或主动归附的部落首领,获准将其本部族众统一编组为若干千户;少数功勋卓著的那可儿也被特许收集其散亡的族众组建千户。二是多数千户由蒙古诸部统一战争中覆灭瓦解了的不同部族的人民混合组成,另行委任千户长管领。

千户作为全体蒙古人军民合一的组织,结束了蒙古诸部林立的旧体制,构建起大蒙古国新的基本统治秩序。

其次,组建万人怯薛护卫军。

怯薛源于草原部落贵族亲兵,带有浓厚的父权制色彩。成吉思汗在原有五百五十名怯薛护卫的基础上,扩建起万人大怯薛,包括一千名宿卫,一千名箭筒士,八千名散班。散班从千户长、百户长、十户长及平民(白身人)的儿子中挑选有技能、身体健壮者充任,带有强制入质的色彩。

怯薛集中了草原游牧帝国最精锐的部队,号称"大中军"。其职司主要是:保卫大汗金帐,随从大汗出征和分管汗廷的各种事务。宿卫负责夜间值班,箭筒士和散班负责白天值班。分四番入值,每番三昼夜,总称四怯薛。

成吉思汗任命最亲信的那可儿博尔忽、博尔术、木华黎、赤老温"四杰",世袭担任四怯薛长。还有各种世袭任职的专门执事:如火儿赤(主弓矢者)、云都赤(带刀者)、昔宝赤(掌鹰隼者)、札

---

① 《元朝秘史》第202节—223节;《元史》卷九十八《兵志一》。

里赤（书写圣旨者）、必阇赤（掌文书者）、博儿赤（掌烹饪饮食者）、阔端赤（掌从马者）、速古儿赤（掌内府尚供衣服者）、答剌赤（掌酒者）、怯里马赤（译员）等。成吉思汗又规定，怯薛护卫的地位高于在外的九十五千户那颜①。

怯薛的组建，不仅使大汗控制着一支强大的亲卫军及宫廷事务机构，还能协助大汗行使中央政府的诸多职能。故对大蒙古国游牧君主制的奠定和巩固发挥了十分重要的作用。

第三，创制蒙古文字。

起初，蒙古人没有属于自己的文字，即使是发布号令和派遣使者往来传递消息，也只能用手指刻记②。成吉思汗攻灭乃蛮部，俘虏了该部掌印官塔塔统阿，从塔塔统阿处知道了畏兀儿字刻于印章，"出纳钱谷，委任人才，一切事皆用之，以为信验"等效能。于是，成吉思汗命令塔塔统阿用畏兀儿字母书写蒙古语，并教皇子诸王学习③。经塔塔统阿等人的工作，创制了畏兀儿字蒙古文。

蒙古文字的创制，是蒙古民族共同体形成的标志之一，也促使蒙古族的文化有了划时代的进步。其后的成吉思汗"札撒"和历史文学巨著《蒙古秘史》等，均是用畏兀儿字蒙古文书写的。

第四，任命大断事官。

断事官，蒙古语曰札鲁忽赤。1206 年，成吉思汗任命养弟失吉忽秃忽为大断事官，其职责主要是，掌管民户分配和刑狱词讼。正如成吉思汗所言："如有盗贼诈伪的事，你惩戒着，可杀的杀，可罚的罚。百姓每分家财的事，你科断着。凡断了的事，写在青册

---

① 《元朝秘史》第 224 节—228 节。
② 《蒙鞑备录》王国维校注本。
③ 《元史》卷一百二十四《塔塔统阿传》。

上,已后不许诸人更改"①。

大断事官是蒙古国的最高司法行政长官,相当于"国相"。它的问世,意味着蒙古国家机构的逐步正规化。

第五,制定"札撒"。

"札撒"是蒙古语"命令"、"法令"之义。1203年成吉思汗攻灭克烈部王罕后,已开始订立严峻的法令(札撒),召集大会,当众宣布②。1219年西征前夕举行的忽里台贵族会议上,成吉思汗重新确定了训言、律令和古来的体例,又下令写在纸卷上,编为"大札撒"③。

"札撒"原文已佚失,部分条款保留在中外史籍中。如那颜们不得背离君主而投靠他人,不得擅离职守,违者处死;挑拨是非,构乱皇室者处死;收留逃奴而拒不归还主人者处死;盗窃牲畜者九倍偿还,否则偿以子女;强盗寇掠者处死,籍没其家赔偿受寇方;说谎诈骗,以幻术惑人者处死;禁便溺于水中等等。后来凡举行议定新汗或大征伐等忽里台贵族聚会,都要奉读大札撒以为训。

"札撒"是大蒙古国的法典,它为成吉思汗所建立的国家提供了法律依据和法律秩序。

第六,分封子弟。

1207年——1214年,按照蒙古草原家产分配习俗,成吉思汗把九十五千户中的三十余个及蒙古国东、西两翼之地,分授给诸子

① 《元朝秘史》第203节。
② 《史集》余大钧、周建奇译本,第一卷第二分册,第185页,商务印书馆1983年;《元史》卷一《太祖纪一》。
③ 《史集》余大钧、周建奇译本,第一卷第二分册,第272页,316页,商务印书馆1983年。

诸弟。合撒儿、哈赤温、斡赤斤·铁木哥及别里古台四兄弟的封地在蒙古东部,称为"东道诸王"。术赤、察合台、窝阔台三嫡子的封地在阿勒台山之西,称为"西道诸王"。幼子拖雷除继承管领成吉思汗四大斡耳朵和中央兀鲁思所属千户外,也以吉儿吉思之地为封地。拥有分民和封地的成吉思汗诸子诸弟,各自建立起自己的"兀鲁思"封国领地。领地内管领游牧民的千户那颜,又成为他们的家臣。

成吉思汗的子弟兀鲁思分封,是与千户制和怯薛制并存的另一项基本制度。分封,把家产制习俗扩大到整个蒙古国的管理,使大蒙古国的统治结构表现为大汗直辖与诸子诸弟分领的复合体系。它让诸子诸弟封地充当着向东向西扩张的跳板,从而给蒙古征服注入了巨大的驱动力,同时也给大蒙古国发展与管辖,带来了不少难以克服的麻烦。

蒙古国及九十五千户等制度的建立,为成吉思汗提供了强大的战争机器。建国后不久,成吉思汗就发动了震惊世界的对外军事征服。

1205 年,成吉思汗首先率军抄掠西夏边地。而后,对西夏的军事征服进行了四、五次,规模越来越大,目标也改为纳贡、称臣、内属、征调等。直到 1227 年成吉思汗病逝前,仍亲临围攻西夏国都的前线,并部署实施屠城和灭亡西夏的计划①。

金朝被成吉思汗选为第二个征服对象。成吉思汗还扬起了替祖先俺巴孩等复仇的旗号,让攻金朝师出有名。成吉思汗对金朝

---

① 《史集》余大钧、周建奇译本,第一卷第二分册,第 353 页,商务印书馆
1983 年。

的进攻,先后有 1211 年、1213 年、1214 年和 1215 年四次,曾在野狐岭和居庸关两地歼灭金朝精锐数十万。1215 年还攻占金中都(今北京市),迫使金朝皇帝播迁南京汴梁(今河南开封)①。

成吉思汗军事征服业绩最辉煌和最残酷的,还是在西面的中亚、西亚和东欧。这就是有名的"西征"。

1219 年成吉思汗借口蒙古使者和商队被杀,亲自率领二十万大军征伐花剌子模,相继攻克讹答剌、不花剌、撒麻耳干和玉龙杰赤等都市,进而攻占呼罗珊全境,又入侵印度河。所至之处,大肆屠杀掳掠,诸多西域名城被夷为废墟②。

成吉思汗发动了有史以来游牧民族规模空前的军事征服,建立了一个横跨欧亚的庞大游牧帝国。《元史·太祖本纪》言其"用兵如神","灭国四十"。可谓成吉思汗军事征服的赫然功业,也是他留给其子孙的主要遗产。

成吉思汗时期,对金朝统治下的汉地只是一味的军事攻略,而且是抄掠和毁灭式的,基本上无所谓治理。如 1213 年秋至 1214 年春,"凡破九十余郡,所破无不残灭。两河山东数千里,人民杀戮者几尽,金帛、子女、牛羊马畜,皆席卷而去,其屋庐焚毁而城郭丘亦丘墟矣"③。仅史秉直管领的迁徙漠北的掳掠人口就多达十余万家④。依照"凡敌人拒命,矢石一发,则杀无赦"的"国制",许多城邑攻破之后,即下屠城令,"无老幼尽杀","尸积数十万,磔首

---

① 《圣武亲征录》王国维校注本;《元史》卷一《太祖纪》
② 《世界征服者史》(上)何高济译本,内蒙古人民出版社 1980 年。
③ 《建炎以来朝野杂记》乙集卷二十《鞑靼款塞》。
④ 《元史》卷一百四十七《史天倪传》。

9

于城,殆与城等"①。

这种情况在木华黎以太师国王全权经营中原汉地之后,才逐步有所改变。

由于蒙古草原游牧文化与汉地农耕文化的隔阂、冲突,由于蒙古父权军事封建国家对外扩张掠夺的野蛮属性,成吉思汗一方面无愧为杰出的草原帝王和新兴的蒙古族领袖,一方面又不可避免地充当了汉地先进文明的破坏者和毁灭者。

第二节　窝阔台汗与贵由汗

成吉思汗共有四个嫡子:术赤、察合台、窝阔台、拖雷。术赤虽身为长子,但系母亲孛儿帖被篾儿乞惕掠去时所生,察合台等斥之为"篾儿乞种",故无继承汗位之可能。经成吉思汗父子五人协商和察合台的鼎力扶助,三子窝阔台在成吉思汗死后的第三年(1229年)做了大蒙古国的第二任大汗②。

窝阔台在成吉思汗诸子中是最富有睿智和政治谋略的。他在位十三年间,积极致力于大蒙古国统治的完善与巩固,还颇有成效地推进了乃父成吉思汗的对外征服事业。

第一,哈剌和林建都。

窝阔台即位后不久,开始把自己的驻地移于斡耳寒河上游。1234年夏5月,他在该地的达兰达葩建起了行宫,并举行了一次

---

① 《元文类》卷五十七《中书令耶律公神道碑》;《静修集》卷四《孝子田君墓表》;《陵川集》卷三十五《孟升卿墓志铭》。

② 《元朝秘史》第254节。

忽里台贵族会议。翌年春,窝阔台从中原汉地调集一批各种技能的工匠,动工兴建和林的城郭宫阙,主持这项工程的是燕京工匠大总管汉人刘敏。所修建的也包括诸王大臣的邸宅和僧徒的佛寺道观。

和林城位于今蒙古国后杭爱省厄尔得尼召北,方圆十二里,东西向和南北向两条道路交会于城中心,并通向四门,道路两侧也有店肆、作坊、官舍、寺院、民居。按照穆斯林史书的记载,和林城分回回人区和汉人区两个区,还有十二座佛寺、两座清真寺及一座基督教堂。

大汗所居的万安宫在城西南隅,四周宫墙环绕,中间是一座占地二千四百余平方米的宏伟大殿,其形制格式完全仿照中原的宫阙制度。1254 年访问和林的法国使臣卢布鲁克说,万安宫正殿宏伟高大,两侧是两排柱子,南面是三道门,大汗坐在北面高台上,御座下左右两侧是诸王和后妃的座位①。

和林城建立后,大蒙古国开始有了固定的都城及宫殿,政治中心也由怯绿连河上游移至斡耳寒河上游。由于和林的地理位置处于蒙古国中心,和林建都又便于汗廷有效地统治整个疆域。

第二,设置站赤。

鉴于蒙古国的疆土越来越大,使臣来往频繁,沿途既骚扰百姓又耽误公事,窝阔台汗命令各千户抽出人马,专门充任站赤之役,供使臣乘用。站赤遍布全国,包括察合台领地和术赤子拔都领地,

---

① 《史集》余大钧、周建奇译本,第二卷,第 68 页,商务印书馆 1985 年;《鲁布鲁克东行记》耿升、何高济译本,第 284 页,292 页,中华书局 1985 年;参阅陈得芝《元岭北行省建置考》(上),《元史及北方民族史研究集刊》,九期,1985 年。

均设站赤与和林相连。和林与汉地相连的驿路,号曰"纳林",共设 37 站。每站设马夫 20 人,使臣所用马匹、车辆及廪给羊马,均有规定的则例,不许欠缺①。

站赤的定制,为庞大帝国的政令传递与交通联络,提供了很大的方便。

第三,初步订立赋税科敛。

窝阔台汗规定每年蒙古牧民一百只羊缴纳一只二岁羯羊作汤羊,马牛亦百者取一,一百只羊缴纳一只羊救济贫穷者。禁止诸王驸马参与忽里台聚会时随意科敛。

又派人在荒漠地带打井,解决水源。还设置仓廪,储存货物。

第四,部署探马赤军,镇守已征服的地区。

成吉思汗时期已开始从各千户抽调一定比例的兵员混编为探马赤军,充当军事征战中的先锋。窝阔台汗进一步将此种军队部署于已征服的地区,负责当地的军事镇戍。例如绰儿马罕等西路探马赤镇守巴黑塔惕、阿速等处,五投下探马赤镇守汴梁、燕京等处,也速迭儿率探马赤军镇守高丽及女真等地②。

探马赤军用于镇戍,对大汗直接控制新征服区域和稳定支配更多的军队,都有重要意义。

第五,"长子出征"与南下灭金。

1235 年,窝阔台汗命令拔都、贵由、蒙哥等各支宗室均以长子统率出征军,万户以下各级那颜亦遣长子从征,进行有名的"长子

---

① 《元朝秘史》第 279 节,第 280 节;《史集》余大钧、周建奇译本,卷二,第 68 页,商务印书馆 1985 年。
② 《元朝秘史》第 273 节,第 274 节,第 280 节;《元史》卷二《太宗纪》。

出征"，征讨西域未臣服的钦察、斡罗斯诸国①。

1232 年，窝阔台汗携幼弟拖雷，率领蒙古军南下大举攻金，先在三峰山与金军决战而歼其精锐，后又攻克汴梁、蔡州等，灭亡了金朝②。

这样，蒙古军事征服得以继续向外推进，大蒙古国的版图和势力范围遂扩张到钦察草原和黄河以南。

在对待中原文明和改变汉地统治方式上，窝阔台汗比起乃父有了较明显的进步。

有条件地保留了中原农耕文明。

窝阔台汗即位不久，汗廷使者别迭等提议："虽得汉人亦无所用，不若尽去之，使草木畅茂，以为牧地"。别迭等人显然是在固守蒙古草原游牧文化本位和成吉思汗对汉地的野蛮杀掠政策。窝阔台汗却采纳契丹人耶律楚材收其税而留其民的建议，在中原汉地试设十路课税所，并取得了成效。窝阔台汗看到课税所很快从汉地运来诸多金帛财富，十分欣喜，自然愿意容许和保留中原农耕文明了③。

设置汉地万户世侯，对汉地实行间接统治和管辖。

木华黎国王负责经营中原汉地之际，就开始对纳土归降的汉族地主武装头目授予行省、都元帅、州尹、县令等官衔，利用他们治理新征服区域。窝阔台汗即位后，参照蒙古兵民合一的制度，正式设立汉地万户世侯。起初仅立刘黑马、史天泽、萧札剌三万户，

---

① 《史集》余大钧、周建奇译本，第二卷，第 61 页，商务印书馆 1985 年。
② 《元史》卷二《太宗纪》。
③ 《元文类》卷五十七《中书令耶律公神道碑》。

1232 年之后增至七万户以上。1236 年又实行"画境之制",调整和确定汉世侯的辖区疆界。于是,这些汉族万户就成为军民兼领,有土有民,世袭罔替的世侯军阀①。蒙古统治者正是通过这批万户世侯,间接地治理管辖汉地农耕区。汉世侯的统治方式,是对战国以来传统的中央集权制度的倒退。然而,比起与农耕文明隔阂尚深的蒙古游牧贵族,毕竟要好一些。

改裂土分封为五户丝食邑制。

1236 年,窝阔台汗将七十六万余户中原农耕民封授给蒙古诸王、贵戚和功臣。这次分封是漠北分封的继续,开始也是要沿用漠北制度,裂土分民,各治其邑。后来,窝阔台汗听取耶律楚材的建议,改而实行五户丝食邑制。内容是:各投下封君只在分地设达鲁花赤,朝廷置官统一征收赋税,按其应得封户颁给五户丝,未奉大汗诏令,不得擅征兵赋②。这在汉地王朝不算什么新制度,但较之漠北蒙古分封,又进步了许多。

窝阔台汗在蒙古灭亡金朝、入主中原的历史条件下,一方面把蒙古的万户制、分封制等大量带入汉地,另一方面又不十分情愿地部分接受着汉地统治方式。遗憾的是,窝阔台汗晚年重用回回人奥都剌合蛮,在汉地实行扑买课税,变本加厉地搜刮民财。汉地的治理,又因添入回回人因素而变得复杂起来。

在窝阔台汗部分改变汉地统治方式过程中,耶律楚材的全力辅佐,至为重要。

耶律楚材是契丹贵族后裔,蒙古军攻破金中都时归降成吉思

---

① 到何之《关于金末元初的汉人地主武装问题》,《元史论集》,人民出版社 1984 年。

② 《元史》卷二《太宗纪》;《元文类》卷五七《中书令耶律公神道碑》。

汗,随从西征。初以占卜星相等术充任必阇赤(书记官),窝阔台汗即位后受到重用。他自幼学儒,兼通佛、道、医卜、术数、天文、地理。他在担任中书令(负责蒙廷文书)和主管汉地财赋过程中,从以儒治国的理念出发,竭尽全力劝导和辅佐窝阔台汗,吸收汉地的先进统治方式,重视汉地文明的价值。

除了前述收其税而留其民和改裂土分封为五户丝食邑制外,耶律楚材曾引入汉地王朝的君臣礼仪,说服察合台率领皇族尊长向窝阔台汗跪拜。他曾经力谏窝阔台汗勿屠金都汴梁,使在汴避兵的147万人免遭惨祸。他曾倡导和主持"戊戌选士",中选者四千余人,千余名儒士由此脱离驱奴之籍。又量才予以任用,不少中选者日后成为忽必烈朝的名臣。他限制斡脱商的利益,改其连息加倍的"羊羔息"旧法,实行本利相侔而止和官府代偿债。他谏止回回人征南,汉人征西和汉地按丁定赋等荒谬做法,"各从其便",以减少对百姓的骚扰①。

耶律楚材是最先影响和促使窝阔台等蒙古统治者部分改变汉地统治旧法的重要人物。虽然他的主张没有能全部实现,后期又遭到回回人奥都剌合蛮的排挤,抑郁而亡,但窝阔台等蒙古统治者毕竟在重视汉地文明的价值、吸收汉法等方面,前进了许多。耶律楚材以汉法治汉地的主张,还为后来忽必烈及其臣僚提供了十分宝贵的参考和借鉴。后一点同样是值得肯定和称道的。

据做过窝阔台汗御前控鹤近侍的平阳人陈某描述,窝阔台汗"天容晬表,一类释迦真像,仁厚有余,言辞极寡,服御简素,不尚

---

① 《元史》卷一百四十六《耶律楚材传》;《元文类》卷五十七《中书令耶律公神道碑》。

华饰,委任大臣,略无疑贰,性颇乐饮。及御下听政,不易常度。当时,政归台阁,朝野欢娱,前后十年,号称廓廓无事"①。

陈某所言,大体符合窝阔台汗的所作所为。

然而,嗜酒如命,宽纵滥赏,又是窝阔台汗严重的弱点。

关于窝阔台的嗜酒和宽纵滥赏,拉施德说:"合罕很喜欢喝酒,经常喝得酩酊大醉,并且在这方面无所节制。[这]使得他身体日益虚弱;无论近臣们和好心肠的人们如何阻拦他,[都]未能成功。相反地,他喝得[更]多了。""当合罕已经建成哈剌和林城以后,有一天他进入国库,看见约有两万巴里失,他于是说,'我们积蓄这些有什么用?经常都要看守着,去宣布,让那些渴望[取得]巴里失的人来领取吧。'于是城中的居民,贵族和平民,富人和穷人,[都]向国库走来,每人都得到了丰富的一份"。志费尼也说:"在赏赐财物中,他胜过他的一切前辈。因为天性极慷慨和大方,他把来自帝国远近各地的东西,不经司账和稽查登录就散发一空……没有人不得到他的赐物或份儿离开他的御前,也没有乞赏者从他嘴里听见'不'或'否'字"②。

上述嗜好或毛病,有些出于天性,有些出于早期蒙古人不懂得财富价值而宽纵疏财的习惯。它带来了当时大蒙古国财政方面的一定混乱,以致部分臣民利用其宽纵而大行其私,也由此形成了蒙元滥行赏赐的惯例。尤其是后者,对蒙元诸帝的负面影响至深且重。

---

① 《秋涧集》卷四十四《杂著》。

② 《史集》余大钧、周建奇译本,第二卷,第 72 页,93 页,商务印书馆 1985年;《世界征服者史》(上)何高济译本,第 238 页,内蒙古人民出版社 1980年。

这又使窝阔台超越乃父功业的努力，往往被部分抵消。

贵由汗是窝阔台汗的长子。本来，窝阔台生前曾指定皇孙失列门（第三子阔出之子）为继承人。只是因为贵由母亲六皇后脱列哥那利用其临朝称制五年之便，极力活动，才把其子贵由推上了第三任大汗的宝座。

贵由汗即位后处理的第一件事是，审判和惩办法提玛。

法提玛原为来自呼罗珊徒思的一名女俘虏，靠着狡黠和干练，她成了六皇后脱列哥那临朝称制时宠爱的近臣。朝廷大臣往往要以她为奏请六皇后的中介，才能办理一切大事。她怂恿六皇后脱列哥那撤换了一批朝廷旧臣。像镇海、牙剌洼赤等重要官员，先后遭其排挤迫害。贵由汗命令手下用棍棒逼法提玛承认罪行后，就把她裹入一块大毡，抛进水中淹死。六皇后脱列哥那所宠幸的回回理财官员奥都剌合蛮也被贵由汗处死。

接着，追究斡赤斤·铁木哥阴谋夺汗位事件。

斡赤斤·铁木哥是成吉思汗幼弟，他以灶主身份继承了其母所封千户，故在东道诸王中占有的蒙古千户最多，实力最雄厚。窝阔台汗去世后，他曾率领大军前往窝阔台汗的斡耳朵宫帐，企图凭武力染指汗位。六皇后脱列哥那派遣使者卑词质问他的行为及用意。斡赤斤·铁木哥事后悔恨其夺位图谋，匆匆率军队撤回自己的营地。贵由即汗后，命令从兄弟蒙哥和斡儿答审讯斡赤斤，最后将他处死。

贵由汗还拘收在汗位空虚期间诸王擅自颁发的牌符命令，责备他们的不法行为。贵由汗重新重用被六皇后脱列哥那罢黜的镇海、牙剌洼赤等官员，又任命野知吉带接替绰儿马罕掌管镇戍波斯的探马赤军。

贵由汗一度以大汗的身份,出面干预察合台兀鲁思的君主继承。察合台生前曾指定孙子哈剌-旭烈兀为他的继承人。贵由汗与察合台第五子也速蒙哥关系很好,于是,强调"立子不立孙",把君主位转而授予也速蒙哥。

由于贵由在"长子西征"时和拔都结怨较深,贵由汗统治后期,曾亲率大军秘密征讨术赤之子拔都。

贵由汗体弱多病,又纵情酒色,他在位三年,就突然死在征讨拔都的途中①。

比起成吉思汗和窝阔台汗,贵由的确没有什么大的作为。但在任用亲信和打击政敌方面,倒是果敢坚决,成效累累。

第三节　拖雷与唆鲁和帖尼

在成吉思汗四名嫡子中,拖雷最年幼。按照蒙古习俗,幼子又曰"斡惕赤斤"(灶主),可继承父母的财产而守家帐。所以,拖雷号称"也可那颜"(大官人),得以掌握成吉思汗的宫帐、牧地、怯薛护卫和大部分千户,还被其父亲昵地呼为"那可儿"(伴当、同伴)。

拖雷虽然未能继承汗位,但在窝阔台即汗位前后,他一直是大蒙古国最有实力的人物。

成吉思汗确定窝阔台为汗位继承人时,拖雷曾表态说:"兄根前忘了的提说,睡着时唤醒,差去征战时,即行"。在成吉思汗逝

————————
①　《元史》卷二《定宗纪》;《史集》余大钧、周建奇译本,第二卷,贵由汗纪,商务印书馆1985年。

世后的两年内,拖雷实际上扮演着监国摄政的角色。拥戴新大汗的忽里台贵族会议上,窝阔台曾推辞道:"尽管成吉思汗的命令,实际上是这个意思,但是有长兄和叔父们,特别是大弟拖雷汗,比我更配授予大权和担当这件事,因为按照蒙古人的规矩和习俗,幼子乃是家中之长,幼子代替父亲掌管他的营地(禹儿惕)和家室,而兀鲁黑那颜乃是大斡耳朵中的幼子。他在规定和非规定的时刻日夜都在父亲左右,闻知规矩和札撒。我怎能在他活着时,并当着他们的面登上合罕之位呢?"①很明显,窝阔台两年之内未能及时即大汗位,拖雷及其所掌握的大批军队应是主要障碍。前述1232年窝阔台汗携幼弟拖雷一同南下攻灭金朝,很大程度上就是为了借用他所掌管的六十多个蒙古千户军队。

拖雷颇有军事才能,成吉思汗曾命令他专门负责军队的组织、指挥及装备。还预言:"你(指拖雷)将拥有许多军队,你的儿子们将比其他宗王们更为独立和强大"。

在所有蒙古宗王中,拖雷率军攻略的城邑和疆土也最多。

在呼罗珊,拖雷曾在三个月内攻占其全境。

在随同窝阔台南下攻金时,拖雷又率四万铁骑从西面迂回包抄,由宝鸡出大散关,沿汉水而东。因取道宋境,军粮缺乏,甚至不得不以死人、死动物及干草充饥。所率军队至钧州(今河南禹县)三峰山,与金军主力决战。当时金军数量占优势,又在地上挖掘战壕驻扎兵士,以包围蒙古军。拖雷在军中烧羊胛骨,祈求降雪,夜晚果然下起大雪,雪厚三尺。毫无备御的金军将士在

① 《元朝秘史》第255节;《史集》余大钧、周建奇译本,第二卷,第29页,商务印书馆1985年。

战壕中多被冻僵,无法举动刀枪。拖雷率军乘势向金军发动攻击,歼灭金将合达的十五万大军,"追奔数十里,流血被道","金之精锐尽于此矣"①。

郝经赋诗述三峰山战役:

> 俄闻绕出西南路,突骑一夜过散关;
>
> ……
>
> 黑风吹沙河水竭,六合乾坤一片雪。
>
> ……
>
> 逆风生堑人自战,冰满刀头冻枪折;
>
> ……
>
> 二十万人皆死国,至今白骨生青苔②。

拖雷是1232年死于返回漠北途中的。关于拖雷的死因,《元史·睿宗传》及《元朝秘史》、《史集》说,拖雷是替窝阔台汗饮"巫觋被除禳涤之水",而后遇疾身亡的。有人甚至推测窝阔台汗在巫水内下毒而导致拖雷死亡③。这种推测不无道理。拖雷死亡前后,窝阔台汗与拖雷系的关系确实有些蹊跷。波斯史家拉施德说,一次,唆鲁和帖尼向窝阔台汗索要一名商人,遭到拒绝。唆鲁和帖

---

① 《史集》余大钧、周建奇译本,第二卷,拖雷汗传,商务印书馆1985年;《世界征服者史》(上),(下),何高济译本,第44页,第654页,内蒙古人民出版社1980年;《元史》卷一百一十五《睿宗传》,卷一百四十九《郭宝玉传》。

② 《陵川集》卷十一《三峰山行》。

③ 陆峻岭、何高济《从窝阔台到蒙哥的蒙古宫廷斗争》,《元史论丛》第一辑,中华书局1982年。

尼哭诉道:"我的心爱的人为谁作了牺牲？他替谁死了?"窝阔台听到后,立即满足了唆鲁和帖尼的要求,并表示歉意①。显然,窝阔台汗在拖雷死亡一事上是愧对唆鲁和帖尼的。

拖雷的妻子唆鲁和帖尼,是克烈部王罕的侄女。她机智聪慧过人而富有远见。拖雷死后,唆鲁和帖尼继续掌管他麾下的军队、部众及分地,并抚育蒙哥、忽必烈、旭列兀和阿里不哥四个儿子。

尽管窝阔台降诏:拖雷所辖的军队和部众,都听从其妻唆鲁和帖尼节制与号令,但他对拖雷系掌管的成吉思汗六十多个蒙古千户始终十分嫉妒,常常想方设法予以肢解或变相剥夺。

某日,窝阔台汗未和宗亲商议,擅自将拖雷系所辖的逊都思二千户和雪你惕一千户拨给自己儿子阔端。此事发生后,拖雷麾下的万户长和千户长大哗,扬言:"这两千速勒都思人军队,按照成吉思汗的诏敕是属于我们的,而合罕把他们给了阔端,我们怎能允许此事并违背成吉思汗的诏命呢?"唆鲁和帖尼冷静地对待这件事,感到不能因之与窝阔台汗对抗。她耐心说服那些喧闹的万户长和千户长:"你们的话是公正的,但是,我们所继承的和自己取得的财产之中并无不足……军队和我们,同样全都是合罕的……我们要服从他的命令"。终于用不大不小的让步和妥协,平息了这场风波,维系了对窝阔台汗的服从与和谐。

一波未平,一波又起。不久,窝阔台汗派使者送来了欲令唆鲁和帖尼再嫁皇子贵由的诏旨,目的是想让皇子贵由藉收继孀居之婶娘,全面接管拖雷系的军队和部众。

----

① 《史集》余大钧、周建奇译本,第二卷,拖雷汗传,第203页,商务印书馆1985年。

这次唆鲁和帖尼没有作丝毫的让步。她虽然首先声称："怎么能违背诏令呢?"接着又以"我有一个愿望:要抚养这些孩子,把他们带到成年和自立之时"为词,婉言谢绝,致使窝阔台汗的图谋未能得逞。

唆鲁和帖尼对子女的教育十分精心和严格。她恪尽做母亲的责任,教儿子们懂得德行和礼貌,不允许他们之间为小事发生任何争吵,不允许他们违反或变动律令和札撒。在窝阔台汗和贵由汗逝世后,诸王纷纷滥发牌符征敛财物,她和她的儿子们却严守札撒,没有那样做①。她还特意为幼子阿里不哥请来真定汉族名士李槃,担任"讲读"②。后来,她的四个儿子蒙哥、忽必烈、旭烈兀、阿里不哥相继做了第四、第五任大汗和伊利汗,这与唆鲁和帖尼的严格教育是分不开的。

窝阔台汗逝世后,汗位继承再次发生争执。窝阔台汗曾遗言以皇孙失列门为继承人。另一名皇子阔端也志在必得。临朝称制的脱列哥那皇后则力主亲生子贵由继承汗位。机智的唆鲁和帖尼觉得贵由继承汗位不可逆转,遂积极赞和脱列哥那皇后的意见,以保持拖雷系在贵由汗即位后的权益和有利地位。

她注意爱护和赏赐属下部民,对诸王贵戚也多有馈赠恩惠,故受到多方面的赞誉和拥戴。当贵由汗秘密西去征讨术赤之子拔都时,唆鲁和帖尼立即派人暗中通知拔都有所防备③。她或许感到:

---

① 《史集》余大钧、周建奇译本,第二卷,拖雷汗传,第203页——205页,商务印书馆1985年;《世界征服者史》何高济译本(上),第656页,内蒙古人民出版社1980年。

② 《元史》卷一百二十六《廉希宪传》。

③ 《史集》余大钧、周建奇译本,第二卷,拖雷汗传,第205页,商务印书馆1985年。

在察合台系和窝阔台系因拥戴窝阔台而友情日笃的情况下,结好术赤系宗王,对拖雷系是有百利而无一害的。

唆鲁和帖尼以其智慧聪颖,巧妙地运用了拖雷系的实力和诸王之间的派系矛盾,从而使自己的儿子们在新一轮汗位争夺中处于比较有利的地位,为汗位最终向拖雷系的转移铺平了道路。

第四节 "刚明雄毅"蒙哥汗

蒙哥汗是拖雷的嫡长子,幼年被伯父窝阔台代养抚育,窝阔台还为他迎娶妻室,分配部民。直到拖雷死后,蒙哥才回到母亲身边①。窝阔台汗对蒙哥十分钟爱和器重,认为他才堪大用。若干年后,蒙哥果然成为成吉思汗之后又一位杰出的大汗。

贵由汗死后,唆鲁和帖尼认为拖雷系问鼎蒙古国的机会来临了。她主动让长子蒙哥以探病的名义赶赴拔都所在的钦察草原营地。

拔都是术赤之子,也是术赤兀鲁思的继承人。他曾因长子西征时与贵由争吵而与其结怨很深。推选贵由汗的忽里台贵族会议举行之际,他又以脚疾为由拒不出席,导致前述贵由汗的兴师问罪。此时,拔都公开反对窝阔台后裔继承汗位,而属意于蒙哥。

拔都在自己的营地举行了一次小型忽里台贵族会议。参加这次忽里台贵族会议的窝阔台系、察合台系宗王较少,他们或者只派出自己的代表,或者借口萨满巫师不允许久留,旋即离去②。

---

① 《元史》卷三《宪宗纪》。
② 《世界征服者史》何高济译本(上),第664页,内蒙古人民出版社1980年。

当拔都亲自提议应推选蒙哥为新的大汗时,贵由妻海迷失的使者八剌出来发难说:"昔太宗命以皇孙失烈门为嗣,诸王百官皆与闻之。今失烈门故在,而议欲他属,将置之何地耶?"因窝阔台和贵由即汗位时,都曾让出席忽里台的宗王贵族立下日后汗位必须在窝阔台后裔内传承的誓言①,八剌的这番言语是颇有分量的。蒙哥庶弟末哥当场反驳道:"太宗有命,谁敢违之。然前议立定宗,由皇后脱列忽乃与汝辈为之,是则违太宗之命汝等也,今尚谁咎耶?"八剌被驳得无言以对②。与会者遂议定:来年在怯绿连河的蒙古本土召开全体宗王参加的忽里台会议,正式拥戴蒙哥登汗位。

会议后,拔都又特意命令其弟别儿哥带领一支大军护送蒙哥返回蒙古本土。

由于窝阔台后王的抵制,新的忽里台贵族会议两年后才在阔帖兀阿阑之地举行。这次忽里台会议,正式推选和拥戴蒙哥为第四任大汗。蒙哥的三位弟弟分别担当了维持忽里台秩序的任务:忽必烈负责指挥全体与会宗王贵族的行动,末哥负责守卫帐殿门户,阻拦宗王那颜们的出入,旭烈兀则站在司膳和卫士们前面,禁止与会人员喧哗和交头接耳。

凭借拖雷系强大的军事实力,凭借唆鲁和帖尼母子的机智干练和拔都大王的全力支持,蒙哥做了第四任大汗。

汗位从此转移到了拖雷家族。实现这个转移的代价十分沉重,那就是大蒙古国内部出现了裂痕,成吉思汗子孙间开始了内讧

---

① 《史集》余大钧、周建奇译本,第二卷,贵由汗纪,第217页,商务印书馆1985年。

② 《元史》卷三《宪宗纪》。

和杀戮。

蒙哥即汗位后，严加追究抗拒忽里台和阴谋武力袭击新汗的窝阔台、察合台后王，处死了贵由正妻斡兀立·海迷失、窝阔台孙失烈门、察合台第五子也速蒙哥及七十多名谋叛臣僚①。

蒙哥汗在位九年，他的政绩主要有三：

其一，严厉驭下，强化汗权。

如前所述，窝阔台汗对臣民一味宽厚放纵，"委任大臣"和"政归台阁"的后果，就是"群臣擅权，政出多门"。而对宗王贵族和境内外商人的慷慨赏赐，又直接导致宫廷欠债和财政收支失衡。贵由汗在位时间较短，体弱多病，类似的朝政紊乱，仍在继续。

蒙哥汗生性"刚明雄毅"，不喜宽纵，很快恢复了成吉思汗"札撒"所规定的秩序。他"御群臣甚严"，曾经谕旨训诫身旁的大臣："尔辈若得朕奖谕之言，即志气骄逸，而灾祸有不随至者乎？尔辈其戒之！"

蒙哥汗不但紧紧掌握了朝廷大权，还亲自过问诏旨草拟。"凡有诏旨"，"必亲起草，更易数四，然后行之"。这在蒙元诸帝中算是绝无仅有。与秦始皇的躬决大政相比，也是有过之而无不及。

蒙哥汗本人"不乐燕饮，不好侈靡"，还严格限制后妃们的衣食消费，不许肆意挥霍②。

蒙哥汗下令偿还了贵由汗以来宫廷购买珍宝所欠的五十万银

---

① 《史集》余大钧、周建奇译本，第二卷，蒙哥合罕纪，第 242 页——256 页，商务印书馆 1985 年；《世界征服者史》何高济译本（上），第 692 页，内蒙古人民出版社 1980 年。

② 《元史》卷三《宪宗纪》。

巴里失巨款①,说明他是一个厉行平衡财政收支和负责任的统治者。1253年,拔都大王遣使者脱必察奏请降赐买珠宝银一万锭。蒙哥汗没有完全满足拔都的请求,仅拨赐白银一千锭。还诏谕拔都大王说:"太祖、太宗之财,若此费用,何以给诸王之赐,王宜详审之。此银就充今后岁赐之数"②。蒙哥汗连鼎力支持他夺得汗位的拔都大王的赏赐奏请,也要大打折扣和训诫劝谕。可见,他对窝阔台以来蒙古汗廷的滥赐是有所节制和约束的。

其二,削弱窝阔台后王等敌对势力。

由于大部分窝阔台汗后王极力反对蒙哥继承汗位,有些甚至参与阴谋武力叛乱,所以,蒙哥汗除了诛杀海迷失、失烈门及也速蒙哥等人外,还毫不留情地着手削弱窝阔台后王等敌对势力。

窝阔台未登汗位以前,他的草原领地在叶迷立(今新疆额敏)和霍博(今新疆和布克赛儿)一带。窝阔台即汗位后,以上分地授予长子贵由③。其他窝阔台子孙(阔端除外)或许驻牧于漠北窝阔台汗四季行宫附近。

另,成吉思汗给诸子封授千户军队时,三子窝阔台受封五千户④。连同前述窝阔台自拖雷系拨付皇子阔端的逊都思二千户和雪你惕一千户,窝阔台系宗王拥有的蒙古千户数总计应在八千户以上。

此时,蒙哥汗下令将窝阔台系宗王大多迁徙至本位下原分地一带。具体是窝阔台第六子合丹迁于别石八里(今新疆济木萨儿

①　《世界征服者史》何高济译本(上),第720页,内蒙古人民出版社1980年。
②　《元史》卷三《宪宗纪》。
③　《世界征服者史》何高济译本,第46页,内蒙古人民出版社1980年。
④　《元朝秘史》第242节;《史集》余大钧、周建奇译本,第一卷第二分册,第377页为四千户。

县北),第七子蔑里迁于叶儿的石河(今额儿齐斯河),第五子合失之子海都迁于海押立(今哈萨克斯坦之塔尔迪·库尔干),第四子哈剌察儿之子脱脱迁于叶迷立(今新疆额敏),蒙哥都也奉命迁往其父阔端所居地之西。也速、孛里、和只、纳忽、也孙脱等,则被贬谪禁锢。窝阔台诸后妃的家赀,也被蒙哥汗分赐拖雷系等"亲王"①。

据拉施德《史集》记载:"当窝阔台合罕家族的成员谋叛蒙哥合罕时,他们的军队都被夺走了,除阔端诸子的军队以外,全都被分配掉了"②。如果这一记载可信的话,蒙哥汗是将窝阔台系宗王的千户军队由原先的八千户削减至三千户。阔端诸子的三千户军队之所以被保留,是因为所属的逊都思等军团与拖雷家族关系密切,致使阔端诸子对蒙哥汗等一直十分友好。

此外,蒙哥汗又以违抗命令为由,杀掉了贵由汗的亲信、镇守波斯军队最高统帅野只吉带③。

上述做法,不仅把窝阔台系宗王彻底驱逐出蒙古本土,还进一步扩大了窝阔台系与拖雷系占有军队的差距。这对巩固蒙哥汗的绝对权力,自然是有益的。对窝阔台系宗王来说,无疑是十分沉重的打击。若干年后,窝阔台之孙海都发动旷日持久的反对忽必烈政权的战争,一心想把汗位从拖雷系重新夺回来,也是对拖雷系积怨颇深而作的报复与发泄。

其三,部署推进对波斯和南部中国的军事征伐。

当年,蒙哥曾经是长子西征的主要参加者之一。即汗位后,他

---

① 《元史》卷三《宪宗纪》。
② 《史集》余大钧、周建奇译本,第二卷,第 13 页,商务印书馆 1985 年。
③ 《元史》卷三《宪宗纪》。

曾经这样说:"我们的父兄们,过去的君主们,每一个都建立了功业,攻占过某个地区,在人们中间提高了自己的名声……。"①于是,他竭尽全力,欲将成吉思汗的对外征服继续向最遥远的东方和西方推进。

蒙哥汗在前朝大汗直辖区分设断事官的基础上,进一步完善和充实了燕京等处、别失八里等处、阿母等处三行尚书省②。

不久,蒙哥汗又命令同母弟忽必烈和旭烈兀分别负责南部中国、波斯的军事征伐。尤其是旭烈兀西征时,蒙哥汗特意从蒙古东、西翼诸千户中每十人抽取两人,交付旭烈兀统一指挥,声势浩大,先后攻灭木剌夷和黑衣大食,并进兵叙利亚大马士革等地③。

蒙哥汗似乎是严格按照乃祖成吉思汗的札撒,治理大蒙古国,继续开拓疆域,而且颇多建树和作为。他性喜走马田猎,酷信萨满巫师的卜筮之术,"凡行事必谨叩之,殆无虚日,终不自厌也"。他"自谓遵祖宗之法,不蹈袭他国所为"④,具有强烈的蒙古中心主义和骄傲感,不愿意接受任何来自被征服国家和民族的文化影响。游牧君主和蒙古大汗的属性,始终在蒙哥身上得到了完美的体现和延续。

以上是从成吉思汗到蒙哥的蒙古国四大汗时期的概况,也是忽必烈所继承的祖父、父兄的基业,或者可以说是忽必烈即将登上的舞台。

---

① 《史集》余大钧、周建奇译本,第二卷,蒙哥合罕纪,第265页,商务印书馆1985年。
② 《元史》卷三《宪宗纪》。
③ 《世界征服者史》何高济译本,第724页—755页,内蒙古人民出版社1980年。
④ 《元史》卷三《宪宗纪》。

这份基业或舞台,说起来的确非常大。从成吉思汗到蒙哥汗,蒙古铁骑踏出了一个世界大帝国。其疆域东自日本海,西到中欧多瑙河;南起淮河,北至极北。成吉思汗还创建了包括汗权、千户、怯薛、分封、札撒、断事官在内的蒙古游牧君主制体系和不得随意更改的训言。后者又是基业的质的组成部分。另一方面,由于疆域过大和各地区的经济文化差异突出,由于黄金家族各支系的矛盾和日益激烈的汗位争夺,蒙古世界大帝国也面临着内部的冲突和分裂。

正如虞集所言:

> 我皇元之始受天命也,建旗龙漠,威令赫然,小大君长,无有远迩,师征所加,或克或附。于是,因俗以施政,任地而率赋,出豪杰而用之,禁网疏阔,包荒怀柔,故能以成其大。制作之事,益有待也①。

如何治理好以中原汉地为代表的广大被征服区域,如何整合蒙古统治模式与新征服地区原有的统治模式等难题,又难以回避,亟待解决。

所有这些,就是忽必烈所继承的基业,也是忽必烈政治生涯的起点。忽必烈的一切表演和作为,都将从这里开始。

---

① 《元文类》卷三十《御史台记》。

第二章　总领漠南事　远征大理国

第一节　总领漠南军国重事

一、思大有为于天下

1232年父亲拖雷逝世的噩耗,对刚满十八岁的忽必烈,无疑是沉重的打击。但丧父之痛,一定程度上促使忽必烈迅速成熟,锤炼了他的意志和应付复杂事变的能力。《元史·世祖本纪》称:"及长,仁明英睿,事太后至孝,尤善抚下",当是十八岁以后忽必烈政治上趋于成熟干练的概括性描述。

大约在乃马真皇后称制时期,忽必烈进入而立之年。那时,成吉思汗诸子相继谢世,孙辈叱咤风云的时刻即将到来。忽必烈一直在思考:如何为大蒙古国干一番事业,如何大有作为于天下?身为蒙古宗王和拖雷嫡子,他有这样的责任和实力,也有这样的机会和可能。

忽必烈热衷于访求前代帝王的功业逸事,尤其是喜欢听唐初李世民广延四方文学之士,讲论治道,终成大业的事迹,而且由衷钦佩,锐意模仿。他千方百计延请召集藩府旧臣及四方文学之士,孜孜不倦地询问治理国家的方略办法。正如史书上说的:"世祖皇帝始居潜邸,招集天下英俊,访问治道,一时贤士大夫云合辐辏,争进所闻"，"论定大业，厥有成宪"。由于这一系列努力，身居漠北的忽必烈，周围渐渐汇集了一批"亡金诸儒学士及一时豪杰知经术者"①。

在临时应召和长留漠北的汉族士大夫中，比较系统地向忽必烈献上治国之道的，当数张德辉、刘秉忠、姚枢、李冶。

1247 年，河东交城人张德辉被召至漠北藩邸。忽必烈首先发问："孔子没已久，今其性安在?"张德辉回答："圣人与天地终始，无所往而不在。王能行圣人之道，即为圣人。性固在此帐殿中矣。"

忽必烈又问："或云辽以释废，金以儒亡。有诸?"回答说："辽事臣未周知，金季乃所亲睹。宰执中虽用一二儒臣，余则武弁世爵，若论军国大计，又皆不预。其内外杂职，以儒进者三十分之一，不过阅簿书，听讼理财而已。国之存亡，自有任其责者，儒何咎焉?"

忽必烈深表赞许，又问："祖宗法度具在，而未设施者甚多，将若之何?"张德辉指桌案上的银盘为喻："创业之主，如制此器。精选白金，良匠规而成之，畀付后人，传之无穷。今当求谨厚者司掌，乃永为宝用。否则不惟缺坏，恐有窃之而去者。"忽必烈思索良久后说："此正吾心所不忘也。"

忽必烈还问："农家作劳，何衣食之不赡?"张德辉答道："农桑，天下之本，衣食所从出。男耕女织，终岁勤苦，择其精美者输之官，余粗恶者将以仰事俯畜。而亲民之吏复横敛以尽之，民则鲜有

① 《元文类》卷五十八《中书左丞张公神道碑》，卷四十一《经世大典序录·进讲》。

不冻馁者矣。"

忽必烈继续问道:"今之典兵与宰民者,为害孰甚?"张德辉回答:"典兵者,军无纪律,专事残暴,所得不偿其失,害固为重。若司民者,头会箕敛以毒天下,使祖宗之民如蹈水火,蠹亦非细。"忽必烈沉默许久,又说:"然则奈何?"张德辉答道:"莫若更选族人之贤如口温不花者,使主兵柄,勋旧如忽都忽者,使主民政,则天下皆受其赐矣。"①

1242 年,刘秉忠随禅学海云法师赴和林论道。海云南返后,刘秉忠留在漠北忽必烈藩邸,上书数千百言。大概是:

> 愚闻之曰:以马上取天下,不可以马上治……君上,兄也;大王,弟也。思周公之故事而行之,在乎今日。千载一时,不可失也。

> 君之所任,在内莫大乎相,相以领百官,化万民;在外莫大乎将,将以统三军,安四域……当择开国功臣之子孙,分为京府州郡监守,督责旧官,以遵王法;仍差按察官守,治者升,否者黜。天下不劳力而定也。

> 天下户过百万,自忽都那演断事之后,差徭甚大,加以军马调发,使臣烦扰,官吏乞取,民不能当,是以逃窜。宜比旧减半,或三分去一……

> 纳粮就远仓,有一废十者,宜从近仓以输为便。当驿路州城,饮食祇待偏重,宜计所废以准差发……

> 奥鲁合蛮奏请于旧额加倍榷之,往往科取民间。科榷并

---

① 《元朝名臣事略》卷十《宣慰张公》。

32

行,民无所措手足。宜从旧例办榷,或更减轻,罢繁碎,止科征,无从献利之徒削民害国。鳏寡孤独废疾者,宜设孤老院,给衣粮以为养。使臣到州郡,宜设馆,不得于官衙民家安下。①

1250年,原燕京行台郎中、营州柳城人姚枢应召至漠北忽必烈藩邸。姚枢见忽必烈"聪明神圣,才不世出,虚己受言,可大有为",就融会二帝三王之道和治国平天下之大经,归纳为修身、力学、尊贤、亲亲、畏天、爱民、好善、远佞等八目。又详细列举救治时弊的三十条,即立省部,辟才行,举逸遗,慎铨选,汰职员,班俸禄,定法律,审刑狱,设监司,明黜陟,阁征敛,简驿传,修学校,崇经术,旌孝节,厚风俗,重农桑,宽赋税,省徭役,禁游惰,肃军政,瞷匮乏,恤鳏寡,布屯田,通漕运,倚债负,广储蓄,复常平,立平准,却利便,杜告讦②。

刘秉忠和姚枢所言,多数针对蒙古国时期的弊政,又凝结了汉地王朝的丰富统治经验,所以给忽必烈的影响和震动似乎更直接、更深刻。忽必烈自然容易高兴地接受。而且,相当多的内容又成为忽必烈创建元朝以后主要政策的滥觞。

李冶,字仁卿,真定栾城人,金末进士。忽必烈闻知其贤,派遣使者召至藩邸,还特意让使者转达"素闻仁卿学优才赡,潜德不耀,久欲一见,其勿他辞"之盛情。

忽必烈问:"天下当如何而治?"李冶回答:"为治之道,不过立

---

① 《元史》卷一百五十七《刘秉忠传》。
② 《元朝名臣事略》卷八《左丞姚文献公》。

法度,正纲纪而已"。

忽必烈问:魏征、曹彬何如?李冶答道:"征忠言谠论,知无不言,以唐诤臣观之,征为第一。彬伐江南,未尝妄杀一人……汉之韩、彭、卫、霍,在所不论"。

忽必烈又问:今之臣有如魏征者乎?李冶回答:"今以侧媚成风,欲求魏征之贤,实难其人。"又问:今之人才贤否?李冶回答:"天下未尝乏材,求则得之,舍则失之,理势然耳。今儒生有如魏璠、王鹗、李献卿、蘭光庭、赵复、郝经、王博文辈,皆有用之材,又皆贤王所尝聘问者,举而用之,何所不可,但恐用之不尽耳"。

忽必烈又问:"回鹘人可用否?"李冶答道:"汉人中有君子小人,回鹘人亦有君子小人……在国家择而用之耳。"

李冶所言,侧重于识才用人。他满足了忽必烈求才若渴的心愿,忽必烈当然愿意接受①。

这些献纳问答,都是极好的汉地先进文化启蒙,都是治国平天下的经验之谈。不仅为忽必烈增加了许多可贵的知识和信息,而且为他了解中原汉地和日后以汉法治汉地,提供了很好的思想准备。

在这些汉族儒士的影响下,忽必烈还有了一定的尊孔礼儒的倾向。如乃马真皇后三年(1244年)前金朝状元王鹗应忽必烈之召,携孔子画像赴漠北,在忽必烈的支持下举行释奠礼,忽必烈还与左右饮食其胙物,由此受到尊孔仪礼的初步演习②。宪宗二年

---

① 《元史》卷一百六十《李冶传》;《元朝名臣事略》卷一三《内翰李文正公》。
② 《元朝名臣事略》卷十二《内翰王文康公》;《南村辍耕录》卷二《丁祭》。

（1252 年），应召北觐的北方文学巨擘元好问及张德辉，尊忽必烈为儒教大宗师，忽必烈竟欣然接受①。应该承认，此时的忽必烈，未必完全懂得上述释奠和尊号的真实涵义。他的尊孔礼儒的倾向也是比较朦胧或不十分自觉的。

二、金莲川开府

宪宗元年（1251 年）六月，兄长蒙哥登上蒙古国汗位。随之，幸运之神降临，忽必烈奉汗兄之命担起了总领漠南的重任。

总领漠南前后，忽必烈在延请四方文学之士的基础上，形成了一个号称"金莲川幕府"的谋臣侍从集团。这个谋臣侍从集团，对忽必烈总领漠南乃至以后缔造元帝国的人生历程，都产生了重大的影响。

"金莲川幕府"，取名于忽必烈奉命总领漠南军国庶事后的驻牧开府地点。该驻牧地在原金桓州附近的金莲川。此地原名曷里浒东川，因夏季盛开美丽的金莲花，金世宗时易名为金莲川。这批藩邸谋臣侍从随而被称为"金莲川幕府"。

幕府侍臣包括：刘秉忠、赵璧、王鹗、张德辉、张文谦、窦默、姚枢、许国桢、郝经、许衡、廉希宪、商挺、刘肃、宋子贞、王恂、李昶、徐世隆、李德辉、张易、马亨、赵良弼、赵炳、张惠、李冶、杨奂等。这些人都是中州精英和硕德耆儒。他们多数是较长时间留在漠北或漠南金莲川藩邸，一小部分汉地名士或因年迈者旋召旋归，并不久留。他们地域种族各异，技能职业有别，学术派别林立，志趣主张也不尽相同。大体可分为邢州术数家群、理学家群、金源文学

---

① 《元朝名臣事略》卷十《宣慰张公》。

群、经邦理财群、宗教僧侣群及王府宿卫群等若干群体。他们分别从自己的学术志趣出发,阐扬各自的政见方略,希望为忽必烈所采用,竭力在总领漠南的施政中留下一些属于己方主张的印痕。

邢州术数家群。

这一群体的领袖是刘秉忠,成员有王恂、张文谦、张易、马亨等。

刘秉忠,邢州邢台人,1242 年随禅宗海云法师北上觐见忽必烈,留侍于漠北。刘秉忠学贯儒、佛、道三教,尤其"通晓音律,精算数,善推步,仰观占候,六壬遁甲,《易经》象数,《皇极邵氏》之书,靡不周知"。他不仅"学术通神明,机算若龟策",还娴熟治国之术。如前述,到漠北之初,刘秉忠曾上书数千百言,"皆尊王庇民之事"。但忽必烈最赏识的是"其阴阳术数之精,占事知来,若合符契",而且有所谓"唯朕知之,他人不得与闻"的神秘约定①。据说,他与忽必烈"情好日密,话必夜阑,如鱼得水,如虎在山"②,这又是其他藩府旧臣无法比拟的。元人张昱诗曰:"学贯天人刘太保,卜年卜世际昌期。帝王真命自神武,鱼水君臣今见之。"③

王恂,中山安喜(今河北定县)人,曾从刘秉忠学于邢州紫金山。"蚤以算术妙天下",在藩府担任太子伴读④。

张文谦,邢州沙河(今河北沙河县)人,与刘秉忠自幼同窗,"年相若,志相得",早年受刘秉忠的影响,"洞究术数"。后来,又

---

① 《元朝名臣事略》卷七《太保刘文正公》。
② 《藏春诗集》卷六附录,姚枢《祭文》。
③ 《可闲老人集》卷二《辇下曲》。
④ 《元朝名臣事略》卷九《太史王文肃公》。

与许衡等交结,潜心义理之学。他被忽必烈"擢置侍从之列",司教令牋奏,日见信任①。

邢州术数家群的成员,大都是刘秉忠的同乡、同窗、或门人,并且是由刘秉忠荐举进入藩邸幕府圈的。学术上也以阴阳术数为主。由于刘秉忠的缘故,邢州术数家群在藩邸幕府中称得上是最早投靠忽必烈,最受忽必烈信任的。

理学家群。

这一群体主要由窦默、姚枢、许衡三位北方著名理学家组成。

窦默,广平肥乡(今河北肥乡县)人,初业医,又学伊洛性理之书,一度隐于大名,与姚枢、许衡朝暮讲习。1249 年应召于漠北,首以三纲五常为言。忽必烈对此说有所领会,亦称:"人道之端,无大于此。失此,则不名为人,且无以立于世矣"。窦默又说:"帝王之道,在诚意正心,心既正,则朝廷远近莫敢不一于正"。忽必烈对此颇感兴趣,一日三次召见与之交谈,奏对皆称旨,自此对窦默敬待加礼,不令暂去左右。窦默是理学家群中最早进入忽必烈藩邸的。曾奉命教授太子真金,姚枢、许衡均由他举荐②。

姚枢,营州柳城(今辽宁朝阳)人,曾从赵复处得程、朱二子性理之书,潜心研读,遂成北方理学领袖之一。1250 年北谒忽必烈,上治国平天下及救时弊之八目三十条,"本末兼该,细大不遗"。姚枢所言讲究现实,也比较注重这位蒙古宗王的认同接受程度。忽必烈奇其才识,"动必见询",视姚为藩邸的主要谋臣③。

---

① 《元朝名臣事略》卷七《左丞张忠宣公》;《元史》卷一百五十七《张文谦传》。
② 《元朝名臣事略》卷八《内翰窦文正公》;《元史》卷一百五十八《窦默传》。
③ 《元朝名臣事略》卷八《左丞姚文献公》。

忽必烈虽然对空言性理的理学不甚感兴趣,但窦默、姚枢二人"诚结主知",一直受到格外的眷顾和信赖。忽必烈曾云:"如窦汉卿之心,姚公茂之才,合二为一,始成完人矣"。"此辈贤士,安得请于上帝,减去数年,留朕左右,同治天下?"①

至于许衡,因其被举荐的时间较晚,起初仅奉王府令旨教授京兆②,又兼性情古怪,所言迂阔空泛,藩邸时期的忽必烈并不喜欢他。尽管许衡在理学家群中学术造诣是最高的。

金源文学群。

这一群体大多数是前金朝词赋进士出身,率以诗赋文章相标榜。王鹗是这一群体的领袖,成员主要有徐世隆、李冶、刘肃、宋子贞、李昶等。

王鹗,开州东明(今山东东明县)人,金正大状元。1244 年召赴漠北藩邸,忽必烈对他格外优待,每每赐座,呼状元而不名。他曾给忽必烈进讲修身齐家治国平天下之道,常常到深夜。忽必烈颇为所论感动,说:"我今虽未能即行,安知它日不能行之耶!"王鹗"以文章魁海内","一时学者翕然咸师尊之"。他向忽必烈所举荐的,也多半是金朝的词赋文士。忽必烈还命令近侍阔阔、廉希宪、柴桢等五人以王鹗为师,学习汉文化③。

徐世隆,陈州西华(今河南西华县)人,金正大进士。他"古文纯正明白","诗歌则坦夷浏亮","四六则骈俪亲切"。1252 年徐世隆北上,见忽必烈于日月山帐殿,以孟子"不嗜杀人者能一之"

① 《元朝名臣事略》卷八《内翰窦文正公》。
② 《元朝名臣事略》卷八《左丞许文正公》。
③ 《元朝名臣事略》卷一二《内翰王文康公》;《元史》卷一百三十四《阔阔传》,卷一百六十《王鹗传》。

说,劝戒忽必烈征云南之行①。

李冶,真定栾城(今河北栾城县)人,金正大末进士。他"聚书环堵",以做文章为乐,"经为通儒,文为名家"。1257年,随使者北谒,也是忽必烈问以治道的汉文士之一②。

其他属于此群体的刘肃、宋子贞、李昶等,也都是喜好文学诗赋的进士出身者。

有必要解释,这一群体的文士大部分是学儒通儒的。以上王鹗、徐世隆、李冶三人进讲治道时,言必称孔孟纲常,就很能说明问题。不过,他们在崇尚标榜诗赋文章之余,兼学兼通的多是传统的孔孟儒术,而非程朱的性理之学。

经邦理财群。

这个群体的人员,率以治国经邦为直接任务,或喜好谋划经略,或善于理财会计。郝经、赵璧是其代表人物。

郝经,泽州陵川(今山西陵川县)人,金朝亡后,侨居保定,充世侯张柔家塾教授。郝经虽然"上溯洙泗,下迨伊洛诸书,经史子集,靡不洞究",但又强调"不学无用学,不读非圣书","不为利益拘","不作章句儒",立志"务为有用之学","以复兴斯文,道济天下为己任"。应召赴藩邸后,他充任重要谋臣,上下数千年,旁征博引,援据古义,为忽必烈呈献诸多救弊更化的良策。忽必烈喜其所言,凝听忘倦,还在日后的施政中多有采用③。

赵璧,云中怀仁(今山西怀仁县)人。1242年,即被忽必烈召

---

① 《元朝名臣事略》卷一二《太常徐公》。
② 《元朝名臣事略》卷一三《内翰李文正公》。
③ 《元朝名臣事略》卷十五《国信使郝文忠公》;《陵川集》卷二十一《志箴》。

至漠北驻地,是忽必烈最亲近的汉人侍从之一。忽必烈让王妃亲自为他缝制衣裘,派他驰驿出使四方,招聘名士王鹗、姚枢等。还奉命学习蒙古语,在马背上替忽必烈译讲《大学衍义》。赵璧被忽必烈称为秀才,颇善于草拟表章文檄,且教授蒙古生徒儒书。然而,他"刻意吏学,以经济为己任",后来又"经画馈运","手校簿书",忽必烈任命其为中书平章的制书中也有"素闲朝政,久辅圣躬,柱石庙堂,经纶邦国"之语①,故更像是一位经邦理政的精敏儒吏。

此外,"能理财赋""调军食"的李德辉,"博学有经济器"的张德辉,文武才兼备,"有经济略"的商挺,被忽必烈命为抚州长,"城邑规制,为之一新"的赵炳,担任邢州安抚司和陕西宣抚司幕官的赵良弼,"尽通诸国语",后任制国用司副使的张惠,出身察必皇后斡耳朵媵人,又与李德辉"偕侍潜邸"的阿合马等②,也大致属于这一群体。

宗教僧侣群。

代表人物是吐蕃萨加派僧师八思巴、禅宗僧人海云、太一道教大师萧公弼等③。这个群体人数不多,但对忽必烈的个人宗教信仰,对日后元王朝的宗教政策及治理吐蕃,影响颇大。

王府宿卫群。

顾名思义,这一群体是由忽必烈王府怯薛宿卫士组成。如廉

---

① 《西岩集》卷一九《赵璧神道碑》;《元史》卷一百五十九《赵璧传》。
② 《元史》卷一百六十三《李德辉传》,《张德辉传》,《赵炳传》,卷一百六十七《张惠传》;《元朝名臣事略》卷十一《参政商文定公》,《枢密赵文正公》,《左丞李忠宣公》。
③ 《历代佛祖通载》卷三十二;《静修集》卷三《洺水李君墓表》。

希宪、董文用、董文忠、贺仁杰、阿里海牙、许国祯、谢仲温、姚天福、高天锡、谒只里、昔班、阔阔等。这些人来自蒙古、色目、汉人等不同种族，平时负责王府的生活服侍和护卫。除廉希宪以外，王府宿卫士大多没有什么突出的政见主张，也不常参与藩邸的治道问答。但他们始终是忽必烈最信赖的藩邸人员。

以上六种类型或群体，只是着眼于其基本特征的粗略划分。实际上，六群体部分人员在志趣流派方面常呈现一定程度的交叉或复合。例如，由于程朱性理之学是宋代以来儒学的新发展，多数中原士大夫对其均有某种渴望或追求欲，理学家群以外的四群体（不包括宗教僧侣群）中即有张文谦、王鹗、郝经、廉希宪等重要人物，饶有兴趣地品味研读伊洛义理之书。而经邦理财群之外，又不乏刘秉忠、姚枢、廉希宪等运筹帷幄的巨擘。张文谦和赵璧的身份根脚，也属于怯薛宿卫。总之，六种类型或群体的划分，使我们对"金莲川幕府"内部构成及其与忽必烈的关系，一目了然。尽管这种划分只是相对或粗略的。

忽必烈对"金莲川幕府"及其他应召人员的态度，是比较理智的。这些侍从和应召人员形形色色，所持主张及所怀目的各异：有的希望获取赏赐，有的希望免除本派别门人的劳役赋税，有的希望改善民众的生活并恢复中国的统一与秩序，有的则主张以华化夷，促使蒙古人逐渐汉化。此时的忽必烈，对这些人大抵是礼贤下士，虚己而问，兼容并蓄，不明显地抑此褒彼，以多听多问为主，择其有用有益而从。即使是对个别不友好、不合作者，也不发怒，不失礼。一次，忽必烈召见被俘北上的南人赵复，问道："我欲取南宋，卿可导之乎？"赵复回答："宋，吾父母国也，未有引他人以伐吾父母者"。忽必烈听罢，反而挺高兴，也不再强迫赵复在蒙古政权做官①。

　　"金莲川幕府"的形成，是忽必烈主动吸收汉法制度，并与中原士大夫实行政治联合的良好开端。它增加了以忽必烈为代表的蒙古贵族与汉族士大夫间彼此沟通、认同，对忽必烈履行其总领漠南的使命，发挥了深刻而积极的影响。由于这些士大夫中的相当部分来自汉世侯幕僚属吏（如郝经、王鹗来自张柔幕下，宋子贞、李昶、徐世隆、商挺等来自严实幕下），"金莲川幕府"的形成，又在一定程度上密切了忽必烈和汉地世侯的联系。从长远看，它又为元帝国的建立提供了必要的政策方略、社会支持和官员准备。中统至元间，这些幕府侍从"布列台阁，分任岳牧"②，成为忽必烈政权的主要班底。他们有关汉地统治方式的论列，也为忽必烈君临整个华夏描绘了一幅行之有效的政治蓝图。简单地说，此蓝图包括两方面内容：一是以汉法治汉地，二是原有蒙古制度参考汉地等先进方式予以变通，以适应君临南北的形势需要。而后，忽必烈总领漠南和建立元朝的整个政治生涯，几乎都是基于这幅蓝图而实践和发展的。

三、自请唯掌军事

　　蒙哥即汗位之初，忽必烈以皇太弟日侍圣驾，开始进入汗廷决策圈。他论奏时务之急，替汗兄出谋划策。对皇弟忽必烈的上奏，蒙哥汗大率言听计从，赐允施行。而这些奏言多是藩邸谋臣刘秉忠和张文谦一手炮制拟定的③。

---

① 《元史》卷一百八十九《赵复传》。
② 《元文类》卷五十八《中书左丞张公神道碑》。
③ 《元朝名臣事略》卷七《左丞张忠宣公》。

不久,蒙哥汗降诏:"凡军民在赤老温山南者",听皇弟忽必烈统辖领治。这是忽必烈总领漠南最初的管辖范围和权限内容。

即位伊始的蒙哥汗如此安排,显然是为了让同母弟忽必烈替他执掌漠南军政大权,以对付窝阔台系、察合台系诸王等敌对势力。这种安排,在蒙哥汗看来是十分必要的。

忽必烈及其王府官属更是为之弹冠相庆,大排宴席。惟有王府文臣姚枢沉默寡言,心事重重。

忽必烈觉得蹊跷,宴会结束后,急忙询问:"顷者诸人皆贺,汝独默然,岂有意耶?"姚枢回答:"今天下土地之广,人民之殷,财赋之阜,有加汉地者乎?军民吾尽有之,天子何为?异时庭臣间之,必悔见夺。不若唯手兵权,供亿之须,取之有司,则势顺理安"。

忽必烈恍然大悟,深知虑所未及,立即派人以姚枢的意见上奏,并获得蒙哥汗的批准①。于是,忽必烈的权限和使命,就由军民兼领缩小为惟掌军事了。

自请唯掌军事,使蒙哥汗与忽必烈的权力冲突未能过早发生,给忽必烈在总领漠南期间干一番事业带来了宝贵的机会。

它还说明:总领漠南的忽必烈已经相当成熟干练,他身旁的谋臣侍从也绝非等闲之辈。

在选择驻屯地点上,忽必烈也善于听取部下的正确意见,不拘泥于草原游牧传统,从而做出理智的决策。

受命总领漠南之初,忽必烈对木华黎孙霸突鲁说:"今天下稍定,我欲劝主上驻跸回鹘,以休兵息民。何如?"霸突鲁回答:"幽燕之地,龙蟠虎踞,形势雄伟,南控江淮,北连朔漠。且天子必居中

---

① 《元史》卷三《宪宗纪》;《元朝名臣事略》卷八《左丞姚文献公》。

以受四方朝觐。大王果欲经营天下,驻跸之所,非燕不可。"忽必烈听了,颇有感慨地说:"非卿言,我几失之。"①

忽必烈把回鹘(畏兀儿)当作首选驻屯地,主要是因为该地是突厥后裔居栖处,在风俗和生活方式上与蒙古人很接近。而"幽燕之地",辽、金两朝一直是国都和政治中心,木华黎国王受命经营汉地和燕京行断事官设立后,该地很快成为蒙古国在汉地的大本营。当忽必烈听到霸突鲁陈述驻屯幽燕更有利于经营中原和江淮等广大区域时,就不再留恋或拘泥于回鹘(畏兀儿)地和蒙古草原游牧民的亲和性,毅然改变主意,最终选定幽燕一带为自己的驻屯地。

1256年,忽必烈命令刘秉忠占卜选择金桓州东、滦河北之龙岗,修筑开平城②,作为在漠南的固定驻所。开平,北连朔漠,南控中原,地理上很适合于忽必烈总领漠南的政治军事需要。

请不要忽视上述驻屯地的选择变动!倘若当时忽必烈选定的驻屯地是回鹘(畏兀儿)而非幽燕,那么忽必烈或许不会成为蒙古贵族以汉法治汉地的先驱,蒙元帝国的历史或许要重新书写。

忽必烈唯掌军事以后,对漠南的民事刑法,并非不闻不问。

当时,蒙哥汗新任用的燕京等处断事官牙鲁瓦赤和不只儿负责管辖漠南汉地的财赋司法。他俩视事第一日,大开杀戒,诛杀二十八人。其中一名偷盗马匹的人犯,本来已施杖刑而释放。恰巧有人献上环刀,不只儿下令追回已释放者,亲手试刀而斩之。忽必

① 《元史》卷一百一十九《霸都鲁传》。
② 《元朝名臣事略》卷七《太保刘文正公》。

烈闻讯,严词指责道:"凡死罪必详谳而后行刑。今一日杀二十八人,必多非辜。既杖复斩,此何刑也?"不只儿听罢,惊愕而无言以对①。

还有一次,王府侍臣赵璧居然敢在蒙哥汗驾前申斥燕京断事官牙鲁瓦赤以旧印妄请复用。还提议:"请先诛近侍之尤不善者"。事后,连忽必烈也说:"秀才,汝浑身是胆耶! 吾亦为汝握两手汗也"②。

可以想见,那段时期总领漠南的忽必烈与燕京断事官之间的关系,已经多少有些紧张了。

不久,依照蒙古国惯例,藩邸近侍孟速思也代表忽必烈位下担任了燕京行台断事官③。

忽必烈征大理途经六盘山时,许多地方官闻讯赶来晋见,大多是就自己"官资之崇卑,符节之轻重",请求忽必烈开恩庇护。唯延安路兵马使袁湘面陈本路军户困乏之弊以及相应的革除办法。忽必烈采纳了袁湘的意见,并予极力赞扬。对其他官吏言私不言公的做法,一概责备训戒④。巩昌总帅汪德臣也来禀告新城益昌赋税徭役免除事宜,且得到忽必烈的批准⑤。

这样一来,总领漠南的忽必烈在陕甘一带也留下了体恤百姓疾苦和秉公不徇私的好名声。

---

①　《元史》卷四《世祖纪一》。
②　《元史》卷一百五十九《赵璧传》。
③　《雪楼集》卷六《武都智敏王述德之碑》。
④　《牧庵集》卷十七《袁公神道碑》。
⑤　《元史》卷一百五十五《汪世显传》。

第二节 南平大理

一、祠牙出师

蒙哥汗二年(1252年),大汗蒙哥命令忽必烈远征大理。此乃忽必烈总领漠南后承担的第一项重大军事征伐。

按照忽必烈总领漠南军国重事的使命,他负责经略征伐的对象应是整个南部中国。然而,十余年来蒙古军对南宋的进攻,因在江淮和四川受到顽强的抵抗而举步维艰。阔端大王对吐蕃的用兵却进展顺利,乌思藏已开始划入蒙古军队的控制范围。远征大理,从西南包抄夹攻南宋控制区长江中游,遂成为经略南部中国战略计划的一部分,而且是与征服吐蕃相辅相成的部分。另一方面,雄居西南三百余年的段氏大理国,此时由于国君段兴智孱弱,大臣高氏专权,国势业已衰落。这也是蒙古军发动远征的天赐良机。

忽必烈是夏六月在曲先脑儿觐见蒙哥汗时授钺专征的。当晚,忽必烈宴请部属侍从,姚枢趁机给他讲起宋太祖遣曹彬取南唐未尝杀一人的故事。翌日清晨上路,忽必烈兴奋地在马鞍上向着姚枢呼喊:"汝昨夕言曹彬不杀者,吾能为之,吾能为之!"[1]

七月,远征大军从漠北祠牙祭旗出发。遵照蒙哥汗的旨意,全军军事由速不台子、大将兀良合台节制管领[2],皇弟忽必烈负责居

---

[1] 《元文类》卷六十《中书左丞姚公神道碑》。

[2] 《元史》卷一百二十一《速不台传》;《秋涧集》卷五十《大元光禄大夫平章政事兀良氏先庙碑铭》。

上统辖。拉施德《史集》载,征云南大军有十万之众①,大致由兀良合台的蒙古千户军、诸王抄合、也只烈所部军、汉军及王府侍从组成。

随同忽必烈远征的侍从主要有:刘秉忠、姚枢、张文谦、廉希宪、贺仁杰、董文用、董文忠、许国祯、赵秉温、郑鼎、解诚、贾丑妮子、字儿速等。董文用、董文忠兄弟负责督办粮草,赞襄军务②。其兄长董文炳则自率义士四十六人,尾随远征军之后,受到忽必烈的慰劳和褒奖③。

忽必烈认为姚枢等侍臣不能离其左右,临行前还特意把原先姚枢教授皇子真金的任务,转交给留在北方的窦默④。

冬十二月,大军渡黄河。

翌年春,经原西夏腹地盐、夏二州。夏四月,出萧关,驻军六盘山。

京兆鄠县人贺贲修建房屋时从毁坏墙垣中获得白金七千五百两,遂以"殿下新封秦,金出秦地,此天以授殿下"为由,持其中五千两呈献忽必烈以助军。某军帅怨贺贲不先禀白而直接献银,将贺贲逮系下狱。忽必烈得知,勃然大怒,下令捕捉该军帅欲杀之,后念其勋旧家世而饶其不死⑤。此军帅的姓名,不得而知,忽必烈对远征大军将帅的生杀予夺权力,却是显而易见的。而主动呈献

---

① 《史集》余大钧、周建奇译本,第一卷第一分册,第260页,商务印书馆1983年。

② 《元朝名臣事略》卷十四《内翰董忠穆公》。

③ 《元朝名臣事略》卷十四《左丞董忠献公》。

④ 《元文类》卷六十《中书左丞姚公神道碑》。

⑤ 《元史》卷一百六十九《贺仁杰传》;《牧庵集》卷十七《光禄大夫平章政事贺公神道碑》。

白金的贺贲,后受到忽必烈擢用。根据贺贲的意愿,其子贺仁杰即日应召进入了忽必烈宿卫。

二十年后的一天,忽必烈把贺仁杰召至御榻前,拿出五千两白银,对他说:"此汝父六盘山所献者,闻汝母来,可持以归养"。贺仁杰推辞不收,忽必烈不允许①。足见忽必烈念念不忘臣下旧日的贡献,且能予以适当报偿,颇有信誉和人情味。

二、迂回远征大理

"诏出甘泉总六军,渡泸深入建元勋。"②

蒙哥汗三年(1253年)八月,忽必烈所率大军到达临兆,九月,抵忒剌。然后,兵分三路,兀良合台率西路军,诸王抄合、也只烈率东路军,忽必烈亲自率领中路军。

由于四川中南部的大部分地区仍被南宋控制,三路蒙古军队只能取道吐蕃东部等人迹罕至的地区,艰难跋涉。"经吐蕃曼陀,涉大泸水,入不毛瘴喘沮泽之乡,深林盲壑,绝崖狭蹊,马相縻以颠死";"前行者雪深三尺,后至及丈,峻阪踏冰为梯,卫士多徒行,有远踬千里外者"。忽必烈的谋臣姚枢就曾因坐骑瘠瘦而徒行千余里③。经雪山时,山路盘旋曲折,包括忽必烈在内,都必须"舍骑徒步"。因忽必烈患有足疾,不得不由随从郑鼎等背负以行。遇敌军据险扼守,郑鼎等又奋不顾身,力战而败之,受到忽必烈赐马三匹的奖赏。

---

① 《元史》卷一百六十九《贺仁杰传》。
② 《双溪醉隐集》卷四《贤王有云南之捷》。
③ 《牧庵集》卷一十七《光禄大夫平章政事贺公神道碑》;《元文类》卷六十《中书左丞姚公神道碑》。

十月,过大渡河,军队在山谷中行进二千余里,忽必烈率领的劲骑走在最前面。

随同征大理的刘秉忠曾赋诗以志路途之艰险:

鞍马生平四远游,又经绝域入蛮陬。

荒寒风土人皆怆,险恶关山鸟亦愁。①

入大理境后,行至金沙江畔,忽必烈情不自禁地立马江边巨石之上,俯视波涛汹涌的江水。后经随从提醒,才下马作罢②。

蒙古军队乘革囊和木筏渡金沙江,逐个攻下了负固自守的许多砦栅。

十二月,忽必烈所率中路军先行包围大理城。兀良合台的西路军也在攻取龙首关后,抵达大理城下。

大理城倚点苍山,傍洱海,相当坚固。事先,忽必烈曾派玉律术、王君候、王鉴三人为使者,谕说大理归降,却有去无还,杳无音信。大理国王段兴智和权臣高祥背城出战,被蒙古军打败。忽必烈下令攻城,还亲自登上点苍山临视城中战况。是夜,大理守军溃败,段兴智和高祥率众逃遁。忽必烈命令大将也古领兵追击,擒杀高祥于姚州。

蒙古军入城后,忽必烈言:"城破而我使不出,计必死矣。"于是命令姚枢等搜访大理国图籍,搜访之际发现了三使者的尸体③。掩埋三使者尸体时,忽必烈又命令姚枢撰文致祭,以表哀思。另赐

---

① 《藏春集》卷一《西蕃道中》。

② 《元史》卷一百五十四《郑鼎传》。

③ 《元史》卷四《世祖纪一》;《雪楼集》卷五《平云南碑》。

民户数十,抚恤死者家属①。

见到使者被杀,忽必烈大怒,一度要改变初衷而屠城。侍从张文谦、刘秉忠、姚枢急忙劝谏说:"杀使拒命者,其国主尔,非民之罪"。忽必烈接受他们的意见,特免杀掠②。还让姚枢尽裂所携之帛为帜,书写止杀之令,分插公布于街衢。这样,蒙古军士一概不敢进城抢掠,大理城民众的身家性命及官民财产才赖以保全。

1254年春,忽必烈班师北返,留兀良合台统兵戍守,又以刘时中为宣抚使,继续经略抚治云南。后来,被俘归降的大理国王段兴智,入觐蒙哥汗。在他的协助下,蒙古军队较快地征服了云南全境。

刘秉忠《下南诏》诗曰:

> 天王号令迅如雷,百里长城四合围。
> 龙尾关前儿作戏,虎贲阵上象惊威。
> 开疆弧矢无人敌,空壁蛮酋何处归?
> 南诏江山皆我有,新民日月再光辉。③

忽必烈远征大理的成功,使蒙古国疆域向西南扩展了一大块,称得上蒙古征服南部中国的一个不小胜利。它完成了对南宋的战略性迂回包抄,也打开了向南亚、东南亚扩展的通道。

---

① 《元文类》卷六十《中书左丞姚公神道碑》。
② 《元文类》卷五十八《中书左丞张公神道碑》。
③ 《藏春集》卷一。

远征大理的成功,使云南"衣被皇朝,同于方夏"①,纳入蒙元王朝的直接统治,加强了云南"新民"与蒙、汉等民族的联系,促进了多民族统一国家的发展壮大。

远征大理的成功,又使忽必烈成为蒙古东方征服的赢家。它不仅让忽必烈在艰苦的征战中经受了剑与火的洗礼,也向黄金家族乃至整个大蒙古国显示了他的军事征服才能。这对忽必烈在后来的汗位争夺中能赢得相当多蒙古诸王贵族的拥戴,是颇有意义的。

平定大理所付出的代价,也比较大。拉施德《史集》说:"当蒙哥合罕派遣自己的兄弟忽必烈合罕率领十万军队到合剌章国(引者注:大理国别称)之时……那里的气候又极恶劣、潮湿,因此全军都生了病。此外,这个国家人烟稠密,军队众多,每天在各个停驻之处都得作战。由于这两个原因,那十万军队回来的,还不到二万。"②除了军士损失以外,"亡失马,凡四十万匹"。忽必烈在远征途中曾派遣急使向蒙哥汗奏报:"沿途没有食物,行军极为困难:'若蒙颁降圣旨,我们就到合剌章地区去'。"③足见,远征之艰难,投入的兵员辎重及损失,不可低估。

忽必烈本人对征大理之行,一直记忆犹新,非常重视。二十余年后,忽必烈颇有感慨地说:"昔从太祖饮水黑河(引者注:班朱尼河)者,至今泽及其子若孙。其从征大理者,亦朕之黑河也,安可

① 《雪楼集》卷五《平云南碑》。
② 《史集》余大钧、周建奇译本,第一卷第一分册,第260页,商务印书馆1983年。
③ 《史集》余大钧、周建奇译本,第二卷,第265页,商务印书馆1985年。

不录其劳?"于是,对当年随从征大理的旧臣,一概厚加赏赐①。

1304年,元廷还命令在忽必烈曾经登临俯视大理城中激战的点苍山崖上镌刻"平云南碑",以纪半个世纪以前世祖远征大理的功业②。

第三节　以汉法治汉地的尝试

一、邢州治绩

忽必烈总领漠南的另一项业绩是,任用部分中原士大夫,以汉法成功治理邢州、河南和关中三地。

邢州,宋末为信德府。金朝灭亡后,窝阔台汗对诸王功臣大封汉地食邑,邢州一万五千户封授给启昔礼、八答两答剌罕。

当时投下封君所委派的达鲁花赤,都是不习吏事、唯知求取的武弁。加之,蒙古政权在中原长期实行"并包兼容,笼络八极,得一邑者,使宰一邑"的政策,具体管辖邢州的一直是节度使武贵等地主武装头目。他们"肆为峻剥,始于贫民下户,次则中人富家,末则权家势要,剥肤椎髓,惟恐不竭"。而驿站祗应等负担,也使民不堪命。百姓被逼四散逃亡,户口日减月削,最低跌至五、七百户。邢州境内有"盗区"之称,官府也败落为昼伏夜出的"鬼衙"。

大约在忽必烈受命总领漠南前后,邢州下属沙河县达鲁花赤吕诚等仰慕忽必烈之贤达,不远万里,赴漠北向本投下封君禀告以

---

① 《牧庵集》卷十七《光禄大夫平章政事贺公神道碑》。
② 《雪楼集》卷五《平云南碑》。

上情况,恳请将所属地管理权交给忽必烈王府①。邢州封君两答刺罕万般无奈,只好出面请求忽必烈"选良吏抚循"所属食邑分地②。

因为邢州又是刘秉忠、张文谦的故乡,吕诚等邢州官吏也直接到忽必烈王府陈述以上请求,而且是刘、张二人先为接待的。于是,刘秉忠、张文谦合辞向忽必烈建议:"今民生困弊,莫邢为甚,救焚拯溺,宜不可缓。盍择人往治,要其成效,俾四方诸侯,取法于我。则天下均受赐矣!"忽必烈欣然采纳,奏请蒙哥汗,任命近臣脱兀脱、张耕为安抚使,刘肃为商榷使,以治邢州③。王府侍从赵良弼又被命为安抚司"幕长"④。不过,忽必烈王府只是负责派官管理,邢州的贡赋岁入"五户丝"等仍归于封君两答刺罕⑤。

脱兀脱、张耕、刘肃等到任后,兴办铁冶,充实官府财用,印制纸钞,满足民间贸易流通。还整顿驿站,驿马由圈人恒养,驿车编甲乙受雇。对不法官吏,"诛尤为民害者一人,其余或黜或降"。大部分官吏遵守"簿书期会"惟谨,不敢造次。官廨馆舍仓廪,修理得井井有条。又在州之北郭新建石桥,以便官民通行。于是,新政大行,百姓安居乐业。流亡民众纷纷归返,一月之内,增户二万。

① 《畿辅通志》卷九十七,宋子真《改邢州为顺德府记》。
② 《元史》卷四《世祖纪一》。
③ 《藏春集》卷六《故光禄大夫太保刘公墓志》;《元文类》卷五十八《中书左丞张公神道碑》;《元朝名臣事略》卷七《太保刘文正公》。另,《中书左丞张公神道碑》载:安抚使有李简而无张耕;《故光禄大夫太保刘公墓志》为刘肃和李简。《牧庵集》卷二十七《提刑赵公夫人杨君新阡碣》又载:脱兀脱和赵瑨的职务是断事官,位安抚使上。今从《元史·世祖纪一》。
④ 《元朝名臣事略》卷一一《枢密赵文正公》。
⑤ 《牧庵集》卷二十七《提刑赵公夫人杨君新阡碣》。

诸路州政绩考课时,邢州为最,一跃而成中原地方官府的楷模①。

在邢州的治理中,总领漠南的忽必烈也常常给予关心和支持。王府侍从赵良弼担任安抚司幕长,区画有方,政事遇有掣肘,就直接北上启奏藩邸,求得忽必烈令旨的批准与庇护。两年时间内,竟往返六次。忽必烈远征大理之际,已升为断事官的脱兀脱及其属下交媾嫌隙,阻挠庶政。赵良弼乘驿向忽必烈禀白,罢黜了脱兀脱②,保持了邢州新政的积极成果。

治理邢州,虽然是当地部分官吏的偶然请求所引发,但它对忽必烈总领漠南的政策走向却意义不凡。

如果说金莲川开府是忽必烈从理念上初步学习和认同汉法的话,那么,邢州新政就是他以汉法治汉地的现实试验,而且是一次成功的试验。通过这次试验,忽必烈开始懂得:蒙古人的统治方法在汉地要碰壁,藉中原士大夫,以汉法治汉地,才是出路。因为邢州安抚使张耕、刘肃二人都是儒士,忽必烈由此"益重儒士,任之以政"③,进一步扩大了对汉地士大夫的任用。

二、经营河南与关中

忽必烈的京兆分地,是蒙哥汗三年(1253年)受封的。

蒙哥汗对这位总领漠南的皇弟格外眷顾,曾让他在南京(汴梁)、关中二地内,自择其一。藩邸侍从姚枢向忽必烈献策:"南

---

① 《元朝名臣事略》卷十《尚书刘文献公》;《畿辅通志》卷九十七,宋子真《改邢州为顺德府记》。

② 《元朝名臣事略》卷十一《枢密赵文正公》;《元史》卷一百五十九《赵良弼传》。

③ 《元文类》卷五十八《中书左丞张公神道碑》。

54

京,河徙无常,土薄水浅,泻卤生之。不若关中,厥田上上,古名天府陆海"。忽必烈依此策而行,遂得京兆(今陕西西安)。三年后,蒙哥汗又以京兆户口较少,特意为忽必烈增封怀孟①。

忽必烈京兆封户计三万三千余,加上怀孟一万一千余户,总共四万五千余户。忽必烈当是蒙哥汗时期获得汉地食邑封户最多的宗王。其封户数虽然比阿里不哥继承拖雷真定封户少得多,但又远远高于旭烈兀等其他皇弟②。

受封京兆分地之初,忽必烈麾下的诸将帅纷纷在京兆城内大兴土木,修造府第,而且都以豪华奢侈相尚,似乎要在这里安享荣华富贵。忽必烈感觉到势头不妙,与自己总领漠南和对宋用兵的事业很不合拍。于是,立即把这些将帅分别派遣到兴元等州戍守。

忽必烈经营河南与关中,虽与他的封邑方位有关,更重要的还是其总领漠南及用兵南宋的使命。

蒙哥汗二年(1252)春,忽必烈身在漠北,通过幕府侍从的报告,他对汉地,尤其是河南、关中失于抚治的弊病已经所知甚多。鉴于蒙哥汗方倚重于燕京行尚书省牙鲁瓦赤、不只儿等,忽必烈利用朝觐的机会,请求蒙哥汗将黄河以南的所属地区划分出来,交付自己试行治理,不受燕京行尚书省牙鲁瓦赤辈的钤制。蒙哥汗居然批准了这个请求③。于是,忽必烈暂时得到了便宜治理河南、关中的授权。

河南经略司是根据姚枢的建议设置的。

---

① 《牧庵集》卷十五《中书左丞姚文献公神道碑》。
② 以上统计,参阅李治安《元代分封制度研究》第63页,天津古籍出版社1992年。
③ 《元朝名臣事略》卷七《丞相史忠武王》。

姚枢云:"太宗平金,遣二太子总大军南伐,降唐、邓、均、德安四地,拔枣阳、光化,留军戍边,襄、樊、寿、泗继亦来归。而寿、泗之民,尽于军官分有,由是降附路绝,虽岁加兵淮蜀,军将惟利剽杀,子女玉帛,悉归其家,城无居民,野皆榛莽。何若以是秋去春来之兵,分屯要地,寇至则战,寇去则耕,积谷高廪,边备既实,俟时大举,则宋可平。"①

忽必烈觉得姚枢之言很有道理,于是上奏蒙哥汗,设立屯田经略司于汴梁,任命忙哥、史天泽、杨惟中、赵璧为经略使,陈纪、杨果为参议②。忙哥、赵璧是王府宿卫。史天泽是拖雷分地真定守臣、汉世侯万户之一。杨惟中曾在耶律楚材后任中书令,是投附蒙古最早的汉族官员。忽必烈任用这四人充经略使,希望能在与南宋对峙的河南一带有所作为。

是时,河南境内属于蒙古最新征服的地区,又与下一个用兵对象南宋王朝的疆域毗邻。民心不稳,无所依恃,差役急迫,流亡颇多。蒙古军队既无纪律,又无固定屯戍地点,秋去春来,暴掠平民,没有人敢出面管束。南部边境备御不严,南宋军队时而骚扰,民众多被杀伤掳掠。

经略使史天泽、赵璧等在所属州县派设提领,严察奸弊,均平赋税,以纾民力,更新钞法,以通贸易。在边境地带,又修筑城堡,保全边民③。在诛杀奸恶,整肃吏治方面,经略使毫不手软。河南道总管刘福"贪鄙残酷,害虐遗民二十余年",经略使杨惟中手握

① 《牧庵集》卷十五《中书左丞姚文献公神道碑》。
② 《元史》卷四《世祖纪一》。
③ 《元朝名臣事略》卷七《丞相史忠武王》;《元史》卷四《世祖纪一》;《牧庵集》卷十五《中书左丞姚文献公神道碑》。

大梃,击杀之。赵璧又将恃势为虐、强娶三十余名民女的董主簿问罪斩首①。二、三年间,兴利除害,民安兵强,河南大治,为日后大举攻宋做了必要的准备。

屯田系经略司的重要职司,也是依照姚枢的建议办理的。当时,河南境内的军队"分屯要地"、且耕且战。所辖屯田多为军屯,遍于唐、邓等河南诸州,官府授给兵器和耕牛,南宋军来攻时抵御,南宋军离去时耕作。距离襄阳前线不足二百里的邓州驻有重兵,屯田万户就设于邓州。史天泽之侄史权曾担任屯田总管万户②。由于军屯兴办,军粮充实,西起穰、邓,东连陈、亳、清口、桃源,屯兵防御大为改善。还在窝阔台朝新卫军储所的基础上,设都转运司于卫州(今辉县),扩建官仓五座,令民入粟,再转运于河南,供给军饷③。

蒙哥汗三年(1253年)开始,忽必烈相继设置了宣抚司、从宜府、行部等,负责其京兆分地和陕西地区的统辖管理。

京兆宣抚司是蒙哥汗三年(1253年)夏忽必烈征大理途中,专派王府尚书姚枢前往设立的。

最先担任宣抚使的是孛兰和杨惟中,商挺任郎中。第二年(1254年)六月,廉希宪接替杨惟中任宣抚使,商挺升为副使④。正、副使的任命,一般要奏请大汗批准。赵良弼、杨奂则由忽必烈

---

① 《陵川集》卷三十五《故中书令江淮京湖南北等路宣抚大使杨公神道碑》;《元史》卷一百五十九《赵璧传》;另,卷一百五十五《史天泽传》言,史天泽也诛杀两名贪横成性的郡邑长贰。被诛者或许就是刘、董二人。

② 《元史》卷四《世祖纪一》;《元文类》卷六十三《真定新万户张公神道碑》。

③ 《牧庵集》卷十五《中书左丞姚文献公神道碑》。

④ 《元史》卷四《世祖纪一》。

以教令任命为宣抚司参议①。

孛兰和杨惟中任宣抚使后,提拔贤良,锄暴黜贪,制定规程,印制纸币,颁发俸禄,薄税劝农。诸军帅"横侈病民",郭千户杀人而夺其妻,杨惟中戮之以徇,关中群吏震慑。杨惟中曾对他的重典政策解释道:"吾非好杀,国家纲纪不立,致此辈贼虐良民,无所控告。不去不仁,何以为仁政乎?②"

与杨惟中相比,廉希宪为政稍显温和。他扶贫弱,摧奸强,去"羊羔利"征取之弊,推行本息对偿。又延访宿儒,荐许衡为京兆提学,自辟智仲可参议幕府,释为奴文士而附之儒籍。对串通占卜者毒杀丈夫之狱,廉希宪也能在审清结案后及时署字处决。

宣抚司之下还有交钞提举司、提学、劝农使、榷课所等设置。

蒙哥汗四年(1254年)六月,忽必烈曾委任姚枢为劝农使,负责关中的劝课农桑事。姚枢躬自遍历京兆所属八州十二县,宣谕忽必烈重农桑的旨意,对恢复当地农业生产颇有裨益③。

榷课所长官是由忽必烈藩邸私臣马亨担任。马亨在长达五年的时间内,负责京兆的榷课办集。所课税银每年多达五百锭,一概输于王府,不缴朝廷。为避免所输课银被朝廷钦差没收,马亨之流心甘情愿自身获罪④。

宣抚司的管辖范围和属性,有些扑朔迷离。从商挺墓碑所载

---

① 《元史》卷一百五十九《赵良弼传》;《元朝名臣事略》卷十三《廉访使杨文宪公》。
② 《陵川集》卷三十五《故中书令江淮京湖南北等路宣抚大使杨公神道碑》;《元朝名臣事略》卷十一《参政商文定公》。
③ 《牧庵集》卷十五《中书左丞姚文献公神道碑》。
④ 《元史》卷一百六十三《马亨传》。

看,宣抚司管辖的似乎主要是忽必烈的分地京兆府八州十二县和怀孟州①。然而,杨惟中"陕右四川宣抚大使"的官称及施政情况又说明,宣抚司的权限已延伸到整个川陕地区。还须遵照朝廷命令筹措调集粮食布帛器械,如期供给蒙古军南征军需②。如果按照当年耶律楚材规定的"各位止设达鲁花赤,朝廷置官吏收其租而颁之"③,宣抚司并不符合食邑分地官府的正规制度,而是忽必烈个人为统管京兆分地和整个川陕的特殊设置。

从宜府之设,稍早于宣抚司。蒙哥汗三年(1253年),也是在奉命征大理途中,忽必烈奏请蒙哥汗批准,立从宜府于京兆,专门负责为四川前线调集转运军粮。此举是配合巩昌总帅汪德臣在利州(今四川广元)筑益昌新城,建立川北军事据点的。关于筑益昌新城的计划,是年春,汪德臣曾正式向征大理途经六盘山的忽必烈面陈,并得到忽必烈和蒙哥汗的批准④。

从宜使由忽必烈选派善理财赋的藩府侍臣李德辉及字得乃担任。李德辉还辟用原真州总管高逸民为助手。

从宜府的军需经费,由朝廷所拨河东解州池盐收入充当。具体做法是:在凤翔举办屯田,招募民户入粟于兴元(今汉中)和绵竹的官仓,或给钞币,或给盐券,回到京兆兑现。然后,陆辇兴元军粮入嘉陵江,由嘉陵江转输利州益昌新城。据说,汪德臣"宿兵利州,扼四川衿喉"的数万之师,皆"仰哺"于从宜府的供给。一年

---

① 《元朝名臣事略》卷十一《参政商文定公》。

② 《元文类》卷六十五《平章政事廉文正王神道碑》。

③ 《元史》卷二《太宗纪》。

④ 《陇右金石录》卷五,王鹗《汪忠烈神道碑》。

后,"钱粟充栋于军中"①。从宜府调集转运军粮的成绩蔚为可观。

此外,忽必烈还采纳汪德臣的建议,置行部于秦州(今天水),将关中西部的粮食沿嘉陵江经渔关、沔州,转输到利州②。

对陕西境内的其他军民事务,忽必烈也能积极过问和指导,充分行使其总领、监督之权。譬如,蒙哥汗五年(1255年)军民万户夹谷龙古带禀告:兴元官豪有势之家逋欠税收,顽抗不输。忽必烈下教令曰:今后军民官员有田而不纳税的,不得领受朝廷的廪粮③。

忽必烈运用汉法对邢州、河南和关中的成功治理,受到汉地士大夫的普遍赞誉。他们称忽必烈为"贤王",认为他"能用士而能行中国之道,则中国之主"④。

忽必烈还十分注意亲近和收拢部分汉地世侯万户等。前述真定万户史天泽被委以经略使重任,当史天泽赴六盘山议经略司事,以"一门三要职"请求退休时,忽必烈竟引用成吉思汗谕旨,予以安抚和充分信任⑤。而从宜府和行部之设,则是直接满足巩昌总帅汪德臣入见请求并支持他建立利州据点的。他还命令万户夹谷龙古带全权节制兴元地区军民事务⑥。至于藁城董文炳、董文用、董文忠三兄弟与忽必烈的关系,就更为近密。

忽必烈如此行事,逐渐把众多汉世侯等军政官员置于自己麾

---

① 《元史》卷四《世祖纪一》;《牧庵集》卷三十《中书左丞李忠宣公行状》。
② 《牧庵集》卷十五《中书左丞姚文献公神道碑》。
③ 《元文类》卷六十二《兴元行省夹谷公神道碑》。
④ 《陵川集》卷三十七《与宋国两淮制置使书》。
⑤ 《元朝名臣事略》卷七《丞相史忠武王》。
⑥ 《元文类》卷六十二《兴元行省夹谷公神道碑》。

下,同时又为履行总领漠南使命获取了来自汉世侯万户的必要支持。于是,忽必烈与汉族地主阶级的联盟,又从儒生士大夫扩展到汉世侯的范围。

三、阿蓝答儿钩考

由于草原中心主义的作祟,蒙古贵族守旧势力对忽必烈的亲和汉法倾向甚是不满,兄长蒙哥汗也对他猜忌日深。

忽必烈被告发、被指责的罪状主要有两条:一是"中土诸侯民庶翕然归心",二是"王府诸臣多擅权为奸利事"①。

1257 年春,蒙哥汗派遣亲信阿蓝答儿、刘太平、脱因、囊家台等前往钩考京兆、河南财赋出入盈亏,实际上是对忽必烈所治理的上述区域的一场大整肃。

阿蓝答儿原为和林副留守,有些汉文史书称他此时的官衔为"陕西省左丞相",刘太平为"参知政事"②。

阿蓝答儿性情苛刻,乘势横暴,擅作威福。他在关中设置钩考局,以各路酷吏分领其事,招集经略司、都转运司、宣抚司、从宜府等官吏,列一百四十二条,大开告讦,锻炼罗织,无所不至。包括征商细务,皆被摭拾无遗,大多数官吏难以逃祸。还扬言:"俟终局日,入此罪者,惟刘(黑马)、史(天泽)二万户以闻,余悉不请以诛"③。

钩考中,河南经略使之一忙哥以"国人"得以赦免,史天泽以

---

① 《元朝名臣事略》卷一一《参政商文定公》;卷七《平章廉文正王》。
② 《元史》卷一五九《赵良弼传》;《元朝名臣事略》卷七《平章廉文正王》。
③ 《牧庵集》卷一五《中书左丞姚文献公神道碑》;《元史》卷一五五《史天泽传》。

勋旧受到特别宽容。尽管史天泽曾自言："经略使司我实主治,是非功罪,皆当问我",以减轻他人的责罚①。

另一名来自忽必烈王府侍从的经略使赵璧,自然成为钩考的重点。曾多次逼迫属吏当面指污赵璧,未果。强制赵璧偿还的钱物,因忽必烈代偿,方得以了结②。

京兆宣抚使廉希宪、副使商挺、郎中赵良弼、从宜使李德辉等均受到追查。榷课所长官马亨则被阿蓝答儿派遣使者从忽必烈王府逮捕南归,长期关押,穷治百端。临行前,忽必烈十分担心地问马亨:"汝往,得无撼汝罪耶?"然而,汗命难违,爱莫能助,只好抚慰遣行③。

阿蓝答儿还在盛夏将被钩考的官吏械系于烈日之中,顷刻之间,人即毙命。被威逼折磨而死的,多达二十余人④。

阿蓝答儿钩考,是对忽必烈的一次沉重打击。当他得知河南、关中所委官吏被严酷整肃的消息,既气愤,又感到委屈。

王府侍臣姚枢出来劝解:"帝,君也,兄也。吾,弟且臣。事难与较,远将受祸。未若尽是邸妃主以行之,为久居谋,疑将自释"。忽必烈觉得姚枢的话很有道理,身为藩王,无法和掌握全部权力的大汗硬抗。于是,依姚枢之策,主动觐见蒙哥汗,去化解与大汗的误会、冲突。

蒙哥汗得到忽必烈请求觐见的奏报后,开始并不相信忽必烈的诚意,反而以为他心怀叵测,另有异图。待忽必烈再次遣使请

---

① 《元文类》卷五十八《中书右丞相史公神道碑》。
② 《西岩集》卷十九《大元荣禄大夫中书平章政事赵公神道碑》。
③ 《元史》卷一六三《马亨传》。
④ 《元朝名臣事略》卷十一《枢密赵文正公》。

求,蒙哥汗才降诏:许其留下辎重随从,乘驿传觐见,日行二百里。

当年十二月,忽必烈在也可迭烈孙之地觐见蒙哥汗。蒙哥汗看到皇弟遵旨而来,开始转怒为喜。朝会之后,蒙哥汗两次亲自为忽必烈斟酒,忽必烈则拜退如礼。俩人兄弟手足之情油然而起,相对泫然而涕下。蒙哥汗竟然不让忽必烈禀白情况,就下令停止钩考,同时也撤消了河南经略司、都转运司、京兆宣抚司、从宜府、行部等①。钩考局解散之前,被钩考的军民官员仍受到了杖责②。

一场噩梦般的钩考,总算以忽必烈与蒙哥汗兄弟二人的妥协,得以了结。

经略司、都转运司、宣抚司、从宜府、行部等官署的撤消,意味着忽必烈便宜治理河南和关中授权被废止。

事实上,在阿蓝答儿钩考伊始,忽必烈的兵权连同总领漠南的使命,就统统被解除。关于这个变动,汉文史书说的比较明白:"岁丁巳,宗亲间之,遂解兵柄他王,遣阿蓝答儿至京兆"③。波斯拉施德《史集》则有些隐晦。该书云:"在那次会议上,别勒古台那颜奏告说:'忽必烈已经出征过一次并且完成了任务,如今他正患脚疾,若蒙降旨,他就可以回家去了。'蒙哥合罕同意了"④。这也足以说明忽必烈所掌兵权被解除。

如果说延请四方文士讲论治道和金莲川幕府的形成,为忽必烈日后君临天下提供了很好的干部准备和政治方略,那么,自请唯掌军事、南平大理和治理邢州、关中、河南,又是忽必烈总领漠南之

---

① 《牧庵集》卷十五《中书左丞姚文献公神道碑》。

② 《元朝名臣事略》卷十一《参政商文定公》。

③ 《牧庵集》卷二十四《谭澄神道碑》。

④ 《史集》余大钧、周建奇译本,第二卷,第268页,商务印书馆1985年。

际,运用上述幕僚和政治方略,所做的积极试验。尽管此次试验旋因与汗兄的权力冲突和阿蓝答儿钩考而夭折了。

总领漠南军国重事权力的解除,是忽必烈人生历程中的第一次大的挫折。

"祸兮,福之所倚;福兮,祸之所伏。"谁曾料,总领漠南使命的完结,很快引发了蒙哥汗亲征川蜀和猝死钓鱼城等一系列重大事变。继而,又给忽必烈带来了东山再起的新机遇。

第三章　角逐大汗位　定鼎开平城

第一节　蒙哥汗亲征川蜀

一、三路攻宋

1256年春,蒙哥汗在蒙古中部的豁儿豁纳黑主不儿之地举行忽里台贵族会议。诸王也孙哥、驸马帖里干等提议尽快征伐南宋。蒙哥汗完全赞同他们的意见,声称:"我们的父兄们,过去的君主们,每一个都建立了功业,攻占过某个地区,在人们中间提高了自己的名声。我也要亲自出征,去攻打南家思(南宋)"①。

第二年,派遣阿蓝答儿南下钩考和忽必烈总领漠南军国重事权力的解除,更促使蒙哥汗加快实施亲征南宋的计划。

1258年阴历二月,蒙哥汗率大军渡黄河,拉开了亲征南宋的序幕。

这是蒙古政权第一次大规模征服南宋的军事行动。

对这次亲征南宋,蒙哥汗事先做了较周密的部署安排。那就是,幼弟阿里不哥和皇子玉龙答失留守和林。进攻南宋的军队分为东、西、南三路。东路军由诸王塔察儿率领,攻略荆襄。

---

① 《史集》余大钧、周建奇译本,第二卷,第265页,商务印书馆1985年。

奉命参与的诸王贵族有：也孙哥、察忽刺、忽林池、阿勒赤、纳陈驸马、帖里干驸马、怯台、不只儿、忙哥-忽勒察儿、察罕等。西路军随蒙哥汗出发，进攻川蜀。奉命参与的诸王贵族有：合答黑、秃塔黑、忽失海、阿必失合、纳邻-合丹、合答黑赤薛禅、末哥、阿速带等①。还有史天泽等汉军。已在巴蜀作战的刘黑马、汪德臣、纽璘等所率军，也在西路军行列。南路军是兀良合台所率的云南蒙古军和蛮僰军一万三千，进攻路线是经广西、贵州趋潭州（今长沙）。三路军队总数十余万②，试图对南宋实施东、西、南三面围攻。

　　蒙哥汗还遣使与其他两路军约定：1260年阴历正月会师潭州③，然后顺江东下，直取临安。这显然是一次旨在灭亡南宋的战略性大进军。

　　蒙哥汗是1258年阴历十月取道汉中抵达利州的。在巩昌总帅汪德臣的协助下，蒙哥所率军渡嘉陵江和白水，攻取地势险要的苦竹隘。又沿嘉陵江东下，拔宋潼川府治长宁山城，招降阆州大获城及运山、青居、大良等城。年底，蒙古军顺嘉陵江南下，欲进攻南宋在四川的大本营重庆。没料到在重庆北一百四十里的钓鱼城遭到前所未有的殊死抵抗。

---

① 《史集》余大钧、周建奇译本，第二卷，第266页—第268页，商务印书馆1985年。

② 《史集》余大钧、周建奇译本，第二卷，第268页说，东路军和西路军分别为三十万人和六十万人。《元史》《宪宗纪》言，随蒙哥汗进川蜀的军队，"军四万，号十万"。"军四万"数翔实，其他都属虚妄。连同东路军和南路军，合计十余万人。

③ 《元朝名臣事略》卷二《丞相河南忠武王》。

二、钓鱼城蒙哥猝亡

钓鱼城位于嘉陵江、渠江、涪江的交汇之冲,东、南、北三面据江,皆峭壁悬崖,陡然阻绝,西依华莹山。自淳祐三年(1243年)宋四川制置使余玠等筑城其上,钓鱼城就成为屏蔽重庆的军事重镇。

1259年阴历二月,蒙哥汗在扫清外围之后,亲自督促蒙古军和汉军对钓鱼城展开强攻。先攻伸至江边的"一字城",而后,轮番进攻东、西、北三面的城门。

因"炮矢不可及","梯冲不可接",连续攻战五个月,损兵折将,未能破城。守将王坚还一度夜间偷袭蒙古军营寨。蒙哥汗一心想"乘拉槁势,不弃去而必拔之"。连为蒙哥汗充当御前先锋的汪德臣,也在攻城时负伤"感疾"而亡①。

七月,蜀川一带暑热难忍,军中瘟疫流行。

拉施德《史集》记述了这段令蒙古人沮丧痛苦的历程:"当蒙哥合罕正在围攻上述城堡时,随着夏天的到来和炎热的加剧……在蒙古军中也出现了霍乱,他们中间死了很多人。世界的君主(指蒙哥)用酒来对付霍乱,并坚持饮酒。但突然[他的]健康状况恶化,病已到了危急之时。"②

蒙古军只好暂时停止对钓鱼城的进攻,转而南攻重庆。而蒙哥汗竟在转移营地途中,死于金剑山温汤峡(今重庆北温泉)。

蒙哥汗死后,群臣奉丧北还,葬于漠北成吉思汗家族墓地起辇谷。

征川蜀的蒙古军和汉军,除汪总帅和纽璘部外,大部分北撤到

---

① 《元史》卷一百二十三《赵阿哥潘传》,卷一百二十九《来阿八赤传》;《元文类》卷六十二《便宜副总帅汪公神道碑》)。
② 《史集》余大钧、周建奇译本,第二卷,第270页。

六盘山。蒙哥汗亲征川蜀,就以他本人钓鱼城下猝然身亡而告终①。

蒙哥汗进攻钓鱼城的惨败和阵前身亡,表明他并不是一位高明的军事家。

蒙哥把对南宋主攻战场错误地确定在利于宋军防御而不利于蒙古军进攻的川蜀地区。事先,掌膳食的宿卫士术速忽里曾建议,不必全力攻取钓鱼城。应在重庆与钓鱼城之间留戍锐卒五万,牵制二城守军,主力军队沿江东下,出三峡,捣荆楚。但未被蒙哥汗采纳。宿卫士游显也曾劝谏他放弃亲征川蜀,取道大散关东,直临江汉。蒙哥汗竟以"业已至此"而拒绝。忽必烈事后批评道:"当时若从此策,东南其足平乎。朕在鄂渚,日望上流之声势耳。"②

蒙哥身为大汗,却亲临前线指挥攻城,犯了"万乘之尊"不宜轻动的大忌。他抛弃蒙古军灵活机动的野战长技,违背蒙古骑兵喜寒恶热的习性,聚数万之众,冒盛暑,强攻防御坚固而范围有限的钓鱼城,累月不下,兵老师钝,不改陈规,不思变通,逞匹夫之勇,以身殉阵,张"千金之弩,为鼷鼠而发"③。在成吉思汗子孙中,蒙哥汗的军事才能,应算是比较低下的。

蒙哥汗的猝亡,暂时中断了蒙古贵族灭亡南宋的战争进程,客观上延长了南宋王朝的统治时间。

蒙哥汗之死,对于蒙古帝国来说,无疑是噩耗和灾难,但对一度被解除总领漠南军权的忽必烈而言,又算是福音。它使尚未规

---

① 以上参阅陈世松等《宋元战争史》第四章,四川社会科学出版社 1988 年。
② 《元史》卷一百二十九《来阿八赤传》;《牧庵集》卷二十二《江淮行省平章游公神道碑》。
③ 屠寄《蒙兀儿史记》卷六《蒙格可汗本纪论》。

范化的蒙古汗位继承,波澜再起,也为忽必烈的重新出山和问鼎蒙古国汗位,提供了绝好的机会。

第二节　忽必烈统兵攻鄂州

一、奉旨南征

依照蒙哥汗亲征南宋的安排,东路大军由东道蒙古宗王塔察儿(铁木哥·斡赤斤之孙)率领,负责进攻荆襄。据说,塔察儿率领十万铁骑沿汉水攻取襄樊。他们围攻襄阳、樊城整整一个星期,未能攻克。然后,回撤到自己的营地,驻屯下来。

蒙哥汗闻讯,大发雷霆,派使者申斥道:"你们回来时,我要下令狠狠地惩罚你们!"另一名随同蒙哥汗攻蜀的东道宗王忽里黑赤(也孙哥之弟),也派人对塔察儿说:"忽必烈合罕曾夺取了许多城堡,而你们却带着破烂屁股回来,也就是说你们只忙于吃喝"①。

被解除总领漠南军国重事职务的忽必烈,事先接到蒙哥汗的谕旨:"忽必烈合罕腿有病,他以前已率师远征,平定作乱地区,今可让他留在家中静养。"忽必烈只好遵旨在漠北哈剌温—只敦的帐殿里疗养脚病②。

1257年冬,蒙哥汗度漠南亲征南宋前夕,忽必烈曾和其他拖雷系亲王赶到玉龙栈,为汗兄送行,大宴之后,即奉命返回③。

忽必烈完全明白:蒙哥汗不喜欢他参与这次南征,难免有些失落。回到营地以后,近侍、康里人燕真建言:"主上素有疑志,今乘

① 《史集》余大钧、周建奇译本,第二卷,第268页。
② 《史集》余大钧、周建奇译本,第二卷,第288页。
③ 《元史》卷三《宪宗纪》。

舆远涉危难之地,殿下以皇弟独处安全,可乎?"忽必烈觉得燕真的话很有道理,立即派使者请求蒙哥汗允准他出征南宋①。

蒙哥汗正为塔察儿攻襄樊失败而怒不可遏,出于对东路军统帅难得其选和征伐南宋全局的考虑,他不得不重新起用忽必烈。

于是,蒙哥汗下了一道新的诏旨:"忽必烈合罕奏告说'腿疾已愈,怎能坐视蒙哥合罕出征,而自己家居休息。'今可让他率领塔察儿那颜的军队向南家思边境推进"②。

忽必烈总算有机会复出南下总兵了。

关于忽必烈代替塔察儿统率东路军的数量和构成,拉施德《史集》《忽必烈合汗纪》称为"一万精兵和数万札忽惕人";同书《蒙哥合罕纪》作:"十万军队"。二者比较,前者详实可信。所谓"一万精兵"主要指木华黎国王孙霸突鲁所部蒙古军。"数万札忽惕人",又包括张柔顺天万户和严忠济、严忠嗣东平万户、解诚水军万户及史权真定万户的部分军队等。

蒙哥汗八年(1258年)十一月,忽必烈自开平出发,大部分藩邸侍从一并随行。翌年二月,会诸王于邢州。

五月,忽必烈抵达濮州(今河南濮阳东),召集东平名士宋子贞、李昶及随从侍臣讨论对南宋用兵方略和敌我得失优劣。

宋子贞说:"本朝威武有余,仁恩未洽。天下之民,嗸嗸失依,所以拒命者,特畏死尔。若投降者不杀,胁从者勿治,则宋之百城,驰檄而下,太平之业,可指日而待也。"

李昶论及用兵时,也以伐罪、救民、不嗜杀为对③。

---

①　《元史》卷一百三十《不忽木传》。
②　《史集》余大钧、周建奇译本,第二卷,第289页,商务印书馆1985年。
③　《元朝名臣事略》卷十《平章宋公》,卷十二《尚书李公》。

张文谦、刘秉忠和姚枢又多次讲："王者之兵，有征无战，当一视同仁，不可嗜杀"。忽必烈欣然接受，还答复："保为卿等守此言！"①

郝经还提出，此时伐宋，时机不成熟。应简选贤能将相，敦厚宗族，布置列镇，结盟保境，兴文习武，育材恤氓，培植元气，俟时而动，就可以图取南宋。

商挺则云："蜀道险远，瘴疾时作，难必有功，万乘岂宜轻动？"

对郝经不赞成攻宋的意见，忽必烈虽未予采纳，但也能优容以待。听罢商挺的话语，忽必烈沉思良久，竟十分肯定地回答："卿言正契吾心"②。

此时，忽必烈对南下攻宋是坚定不移的。对蒙哥汗亲率重兵主攻川蜀能否成功，却持保留态度。他或许愈感到自己所率东路军责任之重大。

七月十二日，忽必烈到达汝南（又作蔡州），与木华黎之孙霸突鲁等所率军会合。忽必烈命令霸突鲁等先行至汉水之畔，准备军粮，告诫南征军将不得妄自杀戮。

又奏请三朝旧臣杨惟中和藩邸侍从郝经任江淮荆湖南北等路正、副宣抚使，率领归德一带的军队，先行南下，至长江北岸，设立行台，宣布恩信，招纳降附，约束蒙古、汉军诸将帅。命令书记孙贞督促蔡州的军粮。燕京行台官月合乃则奉命留在汴梁掌管军需馈饷，调运济南盐数百万斤，散于军队所经州郡，换取粮食。孙贞发现军士犯法，即绑缚州县有司，禀白忽必烈。然后，由忽必烈下令

---

① 《元朝名臣事略》卷七《左丞张忠宣公》。
② 《元朝名臣事略》卷十五《国信使郝文忠公》；卷十一《参政商文定公》。

戮之以号市。这样一来,诸军上下凛然有序,没有人敢违抗军令①。

需要说明两点:一是忽必烈自开平出师到赴汝南调兵遣将,用了八个月时间,行动过于迟缓;二是忽必烈未西去进攻襄樊,而是从汝南南下,直指江汉。对于前一点,有人推测忽必烈是蓄意拖延时间,以观川蜀用兵进展。不过,忽必烈刚刚恢复总兵,他不会不知道蒙哥汗疑忌尚存。所以,有关忽必烈拖延时间和坐观川蜀的推测,与情理不合。企图躲过炎热的夏季,推延至秋季大举进攻,倒比较现实,也容易得到蒙哥汗的谅解。至于不攻襄樊,直趋江汉,正说明了忽必烈在军事上略胜塔察儿一筹。因为襄樊历来易守难攻,塔察儿已在那里无功而返,自不必重蹈其覆辙。

行至淮河北岸,忽必烈一度听到蒙哥汗猝亡于合州钓鱼城的传言。他急忙与霸突鲁商议,然后说"我们率领了多得像蚂蚁和蝗虫般的大军来到这里,怎能因为谣传便无所作为地回去呢?"②于是,决定全军继续南下。忽必烈自己殿后,又特意派遣蒙古八鲁剌思部斡儿客那颜充前锋,捕杀了南宋军的哨兵,以防他们把蒙哥汗猝死的流言传播出去③。

八月十五日,忽必烈率军渡过淮河。二十日,攻入大散关,南宋戍兵纷纷溃退。二十一日,进抵黄陂。

宋光山县治所移于台山寨上,忽必烈命千户董文炳、刘思敬前

---

① 《元史》卷四《世祖纪一》,卷一百十九《霸突鲁传》,卷一百五十七《郝经传》;《元朝名臣事略》卷五《中书杨忠肃公》;《马石田集》卷十三《故礼部尚书马公神道碑》。

② 《史集》余大钧、周建奇译本,第二卷,第289页,商务印书馆1985年。

③ 《史集》余大钧、周建奇译本,第二卷,第272页,商务印书馆1985年。

往攻取。刘思敬身先登寨墙,中流矢受伤。董文炳又亲抵寨下,以屠寨存活反复开喻,忽必烈另派廉希宪帮助劝说,守者终于投降①。

从将郑鼎乘胜追击,俘获胡知县,不幸陷入泥潭,遭伏兵袭击。忽必烈闻讯,急召郑鼎返回,分给他卫士三百,以备不虞。还告诫郑鼎:"为将当慎重,不可恃勇轻进! 自后非奉朕命,毋得轻与敌接"。对攻寨受重伤的刘思敬,忽必烈又亲自慰劳赐酒②。

与此同时,张柔奉命进攻南宋五关之首——虎头关,与宋军战于沙窝,张柔之子张弘彦击败之,继而夺取虎头关③。严忠济、严忠嗣兄弟所率军渡淮以后,出挂车岭,与宋兵激战三昼夜,杀获甚众,进抵蕲州(今湖北蕲春)。

忽必烈麾下的东路军,已全部突破宋军的淮西防线,直逼长江北岸。

二、渡江攻鄂

九月一日,正当忽必烈准备渡江时,随从蒙哥汗征蜀的异母弟末哥,自合州钓鱼山派遣使者报告蒙哥汗猝亡的消息,并且请忽必烈北归以定国家大计。

前面提到,末哥的母亲又是忽必烈的乳娘,由于这层亲密关系,末哥特意派人来送信。蒙哥汗死讯已非谣传,而是完全属实。

忽必烈命令军队暂时停驻下来,全体将士向蒙哥汗志哀④。

---

① 《元朝名臣事略》卷十四《左丞董忠献公》。
② 《元史》卷一百五十二《刘思敬传》,卷一五四《郑鼎传》。
③ 《元史》卷一百四十七《张柔传》。
④ 《史集》余大钧、周建奇译本,第二卷,第272页,商务印书馆1985年。

蒙哥汗猝亡的噩耗,不能不影响到忽必烈的渡江计划。

当时,有人建议立即北归。忽必烈却声称:"吾奉命南来,岂可无功遽还?"

忽必烈如此决定,无疑是明智的。因为所有蒙古人,最尊敬战场上的英雄。对成吉思汗的继承者来说,军事征服的业绩,是必不可少的。忽必烈好容易获得复出总领东路兵的机会,若是像塔察儿那样无功而返,将会在黄金家族中丢尽颜面。再者,兀良合台所率南路军奉旨经南宋辖区转战北上,东路军若不渡江接应,南路军必有覆灭的危险。在蒙哥汗身亡和西路军无法东进的不利形势下,忽必烈如约渡江,将会收到会合南路军,壮大实力,提高在蒙古贵族中威望等多重成效。况且,渡江计划及各项准备已大体就绪,渡江犹如箭在弦上。

两天前,先锋茶忽曾将前线截获的一份南宋沿江制置使的榜文呈送忽必烈。上面写道:"今夏谍者闻北兵会议,取黄陂民船系筏,由阳罗堡以渡,会于鄂州"。忽必烈知晓后,说:"此事前所未有,愿如其言"①。由于附近没有其他的渡口,只能从阳罗堡渡江。

为了鼓舞士气,忽必烈听从刘秉忠的建议,派近臣忽剌孙到军中慰劳。于是,军士们人人踊跃,愿为效命②。

九月三日,忽必烈亲自登上长江北岸距阳罗堡五里的香炉山,俯瞰大江,观察敌情。只见长江自西流来,江北为武湖,湖东即阳罗堡,堡南为浒黄州(又名白鹿矶)。南宋方面陈兵十万,列舟二千,筑堡于岸,水陆戒备,还以大船扼江渡,确有横截江面之势③。

---

① 《元史》卷四《世祖纪一》。
② 《元朝名臣事略》卷七《太保刘文正公》。
③ 《元史》卷一百五十六《董文炳传》,卷一百六十六《张荣实传》。

观察完敌情后,忽必烈果断决定,次日早晨开始渡江。当夜,忽必烈命令木鲁花赤、张文谦准备船只桨楫,又事先部署兵士专门夺取宋军的两艘大船。

四日黎明,天色阴暗,风雨交加。诸将都以为无法渡江,忽必烈不予理睬。董文炳主动请战说:"长江天险,宋所恃以为国,势必死守,不夺之气不可,臣请尝之。"忽必烈拨与敢死士近百和大型战舰一艘,还亲自为他们挑选甲胄。

忽必烈严令诸将帅扬旗击鼓,分三路一起进发。恰在这时,天气开始放晴。蒙古军竞相争渡,董文炳、董文用兄弟所率敢死士冲在最前面,艨艟鼓棹急趋,疾呼奋进,二百艘战船直抵南岸。

宋军前来迎战,鏖战三个回合就被打败①。习于水性的张荣实,遵照忽必烈的命令,率所部水军乘小船鏖战于北岸,缴获宋军大船二十艘,俘虏二百人,溺死者不可胜计,还斩杀宋军将领吕文信②。水军万户解诚及部将朱国宝率领精锐,在大江中流与宋军激战,前后十七战,夺取敌舰千艘,杀溺敌军甚众③。宋军大败,蒙古军纷纷渡江。

前锋张宏在南岸树起"北斗旗"为信号④。董文炳派其弟董文用乘小船回江北报捷。忽必烈正在香炉山上,急忙策马下山询问战胜状况。还站立在马背上,竖起马鞭向上指着说:"天也!"

接着,忽必烈调动诸军渡江,又传令:"今夕毋解甲,明日将围

---

① 《元史》卷四《世祖纪一》;《元朝名臣事略》卷十四《左丞董忠献公》,《内翰董忠穆公》。

② 《元史》卷一百六十六《张荣实传》。

③ 《元史》卷一百六十五《解诚传》,《朱国宝传》。

④ 《元文类》卷五十《济南路大都督张公行状》。

城"①。还命令张柔和严忠济、严忠嗣所率军间道赶赴鄂州,参加围城之战②。

蒙古军渡江后,忽必烈驻扎于江北岸浒黄州。他果然履行诺言,颁布了严肃军纪的命令:军士有擅入民家者,以军法从事。凡是俘获人口,全部释放。郝经《青山矶市》诗曰:"渡江不杀降,百姓皆安堵"③,可以为证。对俘虏中的儒士,忽必烈又接受侍臣廉希宪的建议,予以"官钱购遣还家"的特殊优待,所放还的江南儒士多达五百余人④。

忽必烈曾派王冲道、李宗杰、訾郊三人为使者,到鄂州城下谕降,没有奏效。数日后,蒙古军正式完成对鄂州城的包围。

忽必烈还在城东北头陀峰上立起五丈高楼,号压云亭,登临亭上,观察城中敌情。

郝经作《压云亭》诗,以志其状:

> 重岭绕郭峻,高亭下临鄂。
>
> 艨艟断江流,甲骑蹙城脚。
>
> 拒命始进攻,铁匦长围合。
>
> 顾已无头陀,径欲椎黄鹤⑤。

然而,对鄂州的围攻并不十分顺利。守城宋将张胜软磨硬抗,

---

① 《元朝名臣事略》卷十四《内翰董忠穆公》。
② 《元史》卷一百四十七《张柔传》;卷一百四十八《严忠济传》。
③ 《陵川集》卷三。
④ 《元朝名臣事略》卷七《平章廉文正王》。
⑤ 《陵川集》卷三。

先以缓兵之计,骗得蒙古军暂时后撤。接着,焚烧城外民居,坚城固守。还把自重庆驰援的吕文德所部军接入城中。贾似道、高达等军也分别从汉阳等方面给予策应和支援①。

忽必烈最初有些轻敌,一度以为:"贾似道率兵救鄂,事起仓卒,皆非精锐"。但实际情况是城内宋军死守,外围竭力救援,蒙古军的进攻速度较慢。

因为城墙难以攻破,蒙古军就掘洞而入,宋军则在城上树栅为夹城以顽抗。张禧、张弘纲父子等敢死士拼死力战,首次攻破城东南角。张禧还受了重伤。忽必烈见此状十分焦急,连忙派人前往急救②。

在攻城百余日不能破的情况下,忽必烈召来汉世侯张柔,对张说:"我犹猎者,不能擒圈中豕。野猎以供汝食,汝可破圈而取之。"张柔接到任务,立即命令部将何伯祥制造鹅车,继续在城下掘洞,另行派遣勇敢之士,率先攻城,屡次攻破城墙③。

尽管鄂州城守军死伤多达一万三千余人,守将张胜在城中战死,该城攻守之役一直相持不下,忽必烈始终没有完全攻克鄂州城。看到贾似道入鄂以后,蒙古军屡破东南城墙,宋军以木栅环城,一夕而就,忽必烈也曾发出这样的感慨:"吾安得如似道者用之?"④

在忽必烈渡江攻鄂的同时,兀良合台奉蒙哥汗的命令,自云南

---

① 参阅陈世松、匡裕彻等《宋元战争史》第 162 页,四川社会科学院出版社 1988 年。

② 《元史》卷一百六十五《张禧传》。

③ 《元史》卷一百四十七《张柔传》。

④ 《元朝名臣事略》卷七《平章廉文正王》。

经广西辗转攻入湖南。

蒙哥汗九年(1259年)八月,兀良合台所率蒙古四宗王骑兵三千和蛮僰军一万,先攻克广西衡山塞(今广西田东),沿途转战贵州(今广西贵县)、象州(今广西象州)、柳州(今广西柳州)和静江(今广西桂林)。十月进入湖南,又突破全州(今广西全州)、辰州(今湖南沅陵)、沅州(今湖南芷江)等处宋军的重重堵截,十一月攻至潭州(今湖南长沙)城下,败湖南安抚使向士璧所部军,开始对长沙的围攻①。

忽必烈渡江后,曾派张柔进攻湖南,派郑鼎袭扰江西诸州,派霸突鲁攻岳州(今湖南岳阳),试图主动接应兀良合台的军队。霸突鲁所率军一度攻入潭州境,因兀良合台军尚未到达,只得于十月撤回鄂州。

十一月,获悉兀良合台的军队攻至潭州,忽必烈业已决定议和北还,于是,派铁迈赤率练卒千人、铁骑三千,前往岳州接应兀良合台的军队,一同撤回江北②。《史集》说,"由于路途艰难,各地和堡塞均很险固,他们不止一次进攻作战,进展困难。""军中有许多人病亡,他们总共剩下不到五千人"③。

兀良合台的这支军队,被平安接应北撤,后来也成为忽必烈政权的重要军事力量之一。

三、议和北归

蒙宋议和,首先是由南宋方面提出的。

---

① 《元朝名臣事略》卷二《丞相河南武定王》。
② 《元史》卷四《世祖纪一》,卷一百二十二《铁迈赤传》。
③ 《史集》余大钧、周建奇译本,第二卷,第290页,商务印书馆1985年。

忽必烈渡江攻鄂,突破了南宋在长江中游的军事防线。且不说陷入重围的鄂州危在旦夕,霸突鲁率军攻击岳州,郑鼎等率兵骚扰江西兴国、瑞州、南康、抚州等地,兀良合台由广西入湖南围攻潭州,均使蒙古军的军事进攻深入到南宋统治的腹地,还威胁到临安的安全。宋廷一度极为惊恐,有人甚至提议迁都逃亡①。

身为南宋右丞相、荆湖宣抚策应大使的贾似道曾入鄂督师,深知形势危急。他秘密派遣宋京为使,去蒙古军营请求称臣议和。

忽必烈派王府亲信侍臣赵璧入鄂州城与宋军谈判,临行前忽必烈嘱咐道:"汝登城,坐立必我。视彼月城筑否。望我旗动,当还"。

赵璧由三千兵卒护送入城。谈判时,宋军白刃环列,宋京提议:"北朝不进,我朝岁贡银、绢二十万两匹,割江为界,俾南北生灵息肩,何如?"赵璧回答:"上(忽必烈)驻濮州未拜旗时,汝国遣行人来议尚可。今已渡江,江南之地,悉为我有,何为出此言?"实际上拒绝了贾似道的请和条件。还提出与贾似道当面谈判的要求。而后,赵璧看到忽必烈的旗帜在摇动,就以"待他日再议"为辞,返回蒙古军营②。

十一月,阿里不哥与忽必烈争夺汗位的事态发展,突然中止了蒙古军的进攻,导致忽必烈决定议和北返。

当时,忽必烈妻察必派遣脱欢、爱莫干二人急驰至鄂州军中密报:拖雷嫡幼子阿里不哥派脱里赤和阿蓝答儿从漠南蒙古军、汉军中抽调括取兵丁,而其原因不明,那支军队我们交不交给他们呢?

①　参阅陈世松、匡裕彻等《宋元战争史》第 164 页,四川社会科学院出版社 1988 年。
②　《西岩集》卷十九《大元故荣禄大夫中书平章政事赵公神道碑》;《宋史》卷四百七十四《贾似道传》。

还带来察必王妃的一段隐语:"大鱼的头被砍断了,在小鱼中除了你和阿里不哥以外,还剩有谁呢? 你回来好不好?"忽必烈闻讯,颇为震惊。

两天后,阿里不哥所遣急使来到鄂州前线谒见忽必烈,禀报道:"我们是被派来请安和转达问候的"。忽必烈问急使:"阿里不哥把他所抽调出去的那些侍卫和军士派到哪里去呢?"急使回答:"我们这些奴仆们一点也不知道,显然这是谣传。"由于急使们吞吞吐吐,忽必烈便怀疑起来,想道:"如果阿里不哥需要把这些军士派到某方面去,又何必隐瞒呢? 其中可能有诡计。"[1]他觉察到幼弟阿里不哥趁其南征之机,已在作汗位争夺的军事准备,一场萧墙祸或许要提早到来。

于是,忽必烈立刻召集随同征鄂的文武臣僚计议。

郝经率先上《班师议》,分析蒙哥汗死后蒙、宋双方形势及对策。在谈到南宋方面时,郝经说:

> 彼既上流无虞,吕文德已并兵拒守,知我国疵,斗气自倍。两淮之兵,尽集白鹭(指鄂州附近的白鹭洲);江西之兵,尽集龙兴;岭广之兵,尽集长沙;闽越沿海,巨舶大舰,以次而至,伺隙而进。如遏截于江、黄津渡,邀遮于大城关口,塞汉东之石门,限郢、复之湖泺,则我将安归?

言及蒙古方面时,他说:

---

[1] 《元史》卷四《世祖纪一》;《史集》余大钧、周建奇译本,第二卷,第290页,商务印书馆1985年。另,《史集》中两名使者的名字为:太丑台、也苦。

第吾国内空虚,塔察国王与李行省肱髀相依,在于背胁;西域诸胡窥觑关陇,隔绝旭烈大王,病民诸奸,各持两端,观望所立,莫不觊觎神器,染指垂涎。一有狡焉,或起戎心,先人举事,腹背受敌,大事去矣。且阿里不哥已行赦令,令脱里赤为断事官、行尚书省事,据燕都,按图籍,号令诸道,行皇帝事矣。虽大王素有人望,且握重兵,独不见金世宗、海陵王之事乎!若彼果决,称受遗诏,便正位号,下诏中原,行赦江上,欲归得乎?

关于忽必烈应采取的对策,郝经提出:

盘桓江渚,情见势屈,举天下兵力,不能取一城,则我竭彼盈,又何俟乎?且诸军疾疫已十四五,又延引月日,冬春之交,疫必大作,恐欲还不能……只有许和而归尔……断然班师,亟定大计,销祸于未然。①

郝经原先就不十分赞成渡江和进攻鄂州,对南宋力量的估计也显得偏高,但他对蒙古汗位争夺局势发展的分析,却十分精辟中肯。

侍臣董文用等也一日三谏,力主班师,以为神器不可久旷,待登上大汗之位后,遣一支偏师,即可了结江南事②。

---

① 《陵川集》卷三十二。李行省即李璮。
② 《元朝名臣事略》卷十四《内翰董忠穆公》。

刘秉忠则替忽必烈"叩六丁之灵",奏言:"龙飞之时已至,可速回辕"①,用卜筮之术,来打动忽必烈。

忽必烈终于放弃攻克鄂州的初衷,决定议和班师。

十一月二十八日,忽必烈从牛头山启程北归,为了暂时稳定军心和迷惑南宋军队,对外声言:东攻临安(今浙江杭州)。

数日后,忽必烈从长江岸边派张文谦向前线诸将传达命令:"迟六日,当去鄂退保浒黄洲。"

忽必烈又命令大将霸突鲁、兀良合台及张柔等率军留守长江北岸。临行前忽必烈曾对霸突鲁、兀良合台说:"局势如此,还不知道阿里不哥对我们有何图谋,你们两人带着一部分军队留在这里,等我先从乞台边境哈剌沐涟河回去,弄清情况以后给你们送消息来"②。

奉命统领蒙古汉军的张柔,还立足长久驻戍,在江北岸浒黄洲(白鹿矶)筑城。直到中统元年(1260年)才奉命北撤③。

离开鄂州前,忽必烈又部署了与贾似道的和谈。在和南宋使臣宋京的第二次谈判中,赵璧受忽必烈的委托,正式答复了贾似道的请和:"汝以生灵之故来请和好,其意甚善,然我奉命南征,岂能中止。果有事大之心,当请于朝。"

忽必烈原则上同意了贾似道的请和,在急于北还解决汗位继承的紧急情况下,忽必烈无暇与贾似道谈判请和的详细条文及履行书面签约等程序。他只能用这种口头协议的方式,与南宋达成

---

① 《佛祖历代通载》第三十五,第408页,江苏广陵古籍刻印社1993年。
② 《元史》卷四《世祖纪一》,卷一一九《霸突鲁传》;《史集》余大钧、周建奇译本,第二卷,第291页,商务印书馆1985年。
③ 《元史》卷一百四十七《张柔传》。

暂时的和平。依照这一协议,当日蒙古军队就撤回长江以北。二万江南降民,也遵循忽必烈的命令被带回江北①。

据说,忽必烈自鄂州北还途中,曾派张文谦去怀孟州(今河南沁阳市)与商挺议事。商挺对张文谦说:"殿下班师,师屯江北,脱有一介驰诈发之,军中留何符契?"张文谦听罢,急忙追赶忽必烈,转达商挺之言。忽必烈大悟,骂道:"无一人为吾言此,非商孟卿,几败大计。"于是,立即遣使者赴江北军中订立调兵契约。不久,阿里不哥的使者果然到了江北军中,遂被军将依事先的约定杀掉②。

第三节　开平称汗

一、途中谋划

蒙古国时期,汗位继承一直没有固定的制度。在决定新的大汗人选上,前任大汗的指定、忽里台贵族会议拥戴及各宗支实力等因素,均在不同条件下交互发挥作用。因此,常常容易出现以汗位继承为中心的权力争夺。

蒙哥汗是在攻取钓鱼城前线猝然身亡的。他生前未来得及对汗位继承作任何安排或指定。在蒙古皇室内部,关于汗位归属并没有一个预定的、明确的意见。一轮新的汗位争夺不可避免。

这一轮争夺,又是在拖雷系的忽必烈与阿里不哥兄弟间展开。

阿里不哥是忽必烈的幼弟,也是唆鲁和帖尼所生。在拖雷家

---

① 《元史》卷四《世祖纪一》。
② 《元朝名臣事略》卷十一《参政商文定公》。

族内部,阿里不哥以"斡赤斤"(灶主)的身份,承袭了拖雷夫妇的大部分蒙古千户和分地。后者包括漠北吉里吉思和中原真定路。蒙哥汗南征前夕,他奉命留守和林,主持大蒙古国庶政,管理漠北千户军队和诸斡耳朵宫帐。

蒙哥汗死后,诸皇子阿速台、玉龙答失、昔里吉等均无角逐汗位的条件,他们都一致拥戴阿里不哥。蒙哥汗的亲信大臣阿蓝答儿、孛鲁欢、浑都海、脱火思、脱里赤等,也站在阿里不哥一边。这样,阿里不哥自然成为当时蒙古草原最有权势的人物。他在争夺汗位时也应具有得天独厚的优势。

最初挑唆诱使阿里不哥与其兄长忽必烈争夺汗位的是孛罗欢和阿蓝答儿。他俩曾在蒙哥汗时策动钩考和对忽必烈的贬斥。此时他们心虚恐慌,于是对阿里不哥说:"忽必烈和旭烈兀二人出征去了,蒙哥合罕把大兀鲁思托付给了你,你有什么想法,难道你要让我们像羊一样被割断喉咙吗?"阿里不哥听信他们的蛊惑,开始利用留守漠北之便,角逐汗位①。

阿里不哥非常清楚:他的惟一竞争对手正是同胞兄长忽必烈。趁忽必烈忙于攻取鄂州的机会,尽快控制漠南的主要军队和财赋,是顺利登上汗位和迫使忽必烈就范的关键。

出于这种考虑,阿里不哥命令阿蓝答儿到漠北诸部抽取兵丁,命令脱里赤到漠南诸州括取民兵,企图直接控制大漠南北的更多军队。其中,阿蓝答儿乘驿传抽取兵丁,已行至距离开平一百里的草原地带。忽必烈妻察必得悉,派使者责问:"发兵大事,太祖皇

---

① 《史集》余大钧、周建奇译本,第二卷,第308页。

帝曾孙真金在此,何故不令知之?"阿蓝答儿语塞不能答①。因而,才引出前述察必遣使者赴鄂州向忽必烈禀报和请他迅速北还的事情。

忽必烈在离开鄂州前,郝经就替他谋划北还的策略:

> 置辎重,以轻骑归,渡淮乘驿,直造都,则从天而下,彼之奸谋潜志,冰释瓦解。遣一军逆蒙哥汗灵舆,粤收皇帝玺。遣使召旭烈、阿里不哥、摩哥及诸王驸马,会丧和林。差官于汴京、京兆、成都、西凉、东平、西京、北京,抚慰安辑,召真金太子镇燕都,示以形势。则大宝有归而社稷安。②

除迎灵舆及会丧和林已属过时外,忽必烈大体是依其计而行的。北归途中,忽必烈的确是轻装简从,倍道兼程。

随行侍臣廉希宪还给忽必烈分析自身优势而献劝进之策:

> 殿下太祖嫡孙,先皇母弟。前征云南,剋期抚定,及今南伐,率先取鄂,天道可知。且殿下收召贤杰,悉从人望,子育黎民,率土归心。今先皇奄弃万国,神器无主,而殿下位亲望重,功德兼隆,天意人心,灼然可见。

廉希宪所言南伐军功、主动搜罗中原士大夫、尝试以汉法治汉地等,均是忽必烈的长处与优势。这恰恰是阿里不哥所不能比

---

① 《元史》卷四《世祖纪一》。
② 《陵川集》卷三十二《班师议》。

拟的。

忽必烈听罢,颇以为然。于是,命令廉希宪一路先行,留心审察事态变化。廉希宪发觉,蒙哥汗征蜀时,曾留浑都海部四万骑兵屯戍六盘山,征蜀诸军回撤后大多散处秦蜀。近日,刘太平及霍鲁怀重新来到关中,估计他们会因关中形便,要结诸将,扇摇民心。待忽必烈北渡黄河,廉希宪将此情况详细禀报。忽必烈当即派担任过京兆宣抚司郎中的赵良弼乘驿西入关中,假以他故,访察秦蜀军政动态。

不到一月,赵良弼果然获得那里的实际情况回来报告①。这对忽必烈在关陇地区与阿里不哥的对抗中取得主动,大有裨益。

路过燕南,廉希宪又得悉:曾担任阿里不哥"讲读"的真定名士李槃,此时被阿里不哥所遣"征兵"官脱忽思械系牢狱。急忙报告忽必烈,予以释放。此举颇得燕南民心②。

忽必烈又接受近侍孟速思的建议,将怀有贰心的前朝行台断事官不只儿,徙往燕京,由孟速思亲自监视,以防其叛变③。

闰十一月二十日,忽必烈抵达燕京。

在黄河畔汴梁一带,忽必烈已看到阿里不哥遣官向蒙古军、汉军征调兵士的情形。到达燕京之后,此类征调兵士,更为严重,民间骚扰颇大。忽必烈诘问主持征调燕京兵士的脱里赤:为何如此行事?脱里赤却佯称是蒙哥汗临终的命令。忽必烈洞察其包藏祸心,立即下令将脱里赤所征集的兵士全部遣散④。

---

① 《元朝名臣事略》卷七《平章廉文正王》;卷十一《枢密赵文正公》。
② 《元朝名臣事略》卷七《平章廉文正王》。
③ 《雪楼集》卷六《武都智敏王述德之碑》。
④ 《元史》卷四《世祖纪一》。

在此以前,忽必烈已派遣使者向阿里不哥提出了责问和要求:"你们把战士们从蒙古人的家里和札忽剌人地区(汉地)中抽走,这是不合适的。你从各地拿走的财产和牲畜可归还战士们,并把战士们还给我们,还给曾经跟随过我的军队……[把战士们交还我们以后]我们就可以安排好交通工具、粮食和武器,结束对南家思(南宋)[的战事]"。

脱里赤没有料到忽必烈会如此迅速地返回燕京,也没有料到忽必烈会果断遣散他所征集的兵士。他急忙派一名随从去禀告阿里不哥:"忽必烈似乎已经知道了你的图谋,现在最好由您派遣一个万夫长和急使们一起带着海青、[猎]兽[去见忽必烈],以祛除忽必烈的疑虑"。

阿里不哥依计而行,很快派了一名万夫长及使者,带着五只海东青名鹰作为礼物向忽必烈致以问候。他们遵照阿里不哥的指令,对忽必烈说了一些悦耳动听的话,使他感到安全和放心。他们还向忽必烈禀告:阿里不哥已经停止征发兵士。

见到幼弟已理屈退让,忽必烈随即说:"既然你们已解释了这些无谓的谣言,那就一切太平无事了"。

忽必烈终于用及时北还和据理力争的方式,挫败了阿里不哥藉抽军控制大漠南北更多兵马的阴谋。在第一个回合里,忽必烈由被动变主动,算是取得了基本胜利。

然而,阿里不哥的退让,只是缓兵之计。脱里赤等从燕京返回漠北,禀报了安抚忽必烈的情况后,阿里不哥说:"既然忽必烈对我们的计谋已有所闻,最好把住在各禹儿剌和自己家里的宗王、异密们召集起来,找一处偏僻地方,把继位问题给解决了吧!"

阿里不哥十分清楚:自己留守和林,主持国政,掌握着漠北大部分军队,又得到蒙哥汗诸子及汗廷大臣们的支持。尽快在漠北举行忽里台贵族会议,藉此解决汗位继承,可以说是胜券在握。这也是对忽必烈摊牌和逼其就范的最后一招。据说,阿里不哥与其属下还密谋了届时逮捕忽必烈等人的计划。

于是,阿里不哥向各方面派出使者,邀请他们出席将在漠北举行的忽里台贵族会议。同时又派脱里赤等为急使到忽必烈处通知说:"为了举行蒙哥合罕的丧礼,务请忽必烈和全体宗王都来。"①

阿里不哥的遣使邀请,的确使忽必烈感到左右为难。按照常例,这样的忽里台贵族会议忽必烈必须出席。然而,阿里不哥设置的陷阱,显而易见,应邀赴会,则前途未卜,凶多吉少。

这时,廉希宪向忽必烈进言:"今阿里不哥虽殿下母弟,彼以前尝居守,专制有年。设有奸人,俾正位号,以玺书见征,我为后时。今若早承大统,颁告德音,彼虽迁延宿留,便名叛逆。安危逆顺,间不容发,宜早定大计。"②

商挺也说:"先发制人,后发人制。天命不敢辞,人情不敢违,事机一失,万巧莫追。"③

大约是在同一个时间,宗王塔察儿、也孙哥、纳邻·合丹和其他万夫长纷纷赶到燕京,会见忽必烈。

铁木哥·斡赤斤嫡孙塔察儿,所属蒙古千户最多,威望最高,实为东道成吉思汗诸弟后裔之长。由于多数漠北蒙古宗王倾向阿里不哥,塔察儿一度首鼠进退,拿不定主意。王傅撒吉思闻

① 《史集》余大钧、周建奇译本,第二卷,第291页、292页、293页,商务印书馆1985年。
② 《元朝名臣事略》卷七《平章廉文正王》。
③ 《元朝名臣事略》卷十一《参政商文定公》。

讯,特地驰驿赶来劝说塔察儿:忽必烈"宽仁神武,中外属心,宜专意推戴。若犹豫不决,则失机,非计也。"塔察儿听从了他的劝告①。

忽必烈也打算用遣使赐给饮膳的方式,结好塔察儿。近臣廉希宪自告奋勇前往。见到送来的饮膳,塔察儿非常高兴,还谈起忽必烈渡江之事。廉希宪乘兴劝说道:"主上圣德神功,天顺人归,高出前古,臣下议论已定。大王位属为尊,若至开平,首当推戴,无为他人所先"。塔察儿十分赞同,答应一定承担这个任务②。

二、滦水畔的忽里台

中统元年(1260年)三月初,忽必烈到达开平,在那里举行了一次忽里台贵族会议。

西道诸王合丹(窝阔台子)、阿只吉(察合台孙)、只必帖木儿(阔端子)等,东道诸王塔察儿、也孙哥(合撒儿子)、忽剌忽儿(哈赤温孙)、爪都(别勒古台孙)、纳邻合丹(哈赤温孙)等,皆来与会。还有其他功臣贵戚,如木华黎国王曾孙忽林池、纳陈驸马、帖里垓驸马、孛里察(宿敦子)、亦只里(秃儿赤子)、启昔礼、八答二答剌罕后裔等。

在此以前,忽必烈的妻室及漠北部众觉察到阿里不哥有异志,已由近侍燕真等护送南下抵达开平③。

这些诸王勋贵经商议后一致认为:"旭烈兀已去到大食地区,察合台的子孙在远方,术赤的子孙也很遥远。与阿里不哥勾结在

---

① 《元文类》卷七十《高昌偰氏家传》
② 《元朝名臣事略》卷七《平章廉文正王》。
③ 《元史》卷一百三十《不忽木传》。

一起的人做了蠢事……如果如今我们现在不拥立一个合罕,我们怎么能生存呢?"

与会的忽必烈旧臣近侍孟速思、廉希宪、商挺等率先积极劝进:"蒙哥皇帝奄弃臣民,神器不可以久旷。太祖嫡孙,惟大王最长且贤,宜即皇帝位。"与会诸王贵族也相继劝进曰:"殿下太祖嫡孙,大行母弟,以贤以长,当有天下。"

忽必烈再三推让,后来才说:"汝等能叶心辅翼,吾意已决"。于是,登上大汗之位。当时忽必烈46岁。

依照惯例,全体与会诸王那颜立下誓约,向新大汗下跪。因为旧有大汗印玺由阿里不哥掌握,忽必烈不得不新绾印玺,以发号施令①。

在拥戴新汗过程中,塔察儿果然作用非凡。据说,开平忽里台会议之初,诸王那颜议论并不完全一致。塔察儿大王曾事先写有拥立忽必烈的文书,由忽必烈宿卫士阿里海牙保管。阿里海牙呈上此文书后,拥戴忽必烈为新汗,才成为与会诸王那颜的共同决议②。

四月,忽必烈颁即位诏于天下,诏书说:

> 朕惟祖宗肇造区宇,奄有四方,武功迭兴,文治多缺,五十余年于此矣。盖时有先后,事有缓急,天下大业,非一圣一朝所能兼备也。先皇帝即位之初,风飞雷厉,将大有为,忧国爱

---

① 《史集》余大钧、周建奇译本,第二卷,第294页、295页,商务印书馆1985年;《元朝名臣事略》卷十一《参政商文定公》,卷七《平章廉文正王》;《雪楼集》卷六《武都智敏王述德之碑》。
② 《元文类》卷五十九《湖广行省左丞相神道碑》。

民之心虽切于己,尊贤使能之道未得其人。方董夔门之师,遽遗鼎湖之泣。岂期遗恨,竟勿克终。

肆予冲人,渡江之后,盖将深入焉。乃闻国中重以签军之扰,黎民惊骇,若不能一朝居者。予为此惧,驲骑驰归。目前之急虽纾,境外之兵未戢。乃会群议,以集良规。不意宗盟,辄先推戴。左右万里,名王巨臣,不召而来者有之,不谋而同者皆是。咸谓国家之大统不可久旷,神人之重寄不可暂虚。求之今日,太祖嫡孙之中,先皇母弟之列,以贤以长,止予一人。虽在征伐之间,每存仁爱之念,博施济众,实可为天下主。天道助顺,人谟与能。祖训传国大典,于是乎在,孰敢不从。朕峻辞固让,至于再三,祈恳益坚,誓以死请。于是俯徇舆情,勉登大宝。自惟寡昧,属时多艰,若涉渊水,罔知攸济。爰当临御之始,宜新弘远之规。祖述变通,正在今日。务施实德,不尚虚文。虽承平未易遽臻,而饥渴所当先务。呜呼! 历数攸归,钦应上天之命;勋亲斯託,敢忘烈祖之规? 建极体元,与民更始。朕所不逮,更赖我远近宗族、中外文武,同心协力,献可替否之助也。诞告多方,体予至意![①]

诏书主要包含两层意思:

第一,述忽必烈自鄂州前线北还的原因和被拥戴为大汗的由来、过程,抨击阿里不哥的签军乱国,阐明忽必烈继承大统的合理性。

第二,指出成吉思汗以来"武功迭兴,文治多缺"和蒙哥汗"尊

---

① 《元史》卷四《世祖纪一》。

贤使能之道,未得其人"等缺陷,疾呼"宜新弘远之规",主张在"祖述变通"的原则下建立一种适合于帝国广阔疆域的蒙、汉二元政治文化秩序。

这份诏书由汉族著名文士王鹗撰写,是一篇文辞秀丽、言简意赅的大手笔。由于忽必烈不懂汉语,他与汉族文士王鹗间的相互沟通,需要藉译者的中介来完成。尽管如此,诏书肯定会体现或贯彻忽必烈的基本意图,成文过程中同样会得到忽必烈的审查与核准。所以,此诏书可以算是忽必烈即汗位初首次对臣民开诚布公的政治表达,大体可以反映忽必烈当时的所欲所为和政策走向。

四月稍晚些时候,阿里不哥在和林西按坦河也被立为大汗。参与拥立阿里不哥的诸王有:蒙哥汗子阿速台、玉龙答失、察合台孙阿鲁忽、塔察儿子乃蛮台、只必帖木儿弟也速、合丹子忽鲁迷失和纳臣、斡儿答子合剌察儿等①。

这样,蒙古帝国就前所未有地出现了两位并立的大汗,分别是拖雷的两个儿子忽必烈和阿里不哥。

忽必烈曾指派一百名急使到阿里不哥等处宣谕:"我们这些宗王和异密们商议之后,已一致拥立忽必烈为合罕"。

阿里不哥也分遣使者到各地颁布诏旨,扬言:"旭烈兀、别儿哥和宗王们已同意并宣布我为合罕,不要听忽必烈、塔察儿、也松哥、也可合丹和纳邻合丹的话,也不要服从他们的命令"。

兄弟二人曾经派出许多急使,进行谈判和交涉。忽必烈还派出儒释皆通的畏兀人安藏,北上"调护"幼弟阿里不哥。后因阿里

---

① 《史集》余大钧、周建奇译本,第二卷,第293页,商务印书馆1985年。

不哥方面敌意彰明,才急遣近侍追回①。双方互不相让,未能达成协议②,只能诉诸武力。

第四节　兄弟阋墙

一、两大汗南北对峙

自成吉思汗以降的蒙古四大汗时期,围绕着汗位谁属的争夺出现过多次。但是像忽必烈和阿里不哥兄弟间的激烈斗争又是未曾见到的。这次斗争的与众不同处在于:首次以两个并立的大汗把整个蒙古帝国划分为势不两立的营垒,首次表现为兄弟操戈和大规模的、延续四年之久的军事冲突。就其性质而言,不仅是蒙古王室内部传统的汗位争夺或宗派斗争,而且是在新的形势下蒙古统治集团内革新与守旧等不同政治倾向、不同统治方针的斗争③。这场斗争又不可避免地影响着忽必烈的政治生涯和蒙古帝国的前途命运。

先让我们来看忽必烈和阿里不哥两大营垒间的军事、政治、经济等方面的实力对比情况:

军事上,阿里不哥实际掌握着漠北大部分蒙古诸千户军队。由于蒙古军屡次西征和南下,阿里不哥所掌握的漠北军事力量或许不及乃父拖雷那么雄厚,但漠北大兀鲁思六十余个基本千户的组织秩序未变,阿里不哥以大汗和拖雷家族"灶主"的双重身份,对上述军队的最高统辖权也不可替代。浑都海六盘山四万骑兵,

①　《雪楼集》卷九《秦国文靖公神道碑》。
②　《史集》余大钧、周建奇译本,第二卷,第 295 页,商务印书馆 1985 年。
③　孟繁清《试论忽必烈与阿里不哥之争,《元史论丛》第二辑,中华书局 1983 年。

散处秦、蜀的原随从蒙哥南征军队等,阿里不哥也能够全部统辖和支配,或能够支配其中的相当部分。

忽必烈麾下的军队主要限于漠南,包括忽必烈进攻鄂州所率领的东路军,以及其他汉地世侯诸万户的军队。忽必烈和他麾下军队的统辖关系,主要是基于总领漠南军国重事和复出总兵攻鄂州而建立和维系的。

无论是可支配军队的数量,抑或统辖关系的牢固性,忽必烈比起幼弟阿里不哥,似乎都要逊色一些。在所拥有的军事力量方面,阿里不哥略占优势。

政治上,忽必烈和阿里不哥虽然都是成吉思汗嫡孙、蒙哥汗的母弟,虽然都是经过忽里台贵族会议推选拥戴而登汗位的,但阿里不哥曾奉命留守和林,主持国政,蒙哥汗诸皇子和原汗廷大臣都站在他一边,其忽里台会议在和林附近举行,参与拥戴阿里不哥的蒙古宗王数量居多。依照蒙古人服从和拥护"嗣承成吉思汗宝位,领有他在蒙古的世代继承下来的土地的那个人"的习俗①,阿里不哥继承汗位似乎更合理些,更能得到蒙古臣民政治上的认可和拥戴。

忽必烈则前不久遭到蒙哥汗的贬斥,在漠北的政治基础薄弱。他之所以不愿返回漠北而在开平举行忽里台会议,也与这个背景有关。

另外,从汉地的角度看,忽必烈自总领漠南以来,顺应被征服地区统治政策亟待调整的形势需要,主动搜罗汉地士大夫和吸收汉文化,在邢州、京兆、河南尝试以汉法治汉地,"中土诸侯民庶翕

---

① 《史集》余大钧、周建奇译本,卷一,第二分册,第382页,商务印书馆1983年。

然归心"①。可以说,忽必烈在汉地树立了良好的政治基础。阿里不哥的汉地政策与蒙哥汗的"蒙古中心"倾向没有什么差别,近期对汉地的括兵又造成较大的骚扰。郝经说:阿里不哥"以次则幼,以事则逆,以众则寡,以地则偏,兵食不足,素无人望。"②这大体可以反映汉地官民对阿里不哥的不满和政治上的较低评价。

经济上,自忽必烈总领漠南军国庶事,较长时间控制了漠南广阔的农耕区域,"奄有中夏,挟辅辽右、白霤、乐浪、玄菟、秽貊、朝鲜,面左燕、云、常、代,控引西夏、秦陇、吐蕃、云南","倍半于金源,五倍于契丹"③。诚然,忽必烈唯领军事,除邢州、京兆、河南一度能全面治理外,基本不能过问财赋。忽必烈开平即汗位以后,自然对上述地区的财赋有了最高的节制权。在与阿里不哥作战中,忽必烈频繁从中原汉地征调粮食马匹皮帽裘衣等军需物资,"经画馈运,相继不绝"④。足见,忽必烈掌握了漠南雄厚的财力和物力。

阿里不哥以漠北及吉利吉思为根据地,"地穷荒徼,阴寒少水,草薄土瘠,大抵皆沙石也"⑤。一旦离开漠南,粮食军需难以筹集。后来,只得求助于察合台领地。

两相比较,忽必烈在经济上占有明显的优势。

总之,阿里不哥在军事上占优势,忽必烈在经济上占优势,政治上则双方各有所长,难分仲伯。两大营垒在客观条件上各有优

① 《元朝名臣事略》卷十一《参政商文定公》。
② 《陵川集》卷三十八《复与宋国丞相论本朝兵乱书》。
③ 《陵川集》卷三十八《复与宋国丞相论本朝兵乱书》。
④ 《元史》卷一百五十九《赵璧传》。
⑤ 《陵川集》卷三十八《复与宋国丞相论本朝兵乱书》。

劣,旗鼓相当,都有取胜的可能,也都有败北的危险。就看双方谁能利用个人和群臣的智慧,扬长避短,扩大优势,把握机会。

问题的关键是,在个人军事才能方面,忽必烈比起阿里不哥是要成熟、干练、高明的多。这也难怪,忽必烈从远征大理,到渡江攻鄂,也算是统率千军万马,攻城略地,身经百战。而阿里不哥多数时间居处漠北,未见参加什么大的用兵征战。兄弟二人的军事阅历,实在相去太远了。

在与阿里不哥的作战中,忽必烈制定了一套正确的战略战术,那就是以漠北为主,秦陇为辅,两战场南北配合;集中优势兵力,主动出击漠北,确保蒙古本土作战的胜利。

二、秦陇鏖战

秦陇鏖战是在中统元年五月拉开序幕的。那里,战争的激烈程度,并未因为次要战场而有所减缓。

由于手中的兵力有限,忽必烈未向秦陇地区增派多少兵卒,只是在即汗位伊始的四月初任命八春、廉希宪、商挺为陕西四川等路宣抚使,赵良弼为参议①。

廉希宪、商挺和赵良弼,原先就是忽必烈藩邸京兆宣抚司官员。忽必烈派这三人去关中,目的是要他们利用昔日对秦陇军政官员的统属关系,就地组织兵马,与阿里不哥方面较量。商挺说的:"西师可军便地"②,就是这个意思。

廉希宪、商挺及赵良弼是五月三日驰驿抵达京兆府的。

---

① 《元史》卷四《世祖纪一》。
② 《元朝名臣事略》卷十一《参政商文定公》。

两日前,阿里不哥委派的行尚书省官刘太平、霍鲁怀已抢先入城。刘太平数年前曾是钩考京兆的干将,他的到来给秦陇吏民带来了一定的恐慌。

　　廉希宪等首先大力宣传新大汗忽必烈即位的相关诏旨,以阐明更始大势,安定人心。还派使者到浑都海六盘山军中宣谕安抚。

　　十余日后,得悉使者已被浑都海所杀。廉希宪意识到,浑都海的六盘山军马已明确倒向阿里不哥方面,情势十分严重。于是,召集僚属曰:“上新即位,责任吾等,正在今日。不早为之计,殆将无及。”然后果断命令万户刘黑马逮捕刘太平和霍鲁怀,又采取先处置后迎赦免罪犯诏书的办法,将刘、霍二人绞死于狱中。

　　廉希宪又派刘黑马、巩昌总帅汪惟正乘驿分赴四川诛成都军将密里霍者和青城军将乞台不华,就地接管川蜀蒙古军团。当时,刘黑马是矫称忽必烈圣旨,杀掉了密里霍者。汪惟正又命令力士绑缚乞台不华,然后杀之。事后,忽必烈予以全力支持,诏川蜀军事由刘黑马、汪惟正等节制①。

　　下一个目标,就是对付六盘山浑都海军了。

　　商挺与廉希宪曾议论过浑都海军可能选择的上、中、下三条出路:乘虚直捣京兆,为上;恃财聚兵坐观,为中;重装北归和林,为下。还正确判断其必选北归和林的第三条路。

　　针对这种情况,廉希宪等便宜征集川蜀轮换兵卒及在家余丁四千人,由八春统率,抵御浑都海军,以防其东犯。又授予汪良臣金虎符、银印及白银一万五千两,命令他征调巩昌、秦州、平凉等二十四城诸军,以作为关中另一支可支配的武装力量。

----

　　① 《元史》卷一百四十九《刘黑马传》,卷一百五十五《汪惟正传》。

浑都海率所部军离开六盘山后,西渡黄河,直趋甘州。阿蓝答儿自和林率军南下接应,遂与浑都海军会合。阿蓝答儿、浑都海遂合军东攻西凉州只必帖木儿大王领地。

　　据说,阿蓝答儿抵达浑都海军中后,一度追问弃妻儿东逃归附忽必烈的耶律铸的下落。浑都海还当面诟骂耶律铸之子耶律希亮:"其父今亡命东见皇帝矣!"耶律希亮竭力辩解,才暂时免除了对方的怀疑与监视①。

　　八春、汪良臣二军奉命西去御敌,与浑都海军相持两月,未见分晓。

　　九月,合丹大王及哈必赤、阿曷马等率骑兵参战,会同八春、汪良臣部,与阿蓝答儿、浑都海在甘州东山丹附近的耀碑谷展开决战。陇州蒙古军将领按竺迩也率所部助战。

　　忽必烈命令全军由宗王合丹统一号令指挥,分三路以迎敌,合丹列阵于北,八春列阵于南,汪良臣列阵于中。时值大风吹沙,天色阴晦,汪良臣命令军士下马,用短兵器突然袭击敌军左翼,绕出阵后,又击溃敌军右翼。八春直捣敌军前部,合丹指挥精锐骑兵邀截敌军归路。大败敌军,斩阿蓝答儿和浑都海,杀伤俘虏不计其数。只有部分残余军士逃回吉儿吉思阿里不哥麾下。

　　为了震慑敌人,稳定局势,廉希宪还命令将阿蓝答儿、浑都海枭首于京兆市中三日②。秦陇之战遂以忽必烈方面的胜利而

---

　①　《元史》卷一百二十六《廉希宪传》,卷一百八十《耶律希亮传》。

　②　《元朝名臣事略》卷十一《参政商文定公》,卷七《平章廉文正王》;《元史》卷一百五十五《汪良臣传》,卷一百五十九《商挺传》,卷一百二一《按竺迩传》;《元文类》卷六十五《中书平章廉文正王神道碑》;《史集》余大钧、周建奇译本,第二卷,第297页,商务印书馆1985年。

告终。

忽必烈任用少数几个宣抚使等官员，相机行事，就地临时组织调集秦蜀军队，竟能打败阿蓝答儿、浑都海的数万重兵。除了对秦陇局势正确无误的判断外，还得益于忽必烈善于选用人才和用人不疑。廉希宪、商挺、赵良弼三人，不仅原先任职于忽必烈藩邸京兆宣抚司，对秦蜀军政界很熟悉，而且个个足智多谋，敢于独当一面。窝阔台之子合丹是参与拥戴忽必烈的西道诸王领袖。忽必烈在耀碑谷决战前夕委任合丹为全军统帅，威望高，能服众，对阿蓝答儿、浑都海辈也有一定的威慑力。

总之，忽必烈任用的几名秦陇军政官员，人尽其才，非常称职，可谓极一时之选。

据说，廉希宪等事后曾遣使自劾擅杀刘太平，擅自征调军队，擅自委命军帅汪良臣等罪。忽必烈不但没有责怪追究，反而降诏赞誉道："朕委卿以方面之权，事当从宜，毋拘常制，坐失事机"。事后又对廉希宪、商挺说："大丈夫事也。""当时之言，天知之，朕知之，卿果何罪。""卿等古名将也，临机制变，不遗朕忧"①。

正因为忽必烈不乏权变务实和豁达胸怀，能做到用人不疑和疑人不用，臣下就愿意为他立奇功，效死命了。

三、亲征昔木土

忽必烈清醒地知道：阿里不哥手中的王牌，即占有漠北。自己的缺陷又恰恰是远离蒙古本土漠北。在他与阿里不哥的军事较量

① 《元朝名臣事略》卷十一《参政商文定公》，卷七《平章廉文正王》；《元文类》卷六十五《中书平章廉文正王神道碑》；《元史》卷一百二十六《廉希宪传》。

中,漠北的争夺是最主要、最迫切的。所以,忽必烈一开始就把漠北确定为主战场。他没有被动防守,没有坐待阿里不哥南下进攻漠南开平,而是主动出击,反客为主,把仗打到漠北去。这样,忽必烈就能以成吉思汗嫡孙和拖雷诸子的兄长身份,名正言顺地去逐鹿漠北,去夺回漠北的控制权,去战胜阿里不哥,证明自己是合乎蒙古传统的大汗。

立足于这项战略,忽必烈从中统元年(1260 年)夏季就调兵遣将,筹措军需粮草,集中蒙古军和汉军主力,积极为决战漠北做好各方面的准备。

忽必烈接受商挺等"南师可还备选"的建议①,派遣史天泽为急使,向留戍长江北岸的霸都鲁和兀良合台下达命令:"立即从鄂州撤围回来,因为人生的变化犹如命运的旋转"。于是,这支军队奉命迅速返回忽必烈身旁,成为后来漠北用兵的主力之一②。

五月,忽必烈命令平阳、京兆两路宣抚司签兵七千名,由万户郑鼎、昔剌忙古带率领,防守延安等处隘口。又征调诸路兵三万驻守燕京近地。六月,还以诏书调集东平路严忠济等一万五千精兵赴开平。

这样,相当多的汉世侯地主武装和新签起的兵丁都被征发集中到长城一线,以备忽必烈调遣。

如果把塔察儿、也孙哥等诸王军队计算进来,此时忽必烈用于进攻漠北和防守幽燕的军队,估计有十五万左右。

忽必烈筹集调用的军需,也是种类各异,数量甚夥。如五月,

---

① 《元朝名臣事略》卷十一《参政商文定公》。

② 《史集》余大钧周建奇译本,第二卷,第 292 页,商务印书馆 1985 年;《元朝名臣事略》卷七《丞相史忠武王》。

命令各路购买马一万匹输送开平。六月，又命燕京、西京、北京三路宣抚司运米十万石至开平、抚州、沙井、净州、鱼儿泺等处，以备军储。还命令十路宣抚司造战袄、裘、帽等各万，亦运送开平。曾随忽必烈南征的燕京行台官月合乃，罄其家资，市马五百匹献上。忽必烈大为赞赏，特意颁赐写有"后当偿汝也"的券书①。这一切都是大规模军事行动所不可缺少的军需物质准备。

在调集兵马粮草过程中，个别忽必烈宿卫士的相机便宜行事，也能建立奇功，发挥意想不到的作用。如原藩邸必阇赤长昔班，奉命以户部尚书、宗正府扎鲁忽赤督粮于黄河以西的宁夏一带，返回途经大同北部，得悉万户阿失铁木儿等正在简选士卒，追随阿里不哥。昔班立即矫称制书召其军赴忽必烈麾下。阿失铁木儿狐疑不决，昔班规劝说："皇帝兄也，阿里不哥弟也。从兄顺事也，又何疑焉。"阿失铁木儿请求当夜商议，翌日答复。第二天，果然表示愿意听从忽必烈的号令。于是，昔班率领其军马归附了忽必烈。忽必烈见此情景，喜出望外，不禁赞叹道："战阵之间，得一夫之助，犹为有济。昔班以两万军至，其功岂少哉!②"昔班之所以能够建此奇功，得益于忽必烈和宿卫近侍间牢固的信赖、效忠关系，还得益于忽必烈通常允许部下灵活机动地处理突发事件。如果没有后一条，昔班岂不要顾忌因"矫制"而获罪。

七月，忽必烈决定亲自征讨阿里不哥。

秋冬之交，忽必烈率军进攻和林。东道诸王也相哥和纳邻合丹奉命充当忽必烈的先锋。阿里不哥派出旭烈兀长子主木忽儿和

① 《元史》卷四《世祖纪一》；《马石田集》卷一十三《故礼部尚书马公神道碑》。
② 《元史》卷一百三十四《昔班传》。

斡儿答子合刺察儿率军与忽必烈方面作战。双方在巴昔乞地区相遇交战,阿里不哥的军队被击溃,主木忽儿和合刺察儿携少数残兵逃窜。

自窝阔台建都和林以来,该城粮食通常是用大车从汉地运来的。忽必烈下令封锁粮食运输,和林城便发生大饥荒,物价腾涨。阿里不哥陷入了绝境。这时,获悉主木忽儿和合刺察儿战败,阿里不哥和他的军队仓皇逃出和林,回到吉儿吉思地区。

阿里不哥逃回吉儿吉思后,害怕忽必烈的军队赶来追剿。于是,派急使请求忽必烈的宽恕,说道:"我们这些弟弟们有罪,他们是出于无知而犯罪的,你是我的兄长,可以对此加以审判,无论你吩咐我到什么地方,我都会去,决不违背兄长的命令。我养壮了牲畜就来见你"。忽必烈听罢,高兴地说:"浪子们现在回头了,清醒过来,聪明起来,回心转意了,他们承认了自己的过错了"。年底,忽必烈命令移相哥率十万军队留守和林,自己南返驻冬于燕京近郊。

但是,阿里不哥没有遵守诺言。翌年夏秋当他把马群喂养肥壮后,就再次出兵攻打忽必烈。在接近驻扎在边境的移相哥的军队时,阿里不哥派去急使诈言:"我是来投降的"。移相哥信以为真,放松了警觉,竟遭到阿里不哥的突然袭击,被打败溃散。阿里不哥重新收复和林,而且,穿过草原,南下直趋忽必烈的开平之地。

忽必烈感到情况紧急,一面调集汉地七万户张柔、邸浹、王文干、解诚、张荣实、严忠嗣、张宏所部军及平章塔察儿所率一万军队等,随驾北上;一面命令诸王塔察儿、旭烈兀(按只吉台子)、纳邻合丹和驸马纳陈、帖里垓等五投下将领各率军队充当先锋,迎战阿里不哥的军队。

十一月,忽必烈率大军与阿里不哥在昔木土(《元史·术赤台传》作"石木温都")脑儿遭遇,展开激烈的决战。诸王哈丹、驸马腊真与兀鲁、忙兀居右,诸王塔察儿及太丑台居左,哈必赤将中军。诸王纳邻合丹等斩杀阿里不哥部将合丹火儿赤及其兵三千人,阿里不哥麾下的斡亦剌部军被击败。塔察儿、合必赤等又分兵奋击,大破敌军,追击五十余里。忽必烈亲率诸军继续进攻,线真奉命领右军,史天泽率领左军。在忽必烈强有力的攻势下,阿里不哥部将阿脱等投降,阿里不哥率其余部向北逃窜。

这时,忽必烈说:"不要去追他们,他们都是些不懂事的孩子,应当使他们明白过来,后悔自己的行为"①。

昔木土大战,不仅击败了阿里不哥对漠南的进犯,而且歼灭了他的部分精锐,使之元气大伤。从此,阿里不哥再也没有力量对忽必烈发动大规模的进攻。

耶律铸曾赋诗《昔木台》,颂扬这场决战:

> 辟易天威与胜风,一场摧折尽奇锋。
>
> 西北龙荒三万里,并随驱策入提封②。

耶律铸系耶律楚材子,曾领侍卫骁果从蒙哥汗征蜀。阿里不哥称汗漠北后,耶律铸"弃妻子,挺身自朔方来归"。他对忽必烈战胜阿里

---

① 《元史》卷四《世祖纪一》,卷一百二十《术赤台传》;《元朝名臣事略》卷七《丞相史忠武王》;《史集》余大钧、周建奇译本,第二卷,第296页,第300页,商务印书馆1985年。

② 《双溪醉隐集》第二卷。

不哥,对"大统会归于中统"①,应该是感触良多,刻骨铭心的。

昔木土之战结束后,忽必烈并没有放松警惕。十一月十五日,他亲自宣谕在燕京的中书省官员:"前时阿里不哥败于昔木土脑儿,退散。今闻北方雪大,却复回此。虽未必来,然须准备。据随路不问是何人等马匹,尽令见数。若有堪中骑坐者,每五匹马价课银一定和买"②。忽必烈严令和买漠南诸路马匹,以防备阿里不哥卷土重来。可以看出,忽必烈政治上军事上的判断能力是相当正确和明智的。

阿里不哥失去来自汉地的物质供给后,曾委任察合台孙阿鲁忽为该封国君主,通过他从察合台领地获取大量牲畜、粮食和器械。后来,双方因物资归属发生冲突,阿鲁忽不愿受阿里不哥的勒索,转而归顺忽必烈。阿里不哥闻讯大怒,派兵攻打阿鲁忽,一度占领察合台领地。

但是,阿里不哥经常宴饮作乐,肆意杀戮当地军民,引起麾下许多蒙古那颜的不满。他们说:阿里不哥"如此残酷地糟蹋成吉思汗征集起来的蒙古军队,我们怎能不感到愤怒而离开他呢?"阿里不哥开始众叛亲离,尤其是蒙哥汗之子玉龙答失偕同一些千夫长离他而去,归附忽必烈。玉龙答失临行时还向阿里不哥索回了蒙哥汗的一颗大玉玺。这样一来,阿里不哥几乎成了势穷力竭的孤家寡人。

忽必烈对率先归附的蒙哥幼子玉龙答失格外眷顾,特意赐予印章,又以蒙哥汗位下猎户赏赐他。同时还封卫州的汲县、新乡、

---

① 《元史》卷一百四十六《耶律铸传》;《元文类》卷一十六《车驾班师贺表》。
② 《大元马政记》第8页,国学文库本。

苏门、获嘉、胙城五县为玉龙答失的中原食邑分地,立总管府,列河朔一路①。藉此,分化瓦解阿里不哥阵营。

四、阿里不哥归降

中统五年(1264年)七月,走投无路的阿里不哥,不得不南下归降兄长忽必烈。

当他到达上都开平时,忽必烈降旨聚集和陈列了很多军队,命令阿里不哥按照草原上有罪人请罪的习惯,披盖着大帐的门帘入帐觐见。起初,仅允许他站在笔阁赤侍从所在的地方。后经塔察儿那颜的请求,忽必烈才批准他与宗王们同坐,并一起宴饮。

望着这位在疆场上与自己操戈的同胞幼弟,昔日的怨恨与家族荣誉、骨肉之情交织在一起,忽必烈难过地流下了眼泪。阿里不哥也泪流满面。忽必烈擦去泪水,打破沉默,问阿里不哥:"我亲爱的兄弟,在这场纷争中谁对了呢? 是我们还是你们呢?"阿里不哥回答:"当时是我们,现在是你们。"如此看来,阿里不哥仍然是有保留的投降,对自己最初据漠北称汗事,并不认错。

而后,忽必烈命令宗王塔察儿、移相哥、也可合丹、纳邻合丹、忽剌忽儿、只必帖木儿、爪都及其他蒙汉官员们,一起审讯了阿里不哥。一致决定:鉴于都是成吉思汗子孙,宽恕阿里不哥,赐他以自由。第二年秋天,阿里不哥就患病死去了。

关于对阿里不哥的处理办法,忽必烈专门向母弟旭烈兀及察合台封国君主阿鲁忽、术赤封国君主别儿哥遣使,说明情况并征求

① 《史集》余大钧、周建奇译本,第二卷,第304页,商务印书馆1985年;《元史》卷五《世祖纪二》至元元年七月壬辰,卷六《世祖纪三》至元三年三月辛巳;《卫辉府志》卷四十五王公孺《卫辉路庙学兴建记》。

意见。旭烈兀曾遣使指责:阿里不哥披门帘入帐觐见的做法,令宗亲蒙受耻辱。忽必烈欣然接受,承认自己做得有失礼节。

在阿里不哥觐见忽必烈的第二天,他麾下的那颜们开始受到更为严厉的审讯。

忽必烈命令:将阿里不哥麾下的那颜们捆绑起来,由宗王昔里吉、塔海、札剌忽、别帖木儿以及那颜安童、朵儿拜、孛罗—阿合等具体负责对他们的审讯。

忽必烈曾降旨质问这些受审那颜们:"在蒙哥合罕之世,当时的异密们甚至连想也没有想违抗他,也不曾有过大的叛乱。人们知道,只要他们稍想有所反抗,就会受到怎样的惩处。你们引起了这一切纠纷,在一切人之中散播了这样的骚动和叛乱,毁灭了这么多宗王、异密和军队,你们该当何罪?"孛罗欢、阿蓝答儿等教唆挑拨作乱的罪行得到追查。

是时被拘捕问罪的阿里不哥党羽那颜多达千余人,究竟如何处置,忽必烈曾经犹豫不决。于是,询问参与审讯的怯薛官、木华黎后裔安童说:"朕欲尽置此属死地,何如?"安童回答:"人各为其主尔。陛下甫定大难,而以私憾杀人,何以怀未附"。忽必烈喜纳其策,最后,只将其中的孛罗欢、忽察、秃满、阿里察、脱火思等十名那颜处死。

为庆祝阿里不哥归降和蒙古帝国的重新统一,是年八月,忽必烈特意将中统五年改为至元元年,以示否往泰来和鼎新革故之义①。

---

① 《史集》余大钧、周建奇译本,第二卷,第306页—311页,商务印书馆1985年;《元史》卷五《世祖纪二》至元元年七月庚子,八月丁巳;《元朝名臣事略》卷一《丞相东平忠宪王》。另据《草木子》卷三下《杂制篇》,至元之义,也取自《易经》"至哉坤元"。

关于忽必烈立足漠南和北征阿里不哥的胜利,耶律铸诗又曰:

闻说天兵下八埏,自临华夏益精妍。

龙拏虎掷三千国,岳镇渊渟五十年。

应欲昭彰新日月,更为弹压旧山川。

可怜棘霸皆儿戏,不似胜征计万全。①

忽必烈战胜幼弟阿里不哥,并非轻而易举。它是在双方旗鼓相当,各有短长,特别是军事力量稍弱和起初比较被动的情况下,依靠忽必烈与漠南蒙古诸王那颜的联盟,依靠忽必烈与汉族地主阶级的政治联合,依靠漠南汉地雄厚的人力物力支持,才赢得这场汗位争夺。其间,也锻炼并显示了忽必烈个人较为高超的政治谋略和军事才能。无论是在政治还是军事方面,忽必烈都要高出幼弟阿里不哥一大截。

需要说明的是,在漠北与阿里不哥的作战中,双方往往互有胜负,难分仲伯。尤其是在阿里不哥乘忽必烈南归,以诈降突然袭击移相哥并重新占领和林的危急时刻,忽必烈迅速调用汉地雄厚的人力财力,及时组织"昔土木"新会战,歼其精锐,反败为胜。除了忽必烈果断决策和二次亲征外,调用漠南汉地的人力财力,应是忽必烈手中的一张"王牌"。有了这张"王牌",忽必烈就可以不计一时胜败,连续持久作战,不断打击敌人,直至最后胜利。这一点,在后来对付海都等叛王的作战中,始终是元朝方面长期发挥效用的"王牌"和优势。

---

① 《双溪醉隐集》卷四《中统庚申圣上北征不庭》。

忽必烈战胜幼弟阿里不哥,结束了四年时间的同室操戈和两大汗并立,维护了蒙古帝国的统一。更有意义的是,由于忽必烈的胜利,蒙古贵族统治集团中的革新派占据了主导地位,忽必烈和他的元帝国走上了部分改变统治方式,以汉法治汉地的道路,走上了缔造蒙、汉政治文化二元结构的道路。尽管这条道路十分曲折艰难,忽必烈和他的元帝国,都将遇到许多新的困扰和挑战。

第四章　创建元王朝　附会汉地法

第一节　元帝国的诞生

一、中统建元

在与阿里不哥进行军事较量的同时,忽必烈加紧了建年号、国号,定都邑,立朝仪等一系列工作,目标是创建一个与大蒙古国、汉地传统王朝都有继承联系的元帝国。

中统元年(1260年)五月一日,刚刚登上汗位一个多月,忽必烈就在刘秉忠等汉族臣僚的帮助下,建起了中统年号。十年后,又改国号为大元。

先来看建元中统诏书:

祖宗以神武定四方,淳德御群下。朝廷草创,未惶润色之文;政事变通,渐有纲维之目。朕获缵旧服,载扩丕图,稽列圣之洪规,讲前代之定制。建元表岁,示人君万世之传;纪时书王,见天下一家之义。法《春秋》之正始,体大《易》之乾元。炳焕皇猷,权舆治道。可自庚申年五月十九日,建元为中统元年。惟即位体元之始,必立经陈纪为先。故内立都省,以总宏纲;外设总司,以平庶政。仍以兴利除害之事,补偏救弊之方,随诏以颁。于戏！秉篆握枢，必因时而建号；施仁发政，期与物以更新。敷宣恳恻之辞，表著忧劳之意。凡在臣庶，体予至怀！

再看至元八年（1271年）十一月的建大元国号诏书：

> 诞膺景命，奄四海以为宅尊；必有美名，绍百王而纪统。肇从隆古，匪独我家。且唐之为言荡也，尧以之而著称；虞之为言乐也，舜因之而作号。驯至禹兴而汤造，互名夏大以殷中。世降以还，事殊非古。虽乘时而有国，不以利［义］而制称。为秦为汉者，著从初起之地名；曰隋曰唐者，因即所封之爵邑。是皆徇百姓见闻之狃习，要一时经制之权宜，概以至公，不无少贬。
>
> 我太祖圣武皇帝，握乾符而起朔土，以神武而膺帝图，四震天声，大恢土宇，舆图之广，历古所无。顷者，耆宿诣庭，奏章申请，谓既成于大业，宜早定于鸿名。在古制以当然，于朕心乎何有。可建国号曰大元，盖取《易经》'乾元'之义。①

大蒙古国时期是用十二生肖纪年的。从成吉思汗到蒙哥四位大汗，都没有使用年号。忽必烈模仿汉地王朝的制度，从儒家《春秋》、《易经》等经典中，选定"中统"一词，作为自己的年号。所谓"中统"，就是"中华开统"②，就是华夏中央王朝的正统。汉地历

---

① 《元史》卷四《世祖纪一》，卷七《世祖纪四》。
② 《元文类》卷一十六，徐世隆《东昌路贺平宋表》。

代王朝最讲究正统谁属,在魏晋南北朝和宋辽夏金诸民族或地域政权并立之际,"正统"更是热衷争夺的对象。忽必烈政权以中统为年号,表明其以承继中央王朝的正统自命,而且致力于"天下一家"和大一统的目标。

大蒙古国前四汗时期的国号,即"大蒙古",全称为"也可蒙古兀鲁思"。汉人有时称之为"大朝"。忽必烈又取《易经》"大哉乾元"之义,定"元"为新国号,取代"蒙古"旧国号。"元也者,大也。大不足以尽之而谓之元者,大之至也。"①"大元"不仅象征从成吉思汗到忽必烈的"历古所无"的"大业",还出自儒家经典"至公"之论,进而可以与三代相媲美,名正言顺地厕身于夏、商、周、秦、汉、隋、唐大一统王朝序列。

建年号和改国号,显然是忽必烈吸收汉地文化,改变其政权形式与内涵的两个重要步骤②。

定都邑,是在对阿里不哥的战争取得决定性胜利之际实施的。

中统四年(1263年)五月,忽必烈先将践阼称汗和驻跸所在的开平府定为上都。至元元年(1264)八月,又颁《建国都诏》,以燕京为中都③,后改称大都。窝阔台汗所建的草原都城和林则被废弃,改立宣慰司管理。

国都的改变,意味着忽必烈政权的统治重心由漠北移至漠南汉地,也意味着他对草原中心传统的部分背叛。详细情况,参见第

---

① 《元文类》卷四十《经世大典序录·帝号》。

② 1264年,忽必烈又改用"至元"的年号,其基本涵义与"中统"不无相通。只是在阿里不哥降附的情况下,另有一些"否往泰来"、"鼎新革故"的寓意(《元史》卷五《世祖纪二》至元元年八月丁巳)。

③ 《元典章》卷一,诏令一。

十章。

朝仪,是至元六年(1269年)十月由刘秉忠、许衡等主持订立,尚文、赵秉温、史杠等十余人也参与议论。

未立朝仪之际,凡遇到称贺时节,大小官吏,不分贵贱,都聚集在忽必烈的帐殿前,熙熙攘攘,一片混乱。执法官嫌人员过多,甚至挥杖敲打驱赶。逐去复来,顷刻数次。尤其是在四方邦国朝贡的场合,确实有失体统,有碍大雅。不少汉族官员对此很不满意,屡有严格班序和严格传呼赞引及殿中纠察等呼吁①。

刘秉忠等订立的朝仪,"颇采古礼","杂就金制",大体是对汉、唐、金有关制度的承袭和变通。

其内容包括:平明设仪仗于崇天门内外,虎贲羽林,弧弓摄矢,分立东西,陛戟左右。教坊陈乐廷中。皇帝、皇后出阁升辇,升御榻。谒者传警,鸡人报时。妃嫔诸王驸马和丞相百官分班行贺礼。具体礼节有:二鞠躬、六拜、三舞蹈、三山呼、三叩头等。丞相祝赞曰:"溥天率土,祈天地之洪福,同上皇帝、皇后亿万岁寿"。

朝仪初步拟订,先选近侍二百人肄习,然后是百官于皇城之东肄习。忽必烈御法座莅临,对仪制中的某些细节,也要一一询问,由尚文等条对明白。忽必烈非常满意,遂为定制。还下令设侍仪司,以近侍赵秉温为礼部侍郎兼知侍仪事②。

至元八年(1271)八月忽必烈生日天寿节时,上述仪制正式启

① 《元朝名臣事略》卷一十二《内翰王文忠公》。
② 《元史》卷六十七《礼乐志一》;《元文类》卷六八《平章政事致事尚公神道碑》;《滋溪文稿》卷二十二《故昭文馆大学士中奉大夫知太史院侍仪事赵文昭公行状》。

用。而后,元旦朝贺、冬至进历、册立皇后太子、诸国来朝等,也用此仪。

关于忽必烈在刘秉忠等辅佐下所定朝仪,马可波罗又有与《元史·礼乐志一》惊人相似的描述:

> 大可汗朝见群臣、赐宴时候,仪式如下:
>
> 皇帝的席是比别人的高好些。他坐在北面,面朝南向。靠近他的左边坐的,是他第一个妻子……
>
> 在元旦节的早晨,当桌位分派以前,所有的国王、公爵、侯爵、伯爵、男爵、勇士、星相家、医师和放鹰匠以及许多军官,各民族、各地方的君主,和军队全都聚在大可汗面前。那些找不到地方的人站在厅外面,可以叫皇帝看见他们。他们立的次序是如此布排:首先是大可汗的诸子,皇孙,和皇系的亲属,以后是国王,再后是公爵,再次是其余各级的人,一个一个依次序排下去。当人人都坐在所派定的座位上后,有一个高等主教站起来,大声说:"跪下敬拜。"他大声唱完这些字后,所有人立刻跪下,把他们的前额叩在地上,高声祷祝大可汗,拜他如一个上帝。以后主教说:"上帝拯救和保护我们的皇帝,永久生存在快乐和喜悦之中。"全体回答说:"望上帝能这样作"。主教再说:"望上帝能增加和扩大我们皇帝的疆土,叫他们常常更加广大。望上帝能使他的臣民常享太平,常蒙怜爱,并使各事在全国里能兴旺。"全体回答说:"望上帝能够这样作。"他们如此敬拜四次……他们献上许多宝贵和华丽的礼物……大可汗看过以后,食桌全放出来。当食桌设好后,所有人全遵照次序坐上……当他们吃完以后,魔术家进来使官

中全体娱乐。①

忽必烈批准并实行的上述朝仪，与汉唐仪制有三处差异：第一，皇帝、皇后列坐御榻，同受朝贺；第二，增加了三叩头。此叩头之礼，似来自窝阔台汗即位时诸王那颜们的"九次以首叩地"②；第三，朝仪结束后，还要举行蒙古传统的质孙宴。这又明显掺入了蒙古草原礼俗。

据说，刘秉忠奏上所订朝仪后，曾向忽必烈讲述当年汉高祖刘邦"吾乃今知皇帝之贵也"的话语，没想到忽必烈的反映竟是："汉高眼孔小，朕岂若是"③。刘秉忠等所订立的朝仪，"尊严宸极，辨上下而示等威"④，为忽必烈增加了汉地皇帝式的独尊无二。对上述朝仪，忽必烈没有像刘邦那样喜出望外，也是有缘由的。忽必烈毕竟不像刘邦那样出身于小小亭长。作为成吉思汗嫡孙，蒙古大汗至高无上、臣民匍匐叩首的场面，他是在父兄时代早已领略过的。

或许是受忽必烈的影响，元中叶以后的汉族官僚对待朝仪的看法，同样有某些褒元贬汉、厚今薄古的倾向。

张养浩《元日朝贺》诗曰：

绵蕞区区笑叔孙，圣元相万汉君臣。

凤龙齐舞云间乐，虎象争输海外珍。

---

① 张星烺译《马哥孛罗游记》，第 168 页，第 175 页，商务印书馆 1936 年。

② 《史集》余大钧、周建奇译本，第二卷，第 175 页，商务印书馆 1985 年。

③ 《元朝名臣事略》卷七《太保刘文正公》。

④ 《秋涧集》卷四十三《朝仪备录序》。

仙仗分开丹禁晓,朝班浮动翠花春。

与天同大惟王者,今日方知此语真。①

二、内而省部,外设监司

忽必烈创建元朝的另一项重要举措是,"用历代遗制,内而省部,外设监司"②。所谓"省部",即中书省及所属左三部、右三部;"监司"具体指十路宣抚司和宣慰司③。

总领全国政务的机构中书省,设于中统元年(1260 年)四月一日,王文统、张文谦首任平章政事和左丞。翌年,增为右、左丞相各二员,平章政事四员,右丞、左丞各一员,参知政事二员④。宰执以下,设管辖六曹、参与机务的若干参议及左、右司,还设左三部(吏、户、礼三部)和右三部(兵、刑、工三部)等,掌管各类政务。

忽必烈所设中书省,大抵参照金尚书省制度。以中书省取代蒙古国掌管政刑的札鲁忽赤(断事官),也是一个进步。关于中书省的详细情况,详见本章第三节。

如果说建立中书省是中央机构引入汉法的开端,那么十路宣抚司之设又是对汉世侯实施的较有效监督和管辖。

前面提到,窝阔台汗正式确定了利用归降汉人地主武装头目

① 《归田类稿》卷十九。

② 《牧庵集》卷十五《中书左丞姚文献公神道碑》。

③ 《元文类》卷九王鹗撰《中统建元诏》云:"内立都省,以总权纲;外设总司,以平庶政"。其中的"总司",容易让人误解为宣抚司和宣慰司。实际上,中统和至元初的宣抚司和宣慰司的性质和准确称呼,应为"监司"。参阅拙文《元代宣慰司建置沿革与性质辨析》,《南开大学历史系建系七十五周年纪念文集》,南开大学出版社 1998 年。

④ 《元史》卷四《世祖纪一》;卷八十五《百官志一》。

对汉地进行间接统治的秩序。由此,形成了刘黑马、史天泽、张柔、严实、张荣、李璮等大小不等的汉世侯。他们在辖境内军、民二柄皆握,命吏、征税、刑罚,专于一身,父子兄弟,世袭相传。近似于春秋时代的诸侯和唐后期的藩镇。汉世侯中的多数曾经是忽必烈总领漠南时的旧部,在与阿里不哥争夺汗位过程中,他们也大都是忽必烈的支持者。但是,汉世侯体制与中央集权制度格格不入,随着统治中心的南移和汉法推行,汉世侯遂成了忽必烈政权加强对地方有效管辖的障碍。

忽必烈即位不久,朝廷议事时有人提议削夺汉世侯权力。世侯之一张柔奏上:"请选老成人监之便"的折中方案,以阻削夺之议。郝经的《便宜新政》也献策说:"建监司以治诸侯。诸镇诸侯各握兵民,不可猝罢,当置监司,以收其权利,制其所为"①。中统元年(1260年)五月,忽必烈下令设置十路宣抚司,大体是依据张柔和郝经的建议行事的。

十路宣抚司的具体安排是:赛典赤、李德辉为燕京路宣抚使,徐世隆为副使;宋子贞为益都济南等路宣抚使,王磐为副使;史天泽为河南宣抚使;杨果为北京等路宣抚使,赵炳为副使;张德辉为平阳太原路宣抚使,谢瑝为副使;宇鲁海牙、刘肃为真定路宣抚使;姚枢为东平路宣抚使,张肃为副使;张文谦为大名彰德等路宣抚使,游显为副使;粘合南合为西京路宣抚使,崔巨济为副使;廉希宪为京兆等路宣抚使。

担任宣抚司正、副使的,大多数是忽必烈藩邸旧臣。姚燧所

---

① 《蒙兀儿史记》卷五十一《张柔传》;《陵川集》卷三十二。

云:"尽出藩府旧臣,立十道宣抚使"①,十分贴切。说起十路宣抚司官员的民族成分,惟有赛典赤等四名色目人,其余都是汉人。这些人中的相当部分,后来还任职于中书省、六部等官署。由他们担任正、副宣抚使,去监督和有效管辖以汉世侯为首的地方官府,有利于恢复郡县制中央集权。

十路宣抚司的职掌,主要是签发兵卒,输送军需物资,监督征税和刑狱,劝农桑,问民疾苦,考核黜陟州县官吏等②。

上述职掌,除了签发兵卒和输送军需物是直接服务于对阿里不哥的战争(京兆等路宣抚司在这方面最为突出)外,其他与金朝提刑使兼宣抚使非常相似。例如,太原、平阳一带地广人众,地方官世守,胥吏结为朋党,侵渔贪贿,视官府纪纲和民间疾苦,犹若土渣。宣抚使张德辉将其中奸赃尤甚的太原石抹氏、平阳段李、河中忽察忽思等数十人,械系庭下,数其罪恶,一一杖责。然后,剔除吏弊,遴选官属,更新庶政,所部肃然。部民以手加额称誉道:"六十年不期复见此太平官府!"张德辉在河东的治绩,为十路之最,忽必烈也予以称赞慰劳。张德辉还应忽必烈的要求,奏上包括"易世官而迁郡邑"在内的四件"急务"③。严实之子严忠济承袭东平万户兼总管职务后,号称"强横难制",东平路宣抚使姚枢针对性地设置了劝农、检查二官,监督严忠济。还推排民户物力以均平赋役,废罢了冶铁官署④。此外,宣抚司还需要和诸王封君投下

① 《元文类》卷六十《中书左丞姚公神道碑》。
② 《秋涧集》卷八十,卷八一;《中堂事记》(上),(中);《元史》卷四《世祖纪一》。
③ 《元朝名臣事略》卷十《宣慰张公》。·
④ 《牧庵集》卷十五《中书左丞姚文献公神道碑》。

打交道。

无论职司规定还是实际政绩，十路宣抚司都是在不改变汉世侯职权和地盘的前提下，代表朝廷对汉世侯进行监督和较有效的管辖。宣抚司的监司性质与角色，显而易见。

忽必烈还利用矛盾，不失时机地撤换了东平路世侯严实之子严忠济。

中统二年（1261年）五月十四日，忽必烈命令在上都开平的诸路管民官汇集阙下，以听圣训。凌晨，忽必烈降诏罢免了东平路管民总管兼行军万户严忠济。并且敕戒：“诸路官僚，无是效焉，国有常刑，犯不容有。”

起初，官员们对严忠济未见显咎而被罢黜，十分诧异。三日后，忽必烈临轩亲谕诸路长官，又任命严忠济之弟严忠范为东平路总管。至此，官员们才知道罢黜严忠济的直接原因是其弟严忠范的告发。忽必烈还特意训诫严忠范：“兄弟天伦，事至于此，朕甚悯焉。今予命尔尹兹东土，非以讼受之也。彼所责匪轻。警哉，今而后，苟不克荷，非若兄幸而免也。”

此次罢黜严忠济，尽管有其弟严忠范的告发，但那只是直接诱因而已。根本原因还是，“甲仗精锐，所向无前，大臣有言其威权太盛者”①。前述东平路宣抚使姚枢已对他做了一些抑制，忽必烈巧妙地利用严氏兄弟内讧，黜兄而用弟，既郑重行使了朝廷的予夺大权，又是对其他世侯的有力惩戒。

中统二年十一月，忽必烈废罢了十路宣抚司。

忽必烈之所以在率军亲征阿里不哥之际废罢宣抚司，并不是

---

① 《秋涧集》卷八十一《中堂事记》（中）。

宣抚司政绩不佳和未达到预期的效果,而是由于汉世侯和蒙古投下的压力。尤其是汉世侯,一开始就对宣抚司之设十分反感。张德辉宣抚太原平阳虽然受朝廷褒奖,后来却为怨家所诉,进退维谷,经中书省大臣申理帮助,才得以解脱①。这里的怨家,当然包括张德辉杖责过的"世守""结党"的贪官污吏。可见,宣抚司受到来自汉世侯等的抵制刁难往往十分严重。忽必烈废罢宣抚司,也可以看作是在李璮反迹已部分显露的情况下,对汉世侯及诸王投下的暂时妥协。是时,忽必烈所面临的主要的敌人或危险,无疑是阿里不哥。忽必烈在需要运用漠南蒙古诸王勋贵和汉世侯政治军事支持的紧急时刻,用废罢宣抚司来缓和与二者的关系,从策略上也是必要的。这样做,能够尽量避免漠南生事和南北两面受敌。

中统三年(1262年)二月,阿里不哥之乱基本平息,益都世侯李璮则公开反叛。也是从二月开始,忽必烈将宣抚司改头换面,进行部分人员调整,陆续设立十路宣慰司,继续实施宣抚司未竟的职能。因为汉世侯体制是李璮反叛的根源,在军事讨伐平定的同时,仍需要从政治上彻底解决问题。

从是年二月到十二月陆续设立的十路宣慰司,在统辖范围和路分上,与原宣抚司大同小异。平阳太原、真定、东平、大名、河南、西京、北京等路,基本不变。减燕京、京兆二路,而增顺天路和开元路。见于记载的有:阔阔、怯烈门、游显行宣慰司于大名,郑鼎、赡思丁、答里带、三岛、李德辉行宣慰司于平阳太原,赵璔行宣慰司于顺天,王磐、布鲁海牙行宣慰司于真定顺德,张德辉、八刺、宝合丁

---

① 《秋涧集》卷八十二《中堂事记》(下)。

行宣慰司于东平,撒吉思、柴桢行宣慰司于北京,贾文备行宣慰司于开元等处。

十路宣慰司的职能虽大抵沿袭前宣抚司,但蒙古人和色目人任此职的数量却显著增加了。据不完全统计,十路宣慰司官员大约 16 人。蒙古人和色目人竟多达 9 人,占总数的 56.3%。相当于原宣抚司中非汉人的 2.68 倍。这又是李璮反叛爆发后忽必烈对汉人臣僚产生疑虑所致。

在十路宣慰司继续充当监司的过程中,忽必烈不时予以直接过问和指导。东平宣慰司官张德辉和八剌,因诛杀盗贼和官赋蚕丝发生争执,八剌向忽必烈秘密上奏。忽必烈问八剌:"张耀卿曾受贿否?"八剌不敢言其有。于是,忽必烈降旨:"张耀卿所言准合条例,可从之"①。张德辉是最早应召北觐藩邸,在漠北龙庭期年,为忽必烈讲解汉法文治,多所开悟。曾担任太原、平阳道宣抚使,执法严明,政绩为最。忽必烈对他的刚直和扶善疾恶,可以说了如指掌。此时给予旗帜鲜明的支持,也是情理中事。

至元元年(1264 年),在朝廷普遍迁调各地"世职守令"、罢黜汉世侯的同时,十路宣慰司也因其监督汉世侯使命的完结而被最终废止。原十路宣慰司中的李德辉、赵璜、游显、郑鼎等,很快被委任为改造后的路总管等职。这种以原宣慰司部分成员取代汉世侯路总管职务的举措,不仅是简单的善后,也是忽必烈监督和废罢汉世侯政策的进一步发展。

---

① 《元朝名臣事略》卷十《宣慰张公》。

第二节　劝农桑与理财赋

一、劝课农桑

忽必烈即位伊始,就诏告天下:"国以民为本,民以衣食为本,衣食以农桑为本"①,又采取一系列措施,恢复饱受战乱破坏的北方农业生产。由只关心草原游牧,转变为劝农桑和重视发展农业生产,说明忽必烈的经济政策已向汉地倾斜。

首先是设置劝农官署。

中统二年(1261年)八月,忽必烈命令设立劝农司,以陈邃、崔斌、成仲宽、粘合从中为滨棣、平阳、济南、河间劝农使,李士勉、陈天锡、陈膺武、忙古带为邢洺、河南、东平、涿州劝农使,分道检查农业生产。

至元七年(1270年),根据张文谦的提议,置大司农司,以张文谦为司农卿,专掌农桑水利。下设四道劝农官及知水利官,巡行劝课,察举勤惰,"亲行田里,谕以安集,教之树艺"。忽必烈还欲以御史中丞孛罗兼领大司农,右丞相安童认为台臣兼领,前无此例。忽必烈回答:"司农非细事,朕深谕此,其令孛罗总之"②。

还命令州县长官兼劝农事,岁终申报司农司和户部,考察成否。秩满时,要在解由内注明殿最。提刑按察司须负责对劝农桑业绩的体察和监督。又严明赏罚地方官劝农桑成效。高唐州官

---

① 《元史》卷九十三《食货志一·农桑》。
② 《元史》卷四《世祖纪一》,卷七《世祖纪四》,至元七年十二月丙申;《元文类》卷五十八《中书左丞张公神道碑》;《道园学古录》卷四十二《朝列大夫金燕南河北道廉访司事赵公神道碑》。

员因勤于劝课受升秩奖赏，河南陕县尹王仔却以惰于农事被降职。

司农司曾奉忽必烈的命令，"相风土之宜，讲究可否"，拟定和颁布农桑之制十四条，以为规则。在此基础上，"遍求古今所有农家之书，披阅参考，删其繁重，撮其切要"，最后汇编成一部《农桑辑要》，推广先进的农业技术①。

在乡间村疃，又实行五十家立一社，择高年晓农事者为社长，敦本业，抑游末，设庠序，崇孝弟②。北方的社，建立于至元七年（1270 年）。平定江南后，社也推广到南方。忽必烈曾下达"既是随路有已立了社呵，便教一体立去者"，"立社是好公事也"等圣旨，亲自推动立社劝农桑。忽必烈还命令探马赤军户同样立社。由于牵扯到军户数目，此类立社，后来改在万户建制内举行③。

其次，禁止占民田为牧地，禁止损害庄稼。

蒙古入主中原以来，诸王权贵和蒙古军队占据农田，"近于千顷，不耕不稼，谓之草场，专用牧放孳畜"④，随处可见。这无疑造成了中原农业耕地面积的萎缩和生产条件的破坏。

忽必烈屡次下令：严格限制诸王权贵和蒙古军队的牧地范围，禁止强占民田为牧地。中统二年（1261 年）七月，忽必烈诏谕河南管军官：驻有军马的城邑可在近郊保留部分牧场，其余应听还民耕⑤。中统四年（1263 年）七月，又命令征南都元帅阿术，禁止所

---

① 《农桑辑要》王磐序。
② 《元史》卷九十三《食货志一·农桑》。
③ 《通制条格》卷十六《田令·立社巷长》。
④ 赵天麟《太平金镜策》卷四《限田产》。
⑤ 《元史》卷四《世祖纪一》。

部蒙古军占民田为牧地。至元元年（1264年）四月,当御苑官南家带奏请兴修驻跸凉楼并扩充御用牧地时,忽必烈率先垂范,诏命修凉楼待农事之隙,牧地则分给无地农户①。

从至元二年（1265年）开始,忽必烈还将黄河南北荒芜田土和僧侣所占良田,分配给蒙古军士等耕种②。这种提倡鼓励迁居汉地的蒙古人从事农耕的做法,似乎更为积极。又实行蒙古人种田及有羊马之家,停止供给口粮,无田土者依旧供给的政策③。后者可以保证尚未从事农耕者的生计,减轻他们对农耕民的侵犯。

忽必烈还多次颁布诏令,严格禁止蒙古军践踏农田,损害庄稼。如中统三年（1262年）正月曾禁止诸道戍兵及权势之家放纵牲畜侵害桑枣禾稼。四月,又下令禁止徐邳地区征戍军队纵牧畜损害农田庄稼。中统四年（1263年）七月,禁止野狐岭行营蒙古人进入南、北口纵牧畜,损践桑稼④。

而后,忽必烈颁发的圣旨条画规定:"诸军马营寨及达鲁花赤、管民官、权豪势要人等,不得恣纵头匹,损坏桑枣,践踏田禾,骚扰百姓。如有违犯之人,除军马营寨约会所管头目断遣,余者即仰本处官司就便治罪施行,并勒验所损田禾桑果分数赔偿"⑤。在一般禁止以外,另加治罪和赔偿措施,遂使上述政策更为行之有效。

① 《元史》卷五《世祖纪二》。
② 《元史》卷六《世祖纪三》至元二年正月乙酉,至元三年五月丙午。
③ 《元史》卷五《世祖纪二》至元元年八月乙巳。
④ 《元史》卷五《世祖纪二》。
⑤ 《通制条格》卷十六《司农事例》。

再次,鼓励开荒复业与兴修水利。

中统三年(1262年)四月,忽必烈命令各行省、宣慰司、诸路达鲁花赤、管民官积极鼓励和劝诱百姓,开垦田土,种植桑枣,不得擅兴不急之役,妨夺农时①。至元八年(1271年)又推出定期减免开荒者税收的政策。"凡有开荒作熟地土,限五年验地科差"。考虑到桑树杂果成熟期较长,遂补充规定种植桑树限八年,杂果限十五年后科差②。

由于朝廷的积极提倡,元朝初年的水利事业也获得可喜的成就。如中统二年(1261年)提举王允中、大使杨端仁奉忽必烈诏令,开凿怀孟路的广济渠,引沁水经济源、河内、河阳、温、武陟五县,达于黄河,全长677里,灌溉民田三千余顷③。翌年,又任命"习知水利"、"巧思绝人"的郭守敬为提举诸路河渠。至元元年(1264年),张文谦偕郭守敬行省西夏中兴,修复疏浚唐来、汉延二渠,灌溉田地近十万顷④。

十余年后,忽必烈的劝农桑政策,"功效大著,民间垦辟种艺之业,增前数倍";"凡先农之遗功,陂泽之伏利","靡不兴举",基本上做到了"野无旷土,栽植之利遍天下"⑤。据说,元中叶以后,全国各地普遍收到了种植桑麻的良好成效,尤其是齐鲁地区最为繁盛。

虞集赋诗志其情状:

---

① 《元史》卷五《世祖纪二》。
② 《元典章》卷二十三《户部九·栽种·开田栽桑年限》。
③ 《元史》卷六十五《河渠志二》。
④ 《元朝名臣事略》卷七《左丞张忠宣公》,卷九《太史郭公》。
⑤ 《农桑辑要》王磐序《秋涧集》卷三十七《绛州正平县新开溥润渠记》;《元朝名臣事略》卷七《左丞张忠宣公》。

昔者东南杼柚空,咏歌蚕织列图穷。

劝农十道先齐鲁,百世兴王衣被功。①

由于忽必烈政权的推动和鼓励,黄河流域的农业生产得到了较快的恢复和发展。

二、王文统理财

中统至元之初的财赋整顿,同样是值得称道的。

当时,忽必烈与阿里不哥围绕着汗位谁属的战争刚刚爆发,兵马频繁调发,军需开支浩大,一概仰赖中原汉地的财赋支持。再加上营造宫室,新设军政机构廪禄和宗藩岁赐,都需要巨额经费。储积无几和国用不足,是忽必烈政权建立之初所面临的首要难题。

忽必烈把这方面的事情,先是交给了中书省平章政事王文统全权负责。

王文统,字以道,金北京路大定府(今内蒙古宁城县)人,曾得中经义进士。年轻时,搜集阅读历代奇谋诡计之书,"好以言撼人"。金元之际,王文统以"布衣"游说各地军阀诸侯,受益都世侯李璮的赏识,留为幕僚,军旅之事都要听其谋划决策。李璮还命儿子彦简拜王文统为师,王文统则将女儿嫁给李璮,俩人关系由此更为亲密。王文统足智多谋,帮助李璮从南宋军队处夺取了久攻不下的涟水和海州(今江苏涟水和连云港),声名大噪。早在忽必烈率兵渡江攻鄂州之际,刘秉忠、张易即举荐道:"山东王文统,才智

---

① 《道园类稿》卷十一《题楼功魏织图》。

士也"。忽必烈即汗位伊始,迅速将王文统提拔至朝廷,授以中书省首任平章政事,掌管日常政务和财政,"凡民间差发、宣课盐铁等事,一委文统等裁处"①。

王文统的理财,颇有方略。杨果誉王:"材略规模,朝士罕见其比"。这也是刘秉忠、张易及廉希宪举荐他的原因。忽必烈曾以钱谷大计询问,王文统"敷对明敏,虑无遗策"。还"以簿书委积,重为规画,授诸掾成算,以备不时顾问"。

忽必烈对王文统的经邦理财之术,非常赏识,不时"纶音抚慰","且有恨其见晚之叹"。念及王年龄较大,忽必烈特许其不必劳于奏请,平时可运筹于中书省,遇大事则面陈②。

王文统的理财活动,包括三方面的内容:

一是整顿户籍和差发。

中统元年(1260年),在王文统的主持下,对汉地的户口进行整顿和分类,大抵分为元管户(业已登入朝廷户籍且无变化的人户)、交参户(曾经登入朝廷户籍,后迁徙他乡又在当地重新登录入籍的人户)、协济户(没有成年人丁的人户)、漏籍户(从未著入朝廷户籍的人户)。其下又细分成丝银全科户、减半科户、止纳丝户、止纳钞户、全科系官户、全科系官五户丝户等名目。他们交纳的丁粮、丝料和包银,又依户别等第而有高下③。

还命令各路差发采用取"甘结文字"、"立限次"、"置信牌"等方式,以保证"从实尽数科征"。针对诸王封君投下五户丝径自从相关路州征取的旧制,王文统等又以"恩不上出,事又不一,

① 《元史》卷二百六十《王文统传》,卷一百二十六《廉希宪传》。
② 《秋涧集》卷八十一,《中堂事记》(中)中统二年四月。
③ 《元史》卷九十三《食货志一·科差》。

于政体未便"等理由,奏准实行各路皆输京师和各投下赴中书省验数关支的新办法。翌年,中书省又对投下私属人户进行甄别梳理,按照不同情况逐一确定他们所承担的投下赋役和朝廷差发①。

以上整顿,初步改变了蒙古国时期户籍归属和差发征收的混乱状况,使国家得以直接控制较多的户籍和赋税。

二是食盐榷卖。

《元史·王文统传》所说的"欲差发办而民不扰,盐课不失常额",就属此类。中统二年(1261年),王文统在世祖皇帝颁布诏谕"申严私盐"等禁的同时,又将榷卖食盐的价格由每引白银十两减至七两,这样就便于官府向盐商批发和推销行盐盐引了。此外,还加强了对各地榷盐的管理。如将河间一带的沧清深盐使所,改由宣抚司提领;对河东解州池盐,在路村特地设置解盐司统辖其事;山东盐运司的岁办盐收入,也提高至白银二千五百锭②。

对于綦阳等冶铁官的存废,中书省没有贸然行事,而是让掾属王恽等反复论证成本收益几何与利弊得失。最后奏准废罢冶户而归民③。

榷盐收入的增加,为忽必烈政权提供了一项稳定而可观的财赋来源。

三是推行中统钞。

窝阔台灭金以后,各路都在本境内使用自己的纸钞,国家没有

---

① 《秋涧集》卷八十、八十一,《中堂事记》(上、中)中统元年十月,中统二年四月二十四日,六月二日。

② 《元史》卷九十四《食货志二·盐法》。

③ 《秋涧集》卷八十一,《中堂事记》(中)中统二年五月二十五日。

统一的钞币,造成某些混乱和不便。

中统元年,王文统为首的中书省在全国发行中统元宝交钞,面值有壹拾文、贰拾文、叁拾文、伍拾文、壹百文、贰百文、叁百文、伍百文、壹贯、贰贯十种。规定中统钞不限年月,通行流转,官府的酒醋盐铁等课程和各种差发均以中统宝钞为主。中统钞以所储白银为本,钞壹贯(两)相当于白银一两,发行数量大体依银本多寡而定。允许百姓持钞倒换白银,也可倒换昏坏纸钞。后者除按规定交纳三分工墨费外,别无克扣增减。

与此同时,废罢了各路原先使用的钱钞。王文统还接受真定宣抚使刘肃的建议,命令各路以旧钞如数倒换中统钞,以避免百姓蒙受损失。由于此时的中统钞以白银为本,各路换钞时还须把本路金银送往中书省。真定路情况比较特殊,原有金银已被拖雷妻唆鲁和帖尼取走。经宣抚使布鲁海牙遣官与王文统交涉,立即破例颁降新钞五千锭①。

中统钞推行初期,王文统惟恐钞法壅滞,公私不便,整日与都省官及提举司官讲究利弊所在,制定了一套包括纸钞与白银子母相权,银本常不亏欠,京师总钞库不得动支借贷等严密规则。

据说,中统钞之行,有六、七项便利:经费省,银本常足不动,伪造者少,视钞重于金银,实不虚,百货价平②。当时的物价大体是,钞一贯可买绢一匹,钞五、六十文可买丝一两,钞六、七百文可买米一石,钞五、六百文可买麦一石,钞四、五百文可买布一端。"公私贵贱,爱之如重宝,行之如流水。"③

---

① 《元史》卷一百二十五《布鲁海牙传》。
② 《秋涧集》卷八十,《中堂事记》(上)中统二年正月,二月。
③ 《紫山集》卷二十二《宝钞法》。

中统钞的广泛流通和钞值物价的平稳,既方便了民间贸易及百姓生活,又改善了国家的财政收支。

元人李存诗赞曰:

国朝钞法古所无,绝胜钱贯如青蚨。

试令童子置怀袖,千里万里忘羁孤。①

另外,中统钞可用于交纳各种赋税,减轻了白银等形式的税收负担。如蒙哥汗始,科差中的包银每户纳四两,二两输白银,二两输丝绢、颜料。由于百姓无银可输,州县不能按时完纳,率多向回回斡脱商借贷白银,受其"羊羔息"盘剥。甚至有"十年阖郡委积数盈百万,令长逃债,多委印去"的情况。中统初,忽必烈颁布免除负银诏书,特别是中统四年(1263年)包银全部以钞输纳后,包银强制输白银的弊端才彻底祛除②。

关于中统钞为代表的纸币,马可波罗也曾这样记述:

在汗八里城中有大可汗的造币厂。内部设备非常好,我们可以说大可汗是一个完全的炼金家(冯承钧译作"点金术")……他采取桑树的皮……和胶一齐捣成浆糊,然后卷成薄片……他把他们切成大小不同的小块,但全是长方形……所有这些大小纸块上,全印着大可汗的图章。你们必须知道,所有那些钱发出去和纯金纯银有一样的势力和威严。有一定

① 《俟庵集》卷二《伪钞谣》。
② 《牧庵集》卷二十五《磁州滏阳高氏坟道碑》。

的官吏,特别委派在每张纸币上写上他们的名字并盖上各人的印。当钱制好时候,那些官的领袖,奉大可汗特别委派守印,将官印涂上硃红,盖在纸上。所以纸上留着硃红色官印的痕迹。以后这张纸币就变成有效的了。如有人伪造纸币,必受斩首的死刑。大可汗造出如此多的纸币,能够拿他付换世界上所有的钱币……在他所统治的各省、各国和各地方中,这纸币皆通行使用。没有人敢拒绝,违者处以死刑。我还要切实告诉你们,在他所辖的各国各民族中之臣民,皆愿意接受这纸币,偿付各种款项。因为他们无论到了什么地方,总能用他购买一切东西,如各种货物珍珠、宝石和金银等物。①

马可波罗以域外人的新奇和敏锐,道出了忽必烈在元帝国首次统一发行纸币的诸多特别之处,不仅大体符实,也为人们提供了推行中统钞的弥足珍贵的细节。

王文统的上述理财,取得了较大的成功。中统二年(1261年)五月,忽必烈命令王文统主持的中书省与前燕京行台当面对检所掌财赋数额,结果,以上年比中统元年,数虽多而实际收入少;以中统元年比上年,户数相同而实际收入多,王文统的理财政绩,明显超过了前燕京行台。

二十余日后,燕京帑藏财富运至上都,忽必烈亲往观看,非常喜悦地说:"自祖宗已来,未有如是之多"②。后又对中书右丞廉希

---

① 张星烺译《马哥孛罗游记》,第 191 页,商务印书馆 1936 年。
② 《秋涧集》卷八十一,《中堂事记》(中)。

宪说:"吏弛法而贪,民废业而流,工不给用,财不赡费,先朝尝已戚矣。自相卿等,朕无此戚"①。忽必烈对王文统理财的称赞,不会是轻率和无根据的。就连与王文统有政见分歧的姚枢也承认:中统年间做到了"民安赋役,府库粗实,仓廪粗完,钞法粗行,国用粗足,官吏转换,政事更新"②。

在理财方面,忽必烈一般是"责以成效"和从严要求的。当藩邸亲信近臣、另一名平章赵璧因军储事受谴责怪罪时,忽必烈竟毫不客气地把赵平章拘禁在府宅,严格予以管制③。

除了王文统,刘秉忠和史天泽也是中统年间帮助忽必烈奠定元帝国基本规模的重要宰辅。

刘秉忠北上投靠忽必烈最早,也是"金莲川幕府"中邢州术数家群的领袖。忽必烈即汗位后,他一直充当忽必烈的主要谋臣。诸如中统建元纪岁,建国号,定都邑,颁章服,立朝仪,立中书省,置十路宣抚司,议定官制等,他都是首倡者和积极推进者。忽必烈对刘秉忠深信不疑,几乎是言听计从。中统初,忽必烈曾命令专门为刘秉忠修建上都南屏山庵堂,供其居处。后又诏命刘还俗,妻以窦默之女。还册授光禄大夫和三公之一的太保④。刘秉忠的成功之处,是在于他兼通释、道、儒三学,又居漠北多年,熟悉蒙古习俗,故能够糅合蒙古旧典、中原汉法而成一代新制,以为忽必烈君临大漠南北所用。

史天泽是投靠蒙古政权较早,势力最大的汉地世侯之一。他

---

① 《元文类》卷六十五《平章政事廉文正王》。
② 《牧庵集》卷十五《中书左丞姚文献公神道碑》。
③ 《秋涧集》卷八十一,《中堂事记》(中)。
④ 《元史》卷一百五十七《刘秉忠传》;《元朝名臣事略》卷七《太保刘文正公》。

又是拖雷家族真定分地的守土臣,故与蒙哥、忽必烈等一直保持着特殊亲密的关系。忽必烈总领漠南,他被委任为河南经略使,负责河南一带的屯田、兵戎等。蒙哥汗亲征川蜀,他又率兵从征,还奉命掌管御前宿卫。中统二年(1261 年)五月,史天泽担任中书省右丞相,这也是所有汉人和汉世侯中唯一一身膺此要职的。他主持中书省,定省规十条,使政务处理有章可循。又奏罢诸色占役,实行统一赋税科差规则。他在多员宰辅中间弥缝协调,委曲论列,又在皇帝与宰臣之间上传下达,使汉法在忽必烈政权草创阶段得以较顺利的推行。在辅佐忽必烈而成"中统初元之治"过程中,史天泽出力颇多①。

第三节　建立中书省、枢密院、御史台和御前奏闻制度

一、中书省总政务

蒙古国时期一直设有最高行政长官札鲁忽赤(断事官),掌管审刑断狱和民户分配。随着疆域扩大和政务繁多,汗廷怯薛执事中主管文书、印章的必阇赤长的作用日益突出,逐渐发展为仅次于札鲁忽赤的辅相之臣。汉人尊称其为中书令或丞相。札鲁忽赤和必阇赤长,都是蒙古游牧官系列的中枢要员。虽然在职司上与后来的中书省有相似处,但它们和汉地王朝的宰执还是有本质的差异。

忽必烈即位后,模仿汉制,设置中书省宰执取代札鲁忽赤和必

---

① 《元朝名臣事略》卷七《丞相史忠武王》。

阇赤长。

中统元年(1260年)四月,忽必烈最早任命的中书省官员是平章王文统和左丞张文谦。七月,又以祃祃为丞相,王文统和赵璧为平章,张易为参知政事。中统二年(1261年),忽必烈对中书省作大幅度调整,不花、史天泽为右丞相,忽鲁不花、耶律铸为左丞相,王文统、塔察儿、廉希宪、赛典赤·赡思丁为平章政事,张易为右丞,张文谦为左丞,商挺、杨果为参知政事,宰执总数多达十二员。

至元四年(1267年)六月,中书省宰执精简为右、左丞相各一员,平章政事二员,右丞、左丞各一员,参知政事二员,号称"八府"。

中统二年十二月皇子真金封燕王,开始领中书省事,至元十年(1273年)真金册为太子后又兼任名义上的长官中书令。

宰执以下的僚佐有,参议一员,左司和右司郎中、员外郎、都事各二员,断事官三十余员。中书省统辖的政务官署,中统初仅为左三部、右三部,至元元年(1264年)分为四部,至元七年(1270年)以后才分为吏、户、礼、兵、刑、工六部。

中书省的职司与前朝相似,可以概括为"佐天子,理万机","统六官,率百司"。具体地说,大致包括议论朝政并协助皇帝决策,发布政令,监督六部等政务官署施政,或亲自处理重要政务①。

中书省设立之初,其宰执及属员分为都省和燕京行省两部分。随忽必烈在开平活动的是都省,留燕京处理汉地事务的是燕京行省。至元元年(1264年)上都和大都确定前后,燕京行省撤消,中书省在大都兴建了凤池坊北的正规衙署。但因忽必烈岁时巡幸两

---

① 《元史》卷八十五《百官志一》,卷四《世祖纪一》,卷五《世祖纪二》。

都,中书省官员内部一直有随驾都省和留省、留守的临时分工。

忽必烈政权刚刚建立的中统年间,中书省宰执构成的特色是:以藩邸旧臣为主,汉族官僚居半。

元人李谦说:"世祖皇帝始居潜邸,招集天下英俊,访问治道。一时贤士大夫,云合辐辏,争进所闻。迨中统至元之间,布列台阁……蔚为一代名臣"①。据不完全统计,中统元年到四年,担任中书省右丞相和左丞相的有祃祃、不花、史天泽、线真、忽鲁不花、耶律铸、塔察儿等7人,平章政事有王文统、赵璧、塔察儿、赛典赤、廉希宪等5人,右丞和左丞有廉希宪、张启元、粘合南合、张文谦、阔阔、姚枢等6人,参知政事有张启元、商挺、杨果等3人,总计18人(重复任职者除外)。除不花、忽都不花、塔察儿分别是蒙哥汗怯薛长和世臣贵胄,属于金莲川藩邸旧臣的,约12人,占总数的66.7%。其中,邢州术数家群2人,经邦理财群2人,理学家群1人,王府宿卫群5人以上。可见,王府宿卫群、邢州术数家群和经邦理财群,又是藩邸旧臣中最受重用的部分。从民族成分看,18名宰执中,蒙古人5名,色目人3名,汉人10名。汉人占总数的55.5%。

上述宰执构成,透露了两点信息:初期的忽必烈政权大体上是以藩府旧臣班底为基础建立的;忽必烈采用汉法,忽必烈与汉族地主阶级的联合,在政权组织上得到了较充分的保证或体现。

然而,李璮之乱特别是阿合马被杀以后,汉人担任宰执的人数明显减少。据初步统计,至元元年到三十一年间,中书省宰执共计74人。其中,蒙古人和色目人37人,汉人及南人37人,各占50%。汉人及南人的宰执人数比例下降了5.5%。更重要的是,在

---

① 《元文类》卷五十八《中书左丞张公神道碑》。

右丞相、左丞相、平章等长官中汉人仅6人,蒙古人和色目人则多达27人,后者占总数的81.8%。而且,任职时间也远远超过汉人宰臣①。汉人宰执比例和地位的降低,也是忽必烈的蒙古、色目、汉人、南人四等人政策在中书省内的直接体现。

忽必烈本人对右丞以上宰臣的任用,慎重而严肃。至元二十二年(1285年)正月,中书省右丞相安童等推荐御史大夫玉速帖木儿为左丞相,行御史台大夫拨鲁罕为平章政事,忽必烈答复道:"玉速帖木儿朕当思之,拨鲁罕宽缓,不可"。当安童提及另一位候选人阿必赤合时,忽必烈又说:"此事朕自处之"。而对右丞以下,则交付中书省丞相等自行择用,以免失去寄托委付之意②。

忽必烈不但任用宰相十分严肃,对宰相的勤惰业绩,也严加检核督责。元人胡祗遹评论道:"自中统建元,政治一新,劳圣虑,勤圣躬,宰相而下,鸡鸣而兴,不可谓不勤不劳,无所困其心矣。虽旬休假宁,一岁之中,未尝三五旬休假宁也。公退尝以未申,或抵暮,或继之以烛,不可不谓专其事矣。然而每每为口舌者讪讦曰:某事不办,某事错矣。或钱谷会计不当,或刑狱淹滞填塞,或执法前后不一,或进退人物不公不材"③。有两个事例可以证实胡氏的说法基本可信:一是至元初有人说中书省政事大坏,忽必烈大发雷霆,欲治宰相大臣(很可能是史天泽)之罪。幸而姚枢从旁劝解疏导,才算了结。二是至元末有人告发右丞相完泽徇私,忽必烈追问平章不忽木。不忽木提议当面对质,明示责降。忽必烈依其言而行,

① 以上数字依据《元史》卷一百一十二《宰相年表》统计。
② 《元史》卷十三《世祖纪十》;《元文类》卷二十四《丞相东平忠宪王碑》。
③ 《紫山集》卷八《送霍金事序》。

果然查明纯属诬告①。

以上事例告诉人们，忽必烈雄才大略，知人善任，既委任责成，大胆使用宰相，又随时掌握控制其政绩功效，不为臣下所蒙蔽迷惑。忽必烈如此行事还基于一条蒙古旧俗，那就是大汗作为主子，对包括宰相在内的所有臣属奴婢，拥有绝对的支配权和处置权。

在模仿汉地宰辅制度的同时，忽必烈所建中书省一开始就融入了部分蒙古旧制，也注意保持蒙古贵族的长官和主导地位。中书省右丞相大多是蒙古人，长官"国相"对所议政事有裁定权②。宰执群官"圆议"，又带有蒙古忽里台会议的印痕。宰执属下还设有皇帝、皇后、太子、宗王诸位下代表组成的断事官数十员，这又是蒙古国札鲁忽赤制的变易和延续。

二、枢密院掌兵戎

自成吉思汗立国以来，左、中、右三万户是最高的军事统帅组织，军权主要由大汗、宗王和万户掌握。而当对外军事征服不断扩大，万户的设置逐渐由原先的三个扩大到数十个之际，万户原有的性质和地位就不复存在了。在一段时间内，大汗之下的军事统帅管理机构实际是空缺的。

中统四年（1263年），刚刚经过与阿里不哥角逐汗位战争和平定李璮之乱的忽必烈，似乎深感朝廷军事指挥调遣的不便。五月，忽必烈下令设立的枢密院，既是沿用宋金制度和实行汉法的组成部分，也有弥补朝廷军事统帅管理机构阙如的寓意。

----

① 《牧庵集》卷十五《中书左丞姚公神道碑》。
② 《元朝名臣事略》卷七《丞相史忠武王》。

枢密院设立之初,长官为兼判枢密院事的皇子燕王真金,尽管只是名义上的。同时,设枢密副使二员,金枢密院事一员,实际掌管院务。史天泽和赵璧曾经较早担任枢密副使。至元七年(1270年),增设同知枢密院事一员,位副使之上,又设院判官一员①。至元二十二年(1285年)底,真金太子病逝,枢密院长官空缺。至元二十六年(1289年)二月,忽必烈任命中书省右丞相伯颜以知枢密院事,出镇和林②。尽管伯颜并不在大都枢密院任职,但从他平宋回京已担任同知枢密院事职务和北边尚未正式设行院或分院看,伯颜的知院一职至少是枢密院以知院为长官的前奏。《元史·百官志二》所云至元二十八年(1291年)设知院,应是在此基础上的正式设置。

枢密院的职司主要有三:军队的管领与调发,军官的奏举与铨选,军人的赏罚与存恤③。

枢密院设立后,确实在调兵遣将、协助忽必烈应付各种战事及屯戍等方面发挥了很好的作用。如至元十二年(1275年)正月,元军在鄂州一带渡江成功,沿江东下。忽必烈命令枢密院调纳忽带儿、也速带儿所统戍军及登莱丁壮八百人拨付五州经略司,加强淮东的征戍兵力。数日后,忽必烈又应枢密院的请求,降玺书诏谕阻兵顽抗的嘉定、重庆、江陵、郢州、涟海等南宋边城④。至元十七年(1280年)五月,枢密院调兵六百戍守居庸关南、北口⑤。至元二

---

① 《元史》卷八十六《百官志二》,卷五《世祖纪二》。
② 《元史》卷十五《世祖纪十二》。
③ 参阅李涵、杨果《元枢密院制度述略》,《蒙古史研究》第三辑,内蒙古大学出版社 1989 年。
④ 《元史》卷八《世祖纪五》。
⑤ 《元史》卷十一《世祖纪八》。

十七年（1290年）十二月，忽必烈又命令枢密院括取江南民间兵器①。就连军士修大都城墙，也需要枢密院调遣②。当然，以上调遣军队，大多是奉忽必烈命令行事的。没有忽必烈的命令，枢密院不敢擅自调动较多的军队。这显然是由枢密院充当皇帝左、右手之一的性质所决定的。

有关南宋合州守将王立归降的一段故事，很能说明枢密院在方面将帅和忽必烈之间所扮演的角色。

至元十六年（1279年）正月，四川大部分南宋城池先后降附，惟有合州守将、安抚使王立因曾经抗拒蒙哥汗亲征，又与东川行枢密院长年对垒，结怨颇深，迟迟未降。

安西王相、行西川枢密院事李德辉到任后，王立暗中遣使向李德辉表示降意。李德辉单舸至合州城下，招王立出降，川蜀随之全部平定。

东川行院怨李德辉越境邀功，便把王立押送长安狱。同时奏报王立久抗王师，指斥蒙哥汗等罪状，要求杀王立。枢密院转奏忽必烈，忽必烈降诏杀王立，且籍没其家资。

继而，安西王忙哥剌遣使禀报王立归降始末及东川行院嫉恨争功事，枢密院又上奏说：上次所奏不确。忽必烈听罢大怒，责备道："卿等视人命若戏耶。前遣使杀立久矣，今追悔何及。卿等妄杀人，其归待罪！"后因安西王未及时杀掉王立，枢密院官才免遭罪谴③。

---

① 《元史》卷十六《世祖纪十三》。
② 《元史》卷十三《世祖纪十》至元二十一年七月。
③ 《元史》卷十《世祖纪七》；《牧庵集》卷一七《平章政事贺公神道碑》。

枢密院平时掌握着方面将帅上奏皇帝的转达权,这项权力十分重要。忽必烈有关军事领域的大量信息依赖枢密院的转达,对军队将帅赏罚予夺的决策,也依赖枢密院所转达的各种上奏。忽必烈平素对枢密院是相当信任,多半是言听计从。但是,当他得悉枢密院转达奏言失实和草菅人命时,也会予以严肃追究和处罚。

枢密院之设,为忽必烈提供了一个辅助自己调遣、指挥和管理全国军队的机构。由于忽必烈操纵娴熟,控制有方,枢密院对皇帝的从属性质和辅佐功能,始终没有改变。

从枢密院设立之时起,忽必烈即实行蒙古人及色目人充当长官,汉人及南人担任佐贰的政策。据有关统计,忽必烈朝汉人担任枢密院副使等官计有史天泽、赵璧、崔斌、商挺、赵良弼、倪德政、董文炳、董文忠、张文谦、张易、刘国杰、崔彧、董士选、贺胜等 14 人,占当时枢密院官总数的近 40%。这在元代历朝算是人数最多,比例最高。

忽必烈参用较大比例的汉人臣僚掌管枢密院,也是当时形势和政治背景的需要。忽必烈朝的大规模军事行动主要是攻灭南宋、与北边蒙古叛王的战争以及海外征伐。这些战争都需要使用为数众多的汉族军队,以较多汉人臣僚掌管枢密院,自有诸多便利之处。

汉人担任枢密院官职,又大致以至元十九年(1282 年)为界,至元十九年以前,忽必烈对汉族臣僚充分信任,上述 14 人中的 10 人均在这段时期任职。每岁皇帝北幸上都时,枢密副使张易等还能留守大都并总领本院庶务。至元十九年张易因擅调军士帮助王著杀阿合马而获罪被杀后,忽必烈对汉族臣僚的疑惧渐深,不仅减少了汉人枢密院官的任用,还明令取消了汉官留守大都枢密院的资格。

此外,忽必烈又以四怯薛派员参决枢密院事,宰相参议枢密院事或兼领院官等方式,强化对枢密院的控制,协调中书省与枢密院的关系,收到了较好的效果①。

枢密院和中书省,号称忽必烈的"左、右手",其职权比宋、金等朝也要广泛一些。设枢密院,确立了从地方到中央的千户、万户——统军司(或元帅府、行枢密院)——枢密院的军事指挥系统,便于有效地节制和管理蒙古诸大千户、汉地诸万户及侍卫亲军等各类军队,便于把军权集中于中央。某种意义上说,枢密院之立,也是忽必烈惩治汉世侯专权之弊和建设汉地式中央官署的步骤之一。

三、御史台司黜陟

中书省、枢密院等官府建立以后,官僚机构内部的吏治和效率,又开始令忽必烈大伤脑筋。

一次,忽必烈询问应召的转运使张雄飞等:"今任职者多非材,政事废弛,譬之大厦将倾,非良工不能扶,卿辈能任此乎?"张雄飞回答:"古有御史台,为天子耳目,凡政事得失,民间疾苦,皆得言;百官奸邪贪秽不职者,即纠劾之。如此,则纪纲举,天下治矣。"忽必烈听了,连连称善。宰相廉希宪和翰林学士高智耀也向忽必烈提出过尽快设立御史台的类似建议②。

---

① 参阅李涵、杨果《元枢密院制度述略》,《蒙古史研究》第三辑,内蒙古大学出版社1989年。

② 《元史》卷一百六十三《张雄飞传》,卷一百二十五《高智耀传》;《元文类》卷六十五《平章政事廉文正王神道碑》。

至元五年（1268 年）七月，忽必烈下令设立御史台，以右丞相塔察儿为首任御史大夫，张雄飞则担任侍御史。此外，还设御史中丞、治书侍御史等。

御史台的职司主要是纠察百官贪赃不法和谏言政治得失①。

忽必烈本人对御史台格外重视。御史台设立之初，忽必烈就对塔察儿、张雄飞说："卿等既为台官，职在直言。朕为汝君，苟所行未善，亦当极谏，况百官乎！汝宜知朕意。人虽嫉妒汝，朕能为汝地也"。又命令把这段话诏谕天下，广为宣扬②。日后，忽必烈还颇有感慨地说："中书朕左手，枢密朕右手，御史台朕医两手"③。御史台充当天子耳目鹰犬、监督军政官署的用场，已被忽必烈领悟得相当透彻。

御史台由台院、殿中司、察院三部分组成。台院设大夫、中丞、侍御史若干员，是御史台的首脑机关。殿中司设殿中侍御史，专门纠肃朝仪和监督大臣奏事等。察院设监察御史 32 员，专掌举刺百官善恶和讽谏政治得失。

御史台官员任用，依然是蒙古人居长，参用一定数量的汉人。御史大夫，开始就贯彻非蒙古"国姓"不授的原则，而且以蒙古勋旧贵胄"大根脚（家世、出身）"为主。如四杰之一的博尔术后裔玉昔帖木儿担任御史大夫长达二十年。首任御史中丞为帖赤和阿里，从名字看，此二人并非汉人。后来，参用的张文谦、董文用、崔彧、张雄飞等汉人中丞，多半是忽必烈亲自选拔的藩邸旧臣。监察御史起初均为汉人，至元十九年（1282 年）十月经崔彧提议和忽必烈批准，改

---

① 《元史》卷八十六《百官志二》。
② 《元史》卷六《世祖纪三》，卷一百六十三《张雄飞传》。
③ 《草木子》卷三下《杂制篇》。

作蒙古人 16 员、汉人 16 员。还确定了台察官自选的规则①。

御史台设立伊始，忽必烈就颁布《立御史台条画》，规定其纠弹不法、上书言事、照刷文卷以及监督刑狱铨选等职司②。半年后，忽必烈又下令建立隶属于御史台的四道按察司。后来又改建二十二道肃政廉访司。还增立江南、陕西二行御史台。

与唐、宋、金御史台相比，忽必烈建立的御史台，具有品秩高，自成与中书省、枢密院鼎立的系统，台谏合一，地方监察高度完善等特色。御史台的建立，使忽必烈在实行汉法官制方面走到了最高点，从而给元帝国的朝政添加了新的监察机制。立台数月，即追理侵欺粮粟近二十万石，在整顿吏治方面取得了较明显的成效。

忽必烈知人善任，使用了一批杰出人才担任台察相关职务，也是御史台成效显著的重要原因。

蒙古勋贵玉昔帖木儿任御史大夫，"事上遇下，一本于诚"，敢于在忽必烈大发雷霆时，争辩不已，言辞鲠直，甚至让忽必烈也不得不霁威息怒。当权臣阿合马以"庶务责成诸路，钱谷付之转运，今绳治之如此，事何由办"为言，欲将按察司并入转运使司且请路府与宪司互相照刷案牍时，玉昔帖木儿斥责道："风宪所以戢奸，若是，有伤监临之体"。终于挫败了阿合马废罢、打击按察司的阴谋。至元二十八年(1291 年)权相桑哥倒台，最终也是玉昔帖木儿率怯薛近侍在忽必烈面前轮番奏劾的结果③。

---

① 《元史》卷一百七十三《崔彧传》；《经世大典·御史台》，《永乐大典》卷二千六百七。

② 《元典章》卷五《台纲一·设立宪台格例》。

③ 《元文类》卷二十三《太师广平贞宪王碑》；《元史》卷一百十九《玉昔帖木儿传》。

崔彧负才气,刚直敢言,颇受忽必烈器重。阿合马、桑哥垮台后,忽必烈两次命令他出任御史中丞,整顿台纲,在确定台察官自选和台察官皆得言事,奏劾贪官污吏及权相奸党等方面多所建树。忽必烈对他的各种奏议,多半是言听计从。至元二十九年(1292年),崔彧劾集贤院官詹玉贪酷暴横,谎报江南有叛,矫命乘传往鞫。忽必烈立即谕旨:"此恶人也,遣之往者,朕未尝知之。其亟擒以来。"中书省奏请以崔彧为中书省右丞,忽必烈的答复是"崔彧不爱于言,惟可使任言责。"①可见,对崔彧了解之深,委任之专。

监察御史姚天福常常廷折权臣,忽必烈嘉奖他的刚直,赐号"巴儿思",谓其不畏强悍,犹若老虎。后来,在纠正御史台设大夫二员和废罢按察司等错误上,姚天福都发挥了积极作用②。

然而,忽必烈凭借御史台监察百官的同时,又相继任用阿合马、卢世荣、桑哥等理财大臣,替他搜刮财富。而当御史台官员检举纠劾阿合马、卢世荣、桑哥等违法行为时,忽必烈总是有意无意地站在这些理财大臣一边,予以包庇袒护。陈思济、魏初相继奏劾阿合马不法,忽必烈只令近侍对奏章略加核实,不了了之。而且,让近侍核对弹劾事实,本身就是将御史置于近侍监督之下的不恰当做法,就是对御史监察权的某种压制和侵犯。难怪陈思济厉声抗议:"御史言官也,非为辨讼设。"③更有甚者,姚天福和程思廉还因纠弹阿合马反遭报复,前者被左迁衡州路同知,后者被诬陷拘捕下狱④。忽必烈对被纠劾的权臣的纵容庇护,助长了他们的嚣张

① 《元史》卷一百七十三《崔彧传》。
② 《元史》卷一百六十八《姚天福传》。
③ 《元史》卷一百六十八《陈思济传》。
④ 《元史》卷一百六十八《姚天福传》,卷一百六十三《程思廉传》。

气焰,致使相当长的时期内中书省(尚书省)与御史台相对立,省臣压制台察的情况十分严重。御史台官甚至被"视之如仇雠,百般沮抑",为全身远祸,只得闭口不言①。御史台的正常职能受到很大限制和阻挠。

其实,忽必烈并非完全未觉察阿合马、桑哥等权臣的违法,也并非不知道台察官的重要,只是他要从事灭南宋、平定蒙古叛王及海外征伐等大规模的军事活动,需要权臣为其敛财养兵。因此,只好暂时压抑御史台监察官。阿合马被杀后,忽必烈命令崔彧出任御史中丞。不久,崔彧却因奏劾上任不足十日的右丞卢世荣而忤旨罢职。而当桑哥垮台后,忽必烈再次任命崔彧为御史中丞,整顿台纲。这些均能说明忽必烈对台察官和理财官交互重用、取其所需的真实用意。

出于上述复杂矛盾心理,忽必烈有时的举措也会令人费解。例如,阿合马死后其罪状被揭露,忽必烈以监察官失职为由,撤换了御史中丞以下的大部分官员,又饬戒台察官员:"官吏受贿及仓库官侵盗,台察官知而不纠者,验其轻重罪之。中外官吏赃罪,轻者杖之,重者处死。言官缄默,与受赃者一体论罪"②。桑哥事败后,忽必烈再次指斥道:"桑哥为恶,始终四年,其奸赃暴著非一,汝台臣难云不知"。最后,在大夫玉昔帖木儿的提议下,将久任台察者罢免,新任者暂留③。

台察官在纠弹理财权臣的过程中,得不到忽必烈的充分支持,事后却屡受责难,甚至被当作替罪羔羊。这的确叫人啼笑皆非。

①　《紫山大全集》卷二十三《民间疾苦状》。
②　《柳待制集》卷八《杜思敬谥文定》;《元史》卷十二《世祖纪九》。
③　《元史》卷二百五《桑哥传》。

表明御史台监察官虽然在忽必烈朝得到长足的完善和发展,但因其御用鹰犬耳目的根本属性,始终不能摆脱忽必烈对台察官、理财官同时重用的两难。其正常功能无法充分发挥就是十分自然的了。

中书省、枢密院、御史台三大官府相继建立前后,忽必烈身旁的一群汉族官员还帮助他详细论证了上述官府的构建体系及其相互关系。

许衡曾经和刘秉忠、张文谦历考古今官制的分并统属之序,又把省、部、院、台、郡、县等百司的联属统制,绘制为图,然后奏请于上。朝廷官员们还就中书省、枢密院、御史台三官府的公文行移规则,进行集议。许衡主张:"中书佐天子总国政,院、台宜具呈"。当时,商挺任职枢密院,高鸣任职御史台,俩人都不喜欢许衡的见解,坚持定为咨禀。还以"台院皆宗亲大臣,若一忤,祸不可测"等语,试图令许衡让步。双方各不相让,一齐把自己的意见向忽必烈奏报。最后,忽必烈裁定:"衡言是也,吾意亦若是"。由此确定了中书省、枢密院、御史台三大官府公文行移的基本规则①。

四、从忽里台到省院台大臣御前奏闻

正如人们所熟知的,作为蒙古草原古老传统的忽里台贵族会议,盛行于蒙古国时期。而皇帝主持的若干枢要大臣或省院台大臣奏闻,又是窝阔台时期形成的雏形,至忽必烈朝最终确立的。

《元文类》卷五十七宋子贞《中书令耶律公神道碑》云:

---

① 《元史》卷一百五十八《许衡传》。

宣德路长官太傅秃花失陷官粮万余石,恃其勋旧,密奏求免……仍敕今后凡事先白中书,然后奏闻……中贵苦木思不花奏拨户以为采炼金银、栽种葡萄等户,公(中书令耶律楚材)言:太祖有旨,山后百姓与本朝人无异,兵赋所出,缓急得用。不若将河南残民贷而不诛,可充此役,且以实山后之地。上曰,卿言是也。又奏,诸路民户,今已疲乏,宜令土居蒙古、回鹘、河西人等所在居民一体应轮赋役。皆施行之……回鹘译史安天合至自汴梁,倒身事公……首引回鹘奥都剌合蛮扑买课税增至四万四千定……而近侍左右皆为所啗,上亦颇惑众议,欲令试行之。公反复争论,声色俱厉。上曰,汝欲斗搏耶?

碑文所言"中书",即窝阔台三年设置的掌管征收赋税、宣发号令及内外奏闻诸事的官署之一。"中贵"乃怯薛执事官的代称。从窝阔台汗"今后凡事先白中书,然后奏闻"的敕令和苦木思不花、耶律楚材围绕着"拨户"的奏议及"卿言是也"的谕旨,不难窥知,大汗听取中书令(必阇赤长)、怯薛的进奏而做出相应的决策以及中书专司内外奏闻制度,窝阔台汗时已基本形成。除了上奏,耶律楚材还在窝阔台驾前驳斥奥都剌合蛮扑买课税,甚至"反复争论,声色俱厉",有"欲斗搏"之态。既然是"争论"且"欲斗搏",当时肯定有奥都剌合蛮等辈在场陈述其扑买课税的意见,参与争论的臣下不止二、三人。所以,上述史实可以视为蒙古国时期若干枢要大臣奏闻的雏形。尽管它尚不成熟和完善。

另,《黑鞑事略》亦云:"事无巨细,须伪酋自决。楚材、重山、镇海同握鞑柄,凡四方之事,或未有鞑主之命,而生杀予夺之权,已

146

移于弄印者之手。霆尝考之,只是见之文书者,则楚材、镇海得以行其私意,盖鞑主不识字也。若行军用师等大事,祗鞑主自断,又却与亲骨肉谋之,汉儿及他人不与也"。

《黑鞑事略》虽未从正面描述枢要大臣奏闻的情况,对耶律楚材等权力也不无夸张,但毕竟补充强调了两条重要史实:第一,包括枢要大臣奏闻在内,"事无巨细,须伪酋自决",中书或鞑人"自家骨头"参与奏议谋划,也仅起辅助建策作用。这和《中书令耶律公神道碑》里中书或怯薛执事奏言均须大汗裁定批准的情节,完全吻合。第二,蒙古国时期的枢要大臣奏闻内部也开始出现了一定的分工和协调。民事、司法、财政等由中书负责,兵戎征伐则由大汗和蒙古那颜议论处理。后者或许就是"论奏兵政机密,非国族大臣无得与闻"①制度的滥觞。

元朝建立后,枢要大臣奏闻逐步成熟,并随着中书省、枢密院、御史台的相继建立,完成了向省院台大臣奏闻的过渡。

王恽《中堂事记》说,中统二年(1261 年)四月六日"诸相入见","因大论政务于上前,圣鉴英明,多可其奏"。十三日,"诸相入朝,以议定六部等事上闻,纶音抚慰,大允所奏,曰:向来群疑,焕然冰释"②。中统三年二月,忽必烈召见窦默、姚枢、刘秉忠及张柔,拿出李璮给王文统的书信让他们看。忽必烈问:"汝等谓文统当何罪?"窦默、姚枢、刘秉忠等文臣异口同声地回答:"人臣无将,将而必诛"。于是,忽必烈下令杀掉了王文统③。这是忽必烈与汉族臣僚议定诛王文统的较特殊的枢要大臣奏闻。

---

① 《道园学古录》卷十八《贺胜墓志铭》。
② 《秋涧集》卷八十一。
③ 《元史》卷二百五《王文统传》。

147

此后,仍不时有"奏事内廷","廷臣奏事","凡省台监奏事……奏已,上或有所可否"之类的记载①。以上记录,虽然比较零散简单,但大体包含了若干大臣奏事和议论政务,皇帝"有所可否"、乾纲独断等基本内容,故不失世祖朝以降省院台大臣奏闻的概括描绘。

有必要解释一个疑问:正如一些学者指出的,"元代不行常朝",并没有皇帝"定期上朝接见百官,讨论政务的制度"②。这种看法与忽必烈朝确立的省院台大臣奏闻的一系列史实是否矛盾?是否影响世祖朝以降省院台大臣奏闻的普遍存在? 笔者的回答是否定的。

持"元代不行常朝"说的学者所依据的史料,主要是王恽、马祖常等人的奏疏。

王恽说:

> 切见天下之事,日有万机,事重而当即行者,必须取自圣裁。宜恭请皇帝陛下,自非岁时巡幸,于端居两宫之时,视朝进奏,定立常限……军国大事,日有万机,须敷奏以时,听鉴有所,今殿庭庆宴,已有定仪,视朝之礼,尚旷而未行,行之正在今日。勤政之实,无逾于此。③

---

① 《元史》卷一百八十四《韩元善传》,卷一百二《刑法志上·职制上》;《野处集》卷三十三《汪故嘉议大夫邵武路总管汪公行状》。
② 张帆《元代宰相制度研究》,第108页,北京大学出版社1997年。
③ 《秋涧集》卷八十五《视朝奏事有常限状》,卷十九《勤政》。

元末马祖常也有类似的议论①。

王恽及马祖常的批评建议,主要是参照汉唐等传统王朝的皇帝定期视朝制度而发的。他们之所以提出非议,不外是忽必烈以降的蒙古皇帝没有像汉唐两宋那样,采取严格繁缛的礼仪,定时、定地朝见文武百官,处理政务。

事实上,在元人笔下,类似"视朝"的记述,并不乏见。如《中堂事记》(中)载,中统二年(1261年)五月十二日,"有旨先召首相二三人入朝"。此外还有若干处"退朝"、"下朝"、"罢朝"等记载②。

就是说,忽必烈以降不是没有"视朝",而是采取了省院台大臣奏闻的特殊方式,进行最高决策。这种奏闻方式,与汉地王朝百官均能参加的"常朝"有较大差别,即时间不固定("敷奏"不时),地点不固定("听鉴"无所),参与者也只是少数省、院、台亲贵大臣及怯薛近侍。在这种特殊"视朝"方式下,大多数汉族臣僚"鲜得望清光"③,自然会愤愤不平。在汉族臣僚纷纷扬扬的非议声中,省院台大臣奏闻的特殊"视朝"方式就被曲解和掩盖了。

为什么忽必烈不实行汉地式的"常朝"呢? 为什么忽必烈会采用省院台大臣奏闻的特殊"视朝"方式呢?

这可以从两方面予以回答:

其一,自元世祖忽必烈开始,蒙古统治者在部分吸收汉法、运用汉法的同时,仍较多保留了蒙古草原旧俗。保持蒙、汉政治

---

① 《石田集》卷七《建白一十五事》。
② 《秋涧集》卷八十一;《元史》卷一百七十三《叶李传》。
③ 《礼部集》卷十九《江西乡试策问》。

和文化的二元结构及蒙古贵族的特权支配。这始终是元帝国的重要国策。受此国策的影响,蒙古统治者虽然逐步减少了忽里台贵族会议在最高决策中的比重,但不愿意也不可能照搬汉地式的"常朝"。

其二,元代朝廷用语一般是蒙古语。忽必烈等大部分蒙古皇帝不懂汉语,大部分汉族臣僚又不懂蒙古语,君臣间的上奏和听政,不能不受语言隔阂的较严重制约,而需要借助怯里马赤译员作中介。这种情况下,文武百官朝见皇帝和上奏政事,就变得十分困难。忽必烈自然而然地会经常使用少数蒙古人和熟悉蒙古语的色目人、汉人大臣参加的省院台大臣奏闻,来代替汉地式的"常朝"。人们从世祖初参与省院台大臣奏闻的中书省宰执廉希宪、张文谦都精通蒙古语,左右司郎中贾居贞"由善国语,小大庶政,不资舌人,皆特入奏";右丞相史天泽自称:"老夫有通译其间,为诸公通达尔"等史实①,也能窥见一斑。这似乎是忽必烈朝开始的省院台大臣奏闻具有自身特色而异于前代常朝的另一个直接原因。

忽必烈朝每次奏闻均留有具体准确的年月日。但所载奏闻上下相隔时间,则因史料零散和不完整,或隔数日,或隔数年,无法见识其真面目。比较而言,王恽《中堂事记》所保存的有关元初省院台大臣奏闻的时间记载,是相当完整和珍贵的。据《中堂事记》,中统二年四月之内,中书省臣在上都参与的大臣奏闻计有五日丙申、六日丁酉、十二日癸卯、十三日甲辰、十七日戊申、二十四日癸卯、二十六日丁巳、二十七日戊午等八次。间隔时间长短不一,平均

---

① 《元文类》卷六十一《参知政事贾公神道碑》;《秋涧集》卷四十八《开府仪同三司中书右丞相忠武史公家传》。

每四日一次。其中,两次明确记载是奉世祖诏旨举行的,其余不详①。

另外,在相关的官方文书等史料中,除了记载省院台大臣奏闻的举办年月日外,又加缀四怯薛番直次第日期,如"也可怯薛第二日","安童怯薛第一日","阿都台怯薛第一日"等。而且这类加缀始终如一,未见变动。这应是蒙古怯薛番直制度渗入省院台大臣奏闻在日期记录上的实际反映。

省院台大臣奏闻举办的地点可分三类:一是大都皇宫内,如大都皇城西殿,皇城暖殿,香殿,紫檀殿等。二是上都宫殿及斡耳朵内,如上都斡耳朵火儿赤房子等。三是两都巡幸途中的纳钵及大都郊外行猎处,如柳林里阿勒坦察察尔(金帐)等。有一点颇令人费解,即使在大都和上都皇城内,某些省院台大臣奏闻却往往在"火儿赤房子里"等较简陋的房室内举行。这似乎有失帝王的尊严,也是一般汉地式"常朝"未曾见到的。

举办时间不固定,场所或两都宫内各殿,或巡幸途中纳钵(皇帝牙帐),变化多端,靡有定所。这或许是忽必烈朝省院台大臣奏闻显得不甚正规而容易被人们忽视的重要原因。

其实,在看待省院台大臣奏闻的举办时间和场所时,无疑有一个采用何种标准或尺度等问题。如果用汉地王朝正规礼仪意义上的"常朝"作标准,忽必烈朝省院台大臣奏闻似乎不伦不类,难登大雅之堂。如果我们从蒙古"行国"、"行殿"的草原游牧传统角度去观察分析,就比较容易得出合理的认识了。所谓"行国"、"行殿",均是无城郭常处,逐水草而居的游牧国君栖息理政习俗。忽必烈朝开始的省院台大臣奏闻时间和场所的不确定性(包括在

① 《秋涧集》卷八十一。

"火儿赤房子里"等较简陋的房室内举行），正是这种习俗在朝廷议政决策方式上的表现。也就是说，时间和场所的不确定性，是蒙古草原习俗给省院台大臣奏闻带来的印痕，并不影响其视朝和最高决策的属性和功能，故无可厚非。

出席省院台大臣奏闻的，除了主持人皇帝外，由上奏大臣与陪奏怯薛执事两部分组成。上奏大臣主要来自中书省（尚书省）、枢密院、御史台、宣政院等四个枢要官府。其中，尤以中书省官员比例最大。间或也有秘书监、司农司等个别寺监。这与元代中书省、枢密院、御史台、宣政院长期拥有独立上奏权及中书省总辖百官上奏的制度基本吻合。

关于上奏大臣的人数，郑介夫说："今朝廷……得奏事者，又止二、三大臣及近幸数人而已"①。张养浩说："况今省台奏事，多则三人，少则一人，其余同僚，皆不得预"②。以上说法，似乎符合忽必烈朝的情况。上奏大臣仅仅二、三人，很可能是忽必烈等皇帝沿用蒙古那颜及伴当旧俗，看重少数大臣长官上奏所致。

怯薛近侍以陪奏者的身份参与省院台大臣奏闻，是元代朝政中值得注意的现象。

《辍耕录》卷一说：

> 云都赤，乃侍卫之至亲近者……虽宰辅日觐清光，然有所奏请，无云都赤在，不敢进。今中书移咨各省，或有须备录奏文事者，内必有云都赤某等，以此之故。

---

① 《历代名臣奏议》卷六十七《治道》大德中。
② 《归田类稿》卷二《时政书》。

云都赤，蒙古语意为"侍上带刀者"，怯薛执事官之一。单就带刀护卫的职司而言，云都赤的陪奏，起初主要是护驾防奸。实际上，陪奏的怯薛执事并不止云都赤，还有速古儿赤（掌尚供衣服者）、怯里马赤（译员）、火儿赤（主弓矢者）、博儿赤（掌烹饪饮食者）、昔宝赤（掌鹰隼者）、必阇赤（掌文书者）、阿塔赤（掌牧养御马者）及给事中等。尤其是速古儿赤陪奏出现的次数甚至超过云都赤，居怯薛执事之冠。

陪奏的怯薛执事，大抵是依其所在的四怯薛番直，分别负责皇帝的生活服侍、护驾、文书记录、圣旨书写等职事。但在陪奏时有些怯薛执事官的实际作用并不限于其原有职司，而是重在辅佐皇帝裁决机密政务，军政财刑，无不涉及。如曾充任元世祖御前侍从的贺胜，"无昼夜寒暑，未尝暂去左右"，虽然身为汉人，也可"留听""论奏兵政机密"①。按照"虽以才能受任，使服官政，贵盛之极，然一日归至内庭，则执其事如故"的制度②，某些带"大夫"、"院使"等官衔的宿卫大臣，在省院台大臣奏闻的场合，仍是以内廷宿卫的身份出现的。在皇帝及其他人心目中，他们也是与一般出身的省院台大臣有别的"近臣"。

省院台大臣奏闻的参加官员，由上奏大臣和陪奏怯薛两部分人员组成，表面上看似乎是偶然的。事实上，它反映了忽必烈朝以降省院台外廷官和怯薛内廷官的内外衔接及其在省院台大臣奏闻中各自所处的位置和功用。怯薛执事是蒙古国时期草原游牧官的核心部分，也是蒙古汗廷的基本职官。中书省、枢密院、御史台则

---

① 《道园学古录》卷十八《贺胜墓志铭》。
② 《元史》卷九十九《兵志二·宿卫》。

是忽必烈开始建立的汉地式枢要官府。二者长期在内廷和外廷并存且有一定的分工合作。怯薛执事实际上类似于汉代的"内朝官",省院台大臣则类似于"外朝官"。二者以陪奏和上奏两种角色参加省院台大臣奏闻,从而使之某种意义上成为皇帝主持下的内廷怯薛、外廷省院台大臣的联席决策形式。

省院台大臣奏闻的议政内容相当广泛。如逃亡军人处置(至元二十四年十二月)①,是为军事兵戎。如佛、道、儒三教约会(至元三十年正月初九)②,是为司法刑狱。又如命监察官就断行省令史稽迟(至元二十八年十二月十一日)③,是为台宪监察。其他还涉及秘书监官邸迁徙(至元二十二年二月十一日),立太学和提举司(至元二十四年二月),使臣过州县更换铺马(至元三十年三月初五)④。军事、民政、财赋、刑法,监察、驿站,都在省院台大臣奏闻的议政内容之列。

关于省院台大臣奏闻的具体程序和决策方式,《元典章》卷三十四《兵部一》《逃亡·处断逃亡等例三款》载:

至元二十四年十二月初九日,安童怯薛第一日,本院官奏,月的迷失奏将来有,镇守城子的军人逃走有。在先,那逃走的根底一百七下打了呵,放了有来。那般呵,惯了的一般有。如今那般逃走的每根底,为首的每根底敲了,为从的每根底一

---

① 《元典章》卷三十四《兵部一》,《处断逃亡等例三款》。
② 《庙学典礼》卷四。
③ 《元典章》卷六《台纲二》,《行省令史稽迟监察就断》。
④ 《秘书监志》卷三《廨宇》;《庙学典礼》卷二;《元典章》卷三十六《经过州县交换铺马》。

百七下家打呵,怎生? 么道将来有。俺与省官每忙兀歹一处商量来。忙兀歹也说,我也待题来。若不那般禁约呵,不中的一般。么道说来。叶右丞也那般道者。玉速帖木儿大夫俺一同商量的,依著月的迷失的言语,为首的每根底敲了,为从的每根底一百七下家打了,惩戒呵,怎生? 么道。奏呵,为首的每根底问了,取了招伏呵,对着多人订见了呵,敲了者。为从的每根底,依著在先圣旨体例里一百七下打了,放者。么道,钦此。

此硬译体公文的前半,是枢密院转达江西行枢密院官月的迷失有关处罚逃军的奏章,也包括月的迷失和江淮行省左丞相忙兀歹的商讨意见。接着又是枢密院官与中书省右丞叶李、御史大夫玉速帖木儿会商后拟议奏报的处理意见。最后,是以世祖忽必烈圣旨形式出现的朝廷决策。所反映的上奏、拟议、决策三程序,前后相连,井然有序,不失为省院台大臣奏闻的议政决策的一个典型。

省院台大臣奏闻时,不乏中书省、御史台等官员的争论。

《南台备要》《行台移江州》载:

至元二十二年三月二十五日,于大口北皮察只儿里,御史台官对安童丞相、阿必失阿平章、卢右丞、撒的迷失参政、不鲁迷失海牙参政等奏:罢了行御史台底勾当,俺题说来。圣旨:到大都里问省官人每。么道,道来。奉圣旨,问省家:为什么罢来? 安童丞相奏说:台家每说有,江南盗贼几遍生发,这行台镇遏来。我也俺伴当每根底里说来,罢了呵,不宜的一般。圣旨:依著您底言语,教行御史台移去江州立者。钦此。

155

至元二十一年(1284年)十一月,忽必烈任用卢世荣为中书省右丞,掌管财政,控制了中书省的实际权力。未逾十日,反对卢担任宰相的御史中丞崔彧被罢黜。翌年正月,卢世荣又以中书省的名义,奏请废罢了江南行御史台。以上公文即是两个月后御史台官员就江南行御史台废罢一事,向中书省理财大臣右丞卢世荣的反击。公文的前半部是御史台官员的奏议和奉圣旨质问中书省为何废罢江南行台。接着是中书省右丞相安童的答复。最后是忽必烈恢复江南行御史台的裁决。其间,御史台官员和中书省右丞卢世荣围绕着江南行台废立的分歧或争论,虽笔墨不多却显而易见。右丞相安童站在御史台一边,反对卢世荣的意见,表明上述分歧或争论也扩展到中书省官员内部。不能否认,安童和御史台官员联合反对废罢江南行台,是导致忽必烈最终作出恢复江南行台裁决的一个重要原因。

　　应该强调的是,忽必烈在省院台大臣奏闻中的最高决策权十分突出,行使最高决策权时比较认真。所下达的圣旨多半比较具体且带有针对性,多半不只是对省院台大臣上奏意见的简单同意,而是要加入皇帝个人的一些决断意见。

　　最典型的是至元二十四年(1287年)二月十五日省院台大臣奏闻时尚书省左丞叶李上奏设立太学事,忽必烈所降圣旨曰:

　　　　您说的宜的一般,那田地里立太学,合读是什么书,合设学官并生员饮食分例,合立的规矩,外头设儒学提举去处写出来,我行奏著,那时分,我回言语。钦此①。

---

　　① 《庙学典礼》卷二。

元世祖忽必烈在肯定叶李设立太学及各路儒学提举司奏议合理性的同时，又进一步要求臣下就太学所读书籍、所设学官、生员饮食分例等规则，以及设置儒学提举司的具体地点等，拟出详细方案，然后重新上奏，以便皇帝作出相应的决策。可谓过问详密，裁断具体。

忽必烈朝省院台大臣奏闻中的皇帝圣旨，是口头记录，还是皇帝亲自书写？

有关这个问题，未曾见到正面的文字记述，只能根据相关情节进行综合分析。

首先，从省院台大臣奏闻相关史料中皇帝圣旨语气看，口语味颇重。其次，从省院台大臣口头奏闻的情节看，主持者皇帝听取奏闻后即席口头下达圣旨的可能性很大。第三，蒙元诸帝中，蒙哥汗躬自书写圣旨，最为突出。《元史本纪》即说："凡有诏旨，帝必亲起草，更易数四，然后行之"。世祖忽必烈在位三十余年，虽留下中统二年以"手诏"答四川降将杨大渊等零星记载，但另一些史料又表明"手诏侍郎杨大渊"乃翰林院词臣王恽所代笔①。黄溍《都功德使司都事华君墓志铭》所载颇有价值："都功德使所掌祝釐襘禳，皆朝廷重事，每入对上前，都事则载笔以从，书其奏目及所得圣语。虽在庶僚，而日近清光，士林中以为荣"②。按照黄溍的说法，省院台大臣奏闻的最终决策形式皇帝圣旨，或是由随同上奏大臣的都事等首领官身份者"载笔"书写的。除都功德司都事外，中书省、枢密院、御史台等大臣也携有经历、都事、直省舍人等，或许这

---

① 《秋涧集》卷八十一《中堂事记》(中)，卷六十七《翰林遗稿》。
② 《金华集》卷三十七。

些人也执行"载笔""书其奏目及所得圣语"的任务。这又不失为省院台大臣奏闻圣旨决策多数为口头而非皇帝亲自书写的证据之一。

事情也有例外。《牧庵集》卷一五《董文忠神道碑》云:忽必烈"中岁多足疾,一日,枢密院奏军务,上卧画可"。此乃皇帝亲自画制可的例子。由是观之,简单的制可或许由皇帝亲自书写,复杂的诏旨估计就是由词臣代笔代记了。当然也不排除词臣记录之后皇帝再审查并画制可的可能。

蒙古国时期朝廷的决策方式主要是忽里台贵族会议。参加忽里台的贵族们大抵奉行平等议事的原则。对军国大事,大汗不能单独决断,而必须经过贵族会议的讨论和认可。忽必烈朝确立的省院台大臣奏闻则不然。奏闻的主持者和裁定者明确是皇帝,参加者包括中书省、枢密院、御史台等上奏大臣和陪奏怯薛执事。奏闻中,省院台大臣虽然可以参与奏议,并拟出初步处理意见,但其身份是大汗的臣仆,"军国机务,一决于中",裁决权牢牢掌握在皇帝手中,皇帝对省院台大臣奏闻全过程拥有主导权。忽必烈以降,忽里台会议的使用逐渐减少,省院台大臣奏闻越来越多地充当朝廷主要决策方式,说明后者基本适应了大汗专制集权的发展趋势。省院台大臣奏闻作为最高决策方式,比忽里台贵族会议有了明显的进步。

省院台大臣奏闻对中书省的大都留省和上都分省制也带来一定影响。由于元世祖以降两都岁时巡幸的长期施行,中书省在每岁春夏常因扈从和留守分作上都分省和大都留省两部分。人们习惯上称大都留省为"都省",扈从上都的中书省官员为"分省"。笔者认为,因为皇帝巡幸上都和往返途中纳钵宿营之际均要举行省

158

院台大臣奏闻,唯中书省及枢密院、御史台等扈从官员有权参加。严格地说,中书省扈从和留守官员何者为主体,是基于省院台大臣奏闻制度来确定的。扈从上都的中书省宰相因参加省院台大臣奏闻而继续充当着朝廷中枢的核心部分,故应该称其为"都省",而不应称为"分省"。

第五章　平定李璮乱　罢黜汉世侯

第一节　狐居兔穴　联宋叛蒙

李璮,字松寿,是金元之际山东南部豪强军阀李全的养子。

早在蒙古大举攻金时期,李全即趁势起兵山东潍州,反金自雄。后与杨妙贞部红袄军会合,先降于南宋,不久见蒙古大军压境,遂转而归附蒙古,被授以山东淮南楚州行省,长期占据在以益都为中心的鲁南及淮北部分地区,在蒙古和南宋之间依违两端。

李全攻南宋阵亡后,李璮承袭其职为益都行省,所控制的地盘逐渐扩大到山东半岛和淮河以北。而且,得以专制其地,还有所谓"颛征擅权,奄殿全齐,厉阶泗涟,煮盐涸海,产铜夷山,地险物众"的说法①。李璮一方面利用益都系成吉思汗幼弟铁木哥斡赤斤食邑的关系,娶斡赤斤后王塔察儿妹为妻,与东诸侯之长"肱髀相依"②。一方面,经常利用益都地处与南宋军事对峙的东南前线,"恫疑虚喝,挟敌国以要朝廷,而自为完缮益兵计"。蒙哥汗南征时,曾下令调其兵从征,李璮竟以益都处要津前线,分兵非便为由,

---

① 《秋涧集》卷一《中统神武颂》。
② 《陵川集》卷三十二《班师议》。

诡辞不至。他修城储粮,秣马厉兵,"名为讨宋,实不出境,士卒惟知瑄之号令,不复知禀朝廷之命"。

忽必烈即位后,北上亲征阿里不哥,汉地诸万户世侯奉命率兵从征,李瑄"既不身先六军",也未发一兵一卒。他还有意干扰忽必烈暂时与南宋修好议和的策略,暗中侵宋,轻启边衅,藉此向朝廷索取箭矢十万、益都路盐课及官银,千方百计扩充所部的兵力和军备①。这样,拥兵五、六万的李瑄,就成为汉地世侯中桀骜不驯和心怀贰志的危险人物。

中统三年(1262年)二月初,李瑄趁忽必烈再次北征阿里不哥的机会,举兵反叛。

对李瑄叛乱,忽必烈事先是有所觉察和防备的。

忽必烈南攻鄂州时,粘合南合就进言:李瑄坐制一方,叛无日矣②。

中统二年(1261年)元旦宴会之际,忽必烈见新任济南路总管张宏欲有密奏,于是嘱咐道:"卿比还,当陛见,朕与卿有言也"。正月十六日夜间,忽必烈在燕京近郊行猎营地郊坛旁秘密召见张宏,听取张总管有关李瑄图谋不轨的奏言,内容涉及李瑄修城储粮,蓄养强兵,与王文统勾结,拒不使用中统钞等"十事"。忽必烈听罢,深感事态严重,特别嘱咐近侍"以军国密计毋泄"③。

因为元廷在与阿里不哥的战争中已投入大量的蒙古军和汉军精锐,尚未见胜负,内地守备空虚,忽必烈无力顾及东南。故不得不采取

---

① 《元史》卷二百五《李瑄传》,卷四《世祖纪一》中统二年六月庚申;《元文类》卷五十《济南大都督张公行状》。

② 《元史》卷一百四十八《粘合南合传》。

③ 《元文类》卷五十《济南大都督张公行状》。

加封大都督、赐金银符、拨付盐课官银等办法，以暂时稳住李璮。

不久，李璮秘密安排私驿将留质于燕京的儿子李彦简召回益都，谋反之迹已露。提前南返燕京的忽必烈，即日召见刚刚从山东驰驿至京师的益都宣抚副使王磐，反复询问情况。还让亲信幕僚姚枢为他分析预测敌情与形势。

姚枢说："使璮乘吾北征之釁，留后兵寡，濒海捣燕，闭关居庸，惶骇人心，为上策；与宋连和，负固持久，令数扰边，使吾疲于奔救，为中策；如出兵济南，待山东诸侯应援，此成擒耳"。忽必烈又问："若是，贼将安出？"姚枢回答："出下策！"①王磐的回答也是："竖子狂妄，即成擒耳"。

事态发展，果然未出姚枢的预料。

李璮起兵反叛后，以献出涟、海三城为条件，向南宋纳款，换取了保信宁武军节度使、督视京东河北军马、齐郡王的官爵。宋理宗赵昀闻讯，曾赋诗赐贾似道，以为庆贺：

"力扶汉鼎赖元勋，泰道弘开万物新。声暨南郊方慕义，恩渐东海悉来臣"②。

在与南宋勾结和争取其支持后，李璮尽杀境内蒙古兵，还攻益都，打开府库犒赏麾下将士。又攻占济南，济南路总管张宏所部兵卒不足千人，遂偕祖父张荣弃城北上告变。

李璮虽然在益都和济南得手，但是，他掌握的军队仅五、六万，自难单独和忽必烈政权抗衡。用这支军队远途奔袭燕京，风险很

① 《元朝名臣事略》卷十二《内翰王文忠公》；《元史》卷五《世祖纪二》；《牧庵集》卷十五《中书左丞姚文献公神道碑》。

② 《宋史》卷四十五《理宗纪》景定三年二月庚戌；《钱塘遗事》卷四《李璮归国》。

162

大。即使暂时可以获得小胜,搅乱天下,动摇甚至驱逐忽必烈政权对汉地的统治,但最终很可能是两败俱伤,李璮方面也会付出较大代价。

鉴于此,李璮没有胆量和实力濒海直捣燕京。李璮和他的父亲长期在金、蒙、宋之间投机坐大,依违两端,政治信誉很差。不仅山东一带的吏民对李璮颇反感,听到其反叛的消息"皆入保城廓,或奔窜山谷",就是南宋方面也怒其反复无常,对其心怀戒备,始终没有给予积极主动的政治军事支持。李璮也不可能做到与南宋精诚连和,负固持久,腹背相依。在这种情况下,留给李璮的出路只能是:用主力固守济南,等待其他汉世侯响应援助。也就是姚枢所说的下策。

然而,李璮以反蒙归宋为旗号传檄各路,得到的反映却大失所望。真正积极响应的只是少数人,如太原总管李毅奴哥和达鲁花赤戴曲薛。李、戴二人曾经"领李璮伪檄,传行旁郡",但很快因所部忻州监州阿八赤等告发而被捕杀,并未来得及在山西采取什么军事行动①。

济南世侯张荣的儿子、邳州行军万户张帮直兄弟及姜郁、李在等27人也在响应者之列②。张帮直兄弟之所以参与反叛,很可能与朝廷命令其侄张宏承袭张荣济南总管之职有关。出于对忽必烈未允许自己承袭父职的怨愤,铤而走险来响应李璮,其本身就得不到多少同情。问题还在于,张宏和他的祖父张荣完全站在忽必烈一边。前面提到,张宏在一年前已向忽必烈密奏李璮反状,李璮攻

---

① 《元文类》卷六十四《故提举太原盐使司徐君神道碑》;《元史》卷五《世祖纪二》中统三年六月癸卯。

② 《元史》卷五《世祖纪二》至元元年四月丁卯。

济南时他又偕祖父北上告变。张宏和张荣的此种态度,大大抵消了张帮直兄弟参与反叛的政治影响。

李璮又派遣使者招徕严实部将、德州军民总管刘复亨,刘总管却以斩杀使者作答复①。

其他汉世侯虽然对忽必烈政权有这样那样的不满,但他们基本相信蒙古人统治中原已是大势所趋,视宋为正统的观念也十分淡薄,对恢复宋室并不感兴趣。他们毕竟没有李全和李璮那样在宋、金、蒙之间朝秦暮楚、依违两端的经历,他们与南宋的政治"情感"似乎已不及和蒙古亲密。他们对当时忽必烈政权中汉人官僚掌握较大的实权比较满意,甚至已经把忽必烈看作蒙古统治者中最适合推行汉法的代表人物。在这种情况下,多数汉世侯关心的主要是维护自己割据一方的实力和地位,他们不愿意也不可能追随政治声誉很差的李璮去轻率举兵,反叛元廷。所以,他们大多听从忽必烈的命令,较积极地参加了对李璮的军事围剿。

李璮把希望寄托在恢复宋室的旗号和其他汉世侯的应援上,只能是一种不切合实际的政治赌博,只能将自己引向失败的绝路。

第二节　调兵讨伐

获悉李璮举兵叛乱,忽必烈曾颁布一份诏书,历数和揭露李璮背信弃义、反叛朝廷的罪恶②。这样做是绝对必要的。因为忽必烈自即位以来对李璮爵赏甚厚,优待有加,李璮趁忽必烈对付漠北

---

① 《元史》卷一百五十二《刘通传》。
② 《元史》卷二百五《李璮传》,卷五《世祖纪二》中统三年二月癸卯。

边衅,匆匆叛蒙归宋,在道义上未必得人心。

然后,忽必烈降诏调集各路蒙古军、汉军征讨李璮。

在各路大军尚未抵达之际,忽必烈一方面命令水军万户解诚、张荣实、大名万户王文干及东平万户严忠济在东平一带聚集,济南万户张宏、归德万户邸浃、武卫军炮手元帅薛军胜等在滨棣一带聚集。此举既可堵截李璮叛军濒海北上,又能切断在平滦担任总管的李璮之子李南山与其父的联系。

同时又命令大名、洺磁、彰德、滨棣、卫辉、怀孟、河南、真定、邢州、顺天、河间、平滦等路修缮城堑,籍民为兵守城,防备李璮进犯。

接着,忽必烈任命宗王合必赤为诸军统帅,以不只爱不干和赵璧行中书省事于山东,宋子贞为参议,董源、高逸民为左右司郎中,许便宜行事。待真定、顺天、河间、平滦、大名、邢州、河南等路兵马抵达山东后,形成了对李璮叛军的围攻之势。元朝方面参加围攻济南的军队有十七路之多。包括诸王拜出、帖哥和高丽军队等,都在参与围攻的诸军行列①。

发人深省的是,这次大规模征讨中,忽必烈委任了三名统帅,除宗王合必赤外,还有中书省右丞相史天泽和平章政事赵璧。史、赵二人都获得忽必烈"蒙古汉军听其节制"之类的诏旨,而且都是自始至终地密不示人。

同时委任三名统帅,从征讨大军的组成看,不是没有道理。因为十七路征讨大军恰恰可以分为宗王、朝廷侍卫亲军和汉世侯军团三部分,合必赤、赵璧和史天泽三人或许能视为上述三部分军队

---

① 《元史》卷一百六十六《王绰传》,卷一百二十八《阿术传》。

的代表。至于史、赵二人将节制军队的诏书密不示人，主要不是本人的"谦退慎密"①，估计是忽必烈事先有过嘱咐。

忽必烈不会不知道：一军三帅等于无帅，他之所以让史、赵二人密不出示诏旨，正是为了维护宗王合必赤的最高统帅地位。忽必烈授予赵璧和史天泽节制军队的密诏，又是为了在三名公开和秘密的统帅中形成相互牵制、彼此制约的局面。此举确能让合必赤和史、赵二人对忽必烈心怀感激，愿效死命。一旦有人对朝廷怀有贰心，其他两人就可以用其公开或秘密的统帅授权，立即予以制服。

忽必烈的上述安排，可谓煞费苦心，老谋深算。在刚刚登上大汗宝座，即受到阿里不哥和李璮南、北两方面叛乱威胁的情势下，使出这样的权术也无可厚非。

元廷调集的军队与李璮叛军交战，是从三月开始的。

侍卫亲军李伯佑、蒙古诸翼军都元帅阿剌罕等部率先败李璮军队于距济南五十里的老僧口。史枢、阿术所率军又在清河邀击而大破李璮叛军，斩首四千。接着，万户韩世安率镇抚马兴等在高苑一带大败李璮军，捕获其权府傅珏。

李璮受到初步打击后，被迫龟缩回济南，转为消极防守。忽必烈则抓住这个机会，降诏大肆宣传李璮的败绩，又赦免博兴、高苑等处李璮的胁从者。

四月，诸路大军在济南城外树栅凿堑，将李璮军马围困于城中。

① 《元文类》卷五十八《中书右丞相史公神道碑》；《西岩集》卷十九《元故荣禄大夫中书平章政事赵公神道碑》。

参议宋子贞等亲临战垒,观察敌情和地形,针对李璮率主力东来和军马强悍,献上:"急增筑外城,俾不得突走,则势日窘,粮尽援绝,不攻而自溃"的计策,被史天泽、合必赤等采纳。于是,将木栅改建为环城,还从三十里以外引来河水,"凡三河三城而围",困李璮守军于济南孤城①。

六月初,南宋军队浮海进攻沧州、滨州,企图从侧翼接应李璮军队,但被滨棣安抚使韩世安部击败,未能得逞。

李璮也曾组织过若干次突围,都未能成功。一次向城西的元军阵地突围,行军总管张弘范连夜加深加宽堑壕,并埋伏甲兵以为备,突围的叛军或陷入深壕,或为伏兵所杀②。

李璮只得命令军队日夜拒守。为让部下效命,李璮曾取城中子女赏将士,以悦其心。后来,由于济南被围得水泄不通,城内粮食匮乏,又让军士到百姓家就食,或者挖掘百姓的粮食窖藏,暂时维持。甚至截断草房屋檐拌盐饲马,最后发展到以人为食。全军人心溃散,百十成群的缒城投降,接连不断。

侍卫亲军都指挥使董文炳曾抵城下,以"反者璮耳。余来即吾人,毋昧取诛死"语,呼李璮爱将田都帅缒城出降。田都帅的投降,进一步瓦解了李璮的军心③。

李璮被围困于济南之际,曾作《水龙吟》词,抒其心志:

---

① 《牧庵集》卷十九《侍卫亲军都指挥使李公神道碑》;《元朝名臣事略》卷七《丞相忠武王》,卷十《平章宋公》;《滋溪文稿》卷十《江北淮东道提刑按察使董公神道碑》;《元史》卷四《世祖纪二》,卷一百二十九《阿剌罕传》;《纪录汇编》卷二百二《前闻记·李璮》。

② 《元朝名臣事略》卷六《元帅张献武王》。

③ 《元文类》卷七十《藁城董氏家传》。

腰刀怕（帕）首从军，戍楼独倚阑凝眺，中原气象。孤（狐）居兔穴，暮烟残照。投笔书怀，枕戈待旦，陇西年少，叹光阴掣电，易生髀肉。不如易腔改调。世变沧海成田，柰（奈）群生几番惊扰。干戈烂熳，无时休息。凭谁驱扫，眼底山河，胸中事业。一声长啸，太平时相近也，稳稳百年燕赵。①

从词中可以看出，尽管忽必烈待李璮不薄，但他始终对蒙元政权心怀贰志，他把自己充当蒙元政权下的"都督"、"行省"，视作"狐居兔穴"。他既不效忠于忽必烈，也不效忠于宋理宗。他一直对成就所谓的燕赵山河"事业"怀有野心。他趁忽必烈政权未稳和漠北有衅之机，迫不及待地"易腔改调"，发动叛乱，是蓄谋已久的。

七月十三日，李璮纠集所部军作最后一次突围，又因缺粮乏力，败入城中。二十日，李璮见大势已去，吩咐部众自寻出路。麾下将士近六千人相继从西门、南门、东门解甲投戈而降②。李璮又亲手杀死爱姜，乘舟入大明湖，投水未溺死，被元军捕获。

做了俘虏的李璮，被绑缚到宗王合必赤帐前，接受审问。

东平万户严忠范问道："此是何等做作？"李璮反咬一口："你每与我相约，却又不来！"史天泽又问："忽必烈有甚亏你处？"李璮依然反咬道："你有文书约俺起兵，何故背盟？"史天泽等被"咬"得十分被动，于是就用"宜即诛之，以安人心"的理由，下令将李璮肢解后枭首军门③。

---

① 《纪录汇编》卷二百二《前闻记·李璮》。

② 《松雪斋集》卷八《大元故嘉议大夫燕南河北道提刑按察使姜公墓志铭》。

③ 《纪录汇编》卷二百二《前闻记·李璮》；《元史》卷二百五《李璮传》。

史天泽没有按照惯例献俘朝廷,却擅自命令杀掉李璮。虽然不能肯定他与李璮串通反叛,但至少表明其担心李璮更多地泄露汉世侯间议论朝政、诉说不满的秘密。

李璮叛乱,给忽必烈带来了不小的麻烦。幸运的是,总算较快平息下去了。

元军进入济南后,宗王合必赤欲按照蒙古旧法纵兵屠城。撒吉思、姜彧等人以"王者之师,诛止元恶,罔治胁从"力争,并援引忽必烈"发兵诛璮耳,毋及无辜"的诏旨,结果,合必赤放弃前议,下令:敢入城者,论以军法,济南城才安堵如初①。

李璮所部的涟、海两军二万余人,剽悍善战,对元军杀伤较多,将帅大多怨恨他们,遂分配诸军秘密杀害。其中一部分因侍卫亲军都指挥使董文炳再次强调忽必烈征大理不妄杀之例,竭力劝阻,才得以幸免②。

史天泽又率军东行,收复益都。城中人闻李璮已死,事先开门迎降③。

忽必烈立即着手安排抚治益都属民和对李璮原辖军队的改造。

当年十月,忽必烈颁诏赦免了胁从李璮叛乱的益都府路官吏及军民。忽必烈命令诸侯王唐古率蒙古军士万人镇益都④,又委任侍卫亲军都指挥使董文炳兼山东路经略使,撒吉思为益都行省

① 《元文类》卷七十《高昌偰氏家传》;《松雪斋集》卷八《大元故嘉议大夫燕南河北道提刑按察使姜公墓志铭》。《元史》卷一百六十七《姜彧传》。
② 《元文类》卷七十《藁城董氏家传》。
③ 《元史》卷一百五十五《史天泽传》。
④ 《滋溪文稿》卷十《江北淮东道提刑按察使董公神道碑》。

169

大都督。董文炳领军,撒吉思治民。

董文炳和撒吉思忠实执行忽必烈的怀柔抚治政策。

董文炳主要负责将原李璮益都旧军等改编为武卫军,戍守南部边境。还奉命与撒吉思会议兵民籍,从益都民户中十取其二,隶属于武卫军。董文炳先带领少数亲军抵达益都。他留兵于城外,只带数名骑兵进城。入府邸后,董不设警卫,召来原李璮部将属吏立于院庭,对他们说:"璮狂贼,诖误若曹。璮诛死,若曹为王民,陛下至仁圣,遣经略使抚汝,相安勿恐。经略使便宜除拟将吏,汝曹勉取金、银牌,经略使不敢格上命,不予有功"。董文炳稳住了原李璮部众的人心,顺利完成了对益都旧军的改编和武卫军的组建。

撒吉思则约束蒙古军将游猎害民和占民田为牧地,大胆参用"叛帅故卒"。又捕杀图谋重新叛变归宋的李璮故将毛璋。赈灾蠲租和抚恤百姓,也颇有成效①。

第三节 追究同党王文统等

李璮的反叛,招来了中书平章政事王文统的杀身之祸。

王文统原系李璮的幕僚,也是李璮的岳丈。他俩的亲密关系,路人皆知。李璮举兵后,许多人揭发王文统暗中遣其子王荛与李璮通消息。

忽必烈急忙召见王文统质问道:"汝教璮为逆,积有岁年,举世皆知之。朕今问汝所策云何,其悉以对。"王文统回答:"臣亦

---

① 《元史》卷五《世祖纪二》;《元文类》卷七十《藁城董氏家传》。

忘之,容臣悉书以上"。王文统呈上写好的书面答复,忽必烈命令读给他听。其中有"蝼蚁之命,苟能存全,保为陛下取江南"语。忽必烈听罢,很不满意,认为王文统是有意拖延以求保命。

恰在这时,有人从洺水一带送来王文统给李璮的三通书信。信中有"期甲子"语。王文统见此书信,惊惶失措,冷汗不止。

忽必烈追问王:"甲子之期云何?"王文统辩解说:"李璮久蓄反心,以臣居中,不敢即发。臣欲告陛下缚璮久矣,第缘陛下加兵北方,犹未靖也。比至甲子,犹可数年,臣为是言,姑迟其反期耳"。忽必烈打断他的话,说:"无多言。朕拔汝布衣,授之政柄,遇汝不薄,何负而为此?"

此时的王文统,仍然枝辞傍说,解释辩白,但始终不肯言"臣罪当死"。忽必烈命令左右将王逐出,正式逮系起来。

而后,忽必烈又召来窦默、姚枢、王鹗、刘秉忠、张柔等,让他们看王文统给李璮的三通书信,问:"汝等谓文统当得何罪?"文臣们回答:"人臣无将,将而必诛"。张柔独自大声说:"宜剐!"忽必烈命令他们同声说出意见,诸臣都言:"当死!"

中统三年(1262年)二月二十三日,忽必烈下令以与李璮"同谋"之罪,诛王文统及其子王荛。还诏谕天下,说明王文统负国恩而被极刑的真相①。

可以看出,王文统与反叛有染是确凿无疑的。言其内应外合,似乎证据不足。言其知情不报和纵容庇护,却毫不过分。忽必烈在处理王文统的问题上,注重证据事实,有理有节,基本上是恰当的。

---

① 《元史》卷二百六《王文统传》。

受到牵连或追究的,还有廉希宪、商挺、赵良弼、游显等藩邸旧臣。或许是王文统受重用却同谋逆乱的异乎寻常的刺激,忽必烈对这些亲近旧臣的追究调查也十分严厉。

廉希宪、商挺、赵良弼三人的受牵累,起初是兴元府同知费寅衔恨诬告引起的。费寅原为南宋俘虏,犯死罪遇赦释放,宣抚使廉希宪恶而不用,遂怀恨北上。时值李璮在山东反叛,费寅乘机向朝廷诬告廉希宪、商挺在关中聚兵完城,当有异志等九事。

这时候,中书平章赵璧因嫉妒廉希宪的功业才能,也向忽必烈进谗言:"王文统一穷措大,由廉某、张易荐,遂至大用,今日岂得不坐?"

忽必烈一度颇信费、赵之言,以为商挺及廉希宪或是王文统"西南之朋",怀疑赵良弼足智多谋,为王文统"流亚"。于是,商挺被幽禁于上都,赵良弼也被械系于牢狱。又派中书右丞粘合南合代为行省关中,并前往按问廉希宪。

忽必烈亲自诘问商挺当初赞誉王文统等事。又诘问赵良弼:廉希宪、商挺在关中聚兵完城是否有异志?赵良弼力辩其诬,却引起忽必烈大怒,甚至"威刑临恐,谴诃百至"。

当忽必烈半夜召廉希宪入宫,问起举荐王文统的细节时,廉希宪申言:首先举荐王文统的是刘秉忠和张易,自己只是随声附和,且说过"其心固未识也"。

后姚枢替他们说情,极言商、赵等忠纯,且以阖门百口担保。忽必烈才渐渐解除了对三人的怀疑,将他们释放①。

---

① 《元朝名臣事略》卷七《平章廉文正王》,卷十一《枢密赵文正公》;《元史》卷一百五十九《商挺传》;《元文类》卷六十《中书左丞姚献公神道碑》。

另外，大名彰德等路宣抚副使游显也被张公抚告发，罪状是曾经与李璮通过书信。幸好抄检李璮家时未发现游显的信札。忽必烈得知真相后也说："游某岂为是者？鸷禽为狐所憎然耳"①。

相对而言，忽必烈对汉世侯军阀昔日与李璮的关系，却没有深究。

对擅杀李璮有灭口之嫌的史天泽，忽必烈一度因"子侄布列中外，威权太盛，久将难制"的告发，欲罢丞相职而鞫问其罪。后经平章廉希宪的竭力劝阻，最终还是给予优容②。

张弘略虽与李璮有过书信来往，也以所书内容劝其忠义，予以解脱。平阳路总管李毅被诛后，其子李青童一度"坐徙辽海居"。不久，新设立的枢密院将青童奏还河东③。

忽必烈心里十分清楚：汉世侯军阀与李璮间的私下交通肯定不会少，一味追究下去，可能会把他们逼到和元政权对抗的地步。况且，他们已用率兵征伐李璮的行动表白了对朝廷的忠诚。对汉世侯军阀来说，最迫切的未必是追究旧事，而应是利用其害怕追究的心理，削夺私家权力，彻底改造汉世侯制度。

第四节　罢黜世侯　收揽权纲

早在中统元年（1260年）奉使南宋前夕，郝经所上"佐王经世之略"十六条中，就特别提到"罢诸道世袭"④。李璮之乱发生后，

---

① 《牧庵集》卷二十二《江淮行省平章游公神道碑》。
② 《元朝名臣事略》卷七《平章廉文正王》。
③ 《元史》卷一百四十七《张弘略传》；《元文类》卷六十四《故提举太原盐使司徐君神道碑》。
④ 《陵川集》附录《郝经行状》。

廉希宪也建言："国家自开创以来,凡纳土及始命之臣,咸命世守,逮今垂六十年。故其子若孙,并奴视所部,而郡邑长吏,皆其皂隶僮使,此在古所无。宜从更张,俾考课黜陟"①。

李璮反叛,不仅给忽必烈政权带来一定的危害,也暴露出尽专兵民之权的世侯制度已构成忽必烈统治汉地的主要障碍。

于是,忽必烈不失时机地采取了一系列措施,罢黜世侯收揽权纲。

首先是军民分职,不可并居一门。

这条措施,最早是在史天泽回京师自劾擅杀李璮罪的同时提出的。或许为了作出效忠姿态,减轻忽必烈对杀璮灭口的疑心,史天泽主动请求："兵民之权,不可并居一门,行之请自臣家始"。忽必烈立即予以批准。真定史天泽子侄一日内解除虎符及金银符者,多达十七人②。

中统三年(1262年)十二月,忽必烈还进一步以诏令形式把这项措施列为国家固定的制度："各路总管兼万户者,止理民事,军政勿预";"诸路管民官理民事,管军官掌兵戎,各有所司,不相统摄"③。

依照此制,张柔八子张弘略、九子张弘范,严实之子严忠嗣等也被罢去了万户、总管等职务④。每个世侯之家,或军或民,或将或相,只保留一人任官。

第二,罢诸侯世守,立迁转法。

---

① 《元朝名臣事略》卷七《平章廉文正王》。
② 《元朝名臣事略》卷七《丞相史忠武王》;《元文类》卷六十二《平章政事史公神道碑》。
③ 《元史》卷五《世祖纪二》。
④ 《元史》卷一百四十七《张弘略传》,卷一百四十八《严忠嗣传》;《元朝名臣事略》卷六《元帅张献武王》。

此措施始于至元元年（1264 年）十二月。忽必烈曾派出四名中书省宰执，即左丞相耶律铸、参知政事张惠行省于山东，左丞姚枢行省于河东山西，参议阿里海牙等行省河南，专门负责罢世侯，置牧守，迁转河东山西、河南、山东官吏①。迁转方法大致是："管民官三年一遍，别个城子里换者"②。如至元二年（1265 年）张弘范改任大名路总管，张宏由济南路改真定路总管③。山西宣慰使李德辉则被委任为第一位"常选"的太原路总管④。

第三，设置诸路转运司。

各路财赋权自总管府分割出来，归属诸路转运司⑤，进而集中于朝廷。此转运司存在时间不长，旋即撤消，所掌财赋重新归还路总管府。但诸路转运司设置在当时削夺汉世侯权力方面还是发挥了一定作用。

第四，撤消世侯封邑。

在史氏子弟即日解绶而退的同时，史天泽主动辞调了蒙哥汗所封卫州的汲、胙城、新乡、获嘉、苏门五县封邑⑥。顺天张柔、东平严忠济、河间马总管、济南张林、太原石抹总管所占有的私属户等，至元二年（1265 年）十月也被忽必烈以敕令改隶民籍⑦。这

---

① 《元史》卷五《世祖纪二》；《元文类》卷六十《中书左丞姚文献公神道碑》，卷五十九《湖广行省左丞相神道碑》。
② 《事林广记》别集卷一《职官新制》。
③ 《元朝名臣事略》卷六《元帅张献武王》；《元文类》卷五十《济南大都督张公行状》。
④ 《元朝名臣事略》卷十一《左丞李忠宣公》。
⑤ 《元史》卷五《世祖纪二》中统三年十二月。
⑥ 《秋涧集》卷四十八《中书左丞相忠武史公家传》；《牧庵集》卷十六《平章政事史公神道碑》。
⑦ 《元史》卷六《世祖纪三》。

样,汉世侯们又失掉了蒙古贵族所能享受的封邑及私属,他们更像是官,而不再是"侯"了。

第五,易兵而将,切断与旧部兵卒的隶属联系。

汉世侯称雄一方的主要资本,始终是私家军队。忽必烈还命令世侯交出原先统率的军队,改由其他将领节制。史天泽子史格奉命代替张柔子张弘范掌管亳州万户,而史氏旧属邓州二万户移交董文炳节制。张弘范则代董文炳统辖益都诸军①。

第六,设立监战万户和十路奥鲁总管。

忽必烈又沿袭金朝制度,委任蒙古人宿卫士为监战,居万户长之上,监督和管领诸汉军万户。讷怀、哈兰术、忽都哈思、忙兀台、谒只里等即担任过此类监战②。这又是汉军等万户府达鲁花赤的前身,意在监视汉人兵士大量集中的此类军队。还将汉军奥鲁(蒙古语"老营")自诸万户划出,专设十路奥鲁官管辖。奥鲁官内的各万户子弟私人,也被一概罢职③。

李璮之乱是因与南宋藕断丝连的个别汉世侯发动的旨在颠覆忽必烈政权的叛乱。它暴露了尽专兵民之权的汉世侯制度的危害及离心力。基于军事平叛和追究党羽的以上六项措施,忽必烈剥夺了汉世侯专制一方的地盘和私家军队,意味着蒙古统治者"出其豪强而用之"的间接治理方式的完结。汉世侯本人,也因之被改造为"不尽袭其故土,各以材能授政中外,惟上所使"的朝廷文

---

① 《牧庵集》卷十六《平章政事史公神道碑》;《元文类》卷二十一《元帅张献武王庙碑》,卷七十《藁城董氏家传》。

② 《元史》卷六《世祖纪三》至元二年正月己卯,卷一百二十三《直脱儿传》、《月里麻思传》,卷一百三十一《忙兀台传》、《怀都传》,卷一百五十四《谒只里传》。

③ 《元史》卷五《世祖纪二》中统四年正月。

武官员①。通过罢黜汉世侯,忽必烈铲除了危害元王朝的地方军政势力,迅速在汉地构建了中央集权的路府州县秩序。这就彻底解决了汉世侯制度的弊端,堪称对李璮之乱的积极而高明的"善后"。

① 《道园类稿》卷四十三《怀孟路总管崔公神道碑》。

第六章　倚重阿合马　专权二十年

第一节　从滕人到宰相

一、滕人阿合马登政坛

蒙元时期,西北、中亚及欧洲来华诸色人概称色目人,或曰回回人。

色目人或回回人为主的理财臣僚,很早就登上大蒙古国的政治舞台,并形成一股重要势力。这些色目人懂得蒙古语及其他多种语言,善于理财和交际,积极协助蒙古贵族治理国家。牙剌瓦赤、奥都剌合蛮就是他们的代表。在前四汗时期,除了耶律楚材一度受窝阔台汗的器重外,色目理财臣僚一直在蒙古汗廷十分活跃,且占有重要地位。

忽必烈即汗位后,起用汉人王文统理财,原右丞相、回回人祃祃被贬职,其手下的一批回回人也受到打击和罢黜。色目理财臣僚由此在朝廷暂时失势。

王文统刚刚被诛,那些曾经受到王文统压抑的回回人趁机伏阙攻击汉人官僚:"回回人虽时盗国钱物,未若秀才敢为反逆"。

这类攻击,居心叵测,却正中忽必烈下怀。尽管忽必烈也说:"在昔潜藩,商订天下人物,亦及文统,姚公茂言'此人学术不纯,

178

以游说于诸侯,他日必反。'去年,窦汉卿上书累千言,亦发其必为乱首。秀才岂尽皆斯人然①"。但李璮及王文统的反叛,给忽必烈带来的刺激几乎是刻骨铭心的。忽必烈对汉人士大夫官僚的信任和情感,此时已开始蒙上一层难以消除的阴影。

可以说,中统三年(1262年)以后,忽必烈对汉人官僚士大夫已由充分信任转向使用中又加以戒备防范了。是年三月,忽必烈下令:"禁民间私藏军器"。次年正月,重申上述禁令。二月,又颁布诏书曰:"诸路置局造军器,私造者处死;民间所有,不输官者,与私造同②。当时忽必烈政权所控制的百姓,绝大多数是汉人,具备造兵器技能的也主要是汉人。以上以死刑相威胁的禁令,显然是直接针对北方汉人。

与此同时,忽必烈蓄意采取了借重色目人、压抑和牵制汉人的策略。

前述中统三年设立的十路宣慰司16名官员中,蒙古人和色目人竟多达9人,占总数的56.3%。相当于原十路宣抚司中非汉人的2.68倍。接着,忽必烈又于至元二年(1265年)二月下令:"以蒙古人充各路达鲁花赤,汉人充总管,回回人充同知,永为定制"③。

李璮之乱,不能不使忽必烈对汉人臣僚的忠诚产生怀疑。而色目人对蒙古贵族却是始终追随和竭力效忠的。这是因为色目人大都是蒙古军队征服掳掠来的仆从和奴隶。对汉地而言,色目人和蒙古人,都是为数较少的外来者。面对人口众多的被征服汉地,

---

① 《牧庵集》卷十五《中书左丞姚公神道碑》。
② 《元史》卷五《世祖纪二》。
③ 《元史》卷六《世祖纪三》。

色目人和蒙古人一直保持着政治上、文化上的亲和性。任用色目人，既可以牵制汉人，防备其怀贰坐大，又能造成色目人与汉人的角逐，最终有利于蒙古贵族的居上监督和特权地位。再者，王文统被诛后，汉人臣僚暂无合适的擅长理财者，忽必烈只能回到蒙古国重用回回人理财的老路。借重色目人（回回人）理财并掌握大权，以压抑和牵制汉人。这样做确实是一石三鸟。

这项策略带来的一个直接和重要人事安排，就是色目理财大臣阿合马登上政坛并受宠专权二十年。

阿合马原来是花剌子模费纳克忒的一名穆斯林商人。蒙古西征时被掳掠东来，充当弘吉剌部贵族按陈的属民或奴仆。

拉施德《史集》说："还在察必哈敦生活于自己父亲的家中时，异密阿合马就同他们亲近，因此，当她做了合罕的妻子之后，经常在他的帐殿中，取得了势力，成了一个大异密"①。阿合马或是作为斡耳朵侍臣和陪嫁的媵人，随察必皇后进入忽必烈宫廷的。

汉文史书载，阿合马和汉人李德辉"偕侍"于忽必烈藩邸，时间大约在贵由汗二年（1247年）以后②。可见，阿合马也算是忽必烈藩邸旧臣，只是他的身份非汉族儒士，而是回回商贾和皇后媵人，是察必皇后及忽必烈的家奴。

忽必烈即汗位不久，阿合马就担任了上都留守同知兼太仓使，开始替忽必烈掌管宫廷仓廪钱谷。

中统二年（1261年）五月十日，忽必烈曾命令阿合马核计清点

---

① 余大钧、周建奇译本，第二卷，第340页，商务印书馆1985年。
② 《元朝名臣事略》卷十一《左丞李忠宣公》。

燕京行省(中书省留在燕京的一部分)所属万亿库诸色货物。十二日,阿合马又建议设立和籴所,以增加粮食储备。中书省采纳他的意见,任命曹州人李亨管领和籴粮食之事,且改和籴所为规措所。李亨就职后,整顿人事,精心筹划,很快使储粮堆积累加,纵横交错①。由此,阿合马理财积谷,崭露头角。

二、理财入相

中统三年(1262年)二月,擅长理财的中书平章王文统被杀,忽必烈身旁缺乏得力的理财大臣。随即提拔阿合马为领中书左右部,兼诸路都转运使,专门委以财赋之任。此时,中书省之下仅设左三部(吏户礼)和右三部(兵刑工),阿合马担任的"领中书左右部",似乎相当于左三部和右三部之长。

居阿合马之上的,还有一位回回人中书平章赛典赤·赡思丁。他"办集经营","甚为切当",王文统死后曾奉旨兼领钞法和工部造作②。至元元年(1264年)赛典赤·赡思丁调任陕西四川行省平章。于是,阿合马趁势独揽了朝廷理财大权。

阿合马以领左右部掌管财政后,宠眷日隆,踌躇满志。不久,阿合马党羽内部互相攻击,忽必烈遂下令中书省推问审查阿合马,平章政事廉希宪具体负责穷治其事。阿合马一度受杖责,他所管领的左右部事权,也归还了有司③。

至元元年(1264年)八月,阿合马凭借其理财聚敛的本事,终

---

① 《秋涧集》卷八十一《中堂事记》(中)。

② 《秋涧集》卷八十二《中堂事记》(下)中统二年七月;《元史》卷五《世祖纪二》中统三年三月,五月。

③ 《元朝名臣事略》卷七《平章政事廉文正王》。

于爬上了中书省平章政事的宝座。

之后,阿合马青云直上,官职和权势愈来愈大。

至元三年(1266年)正月,阿合马又兼领制国用使司。至元七年(1270年)设立尚书省时,他担任了尚书省平章政事。至元九年(1272年)尚书省并入中书省,他继续位居平章政事。《史集》称阿合马的职务"首席平章"或"大平章",拥有充分的势力①。至元十九年(1282年)被杀前夕,阿合马又晋升为左丞相。

在这期间,阿合马一直掌管元帝国的财政,多数情况下还主持朝廷庶政。

阿合马担任平章政事等职期间,主要从事理财聚敛。这也是长期受到忽必烈宠爱和器重的原因。详而言之,阿合马的理财有如下几项:

一是官办矿冶。

中统四年(1263年)阿合马建言:给宣命牌,置铁冶官,兴办河南钧州、徐州的铁冶鼓铸牟利。又奏准以礼部尚书月合乃兼领已括户三千,兴煽铁冶,岁输铁一百三万七千斤,铸造农器二十万事,换取粮食输官达四万石。

至元三年(1266年),他以平章政事兼领的制国用使司上奏:真定、顺天所冶金银不中程者,宜改铸。桓州峪所采银矿,已有十六万斤,百斤可得银三两、锡二十五斤。采矿所需要的费用,可由出卖锡来供给。忽必烈批准了上述运营计划。

至元十二年(1275年),阿合马又以支持用兵南宋为由,实行公私铁冶鼓铸,一律官府立局贩卖,并禁止民间私造铜器。

---

① 余大钧、周建奇译本,第二卷,第341页,商务印书馆1985年。

182

二是增收商税榷盐等。

中统四年(1263年)根据阿合马等人的建言,开始强令在京师经营商业权势之家和以官本钱从事贸易的斡脱商,一概到税务输税,入城不出示运贩货物凭证者以匿税论处。

至元元年(1264年)正月,阿合马提议:太原一带庶民煮煎小盐,越境贩卖,百姓贪图价廉,竞相购买食用,解州池盐因之销售困难,每年收入课银仅七千五百两。自今每年增加五千两,诸色僧道军匠等户一概摊派科征。其太原小盐从便流通。此议不久被朝廷采纳并付诸实施,解州盐课迅速增加三分之二。

至元八年(1271年),又奏请增加太原盐课,以千锭为年度常额,仍然让本路兼领。

至元十二年(1275年),提议向蔡州发送官盐十二万斤,不许百姓私相贸易。

除了盐课,阿合马还注意增加茶叶专卖等其它岁课。如至元三年(1266年)市羊于东京(辽阳),代替当地的岁课布匹;遣官采取别怯赤山石绒,织造耐燃之布。至元十二年,又籍括汴梁、卫辉等路药材,禁止私人买卖。至元十六年(1279年)在设立诸路转运盐使司增加盐课的同时,又特意添设江西榷茶运司统辖榷茶事宜①。

阿合马热衷于增加税课,甚至到了多多益善、没有止境的地步。如陕西一带的岁办课额已从至元十六年(1279年)的一万九千锭增加到至元十八年(1281年)九月的五万四千锭,阿合马仍以

---

① 《元史》卷二百五《阿合马传》,卷五《世祖纪二》,卷十《世祖纪七》,卷九十四《食货志二》。

为不实,主张再增加。后经忽必烈出面阻止,才罢休①。这样的增税,虽可以扩大国家的财政收入,对百姓却是灾难性的经济负担。

阿合马还在自己府邸设置总库,举办所谓"和市",以收四方之利②。实际上是亦官亦商,官商合一,在为官方搜刮的同时,也牟取私利。

三是检括户口及推广钞法。

检括清查户口,王文统担任平章之际已开始实施。至元七年(1270年)五月,阿合马为首的尚书省又进行了蒙古入主中原以来第三次大规模的户口清查。这次清查虽因御史台以所在捕蝗、百姓骚扰为由,予以暂时劝止,但翌年三月在尚书省的再次要求下,户口清查得以正式实施。还颁布《户口条画》于全国,作为厘定诸色户计归属的依据,供地方官府参照执行。这次户口清查,形成了所谓"至元八年之籍",对忽必烈政权在重新抄数户口的基础上增加朝廷所掌握的户计和税收对象,都是有益处的③。

至元十二年(1275年)平宋大军接连报捷,忽必烈命令阿合马与姚枢、徒单公履、张文谦等议论中统钞更换宋交子一事。姚枢、徒单公履、张文谦三人反对更换。阿合马及陈汉归、杨诚等则认为:以中统钞易其交会,何难之有。忽必烈批评姚枢、徒单公履等不识事机,明确支持阿合马的计划,迅速更换新征服区域的交子,将中统钞推广到江南。

阿合马检括户口及推广钞法,有利于完善户籍制和全国钞法

①　《元史》卷十一《世祖纪八》。
②　《元史》卷一百六十八《何荣祖传》。
③　《元史》卷七《世祖纪四》。

统一,基本上是积极的。官办矿冶和增收商税榷盐,则有聚敛和与民争利之嫌,尽管它也是秦汉唐宋以来理财官员惯用的办法。

阿合马虽然热衷于增税和聚敛,有时也劝告忽必烈节约开支。如至元三年(1266年),阿合马上奏:"国家费用浩繁,今岁自车驾至都,已支钞四千锭,恐来岁度支不足,宜量节经用"①。这说明增税和聚敛,虽有阿合马胡商本性的作用,但主要还是应付国家浩繁费用支出逼出来的。尤其是忽必烈用兵南宋、抵御西北叛王,以及对日本、缅国等海外征伐,数十万大军南征北伐,需要大量财赋支持。还须供应、满足蒙古诸王贵族及吐蕃喇嘛的巨额赏赐。这种情势下的理财聚敛,倒也不完全是阿合马个人的责任。

阿合马还善于玩弄权术,在朝臣中拉拢对自己有用的人,以壮大势力。他曾经出重金向王磐求取碑文,遭到拒绝。又诱使大臣举荐他入相,王鹗奋然掷笔曰:"吾以衰老之年,无以报国,即欲举任此人为相,吾不能插驴尾矣"②。王磐和王鹗,因为是忽必烈藩邸旧臣,又性情刚直,可以不买阿合马的账,其他人则不尽然了。

第二节　恃宠专权

一、唯阿合马堪任宰相

忽必烈对阿合马颇为赏识,"授以政柄,言无不从",还不无感慨地说:"夫宰相者,明天道,察地理,尽人事,兼此三者,乃为称职。阿里海牙、麦术丁等,亦未可为相。回回人中,阿合马才任

---

① 《元史》卷二百五《阿合马传》。
② 《元史》卷一百六十《王磐传》、《王鹗传》。

宰相"①。

阿里海牙是畏吾儿人，忽必烈藩邸宿卫士出身，在经略荆湖方面立有大功，官至湖广行省平章和左丞相。麦术丁是回回人，曾充任中书省平章。忽必烈对此二人的才能，稍有微词。忽必烈不顾其他大臣的攻击和反对，对阿合马格外青睐，称誉有加，宠幸二十余年而不衰，恰恰是因为阿合马"以功利成效自负"，其理财能力和业绩，迎合了忽必烈"急于富国"和嗜利黩武的需要。

当然，阿合马所具有的狡黠诙谐和善于向主人表白的奴才习性，也颇讨忽必烈的喜欢。

拉施特《史集》载：高平章（应为张平章之讹）为首的一些汉人官僚想除掉阿合马。阿合马去见忽必烈，他献上一个黑色的盘子，盘里装满各种珍珠，珍珠上放一把刀子，上面覆盖一块红绸。忽必烈问道："这是什么意思？"阿合马禀告说："当您的顺从的仆人我最初来效力于您的时候，我的胡须像这个盘子一样黑；在我热心效力期间，它变得像这些珍珠一样白了，而高平章却想用刀子使我的胡须变得像这块绸子一样红！"忽必烈听罢，果然下令追究高平章等人的罪责，对阿合马则更加宠信了②。

关于阿合马所受宠幸，马可波罗如此描绘：

在所有人中，他是大可汗所最喜悦，最有权力和威势的人。因大可汗最喜爱他，所以给他一切的自由权……大可汗绝对的信从他的话，对他的话无时不密切的注意。因此他可

① 《元史》卷十《世祖纪七》至元十五年六月；卷二百五《阿合马传》。
② 《史集》余大钧、周建奇译本，第二卷，第342页，商务印书馆1985年。

186

以做任何他所愿意做的事情,他可以分派所有政权及官吏,也可以去惩罚所有反动的人。每次他不论有理或无理,要去处死他所嫉恨的人时候,他必定来到皇帝面前说:"陛下,这人是值得处死,因为他用这样方法去侵犯你的尊严。"以后皇帝就回答说:"去作你所认为最合宜的罢"。他就即刻去处死那人了。因为看见他所享受的完全自由和大可汗如此信任他的话,所以没有一个人敢在他面前违忤他的意思。这里没有一个人,无论他是如何高贵,如何有大势力,说来可以不怕他的。假使有人在大可汗面前被控应治死刑,他想自己辩护,那是不可能的事情。因为没有一个人敢去违反阿合马,替他把辩护书递接大可汗的。如此他不公平的治死许多人。[1]

马可波罗滞留中国期间,正值阿合马专权,所述与《史集》相比,因系亲身见闻,故更为直接和符合实际。诸多汉文史料也告诉人们:阿合马在受到忽必烈宠信后,进一步专揽权柄,排挤打击其他臣僚,大有权倾朝野之势。

二、与儒臣的较量

在阿合马恃宠专权期间,站在阿合马对立面、与他展开激烈较量和斗争的,主要是许衡、廉希宪、张文谦为首的一批儒臣。支持他们的还有受儒学影响的蒙古勋贵安童和皇太子真金。而且,传统的义与利之争,汉法与蒙古法、回回法的斗争,以及忽必烈有意利用色目人与汉人的矛盾等,交织在一起,可谓错综复杂。

---

[1] 《马哥孛罗游记》张星烺译本,第161页,商务印书馆1936年。

至元元年（1264年）到八年，是阿合马击败藩邸儒臣，在宰相位置上逐渐坐稳的时期。

这期间，与阿合马发生激烈冲突的是张文谦、廉希宪、许衡等。由于忽必烈的纵容，阿合马甚至敢于和丞相线真、史天泽辩论，屡次使他们屈服①。

张文谦原属藩邸旧臣中的邢州术数家群，又与理学宗师许衡等交往甚密。他自中统元年（1260年）即担任中书省左丞，算得上是忽必烈最信赖的藩邸汉族臣僚之一。

在阿合马领左右部之际，张文谦见其总司财赋，凡事不关白中书省，直接奏闻忽必烈。于是批评道："分制财用，古有是理。不关预中书，无是理也。且财赋一事耳，中书不敢诘，天子将亲莅之乎？"忽必烈称赞张文谦言之有理，阿合马的计谋未能得逞。

由于张文谦"好善疾恶"，敢进直言，"不以用舍进退累其心"，阿合马担任平章和主持尚书省后，俩人的抵牾增多。至元四年（1267年）张文谦降职为参知政事，至元七年（1270年），改任大司农卿。此类职务变动，很可能与阿合马的排挤有关。

张文谦担任司农卿前后，揭露阿合马榷卖盐铁及农器，抬高价格以抑配民户，创立宣慰司和行户部于东平、大名，唯印纸币，诸路转运司怙势作威，害民干政等弊端，屡次在忽必烈面前极论其害。忽必烈大多听从张文谦之言，下令罢止。为此阿合马耿耿于怀，频繁中伤张文谦。只是因为忽必烈对张信赖多年，才免受其害。

至元十三年（1276年），张文谦转任御史中丞，阿合马一度奏罢诸道提刑按察司，以打击台察。数日后，张文谦又奏准予以

---

① 《元史》卷二百五《阿合马传》。

恢复。

一年后，张文谦为躲避阿合马的报复和迫害，不得不辞职"避位"，去主持修订《授时历》，远离了朝廷枢要官府①。

廉希宪，畏兀人。在忽必烈藩邸旧臣中他虽可列于宿卫士群，但儒化较深，有"廉孟子"之称。廉希宪为忽必烈争得汗位立下汗马功劳，他的仗义执言和独当一面的胆识魄力，深受忽必烈赏识。

廉希宪担任宰相稍晚于张文谦，职务却后来居上，中统二年（1261年）到至元三年（1266年）一直任中书省平章政事。阿合马领左右司时，平章廉希宪杖责过他，两人的怨恨，可谓由来已久。

阿合马升为平章后，起先他的地位和署字顺序，排在廉希宪之下②。两人曾在按察司废立问题上发生争执。阿合马以为："庶务责成各路，钱谷付之转运，必绳治若此，胡能办事？"廉希宪反唇相讥："今立台察，不独事遵古制，盖内则弹劾奸邪，外则察视非常，访求民瘼，裨益国政，无大此者。如君所言，必使上下专恣，贪暴公行，然后事可集耶？"阿合马被驳得哑口无言。

当廉希宪罢相家居时，阿合马又乘机污蔑廉每日和妻儿子女宴乐。幸而忽必烈深知廉希宪清贫，无以设宴，才未给廉带来损害。若干年后，阿合马惧怕廉希宪重新入相，特意上表举荐廉以右丞行省江陵。

廉希宪自江陵行省归京，忽必烈欲委以首任门下省长官侍中，

---

① 《元朝名臣事略》卷七《左丞张忠宣公》;《元文类》卷五十八《中书左丞张公神道碑》。

② 《道园类稿》卷四十一《陈文肃公神道碑》。

终因阿合马从中作梗，未能成功①。

门下省的设立，起初是由礼部尚书、南人谢昌元奏请倡言的。用意是"封驳制敕，以绝中书风晓近习奏请之源"。忽必烈听罢，异常兴奋，锐意实行。还恼怒地对翰林学士承旨王磐说："如是益事，汝不入告，而使南土后至之臣言之，用学何为？必今日开是省。"廷臣举荐的门下省侍中人选，除了廉希宪，还有近侍董文忠。忽必烈一度说："侍中非希宪不可。"还派使者向廉希宪谕旨："鞍马之任，不以劳卿，坐而论道，时至省中，事有必须执奏，肩舆以入可也。"阿合马闻讯急忙向忽必烈进奏："陛下将别置省，斯诚其时。得人则可宽圣心，以新民听。今闻盗诈之臣与居其间。"由于阿合马的诽谤和阻挠，门下省最终胎死腹中。

然而，阿合马也害怕近侍董文忠在忽必烈身旁言其罪状，一次竟送来中统钞一万缗的寿礼，讨好董文忠，被拒绝②。

许衡是忽必烈藩邸理学家群的领袖，他崇尚义理，生性迂阔，虽然有"许衡天遣至军前，未丧斯文赖此传。大学一编尧舜事，至君中统至元年"等赞誉③，但始终与忽必烈比较疏远。

中统初，许衡等主张以义为本，反对王文统言利理财。至元二年（1265年）阿合马升任平章政事不久，许衡奉旨议事中书省，上疏议论朝政，不点名地抨击阿合马"其为心也险，其用术也巧"，"窥人君之喜怒而迎合之"，"爱隆于上，威擅于下"，"徒知敛财之巧，而不知生财之由"。在与阿合马议论具体政务时，许衡也是正

---

① 《元朝名臣事略》卷七《平章廉文正王》；卷十四《枢密董正献公》。
② 《元文类》卷六十一《金书枢密院事董公神道碑》；《元史》卷一百二十六《廉希宪传》。
③ 《可闲老人集》卷二《辇下曲》。

言不少让。

许衡还用随驾上都的机会,具奏阿合马专权无上,蠹国害民。阿合马欲让其子出任枢密院金事,典兵柄,许衡立即向忽必烈上奏:"国家事权,兵民财三者而已。父位尚书省典民与财,而子又典兵,太重。"忽必烈问:"卿虑阿合马反侧耶?"许衡回答:"此反侧之道也。古来奸邪,未有不由如此者。"忽必烈采纳了许衡的意见。当枢密院迎合阿合马,奏拟其子忽辛为同金枢密院事时,忽必烈明确表示:"彼贾胡,事犹不知,况可责以机务耶!"

不过,事后忽必烈竟将许衡的话转告阿合马。阿合马诘问许衡:"公何以言吾反?"许衡回答:"吾言前世反者皆由权重,君诚不反,何为由其道?"阿合马恼怒地指责许衡:"公实反耳。人所嗜好者,势利爵禄声色,公一切不好,欲得人心,非反而何?"许衡只好说:"果以君言获罪,亦无所辞。"

阿合马怀恨在心,荐许衡为中书左丞,图谋因事中伤之。多亏右丞相安童庇护,许衡才免遭伤害。至元八年(1271年)许衡改任集贤大学士,兼国子祭酒,最终也离开了朝廷中枢①。

至元八年到十二年,是阿合马与蒙古勋贵、右丞相安童斗争并占据上风的时期。

安童是蒙古札剌亦儿部人,木华黎四世孙,忽必烈南征鄂州时的副手霸突鲁之子。至元二年(1265年)十八岁的安童由宿卫官拜中书右丞相。

安童虽然是蒙古勋贵出身,但受许衡等儒士影响颇大,奉行重

---

① 《元朝名臣事略》卷八《左丞许文正公》;《元史》卷一百五十八《许衡传》;卷二百五《阿合马传》。

用儒臣的方针,故与阿合马接连发生矛盾。

至元五年(1268年),阿合马等谋议立尚书省,以阿合马领之,事先奏请安童宜进为三公。忽必烈诏命诸儒臣议论可否。商挺倡言:"安童,国之柱石,若然,则是与虚名而夺实权,甚不可。"与议儒臣纷纷赞和其说,忽必烈遂未按阿合马的意见办理。

至元七年(1270年),阿合马转任尚书省平章,擢用私人,不由部拟,不咨中书,与安童为首的中书省在奏闻和事权分配上又起争执。

安童上奏说:"臣近言,尚书省、枢密院宣奏,并如常制,其宏纲大务,从臣等议定,然后上闻。已有旨俞允。今尚书众务一切径闻,似违前奏"。又言,阿合马所用部官,左丞许衡以为多非其人。忽必烈答曰:"岂阿合马以朕颇信用,故尔擅耶。不与卿议,非是。敕如卿所言。"

忽必烈以此追问阿合马,阿合马却回答:"事无大小,皆委之臣,所用之人,臣宜自择。"安童不得不妥协,于是说:"今后唯重刑及迁上路总管,始属之臣,余事并付阿合马。"忽必烈对两人的奏议均予许可,实际等于承认了阿合马独立处理一般刑狱和任用中级官吏的权力,某种程度上架空了中书省。

至元八年(1271年)以后,忽必烈藩邸儒臣一个个被逐出政府。随着尚书省并入中书省,右丞相安童更成了阿合马倒行逆施的障碍和重点打击的目标。

至元十一年(1274年),安童见阿合马擅权日甚,奏劾其蠹国害民数事和各部、大都路官用多非才。又奏:"阿合马、张惠,挟宰相权,为商贾,以网罗天下大利,厚毒黎民。"阿合马争辩道:"谁为此言,臣等当与廷辩。"安童举出左司都事周祥官买木材的罪状。

192

忽必烈罢黜了周祥,对阿合马则依然宠信如故。

阿合马及其党羽对安童倍加仇恨,屡进谗言,至元十二年(1275年)忽必烈将安童调离相位,以行中书省和行枢密院事,辅佐北平王那木罕出镇西北①。右丞相安童在与阿合马的斗争中,同样败下阵来。

安童受到阿合马的打击,十分自然。忽必烈在俩人的冲突中不支持安童,反而偏袒阿合马。其原因说来并不复杂。忽必烈始终希望像安童这样亲近的蒙古勋旧任职中书省右丞相,然而他对安童的才能及其过分倾向汉族儒士,并不满意。在非常注重功利的忽必烈看来,不能替他解决理财等实际问题的安童,当然不及阿合马有用。尤其是在至元十二年漠北、江南同时用兵,财赋供给浩繁的情势下,忽必烈做出调离安童而让阿合马独自主持朝政的选择,也自有其道理。

三、权倾朝野

至元十二年到十九年是阿合马独当国柄,益肆贪横的时期。

从中书省长官看,除了至元十四年(1277年)以前尚有忽都察儿一人任左丞相外,其他时间已无地位居其上的右丞相和左丞相设置。实际权势能与阿合马抗衡的大臣,也不复存在。

因为没有中书省内部的约束和制衡,这一时期的阿合马专横跋扈,为所欲为,"内通货贿,外示威刑,廷中相视,无敢论列"。

在中书省宰执的构成上,《元史·阿合马传》言其"援引奸党郝祯、耿仁,骤升同列,阴谋交通,专事蒙蔽"。这种说法并不过

---

① 《元史》卷二百五《阿合马传》;《元朝名臣事略》卷一《丞相东平忠宪王》。

分。《元史·宰相年表》所载至元十四年到十九年中书省五名宰执中,即包括阿合马、郝祯、耿仁和另一名同党张惠。这段时间内,阿合马在中书省纠集私党,狼狈为奸,可谓昭然若揭。

至元十四年到十五年之间,惟一能够适当牵制阿合马的,当是忽必烈从临安召回的董文炳。他的职务是金枢密院事、中书省左丞。忽必烈还特意嘱咐中书省和枢密院事无大小,需要咨董文炳而行。但是,董文炳始终没有在中书省文案上署字。董文炳本人也如是解释:"主上所付托者,在根本之重,非文移之细。且吾少徇则济奸,不徇则致谗。谗行则身危,而深失付托本意"①。在阿合马独当国柄,益肆贪横的形势下,忽必烈最信赖的董文炳,同样对阿合马之奸恶和谗言,亦有所顾忌,不得不采取不署案牍的策略,以全身远祸。而且,至元十五年(1278年)九月董文炳即病逝于上都。《元史·宰相年表》失载董文炳这段时间担任左丞事,估计与他未署事和任职短暂有关系。

阿合马恃权迫害异己,十分残酷。

阿合马领尚书省之际,怯薛宿卫士秦长卿上书弹劾道:"臣愚赣,能识阿合马,其为政擅生杀人,人畏惮之,固莫敢言,然怨毒亦已甚矣。观其禁绝异议,杜塞忠言,其情似秦赵高;私蓄踰公家赀,觊觎非望,其事似汉董卓。《春秋》人臣无将,请及其未发,诛之为便"。

忽必烈把秦的弹劾一度交付中书省追查处理,阿合马却厚赂内朝贵人,竭力解救,平息了此事。

于是,阿合马对秦长卿恨之入骨。后利用职权任命秦长卿为

---

① 《元史》卷一百五十六《董文炳传》。

兴和宣德同知铁冶事，竟然诬陷秦长卿折阅课额数万缗，将其逮捕下狱，籍没家产偿官。又唆使狱吏用濡纸塞口鼻，将秦长卿害死于狱中①。

与秦长卿同时受迫害的，还有亦麻都丁和刘仲泽。

此三人皆因违忤得罪阿合马而被衔恨罗织罪名，逮系下狱，欲除之而后快。时任兵部尚书的张雄飞以为不可。阿合马居然派人利诱说："诚能杀此三人，当以参政相处"。张雄飞严词拒绝："杀无罪以求大官，吾不为也"。阿合马大怒，很快将张雄飞贬为澧州安抚使。由于省部官已无持异议者，亦麻都丁等二人也最终被害②。

监察御史姚天福奏劾阿合马罪状二十有四。应召廷辩时，又摧奸发伏，枚数其罪，不少假借，使之气沮情露，不得不引服。忽必烈为之动色，当时也说："此三者，罪已不宥"。还称誉姚天福为"巴儿思"（蒙古语"虎"）。由于需要倚赖阿合马理财，姑且释而不问。

后来，阿合马对姚天福蓄意报复，他乘忽必烈北狩边地之机，派人逮系姚天福，籍没其家，"罗织苛毒"。姚天福厉声申斥："乘舆巡狩，戕害言臣，宰相宁欲反邪？"阿合马找不到进一步陷害的证据，担心忽必烈怪罪，结果只将姚贬为衡州路同知③。

藉钩考杀害江淮行省平章阿里别和右丞崔斌，是阿合马打击

① 《元史》卷一百六十八《秦长卿传》。
② 《元史》卷一百六十三《张雄飞传》。
③ 《元史》卷一百六十八《姚天福传》；《元文类》卷六十八《大都路都总管姚公神道碑》；《秋涧集》卷五十一《大元中奉大夫参知政事稷山姚氏先德碑铭》。

迫害异己的典型事件。有关情况，详见第八章第一节。

阿里别和崔斌，是阿合马迫害诬杀的品级最高的官员。就在钩考阿里别不到一月，阿合马的两名亲信郝祯和耿仁由参知政事擢为中书左丞。阿合马恃宠独当国柄的气焰，可谓登峰造极。

阿合马打击迫害的矛头，一度还对准了平宋建立殊勋的伯颜和阿术。

当伯颜自江南班师回朝，忽必烈诏令文武百官出城郊迎慰劳。阿合马抢先于十里之外会见伯颜，一心想得到更多的宝物馈赠。伯颜仅仅解下随身所佩玉钩绦赠送他，又特意解释道："宋宝玉固多，吾实无所取，勿以此为薄。"

阿合马不相信这种解释，认为伯颜轻视他，故衔恨诬告伯颜私藏南宋珍宝玉桃盏。忽必烈听罢大怒，立即下令将伯颜逮捕，置其于狗圈之中。幸而有御史大夫玉昔铁木儿说情，伯颜才免遭厄运。后来那件玉桃盏由他人呈献，忽必烈始明白几乎陷害了忠良①。

阿合马还诬陷伯颜滥杀丁家洲降卒，以提拔伯颜佐吏、行省金事焦德裕为中书省参政为条件，诱使焦出一言证实伯颜的罪过。焦德裕没有应诺，未能得逞②。

郑思肖也说："鞑酉如伯颜得江南，阿术得维扬，可谓有大功于鞑，阿合马譖其私卷江南金银宝玉极多，忽必烈穷其根源，皆受囚系"③。

阿术的相关碑传，虽然没有记录其被拘禁事，但阿术至元十三

---

① 《元史》卷一百二十七《伯颜传》；《汉藏史集》陈庆英译本，第174页，西藏人民出版社1986年。

② 《元史》卷一百五十三《焦德裕传》。

③ 《郑思肖集》《大义略叙》，第188页，1991年。

年(1276年)以后的事迹颇多阙如,也披露其碑传作者似乎在有意回护、掩盖一些不利于阿术的事情。所以,阿术和伯颜一样受到阿合马的打击迫害,是完全可能的。

随着权势的膨胀,阿合马的专横暴虐和贪赃荒淫,也越发不可收拾。他一门子侄,占据要津。长子忽辛先为大都路总管,至元十六年(1279年)升任潭州行省左丞,又擢江淮行省平章。次子抹速忽担任杭州路达鲁花赤。侄别都鲁丁则为河南行省参政。

《马可波罗游记》还不无夸张地说:

> 他(阿合马)也有二十五个儿子,都居高贵的官职。有几个用他们父亲的名义,在他的保护之下,同他一样去奸淫妇女和做出许多凶猛残恶的事情。凡是那一个想官做的人,无不去送给他许多礼物。因此阿合马聚集很大的财产。①

尤其是阿合马升为左丞相前后,其家奴忽都答儿亦可"久总兵权"。中书省及六部官员中,阿合马党羽竟多达714人②。他霸占附郭民间美田,擅将胡商献给忽必烈的两颗大珍珠据为己有③。他占有府邸宅院70余所,分置子女妻妾,也藏匿着从江南内外搜刮来的大量珍宝奇货。

《游记》和《元史》等官私史书都提到,阿合马经常强索他人美

---

① 《元史》卷十《世祖纪七》至元十五年十一月,十六年六月;卷十二《世祖纪九》至元十九年四月;卷二百五《阿合马传》;《马哥孛罗游记》张星烺译本,第163页,商务印书馆1936年。

② 《元史》卷十二《世祖纪九》至元十九年四月,五月。

③ 《元史》卷一百六十八《何荣祖传》。

妻艳女而偿以官爵①。既败坏吏治,又引起了内外上下的愤慨。

第三节　王著杀阿合马及处置

一、袖中金锤击奸雄

阿合马近二十年的恃宠专权和贪赃荒淫,在贵族官僚中树起了一批政敌,尤其是引起了汉族士大夫的强烈愤懑。

这些反对阿合马的意见和声音,长期得不到忽必烈的切实支持。甚至连忽必烈所"爱重"的怯薛执事宝儿赤(掌烹饪饮食者)答失蛮,趁"侍上左右"之机,极论阿合马蠹政病民,忽必烈却愤怒训斥道:"无预若事"②。

在众怒难遏的情势下,终于爆发了至元十九年(1282年)王著杀阿合马事件。

王著杀阿合马事件的主谋者是王著和高和尚。

王著,字子明,山东益都人,自幼轻财仗义,不拘小节,嫉恶如仇,沉毅有胆气。初充胥吏,因不得志,弃职从军,升任代理千户长。

高和尚,又名高菩萨,曾自称有秘术,能役鬼神为兵,遥制敌人,受枢密副使张易举荐赴北边,施其秘术于军中,无验而归。又诈言身死,四十日后复生,众以为神奇,信徒渐多。

王著、高和尚二人在北边军中熟识,南归后,受汉族吏民愤怨

---

① 《马哥孛罗游记》张星烺译本,第163页,商务印书馆1936年;《元史》卷十二《世祖纪九》至元十九年四月丙辰;《郑思肖集》《大义略叙》,第178页,上海古籍出版社1991年。
② 《金华集》卷二十四《宣徽使太保定国忠亮公神道碑》。

阿合马舆情的熏染,秘密策划以暗杀手段除掉阿合马。王著还私下铸造一把大铜锤,发誓用铜锤击杀阿合马,为民除害①。

至元十九年(1282年)三月,忽必烈照例北上巡幸,至察罕脑儿,太子真金从行。左丞相阿合马和枢密副使张易等留守大都。

鉴于阿合马平素警戒防备甚严,白日常以护卫相随,夜间寝所诡秘不定,王著、高和尚二人决定伪装太子真金,谎称其回大都作佛事,引出阿合马后下手。

三月十七日(丁丑)行动开始。他们先在大都北集结。然后分作两路:王著等结伙八十余人先行夜入大都;高和尚率二千人北上控制居庸关,伪造仪服器仗,装扮太子真金,缓缓南下。

翌日(戊寅)黎明,王著派遣二名吐蕃僧人诣中书省,传言当夜皇太子与国师来作佛事,令置买斋物。省官疑惑不定,让太子东宫宿卫高觿等前来辨认,又以吐蕃语和汉语反复诘问,觉得有疑,遂将二僧人拘留。

中午,王著又派崔总管矫传太子真金令旨,让枢密副使张易发兵若干,是夜会于东宫前。王著本人还驰骑会见阿合马,面告太子真金将至,命令留在大都的中书省官全部在东宫前迎候。

阿合马平素最怕太子真金,急忙派中书省右司郎中脱欢察儿等数骑出关迎接。伪装的太子以脱欢察儿等"无礼"为由,杀掉了他们,夜晚进入健德门,直趋东宫。

尚书忙兀儿、张九思、高觿等率宿卫士及官兵负责守卫东宫门。伪装的太子及数百仪卫到达西门后,一人上前呼唤开门。张

---

① 《秋涧集》卷九《义侠行》;《道园学古录》卷十七《徽政院使张忠献公神道碑》;《元史》卷二百五《阿合马传》。

九思和高觿以为,平日太子回宫,一直是完泽与赛羊为先导。此时高觿唤二人名,不应。于是拒不开西门。王著、高和尚等不得不沿着宫墙转趋南门,边走边说:"前门可入也"。

阿合马率领中书省、枢密院、御史台等官员已在南门等候。王著、高和尚等抵南门后,全部下马,惟独伪太子在马上指挥。

先是唤中书省官员上前,叱责阿合马数语,王著即牵起阿合马,以袖中铜锤猛击其脑袋,当场毙命。接着呼出阿合马同党左丞郝祯,将郝杀死。右丞张惠也被囚禁。

由西门赶至的张九思和高觿看出其中有诈,疾命卫士拼力捕贼。留守司达鲁花赤博敦持梃击伪太子坠地,王著被擒,高和尚等逃窜①。

此事件中追随王著、高和尚的人数,汉文记载不详。拉施特《史集》说,王、高二人在大都北的同党多达数千。

郑所南《心史》载:阿合马被杀后,"军民尽分脔阿合马之肉而食,贫人亦莫不典衣,歌饮相庆,燕市酒三日俱空"。足见,卷入杀阿合马事件的汉族吏民相当多,某种程度上又是汉族吏民反抗阿合马柄国虐民的一次暴动。

《马哥孛罗游记》还说:

---

① 《元史》卷二百五《阿合马传》;卷一百六十九《高觿传》;《张九思传》;《道园学古录》卷十七《徽政院使张忠献公神道碑》;《史集》余大钧、周建奇译本,卷二,第 344 页,商务印书馆 1985 年。一般认为,王著、高和尚暗杀阿合马,事在至元十九年三月十七日(丁丑)。实际上,大都北伪装太子及王著先行入城,是在十七日(丁丑);东宫南门前杀阿合马,则在十八日(戊寅)夜。《阿合马传》中"以戊寅日,诈称皇太子还都作佛事"等记述,可以为证。

高和尚(张星烺译本讹诈"张库")的母亲、女儿、妻子都被阿合马奸淫了。他在盛怒之下，与王著合谋杀掉阿合马。"他们的计划是在一个指定的日期，看见火的符号时候，就把所有带胡须的人杀死了……理由是因为契丹人天生没有胡须，而鞑靼人，回回教徒，和基督教徒都带胡须。你们必须知道，所有契丹人全都痛恨大可汗的统治权。因为他叫鞑靼人和许多回回教徒来统治他们。这叫他们看起来是拿他们当作奴隶，所以他们不能忍受这样。大可汗没有合法的权来治理契丹省。这省他是用武力取得的。所以他对这地人民没有信任心。但只相信自己随从中的鞑靼人，回回教徒，和基督徒们。他们都忠心于他。所以他叫他们去治理这地。他委托一切给那些不属于契丹地方的人。"①

马可波罗言高和尚母亲、女儿、妻子受辱事，未必确切。但阿合马强索他人美妻艳女，司空见惯，民愤很大。追随高和尚、王著杀阿合马的，很可能有受害者亲属。其他有关记载与史实非常接近。大都城暗杀阿合马的暴动，不仅针对阿合马个人，也是汉人吏民对忽必烈利用回回人压迫汉人政策的反抗行动。

二、镇压与追究

十九日黎明，御史中丞也先帖木儿及高觿驰驿向忽必烈报告事件经过。

忽必烈当时驻跸察罕脑儿，听到大都汉族吏民以暴动方式杀

---

① 《马哥孛罗游记》张星烺译本，第164页，商务印书馆1936年。

阿合马的消息，大为震怒。他立即抵达上都，命令枢密副使孛罗、司徒和礼霍孙、参政阿里等去大都，予以严厉镇压。

三天后，王著、高和尚等被诛于街市。被杀的同党有数百人。临刑前，年仅二十九岁的王著大呼："王著为天下除害，今死矣，异日必有人为我书其事者"①。

果然，王著为除阿合马而杀身，引起了许多汉族士大夫高度赞誉和讴歌。任职江南行御史台侍御史的王恽，赋诗《义侠行》曰：

> 君不见，
> 悲风潇潇易水寒，荆轲西去不复还。
> 往图祇与蝥蛛靡，至今寒骨埋秦关。
> 又不见，
> 豫让义所激，漆身吞炭人不识。
> 剚躯止酬一己恩，三刜裹衣竟何益。
> 至今冠古无与俦，堂堂义烈王青州，
> 午年辰月丁丑日，汉元策秘通神谋。
> 春坊代作鲁两观，卯冕已祧鲁夷犹。
> 袖中金锤斩禹剑，谈笑醎取奸臣头。
> 九重天子为动色，万命拔出颠崖幽。
> 陂陀燕血济时雨，一洗六合妖氛收。
> 丈夫百年等一死，死得其所鸿毛輶。
> 我知青诚耿不减，白云贯日霜横秋。
> 渐头不作子胥怒，地下当与龙逢游。

---

① 《元史》卷二百五《阿合马传》。

长歌落笔增慷慨,觉我发竖寒飕飔。

灯前山鬼忽悲歔,铁面御史君其羞。①

据说,一部分蒙古贵族官僚对王著杀阿合马也持同情态度,他们还主动施与海东青衣袄三千件,焚烧而祭奠王著等②。这当然和前述阿合马专横跋扈,淫威殃及阿术、伯颜等蒙古勋臣有关。

在处置暗杀阿合马事件中,枢密副使张易也受到牵连而被杀。

张易,字仲一,交城人。早年和刘秉忠、张文谦、王恂同学于邢州西紫金山。而后,事忽必烈于藩邸,属于"金莲川幕府"中邢州术数家群。历任中书省参政、右丞,官至中书平章、枢密副使,兼知秘书监事。张易通术数,有权谋,又是刘秉忠同窗,故长期为忽必烈所信任。

至元十年(1273年)以后,忽必烈藩邸汉族旧臣相继被阿合马排挤出政府枢要,张易却能佯作"傍若无与己",和阿合马长期共事③。而后,阿合马欲为其子谋求枢密院职务,使他与张易的冲突尖锐化④。这或许是张易卷入暗杀阿合马的重要原因。

三月十八日,当王著派崔总管矫传皇太子令旨调动枢密院军队若干时,留守大都掌管兵戎的张易,当即命令指挥使颜义率卫军与其同往。

虽然《元史》《阿合马传》和前揭《徽政院使张忠献公神道碑》

① 《秋涧集》卷九。
② 《郑思肖集》《大义略叙》,第179页,上海古籍出版社1991年。
③ 《秋涧集》卷八十、八十一,《中堂事记》;《元朝名臣事略》卷十一《枢密赵文正公》;《元史》卷一百六十四《郭守敬传》。
④ 《郑思肖集》《大义略叙》,第178页,上海古籍出版社1991年。

均言,张易是"莫察其伪","不能辩其伪,不敢抗",但久任枢密副使和练达政事的张易,居然为矫传令旨调兵者所欺,确是让人难以置信。

事实上,张易与高和尚及王著早有来往,两年前,张易就以能役使鬼神,将高和尚举荐给忽必烈,并让他赴北边军中试验①。另一名藩邸旧臣、同金枢密院事赵良弼也曾对张易在忽必烈驾前赞誉高和尚善役鬼神和以巫术事君的做法,颇不以为然,三年前即辞官以避祸②。

《元史·高觿传》也说,张易交付卫军给王著之际,已经知晓当晚皇太子杀阿合马的消息,并私下对东宫宿卫官高觿说:"皇太子来诛阿合马也","夜后当自见"。

张易很可能直接参与,至少是积极支持或纵容了王著和高和尚暗杀阿合马的活动。

忽必烈对张易卷入这一事件尤为光火,下令将张易与王著、高和尚一并诛于街市,且施以剁为肉酱的醢刑。本来还要将张易传首郡县,因张九思和真金太子出面阻止,才算罢休。

张易派去与王著等同往东宫的右卫指挥使颜义(又作颜进)中流矢身亡后,一度也被怨家诬为贼党,其家属几遭籍没③。

大都暴动后,忽必烈还亲自盘问身旁的汉人宿卫。

他特意把汉族宿卫士之一的典瑞少监王思廉召至上都察罕脑儿(蒙古语"白海")行殿,屏去左右,问道:"张易反,若知之乎?"

---

① 《元史》卷十一《世祖纪八》至元十七年二月乙亥。
② 《元朝名臣事略》卷十一《枢密赵文正公》。
③ 《元史》卷一百六十九《张九思传》;《元朝名臣事略》卷十一《枢密赵文正公》。

王思廉回答："未详也"。忽必烈又说："反已反已,何未详也?"王思廉又答道："僭号改元谓之反,亡入他国谓之叛,群聚山林,贼害民物谓之乱,张易之事,臣实不能详"。忽必烈叹息道："朕往者,有问于窦默,其应如嚮,盖心口不相违,故不思而得。朕今有问汝,能然乎?且张易所为,张仲谦知之否?"王思廉立即十分肯定地答道："仲谦不知。二张不相安,臣故知其不知也"①。

经历了暗杀阿合马事件,忽必烈与汉族士大夫官僚之间显然已产生了难以平复的猜疑和不满。昔日彼此对应如流、心口一致的坦诚与信任,似乎已不复存在。可以说,张易卷入大都暴动,对忽必烈的打击既深且重,远远超过中统初王文统与李璮的勾结。忽必烈怎么也没有想到这位委以大都兵权的藩邸旧臣张易会和暴动者站在一起。在忽必烈看来,大都城汉族吏民杀阿合马的暴动,矛头所向既是阿合马,也是蒙元政权。所以,他的盘问和追查,涉及到身旁的亲近宿卫王思廉和另一位同属邢州术数家群的藩邸旧臣张文谦(字仲谦)。

忽必烈的看法似乎有些多疑和片面,未必符合汉族士大夫官僚的实际动机。以张易为代表的大多数汉族士大夫官僚主要是反抗阿合马的欺凌和压迫,当然也反对忽必烈借重、利用色目贵族的种族压迫政策。对忽必烈的蒙元政权,他们仍然是拥护的。

至于忽必烈问及张文谦介入与否,另有考验这位最信任的汉人旧臣的用意。根据盘问的结果,至元十九年(1282年)十二月,忽必烈就命令时已六十七岁的张文谦重新出山,代替张易担任枢

---

① 《元史》卷一百六十《王思廉传》。

密副使。因为元廷始终有汉族官僚担任枢密副使的惯例。此时，忽必烈对一般汉人不放心，只好推出张文谦这位藩邸老臣了。

或许是接受张易擅调侍卫亲军参与汉人暴动的教训，大约在至元十九年以后，忽必烈特别规定了一项新的制度：枢密院官岁时扈从皇帝巡幸上都，留一员掌大都本院事，汉人不得参与①，以此来防范汉人官僚。

忽必烈对阿合马的处理，也带有戏剧性。

阿合马被杀之初，忽必烈曾颁赐重金办理其丧事，派遣朝廷大臣为之礼葬，极尽哀荣。对阿合马及其诸子的种种罪过，明确下令一概不问。

四十日后，忽必烈从两名商人处得知：阿合马曾将他们献给大汗的一颗巨钻私自扣留，据为己有。遣使者到阿合马宅搜取，果然从其爱妾引住处获得。忽必烈闻讯，大为震惊。忽必烈怎么也没有想到二十年来非常顺从听话的宠臣阿合马会如此大胆地欺骗自己。

接着，忽必烈主动向枢密副使、蒙古朵儿边氏孛罗询问阿合马的情况，详细了解到了他的罪恶。这时，忽必烈才若有领悟地说："王著杀之，诚是也"。

忽必烈采纳那两个商人提出的处置罪奴的办法，下令将阿合马发墓剖棺，戮尸于通玄门外，纵犬食其肉。百官士庶，围观称快。其家属和巨额财产被籍没，奴婢被放纵为民。其长子忽辛、二子抹速忽、三子阿散、四子忻都、侄儿宰奴丁及党羽耿仁、撒都鲁丁等皆

---

① 《元文类》卷五十八《左丞张忠宣公神道碑》；《元史》卷十二《世祖纪九》；卷一百五十四《郑制宜传》。

伏诛,有些还施以醢刑或剥皮。同党郝祯也被剖棺戮尸①。

籍没阿合马家产资财入官之际,忽必烈曾命令中书省右丞何荣祖、左丞马绍及尚书省掾张思明抱案牍入宫,向忽必烈汇报。张思明奉命将籍没财产明细为忽必烈逐一奏读,自黄昏到黎明,忽必烈凝神听取,忘记了疲倦②。

据说,抄籍阿合马家时,其家奴张散扎儿等有罪当死。张又诈言阿合马家赀隐寄者颇多,如能全部征得,可资国用。于是,依张散扎儿之言,钩考捕系追征,连及无辜,京师骚动。

忽必烈感到有些疑惑,命令右丞相安童召集六部长贰官询问此事。吏部尚书不忽木说:张散扎儿是阿合马的家奴和心腹爪牙,死有余辜。其诈言无非是为苟延岁月,侥幸不死。岂可受其诳骗,嫁祸善良? 急诛此徒,则怨谤自息。安童以不忽木之言上奏,忽必烈大悟,审问张散扎儿等,尽得其实,最后杀掉了张散扎儿,所捕系的无辜者一概释放③。

阿合马的如此下场,确实叫汉人官僚士庶拍手称快,扬眉吐气。殊不知,这又是忽必烈在色目人、汉人官僚群之间不厚此薄彼的一种平衡术。

处理阿合马党羽过程中,还有一段不大不小的插曲:当忽必烈命令中书省和怯薛人员杂问阿合马之子忽辛时,忽辛历指在场的中书省宰执说:"汝曾使我家钱物,何得问我?"新任参知政事张雄

---

① 《元史》卷十二《世祖纪九》,卷二百五《阿合马传》;《郑思肖集》《大义略叙》,第179页,上海古籍出版社1991年;《成吉思汗的继承者》周良霄译本,第359页,天津古籍出版社1992年。

② 《元史》卷一百七十七《张思明传》。

③ 《元史》卷一百三十《不忽木传》。

飞屡与阿合马抗争,此时反问忽辛:"我曾受汝家钱物否?"忽辛回答:"惟公独否"。张雄飞说:"如是,则我当问汝矣"。最终鞠问得实,忽辛认罪伏诛①。可以看出,阿合马及其亲党货贿收买朝臣之广,气焰之嚣张。

有必要说明,阿合马担任宰相近二十年,的确是回回理财派柄国和势力最强盛的时期。在阿合马麾下还形成了一个相当大的理财官僚群。

阿合马死后,朝廷清查他在省部的同党,竟多达714人,133人先被革职,其余581人后来也被罢黜②。

郑思肖还说,阿合马死后,"由是回回不许与鞑靼内外事,亦不许佩刀"③。此说即使属实,也应是暂时的。阿合马同党也并非全都是回回人,回回人以外还杂有不少汉人。前述被杀的阿合马党羽郝祯、耿仁等都是汉人。至元十二年(1275年)阿合马奏立的十一名诸路转运司官员中,亦比烈金、札马剌丁、阿里和者、阿老瓦丁、倒剌沙等五人为回回人,张暠、富珪、蔡德润、纥石烈亨、完颜迪、姜毅等六人则为汉人或女真人。而在阿合马当政之际以贿赂入仕,官至江西榷茶运使的卢世荣,也是原籍大名的汉人④。

另一方面,反对阿合马的官僚中也有部分回回人。如前述被阿合马诬以罪名杀害的江淮行省平章阿里别和在忽必烈面前极论阿合马蠹国病民的答失蛮,均为回回人。

就是说,王著为首的暗杀阿合马的暴动参与者,虽然大抵是汉

---

① 《元史》卷一百六十三《张雄飞传》。
② 《元史》卷十三《世祖纪九》,至元十九年五月。
③ 《郑思肖集》《大义略叙》,第179页,上海古籍出版社1991年。
④ 《元史》卷二百五《阿合马传》,《卢世荣传》。

人吏民,但阿合马麾下的理财官僚群和他的政敌群体两阵营间,并不是以回回人、汉人的种族分野来截然区别的。造成两阵营内回、汉界限混淆不清的原因主要有:回回人当时是少数,不得不在广大汉人中寻找帮手;汉人中一些趋炎附势之徒向回回当权人物靠拢;两阵营人员在政治观点或行为操守上气味相投或迥异①。在传统的义与利之争,汉法与蒙古法、回回法的斗争,以及忽必烈有意利用色目人与汉人的矛盾等错综复杂形势下,这种回、汉界限混淆不清,也是可以理解的。

据说,阿合马至元元年甲子岁(1264年)拜中书省平章,领制国用使司。当时,京师乐府盛行咏唱"胡十八小令",讲究谶纬迷信的人曾预言:阿合马当擅重权十八年。一般人都不相信。至元十九年壬午岁(1282年),阿合马果然在柄国十八年后被王著、高和尚所杀②。这段传言,离奇而荒诞,又隐含几分巧合,反映了民众对阿合马长期擅权柄国的无奈和诅咒。

还有一点值得注意,王著、高和尚暗杀阿合马之际,冒充皇太子真金也是有缘由的。

王著、高和尚知道,太子真金平素憎恶阿合马,"阿合马所畏惮者,独太子尔"③。

拉施特《史集》云:

真金也对他(阿合马)没有好感,甚至有一次用弓打他的

① 参阅杨志玖《回回人与元代政治》(二),《回族研究》1994年1期。
② 《南村辍耕录》卷二十二《数谶》。
③ 《元史》一百一十五《裕宗传》;另,马可波罗也有类似的说法。参见张星烺译《马哥孛罗游记》第165页,商务印书馆1936年。

头,把他的脸打破了。当他到了合罕处,[合罕]就问道:"你的脸怎么啦?"他回答说:"被马踢了。"[正好]真金在场,他就生气地说道:"你说得无耻,[这是]真金打的"。还有一次,他[甚至]当着合罕的面狠狠地用拳头打了他。阿合马一直都怕他。①

阿合马虽然是不可一世的权臣,但他毕竟是忽必烈和察必皇后的家臣、奴才,也等于是太子真金的家臣、奴才。惧怕太子真金,完全合乎蒙古人主奴隶属的传统。又兼,太子真金学儒读经较多,对汉法的认同与接受,明显超过乃父忽必烈。在张文谦、廉希宪、许衡、安童与阿合马的冲突中,他始终站在阿合马为首的色目理财臣僚的对立面,公开支持汉法派臣僚。在忽必烈对阿合马宠幸长久不衰及其政敌相继被排挤出政府的情势下,太子真金又成了惟一可以和阿合马抗衡的汉法派领袖人物。

王著、高和尚杀阿合马,之所以能通过枢密副使张易调动右卫侍卫亲军参与,之所以能骗得平时防范甚严的阿合马引颈受死,正是利用了真金憎恶阿合马和阿合马最害怕太子真金这一众人熟知的情节。

真金虽然和暗杀阿合马无直接联系,但对张易等人颇为同情。前述张易被诛而免予传首郡县,就是太子真金向忽必烈说情的结果②。

---

① 余大钧、周建奇译,第二卷,第340页,商务印书馆1985年。
② 《元史》卷一百六十八《张九思传》。

第七章　渡江灭赵宋　南北共一家

第一节　郝经使宋议和及失败

一、国信使南下

忽必烈即位之初,为了集中力量对付阿里不哥反叛,下令撤回了随从他渡江围攻鄂州的蒙古军和汉军主力。后来,又相继任命史天泽为江淮诸翼军马经略使,李璮为江淮大都督,史权为江汉大都督,负责与南宋边境的防务,并实施以防为主的策略,力求使宋、蒙双方大体保持和平或休战状态。

中统元年(1260年)四月,忽必烈采纳廉希宪"遣信使,谕以息兵讲和"的建议①,派翰林侍读学士郝经佩金虎符为国信使,翰林待制何源、礼部郎中刘人杰为副使,出使南宋,告以忽必烈即大汗位,且就履行昔日鄂州和议中宋方割地纳币等承诺展开谈判。

郝经为中州名士和政论家,也是忽必烈藩邸的重要谋臣之一。如前述,在忽必烈渡江攻鄂州前夕,郝经就主张不要过早与南宋展开大规模军事冲突,而后,郝经又是劝说忽必烈中止攻鄂和及时北撤的主要谋臣。忽必烈选择他为使者,是非常恰当的,也表明当时

---

① 《元朝名臣事略》卷七《平章廉文正王》。

忽必烈对南宋议和确实抱有诚意。

临行前,郝经入见陛辞,忽必烈赏赐葡萄酒,亲自面谕道:"朕初即位,庶事草创,卿当远行,凡可辅朕者,亟以闻"。郝经遵旨奏上有关立政大要的便宜十六事,对元初的国政多所裨益。

郝经又请求与一二名蒙古人偕行,忽必烈未予批准。降诏曰"只卿等往,彼之君臣皆书生也"①。

《元史·郝经传》还说,郝经奉使南宋,也有受中书平章王文统嫉妒、排挤等背景②。

郝经进入宋境后,适逢李璮擅自进犯南宋淮安军,被击败,宋两淮制置使李庭芝因之责怪郝经议和无诚意。

专制国事的宋丞相贾似道则一直隐瞒昔日鄂州城下许以割地、纳币的真相,反而令其门客廖莹中等杜撰贾在鄂州的扞城之功,蒙蔽和欺骗宋理宗及其他朝廷大臣。此时,贾似道非常害怕郝经的到来会泄露鄂州媾和的真相,于是命令将郝经秘密拘留于真州(今江苏仪征)忠勇军营新馆③。

忽必烈见郝经使宋,去而不返,杳无音信,十分焦急,先后于中

---

① 《元朝名臣事略》卷十五《国信使郝文忠公》;《元史》卷一百五十七《郝经传》;《静轩集》卷五《元故翰林侍读学士国信使郝公墓志铭》。

② 《元朝名臣事略》卷十五《国信使郝文忠公》和《元史·郝经传》说,因郝经素有重名,当时的中书省平章政事王文统对他十分嫉妒。郝经启程后,王文统暗中嘱咐江淮大都督李璮擅自攻略南宋,挑起边衅,欲假手南宋加害郝经。郝经与王文统不和及受其排挤,或许可能。至于王文统欲假手南宋加害郝经,似缺乏具体而确凿的证据,估计是反对王文统的史臣臆测推断之语。况且,李璮曾以书信阻止郝经南行,明显和所谓阴谋假手加害相悖。

③ 《元朝名臣事略》卷十五《国信使郝文忠公》;《宋史》卷四百七十四《贾似道传》;《宋季三朝政要》卷三。

统二年(1261年)五月和中统四年(1263年)二月派崔明道、王德素等为使,诘问南宋稽留郝经的原因①。

被禁锢的郝经也数次上书李庭芝、贾似道和南宋皇帝,极陈战和利害及祸福存亡之理,请求入见或归国,前后累计数十万言,都未得到南宋方面的实质性答复。

二、穷海羁臣有帛书

对于郝经奉使南宋,贾似道心怀鬼胎,既不上报,也不正面答复,一拖再拖,致使郝经滞留宋境长达十六年。

郝经等所居馆舍,棘墙钥户,昼夜环兵击柝,守卫巡逻。随从数十人久被羁困,多有怨言。越七年,又发生随从人员之间反目斗殴之事,数人死于非命。郝经及其他六人移处别馆,继续在真州忠勇军营中受煎熬。

相传十四年后郝经在受禁锢的馆中蓄养了一只大雁。大雁每次见到郝经,都会兴奋地鼓翼引吭,若有所诉。或许是对求得自由的渴望,郝经亲手题诗于尺帛:

> 霜落风高恣所如,归期回首是春初;
>
> 上林天子援弓缴,穷海羁臣有帛书。

还题有如下附言和落款:"中统十五年九月一日放雁。获者勿杀。国信大使郝经书于真州忠勇军营新馆"。其系年写作"中统十五年",明显是羁留南宋期间全然不知中统五年已改至元年

① 《元史》卷四《世祖纪一》,卷五《世祖纪二》。

号的缘故。

郝经选择吉日，率从者具香案，北向而拜。然后将蜡丸帛书系于大雁足上，纵放而去。

第二年三月，此雁书果然为负责养鹰蓄兽的虞人在汴梁金明池所获取。当年二月，迫于伯颜率大军渡江的压力，郝经终于被贾似道释放回朝。

或许是因为郝经已经北归，虞人并未将雁书及时上奏世祖忽必烈。至元十三年（1276年）正月，雁书暂时为安丰教授王时中收藏。直到四十年后的仁宗延祐五年（1318年），集贤院学士郭贯出任淮西廉访使之际，才上奏朝廷，并由中使取回京师。仁宗皇帝命令将雁书装潢成卷，又令翰林集贤文臣缀文题记，然后藏于秘书监（东观）。当时有名的文臣王约、吴澄、袁桷、邓文原、虞集等均有题作。

至于《辍耕录》所言雁书被较快献于忽必烈，忽必烈恻然地说："四十骑滞留江南，曾无一人雁比乎"，就属于"好事者傅会之谈"了。明初宋濂早已辨其伪。

尽管如此，"一寸蜡丸凭雁寄，明年春尽竟生还"的故事①，大体是可信的。

郝经至元十一年（1274年）自真州北归时，业已身染疾病。忽必烈闻讯，立即命令枢密院和尚医近侍前往迎接慰劳，并予医治。沿途父老瞻望其病体甚是衰弱，无不唏嘘流涕。

翌年夏，郝经抵达大都，觐见忽必烈于赴上都途中。忽必烈赐

_____

① 《辍耕录》卷二十《雁书》；《宋文宪公集》卷八《题郝伯常帛书后》；《吴文正公集》卷四十五《题郝陵川雁足系诗后》；《清容居士集》卷十二《题郝伯常雁足诗》；《梧溪集》卷一《读国信大使郝公帛书》。

宴行殿,赏赐有差,命其留居家中治病。

可惜的是,时至七月,郝经就溘然病逝,年仅五十三岁①。

王恽《哭郝内翰奉使》诗痛悼郝经英年早逝:

> 大河东汇杞连城,之子南来气宇盈。
>
> ……
>
> 义契重于平昔友,斯文公与后来盟。
>
> 苦心问学唐韩愈,全节归来汉子卿。
>
> ……
>
> 十六年间成底事,长编惟见史华名②。

郝经使宋议和,本来可以由这位对宋稍存亲善的人物,南北沟通,或许能给双方带来较长时间的和平与休战。然而,竟被贾似道掩过报功之术一手破坏。元政权与南宋继续南北分治的可能或前景,随之被葬送。忽必烈武力平定南宋,统一中国,遂成必然之势。

其间,郝经等实际上充当了这次奉使议和失败的牺牲品和代价,后来又被忽必烈当作对南宋大动干戈、兴师问罪的理由。

第二节　先图襄樊

一、刘整献策

随着元政权的巩固及对宋议和的失败,南攻赵宋,完成蒙哥汗

---

① 《元史》卷一百五十七《郝经传》。

② 《秋涧集》卷十五。

未竟的统一南北事业,很快被忽必烈提上议事日程。

而在对宋用兵的主攻方向选择上,忽必烈作出颇为明智的战略改变:先图襄樊。

忽必烈搁置川蜀、先攻襄樊的战略改变,需要从他对南宋川蜀降将的怀柔政策谈起。

忽必烈即汗位以后,对降附蒙古的元南宋将领甚为重视,给予种种优待和抚慰。

中统二年(1261年)五月,蒙哥汗亲征川蜀时降蒙的侍郎、都行省杨大渊,遣其子携贺表、弓矢等物来上都朝觐。忽必烈御万安阁接见,还亲手书写诏书云:"朕恪守王封,遹膺推戴,即位之始,不遑康宁。惟尔远戍边陲,久服戎政,身外心内,来陈贺章,宜加宠答之辞,以励忠贞之节,故兹诏示,想宜知悉"[1]。

杨大渊原籍天水,兄长杨大全在守卫叙州时战死。他本人先杀劝降使者,而后势穷被迫投降。因为是蒙哥入蜀招降的第一位南宋重要将领,影响较大。

忽必烈以手诏赐臣下的,为数甚少。忽必烈的用意很明白,就是要通过特殊褒崇厚待杨大渊,取得降附宋将对元王朝的效忠,并作为榜样,进一步招降和瓦解南宋军将。

这一策略效果颇佳。杨大渊受诏后,拜命踊跃,调兵攻宋礼义城等,杀获甚众。翌年冬,又亲自入觐,以示忠勤。忽必烈升其职为东川都元帅,与都元帅钦察同署事。此后,杨大渊及其子侄对元朝忠诚不贰,在经略平定川蜀中发挥了不可替代的作用。对其子杨文安等效忠元室,忽必烈也屡次温言以勉励:"汝兄弟宣力边

---

① 《秋涧集》卷八十一《中堂事记》。

陲,朕所知也";"汝攻城略地之功,何若是多也"①。

刘整原为京兆樊川人,徙居邓州穰城,金末归附南宋,骁勇善战,孟珙称之为"赛存孝"(赛过唐名将李存孝)。而后随军入蜀,擢为将官。刘整在抵御蒙哥汗攻蜀中建立殊勋,升任泸州知州和潼川十五军州安抚使,成了四川制置司下四大主力将领之一。

刘整身为北人,却令南方诸将皆出其下,故引起宋制置大使俞兴和策应大使吕文德的嫉恨,其军功等级被蓄意贬低。吕文德又诬搆刘整跋扈,权相贾似道和制置大使俞兴欲杀害刘整。中统二年(1261年)夏,刘整接到密报后深感危不自保,决意以泸州十五郡、三十万户降元。

消息传到上都,忽必烈迅速降手诏给刘整:"勇冠诸将,名配古人,知大义之可为,籍诸城而来附,献以金带,示以诰牒,载详终始之诚,宜示褒崇之礼。可特赐虎符,充夔府路行省兼安抚勾当,更宜招怀未附,共底丕平。但桑荫不移,能立其功;虽苑土至重,而朕无所惜。其赐卿莫物,至可领也"。

诏书鼓舞了刘整及其部属。他们在成都元军将领刘黑马、刘元振支持下,拼死击败俞兴及吕文德的重兵围攻,率泸州军民撤往成都。第二年,刘整入觐,改授成都、潼川二路行省,还获赐白银万两。

在刘整降元过程中,刘黑马、刘元振父子所发挥的作用非凡。当刘整秘密送款求降时,成都元军诸将都说:"刘整无故而降,不可信也"。刘黑马、刘元振父子却认为,南宋权臣当国,赏罚无章,将士离心,刘整求降无可疑。刘黑马派遣其子刘元振亲自前往泸

---

① 《元史》卷一百六十一《杨大渊传》。

州受降,临行,刘黑马嘱咐道:"刘整,宋之名将,泸乃蜀之冲要,今整遽以泸降,情伪不可知,汝无为一身虑,事成则为国家之利,不成则当效死,乃其分也"。刘元振又与刘整合力击退宋军围攻,接应刘整所部进入元军在成都的大本营。为此,忽必烈也嘉奖刘黑马、刘元振父子通于权变,赏赐刘元振黄金、白银、锦衣等①。

刘整降元及忽必烈的怀柔抚慰政策,造成川蜀宋军四大军将之一向元朝方面倒戈,使元军在主力投于北边的困难情势下仍然得以维持川蜀宋元对峙的局面。经历了这段周折,刘整也成为继杨大渊之后另一个效忠于元王朝的南宋降将。

搁置川蜀、先攻襄樊之策,就是由刘整提出的。

襄樊位于南阳盆地的南端,由汉水南岸的襄阳和北岸的樊城组成。它"跨连荆豫,控扼南北",两城之间又可以夹汉水互相支援,历来是易守难攻的兵家必争之地。"中原有之,可以并东南;东南得之,亦可以图西北者也"②。

蒙、宋攻金联盟破裂后,双方在襄樊等地的军事争夺一直十分激烈。自1261年,襄樊被南宋较稳定地控制,十余年的苦心经营,使襄樊城池高深,储积丰厚,成为抵御蒙古军南下的战略堡垒。

至元四年(1267年)十一月,时已调任南京路宣抚使的刘整,借朝觐机会,向忽必烈进言:"宋主弱臣悖,立国一隅,今天启混一

---

① 周密《癸辛杂识》别集下《襄阳始末》;《郑思肖集》《大义略叙》,第160页,上海古籍出版社1991年;《元史》卷一百六十一《刘整传》,卷一百四十九《刘元振传》,卷一百二十九《纽璘传》;《秋涧集》卷八十一《中堂事记》。按,《中堂事记》将此条手诏也记作"宣谕四川侍郎杨某",有误。今据《元史》卷四《世祖纪一》和卷一百六十一《刘整传》纠正。

② 《读史方舆纪要》卷七十九《湖广五·襄阳府》;《湖广方舆纪要序》。

之机。臣愿效犬马劳，先攻襄阳，撤其扦蔽"。

开始，这一意见受到大臣廷议的阻挠。刘整再次上言："自古帝王，非四海一家，不为正统。圣朝有天下十七八，何置一隅不问，而自弃正统！""攻蜀不若攻襄，无襄则无淮，无淮则江南可唾手下也"。

尽管中统初史天泽部将郭侃也曾提过"先取襄阳"，但因忽必烈正忙于应付阿里不哥及李璮叛乱，无暇顾及攻略南宋，也不可能重视他的意见。此时用兵南宋已进入议事日程，选择何处为主攻方向，确实让忽必烈颇伤脑筋。

八年前，忽必烈率领大军顺利渡江，却在鄂州城下遇到宋军极为顽强的抵抗，说明平定南宋并非轻而易举的事。刘整长期任职京湖、四川两制置使麾下，尽知南宋国情和防御要害虚实。对刘的建议，忽必烈不能不认真听取，也觉得很有道理。若是实施蒙哥汗川蜀、云南、鄂州三路并进而会师潭州（长沙）的方案，襄樊或可暂时不顾。若是实施搁置川蜀和从中路渡江攻鄂州再顺江东下的计划，襄樊即可以发挥控扼三峡和堵截川蜀援军的作用。因此，实施中路攻宋，必须先取襄樊。忽必烈采纳刘整建议，作出了先攻襄樊的决策①。

这项决策，摒弃蒙哥汗先取川蜀而被迫与宋军的长年拉锯的陈旧战略，找到了从中路重点进攻的突破口，使混一南北的大业又柳暗花明，出现转机。

---

① 《元史》卷一百六十一《刘整传》，卷一百四十九《郭侃传》；周密《癸辛杂识》别集下《襄阳始末》。

二、围攻襄樊

改变进攻战略后,忽必烈又选定了两名统帅:蒙古军都元帅阿术和汉军都元帅刘整。

阿术,蒙古兀良合氏,名将速不台孙,兀良合台子。蒙哥汗九年(1259 年),二十余岁的阿术随父兀良合台率蒙古军自云南转战广西、贵州、湖南,与攻鄂大军会合北撤,入忽必烈怯薛宿卫。中统三年(1262 年)阿术即以宿卫将军拜征南都元帅,是忽必烈最信赖的蒙古军将之一。

至元四年(1267 年)秋,阿术已开始在襄樊西部安阳滩一带与宋军激战,还悟出了"所领者蒙古军,若遇山水寨栅,非汉军不可"的经验。他主动请求忽必烈令左壁总帅史枢麾下汉军"协力征进"。忽必烈基本接受了他的意见,可增派的汉军都元帅不是史枢,而是刚刚献上先攻襄樊之策的刘整。

忽必烈对这两名统帅的选择,是非常适宜和有远见的。

阿术系国族名将世胄,"沉几有智谋,临阵对敌,英毅果决,气盖万人"①。无论是威望和个人军事才能,都无可挑剔。

至于刘整,虽是南宋降将,却为北方汉人,降元七八年来,业已效忠元室。刘整不仅骁勇善战,对水军的熟悉和对南宋防御虚实的了解,也在史枢等汉军将领之上。还有刘整和南宋方面的统帅、京湖安抚制置屯田大使吕文德是仇敌。此次刘主动献策先攻襄樊,又表示愿效犬马之劳。增派刘整为汉军都元帅,既可用其所

---

① 《元史》卷六《世祖纪三》至元五年六月,卷一百二十八《阿术传》,卷一百六十一《刘整传》;《元朝名臣事略》卷二《丞相河南武定王》。

长,又能遂其心愿,为攻襄樊建殊勋、效死力。

在襄樊战役拉开序幕之际,阿术和刘整采取了两项很有意义的举措:一是筑城围襄樊,二是造船练水军。

筑城围困襄樊,始于鹿门山筑土墙。按照刘整的计谋,元朝方面抓住宋京湖制置大使吕文德贪图货利的弱点,遣使向吕文德贿以玉带,请求在樊城之外的鹿门山置榷场,吕文德果然应允。于是,蒙古军很快建起了外为土墙内有堡垒的鹿门堡。这是元军在襄樊城外建立的第一座堡垒①。

接着,又筑白河口堡,以断襄阳粮道。

至元六年(1269年),史天泽和驸马忽剌出奉命到襄樊前线经画以后,修筑长围,始于万山,包围百丈、楚山,止于鹿门。又筑岘山、虎头山为一字城②。

据不完全统计,这一时期元军所筑城堡计有牛首、安阳、古城、红岩、沙河等十处③。上述城堡的修筑,"重营复壁,繁布如林,遮山障江,包络无罅"④,切断了宋军的东西南北之援,实现了对襄樊的长期围困。

造船练水军,也是刘整首先倡言的。

至元七年(1270年)三月,针对宋沿江制置副使夏贵连续两次率水军援襄樊的情况,刘整和阿术商议:"我精兵突骑,所当者破,唯水战不如宋耳。夺彼所长,造战舰,习水军,则事济矣"。这条

---

①　刘一清《钱塘遗事》卷四《刘整叛北》。

②　《元史》卷一百六十一《刘整传》,卷一百五十五《史天泽传》;《元朝名臣事略》卷二《丞相河南武定王》;《宋季三朝政要》卷四。

③　嘉靖《襄阳府志》。

④　《癸辛杂识》别集下《襄阳始末》。

意见由刘整乘驿上奏朝廷,忽必烈以诏令批准:训练水军七万余人,造战舰五千艘。

一段时间内,刘整每日负责水军的训练,雨天不能外出,就在兵营内画地为船来练习。在此前后,忽必烈又命令陕西五路和四川行省造战舰五百艘交付刘整。阿术和刘整麾下军将率领水军作战也日益增多。

还在汉水中流筑实心台,台上设置弩炮,台下放石囤五个,用来遏制宋军的船只①。

这两项举措,显然是遏制南宋军队善于扼守关隘要津和长于水战的某种优势。一旦两项举措顺利推行,宋军方面就完全无优势可言,襄樊会战的胜券就为元军所把握了。

为配合阿术、刘整环围襄樊,至元八年(1271年)五月忽必烈还命令川蜀等地军队分别从重庆、泸州及汝州等处出击,以牵制宋军的救援行动②。

南宋方面却是内有误国之相臣,外无御敌之优良将帅。原先经营襄樊防御颇有功绩的高达,因得罪贾似道被排挤调离,几乎遭诛杀。襄樊一带军事改由与贾似道狼狈为奸的吕文德总领。

吕文德虽然让其弟吕文焕任襄阳知府兼京西安抚副使,赴襄樊坐镇守御,但吕文德本人在方略对策上屡屡失误。先是贪贿好利,令元军在鹿门山以置榷场为由建成第一座城堡据点。后又不听吕文焕的蜡书报告,未在元军筑城伊始及时增兵打击。

吕文德病死后,接替他督师进援襄樊的京湖制置大使李庭芝,

① 《元史》卷一百六十一《刘整传》,卷七《世祖纪四》。
② 《元史》卷六《世祖纪三》至元五年正月辛丑,至元六年七月庚申、癸酉;卷七《世祖纪四》至元八年六月癸卯,五月乙丑。

又受到殿前副都指挥使、吕文德女婿范文虎的掣肘。范文虎总领禁军先至,获贾似道的秘密纵容与支持,致使李庭芝难以有所作为,丧失了元军合围前对襄樊实施有效救援的大好时机。

至元八年(1271 年)四月和六月,范文虎率舟师十万两次沿汉水援救襄樊,结果被阿术所率元军在湍滩等处击败。在大规模的援救失败后,李庭芝和范文虎所率援军"往往扼关隘不克进"。

翌年五月宋军只好派遣张顺、张贵率三千勇士,携支援襄樊的衣甲,拼死冲破元军舰队封锁,向襄阳逼近。张顺战死江中,张贵进入襄阳。

而后,元军在汉水江面布列撒星桩,封锁数十里,围困襄樊的形势更为严峻。

七月七日,吕文焕又派张贵突出重围,期与驻扎龙尾洲的范文虎部会合,内外夹攻元军。没料到,范文虎军违约提前撤离,造成张贵所率军战败被杀①。

宋人汪元量诗曰:

> 吕将军在守襄阳,十载襄阳铁脊梁。
> 望断援兵无信息,声声骂杀贾平章。②

宋军援救襄樊因其内部倾轧及涣散,于此彻底失败。

至元九年(1272 年)十一月,正当元军扫清樊城外围、强化围攻之际,宋京湖制置大使李庭芝又施离间计,企图造成忽必烈对元

---

① 周密《齐东野语》卷一八《二张援襄》;参阅陈世松、匡裕彻等《宋元战争史》,第六章,四川社会科学院出版社 1988 年。
② 《增订湖山类稿》卷一《醉歌》,中华书局 1984 年,第 13 页。

军主将的信任危机。

本来，忽必烈刚刚任命刘整为河南行省参政、诸翼汉军都元帅，兼统水军四万户，进一步明确了其与阿术并为元军统帅的地位。李庭芝清楚地知道，刘整被重用，意味着元军对襄樊更大军事行动即将开始。于是，他用金印牙符授予刘整汉军都元帅、卢龙军节度使，加封燕郡王，还书写信函，让永宁僧人一并送给刘整。印符和书信为永宁县令所截获，立即驰驿奏报朝廷。

忽必烈闻讯，十分吃惊，下令尚书省平章张易和儒臣姚枢杂问此案。恰在这时，刘整自襄阳军前回到京师，辩解道："宋怒臣我画策攻襄阳，故设此以杀臣。臣实不知"。

忽必烈明察秋毫，觉得刘整所言有理，或许他已断定：在襄樊危在旦夕之际，刘整不可能重新投降南宋，否则刘不会这时候赶到京师。基于这样的考虑，忽必烈诏令刘整给李庭芝回书说："整自受命以来，惟知督厉戎兵，举垂亡孤城耳。宋若果以生灵为念，当重遣信使，请命朝廷，顾为此小术，何益于事"！忽必烈还赏赐刘整，命令他回襄樊前线，诛杀永宁僧人及党羽，并让刘继续担任汉军及水军统帅职务①。

忽必烈在关键时刻用将不疑，明辨是非曲折，戳穿并粉碎了宋人的反间计，确保了元军对襄樊总攻的顺利举行。

也是在至元九年（1272年）十一月前后，针对襄樊围困长达五年、久攻不下的情势，另一名行省参政阿里海牙以及刘整、张禧、张弘范等纷纷建议：襄阳、樊城互为唇齿，宜先攻樊城，断绝其声援。

---

① 《元史》卷一六一《刘整传》，卷七《世祖纪四》至元九年十一月己卯。

忽必烈审时度势,批准了这一总攻计划。又命令把亦思马因所献回回巨石炮运至襄樊军前使用①。此种回回炮出自西域,攻击力猛烈于一般火炮。连最大的树木,也能就地摧毁。炮石直径数尺,坠地可陷入三四尺②。

随后,强攻樊城开始。

阿术和刘整命令擅水性兵士锯掉汉水中的木桩,砍断铁索,焚烧连接襄阳、樊城间的浮桥,切断襄阳守军前来救援的通道。

元军分五道猛烈进攻。忙兀台率所部竖云梯于北岸,登柜子城,夺得西南角入城。张君佐亲自安装火炮摧毁樊城角楼。史弼所率军鏖战十四日,攻破东北隅。元军入城,下令屠城,残余军民被杀掠无遗③。

樊城已破,襄阳孤立无援,危在旦夕。忽必烈得知一直顽抗拒降的守将吕文焕有所动摇,毅然决定派原宋将唐永坚持诏书入城谕降④。

此时吕文焕是降是战,仍然举棋不定。曾经和吕文德有旧怨且被吕文焕射伤的刘整,竭力主张按拒降例武力夷平襄阳,"执文焕以快其意"。另一名参政阿里海牙表示反对。

至元十年(1273 年)二月,阿里海牙调集火炮等战具瞄准襄阳,一炮击中该城谯楼,声如雷霆,全城震动,军心大乱,诸将多窬

① 《元史》卷七《世祖纪四》至元九年十一月己卯,卷一百二十八《阿里海牙传》,卷一百六十一《刘整传》,卷一百六十五《张禧传》,卷一百五十六《张弘范传》。

② 《郑思肖集》《大义叙略》,第 181 页,上海古籍出版社 1991 年。

③ 《元史》卷一百六十一《刘整传》,卷一百三十一《忙兀台传》,卷一百五十一《张荣传》,卷一百六十二《史弼传》。

④ 《元史》卷八《世祖纪五》至元十年正月。

城逃命，如鸟兽散。

阿里海牙又亲自到城下再三劝说吕文焕："公以孤军御我数年，今鸟飞路绝。帝实嘉能忠而主信。降必尊官重赐，以劝方来，终不仇汝，置死所也"。还折断箭支向吕发誓。吕文焕终于感悟出城投降。

而后，吕文焕由阿里海牙陪同朝觐忽必烈，果然受到优待，命为昭勇大将军、侍卫亲军都指挥使、襄汉大都督和行省参政，其麾下军将士卒也得到赏赐与安置①。

> 援兵不遣事堪哀，食肉权臣大不才。
> 见说襄阳投拜了，千军万马过江来。②

襄樊战役的胜利，破坏了南宋在长江上、中、下游的三道防御体系，使之丧失了苟安东南的军事屏障。元军则在中路攻宋方面取得了突破性进展。

襄樊战役，还是忽必烈起用南宋降将和造战舰，习水军的成功试验场。藉此，元军"夺彼所长"，取得了包括水军舰船在内的战略战术的优势。由于一批南宋降将的归附和加盟，忽必烈混一南北的步伐大大加快了。

---

① 《元史》卷一百二十八《阿里海牙传》；《元朝名臣事略》卷二《丞相楚国武定公》；《元史》卷八《世祖纪五》。
② 《增订湖山类稿》卷一《醉歌》，第14页，中华书局1984年。

第三节　北风三吹白雁来

一、选帅调兵

攻克襄樊以后,对南宋的大规模军事进攻,随而拉开了序幕。

十多年前曾率军渡江攻至鄂州城下的忽必烈,其内心当然对解决南宋问题踌躇满志,大有"扫清六合、混一车书之意"①。但征伐南宋,事关重大,前面又有金海陵王和汗兄蒙哥失败的教训,忽必烈不得不认真听取各方面的意见,慎重行事。

尽管一批将相纷纷请求以拘留使者的罪名讨伐南宋,但朝廷议论并不完全一致。

忽必烈用驿传召来的儒臣姚枢、许衡、徒单公履三人中,徒单公履认为,"乘破竹之势,席卷三吴,此其时矣。"许衡则以为不可②。

至元十一年(1274年)正月,襄樊前线的两员主将阿术和阿里海牙利用朝觐的机会,进一步向忽必烈陈述及时征伐南宋的好处。

原先在忽必烈驾前即以直言不讳著称的阿里海牙,首先上奏说:"襄阳,自昔用武之地也。今天助顺而克之,宜乘胜顺流长驱,宋可必平。"

阿术也说:"臣久在行间,备见宋兵弱于昔,削平之期,正在今日。"

---

① 《元朝名臣事略》卷七《丞相史忠武王》。

② 《元史》卷八《世祖纪五》至元十年四月癸未;《元朝名臣事略》卷八《左丞许文正公》。关于许衡的详细说法及理由,《左丞许文正公》仅云"其辞甚秘",其它不得而知。

忽必烈将此事交付中书省相臣议论，却受到某些非难，迟迟不能决定。阿术再次上奏道："今圣主临御，释乱朝不取，臣恐后日又难于今日"。忽必烈听罢，喜悦地回答："卿言允契朕意。"

据说，忽必烈还密问阴阳术士田忠良，让他占卜渡江能否成功。田忠良回答：可以成功，忽必烈才作出了乘势平定南宋的决策①。

忽必烈还需要选择统帅和签发调集军队。

关于征伐南宋的统帅人选，姚枢的意见是"如求大将，非右丞相安童、同知枢密院事伯颜不可。"

史天泽也认为："此国大事，可命重臣一人如安童、伯颜，都督诸军，则四海混同，可计日而待矣。臣老矣，如副将者，犹足为之。"②

藏文史料又云：帝师八思巴曾竭力举荐伯颜才能出众，堪任平宋统帅③。

在柳林行猎幄殿，忽必烈再次借助阴阳术士田忠良的占卜，问道："今拜一大将取江南，朕心已定，果何人耶？"田忠良回答：伯颜伟丈夫，可属大事。忽必烈听罢大喜，赏赐了田忠良④。

伯颜是蒙古八邻部人，世为八邻左手千户长。祖父阿剌犯罪被杀，伯颜即沦为忽必烈所分得的奴隶。伯颜因从旭烈兀西征曾留居波斯，至元初随使臣东归元廷，受到忽必烈器重，逐渐提拔为中书省左丞相、同知枢密院事。忽必烈又以敕令主婚，将安童之妹许配伯颜为妻。

---

① 《元史》卷一百二十八《阿里海牙传》，卷二百三《田忠良传》；《元朝名臣事略》卷二《丞相河南武定王》。
② 《牧庵集》卷八《中书左丞相姚文献公神道碑》；《元史》卷八《世祖纪五》至元十一年正月丙午。
③ 《汉藏史集》陈庆英译本，第172页，西藏人民出版社1986年。
④ 《元史》卷二百三《田忠良传》。

伯颜参与谋划国事，常常高出廷臣一筹，处理政务，明智果断。此时，既为臣僚众望之所归，也被忽必烈所青睐。忽必烈选他作平定南宋的统帅，也是独具慧眼的。

平宋之荆湖行省设立时，伯颜和史天泽并为左丞相，但史天泽被排在第二位。

忽必烈开始以伯颜和史天泽并为统帅，是有缘由的：一则平宋军队大多数是中原汉军，需要有一员德高望重的汉人将领统驭；二是史天泽本人曾随蒙哥亲征川蜀，又长期担任河南经略使。忽必烈明知史天泽年老难以征战，又不得不用之。

襄樊发兵南下，史天泽因病主动上表请求辞归。忽必烈闻讯即遣使持葡萄酒慰问，谕之曰："卿自吾父祖以来，躬环甲胄，跋履山川，宣勤劳者多矣。勿以小疾暂阻行意，便为忧扰，可且北归，善自调养"。竭力称赞史天泽输忠蒙廷、攻略南宋多年及此番画策之功。然后，专任伯颜节制全军，而命阿术为其副。忽必烈这样做是很高明的。既任用了自己的意中人，也对众多汉军有个交待。

不久，史天泽病逝于原籍真定，基本上未参与平宋战争①。

伯颜离京陛辞时，忽必烈嘱咐道："曹彬不嗜杀人，一举而定江南。汝其今体朕心，古效彬事，毋使吾赤子横罹锋刃。"忽必烈的叮嘱，对减少平宋战争的杀戮破坏及加快进军速度，作用不可低估。

出征前夕，阿术和阿里海牙奏言："我师南征，必分为三，旧军不足，非益兵十万不可。"

① 《元史》卷一百二十七《伯颜传》；《元文类》卷五十八《中书左丞相史公神道碑》；《史集》余大钧、周建奇译本，第二卷，第318页，商务印书馆1986年。

忽必烈清楚地知道,南宋庞然大物,若调集军队偏少,难以制服它,于是,满足二将的请求,诏命中书省签军十万以付之①。

关于伯颜所率渡江军队的数量,《元朝名臣事略》卷七《丞相史忠武王》说,"方将百万之众南伐"。《史集》也称忽必烈汗准备了三十万蒙古军和八十万汉军②。然而,揆以至元十一年(1274年)九月兵分三路,除伯颜自率大军居中外,东路唆都、西路翟文彬各率军万人,以及渡江以后分兵四万给阿里海牙等情节③,伯颜所率南征军队不会达到一百万。《丞相河南武定王》所引《勋德碑》,又有"其平宋也,将二十万,犹将一人"之说。

鉴于此,伯颜所率南征军队数目大约二十万左右④。如果把川蜀和淮西的元军计算进去,估计总数会在三十万以上。可见,"百万之众"说是个带有夸张的虚数。

至元十一年(1274年)六月,忽必烈向行中书省及蒙古军、汉军万户千户军士颁布了兴师问罪于南宋的诏谕:

爰自太祖皇帝以来,与宋使介交通。宪宗之世,朕以藩职奉命南伐,彼贾似道复遣宋京诣我,请罢兵息民。朕即位之后,追忆是言,命郝经等奉使往聘,盖为生灵计也。而乃执之,

---

① 《元史》卷八《世祖纪五》至元十一年正月丙午;《元朝名臣事略》卷二《丞相淮安忠武王》,《丞相河南武定王》。

② 《史集》余大钧、周建奇译本,第二卷,第318页,商务印书馆1986年。

③ 《元文类》卷四十一《经世大典序录·政典·平宋》,卷五十九《湖广行省左丞相神道碑》。

④ 另据屠寄《蒙兀儿史记》《吕文焕传》估计,元军围困襄樊的军队人数在十万左右。加上至元十一年正月所增签的十万军士,恰与二十万之数相符合。

以致师出连年，死伤相藉，系累相属，皆彼宋自祸其民也。襄阳既降之后，冀宋悔祸，或起令图，而乃执迷，罔有悛心，所以问罪之师，有不能已者。

今遣汝等，水陆并进，布告遐迩，使咸知之。无辜之民，初无预焉，将士毋得妄加杀掠。有去逆效顺，别立奇功者，验等第迁赏。其或固拒不从及逆敌者，俘戮何疑。

这显然是全面进攻南宋的动员令。

忽必烈对平宋军队的指挥机构及任务主次，也能作出妥善、明智的安排。

攻克襄阳后两个月，忽必烈曾下达诏令以史天泽、阿术、阿里海牙行荆湖枢密院事于襄阳，合丹、刘整、塔出、董文炳行淮西枢密院事于正阳。

至元十一年（1274 年）三月，改上述二行枢密院为二行省，以伯颜、史天泽并为左丞相，阿术为平章政事，阿里海牙为右丞，吕文焕为参知政事，行中书省于荆湖；合丹为左丞相，刘整为左丞，塔出、董文炳为参知政事，行中书省于淮西。

同年八月，史天泽上言：“今大师方兴，荆湖、淮西各置行省，势位既不相下，号令必不能一，后当败事”。忽必烈采纳这一意见，又改淮西行省为行枢密院①。

这一改动，表面上只是机构名称的改动，实际意义又非常重要。它协调了川蜀、荆湖、淮西三战区的关系，进一步明确了平宋大军的主攻方向和主帅机构均在荆湖。

---

① 《元史》卷八《世祖纪五》。

当时，南宋主力驻屯于两淮，城坚兵精，号为南宋北藩。忽必烈清醒地看到，必须抓住襄阳攻克伊始和宋军尚未调整兵力部署的有利时机，尽快实施其中路重点突破的战略计划。上述行省、行院的机构变动，恰恰有利于这一战略计划的实施。

在东、西、中三战区对宋军事行动中，忽必烈只允许川蜀、淮西两战区从侧翼佯攻牵制，阻止对中路宋军的救援，不许分散军力，喧宾夺主。

四川总兵官汪惟正曾上奏："蜀未下者，数城耳……愿以本兵，由嘉陵下夔峡，与伯颜会钱塘。"忽必烈下诏优言安慰道："四川事重，舍卿谁托！异日蜀平，功岂伯颜下邪！"忽必烈的意向很清楚，就是要求川蜀军将在当地以攻为守，牵制宋军，从上游配合中路主力的军事行动。

襄樊战役结束，刘整和阿里海牙矛盾渐深，不能相容，只好将共同节制的汉军分为两部分，各统一部。至元十一年（1274年）三月，刘整终于被调至淮西行省担任左丞。

忽必烈如此行事，也是他善于用人的表现。既然刘整生性倨傲，不能和阿里海牙和睦相处，把他们分置荆湖、淮西两战区，正可以减少内耗，鼓励其竞相建功立业。再者，刘整与吕文焕结怨很深，若刘整留在荆湖，势必增加和吕文焕的对立。荆湖一带吕氏亲族及门生故吏颇多，吕文焕出面宣谕招降，他人难以替代。总之，刘整调任淮西，利多于弊。

刘整被调至淮西后，曾奉命出击淮南，从东翼掩护配合中路主力的进攻。刘整非常想率兵乘胜渡江，与中路主力争功，却被首帅阻拦，未能实现①。

---

① 《元史》卷一百五十五《汪惟正传》，卷一百六十一《刘整传》。

后来,刘整闻伯颜渡江入鄂州的捷报,不禁悲痛地说:"首帅止我,顾使我成功后人。善作者不必善成,果然"。当夜,愤郁而死于宋无为军(今安徽无为)城下①。

刘整的悲剧性结局,有值得同情的一面。襄樊战役以后,忽必烈确实有重用吕文焕的某种意向,这不能不让襄樊战役的第一功臣刘整产生一定的失落感。但这是元军渡江前后主、客观形势的需要,把刘整调往淮西,也是不得已而为之,并非忽必烈有意压抑刘整。

设想刘整这样急功好胜而置元廷重在招抚、有征无战的策略于不顾,他留在荆湖的后果或许更糟糕。

二、阳罗堡大捷

至元十一年(1274 年)九月十三日,伯颜所率蒙古军和汉军,自襄阳分三路南下,水陆并进,直指郢州(今湖北钟祥)。

郢州夹汉水为东、西二城,依山傍水,以石而筑。宋将张世杰领兵驻守,沿江精锐尽聚于此,战舰数千艘布列江中,船坚粮足,恃江为固。其背后又有荆湖制置使阃府江陵的强有力支持。经蒙古军万户阿剌海等试探性进攻,无大进展。

有些将领以为郢州是元军南下的喉襟,无论进攻或后退,都应当首先攻取。伯颜却说:"用兵之缓急,我其知之。况攻城乃兵家之下计,大兵之用,岂唯在此一城哉! 若攻此城,大事失矣"。他毅然决定舍郢州南下。

---

① 《元史》卷九十八《兵志一·兵制》,卷八《世祖纪五》至元十年六月辛卯,卷一百六十一《刘整传》;《钱塘遗事》卷七《刘整死》。

元军在伯颜的指挥下,抢先夺取郢州南汉水下游的黄家湾堡,一面派兵包围郢州,一面让大军绕过郢州,拖船经黄家湾堡入藤湖和汉水。然后,攻克沙洋堡,谕降复州,仅用一个多月,就迅速兵临长江北岸了①。

十一月二十三日,元军抵达蔡店(今汉阳)之际,宋淮西制置使夏贵已率战舰万艘扼守大江中流,控制江面三十余里。接受当年忽必烈自阳罗堡渡江成功的教训,宋军重点加强了汉口和阳罗堡等处的防御。

伯颜在充分听取侦察人员的报告后,佯作围攻汉阳和自汉口渡江的姿态,把夏贵的兵力吸引在汉口一带。十二月十日,命令步骑十万和战舰万艘,分水陆两路猛攻北岸的沙芜口,很快占据了这一江北的重要据点。

鉴于宋军在阳罗堡屯驻重兵,据险死守,伯颜和阿术议定:采用捣虚之策。

十二月十三日,命令阿里海牙督张弘范等继续攻击阳罗堡,示以志在必得。当晚,又让阿术率晏彻儿、忙古歹、史格、贾文备四翼军,乘夜色出其不意,溯流西上四十里,突然在南岸青山矶登陆。阿术亲自血战中流,攀岸步斗,在后续部队的支援下,击败宋军,追击至鄂州东门。

伯颜接到阿术的报告后,立即派遣数万步骑对阳罗堡展开猛攻,又命令数万舟师与夏贵激战于江中。阳罗堡守军闻元军渡江已获成功,军心瓦解,该堡旋被攻克。夏贵见大势已去,急忙带三百艘战船顺江东逃。数十万宋军死伤殆尽,浮尸蔽江。伯颜指挥

① 刘敏中《平宋录》卷上;《元朝名臣事略》卷二《丞相淮安忠武王》。

的渡江战役大获全胜。

夏贵东逃白浒后，诸将提议应予追击。伯颜则云："阳罗之捷，吾欲遣使前告宋人。而贵走代吾使，不必追也。"①

耶律铸诗咏渡江成功对平宋的意义：

> 横野万艘金翅舰，总戎一册玉钤篇。
>
> 长江岂限天南北，万劫坤灵戴一天。②

在夏贵顺江东逃的同时，自江陵提兵支援的京湖四川宣抚使朱禩孙也仓皇西遁。长江南岸的重镇鄂州，被置于全无备御的地步。夏贵因而又被宋人视作放纵蒙古兵渡江东下的罪人③。

伯颜、阿术不失时机地分别率兵直逼鄂州、汉阳二城，迫使守将迅速听从劝谕，纳款投降。

元军进入鄂州后，伯颜留阿里海牙以四万兵马守卫鄂州，继续经略荆湖。而后，他就和阿术统领大军沿长江水陆东下④。

由于吕文焕兄吕文德长期担任京湖制置使，聚集甲兵，势力膨胀，子弟将校，典州郡，握兵马，沿江诸将多其部曲，忽必烈让吕文焕任职荆湖行省的策略，居然派上了大用场。诸如鄂州守将张晏然、程鹏飞，蕲州守将管景模、池州张林等，都是吕文焕亲自谕降的。江州吕师夔是吕文焕之侄，安庆范文虎是吕文德之婿，五郡镇抚使吕文福是吕文焕的从弟，他们相继归降，也是因为和吕文焕的

---

① 刘敏中《平宋录》卷上；《元史》卷一百二十七《伯颜传》。
② 《双溪醉隐集》卷二《江南平》。
③ 《郑思肖集》《大义略叙》，第175页，上海古籍出版社1991年。
④ 《钱塘遗事》卷六《下鄂州》；《元史》卷一百二十七《伯颜传》。

亲属关系。伯颜渡江以后,进军神速,沿江州郡,多望风降附,吕文焕的招谕之功不可没①。后来,吕文焕、范文虎还分别成为率先进入临安和南宋皇宫的将领②。

据说,南宋长江防线未攻破时,江南盛传的民谣曰:"江南若破,百雁来过。"③

刘因《白雁行》诗也说:"北风三吹白雁来。"④

《马哥孛罗游记》又说:

> 耶苏降生后一千二百六十八年时,当今大可汗忽必烈派他的一位大臣伯颜丞相到那里去。那个人名字的意思,就是伯颜一百只眼呀。还有你们必须晓得,蛮子国王从他的占星家处知道,除非有一百只眼的人来,他绝不会把他的国家丧失的唉。⑤

这些歌谣、诗词或传说,大抵属于谶讳迷信,也许是元军事先有意制作的平宋舆论准备。后来与白雁、百雁、百眼借音的伯颜丞相,果然受忽必烈派遣充当攻灭南宋的统帅。很像是天意注定,届时应验。前引歌谣、诗词或传说,连寓居中国的马可波罗都略知其一二,足见流传之广,影响之大,委婉表达了江南民众对元灭南宋的无奈和消极认同。

---

① 参阅陈世松、匡裕彻等《宋元战争史》,第七章,四川社会科学院出版社 1988 年。
② 《郑思肖集》《大义略叙》,第 166 页,上海古籍出版社 1991 年。
③ 《元朝名臣事略》卷二《丞相淮安忠武王》。
④ 《静修集》卷十四。
⑤ 《马哥孛罗游记》张星烺译本,第 281 页,商务印书馆 1936 年。

第四节　临安末日

一、丁家洲决战

元军渡江,特别是鄂州的失陷,震撼了南宋朝廷。

此时宋度宗刚去世,四岁的皇子赵㬎即位于灵柩前,其祖母谢氏被尊为太皇太后,临朝称制。南宋朝廷的大权仍然掌握在贾似道手中。

幼帝赵㬎虽也曾诏令天下勤王,但响应者寥寥无几。临安太学生等纷纷要求贾似道出师御敌。迫于朝野的压力,贾似道不得不开督府于临安,总揽天下军权和财权,全面负责对元军的作战防御。

然而,贾似道本人深惮刘整,迟迟不肯率兵出战。直到至元十二年(1275年)正月刘整死于无为军(今安徽无为),贾似道才以为得到"天助",比较放心地率13万精兵,离临安赴前线。

贾似道屯兵芜湖后,没有积极备战部阵,而是急不可待地派计议官宋京去元军大营议和,请求归还已降州郡,表示可称臣贡纳岁币。

伯颜的答复是:"未渡江,议和入贡则可。今沿江诸郡皆内附,欲和,则当来面议也。"又说:"我奉旨举兵渡江,为尔失信之故,安敢退兵。如彼君臣相率纳土归附,即遣使闻奏。若此不从,备尔坚甲利兵,以决胜负。"

对这样强令纳土投降的苛刻要求,贾似道当然不敢接受。宋京请和,遂告失败①。

---

① 刘敏中《平宋录》卷上;《元史》卷一百二十七《伯颜传》,卷八《世祖纪五》至元十二年二月壬子。

伯颜入池州后,接到忽必烈原地待命,停止进攻的诏令。他不敢造次,连忙和担任过忽必烈宿卫将军的阿术商量:"有诏令我军驻守,何如?"阿术说:"若释似道而不击,恐已降州郡今夏难守。且宋无信,方遣使请和,而又射我军船,执我逻骑。今日惟当进兵,事若有失,罪归于我。"①伯颜又询问南宋降将:"行在(临安)何时可得?"吕文焕答复:"内地虽近,有军有粮,非三四年攻击不可得。"范文虎则说:"内地虚弱,不足应敌,驱兵而入,可即得之。"②

伯颜得到副帅阿术的支持,又觉得范文虎所言有理,就敢便宜赴丁家洲迎战贾似道了。

至元十二年(1275年)二月十八日,丁家洲战役正式开始。

贾似道以步军指挥使孙虎臣为先锋,淮西制置使夏贵率战舰2500艘布列长江中,军队总数13万,略占优势。

伯颜让军士准备薪刍柴草,佯作火烧宋战舰状。南宋将士日夜戒备,防不胜防。

待其军心稍有懈怠,伯颜命令左、右万户率骑兵夹江岸而进,又在两岸树起火炮,轰击宋阵营中坚,炮声震动百里。见到宋军阵内有所摇动,伯颜又指挥水军猛烈冲击宋军船队。

宋军孙虎臣部率先败北,还辩解道:"吾兵无一人用命也"。夏贵的舟师接着遁去,夏贵所乘扁舟还特意从贾似道船边掠过,大呼:"彼众我寡,势不可支!"

贾似道闻讯,仓皇失措,连忙鸣金收兵。这样一来,宋军全线溃退。

① 《元史》卷一百二十八《阿术传》。
② 《郑思肖集》《大义略叙》,第163页,上海古籍出版社1991年。

伯颜和阿术分别带领水军、骑兵乘胜追击 150 里,擂鼓大震,声动天地,杀伤溺水的死尸,遮蔽江面,流血染红了江水。元军缴获战舰 2000 艘及大量军资器械,连贾似道的都督府印也在战利品之列①。

宋人以诗记宋军的败绩:

> 夜半挝金鼓,南边事已休。
> 三军坑鲁港,一舸走扬州。
> 星殒天应泣,江喧地欲流。
> 欺孤生异志,回首愧巢由。

元人耶律铸之诗,又记元军摧枯拉朽之势:

> 舳舻千里蔽江湖,擒挑楼船为骚除。
> 先直前锋三十万,一通严鼓尽为鱼。②

丁家洲兵败后,陈宜中等大臣奏请诛贾似道以谢天下。谢太后却以"勤劳三朝"和"待大臣礼"为辞,只同意将他贬职安置循州。

贾似道被贬途中,押解官郑虎臣杀掉了这位误国罪臣③。

---

① 《元史》卷一百二十七《伯颜传》,《阿术传》;《元文类》卷四十一《经世大典序录·政典·平宋》;《宋史》卷四百七十四《贾似道传》。
② 《增订湖山类稿》卷一《鲁港败北》,第 6 页,中华书局 1984 年;《双溪醉隐集》卷二《战芜湖》。
③ 《宋史》卷四百七十四《贾似道传》。

丁家洲战役是元军渡江以后与贾似道所率南宋主力进行的一场决战。它以南宋 13 万精锐的全军覆没而告终。宋王朝文武将相的离心离德和腐败无能,于此也暴露得淋漓尽致。此战以后,元军取得了军事上的绝对优势,南宋的灭亡和忽必烈混一南北,只是一个时间问题了。

二、火攻焦山

七月初,元军与南宋在焦山展开了另一场激战。

当时,宋沿江制置使赵溍、枢密承宣张世杰及孙虎臣率战船万艘列阵镇江焦山以东江面,欲乘统帅伯颜离职赴阙之机,拼全力与元军决一死战。

阿术、阿塔海、董文炳等率各翼兵船迎战。阿术先登上南岸的石公山瞭望敌情,只见宋军旌旗蔽江,舳舻相连,船大兵精,声势赫然。其舰船,每十艘用铁索连成一舫,沉碇于江中,没有号令,禁止起碇①。

阿术笑着说:"可烧而走也"。于是,指挥水军万户刘琛沿长江南岸,东趋夹滩,绕至敌军后方;董文炳直抵焦山南麓,以击其右;招讨使刘国杰攻其左;万户忽刺出直捣其中;自上流赶到的张弘范又攻击焦山之北。另选拔强健善射者千人,分乘巨舰,两翼夹射,火矢接连射中宋船蓬樯,烟焰赫赫,宋军大乱。被射中起火的宋军舰船,因铁索联营,无法驰逃,士卒赴水而死者数万。张世杰见败局已定,匆匆乘小船东逃②。

---

① 《清河集》卷七《藁城董氏家传》。
② 《元朝名臣事略》卷二《丞相河南武定王》;《元史》卷一百二十八《阿术传》,卷八《世祖纪五》至元十二年七月。

焦山的败北,使宋军完全失去了对元军进行大规模军事抵抗的力量。

宋朝廷内外官员士气沮丧,逃遁匿避之风大盛。以至谢太后贴榜于朝堂之上,斥责道:

> 我国家三百年,待士大夫不薄。吾与嗣君遭家多难,尔小大臣不能出一策以救时艰,内则畔官离次,外则委印弃城,避难偷生,尚何人为? 亦何以见先帝于地下乎?①

以儒立国,重文养官,是大宋的一项国策。而用纳币称臣换取和平与延续国祚,又成了文士们经常使用的办法。如今蒙古铁骑渡江南下,势如破竹,直指临安,连以往委曲求全的机会也不复存在。文士们无计可施,又大多不愿殉国捐躯,只能选择逃生避祸。

三、进军临安

伯颜渡江以后,忽必烈仍抱有对南宋谈判议和的愿望,并做出了一定的努力。当元军渡长江克鄂州的消息传来时,忽必烈没有过分喜悦。

一天夜里,忽必烈召见旧臣姚枢,面带忧虑地说:"自太祖勘定天下,列圣继之,岂固存之令久帝制南国耶? 盖天命未绝。朕昔济江而家难作,天不终此,大惠而归。今伯颜虽济江,天能终此与否,犹未可知。是家三百年天下,天命未在吾家先在于彼,勿易视之"。②

---

① 《宋史》卷二百四十三《后妃传下·理宗谢皇后》。
② 《元朝名臣事略》卷八《左丞姚文献公》。

忽必烈很想早日征服南宋,又极其迷信天命,他把南宋国祚与上天佑助紧紧联系起来。他遣使谈判议和,乃至对灭亡南宋信心不足,都是基于天命观的。

另,至元十二年(1275年)二月忽必烈染疾,于是有人给他讲过"今岁不嘉"之类的预言①。这对忽必烈征服南宋的决心,或有某种消极影响。

当月,原鄂州守臣张晏然上奏:"宋之权臣不践旧约,拘留使者,实非宋主之罪,倘蒙圣慈,止罪擅命之臣,不令赵氏乏祀者。"忽必烈答复:"卿言良是。卿既不忘旧主,必能辅弼我家。比卿奏上,已遣伯颜按兵不进,乃派遣兵部尚书廉希贤等持书往使。果能悔过来附,既往之怨,朕复何究。至于权臣贾似道,尚无罪之之心,况肯令赵氏乏祀乎?若其执迷罔悛,未然之事,朕将何言,天其鉴之。"

忽必烈派遣廉希贤使宋议和,是在当年正月。随同使宋的还有工部侍郎严忠范、秘书丞柴紫芝。

如前述,忽必烈确实给伯颜下达过停止进攻的命令,说明当时忽必烈尚未下定最后灭亡南宋的决心。只是伯颜没有遵旨照办。

廉希贤等南下来到军中时,丁家洲之战已经结束,伯颜乘胜攻入建康。廉希贤进建康城传达忽必烈诏旨,令诸将各守营垒,停止攻略,以保证使宋议和。然而,十日后,廉希贤、严忠范等在使宋途经广德军独松关时,被守关宋军所杀②。

事态的发展,居然使忽必烈最后与南宋谈判议和的努力归于

---

① 《元史》卷二百三《田忠良传》。

② 《元史》卷一百二十七《伯颜传》,卷八《世祖纪五》至元十二年二月、三月,卷一百二十六《廉希贤传》。

失败。

伯颜立即遣左右司员外郎石天麟向忽必烈奏报上述情况。经忽必烈同意,伯颜驻建康,阿剌罕、董文炳驻镇江,阿术进攻扬州。

元军进入建康城后,恰逢江东大疫,居民乏食,伯颜开仓赈饥,派医治病,被民众称作"王者之师"。

至元十二年(1275年)四月二十四日,忽必烈派遣使者传达了暂缓进军的诏旨,命令元军暂时停息休整,待秋季再举,不许轻敌贪进。理由是暑热方炽,不利于行军作战。

忽必烈的诏旨不是没有道理。江南五月入夏,炎热的气候,的确令来自北方的蒙古人和汉人难以忍受。在这样的季节里继续用兵,容易导致当年蒙哥汗征川蜀那样的灾难性后果。

伯颜等分析了渡江以后宋、元二阵营的情况,持有不同意见。万户张弘范认为,圣上待士卒诚厚,但如今敌人已经丧失士气和胆量,亡在旦夕,元军过分迟缓,就会错过灭亡南宋的好时机。

于是,伯颜派使者上奏道:"百年逋寇,已扼其吭,风驰电击,取之恐后,少尔迟回,奔播江海,遗患留悔矣。"忽必烈答诏曰:"将在军,不从中制,兵法也。宜从丞相言。"①

五月十七日,忽必烈命令奉御爱先传旨,诏伯颜回京。

五月底,伯颜在上都觐见忽必烈。当时西北诸王海都公开反叛。据说,还有叛乱者侵犯成吉思汗山陵起辇谷,骚扰成吉思汗的基业和根本之地。忽必烈为之甚是忧虑,曾经派和礼霍孙和田忠

---

① 《元史》卷一百二十七《伯颜传》;《元朝名臣事略》卷六《元帅张献武王》;《元文类》卷二十四《丞相淮安忠武王碑》。

243

良率众前往护视①。忽必烈此次召伯颜回京,历时两月,或许想把伯颜调往漠北前线,对付叛王海都,先解决北边叛王问题②。

七月,北边军事统帅另选派安童丞相,忽必烈才决定重新让伯颜返回江南,率领诸将直趋临安,攻灭南宋。

忽必烈对出征江南诸将大加褒奖赏赐,还晋升伯颜为右丞相,阿术为左丞相。

同时,又命令留守鄂州的阿里海牙攻取湖南;蒙古万户宋都带、汉军万户武秀、张荣实、李恒及降将吕师夔五人组建都元帅府,进攻江西;阿术则驻兵瓜州,切断扬州李庭芝南下通道③。

忽必烈的意图很清楚,就是要这些将帅从侧翼展开相应的攻势,以牵制所在地区宋军,配合伯颜直趋临安的战略攻势。这种安排,无疑是明智和适宜的。

伯颜是八月五日离上都启程南返的。遵照忽必烈秋季再举的旨意,避免在江南的夏季用兵,伯颜的南返并不迅速,大约延续了两个多月。沿途他相继征调淮东都元帅博罗欢所部兵随同南下,又组织攻击淮安,部署对扬州的进一步包围。这就加强了元军在淮河流域的攻防体系,消除了进军临安的后顾之忧。

十一月九日天气凉爽之际,伯颜分兵三路,正式开始向临安的进攻。西路军由阿剌罕率领,自建康、四安、广德,出独松岭;东路军由董文炳率领舟师自江阴循海路经许浦、澉浦,直抵浙江;中

---

① 《元史》卷一百二十七《伯颜传》,卷二百三《田忠良传》;《元朝名臣事略》卷二《丞相淮安忠武王》。

② 参阅《蒙兀儿史记》卷九十《伯颜传》。

③ 《元朝名臣事略》卷二《丞相淮安忠武王》、《丞相河南武定王》;《元史》卷八《世祖纪五》至元十二年五月、七月。

路军由伯颜及阿塔海率领,自镇江、常州、平江,水陆并进,直趋临安。

在向临安进军前夕,伯颜向行省郎中、谋士孟祺问计。孟祺云:"宋人之计,惟有窜闽尔。若以兵迫之,彼必速逃,一旦盗起临安,三百年之积,焚荡无遗矣。莫若以计安之,令彼不惧,正如取果,稍待时日耳。"伯颜依其策而行,立即修书信派人送往临安,予以安抚①。

宋廷嗣君赵㬎幼冲,太后全氏善懦,临朝称制的太皇太后谢氏昏老,既无统率千军万马的将帅,又无善于主持国政的宰相。此时对战与和,守与逃,整日争论不休,举棋不定。

伯颜遣使安抚之策,恰恰稳住了临安君臣。

而三路大军中的东路军顺江入海,抢先占领澉浦等出海口,既能封锁宋军自海上救援临安,又可堵截宋廷的海上逃路,使之最终在临安就范。

十二月五日,伯颜大军占领无锡。

宋将作监柳岳奉宋主赵㬎和太皇太后谢氏的书信来见伯颜,哭泣着说"太皇太后年高,嗣君冲幼,且在衰经中。自古礼不伐丧,望哀恕班师,敢不每年进奉修好。今日事至此者,皆奸臣贾似道失信误国耳。"

伯颜答复道:"主上即位之初,奉国书修好,汝国拘执我行人一十六年,所以兴师问罪。去岁,又无故杀害廉奉使等,谁之过欤?如欲我师不进,将效钱王纳土乎?李主出降乎?尔宋昔得天下于小儿之手,今亦失于小儿之手,盖天道也,不必多言"。

---

① 《元史》卷一百二十七《伯颜传》,卷一百六十《孟祺传》。

柳岳企图用哀乞感动伯颜,求得元军的退兵,却被一口回绝。伯颜的理由也比较充分。或有诗云:"当日陈桥驿里时,欺他寡妇与孤儿。谁知三百余年后,寡妇孤儿亦被欺"①。这也是一种有趣的偶合或报应。况且,忽必烈"直趋临安"的旨意,很明白,就是要一鼓作气,灭亡南宋,混一南北。伯颜等征宋将士更不愿让平宋大业半途而废。包括二十日后陆秀夫等到平江以称叔侄、岁贡币银二十五万两为条件的乞和,都为时已晚。只能仿效南唐后主李昱出金陵城归降,或仿效吴越王钱俶被迫纳土了。

而后,伯颜又遣使者将柳岳乞求退兵等事奏报忽必烈②。

四、南宋亡国

至元十三年(1276年)正月中旬,伯颜、董文炳、阿刺罕所率三路大军在临安近郊会师,并加紧对临安城的包围和谕降。

> 钱塘江上雨初干,风入端门阵阵酸。
>
> 万马乱嘶临警跸,三宫垂泪湿铃鸾。

在大兵压境、出海口被元军封锁的情势下,丞相陈宜中主张迁驾南逃。太皇太后谢氏认为:求和不许,大规模的南逃已不可能,在城军民奋力抵抗,只会招致屠城毁灭。在谢太后及主和派官僚们看来,投降是惟一的出路。

在正式投降前一日,陈宜中秘密说动杨太妃挟所生二王逃逸。

---

① 《西湖游览志》。
② 《元史》卷一百二十七《伯颜传》。

于是,宋帝封其庶兄赵昰为益王,判福州,福建安抚大使;封庶弟赵昺为广王,判泉州,兼判南外宗正事。还派杨镇、陆秀夫等连夜从陆路护送二王逃至温州,以留赵宋之根苗①。

正月十七日,伯颜派忒木台、忙古歹等八人率甲士三百欲入宋宫,搜取传国玉玺。谢太后请求解下兵器,在内殿接见了他们,约定次日奉宝乞降。

十八日,宋帝赵㬎和太皇太后谢氏派遣临安知府贾余庆、保康军承宣使赵尹甫、和州防御使赵吉甫奉传国玉玺及降表诣皋亭山军前,伯颜接受下来。降表曰:

> 大宋国主㬎,谨百拜奉表于大元仁明神武皇帝陛下,臣昨尝遣侍郎柳岳、正言洪雷震捧表驰诣阙庭,敬伸卑悃,伏计已彻圣听。臣眇焉幼冲,遭家多难,权奸似道,背盟误国,臣不及知,至勤兴师问罪,宗社阽危,生灵可念。臣与太皇日夕忧惧,非不欲迁辟以求两全,实以百万生民之命寄臣一身,今天命有归,臣将焉往。惟是世传之镇宝,不敢爱惜,谨奉太皇命戒,痛自贬损,削帝号,以两浙、福建、江东西、湖南北、二广、四川见在州郡,谨悉奉上圣朝,为宗社生灵祈哀请命。欲望圣慈垂哀,祖母太后耄及,卧病数载,臣茕茕在疚,情有足矜,不忍臣祖宗三百年宗社遽至殄绝,曲赐裁处,特与存全,大元皇帝再生之德,则赵氏子孙世世有赖,不敢弭忘。臣无任敢天望圣,激切屏营之至。

---

① 《增订湖山类稿》卷一《北师驻皋亭山》;《宋史》卷四十七《瀛国公传》。

据说,正月十八日奉出的降表中,宋主仍称侄称帝号,不肯称臣,伯颜当然不满意。四天后,伯颜特派程鹏飞、洪君祥及行省郎中孟祺同来使贾余庆返回临安,敦促宋宰相修改上述称谓。直至半夜三更,宋宰相仍未议定。孟祺正色催促道:"国势至此,夫复何待!"宋宰相只好依照伯颜的意思予以修改。最后,又由太皇太后谢氏内批用宝。汪元量诗曰:

> 乱点连声杀六更,荧荧庭燎待天明。
>
> 侍臣已写归降表,臣妾签名谢道清。

这里的谢道清,就是太皇太后谢氏的名讳。此时南宋由谢太后临朝称制,故修改后的降表也须她签名用宝。由于修改后的降表中宋帝已俯首称臣,谢太后的签名就只能是臣妾谢道清了。

宋主所献的传国玉玺十二枚,也根据孟祺的建议,未让任何人经手拆封,由千户囊家带、行省掾王祐直接送往元廷①。

二月五日,宋主赵㬎亲自率领文武百僚到祥曦殿,面北望阙,上表拜伏,乞为藩服。

> 计穷但觉归降易,事定方知进退难。
>
> 献宅乞为祈请使,酣歌食肉愧田单。②

---

① 《元史》卷九《世祖纪六》,卷一百六十《孟祺传》;《增订湖山类稿》卷一《醉歌》,中华书局1984年。
② 《元史》卷一百二十二《唵木海传》;《增订湖山类稿》卷一《佚题》,中华书局1984年。

谢太后还任命大臣吴坚、贾余庆、谢堂、家铉翁等为祈请使,赴京师请求忽必烈能在投降后保留宋朝的国号和宗社。

三月,遵照囊家带南返传达的忽必烈密旨,宋主赵㬎和皇太后全氏及其他宫人,被押送北上,赴上都朝觐。太皇太后谢氏因病暂留临安,五月初,也被强命赴大都。

与此同时,南宋的祭器、乐器、秘书省图书、衮冕、圭璧、车辂、辇乘、卤簿、仪卫、宗正谱牒、天文地理图册及大量财宝,均被伯颜派人登记造册,集中收缴,运往大都。

降表、玉玺奉上和宋主北觐,意味着享国三百年的宋王朝至此被忽必烈所灭亡,"南北共为一家"的梦想,终于成为真实①。

谢太后还被迫颁布手诏,命令江南州郡"一体归附",又强行遣散文天祥原先招募的二万余义军,令其各归乡里。

伯颜还在临安举行了元军的入城仪式,建大将旗鼓仪仗,率领左、右翼万户,巡行临安城。

又命令阿剌罕、阎里帖木儿、晏彻儿等诸将分兵镇守西湖、钱塘、湖州市等处。对临安附近的湖州、建德、婺州、衢州、盐官、德清等城池的军事屯戍,也作了"犬牙相御"的部署。

南宋在临安的军队被遣散,诸色官府被废罢撤消,取而代之的是,伯颜承制设立的两浙大都督府和浙东西宣慰司②。

至元十五年(1278 年),临安府又正式易名为杭州路,昔日南

---

① 《元史》卷九《世祖纪六》,卷一百二十七《伯颜传》,卷一百六十《孟祺传》。

② 刘敏中《平宋录》卷中;《元史》卷九《世祖纪六》,卷一百二十七《伯颜传》;《元文类》卷二十四《丞相淮安忠武王碑》。

宋的临时都城终于被降为元帝国的东南一路府了。

对业已降附的临安吏民，忽必烈表示了很大的宽厚优容。至元十三年（1276年）二月十二日颁布的安抚临安新附府州司县官吏士民军卒人等的诏谕，明确说：

> 尔等各守职业，其勿妄生疑畏。凡归附前犯罪，悉从原免；公私逋欠，不得征理。应抗拒王师及逃亡啸聚者，并赦其罪。百官有司，诸王邸第，三学、寺、监、秘省、史馆及禁卫诸司，各宜安居。

元军统帅伯颜执行忽必烈的"奉扬宽大，抚戢吏民"政策，不遗余力。南宋决定投降后，为防止诸将利于掳掠，争趋临安，伯颜下令禁止军士暴力掳掠和进入临安城中，违者以军法从事。又派遣吕文焕持黄榜向临安城内外军民宣谕，让他们如同昔日一样安定无事。一度发生的宋三衙卫士白昼杀人，张世杰部曲横行闾里，小民乘乱抢掠等，也被迅速平息。还严禁侵扰损坏宋氏山陵墓地。

宋人汪元量诗曰：

> 伯颜丞相吕将军，收了江南不杀人。
> 昨日太皇请茶饭，满朝朱紫尽降臣。
> ……
> 衣冠不改只如先，关会通行满市廛。
> 北客南人成买卖，京师依旧使铜钱。

伯颜在给忽必烈贺表中也说:"九衢之市肆不移,一代之繁华如故。"①这大抵是临安当时鸡犬不惊,四民晏然,街市如故的写实。

忽必烈还对使用南宋降附官僚就便管理江南农耕区域,持有非常积极的认识。至元十二年(1275年)五月,忽必烈对刚刚归降的原南宋湖北制置副使高达说:

> 昔我国家出征,所获城邑,即委而去之,未尝置兵戍守,以此连年征伐不息。夫争国家者,取其土地人民而已,虽得其地而无民,其谁与居?今欲保守新附城壁,使百姓安业力农,蒙古人未之知也。尔熟知其事,宜加勉旃。湖南州郡皆汝旧部曲,未归附者何以招怀,生民何以安业,听汝为之。②

忽必烈以总结蒙古征服以来治理农耕地区的经验教训为切入点,谈到江南百姓安业力农和新征服州郡的保守巩固,谈到进一步招降怀柔未归附者,并且把这些任务主要委付给南人官僚办理。如果说忽必烈不嗜杀人和尽力谕降安抚的政策,在灭亡南宋的过程中,取得了减少进军阻力和战争破坏的积极效果。那么,委付南人官僚就便管理,以"安业力农",又是对不嗜杀人和尽力谕降安抚政策的有意义的新发展,而且是更高层次的发展。

---

① 《元史》卷九《世祖纪六》,卷一百二十七《伯颜传》;《增订湖山类稿》卷一《醉歌》,中华书局1984年。
② 《元史》卷八《世祖纪五》。

第五节 麾兵闽广

一、追剿益、广二王

占领临安和宋主投降,虽然意味着享国三百年宋王朝的寿终正寝,但原南宋境内的福建、两广、及川蜀、两淮的部分地区,当时尚未攻克。特别是益王、广王在福州建立"行朝"逃亡政权后,未征服地区的军事抵抗转而变得十分顽强,许多已归附城邑又降而复叛。忽必烈麾兵闽广和最终统一全国的任务,就显得十分迫切而艰巨。

益王赵昰、广王赵昺自嘉会门逃出临安,渡钱塘江,先抵婺州。伯颜派范文虎领兵追击,二王藏入山中七日,又逃往温州。宋大臣陆秀夫、陈宜中、张世杰等随后赶到。

他们奉益王赵昰为天下兵马都元帅,赵昺为副元帅,正式举兵抗元。继而,又拒绝谢太后所遣二宦官的招降,辗转进入福建。

至元十三年(1276年)五月一日,陈宜中、陆秀夫等在福州拥立赵昰为新帝,改元景炎,是为端宗。又册立赵昰生母杨淑妃为太后,一同听政。

十一月元军攻入福建以后,赵昰及陆秀夫、陈宜中、张世杰等逃亡海上,欲入泉州,却被闽广招抚使、胡商蒲寿庚所阻。不久,蒲寿庚杀泉州城内宋南外宗子数万而降元。赵昰行朝被迫退出福建,逃往广东。

至元十五年(1278年)四月,赵昰病死于碙洲,赵昺继为宋主。

赵昰、赵昺"行朝"政权及其在闽广的复辟,使原先对赵宋王朝丧失信心的众多江南吏民,重新燃起了希望。元军兵锋所至,州郡望风归降的势头,迅速停顿下来。死守城池,以身殉宋的,比以前大大增多。

宋主赵㬎降元后,汀州、建宁府守官原先欲随黄万石降元,闻赵昰入闽,立即改而闭门拒黄,归于"行朝"政权麾下①。

焚诏杀使,长期坚守扬州的李庭芝和姜才,得悉福州政权建立,又被赵昰委任为左丞相和保康军承宣使,感慨万千。于是,二人亲率七千军队泛海南下,准备效力于"行朝"政权。七月,二人在泰州兵败被俘,不屈而死②。

十一月,阿里海牙率三万大军进逼广西要塞静江城下,录忽必烈招谕诏书遣人送去,宋广右经略使马塈同样焚诏斩使,死守三月,城破被杀,静江亦遭屠城之祸③。

姚枢说:"伯颜济江,兵不踰时,西起蜀川,东薄海隅,降城三十,户踰百万……然自夏徂秋,一城不降"。姚枢认为是元军将士"利财剽杀"所致④。

应该补充的是,"自夏徂秋",恰恰是五月一日益王赵昰立为新帝以后。所以,这段时间江南"一城不降",实际上背后也有赵昰行朝政权在闽广复辟的政治影响和作用。

至元十五年(1278年)六月,江东宣慰使张弘范朝觐时向忽必烈进奏:"宋主既降,而其将张世杰奉其庶兄益王昰与弟广王昺南奔。既立昰于闽而卒,又立昺于海上,宜致讨焉"。

---

① 《宋史》卷四十七《二王纪》。
② 《宋史》卷四百二十一《李庭芝传》,卷四百五十一《姜才传》。
③ 《宋史》卷四百五十一《马塈传》;《元朝名臣事略》卷二《丞相楚国武定公》。
④ 《元朝名臣事略》卷八《左丞姚文献公》。

忽必烈看到,北边叛王对和林一带的侵扰,此时已得到一定的遏止,剿灭广东二王逃亡政权,彻底解决江南问题,再也不能拖下去。于是,任命张弘范为蒙古汉军都元帅,负责对广东二王的用兵。

张弘范是汉世侯张柔之子,曾参与襄阳、丁家洲、焦山等战役,水陆作战皆长,军功显赫,赐号拔都(蒙古语勇士),还被特许重新统领其父旧军亳州万户。忽必烈选他为主将,是独具慧眼的。

上述决定作出后,忽必烈断然拒绝了参知政事蒙古带有关颁诏书招降赵昺及张世杰的请求,迅速调集蒙古军千人和扬州"水陆之师二万",交付张弘范。

离京陛辞时,张弘范又上奏说:"国朝制度,无汉人典蒙古军者。臣汉人,恐乖节度,猝难成功,愿得亲信蒙古大臣与俱。"忽必烈回答:"尔忆而父与察罕之事乎?其破安丰也,汝父欲留兵守之,察罕不肯,师既南,而城复为宋有,进退几失据,汝父至不胜其悔恨也。由委任不专,今岂可使汝复有汝父之悔乎?尚能以汝父宣力国家之心为心,则予汝嘉。今付汝大事,勖之哉!"

忽必烈还要赏赐张锦衣和玉带,张弘范推辞不受,却请求改赐宝剑甲胄。忽必烈拿出尚方宝剑和名甲,由他挑选。又对他说:"剑,汝副也,有不用命者,以此处之。"

张弘范举荐已在江西南部作战的行省参政李恒为副都元帅,又命弟张弘正为先锋。然后分道南征,张弘范由海道出漳州、潮州,李恒率步骑出梅岭。又命令江西行省右丞塔出专门负责后方军需供应①。

———————————

① 《元朝名臣事略》卷六《元帅张献武王》;《元史》卷一百三十五《塔出传》。

也是在当年六月,赵昺行朝失掉了雷州的地盘,被迫撤离碙洲,迁至广东新会县境内的崖山。

二、崖山大战

崖山乃海中之山,位于珠江出海口处,与崖西汤瓶山对峙如门,山北水浅,潮水早午落涨,守军可利用潮汐,或乘潮而战,或顺潮而退。张世杰看到崖山之形胜,于是,大造行宫,聚船只,治兵器,集中军民二十万,作为"行朝"的最后堡垒和据点。

闰十一月,李恒击败宋广州守将凌震,夺船三百艘,擒其将吏宋迈等二百人,重新占领广州。

十二月,张弘范在广东海丰五岭坡围剿文天祥为首的行督府,并将文天祥俘获①。

这样就清除了赵昺崖山"行朝"的外围军事支持。

至元十六年(1279年)正月,张弘范在甲子门从捕获的宋斥侯刘青、顾凯口中得悉赵昺行朝驻于崖山的消息,立即组织对崖山的军事包围。

张弘范率主力由崖山东转而南入大洋,控制崖门以南,李恒以两艘战舰镇守北面。

当时,宋元双方的战舰军力对比,元军并不占太多的优势。宋军环列战舰千余艘,下碇海中,贯以大索,四周起楼棚如城堞,还采取以泥涂舰身,悬水桶无数的办法对付火攻。战舰之外,另有千余艘小黑船,急驰游击,因此,元军起初的进攻并没有取得良好的成效。

---

① 《元朝名臣事略》卷六《元帅张献武王》;《牧庵集》卷十二《中书左丞李公家庙》;《宋史》卷四百一十八《文天祥传》。

张弘范曾经派张世杰的外甥韩某三次前往招降,都遭到拒绝。后来,张弘范从降人口中得悉:宋军精锐仅张世杰麾下淮兵1500人,余皆民兵。于是决定采取积极攻势,与宋军决战。

张弘范先命令骑兵切断宋军的汲水来源,焚烧了崖山西赵昺宫室。由于缺乏淡水,宋军的处境日益窘迫。

二月六日清晨,元军总攻开始。

战前,诸将提议用火炮轰击。张弘范主张:使用炮攻,敌军必定浮海散去,我军分散追击并不有利。不如与敌船相直对攻,聚留而全歼之。

如此决策后,元军分为四部,从东、南、北三面进攻,张弘范亲自率领一军。早上退潮,海水南泻,李恒乘势率军自北面顺流冲击,突入其阵,各殊死斗。中午涨潮,海水北流,北军顺潮而退。张弘范率南军乘潮大举进攻。

因宋军舰船巨大,难以就近攀登,张弘范构筑高楼于船尾,外蒙布障四匝,让兵士负盾而伏,奏起音乐。还下令:"闻吾乐作乃战,违令者斩"。宋军开始听到音乐,以为元军宴乐,有些懈怠。而后,觉得有诈,才大量向元军射箭。元军兵士负盾而伏,毫无动静。接近敌船,鸣锣撤障,元军弓弩火器一齐发射。顷刻,夺得宋军巨舰一艘,攻破舰船七艘。诸将殊死混战,声震天海,宋军大溃。

陆秀夫见大势已去,先沉妻儿于海中,又抱赵昺赴海死。

杨太后闻赵昺已死,抚膺大恸,悲切地说:"我忍死艰关至此者,正为赵氏一块肉尔,今无望矣"。言罢,亦赴海死。宋军将士死于焚烧水溺十余万人。被缴获海舰八百余艘,赵昺的符玺印章亦为元军所得。

张世杰突围南奔交趾,遇飓风船毁溺死。至此,岭海皆平,南宋残军余孽荡然无存。

张弘范还在崖山之阳,摩崖镌石以纪此役之功,然后,凯旋北归①。

几乎和张弘范摩崖纪功同时,文天祥曾赋诗述及这场令宋人充满悲愤和失望的最后战役:

> 南人志欲扶昆仑,北人志欲黄河吞。
>
> 一朝天昏风雨恶,炮火雷飞箭星落。
>
> 谁雌谁雄胜负分,流尸漂血洋水浑。
>
> 昨朝南船满崖海,今朝只有北船在。
>
> 昨夜两边桴鼓鸣,今朝船船鼾睡声。
>
> 北兵去家八千里,椎牛釃酒人人喜。
>
> 唯有孤臣雨泪垂,冥冥不敢向人啼。
>
> 六龙杳霭知何处,大海茫茫隔烟雾。②

关于伯颜奉命渡江灭宋和崖山大战,北方思想家刘因《白雁行》诗曰:

> 北风初起易水寒,北风再起吹江干。
>
> 北风三吹白雁来,寒气直逼朱崖山。
>
> 乾坤噫气三百年,一风扫地无留残。

---

① 《元文类》卷四十一《经世大典序录·政典·征伐》;《元朝名臣事略》卷六《元帅张献武王》;《宋史》卷四十七《二王纪》;《郑思肖集》第 173 页,上海古籍出版社 1991 年。

② 《文山集》卷十九《指南后录·二月六日诗》。

万里江湖想潇洒,伫看春水雁再来。①

刘因把蒙古喻作"北风",把元军统帅伯颜就其谐音称为"白雁",诗句中对元军扫平江南,混一南北,以及崖山大战全歼南宋余孽残军,明显持春风得意、江湖潇洒之类的喜悦心情。这和南人前述的忧愁和绝望,形成鲜明的对照。

崖山之战,是宋元战争的最后一役。它彻底歼灭了二王逃亡政权及其所属的军事力量,平定了南宋残余势力所控制的闽广地区。在此前后,重庆、泸州、合州等川蜀最后一批宋军守城相继被占领。忽必烈所期待的混一南北,终于得以圆满实现。

"皇天不遗一块肉,一瓣香闻海舟覆"。

崖山战败,意味着宋祚彻底灭绝,即使在南人看来,天下正统也是非元朝莫属了②。

对南宋顽强抵抗蒙古铁骑四十年而覆亡于一旦,忽必烈当然十分欣喜。因为这毕竟是自灭大理以后忽必烈本人成就的一项巨大军事征服功业。军事征服功业和每位大汗的威望或资格,紧密联系在一起,几乎成为成吉思汗继承者们的不成文规则。在这一点上,忽必烈超过了死于钓鱼城下而仅得川蜀之半的汗兄蒙哥。

第六节　三宫衔璧燕山去

一、幼主新封瀛国公

至元十三年(1276 年)三月十二日,对南宋朝廷和幼帝赵㬎,

---

① 《静修集》卷十四。
② 《玉笥集》卷二《崖山行》;《申斋集》卷十五《书崖山碑后》。

都是一个悲凉的日子。赵㬎及太后大臣将要踏上与昔日徽宗、钦宗类似的亡国被掳北上的路程。

这一天，伯颜丞相的副手阿塔海、阿剌罕、董文炳等持忽必烈诏书进入宋帝宫廷，敦促赵㬎同全太后北上入觐。

诏书由行省郎中孟祺宣读，当读到"免系颈牵羊"语时，全太后哭泣着对宋主赵㬎说："荷天子圣慈活汝，当望阙拜谢"。赵㬎依照全太后语向北跪拜。

然后，母子乘肩舆出宫，连夜出城上船。次日，在元军的监护下，赵㬎和全太后等沿运河北上，陆路换乘的官车多达九十三辆。

随从北上的还有，隆国夫人黄氏及宫人数百人，福王赵与芮、沂王赵乃猷和谢太后侄谢堂、驸马杨镇以下的官属数千人。此外，宋太学上舍、内舍、外舍诸生数百也被强制赴京①。

有人曾向元将进言："福王赵与芮，理宗亲弟，度宗本生父，福王家多子侄，大宋根本犹在"。结果，福王及其子侄全部被迫北上②。太皇太后谢氏则因病暂留临安，八月亦被送至大都③。

据说，途中宋幼主赵㬎请求会见伯颜。伯颜明确拒绝，理由是：尚未入朝，无相见之礼。

汪元量曾赋诗述南宋君臣被掳北上的凄惨景象：

> 谢了天恩出国门，驾前喝道上将军。
>
> 白旄黄钺分行立，一点猩红是幼君。
>
> ……

---

① 《元史》卷九《世祖纪六》;《元朝名臣事略》卷二《丞相淮安忠武王》。

② 《郑思肖集》《大义叙略》，第 167 页，上海古籍出版社 1991 年。

③ 《宋史》卷二百四十三《后妃下·理宗谢皇后》。

三宫锦帆张,粉阵吹鸾笙。

遗氓拜路旁,号哭皆失声。①

忽必烈召伯颜偕同赵㬎君臣北上入朝的命令,早在二月已经下达。因扬州等城仍由宋将李庭芝和姜才占领,且拒绝谢太后及赵㬎的谕降之诏,北上途中淮南一带的安全很成问题。为此,伯颜先期两日从临安启程,部署沿途的警戒。

果然不出所料。当赵㬎和全太后抵达瓜州(今江苏扬州市南)时,再次送去一份谢太后诏书劝李庭芝投降,诏书曰:"比诏卿纳款,日久未报,岂未悉吾意,尚欲固围邪?今吾和嗣君既已臣伏,卿尚为谁守之?"李庭芝和姜才不仅不听第二次劝降诏书,还和将士哭泣发誓,欲拼死夺回两宫,随即以四万军队夜攻瓜州。

由于元军早有防备,事先已将赵㬎和全太后送走,才未成功②。

汪元量:"丞相催人急放舟,舟中儿女泪交流。淮南渐远波声小,犹见扬州望火楼"的诗句③,或许就是描述南宋君臣急匆匆离瓜州北上的情形。

闰三月二十四日,全太后、赵㬎等在伯颜的监护下到达大都。

伯颜入城之日,打起了写有"天下太平"四字的大旗。元廷还派出"绯绿妓乐,神鬼清乐,戴珠翠,衣销金,乘马旌队,铞刀金鼓"等,予以迎接。

已在大都的宋祈请使吴坚、家铉翁等出城门五里迎谒。家铉翁等流涕伏地,顿首以谢奉使无成效,不能感动忽必烈皇帝,无以

---

① 《增订湖山类稿》卷二《湖州歌九十八首》,《北征》。
② 《宋史》卷四百二十一《李庭芝传》,卷四百五十一《姜才传》。
③ 《增订湖山类稿》卷二《湖州歌九十八首》。

保存其国家社稷①。

四月二十八日，全太后、赵㬎一行抵达上都，等候忽必烈接见。

五月初一，亦即益王赵昰在福州被立为新帝的同一日，全太后、赵㬎等按照元枢密院的事先通知，随同伯颜等朝廷大臣出城祭祀太庙，向祖宗和天地神祇报告平定南宋、混一南北的喜讯。清晨，出上都城西门外五里，全太后、赵㬎、福王、隆国夫人等在前，吴坚、谢堂、家铉翁等在后。赵㬎面对象征黄金家族太庙的紫锦罘思（城角之屏），向北两拜。全太后及其他女性则各自长跪。福王和吴坚、谢堂等宰执又依照南宋祭太庙的仪式，跪拜行礼。

五月初二拂晓，全太后、赵㬎、福王、隆国夫人等前往朝见忽必烈。

吴坚、谢堂等宰执及属官事先铺设金银玉帛一百余桌于上都宫殿前，以为全太后、赵㬎的觐见进贡礼物。

忽必烈御大安阁接受他们的朝觐。大安阁是上都皇宫中举行重大典礼的正殿。忽必烈和察必皇后并坐在大殿的宝座上，诸王列坐于两侧。

朝觐之前，忽必烈曾降旨：“不要改变服色，只依宋朝甚好”。全太后、赵㬎等遵旨而行，各着宋朝的朝服冠冕，福王和诸宰执腰金服紫，属官依品阶服绯绿，各依次序站立，分班向忽必烈皇帝及皇后行朝拜大礼。整个仪式庄严肃穆。由于未改变服色冠冕，赵㬎君臣也似乎好受些、自然些。但身着南宋冠服的全太后、赵㬎等向忽必烈行朝拜大礼，更能显示大元皇帝君临华夏和南宋覆亡的全部涵义。

---

① 《钱塘遗事》卷九《祈请使行程记》；《宋史》卷四百二十一《家铉翁传》。

忽必烈龙颜大悦,当即封授赵㬎开府仪同三司、检校大司徒、瀛国公,福王被封为平原郡公。后来抵达京师的太皇太后谢氏也被封为寿春郡夫人。

忽必烈又封赏平宋功臣,伯颜被授予同知枢密院事,赐银鼠青鼠只孙服二十袭,增封陵州、藤州食户至六千。伯颜谦让说:"奉陛下成算,阿术效力,臣何功之有"。听到这番话语,忽必烈当然感到十分惬意。随后,阿术、阿里海牙等也都加官晋爵,获得许多赏赐。

朝觐结束,忽必烈大设御宴,招待全太后、赵㬎、福王等①。

而后,忽必烈以御宴款待谢太后、全太后、赵㬎等,据说有十多次。汪元量诗曰:

> 皇帝初开第一筵,天颜问劳思绵绵。
> 大元皇后同茶饭,宴罢归来月满天。
> 第二筵开入九重,君王把酒劝三宫。
> 驼峰割罢行酥酪,又进雕盘嫩韭葱。
> 第三筵开在蓬莱,丞相行杯不放杯。
> 割马烧羊熬解粥,三宫宴罢谢恩过。
> 第四排筵在广寒,葡萄酒酽色如丹。
> 并刀细割天鸡肉,宴罢归来月满鞍。
> 第五华筵正大官,辘轳引酒吸长虹。
> 金盘堆起胡羊肉,乐指三千响碧空。

---

① 《钱塘遗事》卷九《祈请使行程记》;《元史》卷九《世祖纪六》;卷一百二十七《伯颜传》。

第六筵开在禁庭,蒸麋烧鹿荐杯行。

三宫满饮天颜喜,月下笙歌入旧城。

第七筵排极整齐,三宫游处软舆提。

杏浆新沃烧熊肉,更进鹌鹑野雉鸡。

第八筵开在北亭,三宫丰筵已恩荣。

诸行百戏但呈艺,乐局伶官叫点名。

第九筵开尽帝妃,三宫端坐受金卮。

须臾殿上都酣醉,拍手高歌舞雁儿。

第十琼筵敞禁庭,两厢丞相把壶瓶,

君王自劝三宫酒,更送天香近玉屏。

此外还有皇太子东宫赐宴,皇帝赐酒、赐熊掌,皇后亲自探视等。谢太后、全太后和赵㬎的衣食住行日用,也得到了非常优厚的待遇:

每月支粮万石钧,日支羊肉六千斤。

御厨请给蒲桃酒,别赐天鹅与野麋。

三宫寝室异香飘,貂鼠毡帘锦绣标。

花毯褥裀三万件,织金凤被八千条。

……

雪里天家赐炕羊,两壶九酝紫霞觞。

三宫夜给千条烛,更赐高丽黑玉香。①

─────────

① 《增订湖山类稿》卷二《湖州歌九十八首》。

263

大元皇后察必对瀛国公和谢太后、全太后,还予以了深切的怜悯与同情。

据说,在赵㬎朝见于上都时举行的御宴上,与会者甚是喜庆欢乐,惟独察必皇后郁郁寡欢。忽必烈觉得纳闷,问道:"我今平江南,自此不用兵甲,众人皆喜,尔独不乐,何耶?"察必跪而奏言:"妾闻自古无千岁之国,毋使吾子孙及此则幸矣"。察必在同情弱宋的同时,又引发出对蒙元子孙的担忧,可谓未雨绸缪。

按照惯例,忽必烈将南宋府库储集的诸多珍宝器物聚置于上都殿庭之上,召察必前往观看,并让她任情选取。察必看完后即离去,还说:"宋人贮蓄以遗其子孙,子孙不能守,而归于我,我何忍取一物耶!"

全太后至京师后,不习惯北方的水土。察必皇后得知,连续三次奏请放全太后回江南。忽必烈一直没有允许,为此他责备道:"尔妇人家无远虑,若使之南还,或浮言一动,即废其家,非所以爱之也。苟能爱之,时加存恤,使之便安可也"。

察必皇后放还全太后的意见,是从照顾其生活习惯的仁慈心意出发的。忽必烈拒绝放还的安排,主要是和江南地区的政治局势相联系的考虑。因为全太后毕竟不是普通的孺人命妇,她是刚刚覆亡的南宋国母。从当时的政治局势看,放归江南,对全太后个人安危,弊多利少。忽必烈的安排还算合情合理。察必听从忽必烈的旨意,不再提起放还之事,更留意厚待瀛国公、全太后了①。

清人赵翼说,元世祖待亡宋太后幼帝甚为优待。比起金朝强徙徽宗、钦宗及宗室三千余人于上京,仅赐田十五顷,令耕种自食,

---

① 《元史》卷一百一十四《后妃一》。

264

后又杀赵宋男子一百三十余口等情节,的确是厚薄不同,相去甚远①。这在至元十九年(1282年)以前是无可争辩的事实。

至元十九年以后,情况急转而下。引起事态急剧变化的直接原因是:当年十二月中山府部分汉人欲入大都制造劫持赵㬎及文天祥的暴乱。

据说,事变发生前,一位福建僧人预言:土星犯帝坐,可能会有变乱。某些记载又云,一名南人曾图谋行刺忽必烈,临时胆怯战栗而失败。

不久,真定路中山府有人拥兵千人,欲入大都营救赵㬎和文天祥。大都城内也发现匿名文书,声称某日焚烧蓑城苇草②,率领两翼兵入城为乱,文丞相可以无忧。

这年夏季刚刚在大都发生过王著杀左丞相阿合马的暴动。所以,忽必烈和中书省闻讯甚为恐慌,一度召来全太后、赵㬎及文天祥查问虚实。全太后和赵㬎矢口否认与此事的牵连,但文天祥却痛快地承认自己是预谋者,还对身着胡服的瀛国公赵㬎"大恸而拜"。

这一切不能不让忽必烈感到恼怒和忧虑,转而对瀛国公赵㬎和北上宋宗室采取防范和迁徙政策。

而且,对南宋皇后及赵㬎心存怜悯的察必皇后,已于一年前去世,忽必烈身旁已经没有替瀛国公求情的人物。

十二月,中书省奏言:"平原郡公赵与芮、瀛国公赵㬎、翰林直学士赵与熏,宜并居上都"。忽必烈以赵与芮年迈为理由,只批准瀛国公赵㬎迁徙上都,且颁发衣粮,即日发遣。书写匿名文书的薛

---

① 《廿二史劄记》卷三十《金元待宋后厚薄不同》。

② 大都城墙始终未砌砖石,而是用苇草覆盖其上,以防雨水冲刷。

保住,则以"妄效东方朔书,欺罔朝廷,希觊官赏"的罪名被杀①。

瀛国公赵㬎被强制离开汉人聚居和生活条件较好的大都,迁徙至草原地带的上都,明显寓有加强控制和预防汉人、南人劫夺为乱的用意。

从此,瀛国公赵㬎的命运开始恶化。"冷霰撒行车,呻吟独搔头","母子鼻辛酸,依依自相守"②,就是瀛国公在上都六七年凄凉情景的写实。

久居上都的赵㬎,开始学佛修行,皈依三宝。忽必烈大喜,立即命令他削发为僧。

至元二十五年(1288年)十月,忽必烈又下令将"毳衣圆顶"的瀛国公赵㬎送往吐蕃萨斯迦寺,"讨究大乘,明即佛理"。临行,仅赐中统钞百锭③。

瀛国公赵㬎被越送越远,这次被送到汉人、南人罕至的吐蕃腹地,由帝师所在的萨迦派僧人监视控制。这样做,既可以妥善防止南宋遗民救主复国,又不失元廷优待降人的宽厚美德。

"木老西天去,裂裟说梵文。"

赵㬎到达吐蕃后,居然潜心钻研佛法,学会了吐蕃文字,翻译了《因明入正论》、《百法明门论》等佛教典籍。后来还当上了萨斯迦寺内主持讲经的木波讲师,吐蕃人敬称之为"蛮子合尊"。"蛮子"是吐蕃人袭用蒙古人对宋人的称谓,"合尊"则是他们对王室

---

① 《宋史》卷四百一十八《文天祥传》;《元史》卷十二《世祖纪九》;《郑思肖集》第127页,上海古籍出版社1991年。
② 《增订湖山类稿》卷三《开平》。
③ 《佛祖历代通载》第三十五,第412页,江苏广陵古籍刻印社1993年;《元史》卷十五《世祖纪十二》。

266

子孙弃位出家者的尊称。

至治三年(1323年)四月,英宗硕德八剌怀疑赵㬎卷入了吐蕃一带的反叛,下令将他处死。藏文史料还以赵㬎被杀时流出的不是血而是奶汁的记载,披露他的冤枉①。

南宋王朝的末代皇帝就这样凄惨地结束了他的生命历程。

在瀛国公赵㬎徙居吐蕃之前,忽必烈还支持和纵容江淮释教都总统杨琏真加挖掘毁坏南宋诸帝陵墓。

挖掘破坏南宋陵墓,主要发生在至元二十一年(1284年)和二十二年(1285年)。

至元二十二年八月,绍兴路会稽县泰宁寺僧人宗允、宗剀,因盗斫宋陵树木与守陵人争讼。二僧遂以宋陵多藏金玉异宝为词,诱说江淮释教都总统、八思巴弟子杨琏真加。

于是,杨琏真加罗织杨侍郎等侵占寺田的罪名,发给官府文书,率领吐蕃僧人及所属工匠民夫,先挖掘宁宗、理宗、度宗、杨后四陵,割破棺椁,劫取宝货无数。尤其是理宗陵所藏宝器最多,受到的破坏最烈。本来,理宗尸体保存完好如生,为夺得口含夜明珠,理宗尸体被掘墓者倒悬在树上,沥取水银,长达三日。理宗的头颅也被吐蕃僧人盗割而去,以为厌胜之物。

十一月,杨琏真加等又继续挖掘徽宗、钦宗、高宗、孝宗、光宗四帝及孟后、郑后、吴后、谢后等陵墓,尽取宝货,断残肢体,毁弃骸骨于草莽间。

而后,杨琏真加又下令将宋帝后遗骨杂置牛马枯骨中,其上筑

---

① 《增订湖山类稿》卷三《瀛国公赴西域为僧号木波讲师》;《汉藏史集》陈庆英译本,第158页,西藏人民出版社1986年;王尧《南宋少帝赵显遗事考辨》,《西藏研究》1981年创刊号。

一塔压之,特意名之为"镇南塔"。

以上挖掘宋陵,表面上是杨琏真加一手制造和操办的,其动机似乎偏重于劫取珠玉异宝。然而,杨琏真加的行径,多半经当时的总制院使桑哥上奏忽必烈,标榜以发掘宋陵墓金玉珠宝修建寺院,替皇帝、皇太子祈求福寿,而且得到朝廷默许或批准。

挖掘宋陵之后数月,忽必烈又应桑哥的奏请,命令遣送谢太后、全太后亲属谢仪孙、全允坚和赵宋宗室赵沂、赵太一北上入质①。

足见,杨琏真加挖掘宋陵实际上是在忽必烈的纵容支持下进行的。

对此,元末陶宗仪曾颇感困惑,他说:"至元丙子,天兵下江南。至乙酉,将十载,版图必已定,法制必已明,安得有此事?②"

忽必烈这样行事,似乎与他平素的弘才大略,显得有些反常,与他对亡宋君臣前述优抚政策也相违背。但从他极其迷信天命;从他虔诚皈依藏传佛教等背景看,又是不难理解的。

忽必烈或许已经相信杨琏真加、桑哥等"厌胜"、"镇南"之类的说法,无非是欲藉藏传佛教僧徒掘陵以建佛塔、佛寺之举,破坏赵宋的王气和龙脉,使之永远丧失复国的希望和能力。这和忽必烈的弘才大略及功利主义并不矛盾,只是手法上不够道德仁义。当然也意味着他优抚亡宋君臣政策的某种改变。或者可以说,这也和瀛国公西迁相联系,也是忽必烈防范压制亡宋君臣新政策的组成部分。

---

① 《元史》卷一三《世祖纪一〇》至元二十一年九月丙申、至元二十二年正月庚辰,卷一四《世祖纪一一》至元二十三年正月壬午。
② 《辍耕录》卷四《发宋陵寝》;《宋学士集》卷十《书穆陵遗骼》;《癸辛杂识》续集上《杨髡发陵》。

值得注意的是,忽必烈如此行事,还与他个人年迈及真金太子的健康有关。至元二十二年(1285年)之际,忽必烈已年届七十,春秋已高。他不能不为身后元帝国及继承者的前途多考虑一些。恰在这时,真金太子体弱多病,并于至元二十二年十二月病逝。而这一年,瀛国公赵㬎已经十三岁,一天天长大成人。从年龄上说,这位亡国之君赵㬎,的确对忽必烈父子构成了一定的潜在威胁。对一位年逾古稀而又即将失去嗣子的老皇帝来说,此时相信吐蕃喇嘛"厌胜"、"祈寿"的说教,对瀛国公赵㬎及亡宋势力转而采取防范压制政策,也是不难理解的。

时隔六年,桑哥被杀,根据忽必烈的"密旨",新任江淮行省左丞董士选,一度将杨琏真加"明正其辜,械之于市"①,但只是为平息江南吏民的愤懑,最终未见伤及杨的性命。

二、南国旧王母

太皇太后谢氏曾是宋朝廷覆亡前夕的最高决策者,也是主张投降元朝最坚决的人物。

当右丞相陈宜中唆使谢氏侄谢堂再三劝说谢太后拒降迁驾时,她竟责备道:"汝姓谢,宁管得赵家事?"又质问陈宜中:能否用大船将京师百姓一并载走? 当陈宜中反对以称臣投降为求和条件时,谢太后的回答是:"倘能为生灵计,此一字(臣)亦不惜。"

而后,谢太后屡次颁手诏命令江南州郡迅速归降元朝。诏书大意为:"今根本已拔,诸城虽欲拒守,民何辜焉? 诏书到日,其各

---

① 《吴文正公集》卷三十二《元荣禄大夫平章政事董忠宣公神道碑》。

归附,庶几生民免遭荼毒。"①诸如夏贵等相当多的南宋官员,就是听从她的诏令而俯首降元的。

还有一部分南宋官员对谢太后报以拒绝和讽刺。如李庭芝见到谢太后的谕降诏书,即斥责道:"奉诏守城,未闻有诏谕降也。"②

王逢《读谢太皇诏稿》诗曰:

> 半壁星河两鬓丝,月华长照素簾垂。
>
> 衣冠在野收亡命,烽火连营倒义旗。
>
> 天地画昏忧社稷,江淮春涨泣孤嫠。
>
> 十行哀诏无多字,落叶虚窗万古思。③

谢太后俯首降元,不遗余力,的确令南宋臣民寒心失望。在多数宋人心目中,太皇太后母仪天下的国母形象早已化为乌有了。

尽管如此,包括始终对元政权抱有敌意的南宋遗民郑思肖,也不得不肯定:"京师众大之区,不受鞑贼屠弑之苦",是受了谢太后拒迁主和的"至大之赐。"④

北上大都后,谢太后很快被忽必烈封为寿春郡夫人。

"谢后已叨新圣旨,谢家田土免输粮。"忽必烈还降圣旨特许,免除其家族土地所输税粮⑤。

---

① 《郑思肖集》第166页,上海古籍出版社1991年;《宋史》卷二四三《后妃下·理宗谢皇后》;《钱塘遗事》卷八《京城归附》。

② 《宋史》卷四二一《李庭芝传》。

③ 《梧溪集》卷一。

④ 《郑思肖集》第175页,上海古籍出版社1991年。

⑤ 《增订湖山类稿》卷二《湖州歌九十八首》。

谢太后在大都度过了整整七个年头。大辱迭至,含泪北狩,此时虽有悔恨之意,业已晚矣。她的七十岁寿辰也是在大都庆贺的。汪元量贺寿词曰:

> 一生富贵,
> 岂知今日有离愁。
> 锦帆风力难收。
> 望断燕山蓟水,
> 万里到幽州。
> 恨病余双眼,
> 冷泪交流。

这首词,喜庆稀少,伤感居多,与其说是庆贺,毋宁说是谢太后国亡被掳和由高贵跌入低贱的凄凉写照。

四年后,谢太后悄然病逝,元朝廷并没有予以什么特殊的赗赠礼葬,只有随同北上的原宋皇宫琴师汪元量等为她赋诗悼念①。

全太后北上初期同样受到诸多优待。

元朝廷容许她和瀛国公赵㬎长期拥有三百六十顷土地,充当赡养费用。这些土地的来源和最初占有时间,尚无确实的史料记载,或来自忽必烈赏赐,或来自他们自行购买。即使在他和瀛国公赵㬎出家以后,朝廷仍然根据宣政院的意见,依例免征这些土地的税粮②。

---

① 《增订湖山类稿》卷五《婆罗门引·四月八日谢太后庆七十》;卷三《太皇谢太后挽章》。

② 《元史》卷十六《世祖纪十三》至元二十八年十二月己巳,卷三十三《文宗纪二》天历二年九月乙卯。

全太后到正智寺出家为尼,大约与瀛国公赴萨斯迦寺学佛时间相近。不过,在全太后离临安北上时,她已有了出家的愿望。汪元量《全太后为尼》诗记述了这位昔日南宋国母遁入空门、诵经北地的情景:

> 南国旧王母,西方新世尊。
> 头颅归妙相,富贵悟空门。
> 传法优婆域,诵经孤独园。
> 夜阑清磬罢,趺坐雪花繁。[1]

忽必烈得悉全太后削发为尼,诵经修道,深加敬仰,下令官府负责对她的供养。至元末,全太后死于正智寺,忽必烈曾召集部分词臣作诗追悼。

此外,被掳北上的两名南宋宫女也随全太后祝发为尼,忽必烈特意召见,称二人为"三宝中人",命二人归山学佛修行,官府供送衣粮[2]。

三、纱帽蒙头笑楚囚[3]

福王赵与芮系宋理宗之弟,宋度宗生父,也是赵宋宗室中的长辈。

早在至元十三年(1276年)二月,赵与芮曾主动致信伯颜丞

---

① 《增订湖山类稿》卷三。
② 《历代佛祖通载》第三十五,第412页,江苏广陵古籍刻印社1993年;《西湖游览志》。
③ 《增订湖山类稿》卷三《登蓟门用家则堂韵》。

相,言辞非常恳切。伯颜答复道:"尔国既以归降,南北共为一家,王勿疑,宜速来,同预大事"。福王果然应邀到伯颜军中议事。他应是赵宋宗室中与元政权较早建立密切联系的高层人员。

而后,由于个别降臣向元军将帅密告,福王赵与芮家多子侄,系大宋根本所在,所以,福王及其子侄全部被掳北上。

"高下受官随品从","福王又拜平原郡"。福王赵与芮到大都后,很快受封平原郡公。他还以重宝普遍贿赂朝廷权贵,以求得到一定的关照。不久,其家产被元廷登录。忽必烈还特意命令:将福王赵与芮在杭州、绍兴的财产由官府运至大都,交付给他①。

在大都,福王赵与芮一度被允许与亲孙赵㬎见面,但"他乡相见泪空流",思乡怀祖之情切切,天伦之乐索然。

赵㬎迁居上都时,忽必烈念福王年迈,批准他依然留在大都,祖孙二人遂成生离死别。

福王赵与芮死于至元二十四年(1287年)二月以前,最后结局不过是"南冠流远路,北面幸全尸"。

忽必烈还命令其子赵孟桂承袭平原郡公的爵位②。

在南宋宗室中被召北上并受到忽必烈青睐的,当数赵与訔。

赵与訔早年以宋宗室子中进士,充鄂州教授。至元十一年(1274年)元军渡江,赵与訔率鄂州的赵宋宗室赴伯颜军门归降,

---

① 《元史》卷一百二十七《伯颜传》,卷九《世祖纪六》至元十四年正月甲寅;《元朝名臣事略》卷十四《左丞董忠献公》;《郑思肖集》第167页,上海古籍出版社1991年。

② 《增订湖山类稿》卷二《湖州歌九十八首》,卷三《平原郡公夜宴月下待瀛国公归寓府》,《平原郡公赵福王挽章》;《元史》卷十二《世祖纪九》至元十九年十二月;卷十四《世祖纪十一》至元二十四年二月戊午。

请求勿嗜杀并保全其宗属。

而后，伯颜朝见忽必烈时，忽必烈问起赵宋宗室孰贤，伯颜首推赵与訔。

至元十四年（1277年），元廷遣使召赵与訔北上。赵与訔深衣幅巾，见忽必烈于上都。谈起南宋败亡的原因，归罪于误用权奸之臣，语词激切，令人感动。忽必烈颇觉满意，立即授官翰林待制。

至元十九年（1282年）元廷强制赵㬎等徙居上都，赵与訔获得忽必烈特许，继续留在大都。

赵与訔本人忠于职事，直言谠论，无所顾惜，曾上书抨击江南科敛过急，赵宋坟丘暴露等弊。又指责权臣桑哥犹若入城之虎。桑哥失败后，平章政事不忽木上奏：赵与訔贫穷有操守，负债岁积。忽必烈马上说："得非指权臣为虎者邪？"随即下令官府酬还其逋负债务，又赏赐宝钞一万三千贯，每岁供给其妻子粟米布帛①。忽必烈对这位敢于直言的赵宋宗室，可谓印象甚佳，关怀备至。

贾余庆、吴坚、谢堂和家铉翁四人，并为先期或随三宫北上的宋廷重要大臣。他们北上后的结局，也多是悲剧性的。

右丞相兼枢密使贾余庆曾是谢太后和幼主赵㬎任命的首席祈请使。

祈请使的任务是奉表献玺纳土，同时又要乞求忽必烈存留宋朝的宗社。可惜祈请使使命难酬，抵达大都不久，全太后和赵㬎也

---

① 《元史》卷一百六十八《赵与訔传》；《清容居士集》卷二十八《翰林学士嘉议大夫知制诰赵公墓志铭》。

被迫北上,南宋宣告灭亡。贾余庆连忽必烈的面都未曾见着,就在大都身染重病,并于至元十三年(1276年)闰三月十四日客死幽燕。

贾余庆是北上宋廷大臣第一个死去的。在国破人亡的双重打击下,其他北上宋臣不免同病相怜,极度悲哀①。

左丞相吴坚也是先期北上的祈请使之一。

贾余庆死后,吴坚成了在大都的亡宋臣僚之首。无论是应召赴上都和受忽必烈赏赐,吴坚均位居前列。

在五月初二日的御宴上,忽必烈问吴坚:"汝老矣,如何为丞相领事?"吴坚回答:"自丞相陈宜中以下遁去,朝廷无人任职,无人肯做,故臣为相未久"。吴坚趁机以衰老请求忽必烈放他回归江南田里,却未获准。

据说吴坚离开临安前夕曾偕同贾余庆等臣僚向谢太后上奏乞封三代及妻孥,谢太后遂运用最后的权力,依奏请行事,满足了吴坚辈的要求。此事在临安赵宋朝野引起不小的非议,人们纷纷指责吴坚等"不救国难,尚慕虚名,报国之心安在?"②此时的吴坚,不知对数月前的"乞封",是感到羞愧,还是荣耀?

谢堂是谢太后的侄儿,至元十三年(1276年)二月,曾以枢密使充祈请使,奉谢太后之命赴大都请命。谢堂向元军将领行贿,一度得以返回临安。

三月,全太后和幼主赵㬎在伯颜的护送下离临安北上,谢堂此番无法逃脱,亦奉命随从,后一直留居幽燕③。

---

①　《钱塘遗事》卷九《祈请使行程记》。

②　《郑思肖集》第167页,上海古籍出版社1991年。

③　《钱塘遗事》卷九《祈请使行程记》;《元史》卷九《世祖纪六》。

家铉翁是以端明殿学士和签书枢密院事,充任南宋灭亡前夕的宰执。在诸多苟且偷安的宋大臣中,家铉翁算得上一位有骨气者。当左丞相吴坚、右丞相贾余庆欲以中书省札附于谢太后手诏后,檄告江南守令以城降元时,家铉翁拒不署字,还几乎被元将程鹏飞所绑缚。

不久,家铉翁也作为祈请使成员先期北上。抵达大都后,南宋灭亡的消息传来,家铉翁旦夕哭泣,数月不思饮食。元廷欲授其官爵,家铉翁义不二君,直言拒绝。又倾囊赎回被籍没的文天祥女弟。

而后,家铉翁在河间路开馆教授《春秋》。直到成宗即位,才赐号"处士",放还江南。成宗皇帝赏赐的金币,家铉翁也拒而不受①。

四、英风凛凛文天祥

在被掳北上的南宋臣僚中,最有气节而又被忽必烈器重的,当然是文天祥。

文天祥,江西吉州吉水人,二十岁中理宗朝进士第一名。伯颜率大军渡江前,文天祥官至赣州知州。

他悲壮生涯中最闪光的一段,实际上是和元世祖灭南宋联系在一起的。

至元十二年(1275年),谢太后颁布勤王诏书。文天祥立即招募义兵万人,入卫临安。

命运似乎总和他作对。此时,不仅响应勤王诏书提兵入卫京师的寥若晨星,临朝称制的谢太后也打算议和投降。

文天祥先被任命为知平江府,后应召以临安知府守临安,却一

---

① 《宋史》卷四二一《家铉翁传》;《钱塘遗事》卷九《祈请使行程记》。

直无仗可打，没有机会以武力抵御元军。

至元十三年（1276年）正月，谢太后执意投降，陈宜中、张世杰逃遁。文天祥反对投降无效，还被命令带右丞相兼枢密使衔赴临安城外皋亭山伯颜营中议和。文天祥词语慷慨激昂，"辨析夷夏，忠壮不屈"，拒不下跪，还大骂降将吕文焕："叛逆遗孽，当用春秋诛乱贼法"，"国家不幸至今日，汝为罪魁！"

伯颜颇佩服文天祥的气节精神，但仍然将他拘留下来，后又强制他与吴坚等祈请使一道北赴大都。

在押解北上途中，文天祥自镇江逃到高邮，然后泛海至温州。

益王赵昰被立为新帝（端宗）后，文天祥也被召至福州，委以右丞相兼知枢密院事，负责都督诸路军马。

至元十四年（1277年），文天祥率军自福建进入广南东路，又北上进入江西，收复会昌、兴国等县，围攻赣州。不久被元将李恒在空坑一带击败，主力溃散，文天祥逃往循州。

卫王赵昺继立后，文天祥坚持在潮州等地抗击元军，不幸在海丰以北的五坡岭被元军俘虏。

当被押解至都元帅张弘范面前，军士以刀戈强迫下跪，文天祥不肯屈服。张弘范同样佩服文天祥的气节，命令解开绳索，用客礼相待。

崖山大战前夕，张弘范让文天祥招降张世杰。文天祥书"人生自古谁无死，留取丹心照汗青"之诗句回应。张弘范看罢，只好无奈地笑笑，放在一旁。张弘范感到很棘手，只好遣使向忽必烈详细奏报文天祥不肯屈服和不能杀害的原由。

于是，忽必烈下令将文天祥"护送"至大都。

至元十六年（1279年）十月，文天祥被押送至大都。

起先，丞相孛罗特意把文天祥安排在馆驿中，享受上宾待遇。文天祥却"义不寝处"，五日后，只得改而关押在兵马司空宅内。

据说瀛国公赵㬎及原宋丞相留梦炎等曾前去劝文天祥投降，均遭拒绝。权臣阿合马到住地问话，丞相孛罗等在枢密院审问，文天祥也严词以对，不屈不挠。

当时忽必烈多方网罗求取有才能的南宋官僚士大夫。一次他刚刚从上都开平返回大都，问身旁的臣僚："南宰相孰贤？"原福建制置使王积翁等举荐说："南人无如文天祥"。王积翁还说："文天祥，宋状元宰相，忠于所事。若释不杀，因而礼待之，亦为人臣好样子"。忽必烈听罢默然良久，谕旨："且令千户所好好与茶饭者"。

忽必烈又派王积翁传达欲用文天祥为元朝宰相的旨意。文天祥回答："国亡，吾分一死矣。傥缘宽假，得以黄冠归故乡，他日以方外备顾问，可也。若遽官之，非直亡国之大夫不可与图存，举其平生而尽弃之，将焉用我？"

王积翁一度联合原宋官谢昌元等十人，奏请释放文天祥为道士。留梦炎反对说："天祥出，复号召江南，置吾十人于何地！"结果，事情没有成功。

忽必烈也知道文天祥始终不肯屈服，曾与宰相议论释放事宜，但新任参知政事麦术丁曾在江西行省任职，一直对文天祥出师江西之事耿耿于怀。此时他竭力阻挠，故文天祥获释未果。

至元十九年（1282年），形势急转而下。十一月，大都以南的中山府薛宝住自称"宋主"，纠集兵士一千人，图谋劫取文天祥。大都城流传的匿名书信也说："两卫军尽足办事，丞相（文天祥）可以无虑"，"先烧城上苇子，城外举火为应"。恰恰在前不久，又发生了王著等汉人吏民暗杀权相阿合马事件。这一切不能不令忽必烈对汉人、南人的疑惧进一步加深,当然也包括对瀛国公赵㬎和文天祥的疑惧。

主持朝廷庶政的太子真金获得上述匿名书信后,立即奏闻。忽必烈深感事态严重,于是下令京师戒严。十二月九日,又批准中书省的提议,将瀛国公赵㬎及南宋宗室迁往上都。

前一日(八日)忽必烈将文天祥召来,亲自做最后的劝降。

忽必烈说:"汝以事宋者事我,即以汝为中书宰相!"文天祥回答:"天祥为宋状元宰相,宋亡,惟可死,不可生!"忽必烈又说:"汝不为宰相,则为枢密"。文天祥的最后回答是:"一死之外,无可为者"。忽必烈佩服他的忠贞,仍然不忍心杀他,先让文天祥退下。

次日,有大臣奏言:文天祥不愿归附,当从其请,赐之死。参知政事麦术丁又从旁积极赞和。忽必烈最终予以批准。

文天祥赴大都柴市刑场途中,"过市扬扬,颜色不变",且歌且行,悠然自得。观看者、送行者如堵。到达刑场柴市口,文天祥向市人问清南北方向,南面再拜而就死,年仅四十七岁①。

临刑前,文天祥索笔写下了最后两首七律绝笔:

昔年单舸走维扬,万死逃生辅宋皇。

天地不容兴社稷,邦家无主失忠良。

神归嵩岳风雷变,气咽烟霞草树荒。

南望九原何处是,尘沙黯淡路茫茫。

---

① 《宋史》卷四百一十八《文天祥传》;《申斋集》卷十三《文丞相传》;《郑思肖集》第128页,上海古籍出版社1991年;《文山集》卷十七。

衣冠七载混毡裘，憔悴形容似楚囚。

龙驭两宫崖岭月，貔貅万灶海门秋。

天荒地老英雄丧，国破家亡事业休。

惟有一腔忠烈气，碧空常共暮云愁。①

　　据说，忽必烈曾命使者传诏停止行刑，但为时已晚②。即使是最后，忽必烈对文天祥仍抱着欲用不能，欲杀不忍的复杂心情。

　　文天祥被杀后，其家产被元廷籍没。但是，文氏家族成员改而仕元的，不乏其人。

　　世祖朝后期，文天祥一子仕元，被委任为路儒学教授，乘驿传上任，行数站而身亡。此事在江南士大夫中引起较大震动，纷纷作诗悼念，当然也夹杂着遗憾与讥讽。福建一文士赋诗最为绝妙："地下修文同父子，人间读史各君臣"。

　　至元十七年（1280年）五月，文天祥胞弟文璧降元北觐，右丞相帖木儿不花引见奏闻说："此人是文天祥弟"。忽必烈问："哪个文天祥？"枢密院官博罗答："即文丞相"。忽必烈叹嗟好久，称赞道："是好人也"。接着询问文璧的情况，右丞相帖木儿不花介绍说："是将惠州城子归附底"。忽必烈又赞许地说："是孝顺我底"。尽管文天祥、文璧兄弟效忠宋室和主动降元等态度反差颇大，忽必烈居然能够宽容以待，一概给予赞许和肯定。

　　后来，文璧被忽必烈任命为惠州路总管，又升职广西宣慰司同知。文璧曾携中统钞四百贯赠与大都狱中的文天祥，文天祥竟斥

① 《庐陵文丞相文山先生全集》卷十四《出狱临刑诗歌》。
② 《申斋集》卷十三《文丞相传》。

责曰："此逆物也,我不受!"搞得文璧羞愧不堪。

过继给文天祥为嗣的文璧次子文升,仁宗朝也官至集贤直学士①。

谁曾料,忽必烈任用文天祥的愿望,居然在他的子弟身上得以实现。正因为这样,民间舆论对文天祥及其子弟的评价,泾渭分明,似有天壤之别。

据说,忽必烈曾经询问降元南人将领管如德:"我何以得天下,宋何以亡?"管如德回答:"陛下以福德胜之"。管如德的答案不无阿谀奉承之嫌,由于问题本身比较复杂,管如德也很难得其要领。忽必烈注重思考和总结这方面的经验教训,倒是难能可贵的。

忽必烈还问中书右丞相和礼霍孙:"俺闻江南百姓率怨俺行事,惟思大宋旧政,既得民心,胡为又失国?"和礼霍孙回答:"大宋爱民之道有余,用兵之政不足,率为边将误国卖降"②。

此说出于南宋遗民郑所南笔下,郑氏忠于亡宋,仇视蒙元,后半生隐居吴下。他的记述只是来自传闻,又不可避免地掺杂了个人情感。所以,信实程度有限。但忽必烈关心南宋的统治经验教训和亡国的原因,是确凿无疑的。将南宋在江南的统治与元帝国的政策相比较,的确是征服江南和统一全国后忽必烈需要思考的问题。

---

① 《南村辍耕录》卷二十《挽文教授诗》;《申斋集》卷十《广西宣慰使文公墓志铭》;《元文类》卷六十三《集贤直学士文君神道碑》;《文山集》卷十七。
② 《郑思肖集》《大义略叙》,第 126 页,175 页,上海古籍出版社 1991 年。

第八章　行省抚江南　帝师辖吐蕃

第一节　阿里别、忙兀台等行省江淮

一、江淮行省创建与阿里别对抗阿合马

行省是行中书省的简称。起初,它是朝廷中书省的临时派出机构,至元十年(1273年)以后陆续带有了地方最高官府的性质。忽必烈所设置的行省主要有:江淮(江浙)、江西、湖广、云南、四川、陕西、甘肃、辽阳、河南九行省。

灭亡南宋后,忽必烈一面命令伯颜、阿术、合答、博罗欢和蒙古军主力迅速北上,抵御漠北昔里吉等叛王,一面部署了江南地区的行政统辖与军事镇戍。基本状况是设置江淮、江西、湖广三行省,自东到西,分辖长江中下游的吴楚之地。江南行御史台又以纠察非违和军事镇遏双重职能,"监临东南诸省,统制各道宪司"①。

这里,先谈江南三行省中地位最重要的江淮行省。

《元史》卷九一《百官志七》说,江淮行省作为江浙行省的前身,设立于至元十三年(1276年)。实际上,至元十三年只有淮东行省和临安行中书省的设置,二者分别管辖两淮江东和两浙福建。

---

① 《元史》卷八十六《百官志二》。

淮东行省创设于当年十月,长贰是平章政事阿里别(又作阿里),右丞合剌合孙、参知政事王仪、杨镇、迷里忽辛、陈严六人。临安行中书省设立于六月,其官员大抵有平章政事阿塔海、参知政事范文虎等。后者设于伯颜所统征伐南宋行中书省最后驻扎之地,或者可以说是征伐南宋行中书省的延续,故在一段时间内不冠名号,径称行中书省。如《世祖纪》载至元十四年(1277年)三月,"行中书省承制,以闽浙温、处、台、福、泉、汀、漳、剑、建宁、邵武、兴化等郡降官,各治其郡"。

江淮行省正式设立的时间,应在阿塔海以平章政事行中书省于江淮的至元十四年三月。此时阿塔海为首的行中书省,治所设在扬州,其名称也并含"江""淮"。阿塔海的原职务又是平章政事、浙西道宣慰使。当年一月,元廷还初置江淮等路转运盐使司及江淮榷茶都转运使司①。这些应是淮东行中书省、临安行中书省合二为一和江淮行省成立的某些先兆。

而后,江淮行省在至元十五年(1278年)到二十六年(1289年)间曾四次在扬州、杭州二城间往返迁徙,直到至元二十六年二月,才最后将治所确定在杭州②。

两年后,江北诸路划归于新成立的河南江北行省,江淮行省易名为江浙行省。其辖区逐渐固定下来,那就是,东至大海,西至鄱阳湖与江西行省南康路接界,北至扬子江与河南行省扬州路接界,南与江西行省潮州路接界,东南到漳州路海岸,西南与江西行省建昌路接界,东北到松江府海岸,西北与河南行省安庆路接界,总计

---

① 《元史》卷九《世祖纪六》。

② 参阅刘如臻《元代江浙行省研究》,《元史论丛》第六辑,中国社会科学出版社1997年。

三十路一府①。

在江淮行省建立之初的三、四年间,平章阿塔海、阿里别及左丞崔斌是该行省主要官员。实际主持政务的,又是阿里别和崔斌。

阿里别是蒙古国时期有名的回回大臣牙剌洼赤之子。元初,与阿合马同时担任领中书省左右部兼诸路都转运使,至元元年(1264年)十一月,升职为中书省右丞。四年后降为参知政事。又以参知政事行省河南,旋升右丞。至元八年(1271年)正月,他掌管的南阳等处屯田受到中书省的指责和检覆,被迫以无效引伏。九年(1272年)九月,又因妄奏军数而受杖责罢职。

至元十二年(1275年)二月,阿里别重新被任命为淮东副都元帅。都元帅博罗欢因病北归,"素不习兵"的阿里别代其负责扬州一带的军事。后又随阿术击败宋将李庭芝、姜才,平定淮东②。前述阿里别升任淮东行省平章和江淮行省平章,似为忽必烈对其平宋军功的酬答。

至元十四年(1277年)初,阿里别担任江淮行省平章的首项工作,就是奉忽必烈的诏旨检括临安南宋各官仓所贮藏的货物财宝,追索检括甚为苛细,引起不满。后经回朝入觐的董文炳奏告,忽必烈又颁诏书予以罢止③。

崔斌,大同路马邑县人,擅骑射,攻文学,达政术,蒙古名曰燕帖木儿。忽必烈藩王时期即受召见,奉命戍守淮南有功。至元初,

---

① 《辍耕录》卷十七《江浙省地分》。
② 《元史》卷五《世祖纪二》,卷六《世祖纪三》至元四年六月乙丑、至元五年十月己卯、至元六年九月辛未,卷七《世祖纪四》,卷九《世祖纪六》,卷一百五十六《董士传》。
③ 《元朝名臣事略》卷十四《左丞董忠宪公》。

先后任中书省左右司郎中、东平路总管、同金枢密院事等。平宋战争开始，崔斌先以金河南行省事、河南宣慰使负责襄樊战役的军需转输，后以行省参知政事辅佐阿里海牙经略湖南。攻潭州时，崔斌挟盾先登，且与阿里海牙力主不杀降民，以功升行省左丞。至元十五年（1278年）七月，留梦炎、谢昌元两位南人官僚向忽必烈进言："江淮行省事至重，而省臣无一人通文墨者"。忽必烈特意召崔斌回京，调任江淮行省左丞①。

崔斌与阿合马早有积怨，至元初他担任中书省左右司郎中时，就在忽必烈驾前屡次斥责其奸恶，还说："与其有聚敛之臣，宁有盗臣"②。

至元十四年（1277年），阿合马在南宋原辖区滥除官吏，"行海放之法，使负贩屠沽之辈、臧获厮役之才，或受皇宣，或膺敕札，填街塞市，车载斗量。望江淮而去者，皆怀劫掠之心；就闽广而官者，罕有公清之德"③，搅乱了江南的吏治。

崔斌应召入觐，忽必烈问以江南各省抚治情况，他极言阿合马用多非人等奸蠹。大略是："先以江南官冗，委任非人，遂命阿里等澄汰之。今已显有征验，蔽不以闻，是为罔上。杭州地大，委寄非轻，阿合马溺于私爱，乃以不肖子抹速忽充达鲁花赤，佩虎符，此岂量才授任之道"。"阿合马先自陈乞免其子弟之任，乃今身为平章，而子若侄或为行省参政，或为礼部尚书、将作院达鲁花赤、领会同馆，一门悉处要津，自背前言，有亏公道"。

忽必烈立即命令江南行台御史大夫相威和枢密副使孛罗按问

---

① 《元史》卷一百七十三《崔斌传》，卷十《世祖纪七》。

② 《元史》卷一百七十三《崔斌传》。

③ 赵天麟《太平金镜策》卷三《慎名器》。

此事,精简了江南冗官,罢黜了阿合马亲党,所设转运司也被废止①。阿合马擅权日甚的气焰,暂时受到一定抑制。

本来,阿里别与崔斌在河南行省共事时一度因河南四路签兵二万之事发生纠纷,致使阿里别丢掉官职。然而,至元十五年(1278年)初他俩又因为沙汰阿合马江南所置冗官,志同道合地走到了一起。

当时,淮西宣慰使昂吉儿入觐京师,抨击权臣阿合马在江南纳贿鬻爵而造成的官僚冗滥。江淮行省阿塔海和阿里别曾奉命精简冗员及不胜任者,崔斌则公开声援支持。待崔斌任职江淮行省,进一步厘正"蠹国渔民不法"之弊,他和阿里别在对抗权相阿合马方面的共同利害就更多了。

至元十六年(1279年)四月,阿合马不甘心刚刚受到的挫折,以中书省的名义奏准恢复了诸路转运司,又增设诸路宣课提举司,专领课程。九月,阿合马另一子忽辛又替代其弟抹速忽任职杭州,还升为行省左丞。

翌年六月,江淮行省阿塔海、阿里别及崔斌等也不示弱,上奏道:今立宣课提举司,官吏至五百余员,骚扰民间,侵盗官钱,应予废罢。

阿合马又上奏反驳:日前奉旨检核江南粮数,屡次移文取索,江淮行省不以实数上报。经与枢密院、御史台及廷臣诸老集议,谓设立运司,官多俸重,可以诸路立提举司,都省、行省各委一人任其事。如今江淮行省未尝委用,就请求废罢,又归咎于臣等。然而,臣所委宣课提举司官吏,有的任职仅两月,合计其侵用约一千一百锭,与江淮行省所管四年比较,又当几何? 今立提举司,未及三月

---

① 《元史》卷十《世祖纪七》至元十五年四月壬午,卷二百五《阿合马传》。

而罢,难道不是江淮行省害怕奸弊呈露,故先自言以掩盖罪状。应该命令御史台遣能臣同往,凡有非法,具以实闻。忽必烈回答:"阿合马所言是,其令中台选人以往。若己能自白,方可责人。"

阿合马利用江淮行省在掌管钱粮方面与中书省权限划分不明的矛盾,抓住了阿里别任职时间长、纰漏多和宣课提举司新设立、错误少的反差,促使忽必烈做出了审查阿里别及崔斌的决策。于是,阿合马乘势展开对阿里别、崔斌设立行省以来一切钱粮的钩考理算。

由于和个人恩怨、政见冲突纠缠在一起,这场钩考理算显得十分残酷。

钩考开始,阿合马先派不鲁合答儿、刘思愈等前往检核。接着,派刑部尚书李子忠与中书省左部都事刘正驰驿按问,未能得到足够的罪证。阿合马第三次派亲信北京行省参政张澍等四人重新前往按治,罗织阿里别及崔斌擅自变易命官八百员、私自分左右司官、私自铸造银印铜印、违背命令不解散防守军、擅支粮四十七万石等罪名,奏报朝廷。

忽必烈对此事的处理比较慎重,他曾经询问:"阿里别等何以为辞?"但是,阿里别和崔斌所遣上奏使者被阿合马"遮留",难以及时奏闻辩解意见。阿合马则貌似公允地说:"彼谓行省昔尝铸印矣。臣谓昔以江南未定,故便宜行之,今与昔时事异"。结果,忽必烈听信阿合马所言,下令杀掉了阿里别和崔斌①。

据说,真金太子闻知崔斌将被诬杀的消息,正在就餐,凄然丢下手中的筷子,又派使者阻止行刑,可惜为时已晚②。

---

① 《元史》卷十一《世祖纪八》至元十七年六月壬辰、十二月庚午,卷一百七十三《崔斌传》,卷一百七十六《刘正传》,卷二百五《阿合马传》。
② 《元史》卷一百七十三《崔斌传》。

阿里别、崔斌与阿合马对抗失败而被杀,表面上是某些回回官员之间及汉官与阿合马之间的矛盾冲突,其客观背景又是至元中叶行省官员的权限并没有完全规范化,没有正式确定下来。行省官员以宰相自负、代表朝廷镇抚一方的惯例,相当风行。中书省和掌管大桩财赋的江淮等行省,围绕着如何分配财赋军政等权力,矛盾冲突时有发生。最后的结局还是中书省占上风。

阿里别与御史台监察官关系紧张,也是他失败的一个因素。至元十五年(1278年)三月和十六年(1279年)二月,阿里别两次奏请江淮行省检核江南行御史台文书案牍,又请求比附御史台奏章先呈中书省之例,行御史台奏章亦先呈江淮行省。后来,阿里别又提议遇罪犯行省和行御史台一同审问。这两项请求虽然均得到忽必烈的批准,可随之而来的又是御史台方面的强烈不满。御史大夫玉昔帖木儿等亲自出马驳斥阿里别的主张,忽必烈转而降诏改变了态度①。阿里别在对抗阿合马的同时,又和御史台监察官交恶,确有树敌过多、不自量力的弱点。阿合马在钩考江淮行省时亦让御史台派员参与,正是巧妙利用了阿里别和御史台的矛盾。

阿里别、崔斌被杀后,阿合马长子忽辛把持江淮行省长达两年。

早在阿合马爬上中书省平章的至元十年(1273年),犹如"鸡犬升天",其子忽辛就当上了大都路总管。至元十五年(1278年)因崔斌奏劾,忽辛的官职一度被罢免。后经阿合马党羽张惠援救,又恢复原职。至元十六年(1279年)六月,忽辛升为潭州行省(湖

---

① 《元史》卷十《世祖纪七》。

广行省)左丞。九月,又以行省左丞兼领杭州等路诸色人匠,被安插进江淮行省。不久升至右丞。当时,张雄飞将任江南行御史台中丞,阿合马担心对其子忽辛不利,特意奏留不遣,又改命张为陕西按察使①。

阿里别被杀,忽辛很快当上江淮行省平章政事,恃势贪秽,不可一世,其党羽马璘也被提拔为江淮行省参政。阿合马还企图以阻止设立江南诸行枢密院,让忽辛兼掌兵柄②。

至元十九年(1282年)三月阿合马被刺杀,特别是忽必烈知晓其奸恶后,忽辛立即受到追究。江南行御史台中丞亦力撒合揭发其奸恶,得赃钞八十一万锭。当年六月,忽辛被锁系至扬州鞫治,十月,忽辛与其二弟抹速忽在扬州就死刑,还被剁成肉酱③。可见,忽辛兄弟在江淮行省贪赃狼藉,民愤甚大。

二、忙兀台执掌江淮行省

至元二十年(1283年),江淮行省左丞相阿塔海改任征东行省丞相,专事渡海征日本。忽必烈深知江淮关系重大,特意命令木华黎裔孙、首任江南御史台大夫相威代为江淮行省左丞相。没料到相威在赴任途中病死④。于是,至元二十年(1283年)到至元二十七年(1290年)的七年间,忽必烈一直让忙兀台掌握江淮行省的

① 《元史》卷十《世祖纪七》至元十五年十一月甲午、至元十六年六月甲辰,九月庚戌,卷十二《世祖纪九》至元十九年九月癸酉,卷二百五《阿合马传》,卷一百六十三《张雄飞传》。
② 《元史》卷十三《世祖纪十》至元二十二年正月乙未,卷二百五《卢世荣传》。
③ 《元史》卷一百二十《察罕传》,卷十二《世祖纪九》。
④ 《元史》卷一百二十八《相威传》,卷一百二十九《阿塔海传》。

大权。

忙兀台，蒙古达达儿氏，探马赤军将塔思火儿赤之孙。至元初任监战万户和邓州新军万户，随阿术攻襄樊，功在诸将之上。又随伯颜渡江攻灭南宋，以功授两浙大都督。至元十四年（1277年）以后，改闽广大都督，升福建行省参政、左丞、右丞。至元二十一年（1284年）正月调任江淮行省平章，主持该省军政，还以行省长官的身份向忽必烈进贡珍珠百斤。而后，江淮行省从扬州迁至杭州，故又称江浙行省。当年九月，因福建行省军饷仰赖扬州转输供给，忽必烈初次批准将福建、江淮两省合二为一，又任命忙兀台担任合并后的江淮行省平章，而以福建行省其他官员分省泉州①。这意味着福建开始并入江淮行省，也进一步明确了忙兀台在新江淮行省的长官身份。

翌年十月，忙兀台升任左丞相。至元二十三年（1286年）七月元廷制定了行省只设两名平章为长官的规则。忙兀台一度依上述规则降职为平章政事。一年半后，忽必烈又应尚书省官员的奏请，以所统地广事繁为由，特别颁诏以忙兀台为行省左丞相，还命令江淮管内并听忙兀台节制②。忙兀台以特例复任左丞相，显示了忽必烈对他的格外宠信，也说明江淮行省长官地位高于他省。

忙兀台在任期间，做了一些有利于安抚稳定和民众休养生息的事情。

南宋降将陈义曾经协助张弘范俘获文天祥，协助完者都征讨陈大举，又资助阿塔海征日本战舰三千艘。原福建行省官告发陈

---

① 《元史》卷十三《世祖纪十》。
② 《元史》卷十四《世祖纪十一》，卷十五《世祖纪十二》至元二十五年正月，卷一百三十一《忙兀台传》。

义有反叛的意向,请求除掉他。忽必烈命令忙兀台察访真实情况。忙兀台携陈义入朝忽必烈,担保其无事,并奏请授予他官爵。忽必烈听从忙兀台的意见,授予陈义广东道宣慰司同知。

浙西地区遇严重饥荒,忙兀台开放河流湖泊之禁,发放官府贷款,降低物价,购入粮食以赈济。浙东地区盗贼起事,忙兀台则蠲免田租,以纾民力。又奏请出资将鬻贩私盐的海岛民招募为征日本的水手。征日本结束,又请求将战舰交付海上漕运使用。还提议在淮东设置屯田,所得粮食主要供戍军食用,其余转输京师。当朝廷欲强令遣返中原流民转徙入江南者时,忙兀台出面反对。

此外,还向朝廷建议:"省治在杭州,其两淮、江东财赋军实,既南输至杭,复自杭州北输京城,往返劳顿不便,请移省治于扬州。"

这些意见均得到忽必烈的批准而付诸实施①,对安定东南一带的社会秩序和经济生活无疑是有好处的。

忙兀台还频繁率军平定境内叛乱,并负责本省所辖军队的戍守及调动。如至元二十六年(1289年)正月,忙兀台奉诏与不鲁迷失海牙及月的迷失合兵讨伐闽越尚未平息的叛乱。原先,御史大夫玉昔帖木儿奏请选择将领前往,忽必烈却说:"忙兀台已往,无虑也"。二月,忙兀台又奉命与福建行省及江西行枢密院官员率兵进攻江西盗贼②。

江淮一带的军事镇戍布局,起初是由伯颜丞相、阿术及阿塔海

---

① 《元史》卷一百三十一《忙兀台传》。
② 《元史》卷十五《世祖纪十二》,卷一百三十一《拜降传》。

安置的。忙兀台主持该省兵戎后,全部变更旧法,迁徙易置了所在将吏士卒。据说,此举后来受到该省继任者的非议。

忙兀台的某些主张,有时也遭到忽必烈的驳斥。至元二十五年(1288年)三月,忙兀台建言:修改军官更调法,父兄死于官事者,子弟提高散阶袭职,病故者,子弟降一等任用。忽必烈答复:"父兄虽死事,子弟不胜任者,安可用之? 苟贤矣,则病故者亦不可降也"。而当忙兀台提议以水军、陆军互换迁调时,忽必烈训斥说:"忙兀台得非狂醉而发此言! 以水路之兵习陆路之伎,驱步骑之士而从风水之役,难成易败,于事何补。"①

忙兀台受到忽必烈的信赖和宠爱,也显而易见。至元二十二年(1285年),近侍脱忽思、乐实传达圣旨给中书省,命令全部替代江浙行省官员。中书省觉得有些蹊跷,遂重新上奏忽必烈。忽必烈云:"朕安得此言,传者妄也。如忙兀台之通晓政事,亦可代耶?"一次,忙兀台因有人奏劾被召回京师,又查封其家资,派遣使者按问查验未得到确凿证据。不久,忽必烈重新给忙兀台加官晋爵,从平章政事提拔为银青荣禄大夫、江浙行省左丞相②。

据说,忙兀台担任行省平章和左丞相,颇傲慢。通常左丞、右丞、参政等同列莫敢仰视,跪起禀白,如同小吏事上官。惟有忽必烈宿卫根脚的董文用,才敢与他共坐堂上,侃侃议论是非可否③。行省负责传达公文的宣使郗显、李兼,控告忙兀台不法,忽必烈降诏:勿问其罪。同时又把郗显、李兼交付忙兀台下狱审问,一定要

---

① 《元史》卷十五《世祖纪十二》,《元史》卷九十九《兵志二·镇戍》至元二十七年十一月、至大二年七月。
② 《元史》卷一百三十一《忙兀台传》。
③ 《道园类稿》卷五十《翰林学士承旨董公行状》。

抵以死罪。南台御史申屠致远录囚时欲从轻发落，也受到忙兀台的威胁①。

对同僚属吏如此，对御史台监察官也能借机压制打击。至元二十五年(1288年)江南行御史台中丞刘宣到任，坐镇扬州的忙兀台，希望与刘宣会一次面，叙说旧情以修好。没料到刘宣以御史台官不当外交为理由，予以拒绝，直接渡江入建康行御史台治所。于是，忙兀台对刘宣猜忌怨恨渐深。

而后，又发生南台御史张谅诘问江淮行省官以军船载草苇事，忙兀台即图谋报复。他首先按问奏劾任官于江淮行省下属路州的南台大夫之父，又罗织刘宣之子罪名，关押于扬州狱中。还唆使犯罪免职人员诬告行御史台沮坏钱粮，遂将刘宣及六名御史逮捕下狱。刘宣不愿受辱于小人和怨家，自尽于舟中。忙兀台即以刘宣畏惧罪重而自杀，奏报朝廷②。

忙兀台虽然和本省官、行御史台官关系比较紧张，但与朝廷中书省或尚书省的关系一直比较好。至元二十六年(1289年)四月桑哥钩考理算各行省钱谷时，江淮行省虽然由户部尚书王巨济专门负责，但又明言左丞相忙兀台总领其上③，与桑哥姻党要束木享受类似优越待遇。

至元二十七年(1290年)，忙兀台调往江西行省，他在江浙行省专愎自用和不可一世，随而结束。四十日后，忙兀台病死，他逼死南台中丞刘宣、擅易戍兵及屯田无成效等过错，才被揭露出来。

---

① 《元史》卷一百七十《申屠致远传》。
② 《吴文正公集》卷四十三《大元故御史中丞刘忠宪公行状》；《元史》卷一百六十八《刘宣传》。
③ 《元史》卷十五《世祖纪十二》，卷二百五《桑哥传》。

附带说明一下,江淮等行省设立初期,由于庶事草创,行省官员有所建白以及政事不能自决而必须奏闻的,往往派遣行省理问官等乘驿咨闻于朝廷。江浙行省理问、畏吾儿人拜降曾担任这种角色。每次引见入宫,忽必烈从较远处就能识别其人,还喜悦地说:"黑髯使臣复来耶!"①足见,忽必烈对控驭江浙行省的高度重视。

第二节　阿里海牙等经营湖广

一、阿里海牙经略荆湖南北

湖广行省,其前身为荆湖行省。它的创建,需要从平定南宋之际阿里海牙经略荆湖南北等活动谈起。

至元十一年(1274年)十二月,伯颜丞相为首的荆湖行省率西路大军渡过长江,占领鄂州。而后,伯颜丞相所率主力水陆并进,沿江东下。右丞阿里海牙奉命以兵四万,分省于鄂,规取荆湖②,自此开始了阿里海牙经略荆湖南北和创建湖广行省的历程。

阿里海牙,畏吾儿人。早年充忽必烈藩邸宿卫,扈从渡江攻鄂有功。忽必烈即位,自左右司郎中迁参议中书省事,不惮权相,敢于直言,"人有小疵,必白帝前"。元廷用兵襄阳时,出任河南行省同佥,曾专掌入奏,能日驰八百里,升参政,兼汉军都元帅。攻破襄樊后,以功迁行省右丞。

关于阿里海牙经略荆湖南北和创建湖广行省,姚燧《湖广行

---

① 《元史》卷一百三十一《拜降传》。
② 《元史》卷一百二十七《伯颜传》,卷一百二十八《阿里海牙传》,卷九十一《百官志七》。

省左丞相神道碑》记述甚详①,所言阿里海牙攻略荆湖南北州郡和开拓湖广行省疆域,大抵属实。湖广行省的疆域,基本是依阿里海牙麾下各路军攻略荆湖的兵锋所至而奠定。阿里海牙攻略荆湖南北和开拓湖广行省疆域的主要业绩,可以归纳为如下四方面:

其一,规划有方,远见卓识。

至元十一年(1274年)末阿里海牙接受分省鄂州,经略荆湖的任务之际,麾下军队主要是张兴祖万户、张荣实水军万户和阇阇出所部1500人等,合计四万余人②,兵力比较薄弱。当时,元军仅突破鄂州一带的长江防线,主力又沿江东下。长江上游的川蜀大部分地区及江陵、岳州等尚在宋军手中。攻略荆湖的元军,把用兵矛头首先指向何方? 关系到元军能否在鄂州站稳脚跟和东下主力有无后顾之忧。

至元十二年(1275年)初,阿里海牙采纳金省贾居贞的意见,迅速上奏忽必烈:"江陵宋巨镇,地居大江上流,屯精兵不啻数十万。若非乘破竹之势取之,江水泛溢,鄂汉之城亦恐难守。"③在征得忽必烈同意后,阿里海牙以贾居贞留守鄂州,自己提兵溯江而

---

① 《牧庵集》卷十三。碑文云:"……公(阿里海牙)鼓其孤军,留戍所余,不能倍万,名城通都,身至力取,利尽海表,图地籍民,半宋疆理。……所下州,荆之南十四,淮西四,湖南九,江之西二,广西二十有一,广东、河南各四,凡五十八。自余洞夷山獠,荷戢被羃,大主小酋,棋错幅裂,连数千里,受廪听令者,犹不与存。其依日月之末光,张雷霆之余威,以会其成功者,亦一世之雄哉。"

② 《元文类》卷五十五《征行百户刘君墓碣铭》;《元史》卷八《世祖纪五》至元十二年二月,卷一百六十六《张荣实传》;《元朝名臣事略》卷二《丞相楚国武定公》。

③ 《元史》卷八《世祖纪五》至元十二年二月乙丑,卷一百五十三《贾居贞传》。

上,先破岳州及沙市镇,歼敌精锐,迫使江陵守将投降。

获悉阿里海牙攻占江陵,忽必烈喜出望外,大宴三日,亲作手诏赞誉:

> 伯颜东兵,阿里海涯孤军戍鄂,朕尝深忧。或荆、蜀连兵,顺流而东,人心未牢,必翻城为内应,根本斯蹶。孰谓小北庭人(指阿里海牙)能覆全荆。江浙闻是,肝胆落矣。而吾东兵可无后虞。①

忽必烈的忧与喜,不是没有道理。江陵(荆州)自古乃兵家必争之地,也是江汉平原西部的门户。从江陵、鄂州一带的军力对比情况看,宋军虽然未及数十万,但估计比阿里海牙麾下的四万兵马多。在地利、人和等方面,元军也处于明显劣势。阿里海牙先攻取江陵,变被动为主动,改劣势为优势,既在鄂州站稳了脚跟,为攻略荆湖全境打好了基础,又解除了东下大军的后顾之忧。战略意义之重大,足以令忽必烈大喜过望。

而后,阿里海牙又绘其地图,奏请朝廷派重臣、开大府镇守江陵。忽必烈立即选派原中书省平章政事廉希宪行省江陵。阿里海牙对廉希宪十分恭敬,甚至屈尊郊迎,望拜尘中。廉希宪在江陵治绩颇显,数月后,政化大行,很快巩固了阿里海牙在大江上游的军事成果②。

至元十二年(1275年)十月,阿里海牙挥军南下,围攻潭州(今

---

① 《元朝名臣事略》卷二《丞相楚国武定公》。
② 《元文类》卷六十五《平章政事廉文正王神道碑》。

湖南长沙）。翌年正月初一，潭州城破，湖南境内州郡陆续投降。

三月，阿里海牙应召入朝贺平宋，升行省平章政事。六月奉命征伐广西，十一月攻克静江，广西之地亦进入版图。

至元十五年（1278年）十月，为遏止南宋行朝政权向海南、交趾的逃亡，阿里海牙亲赴雷州前线，调兵遣将，戍守堵截。还率军航海五百里，追击宋安抚赵与珞，谕降琼、南宁、万安、吉阳等州军，尽平海南岛之地①。

由此，湖广行省奄有了荆湖南北（包括今鄂、湘、桂、琼）的广大地区。

其二，抚戮兼施，恩威并用。

阿里海牙在经略荆湖南北过程中，没有"专事杀戮"，而是采取了口舌谕降②、抚戮兼施、恩威并用的政策。这也是他攻城略地和开拓疆域顺利，所遇拼死抵抗较少的一个重要原因。试举一、二例如下：

因鄂州守军降元较早，故在受命戍守鄂州之初，阿里海牙即给予优待。他允许州民服用原来的衣冠，使用南宋的楮币，街市依旧，"乡郭帖然"。又召集鄂州民众，宣谕世祖皇帝好生不杀之德惠，禁止将士侵掠百姓。而且令行禁止，军纪颇严，部下甚至不敢取民蔬菜。此举颇受民众欢迎，对稳定鄂州民心大有裨益。对郢州、归州、峡州、常德州、澧州、随州、辰州、沅州、靖州、复州、均州、房州、施州、荆门州等守将降元者，阿里海牙又能全部奏闻保留其原有官职。

---

① 《元朝名臣事略》卷二《丞相楚国武定公》。参阅陈世松、匡裕彻等著《宋元战争史》第七章，第九章，四川社会科学院出版社1988年。

② 《元史》卷一百二十八《阿里海牙传》。

阿里海牙围攻潭州所遇的抵抗，颇为顽强。自十月围城到翌年正月城破，虽招谕多次，守将李芾等至死不降。围绕潭州屠城与否，右丞阿里海牙与两名参政展开了争论。包括两名参政在内的许多将领援引蒙古军征伐旧制，要求屠城。行省郎中和尚、参政崔斌主张："杀降不祥"，难以"劝来附者"。阿里海牙赞合不杀议。两种意见争执不下，分别遣使入奏。

阿里海牙在奏章中说：

> 臣初出征受命，陛下首以曹彬下江南不杀人为训。今潭州城已降，同列疾其拒命之久，欲猎其民。臣诚不敢负陛下先诏，昧死为民请命。

两名参政所遣使者先至京师半月，忽必烈得知不是阿里海牙所遣，有些怀疑，未及时召见。不久，阿里海牙所遣使者至，忽必烈立即召其入内，获悉阿里海牙的奏章，非常欣喜地说："阿里海牙言与朕志正合"。然后召参政所遣使者，严厉责备道：

> 国家征南，非贪其国，欲使吾德化均及其民人尔。今得土地而空其城，政复何为？汝不禀命主将，辄为异同，当正汝罪。以汝薄劳，今姑贳汝。后复敢尔，必置汝法。其从阿里海牙慰安吾民，毋或异议。①

阿里海牙原系忽必烈潜邸宿卫，对忽必烈效曹彬不杀的旨意，

---

① 《圭斋集》卷九《江陵王新庙碑》。

十分清楚。他也深知，潭州为荆湖重镇和宋湖南安抚使所在，对湖南诸州郡影响很大。破例不屠潭州，有利于招降未下州郡，对其完成经略荆湖南北的使命，关系重大。阿里海牙的意见，得到忽必烈的全力支持。破例不屠潭州的决策，非常适时，甚有成效。待阿里海牙传檄湖南未下诸州，郴州、全州、道州、桂阳州、永州、衡州、武岗州、宝庆州，及江西之袁州、连州，争相归附①。

此为怀柔安抚之例。

元军渡江后最先遇到的顽强抵抗是沙市。该城久攻不下，使用火攻，仍持续有城上、城中的激战，阿里海牙下令屠城，以儆他邑。

攻略静江时，尽管阿里海牙派人送去忽必烈招谕静江诏书的抄录本，得到的答复却是焚诏斩使和连续四十多天的拼死抵抗。阿里海牙认为，静江距中原遥远，非长沙可比，民性鸷嚣，易叛难服，不用重典刑之，广西其他州郡谈不上绥服招徕。于是，下令屠其城，"官寺民庐，一矩尽燬"。据说，屠静江也收到了广西二十州闻檄归降的效果②。

此为野蛮杀戮之例。

某种意义上，"拔城必屠"属"国制"蒙古法；效曹彬不杀降，又可归于忽必烈提倡的新法。阿里海牙对屠城与不杀的交替运用，体现其抚戮兼施，恩威并用的政治军事策略。不如此，荆湖南北在一、二年内较快归附元朝，是相当困难的。

至于活潭州而屠静江，除了阿里海牙所说的原因外，还有一点

① 《元朝名臣事略》卷二《丞相楚国武定公》；《元史》卷一百二十八《阿里海牙传》，卷一百三十四《和尚传》，卷一百七十三《崔斌传》。

② 《宋史》卷四百五十一《马塈传》；《元朝名臣事略》卷二《丞相楚国武定公》；《牧庵集》卷二十一《少中大夫静江路总管王公神道碑》。

需要补充:二者的时空环境有异。活潭州在元军总攻江浙、江西、湖南之际,破例的免屠安抚,十分必要。而屠静江时,南宋朝廷已降元,但益王、广王的逃亡政权也于当年五月建立,闽广尚在其手中,文天祥等恢复江西的军事行动,在江南引起很大震动。此时已不能和攻潭州时相提并论。就维护和扩大元朝在江南的统治来说,强力的镇压乃至杀戮,在某种程度上也是不得已的。

其三,通商安民,轻刑薄税。

阿里海牙及其佐贰金省贾居贞在创建湖广行省过程中的另一项有特色的政策是:通商安民,轻刑薄税。

入鄂州后,除了实行前述不变衣冠,不变楮币和严禁军士扰民外,还开仓廪赈济流亡,包括宋宗室子孙流寓者,也享受官府廪食。又在阳逻堡设置驿站,以便行商。免检括商民,设置药局,遣医更视疾病。放宽湖荻之禁,听民渔樵。对东南未下州郡流滞本地的商旅,则发给路引,听其返乡。

攻占江陵后,阿里海牙废除南宋苛法,废罢繁细徭赋,释放系囚和南宋戍券军。还修复水利,在湘江上建起三十六所船闸,以通舟楫①。

阿里海牙在湖广行省境内的减轻赋税的政策,应该从阿里海牙制定湖广税粮及门摊说起。

姚燧《湖广行省左丞相神道碑》载:起初,北方田租亩收三升,户调每岁四两。及平定湖广,"税法亩取三升",尽除南宋其他名目的征税。后征伐海南,预算不足于用,开始权宜抽户调三之一佐

---

① 《元朝名臣事略》卷二《丞相楚国武定公》;卷十一《参政贾文正公》;《元史》卷一百二十八《阿里海牙传》;卷一百五十三《贾居贞传》。

军,时以为虐。如今江浙诸省大约增加数倍,独西南赖以轻平。其境内"馆传修洁,亦甲他省"①。

这里的"税法亩取三升",即阿里海牙模仿北方地税制定的湖广税粮。"抽户调三之一佐军",即《元史·食货志》所云"门摊",实际属于科差中包银的变态,大约为每户一两二钱,相当于北方包银的三分之一。开始是用于至元十五年(1278 年)阿里海牙征伐海南军需,后来成为固定课税②。据姚燧的评论,阿里海牙所定湖广上述赋税名目及数额,较之江浙等省还是"轻平"的。这或许也是湖广行省境内岳、潭、柳、雷等州阿里海牙生祠遍布的一个原因吧!

对阿里海牙所定湖广上述赋税名目及数额,虽有姚燧"轻平"的评论,但有的学者又指出,阿里海牙按中原例改科门摊,每户一贯二钱,造成湖广赋税比江浙更重的后果③。

如何看待这两种截然不同的意见呢?

笔者认为,阿里海牙所定湖广上述赋税名目及数额究竟是轻是重,应该详细考察其所有税目和税额,还应认真与他行省作横向比较。如果单就至元十五年的门摊和大德三年后的夏税而言,湖广行省的确比江浙更重,姚燧"时以为虐"语及《元史·食货志·税粮》载:"视江浙、江西为差重云",即谓此意。还需要看到,湖广秋税税粮"亩取三升",在江南三行省中是颇低的。而有元一代江

---

① 《牧庵集》卷十三。
② 《元史》卷九十三《食货志一·税粮》。
③ 白寿彝主编《中国通史》第八卷,第十四册,第 297 页,上海人民出版社 1997 年。

南夏税征收的原则,一直是"税随地出"和"视其粮以为差"①。尽管湖广门摊和后来依每石税粮征收的夏税额都比较重,但阿里海牙主持湖广行省之际是唯征门摊而不收夏税的,该省的夏税又是大德三年左右增加的。所以,阿里海牙时期亩收三升的秋粮与门摊加在一起,综合计算,湖广行省民户的赋税负担总量,还是比江浙行省等低一些。姚燧"独西南赖以轻平"语,不会是无根之说。

又,《元史·食货志一·税粮》所载:湖广行省税粮每岁八十四万三千七百八十七石,仅相当于江西行省的七成多,不足江浙行省的五分之一;湖广行省天历元年夏税钞数为一万九千三百七十八锭二贯,仅相当于江西行省和江浙行省的三分之一左右。这些数字也可以证明湖广行省的赋税总量还是比较低的。诚然,它与上述三行省人口和垦田数量的差别也有关系。

另外,湖广行省官员有义务向皇帝上贡。阿里海牙至元十六年(1279年)七月朝觐忽必烈时,曾"献金三千五百八十两,银五万三千一百两"②。

其四,知人善任,"推劳"部属。

阿里海牙的知人善任,善于使用和驾驭各种人才,也是他在荆湖南北攻城略地、游刃有余的一个重要条件。

阿里海牙率兵攻江陵时,以金省贾居贞留守鄂州,就是一个上乘的选择。前述安抚鄂州民众的举措,实际上多是贾居贞之所为。最突出的莫过于阻止郑万户滥杀鄂州大姓事。南宋益王、广王逃亡闽广,建立行朝政权后,"所在煽惑",鄂州属县民傅高亦起兵响

---

① 《元文类》卷四十《经世大典序录·赋税夏税》。
② 《元史》卷十《世祖纪七》。

应。元军守将万户郑鼎怀疑鄂州大姓与傅高勾结,倡言先除掉鄂州大姓,将鄂州城中南人统统捕杀,以绝祸本。贾居贞及陈天祥以为傅高"鼠子无知",行将就戮,城中大姓没有参预,竭力予以阻止。最终全部释放了被捕者,颇得鄂州民众拥护,许多城中新民也参加了守卫鄂州和防御贼寇①。

阿里海牙"承制"委任万户史格行宣慰司于静江,史格也能不辱使命,治绩颇显。如重建静江官舍民居,"画地募民",命乡县之豪"析族城居",行徇广西等二十余州,派遣万户、千户分戍②。

阿里海牙还善于激励部属建功立业,并能够身先士卒,为其表率。沙市激战前夕,他曾与将士盟誓:"自今功者,健儿升长百夫,百夫长千夫,千夫长万夫,万夫取进止",使全军士气大振。进攻潭州,百日不下,阿里海牙身中流矢,创伤甚重,却督战益急,申命诸将:"凡所由久顿兵者,卒伍前驱,诸将安行其后也。自今万夫、千夫、百夫皆居前列,有退屻者,定以军兴法从事"。此令一出,三日即克潭州城③。

姚燧在谈到当年跟随阿里海牙转战荆湖南北和以功加官晋爵者时说:

> 今列其由省幕戎廖与所受降,登宰相者二:蒙古带、阿剌韩,平章十二:奥鲁赤、虎突帖穆儿、阿力、史格、吕文焕、帖穆耳不花、李庭、李恒、张弘范、刘国杰、程鹏飞、史弼,右丞四:唆

---

① 《元朝名臣事略》卷十一《参政贾文正公》;《元史》卷一百五十三《贾居贞传》,卷一百六十八《陈天祥传》。
② 《牧庵集》卷一六《平章政事史公神道碑》。
③ 《元朝名臣事略》卷二《丞相楚国武定公》。

突、完颜那怀、阇出、乐落也讷,左丞四:塔海、唐兀带、刘深、赵修己,参政十三:贾文备、郑也可、何玮、张鼎、樊楫、朱国宝、张荣实、囊家带、乌马耳、索罗合答耳、高达、马应龙、云从龙,都元帅、宣慰使、总管、万夫、千夫之长,又什伯。是观出其门者众多,又足征公善推劳人也。①

从这份名单可以窥知,阿里海牙提拔部将如云,也能够体现阿里海牙及其部属起家湖广,建功湖广之梗概。

阿里海牙在创建湖广行省过程中,将其部属四十五人提拔至行省参知政事以上。其中奥鲁赤、李恒、吕文焕、忽都帖木儿、张鼎、刘国杰、贾文备、樊楫、唆都、朱国宝、唐兀带、史格、程鹏飞、刘深等十余人,又相继任职于湖广行省。视元前期的湖广行省为阿里海牙控制或其部属云集的省份,似乎毫不过分。如张鼎先充阿里海牙的"属吏",一度被提拔为湖广行省参政,至元十五年(1278年)六月经内侍刘铁木儿奏劾,方罢去。尤其是程鹏飞,原系兴元板桥张万户的掳掠奴隶,也被阿里海牙以军功擢为参知政事,后升至湖广行省平章②。这在元代诸行省中是很少见的。

总之,阿里海牙圆满地实现了忽必烈命令其留戍鄂州,经略荆湖南北的战略意图,他在鄂、湘、桂、琼、黔的攻城略地,几乎"半宋疆理"。这就从辖区范围、安抚降民、羁縻洞蛮、赋税制度、军事镇戍、委任官吏等方面,初步奠定了湖广行省基本规模。称阿里海牙为湖广行省的创建者,似乎不过言。

① 《牧庵集》卷十三《湖广行省左丞相神道碑》。
② 《元史》卷十《世祖纪七》;《辍耕录》卷四《贤妻致贵》。

忽必烈曾以御笔褒奖阿里海牙:"昔鲁鲁合西地生阿里海牙,为大将有功,信实聪明而安详。其加卿为阿虎尔爱虎赤,嫡近越各赤"①。阿里海牙原系忽必烈宿卫士,此次破格擢为"阿虎尔爱虎赤,嫡近越各赤",并以御笔赞誉,可谓最高奖赏。也可以说是对阿里海牙经略荆湖南北,创建湖广行省的肯定和评价。

大德五年(1301),元朝以鄂州在江南诸城中首先降附,又曾是忽必烈亲征之地,易其名为武昌②。此名至今相沿未改,可以用来见证或纪念这段不平凡的经历。

另外,一些史料说,当年忽必烈渡江后射中一只老虎,未死。宿卫士阿里海牙下马徒步用长矛将此虎刺死③。此说带有一定传奇色彩,倘若属实,倒是和阿里海牙继续完成当年忽必烈未竟的攻略荆湖大业,偶然暗合。

二、久任湖广与要束木钩考

世祖朝后期,湖广行省曾出现以严酷闻名的要束木钩考。这次钩考持续五、六年,不仅直接针对理财官员,还造成了湖广行省创建人阿里海牙被逼自杀等严重后果。

要束木钩考的缘起,是阿里海牙在湖广行省长期任职和尾大不掉,引起了朝廷官员的非议。

世祖朝中后期,湖广行省曾发生过二万户蒙古军与奥鲁赤四万户交替换防,阿里海牙一度竭力阻挠的情况。

《清容居士集》卷二六《玉吕伯里公神道碑》载:平定南宋后,

---

①　《元文类》卷五十九《湖广行省左丞相神道碑》。
②　《元史》卷六十四《地理志六》。
③　《元朝名臣事略》卷二《丞相楚国武定公》。

玉吕伯里氏伯行随从江淮行省丞相阿塔海镇扬州。阿塔海奏请
皇帝批准,欲以扬州四万户蒙古军移镇鄂西,而以鄂州两万户蒙
古军更戍于扬州。此事通报湖广行省丞相阿里海牙,使者相望,
阿里海牙却不肯发军。江淮行省丞相阿答海派遣伯行乘驿前
往,宣布朝廷的旨意。话音刚落,阿里海牙色赤反目,甚为恼怒。
伯行走上前去说:"丞相何怒,怒且不敬。"阿里海牙害怕地回
答:"吾怒阿答海。"伯行又说:"上旨非淮相所造,公怒殆怒上,
愿亟归。"阿里海牙更加害怕,具酒食招待伯行,以示谢悔,随后
遵旨发军。

《玉吕伯里公神道碑》中的扬州四万户军和鄂州两万户军,未
明言是蒙古军,但从《元史·兵志二·镇戍》所载:至元十七年"七
月……复以扬州行省四万户蒙古军更戍潭州"看,扬州四万户军
和鄂州两万户军,都是蒙古军。

根据《玉吕伯里公神道碑》,湖广行省二万户蒙古军与江淮行
省四万户蒙古军的互换,最终还是实行了。

至元十九年(1282)四月,江南行御史台弹劾:阿里海牙占降
民为奴,而以为征伐所得私属,数以万计。为此,元世祖曾降诏打
圆场:命其将降民还有司,掳掠民赏有功部将①。

翌年,刑部尚书崔彧上疏劾:阿里海牙掌兵民之权,子侄姻党,
分列权要,官吏出其门者,十之七八,威权不在阿合马之下,理应罢
职理算②。所谓"理算",就是钩考的同义语。

此类奏疏估计不止两篇,所言基本属实,在主张削弱阿里海牙

---

① 《元史》卷十二《世祖纪九》;《道园学古录》卷十五《户部尚书马公墓碑》。
② 《元史》卷一百七十三《崔彧传》。

权力的政议中有一定的代表性。

尽管这两条罪状都有蒙古军前掳掠俗和行省制度不完善等客观原因,但阿里海牙的个人责任也不容忽视。至元二十三年(1286年)四月,元廷派遣要束木钩考荆湖省钱谷①,或许就是江南行御史台及崔彧上疏奏劾的实际成果。

至元二十三年钩考钱谷,显然是主要针对湖广行省左丞相阿里海牙。

起初,阿里海牙反映强烈,曾上奏攻击要束木:"要束木在鄂省钩考,岂无贪贿?臣亦请钩考之"。忽必烈勉强接受了同时钩考要束木的奏请,派遣中书省参政秃鲁罕、枢密院判李道及治书侍御史陈天祥偕往。

据说,要束木在所欲为不顺利的情况下,唆使阿里海牙的仇人怨家赴京师告状,其姻党桑哥又以此为左验,行其谗言。

不久,互请钩考的结果揭晓:阿里海牙被逼自杀,忽必烈肯定要束木对阿里海牙的揭发,并同意要束木所言,追逮连引相关人员,严加究问②。阿里海牙旧部之一、湖广行省右丞史格在这次毫推缕剔的钩考中,也因曾经督造海舰,费计巨万,受到检核,最终强制赔偿军民钞三万锭③。半年后,要束木籍没阿里海牙家赀,运往京师。《元典章》中的一件公文所言阿里海牙妻郝氏呈献在官的潭州柑园④,估计也是此次籍没家赀的一部分。

---

① 《元史》卷十四《世祖纪十一》。
② 《元史》卷十四《世祖纪十一》至元二十三年五月己巳、六月辛丑;《柳待制集》卷十《元赠中议大夫同金枢密院事宋公墓志铭》。
③ 《牧庵集》卷十六《平章政事史公神道碑》。
④ 卷十九《户部五·赵若震争柑园》。

要束木本人则因揭发和钩考阿里海牙有功,爬上了湖广行省平章的宝座。朝廷还重新派遣中书省断事官秃不申钩考湖广行省钱谷①,以期彻底弄清阿里海牙在理财方面的问题。

至元二十六年(1289年)尚书省右丞相桑哥将钩考钱谷进一步推广到江淮、江西、福建、四川、甘肃、陕西六行省,同时,特许湖广行省钱谷由其平章要束木"自首偿"②。所谓"自首偿",是指湖广行省此时的钩考不派朝廷官员,而是由平章要束木自己主持。钩考对象,则是湖广行省所属官吏及欠税民户。钩考的内容,包括地方官所掌赋税积年逋欠和征收过程中的奸赃、侵牟之类。具体做法不外是置局稽察籍册,强制追征逋欠,清查官吏奸赃。

要束木曾征集诸道官吏数千人于湖广行省,命荆湖北道宣慰司同知孙显主持计局,长时间地拘留审查各路计吏③。追征民间积年赋税逋欠,更是"备极残酷"。常常是订立期限送官,榜掠号哭之声相闻,民众被逼,甚至鬻田宅、嫁妻女,或赴水自戕。人死无法追究,则强迫亲戚邻里代偿。据说,要束木自定全省追征逋欠十五万锭,"程督日严",忽必烈赦令颁下,经同列史格力争,才减为追征五万锭④。

要束木又威逼官吏,令自首偿还属民馈遗财物及酒食,督责使者,每日多达十余辈。某总管被逼无奈,只好标草老婢,鬻卖得值,以输其赃,后来竟依此项输赃免其官职⑤。还命令庶民自行举报

---

① 《元史》卷十四《世祖纪十一》至元二十三年十二月。

② 《元史》卷二百五《桑哥传》。

③ 《牧庵集》卷二十四《少中大夫孙公神道碑》。

④ 《牧庵集》卷十六《平章政事史公神道碑》。

⑤ 《牧庵集》卷二十八《中奉大夫荆湖北道宣慰使赵公墓志铭》。

平宋初州县敛银数,随地置狱,株连蔓引,民众因考掠瘐死者载道①。要束木又将许多输赃掩为己有,甚至强迫路州官钱粮数额"增羡",稍有怠慢,立刻逮捕关押,非死不释②。

要束木钩考,本来属于财政审计,主要效用是搜刮财富,其背后也掺杂着削弱行省等地方官府权力等部分政治因素。由于要束木钩考,结束了湖广行省的阿里海牙支配体制,对湖广行省自身的影响似乎更大些。

以钩考得势起家的要束木,是权相桑哥的姻亲。至元二十二年(1285年)二月要束木被提拔为湖广行省右丞,奉命与参政潘杰"专领"本省课程财赋事③。这应是要束木任职湖广行省的开始。至元二十三年(1286年)四月中书省拟奏要束木为湖广行省平章,脱脱忽为参知政事。忽必烈谕旨道:"要束木小人,事朕方五年,授一理算官足矣。脱脱忽人奴之奴,令史、宣使才也。读卿等所进拟,令人耻之"④。尽管忽必烈对要束木评价并不高,但在桑哥的支持下,要束木后来仍凭借钩考阿里海牙之功,获取了湖广行省平章的官职。

至元二十五年(1288年)五月忽必烈还以诏书决定湖广行省管内并听要束木和另一名平章秃满节制⑤。要束木依仗桑哥的援藉,怒詈同列,辩诈鸷刻,声势甚张。右丞刘国杰平叛捕盗,屡有功

---

① 《牧庵集》卷二十八《中奉大夫荆湖北道宣慰使赵公墓志铭》;《元史》卷一百六十三《乌古孙泽传》。
② 《元史》卷一百六十三《乌古孙泽传》。
③ 《元史》卷十三《世祖纪十》。
④ 《元史》卷十四《世祖纪十一》。
⑤ 《元史》卷十五《世祖纪十二》。

勋,要束木却压抑不以奏闻。另一名平章史格为忽必烈所熟识信任,要束木才不敢用言语脸色相侵辱①。治书侍御史陈天祥奉命参与钩考湖广行省钱谷,上疏奏劾要束木凶暴不法,反而被要束木勾结桑哥,诬陷系狱近四百日,必欲置之死地。幸而按部湖广的江南行御史台监察御史申屠致远上章营救,才未得逞②。由于担心对自身的监察检举,要束木还通过桑哥一度奏罢湖北道按察司③。

要束木权势最盛之际,遇正月初一,百官会行省,要束木竟先召他们至私邸,受贺完毕,才到行省官邸举行望阙贺岁的仪式④。气焰可谓嚣张之至。

要束木钩考,引起了较严重的社会骚动和朝野反对。他的为非作歹,在湖广行省造成很大祸害。桑哥被杀后,全国范围的钩考钱谷基本停止,湖广行省钩考也以罪恶和失败落下帷幕。以钩考起家的桑哥妻党要束木,此时被列出数十条罪状,籍没家赀,先是逮捕入京,不久,为平息湖广吏民的怨恨,忽必烈特降诏:押送回湖广行省处死⑤。

三、哈剌哈孙主持湖广行省

至元二十八年(1291 年)以后,忽必烈亲自选拔哈剌哈孙主持

---

① 《至正集》卷四十八《刘平章神道碑》;《牧庵集》卷十六《平章政事史公神道碑》。
② 《归田类稿》卷十《资德大夫中书右丞议枢密院事陈公神道碑》;《元史》卷一百六十八《陈天祥传》,卷一百七十《申屠致远传》。
③ 《元史》卷一百七十三《崔彧传》。
④ 《元史》卷二百五《桑哥传》。
⑤ 《元史》卷十六《世祖纪十三》至元二十八年二月丙戌,五月甲辰。

湖广行省政务,该省得到了一段难得的休养生息。

哈剌哈孙,斡剌纳儿氏答剌罕启昔礼之裔孙,至元九年(1272年)奉命入掌宿卫,袭答剌罕。至元二十八年,忽必烈感到,湖广行省因要束木构祸而失于治理,欲起用哈剌哈孙。御史台臣却以为哈剌哈孙担任大宗正执法平允,欲让其继续留任旧职。忽必烈裁定道:"湖广之地,朕尝驻跸,非斯人不可",立即任命哈剌哈孙为湖广行省平章①。平章哈剌哈孙还举荐原先的属官秃忽鲁担任右丞以"自辅",共同整顿和治理湖广之地②。

湖广行省地处原南宋统治西南区域,阶级矛盾与民族矛盾交织错综,一直比较尖锐。哈剌哈孙下车伊始,发现洞庭湖湘江一带南宋末以来巨盗啸党出没,剽取商旅货财,近二十年未能制服。于是,选士卒付以方略,全部捕捉斩杀。还听从右丞秃忽鲁"树茂鸟集,树伐则散,戮一人足矣"的建议,果断将贿赂官府、交通群盗的江州"盗首"、"猾民",处以死刑。

对于八番两江溪洞蛮獠,哈剌哈孙也能审利病,简僚佐,抚兵民,做到威行德流,钱谷刑狱,井井有条。

一次,忽必烈降诏旨:发湖南富民万家,屯田广西,以图交趾。哈剌哈孙暂缓署案实施,秘密遣使者向忽必烈奏报:"往年远征无功,疮痍未复,今又徙民瘴乡,必将怨叛"。促使忽必烈批准了停止徙民的请求。不久,哈剌哈孙又根据广西元帅府的提议,招募南丹等地土著民,立为五屯,设屯长,官给牛种农具以屯田。

---

① 《中庵集》卷十五《丞相顺德忠献王碑》;《元史》卷一百三十六《哈剌哈孙传》。
② 《元史》卷一百三十四《秃忽鲁传》。

常德、澧州、辰州等地大水,哈剌哈孙迅速开仓廪以赈济。湖南宣慰使张国纪建言,欲仿唐、宋旧制恢复湖广夏税,哈剌哈孙及右丞秃忽鲁坚决反对,奏闻止其议①。

至元二十九年(1292 年)行枢密院副使刘国杰征讨辰州叛蛮,移文索取辰、澧、沅等州民间弩士三千,哈剌哈孙起初不许,经右丞秃忽鲁劝说,最终依行枢密院请求拨与弩士②。对途经湖广境征交趾的军队,哈剌哈孙严加训诫,禁止扰民。有强夺民户鱼菜者,哈剌哈孙杖其千户长,全军肃然③。

哈剌哈孙与后来担任行省右丞的刘国杰相知相得,还以如何了解和接受"汉人之学",向刘右丞问计④。

第三节　相威行御史台于江南

至元十四年(1277 年)七月,为了加强对江南新征服区域"方伯连帅"、"大小官吏"的监督和"临察",忽必烈降诏设置了以蒙古勋旧相威"为头"的行御史台⑤。行御史台是元世祖忽必烈所独创,它作为御史台的派出和分设机构,对元帝国监察制度的发展和监察网络构建,具有特别重要的意义。

---

① 《中庵集》卷十五《丞相顺德忠献王碑》;《元史》卷一百三十四《秃忽鲁传》。
② 《元史》卷十《世祖纪七》至元十六年七月壬戌,卷一百三十四《秃忽鲁传》。
③ 《中庵集》卷十五《丞相顺德忠献王碑》。
④ 《至正集》卷四十八《刘平章神道碑》。
⑤ 《南台备要》,《立行御史台命相威为御史大夫制》,《永乐大典》卷二千六百一十。

首任南台御史大夫相威是札剌亦儿部著名勋臣木华黎国王裔孙,嗣国王速浑察之子。相威喜好延请汉人士大夫,听他们讲读经史,谈论古今治乱,接受了较多的政治经验和文化营养。日后相威临大事,决大议,言必中节,很大程度上受益于这种喜好。

相威崭露头角,是从平宋战争开始的。

至元十一年(1274年)忽必烈命令相威统领其父速浑察原领弘吉剌等五投下军团南下伐宋。该军团自正阳城出发,先后攻取安丰、和州、司空山、野人原,由安庆渡长江东下,与伯颜丞相大军会合于润州。随后,以左路军收服江阴、华亭、澉浦、上海,进屯盐官。宋恭帝赵㬎投降后,相威又移驻瓜州,与阿术会合进攻扬州,在扬子桥战役中击败宋都统姜才。

至元十三年(1276年)秋,相威应忽必烈召入觐,以功授金虎符、征西都元帅,统领汪总帅巩昌军镇西土,抵御叛王海都和昔里吉进犯。

至元十四年(1277年),忽必烈创设江南行御史台,又将相威召回京师,任命他为行台御史大夫。

在近七年的行台大夫任内,相威主要做了三方面的事情:

第一,选拔台察官员。

相威就职伊始,立即上奏:“陛下以臣为耳目,臣以监察御史、按察司为耳目。倘非其人,是人之耳目先自闭塞,下情何由上达。”忽必烈赞同他的奏议,命令御史台严格行台监察御史、按察司官吏的选拔。

行台监察御史等铨除方案往往是由朝廷御史台拟出,送至行台长官处征求意见。相威躬自主持召集幕僚御史,共同议论其可否。不协公论者,即从原方案中劾去。相威视监察御史为“耳

313

目",尤其重视行台监察御史等属官选择,躬自审议监察御史"除目"草案①,既控制行台人事权,又藉以影响行台监察活动全局。他还慎重拣选所属吏员,署用原按察司书吏白恪为南台掾史,充当文墨方面的助手。

第二,上疏极言军民利弊。

相威命令掾史白恪起草便民事二十件,包括合并行省,削减冗官,钤结镇戍,拘收官船,安置流民,检复旧官,馈遗入赃,淮浙盐运司直隶行省,行大司农司营田司并入宣慰司,理讼勿分南北,公田召佃仍减其租,革去南宋胥吏勿容作弊等。据说,相威大夫朝见世祖时,将此二十事当面陈述,竭力阐发,忽必烈采纳了其中十五件②。

至元十八年(1281年)范文虎、李庭率十万大军浮海征日本遇飓风,士卒十丧六七。忽必烈震怒,欲派遣阿塔海再次率军征日。相威遣使者入奏:"倭人不奉职贡,可伐而不可恕,可缓而不可急。向者师行迫期,战船不坚,前车已覆,后当改辙。今为之计:预修战舰,训练士卒,耀兵扬武,使彼闻之,深自备御;迟以岁月,俟其疲怠,出其不意,乘风疾往,一举而下,万全之策也"。忽必烈听罢,再征日本的意图有所淡化,罢止了这次军事行动。

相威还奏言:皇太子真金既为中书令,应领抚军监国之任,建议选正人端士,设立太子詹事、宾客、谕德、赞善等官,卫翼左右,以

---

① 《元史》卷一百二十八《相威传》。

② 《元史》卷一百二十八《相威传》云:相威"继陈便民一十五事……帝皆纳焉"。《清容居士集》卷二十七《朝列大夫同金太常礼仪院事白公神道碑》。相威借朝见的机会,将史白恪起草便民事二十件"力陈之,允十有八"。可见,《白公神道碑》所说:便民事二十件,是相威面陈的数目;《相威传》所云:便民一十五事,乃忽必烈采纳允许的数目。

树国本。忽必烈深以为言之有理。

宋代台、谏合一已成定制，元承宋制，御史台监察官兼有谏院之职，故亦有言官的称号。南台大夫相威的上述陈奏，正体现了言官议论朝政的职司。

第三，纠劾或奉旨按问行省等军政官员。

至元十五年（1278年），浙东一带出现盗贼，浙西宣慰使昔里伯平定盗贼时，纵兵大肆掳掠，俘及平民。相威派遣御史商琥在钱塘江渡口检查，释放无辜数千。御史台掾诘问相关人员，不伏，昔里伯逃回京师。相威奏劾并经忽必烈诏旨批准，将他押回扬州治罪①。

至元十七年（1280年）忽必烈命令相威检核湖广行省平章阿里海牙及忽都帖木儿等所俘人口三万二千余，皆放免为民。至元十九年（1282年）相威又奏劾阿里海牙占降民一千八百户为奴。阿里海牙辩护说：是为征讨所得。忽必烈降旨：真是降民，则归还有司；若是征讨所得，命御史抄籍数目奏闻，量情赐有功者。

行御史台纠劾行省长官，常常遇到挫折或风险。这种形势下，行台大夫相威出面执着力争，就十分重要了。南台御史滕鲁瞻劾阿里海牙自以为功比伯颜而请赐养老户，反遭阿里海牙攻击。忽必烈命令使者赴南台逮问滕鲁瞻。相威出面鸣不平："为臣敢尔欺诳邪，滕御史何罪。"随即驰驿奏闻，终于让使者回京了事。

至元十六年（1279年）相威还奉命参与按问权相阿合马不法案。当阿合马称疾不出时，相威厉声警告："奉旨按问，敢回奏耶"，强令其"舆疾赴对"。事后，还受到忽必烈："朕知卿不惜颜

---

① 《元史》卷一百二十八《相威传》，卷十《世祖纪七》至元十五年十月庚午。

面"的赞誉。足见南台大夫相威所受的信任和所具有显赫地位①。

至元二十年(1283年),相威转任江淮行省左丞相,翌年死于赴任途中。相威筹建和主持江南行御史台的历程,就此结束。接任南台大夫的是忙兀部勋旧博罗欢。应该承认,江南行御史台的基本体制大抵是相威大夫构建的。

第四节　赛典赤等抚定云南

一、云南王忽哥赤被杀及处理

忽必烈曾经说:"云南朕所经理,未可忽也"②。云南曾为藩王时期的忽必烈亲自征服,也是他在成吉思汗子孙中值得炫耀的一份军功。在位三十余年间,忽必烈对云南地区的治理一直格外重视。

早在至元四年(1267年)八月,忽必烈就封皇五子忽哥赤为云南王,赐第四等金镀银印驼纽,统辖大理、鄯阐(昆明)、茶罕章(丽江地区)、赤秃哥儿(贵州西部)、金齿(保山、德宏、临沧、思茅、西双版纳等地区)等处。又设立大理等处行六部,掌管行政,以阔阔带为尚书兼云南王傅,柴桢为尚书兼府尉,宁源为侍郎兼司马③。

忽哥赤是朵儿别真哈敦所生,在庶子中年龄居长,不仅得以较早受封出镇云南,还能和燕王真金、安西王忙哥剌、北平王那木罕三皇嫡子一道获取白银三万两的赏赐④。

----

① 《元史》卷一百二十八《相威传》。
② 《元史》卷一百二十《立智理威传》。
③ 《元史》卷六《世祖纪三》。
④ 《元史》卷六《世祖纪三》至元四年三月己亥。

316

由于蒙古军占领云南以后一直是都元帅为首的军事统制，兀良合台、宝合丁之类的都元帅实际掌握着云南的最高统治权。忽哥赤封云南王出镇该地，自然容易引发最高统治权谁属的纠葛。

三十七部都元帅宝合丁专制多年，有窃据西南的野心，对云南王忽哥赤的受封十分嫉恨。至元八年（1271年）宝合丁与尚书阔阔带合谋，趁设宴之机，置毒酒中，毒杀了云南王忽哥赤。还贿赂王府官不得泄露。

王府文学张立道闻讯，急忙赶去见忽哥赤，被守门者阻拦。张立道愤怒地与守门者争执。忽哥赤听到张的声音，特意让人把张召入，还令张以手指探察口中被毒酒腐蚀的皮肉。当天夜里，忽哥赤死亡。宝合丁意得志满地坐上忽哥赤的交椅，又派人向王妃索取云南王印。

忽必烈接到密报，命令忙兀部勋旧博罗欢等到云南按问此事，杀掉了元凶宝合丁及王府官受贿者。忽必烈又亲自听取张立道关于忽哥赤被毒害的奏告，泣数行下，嘘唏良久，又称赞张立道："汝等为我家事甚劳苦。"①

在选派博罗欢处理云南王忽哥赤被毒杀案件时，忽必烈煞费苦心，知人善任。博罗欢则恪尽职守，不辱使命。

原先，中书省四次举荐赴云南治狱人选，忽必烈均不满意。线真丞相推荐忙兀部勋臣博罗欢，且以"败事，臣请从坐"担保。忽必烈才表示认可。

博罗欢觉得事关重大，于是推辞说："臣不爱死，第年少且不

---

① 《元史》卷一百六十七《张立道传》；《元文类》卷五十九《平章政事蒙古公神道碑》。

知书,惟恐误事"。忽必烈回答:"朕方恃卿求皇子死,尚书别帖木儿知书,惟可使之簿责。其事是否,一委自卿,明日慎无归咎辅行也"。又嘱咐博罗欢饮酒以敌云南瘴气。

抵达大理前四、五驿,宝合丁遣人携黄金六簇前来迎接。博罗欢想到,宝合丁握兵徼外,若拒绝接受,恐怕会导致叛变。于是,好言安抚。最后,查明了毒害皇子案件,杀掉了宝合丁等,重新将黄金归还官府①。

云南王忽哥赤被杀事件,似乎让忽必烈领悟到一条经验教训:单纯的皇子宗王出镇,不足以应付云南等处较为复杂的政治军事形势,在皇子宗王出镇的同时,还应该有行省重臣具体治理。赛典赤·赡思丁抚治云南,就是根据这一经验教训而作出的安排。

二、赛典赤抚滇

赛典赤·赡思丁,回回人,伊斯兰教什叶派创始人阿里的后裔。成吉思汗西征时,赛典赤率众归附,充宿卫,历任丰、净、云内三州都达鲁花赤,太原、平阳二路达鲁花赤,燕京断事官等。忽必烈即位后,又升任燕京宣抚使、中书省平章政事、陕西四川行中书省平章等。他善于理财,办集经营,甚为切当,又轻财安民,颇有人望,被称为回回人中有良德者②。

至元十一年(1274年)忽必烈任命赛典赤·赡思丁为云南行省平章政事。临行前,忽必烈对他说:"云南朕尝亲临,比因委任失宜,使远人不安,欲选谨厚者往抚治之,无如卿者。"

---

① 《元文类》卷五十九《平章政事蒙古公神道碑》。
② 《中堂事记》(中),中统二年六月四日,《秋涧集》卷八十一。

赛典赤·赡思丁深知云南局势复杂,社会不安,治理抚慰,决非易事。为了不辜负忽必烈的希望和信任,赛典赤·赡思丁受命以后,立即访求云南地理,绘制山川城郭、驿舍军屯、夷险远近等为地图,以此作为抚治云南的准备。

忽必烈平云南后,该地一直留有蒙古宗王镇守。如何处理与镇守云南蒙古宗王的关系,是赛典赤到达云南后最先遇到的难题。

当时,镇守云南蒙古宗王脱忽鲁受部下的蛊惑,以为赛典赤的到来是为夺他的权,特意预备兵甲作防范。

赛典赤采取了一方面尊重宗王,一方面逐步加强行省权力的策略。

他主动派遣长子纳速剌丁去见宗王脱忽鲁,禀告说:"天子以云南守者非人,使诸国背叛,故命臣来安集之,且戒以至境即加抚循。今未敢专,愿王遣一人来共议。"脱忽鲁听罢,责骂其部下:"吾几为汝辈所误。"

次日,脱忽鲁果然派遣撒满、位哈乃两名亲臣前来,赛典赤设宴款待,又将忽必烈所赐的金宝、饮器转赠给他们。二人大喜过望。赛典赤对他们说:"二君虽为宗王亲臣,未有名爵,不可以议国事,欲各授君行省断事官,因未见王,未敢擅授"。一名亲臣先回去禀报,脱忽鲁听罢大悦。

赛典赤令宗王派遣断事官参与议事的做法,完全符合蒙古国燕京等处行尚书省的旧例,消除了脱忽鲁权力被夺的担心,故宗王乐意接受。宗王置断事官,又使其行政权力纳入行省框架。

除位哈乃(又作月忽乃)外,赛典赤又让长子纳速剌丁担任断事官,杨琏任左右司郎中,塔木丁任员外郎,梁曾、侯瑞任都事,组成了长官以下的办事机构。自中书省译史随从赛典赤转任至云南的西域人怯烈,也被署为幕官,后升为左右司员外郎。由此,行中书省获得了施政主导权,云南政令开始一听赛典赤所为。

行省建立以前,云南境内主要是都元帅为首的军事统制,军权握于三十七部都元帅之手。其高级军政机构又是宣慰司、都元帅府及元帅府并立,军政号令不统一,权力相当分散。赛典赤提议:宣慰司兼行都元帅府及元帅府事,从官署上把它们统一起来,又一并听云南行省节制。这项奏请得到忽必烈的批准。不久,赛典赤任命阿鲁(又作爱鲁)、纳速剌丁为云南诸路宣慰使都元帅,杨琏为宣慰使副都元帅。

至元十二年和至元十五年,经朝廷同意,赛典赤先后签取落落、蒲纳烘等处军二万,交付行省,以供征讨①。于是,通过宣慰司都元帅,行省控制了境内大部分军事权。原先都元帅为首的军事统制也被行省所取代。

原大理国内的行政建置,部分为唐以来的州县,部分为诸蛮部落,合为三十七部。蒙古军占领后,包括原有州县在内的三十七部,移植蒙古军民合一的旧俗,设万户、千户管领行政事务。这似乎是汉唐以来西南郡县化趋势的一种倒退。赛典赤奏请忽必烈批准,着手将各地的万户、千户改造为路府州县。如普安路,唐为西平州,蒙哥汗七年(1257年)内附,置于失万户,至元十三年(1276年)改普安路总管府;晋宁州,古为夜郎,唐为晋宁县,大理国时为阳城堡部,蒙哥汗七年立阳城堡万户,至元十二年(1275年)改晋宁州;剑川,原为南诏六节度之一,蒙哥汗七年立义督千户,至元十

---

① 《元史》卷八《世祖纪五》至元十二年七月壬申,卷十《世祖纪七》至元十五年四月丙辰,卷九十八《兵志·兵制》,卷一百二十二《爱鲁传》,卷一百三十三《怯烈传》;《雪楼集》卷二十五《魏国公先世述》。

一年(1274年)罢千户,立剑川县。元人赵子元说,赛典赤所设置的路计有二十余个,州县计一百余个。又精简当地冗官,每年节省俸金九百余两①。原大理国王后裔段实也被任命为大理路总管②。

改置路府州县,进一步完善了行省在当地的统治体系和基础。

赛典赤还将云南行省治所正式设于地处滇中的中庆路,作为新的政治、经济、文化中心。这既利于统摄全局,又可以摆脱大理段氏和前蒙古都元帅旧势力的羁绊。

在发展生产和屯田方面,赛典赤也建树颇多。

滇池方圆五百里,夏季暴雨泛滥成灾,不仅淹没周围的田地,还殃及中庆路城郭。赛典赤在大理等处巡行劝农使张立道的协助下,调集民夫二千,一方面疏浚上游源头以蓄水,一方面开掘通导下游出水口以泄水,构成一个良好的储存排泄系统,避免了水患,还获得良田万顷。

当地的白人(爨僰)文明程度较高,已经知晓蚕桑,但尚未懂得饲养的良法。张立道首次教授他们内地的先进方法,比以前收到了十倍的利益,云南民众由此更加富庶。

农桑水利的发展,引起边远山区罗罗人的仰慕,他们相继主动归降③。

赛典赤又命令中庆路达鲁花赤爱鲁整顿永昌一带的土地疆界,增加了相当多的纳税土地。爱鲁还奉命清查中庆路所属州县户口,检得隐漏户一万余,以其中4197户立民屯,官给田17022双

---

① 《元史》卷六十一《地理志四》,卷一百二十五《赛典赤·赡思丁传》;《万历云南通志》卷十五《赛平章德政碑》。
② 《元史》卷一百六十六《信苴日传》。
③ 《元史》卷一百六十七《张立道传》。

（一双为四亩），自备私田 2602 双。这一时期，赛典赤所主持的屯田还有威楚、大理、鹤庆、曲靖、临安等六处，总计屯田 33774 双，14572 户。起初，赛典赤所定的屯田租额为每亩二斗，大约相当于当地民间田租的一半①。举办屯田，使荒田开垦，民众安居乐业，官府控制的赋税对象也随之增多了。

赛典赤在任期间，云南的驿站交通亦有很大发展。

至元十三年（1276 年）他奉诏开通从中庆路到乌蒙的驿道，命中庆路达鲁花赤爱鲁率军前往督办。两年间，水陆皆置，共设站赤九处。乌蒙以北的土官仰慕赛典赤的宽厚仁慈，故对在该地加设驿站提出附加条件："使我属赛典赤则可立站"。朝廷同意了他们的要求，得以在乌蒙以北另设五站。

赛典赤担心山路险恶遥远，盗贼出没，骚扰行旅，于是依据地势设立若干镇，每镇设土酋吏一人，百夫长一人，负责驿道安全。行人若被劫掠，要追究这些人的责任②。驿站的设置，对改变云南地区各自为政的状况和保证行省权力的贯彻，均有积极意义。

汉唐以来，云南虽有中原文化的传入，但丧葬婚嫁，不遵礼仪，子弟不知读书之类的落后情况仍很严重。身为穆斯林的赛典赤，却能在云南努力传播汉地先进的礼仪风俗和儒学文化。他向当地民众教授拜跪之节、婚姻行媒和丧葬棺椁祭奠。在张立道的辅佐下，赛典赤创建孔子庙和明伦堂，购买经史，拨授学田，又首次在大

---

① 《元史》卷一百《兵志三·屯田》，卷一百二十二《爱鲁传》；《云南各族古代史略》第 110 页，云南人民出版社 1977 年。

② 《元史》卷一百二十二《爱鲁传》，卷一百二十五《赛典赤·赡思丁传》，卷六十一《地理志四》；《永乐大典》卷一千九百四十七，《站赤》至元十五年五月六日。

理和中庆二路设置儒学提举,建学舍,劝士人子弟以学,迎蜀儒为师,行释菜礼,使云南儒学文化有了一定的进步。

另外,赛典赤奏请忽必烈批准,在云南暂不实行纸钞,顺应诸部之俗,特许"以贝为钱"①。

赛典赤对境内的少数民族及其首领,采取了怀柔安抚的政策,收到了良好效果。

赛典赤下车伊始,即委任大理国王后裔段实为大理路总管。后又因段实平定舍利畏叛乱和击败缅国象骑等功,赛典赤奏闻朝廷,赏赐金锭及金织纹衣,迁官大理蒙化等处宣抚使。

萝槃甸发生叛乱,赛典赤率兵前往征讨。途中,赛典赤面带忧色,随从问其原因,他说:"吾非忧出征也,忧汝曹冒锋镝,不幸以无辜而死,又忧汝曹劫虏平民,使不聊生,及民叛,又从而征之耳"。

军队到达萝槃城下,城民三日不降,诸将请求攻城,赛典赤不许,派遣使者晓谕情理。萝槃部主虽然表示愿意俯首听命,过了三天仍未投降,诸将奋勇请求进攻,赛典赤依然不允许。将士兵卒有主动登城进攻的,赛典赤大怒,立即鸣金制止,召万户斥责说:"天子命我安抚云南,未尝令杀戮也。无主将命而擅攻,于军法当诛"。接着,命令左右将擅自攻城者绑缚,诸将叩头,请求城下之时再作发落。萝槃部主闻讯后说:"平章仁厚如此,吾拒命不祥"。遂举国出降,有关将卒也获得释放。

于是,西南诸夷翕然款附。酋长每次谒见,照例有献上的礼

---

① 《元史》卷一百二十五《赛典赤·赡思丁传》,卷一百六十七《张立道传》;《大理路兴举学校记》,方龄贵《大理五华楼新出元碑选录并考释》第12页,云南大学出版社 2000 年。

物,赛典赤统统分赐随从官员,或者分给贫穷民户,自己丝毫不取。又备酒食犒劳酋长,送他们衣冠袜履,更换其草鞋草衣,酋长们异常感激喜悦。

赛典赤还能以德报怨,善待反对过自己的当地土官。数名土吏对赛典赤怨恨不已,去京师诬告他专擅僭越。忽必烈对身旁的侍臣说:"赛典赤忧国爱民,朕洞知之,此辈何敢诬告!"随即命令械系送回赛典赤处惩治。回到云南,赛典赤宽大为怀,命令解脱他们的枷锁,晓谕说:"汝曹不知上以便宜行事命我,故诉我专僭,我今不汝罪,且命汝以官,能竭忠自赎乎?"那些人叩头拜谢说:"某有死罪,平章既生之又官之,誓以死报"。

与云南相邻的交趾(又作安南),较早归附了元朝,但对蒙元皇帝苛刻的内属国条件始终不乐意顺从接受,故叛服不常,和元朝的关系往往很紧张。

赛典赤派人谕以顺逆祸福,且约为兄弟,交趾国王大喜,亲自到云南,赛典赤出城迎接,待以贵宾之礼。交趾国王深受感动,请求永为藩臣。至元十六年(1279年),赛典赤卒,年六十九。交趾王派遣使者十二人以系麻代之丧服前来祭奠,祭文中有"生我育我,慈父慈母"之语,和当地送葬的百姓一样,号泣震野①。

三、赛典赤之后的云南行省

赛典赤死后,忽必烈十分怀念他在云南的功绩,特意降诏:云南行省官员尽守赛典赤成规,不得辄改。忽必烈又担忧云南行省官对诸夷缺乏抚绥之方,故采纳近臣的举荐,任命赛典赤长子纳速

---

① 《元史》卷一百二十五《赛典赤·赡思丁传》,卷一百六十六《信苴日传》。

刺丁为云南行省左丞,主持政务。不久升职为右丞和平章政事。

纳速刺丁奉行其父的成规,主要做了三方面的事情:

第一,精简官署,划一事权。

纳速刺丁建言:云南境内有行省,又有宣慰司和都元帅府,近期宣慰司已经奏罢,而都元帅府尚存,行省既然兼领军民,都元帅府也应当废罢;云南官员子弟入质朝廷,大官子弟理当遣送入质,其余应罢免;精简哈刺章(大理)冗官,每年可省俸钱九百四十六两。

第二,减轻赋役,祛除弊政。

纳速刺丁又上奏:云南行省规措所造金箔贸易,损害民众,应罢止;屯田课程由专人主管,每岁能获得五千两的收入;放松道路之禁,畅通百姓往来;禁止负贩之徒随从征伐,废罢丹当站搜刮民财为饮食费用;允许民众砍伐树木货卖贸易;戒饬使臣勿扰民居,建立急递铺以节省驿骑。

第三,率军征讨招抚诸夷。

纳速刺丁担任云南诸路都元帅时,曾带领军队抵达金齿、蒲、骠、曲蜡、缅国,招安夷寨三百个,登录户口十二万二百。又规定租税,设置驿站,建立卫兵,并获得忽必烈的金银、锦衣等赏赐。尤其是在进攻缅国的作战中,以少胜多,战绩显著。(详见第十三章第三节)至元二十三年(1286年)四月,升任平章政事的纳速刺丁又奉忽必烈谕旨,分拨哈刺章、蒙古军一千人,赴交趾前线援助皇子脱欢①。

以上一、二条,虽然属于上奏建议,但大部分已被忽必烈批准

---

① 《元史》卷一百二十五《赛典赤·赡思丁传》,卷十二《世祖纪九》至元二十年十二月丙午,卷十三《世祖纪十》至元二十二年十二月戊子,卷十四《世祖纪一一》至元二十三年四月。

并付诸实施。纳速剌丁大抵继承了乃父的抚治云南的政策,既宽厚为怀,又不断改进行省建立发展中的一些弊病和不足,基本上实现了忽必烈的嘱托与希望。

至元二十八年(1291年),纳速剌丁调任陕西行省平章,翌年去世。而后,其子弟多人长期任职于云南行省,口碑很好。

云南行省由赛典赤·赡思丁父子所创建,他们在世祖朝主持云南政务长达十八年。似乎可以说,赛典赤·赡思丁父子是在忽必烈的支持下抚治云南功劳最大,影响最大的人物。

第五节　帝师与宣政院统辖吐蕃

蒙古对吐蕃地区的大规模经略,始于窝阔台子阔端。进入元朝以后,忽必烈对吐蕃治理的突出的建树是:首次以宣政院直辖的方式将吐蕃纳入中央政府的支配之下,首次在吐蕃建立以帝师为首脑的政教合一体制,首次以喇嘛教为纽带结成了蒙古皇帝与吐蕃政教上层之间的稳定联系。

一、宣政院等官府设置及其对吐蕃的管辖

宣政院及其所属吐蕃地区各级官府的设置,是忽必烈将吐蕃纳入中央政府的支配之下的第一步。

宣政院原名为总制院,至元元年(1264年)设置,至元二十五年(1288年)兼任总制院使的桑哥丞相,为"崇异"提高其地位,奏改为宣政院,职司依然是掌管天下佛教,兼治吐蕃之境。

宣政院及其前身总制院,都是忽必烈朝设立的管辖吐蕃地方的最高官署,秩从一品,与中书省、枢密院、御史台并为朝廷四大官

府,得以自选其官和径自上奏。它开始即以帝师总领,下设使、同知、副使等若干。由于宣政院之名来自唐朝皇帝接见吐蕃使臣所用宫殿,其实际管辖吐蕃的权力和职责似乎更重要些。

宣政院管辖吐蕃的职司为军民兼领,全面负责该地区的军、政、财、刑各种政务。正如元人所云:"自河之西,直抵吐蕃西天竺诸国邑,其军旅、选格、刑赏、金谷之司,悉隶宣政院所属"①。

宣政院属下是直接管理吐蕃地方事务的三道宣慰司,即吐蕃等处宣慰司都元帅府、吐蕃等路宣慰司都元帅府、乌思藏纳里速古鲁孙等三路宣慰司都元帅府。其下有元帅府、宣抚司、安抚司、万户府、千户所等。从宣慰使到万户的官员,由帝师或宣政院举荐,皇帝予以任命,万户和千户通常委以当地僧俗领袖,允许世袭②。例如乌思藏纳里速古鲁孙等三路宣慰司都元帅府下属十三万户,实际为十三个地方实力集团。原先十三万户没有高下尊卑之别,各自为政,互不统属,分别管理自己的地盘和属民,忽必烈有意扶植萨迦派,才使萨迦万户上升为十三万户之首。

首席宣慰使亦即吐蕃人所称"本钦",掌管所属军政事务。他作为朝廷任命的行政长官和当地政教合一体制下的世俗首长,负责直接管辖各万户,可以征调各万户的民伕,可以统率所属万户的军队。对犯罪万户,也可以审讯、处罚,乃至撤职。兼任萨迦万户的宣慰使本钦,有权管理其他十二个万户。宣慰使本钦释迦桑布

---

① 《元史》卷二百五《桑哥传》;《存复斋集》卷四《行宣政院副使送行序》。

② 王辅仁、陈庆英《蒙藏关系史略》,第43页,中国社会科学出版社1985年。

曾调集十三万户的人力修建萨迦大殿①。

元廷还在吐蕃地区实施设立站赤和清查户口。

忽必烈即汗位不久,即派遣总制院使答失蛮前往吐蕃进行第一次设立站赤和清查户口的工作。临行,忽必烈亲自向答失蛮下达圣旨云:

> 答失蛮听旨,吐蕃之地,人民勇悍……现今吐蕃之地无王,仰仗成吉思皇帝之福德,广大国土俱已收归我朝统治。萨迦喇嘛也接受召请,担任我朝的上师。上师八思巴伯侄,本是一方之主,其学识在我等之上,如今也在我朝管辖之下。答失蛮,汝品行良善,速前往萨迦一次,使我听到人们传颂强悍之吐蕃已入我薛禅皇帝忽必烈治下……路上所需各种物品,俱由御库官员拨给。自萨迦以下,可视道路险易,村落贫富,选择适宜建立大小驿站之地,仿照汉地设立驿站之例,立起驿站来。

第一次设立站赤和清查户口,正是在忽必烈圣旨委派的总制院官答失蛮主持下进行的。

答失蛮奉皇帝圣旨和帝师法旨,率一些随从,携带来往路途所需和御库所颁赏赐吐蕃僧俗官员的物品,前来吐蕃。他们先到达朵思麻,依次经过朵甘思,最后抵达萨迦寺。沿途召集各地僧俗民

---

① 王辅仁、陈庆英《蒙藏关系史略》,第47页,53页,中国社会科学出版社1985年;陈庆英《雪域圣僧——帝师八思巴传》第107页,中国藏学出版社2002年。

众,宣读圣旨和法旨,颁发堆积如山的赏赐品。遵照忽必烈的旨意,答失蛮从汉藏边界到萨迦之地,共设立了 27 个大驿站。其中,朵思麻设 7 个大的驿站,朵甘思设 9 个大的驿站,乌思藏设 11 个大的驿站,并具体规定了各万户为驿站提供祗应的办法。大驿站之外,另设一定数量的小站,专用于出兵时提供军需供应。

之后,忽必烈又特派大臣额济拉克,以同知之职,前往萨迦,掌管吐蕃全境新设立的 27 个大驿站。藏文史籍称,额济拉克是忽必烈派往吐蕃的第一位佩戴金牌的官员,赴吐蕃之前曾任职于忽必烈远征大理之际的沿途驿站。他生性好善,对萨迦派和佛教十分敬仰,在吐蕃任职期间,对乌思藏恩德甚大①。

与内地驿站管理相似,吐蕃的驿站管理自成系统,设站的地方,往往成为一块较独立的区域,不归属当地万户管辖。如遇到灾荒战乱时,朝廷还可以直接拨付所在站赤的供应补给。如至元二十九年(1292 年)九月因必里贡叛乱,忽必烈特别以诏令发给乌思藏五站各马一百匹,牛二百头,羊三百只的价银②。

忽必烈朝对吐蕃的清查户口,大约进行了三次。第一次是与 1260 年答失蛮在吐蕃设立 27 站同时举行。第二次是 1268 年元廷派遣阿衮、弥陵二官员负责,清查的对象除了户口,也包括土地。第三次是 1287 年忽必烈派遣御史和肃阿努汗与宣慰司本钦宣奴旺秋一同举行。

当时,户口计算以帐(户)为单位,夫妇二人,子女二人,奴婢

---

① 《汉藏史集》陈庆英译本,第 167 页——170 页,西藏人民出版社 1986 年。
② 《元史》卷十七《世祖纪十四》。

二人,合计六人为一小帐(户)①。按照此种计算方法,乌思藏纳里速古鲁孙地区第一次清查户口的结果为 36453 户②。清查户口之初,曾经划分过世俗民户和寺院属民,二者的比例可能是四比六。以上统计户口数,只限于承担官府赋役的万户、千户所属世俗民户,不包括寺院属民。

需要强调的是,吐蕃地区的万户、千户、百户的十进位组织编制,应是随清查户口而引入的蒙古制度。具体到乌思藏纳里速古鲁孙等三路宣慰司都元帅府下属十三万户,就是在八思巴主持下划分的,包括调整和确定各万户的辖区,委任万户长和千户长等③。

设立驿站和清查户口,应视为将吐蕃置于"我薛禅皇帝忽必烈治下"并实施有效管理的基本措施之一。

二、萨迦派"政教合一"体制的奠定

在忽必烈对吐蕃的经略和治理中,奠定萨迦派"政教合一"体制,是一项非常重要的建树。

简而言之,所谓萨迦派"政教合一"体制,就是以帝师兼萨迦派教主为吐蕃政教最高首脑,白兰王或萨迦本钦为行政主管,萨迦款氏家族成员及亲信为核心,僧职和世俗官员互相配合,共同统治吐蕃的体制。

---

① 王辅仁、陈庆英《蒙藏关系史略》第 45 页、55 页,中国社会科学出版社 1985 年。
② 《汉藏史集》陈庆英译本,第 187 页,西藏人民出版社 1986 年。
③ 陈庆英《雪域圣僧——帝师八思巴传》第 99 页、103 页,中国藏学出版社 2002 年。

正如本书第十六章所详言，中统初忽必烈皈依藏传佛教以后，尊八思巴为帝师，与八思巴结成了福田和施主的关系，由此开始了元廷重点扶植支持萨迦派和"帝师之命，与诏敕并行于西土"。萨迦派随之成了最受元朝官方垂青的吐蕃宗教派别，帝师兼萨迦教主八思巴也成为吐蕃和全国佛教的最高领袖。

1264年，八思巴携其弟白兰王恰纳多吉启程返回阔别二十年的萨迦。五月一日临行，忽必烈授予他一道珍珠诏书。全文如下：

长生天气力里，大福荫护助里，

皇帝圣旨：

晓谕众僧人及俗民等：

此世间之完满，由成吉思皇帝之法度而生，后世之福德，须依法积聚。明察于此，即可对佛陀释迦牟尼之道生起正见。朕善知此意，已从明白无误之上师八思巴处接受灌顶，封彼为国师，任命其为所有僧众之统领。上师已对敬奉佛法、管理僧众、讲经听法修行等项明降法旨。僧人们不可违了上师的法旨，应敬奉佛法，懂得教法者讲经，年青心诚者学法，懂得教法而不能讲经听法者可依律修习。如此行事，方合乎佛陀之教法，合乎朕担任施主、敬奉三宝之愿意。

汝僧人们如不依律讲经听法修习，则佛法又何在？佛陀曾谓：吾之教法如兽王狮子，体内不生损害，外敌不能毁坏。朕驻于通衢大道之上，对遵依朕之圣旨、懂得教法的僧人，不分教派一律尊重服事。如此，对依律而行的僧人，无论军官、军人、守城子官、达鲁花赤、金字使者，俱不准欺凌，不准摊派兵差赋税劳役，使彼等遵照释迦牟尼之教法，为朕告天祝祷着。朕并颁下圣旨使彼等收执。僧人之佛殿及僧舍里，金字使者不可住宿，不可索取饮食及乌拉差役。寺庙所有之土地、水流、水磨等，无论如何不可夺占、收取，不可强逼其售卖。僧人们亦不可因为有了圣旨而违背释迦牟尼教律而行。

朕之诏命于鼠年孟夏一日在上都写来。①

在这道被称为珍珠诏书的文献中，忽必烈首次向吐蕃僧俗民众公布了元朝皇帝皈依佛法，接受八思巴灌顶，并与萨迦教主结成施主与福田关系的事实，公布了封八思巴为国师，命他统领一切僧人和管理吐蕃政教的旨意，进一步强调了"帝师之命，与诏敕并行于西土"。在这个意义上，珍珠诏书也是一道授权书。它授权八思巴在吐蕃建立隶属于元王朝的政教合一统治体制，为八思巴颁布法旨管理吐蕃僧俗民众提供了政治依据。

蒙哥汗时期，蒙古宗王纷纷在吐蕃寻求自己的势力范围。吐蕃佛教各教派和一些地方首领相继从蒙古大汗和诸王处获得诏书和令旨，似乎有各自领属的势头。这种情况下，要让他们服从萨迦教主八思巴的管理，颁布来自蒙元皇帝的授权书，自然是必要的。

由于忽必烈两次受灌顶时先后将乌思藏地区十三万户和吐蕃全境奉献给八思巴为供养地，帝师八思巴至少在法理上拥有了对上述地区的管领权。藏文史书说："由于此上师（八思巴）的功业，雪山环绕之吐蕃地方，不向皇帝之御库交纳贡赋、差税和兵役"②。整个吐蕃地区享有的这种特罕见的优惠，似乎不是忽必烈批准帝

---

① 陈庆英《雪域圣僧——帝师八思巴传》第 86 页，中国藏学出版社 2002 年。

② 《汉藏史集》陈庆英译本，第 185 页，西藏人民出版社 1986 年。

师奏请后的简单恩典和豁免,大抵是与上述奉献供养地有关。

因为乌思藏乃至吐蕃全境均成为帝师的供养地,其地的贡赋、差税和兵役,就应由帝师等萨迦派首领享用,而无须上缴朝廷皇帝了。

八思巴在吐蕃期间,还设立了包括司礼、服饰、宗教、文书等执事在内的十三种私人侍从官,组成了名曰"拉章"的机构。此机构及其侍从,很大程度上模仿元朝皇帝的怯薛,又结合吐蕃的情况加以改进。

"拉章"组成后,帝师也有了管辖政教的"教廷"。通常,帝师担任政教首脑,其职权有四:一是依据元朝皇帝的封授,作为藏传佛教的最高首领,对各教派的寺院、僧人行使管辖权;二是依据元朝皇帝的授权,掌管吐蕃的行政机构;三是举荐或任命本钦等吐蕃各级官员;四是通过萨迦本钦处理吐蕃的行政、户籍统计及诉讼等事务①。

八思巴死后的近二十年间,相继有四人嗣为帝师,即八思巴之弟亦怜真为第二任帝师,八思巴之侄答耳麻八剌剌吉塔为第三任帝师,八思巴门徒亦摄思连真为第四任帝师,八思巴侍者乞剌斯八斡节儿为第五任帝师。亦怜真等四位嗣帝师在继承帝师之位的同时,也继承了吐蕃政教首脑及其对吐蕃全境的管领权。

吐蕃政教合一体制建立初期,充当行政主管的是八思巴弟、白兰王恰纳多吉。

1264 年夏季,八思巴和其弟恰纳多吉在蒙古军队的护送下启

---

① 陈庆英《雪域圣僧——帝师八思巴传》第 105 页、108 页,中国藏学出版社 2002 年。

程返回吐蕃。不久,恰纳多吉被忽必烈封为白兰王。他是元朝方面委任的第一位吐蕃三区行政首长,也是帝师和萨迦派教主八思巴的代理人。通过八思巴和白兰王恰纳多吉兄弟搭档,元王朝和帝师在吐蕃的政教合一体制得以初步建立。藏文史书云:忽必烈封恰纳多吉为白兰王,赐金印,把墨卡顿公主嫁给他,让他穿蒙古服装,任命他为蕃地三区的总法官。在吐蕃地方,"帝师"和"王"的职位最早就是在他们兄弟二人时出现的,对吐蕃恩德至大。三年后,恰纳多吉突然死亡①。白兰王充当行政首长遂告一段落。

1267年经八思巴举荐,萨迦派的代理教主释迦桑布很快被忽必烈任命为吐蕃地区的首席长官——萨迦本钦。本钦持有忽必烈赐予的印信和官职,按照朝廷的命令在吐蕃清查户口和设置驿站,同时依然以帝师和萨迦派的代表执掌政权。

一年多后,萨迦本钦释迦桑布逝世,本钦一度由公哥监卜接任。此人虽为近侍,但不受八思巴喜欢。

1274年,为安顿治理吐蕃事宜,八思巴再次返回吐蕃。忽必烈派遣太子真金率军队护送。八思巴曾在曲弥举行七万人参加的大法会,太子真金代表忽必烈充任施主,负责法会的费用,并给予每名与会僧人黄金一钱的布施。元军攻灭南宋之际,远在萨迦的八思巴,特意给忽必烈写了奏章,表示祝贺。

八思巴此次回到吐蕃所做的最重要的事情,当然是在忽必烈的支持下重新调整本钦人选。八思巴罢免了原先他任命的公哥监卜,委任尚尊为新本钦。公哥监卜心怀不满,公然对抗。

忽必烈听到太子真金对上述情况的奏报后,感到事关元朝和

---

① 参阅王辅仁、陈庆英《蒙藏关系史略》第50页,中国社会科学出版社1985年。

萨迦派在吐蕃统治的大局,于是果断决定予以佑护。忽必烈派遣原任八思巴侍从速古儿赤的桑哥,率领十万大军进入吐蕃讨伐,迅速击败对抗者,处死了公哥监卜。而后,桑哥赴萨迦拜见了八思巴,以示尊敬①。

第三任本钦尚尊之后,八思巴还举荐秋波岗噶哇、强仁接任本钦。强仁本钦深得忽必烈赏识,获赐水晶印,并兼任首席宣慰使②。

忽必烈对帝师为首的吐蕃政教合一体制,十分支持。在派兵干预前本钦公哥监卜对抗八思巴并处死公哥监卜后,忽必烈派遣专使召八思巴回大都。八思巴自吐蕃抵达大都时。忽必烈命令王公宰辅士庶出城一舍,专门搭建大香坛,设置大净供,"香华幢盖,大乐仙音",罗拜迎接。街衢两旁,五彩缤纷,万众瞻礼③。以此表示元廷在重新调整本钦人选的情况下对帝师八思巴的尊礼和政治护持。

前述桑哥所率军队的一部分还长期留驻在吐蕃,负责当地的军事镇戍与警戒。又改进乌思藏站户赴藏北驻站祗应的办法,命藏北驻屯的蒙古军拨出人员兼掌当地站赤,乌思藏站户只需派人运送驿站所需马匹牲畜及其他物资④。这样,元朝不仅正式驻军于吐蕃,还直接掌管了吐蕃北部与内地相连的部分驿站。这种来自朝廷的军事支持,对维护刚刚建立的吐蕃政教合一体制,对元廷

---

① 《汉藏史集》陈庆英译本,第 180 页,西藏人民出版社 1986 年;《元史》卷二百二《释老传》;参阅王辅仁、陈庆英《蒙藏关系史略》第 54 页,中国社会科学出版社 1985 年。

② 《红史》陈庆英、周润年译本,第 48 页,西藏人民出版社 1988 年。

③ 《佛祖历代通载》第三十二,王磐《八思巴行状》。

④ 《汉藏史集》第 181 页,西藏人民出版社 1986 年

居上的控驭,都颇有意义。

忽必烈还于至元六年(1269年)封皇七子奥鲁赤为西平王,驻吐蕃等处宣慰司(朵思麻)治所河州路。拉施德《史集》说,皇七子奥鲁赤是朵儿别真哈敦所生,云南王忽哥赤的同母弟。忽必烈把吐蕃地区赐给了他。奥鲁赤死后,又把吐蕃地区授予其子铁木儿不花①。

实际上,忽必烈诸皇子分封之际,已改行宗王出镇,吐蕃地区只是西平王奥鲁赤的镇戍区,而非其封地,他对吐蕃地区仅负有镇护监督的责任。皇子西平王奥鲁赤以吐蕃为其镇戍区,也是代表忽必烈控驭吐蕃的一种特殊方式。

西平王奥鲁赤不仅对朵思麻地区可以进行就近监督和镇护,对乌思藏地区也同样。至元二十七年(1290年)萨迦派与止贡派发生激烈冲突,奥鲁赤之子铁木儿不花应萨迦本钦旺琫的请求,率军进藏与萨迦军队联手进攻止贡派,烧毁止贡寺院,杀止贡僧俗民众一万余人②。这应该是西平王奥鲁赤父子行使其对整个吐蕃地区镇护监督权的典型事例。

至于以喇嘛教为纽带结成了蒙古皇帝与吐蕃政教上层之间的稳定联系,详细情况,请参阅第十六章。这里着重说明的是,以喇嘛教为纽带结成了蒙古皇帝与吐蕃政教上层之间的稳定联系,也是历史上前所未有的,很大程度上又是从宗教信仰的层面将原本为征服与被征服,中央与地方的关系,整合为施主与福田的关系、皇帝与帝师的关系,大大增强了蒙古皇帝与吐蕃政教上层之间的

---

① 《史集》余大钧、周建奇译本,第二卷,第285页,商务印书馆1986年。

② 参阅王辅仁、陈庆英《蒙藏关系史略》第54页,中国社会科学出版社1985年。

趋同性和一致性。此种纽带,在当时的历史环境下是至关重要的,似乎是吐蕃第一次置于元王朝中央政府统治下必不可少的。后来,它还被清统治者借用继承过来且稍加改进,成为清王朝统治西藏的法宝之一。

第九章　分治四等人　怀柔南降臣

第一节　四等人种族压迫政策的制订

阿合马被杀事件以后，元帝国政坛上的一个重要变动，就是四等人种族压迫政策的雏形。

在北方少数民族入主中原的历程中，不乏人数较少的统治民族旨在维护其既得利益的种种举措。辽朝曾实行南北面官制，金朝实行过优待女真人的若干规定，但最闻名、最突出的无过于忽必烈时期基本形成的元王朝四等人种族压迫政策。这项政策在忽必烈手中被应用的相当巧妙娴熟，某种意义上，似乎成了维持或支撑元帝国统治的重要工具。

"四等人"是把元帝国境内的民众，按征服先后分作四个等级不同族群。蒙古人或称"国人"和"自家骨肉"，为第一等。由唐兀、回回、畏吾儿、康里、钦察、阿速、哈剌鲁、吐蕃等西北诸族组成的色目人为第二等。由长江以北的原金朝统治区域的汉族、契丹、女真以及四川、云南两地人组成的汉人为第三等。原南宋境内所辖南人为第四等。四等人种族压迫政策，是忽必烈根据元王朝建立和扩张的形势，逐步制订和不断丰富起来的。此政策肇始于李璮之乱，大约在王著杀阿合马事件之后基本成型。由于包括张易

338

在内的大批汉族吏民蜂拥卷入王著等杀阿合马事件,并声称:"把所有带胡须的人杀了",忽必烈对汉人的疑惧进一步加重。这就是四等人种族压迫政策形成的基本政治氛围和背景。

四等人种族压迫政策首先表现为种族分职制度。

早在中统三年(1262年)平定李璮之乱以后,重用蒙古人和色目人的倾向已初见端倪。如中统三年设立的十路宣慰司16官员中,蒙古人和色目人竟多达9人,占总数的56.3%。相当于原十路宣抚司中非汉人的2.68倍①。至元二年(1265年)二月元廷又规定:"以蒙古人充各路达鲁花赤,汉人充总管,回回人充同知,永为定制"。其后,至元五年、六年和十六年,又多次禁止汉人及南人充任达鲁花赤。

几乎与此同时,中书省宰相的种族成分也发生了类似的变化。至元二年八月,原任中书省诸宰执皆罢,命令蒙古人安童、伯颜分别担任中书省右丞相和左丞相。至元四年(1267年)六月,又调整为安童任中书省右丞相,汉人史天泽任左丞相;以下平章,蒙古人、汉人各一,右丞和左丞,蒙古人、色目人各一;参知政事,色目人、汉人各一②。这与路级官府的蒙古人、汉人、色目人种族分职,如出一辙。此项规定的出台,背景同样是李璮之乱后忽必烈对汉人世侯官僚心存疑惧。忽必烈蓄意采取了借重色目人,压抑和牵制汉人的策略。

元末梁寅云:"世祖之约,不以汉人为相,故为相皆国族"③。按照元朝的习惯,丞相与平章,合称宰相,左右丞与参知政事,合称执政。梁寅所说的"相",实际上是指丞相与平章。就至元二十一

<hr />

① 参阅李治安《行省制度研究》315页,南开大学出版社2000年。
② 《元史》卷六《世祖纪三》。
③ 《梁石门集》卷八《元》。

年(1284年)以前的情况看,梁寅之说,与史实稍有出入。至元二十一年到三十一年的中书省丞相与平章中,汉人的确是彻底绝迹了。

所有这些,基本奠定了"官有常位,位有常员,其长则蒙古人为之"的种族分职制度①。

由于元王朝是人口占少数的蒙古人所建立的"征服王朝",让蒙古人担任各级官府长官,对维护其特权统治地位非常必要。忽必烈也十分清楚,治理汉地,不能不使用汉族官僚士大夫,而李璮之乱和王著杀阿合马事件,又使他对汉人的忠诚产生怀疑。色目人多是蒙古军队征服掳掠来的仆从和奴隶,进入元帝国境内后,他们对蒙古贵族始终是牢固地依附和效忠,他们中间的相当部分已逐步蒙古化。对汉地而言,色目人和蒙古人,都是为数较少的外来者,二者一直保持着政治上、文化上的亲和性。任用色目人,分割汉人官僚的一部分权力,既可以牵制汉人,防备其怀贰坐大,又能造成色目人与汉人的角逐,增加他们对蒙古统治者的依赖和忠诚。最终有利于蒙古人的居高监督和特权地位。

在刑罚条文方面,忽必烈时期也相继出台了一些带有种族压迫性质的规定。

至元九年(1271年)五月,忽必烈颁布的圣旨云:"禁止汉人聚众与蒙古人斗殴"。至元二十年(1283年)二月的中书省札付又说:"如蒙古人殴打汉儿人,不得还报"。"如有违犯之人,严行断罪"②。这体现汉人在刑事处罚上所受的歧视和不平等。

中统三年(1262年)元廷就颁布了"禁民间私藏军器"的命

① 《元史》卷八十五《百官志一》。
② 《通制条格》卷二十七《汉人殴蒙古人》;《元史》卷七《世祖纪四》;《元典章》卷四十四《刑部六》,《杂例》《蒙古人打汉人不得还》。

令,重在禁止汉人持有兵器。

至元十三年(1276年)又检括江南已归附州郡兵器①,把禁持兵器的政策进一步扩大到新征服的南人范围。

至元十五年(1278年)五月,南宋降将吕文焕就被来阿八赤诬陷私匿兵杖之罪。

至元二十二年(1285年)五月元廷又规定,江南地方拘收的弓箭军器,命令诸路达鲁花赤和色目官员提调管理,汉人和南人官员"休教管者"②。

此外,又禁止侍卫亲军以外的汉军平时执把武器,禁止汉人打捕户执把弓箭。负责捕盗的新附弓手,其弓箭非紧急场合也须库存。还强制拘收汉人持有的铁尺、手撾等。甚至连急递铺兵用的铁尺等,也被拘收③。这又是提防汉人和南人吏民聚众造反的严厉措施之一。

另外,至元五年(1268年)规定,汉人官员子弟享受荫叙,傜使一年,不支俸禄。蒙古人则不履行这种傜使义务④。两年后,又允许蒙古人和色目人任府达鲁花赤者,其承荫人可任州达鲁花赤,以下依次承荫,进一步增加蒙古人和色目人的承荫特权⑤。

至元二十三年(1286年)的括马令中,色目人有马者括取三分

---

① 《元史》卷五《世祖纪二》,卷九《世祖纪六》。
② 《元史》卷十《世祖纪七》;《元典章》卷三十五《兵部二》《达鲁花赤提调军器库》。
③ 《元典章》卷三十五第3页;《通制条格》卷二十七第7页;《元典章》卷三十五第2页至元二十三年;《元史》卷十四《世祖纪十一》至元二十三年;《元典章》卷三十五第4页至元二十四年。
④ 《元史》卷八十三《选举志三》。
⑤ 《元典章》卷八第18页。

之二,汉人则全部括取①。

这些歧视压迫汉人南人、优待蒙古人和色目人的具体规定,涉及官职任用、刑罚、执把武器、荫叙等政治生活和社会生活的许多方面,意味着四等人种族压迫政策趋于细致深入。它反映了忽必烈朝基本政策走向的微妙变动与复杂化,不能不让大多数汉人南人感到失望和怨恨,忽必烈雄才大略的形象随之也有些黯然失色。

无论汉人南人如何抱怨和不满,四等人种族压迫政策在忽必烈的主持下仍然得到长期实施与延续。元朝中后期,诸如此类的规定越来越严密繁琐,而且大抵是以忽必烈时期的规则为蓝本发展起来的。

在蒙古人、色目人、汉人、南人四等人中,忽必烈最担忧、最不放心的显然是南人。

忽必烈曾询问降元南人将领、浙西宣慰使管如德:"江南之民,得无有二心乎?"管如德的回答比较得体,他说:往岁旱涝相仍,民不聊生,如今连年丰收,百姓沐浴圣恩甚多,怎敢有二心异志,臣我怎敢矫饰言辞来欺骗陛下呢?②

管如德并没有真正解决忽必烈的心病。对人数甚多而又反抗频仍的南方民众,忽必烈采取了镇压与怀柔并重的方针。他曾经多次派遣江南诸行省、行枢密院及行御史台官员率兵征讨和平息黄华、杜万一、陈吊眼、钟明亮等起义,坚决剿灭,毫不手软。

---

① 《元史》卷十四《世祖纪十一》。
② 《元史》卷一百六十五《管如德传》。

另一方面,忽必烈又主张适当使用怀柔策略。他对担任嘉定路达鲁花赤的立智理威说:"南人生长乱离,岂不厌兵畏祸耶?御之乖方,保之不以其道,故为乱耳。其归以朕意告诸将,叛则讨之,服则舍之,毋多杀以伤生意,则人必定矣。"①由于镇戍江南的蒙古军、汉军等多数以杀戮掳掠为荣,有时甚至以良充贼,大开杀戒,忽必烈的上述谕旨在执行中肯定会大打折扣。但是,忽必烈本人能如是认识,如是宣谕,应该说是比较明智和清醒的,估计可以某种程度地减轻元军在镇压江南民众反抗时的一味杀戮。

第二节　对其他南宋降臣的怀柔和使用

忽必烈朝后期的一个戏剧性的政治动向,就是在推行四等人民族压迫政策的同时,又重用少数南人官僚。

除了优待被掳北上的南宋君臣(详细情况见第七章第六节)外,忽必烈最早任用的南人官僚,是在平宋战争期间投降的南宋将领吕文焕、吕师夔、范文虎、夏贵、管如德、陈岩等。

吕文焕自襄阳投降后,至元十三年(1276年)被任命为荆湖行省参知政事。他在随同伯颜渡江以后,利用其兄吕文德长期担任南宋京湖制置使和沿江诸将多亲戚部曲的条件,亲自谕降鄂州守将张晏然、程鹏飞,蕲州守将管景模、池州张林等。还有因为与吕文焕的亲属关系而投降的。如江州吕师夔是吕文焕之侄,安庆范文虎是吕文德之婿,五郡镇抚使吕文福是吕文焕的从弟②。后来,

①　《元史》卷一百二十《立智理威传》。
②　参阅陈世松、匡裕彻等《宋元战争史》第七章,四川社会科学院出版社1988年。

吕文焕以功升行省左丞,兼江东宣慰使。至元十五年(1278年),江东按察使阿八赤向吕文焕索取金银器皿和房舍子女,吕文焕没有答应。阿八赤怀恨诬陷吕文焕私匿兵杖,忽必烈得知后,命令江南行御史台大夫相威诘问此事。最终真相大白,忽必烈下令罢免江东按察使阿八赤。数日后,忽必烈在称赞阿合马"明天道,察地理,尽人事","才任宰相"的同时,又明确说"南人如吕文焕、范文虎率众来归,或可以相位处之"①。

吕文焕之侄吕师夔,原为宋江州安抚使,至元十二年(1275年)正月以城降元。不久,随蒙古军万户宋都台等进攻江西,加官江东江西大都督,升江西行省参政和左丞。至元十六年(1279年),瑞州张公明控告吕师夔图谋不轨,右丞塔出认为吕师夔位居相职,不可能做"狂妄之事",张公明是诬陷,是"狂夫欲求货",竟然下令杀掉了张公明。事后,忽必烈特意召塔出和吕师夔回京,诘问江西"民不聊生"之罪,估计也包括张公明告吕而被杀一事。当时,事情闹的似乎很大,忽必烈一度停止二人的职务,改派也迷失和贾居贞行宣慰司于江西。最后,经过御前争辩核对是非,证明二人无罪,才恢复其江西行省右丞和左丞的官职②。与其叔父一样,官至行省左丞的吕师夔,也因他人诬告而一度被诘问,幸而忽必烈仔细审问,明察秋毫,才免受伤害。

他如降元后与吕文焕先入临安宋宫和率十万新附军征日本的范文虎,曾经统率南宋沿江重兵后又以淮西州郡降元的宋淮西制置使夏贵,被忽必烈称为"拔都"且赏赐宝刀的原宋江州都统制管

① 《元史》卷十《世祖纪七》至元十五年六月。
② 《元史》卷十一《世祖纪八》至元十七年二月辛丑;卷一百三十五《塔出传》。

如德,与其父陈奕分别在黄州、涟州投降的陈岩等,后来都被忽必烈提拔为行省参政、左丞、右丞,甚至平章。

至元二十四年(1287年)五月江淮行省平章沙不丁上奏:"江南各省南官多,每省宜用一二人。"忽必烈宣谕:"除陈岩、吕师夔、管如德、范文虎四人,余从卿议。"①直到后期,忽必烈依然坚持保留上述四人在江南各行省中的宰执官位,不容许随便精简罢免。可以窥见:忽必烈对有功于元廷的南宋降将还是能够诚恳相待,给予特殊的优抚。

忽必烈还在益、广二王所建"行朝"逃亡政权给江南造成较大政治波动的形势下,仍能够对南宋降将的某些过失采取宽容政策,获得了较好效果。

至元十五年(1278年),张世杰偕益王赵昰、广王赵昺播迁闽广,继续抵抗元军,某些已经归降的南宋官员因之发生动摇和反复。当年八月,沿江经略司行左副都元帅刘深向忽必烈告状:"福州安抚使王积翁既已降附,复通谋于张世杰。"王积翁辩解道:"兵力单弱,若不暂从,恐为阖郡生灵之患。"忽必烈权衡利害,下诏赦免了王积翁降而复叛的罪过。日后,王积翁一直效忠于元廷,奉使日本,死于海上。其子王都中也成为忽必烈亲加优抚和擢用的宣慰司和行省级官员。

有人揭发南宋降将、右都元帅高兴匿藏赵宋黄金,忽必烈也降诏:不予追究。翌年,高兴入觐,即将江南所获珍宝全部献上②。

忽必烈又对征服南宋之迅速和南宋将领抵抗不力,感到惊讶

---

① 《元史》卷十四《世祖纪十一》。
② 《元史》卷十《世祖纪七》,卷一百八十四《王积翁传》,卷一百六十二《高兴传》。

和疑惑。

至元十三年（1276年）二月，他召见若干降元南宋军将时问道："尔等何降之易耶？"这帮军将回答："宋有强臣贾似道擅国柄，每优礼文士，而独轻武将。臣等久积不平，心离体解，所以望风而送款也。"

忽必烈不通汉语，不能直接和宋将对话。于是，命令近侍董文忠答复说："借使似道实轻汝曹，特似道一人之过耳。且汝主何负焉。正如所言，则似道轻汝也固宜！"①这番话道出了忽必烈对南宋降将并无多少好感，对他们借口贾似道擅国柄而不肯效忠宋室，明显持批评态度。

元人宋本曾经揭露说，元军渡江之后，南宋沿江州郡大小文武将吏争先恐后投降元朝。有的降将说因为没有得到宋廷赏赐；有的自己虽然得到宋廷的名位，但子弟部曲未获取官赏；有的甚至明言某郡、某城有自己的房屋、奴婢、产业，希望投降后元廷如数归还。"可羞可恶之状百出"②。就是说，苟且偷生和贪图荣华富贵，才是他们望风而降的真正原因。忽必烈的招降不杀政策，恰恰中其下怀。但忽必烈并不喜欢他们不效忠宋室的行为。事主报国以忠的草原传统，在忽必烈心目中根深蒂固。这在中统初忽必烈给川蜀降将杨大渊"尚厉忠贞之节，共成康乂之功"的手诏③里，也能窥见一斑。

除了吕文焕、范文虎等降元武将外，忽必烈最早重用的南人文官是程钜夫。

---

① 《元史》卷九《世祖纪六》。
② 《元文类》卷三十一《湖南安抚使李公祠堂记》。
③ 《元史》卷一百六十一《杨大渊传》。

程钜夫,江西建昌人。原名文海,字钜夫,后避武宗海山之讳,只使用钜夫。宋末,其叔父程飞卿任建昌通判,以城降元。至元十三年(1276年)程钜夫随叔父入觐于上都,授职宣武将军、管军千户。至元十五年(1278年),程钜夫又以质子的身份,奉命北赴大都入备宿卫。

一天,忽必烈召见,询问:"卿在江南,知贾似道何如人?"程钜夫逐条对答贾似道始终所以忠邪状,甚为详细全面。忽必烈命令他用笔札写下来,程钜夫书写二十余幅进上。忽必烈阅后非常惊奇,很器重程钜夫才华见识。又问程现居何官。当得知程任职千户时,忽必烈对近臣说:"朕观此人相貌,已应贵显,听其言论,诚聪明有识者也。可置之翰林。"怯薛官和理霍孙传旨翰林院,翰林院以程年少,奏为应奉翰林文字。

忽必烈告戒程:"自今国家政事得失,及朝臣邪正,宜皆为朕言之。"程钜夫顿首谢恩说:"臣本疏远之臣,蒙陛下知遇,敢不竭力以报陛下!"程钜夫本人也没有想到,自己身为南人,居然会受到忽必烈的如此厚待,怎能不令他感恩之至。不久,程钜夫晋升翰林修撰,屡迁集贤值学士,兼秘书少监。

至元十九年(1282年),程钜夫上奏五事:一曰取会江南仕籍,二曰通南北之选,三曰立考功历,四曰置贪赃籍,五曰给江南官吏俸,特别指出了江南滥选,卖官鬻爵,北人任于南方郡县,"半为贩缯屠狗之流、贪污狼藉之辈",南人"列姓名于新附,而冒不识体例之讥",无法进入仕途等弊病,所提建议,多被采纳。忽必烈还赏赐程钜夫大都安贞门宅地,以筑居室。

至元二十四年(1287年),朝廷复立尚书省,忽必烈起先欲任命程钜夫为参知政事,程本人坚决推辞,又想用为御史中丞。御史台大臣言:"钜夫南人,且年少。"忽必烈大怒,斥责道:"汝未用南人,何以知南人不可用! 自今省部台院,必参用南人。"由于忽必烈的坚持,程钜夫被任命为行御史台侍御史。他也是有元一代第一位担任御史台较高级官职的南人。

在这以前,程钜夫曾当面向忽必烈建议:乞请遣使搜访江南遗逸。担任行御史台侍御史伊始,忽必烈就交给程钜夫"奉诏求贤于江南"的任务。平素,皇帝诏书使用蒙古国字,此次特命用汉字书写。

忽必烈素闻赵孟𫖯、叶李之名,程钜夫临行,密谕必致此二人。程钜夫不辱使命,除此二人外,另荐举赵孟頫、余恁、万一鹗、张伯淳、胡梦魁、曾晞颜、孔洙、曾冲子、凌时中、包铸等二十余人,皆被忽必烈置于台宪及文学之职。回大都之日,宫门已经关闭,未能及时入见。忽必烈得悉程钜夫回京的消息,大喜过望,不由得起立说:"程秀才来矣"。

至元二十六年(1289 年),程钜夫乘传入京师,弹劾桑哥割剥生民等罪,遭到桑哥报复,六次奏请杀害程钜夫。忽必烈皆予拒绝,还命令御史台大臣把程钜夫安置在馆舍待命①。

程钜夫是南人中以质子宿卫受到赏识器重的个别官员之一。他不仅是进入元朝御史台系统的少数南人代表,更重要的是他还促请忽必烈派遣他赴江南搜访遗逸,使较多南人名士进入元朝廷。后人赞誉道:

世皇任使无南北,楚公荐贤动江国。

---

① 《元史》卷一百七十二《程钜夫传》;《雪楼集》卷十《奏议存稿·吏治五事》,附录《程钜夫年谱》;《危太仆续集》第二卷《大元敕赐故翰林学士承旨程公神道碑》。

当年台阁多门生,富有文华在宾客。①

在这个意义上,程钜夫可以称得上是忽必烈重用江南士人的第一人,也是较大范围使用南人士人的桥梁和中介。

南人中对吴澄的征召,颇有意义。吴澄为江南理学宗师。至元二十三年(1286年)程钜夫奉诏赴江南搜访遗逸时,曾以"不欲仕可也,燕冀中原,可无一观"为辞,把吴澄延请到大都。翌年,吴澄因母老南归②,但他的应召北上,即表明与元政权开始合作的政治态度,在江南士人中影响颇大。

桑哥当权时期,叶李、赵孟頫等南人官僚受到特殊重用,也颇引人注目。

叶李,字太白,杭州人,宋末补太学生。宋理宗景定五年(1269年),贾似道隐瞒与忽必烈的鄂州城下之盟,将忽必烈主动命令蒙古军队北撤以争大汗位,诈言为退敌之功,重新入相,益骄肆自专。叶李与同舍生康棣等八十三人,伏阙上书,抨击贾似道实行公田关子不便,专权误国。其略曰:

> 三光舛错,宰执之愆。似道缪司台鼎,变乱纪纲,毒害生灵,神人共怒,以干天谴。

贾似道极为恼怒,得知书稿文字出于叶李之手,唆使党羽临安尹刘良贵及林德夫,诬告叶李僭用泥金饰斋匾不法,下狱吏鞠问。

① 《道园类稿》卷四《送程楚公子叔宾官海上》。
② 《道园类稿》卷五十《临川吴先生行状》。

锻炼成狱,遭黥流放岭南漳州。贾似道失败,亦流放岭南。叶李蒙恩得放还,恰与贾似道遇于途中。曾赠词以讥讽:

> 君来路,吾归路,来来去去何时住? 公田关子竟何如,国事当时谁汝误? 雷州户,崖州户,人生会有相逢处。

南宋灭亡,叶李隐居富春山。

叶李力诋奸相贾似道的消息,不胫而走。忽必烈当年在鄂州前线与贾似道对垒作战,曾夸奖贾,后主动北撤而成贾似道"再造之功",自然对此事十分关心。叶李攻击贾似道书稿末尾有:"前年之师,适有天幸,克成厥勋"之语,忽必烈让人念给他听,常常拊掌称叹。

至元十四年(1277年)相威行御史台于江南,奉旨访求隐逸之士。当报上叶李的名字时,忽必烈非常喜悦,立即授予叶李奉训大夫、浙西道儒学提举。叶李闻讯,起先想逃遁。这时,右丞相安童派使者送来书信云:"先生在宋,以忠言谠论著称,简在帝心。今授以五品秩,士君子当隐见随时,其尚悉心,以报殊遇"。叶李幡然省悟,北面再拜,接受委任。

至元二十四年(1287年)程钜夫奉旨携叶李北上大都。忽必烈特命集贤院大学士阿儿浑撒里把叶李安置在院内馆舍。

他日,忽必烈在披香殿召见叶李,慰劳道:"卿远来良苦"。又说:"卿嚮时讼似道书,朕尝识之。"又特意赐坐锡宴,命其五日一次入宫中议事①。

---

① 《元史》卷一百七十三《叶李传》;《南村辍耕录》卷十九《至元钞样》,卷二十六《五龙车》。

从此,叶李常能给忽必烈提出许多重要建议,忽必烈对他几乎是言听计从。

如至元十九年(1282年)以后,各道儒学提举司因削减冗官被撤罢,叶李言:"各道儒学提举司及郡教授,实风化所系,不宜罢。请复立提举司,专提调学官,课诸生,讲明治道"。忽必烈采用其意见,恢复了江淮十一道儒学提举司①。

又如乃颜反叛,忽必烈亲征,所用将校多蒙古人,两军阵前,或其亲昵,立马相向语,往往释兵杖不战。忽必烈深为忧虑。叶李秘密启奏:"兵贵奇,不贵众,临敌当以计取。彼既亲昵,谁肯尽力,徒费陛下粮饷,四方转输甚劳。臣请用汉军列前步战,而联大车断其后,以示死斗。彼尝玩我,必不设备,我以大众踏之,无不胜矣。"忽必烈以其谋划告谕部署诸将,元军果然大捷。由是,忽必烈愈加奇其才,每次朝见大臣结束,必定召见叶李讨论政事。

忽必烈复立尚书省,欲授叶李左丞。叶李坚决推辞,理由是"论臣资格,未宜遽至此"。忽必烈曰:"商起伊尹,周举太公,岂循格耶!尚书系天下轻重,朕以烦卿,卿其勿辞"。鉴于叶李患足疾,忽必烈特赐大、小车各一辆,许乘小车入禁中,派人扶持上殿。

一次,议事大廷,叶李足疾发作,未能出席。忽必烈竟用所御五龙车召叶李前来,且许坐而咨询议决。凡有军国大事,忽必烈必问:"曾与蛮子秀才商量否?""蛮子秀才",是忽必烈对叶李的特称。

元末陶宗仪从叶李之孙叶以道处看到当时所画"应召图",图

---

① 《元史》卷一百七十三《叶李传》,卷十四《世祖纪十一》至元二十四年闰二月辛未;《元典章》卷三十一《礼部四·儒学》《立儒学提举司》。

中皇帝乘舆"五龙车"中端坐一介"山野质朴之老"叶李。于是大发感慨道："使无贾似道以发其正大之论，直一书生耳。而望功名、显天下，亦难矣"①。忽必烈对叶李眷顾宠爱之隆，甚至把汉地王朝有关人臣不得僭用皇帝乘舆的礼制一概抛在脑后。这一点，确实令陶宗仪辈生出几分羡慕或嫉妒。

一次，忽必烈欲把江南赵宋宗室及大姓迁徙北方。叶李劝阻道："宋已归命，其民安于田里。今无故闻徙，必将疑惧，万一有奸人乘衅而起，非国之利也"。忽必烈恍然大悟，迁徙之事遂寝。

叶李与当时的权臣尚书省右丞相桑哥关系甚为密切，很大程度上是桑哥专擅朝政、急于财利的得力助手。据说，桑哥改定钞法，所发行使用的至元新钞，就来自叶李呈献的钞样②。叶李在朝廷的官职也随之上升为资德大夫、尚书右丞，一度还欲升为平章政事。终因叶李本人推辞不就，才仅升其官秩为一品，又赐平江田四千亩。

桑哥罢相被杀后，原尚书省官员多受到牵累。叶李以生病为由被批准南还。

扬州儒学正李淦上书揭露叶李的罪状："叶李本一黥徒，受皇帝简知，可为千载一遇。而才近天光，即以举桑哥为第一事；禁近侍言事，以非罪杀参政郭佑、杨居宽；迫御史中丞刘宣自裁，锢治书侍御史陈天祥，罢御史大夫门答占、侍御史程文海，杖监察御史；变钞法，拘学粮，征军官俸，减兵士粮；立行司农司、木绵提举司，增盐酒醋税课，官民皆受其祸。尤可痛者，要束木祸湖广，沙不丁祸江

---

① 《元史》卷一百七十三《叶李传》；《南村辍耕录》卷二十六《五龙车》。
② 《南村辍耕录》卷十九《至元钞样》。

淮,灭贵里祸福建。又大钩考钱粮,民怨而盗发,天怒而地震,水灾
洊至。尚赖皇帝圣明,更张政化。人皆知桑哥用群小之罪,而不知
叶李举桑哥之罪。叶李虽罢相权,刑戮未加,天下往往窃议,宜斩
叶李,以谢天下。"

忽必烈获悉此书,吃惊地说:"叶李廉介刚直,朕所素知者,宁
有是耶!"

李淦所列举的叶李的诸多罪状,实际上划归桑哥更合适,加在
叶李头上,十分牵强。至于举荐桑哥一事,叶李北上大都以前,忽
必烈已经开始重用桑哥。即使叶李曾经主张桑哥担任尚书省长
官,在桑哥入相中发挥了推波助澜的作用,也无可厚非。因为桑哥
毕竟做了不少有益于国计民生的事情。由是观之,忽必烈"叶李
廉介刚直,朕所素知者,宁有是耶"的见解,是比较公允的。

当叶李南下行至临清,忽必烈甚至派来使者召叶李重新担任
中书省平章,协助右丞相完泽主持朝政。叶李则上表全力推辞,本
人不久即病逝。

适逢李淦应召入京,忽必烈虽然没有接受他对叶李的指责,但
仍然提拔他为江阴路教授,以旌其直言①。

忽必烈所青睐器重的另一位南人官僚是赵孟頫。

赵孟頫,字子昂,宋太祖子秦王赵德芳后裔,南渡后,寓居湖
州。孟頫自幼聪敏,读书过目成诵,为文操笔立就。未冠,试中国
子监,补真州司户参军。入元,闲居里中。母丘夫人说:"圣朝必
收江南才能之士而用之,汝非多读书,何以异于常人?"孟頫谨遵
母亲教诲,读书求学更加奋发努力。

---

① 《元史》卷一百七十三《叶李传》。

至元二十三年(1286年)十一月,行御史台侍御史程钜夫奉忽必烈诏令,搜访江南遗逸名士二十余人,赵孟頫名居首选。

当赵孟頫被引见于大都宫内时,忽必烈一看到他就十分喜欢,称之为神仙中人,令他坐于叶李之上。

这时,御史中丞耶律某发难说:赵孟頫"乃故宋宗室子,不宜荐之使近左右"。忽必烈斥责道:"彼竖子,何知!"又派遣侍臣传旨:让耶律某立即出御史台,毋过今日。重用赵孟頫,起初就因其赵宋宗室身份遇到不小阻力,忽必烈却迎难而上,不屑一顾。

翌年,忽必烈复立尚书省,命赵孟頫草拟诏书颁告天下。赵孟頫挥笔立就,忽必烈问知所草诏书大旨后,兴奋地说:"卿得之矣,皆朕心所欲言者"①。忽必烈欲大用赵孟頫,初拟吏部侍郎、参议,或许是嫉恨孟頫为宋宗室且年少,议者发难阻止,结果只授奉训大夫、兵部郎中,掌管驿站。

赵孟頫虽然仅是从五品的中级官员,但忽必烈对他的器重并未因之减弱。

王虎臣言:平江路总管赵全不法。忽必烈命令王虎臣前往按问。尚书省右丞叶李执奏,以为不可。忽必烈不听。赵孟頫进言:"赵全固当问,然虎臣前守此郡,多强买人田,纵宾客为奸利,全数与争,虎臣怨之。虎臣往,必将陷全。事纵得实,人亦不能无疑"。忽必烈大悟,另派遣他人为使前往。

与叶李不同的是,赵孟頫和权臣桑哥的关系并不亲近,很大程度上还是站在桑哥的对立面。有的学者认为,桑哥当权期间,出现

① 《元史》卷一百七十二《赵孟頫传》;《松雪斋集》附录《大元故翰林学士承旨赵公行状》。

了一段色目官僚与南人官僚的联合或勾结。这种说法在桑哥与叶李之间是适用的。对赵孟頫而言,则不一定恰当。赵孟頫在担任兵部郎中之际,就因为未执行奉使笞责江南诸省官员的命令而遭到桑哥的谴责,赵孟頫本人也因偶尔迟到被桑哥拉去受笞责之辱。所以,赵孟頫对桑哥始终有所怨恨和不满。

至元二十七年(1290年)夏,忽必烈驾幸龙虎台,命令尚书省平章阿鲁浑撒里驰驿回大都召集贤院、翰林院官议论引起地震等灾害的原因,尽管忽必烈告戒毋令桑哥知道,但与议两院官员畏惧桑哥,都不敢言及时事。赵孟頫则运用他和阿鲁浑撒里的亲善关系,秘密鼓动阿鲁浑撒里劝阻忽必烈以停止钩考钱谷来消弭天变和灾异,终于促使忽必烈颁诏停废钩考。

至元二十八年(1291年)初,赵孟頫刚刚与忽必烈谈论完叶李、留梦炎对奸相贾似道的态度,帐殿外恰遇速古儿赤彻里。赵孟頫对彻里言:"上论贾似道误国之罪,责留梦炎不能言之。桑哥误国之罪,甚于似道,我辈不能言,他日何以免责?弟我疏远之臣,言必不听。观侍臣中,读书知义理、慷慨有大节又为上所亲信,无逾公者。夫捐一旦之命,为万姓除去残贼,此仁人之事也。公必勉之"。赵孟頫怂恿速古儿赤彻里率先奏劾桑哥,可谓煞费苦心,循循善诱。事后,彻里还感谢说:"使我有万世名,公之力也!"

由此可见,赵孟頫基本属于反对桑哥阵营中的人物,与叶李充任桑哥得力助手的政治态度大相径庭。

元人赞誉赵孟頫具有七点常人不及之处:"帝王苗裔,一也;状貌昳丽,二也;博学多闻知,三也;操履纯正,四也;文词高古,五也;书画绝伦,六也;旁通佛老之旨,造诣玄微,七也"。还言:赵孟頫书画、文章、经济之学并茂。对这位出类拔萃的人才,忽必烈的评价是"聪明绝人,刚直有守,敢为直言"。

忽必烈又降旨:允许赵孟頫出入宫门,往往和赵孟頫长谈到夜间。忽必烈曾对赵孟頫说:"卿宜亟至中书,参决庶政,以分朕忧"。还颇有感慨地说:"朕年老,聪明有所不逮,大臣奏事,卿必与俱入,或行事过差,或意涉欺罔,卿悉为朕言之。朕方假卿自助,卿必尽力"。赵孟頫则坚决推辞,忽必烈"慰勉再三",都不奏效。

赵孟頫的理由,既复杂也简单,那就是身为赵宋宗室和"疏远之臣",如果进处要地,必为人所忌。所以,当忽必烈执意要倚重他、大用他时,赵孟頫就主动减少入宫次数,后又请求外补官职,出京担任了济南路同知的中级地方官,远离朝廷是非之地。

对忽必烈重用赵孟頫,南人士大夫不无微词。连他的朋友戴表元也有"遭逢不自阅,颇为谈者惜"的批评①。

忽必烈与赵孟頫一起品评赵宋归附官员的高下,颇有意思。

忽必烈问:留梦炎与叶李二人优劣何如。赵孟頫回答:"梦炎向与臣父同在宋朝,是时,臣甫数岁,其或忠或佞,臣所不能知。今幸得与梦炎同事天朝,梦炎为人,性重厚,笃于自信,思虑甚远,善断国事,有大臣之器。李所读之书,即臣所读之书,李所知所能,臣亦无不知无不能。"

忽必烈又说:"卿意岂以梦炎贤于李哉?梦炎在宋状元及第,位至丞相,贾似道怀谖误国,罔上不道,梦炎徒依阿取容,曾无一言,以悟主听。李,布衣之士,乃能伏阙门上书,请斩似道。是李贤于梦炎明矣。李论事,厉声色,盛气凌人,若好己胜者,刚直太过,故人多怨焉。卿以梦炎父执友,故不敢斥言其非。今朕既得卿之

---

① 《刬源集》卷二十七《书叹七首》。

情,可为朕赋诗以讥刺梦炎"。

赵孟頫遵旨赋诗一首:"状元曾受宋家恩,国困臣强不尽言。往事已非那可说,且将忠直报皇元"。忽必烈听罢赞叹不已①。

然而,忽必烈的上述怀柔政策仅仅在部分南人范围内发生作用。相当数量的南人士大夫,对此政策的反应冷淡,有的甚至长期抱抵制态度。他们尤其蔑视和反感降元南宋官员丧失气节的行为。

如原严州知州方回在元军未到时,倡言战死封疆,甚是慷慨激昂。后元军逼近,突然不知所在,人们起初以为他会履行死节诺言。不久,方回迎降于三十里以外,"鞑帽毡裘,跨马而还,有自得之色",又获得元朝建德路总管的授官。州人无不唾骂,其不少亲戚故旧也与之反目为仇。有人还模仿方回当年抨击贾似道所上"十可斩"之疏,书写贪、淫、骄、偏、专、吝、诈等"十一可斩",揭露其奸恶状②。

原淮西安抚制置大使夏贵曾经在与蒙元军队作战中屡建战功,但是在至元十二年(1275年)的丁家洲大战中却临阵逃脱,退守庐州。宋廷为夏贵加官开府仪同三司,命令他率所部入卫临安。不应。后致书伯颜:"愿勿废国力,攻夺边城,若行在归附,边城焉往"。实际是许诺南宋灭亡即降。次年正月,宋幼主降元。二月,夏贵果然以淮西之地三府六州三十六县降附,官至行省参政和左丞。当时部分南人甚至把他与贾似道误国相提并论,斥之曰:"纵鞑渡江犯京师者,夏贵也"③。至元十六年(1279年)夏贵病逝。

---

① 《松雪斋集》附录《大元故翰林学士承旨赵公行状》。
② 《癸辛杂识》别集上《方回》。
③ 《元史》卷一百五十四《洪福源传》,《宋史》卷四十七《瀛国公纪》;《郑思肖集》,《大义略叙》第174页,上海古籍出版社1991年。

有人赋诗曰：

　　自古谁不死，惜公迟四年。
　　闻公今日死，何似四年前。①

　　此诗在肯定至元十二年（1275 年）以前夏贵所建功业的同时，又抨击他以后降元失节，虽生犹死。与其说是悼念，毋宁说是辛辣的讥讽和鞭挞。

　　宋亡后，原太学生郑所南隐居于吴下（今苏州），改名思肖，意为思念赵宋。又扁其居所"木穴世界"，寓"大宋"二字。平时不与北人交往，闻北人语，必掩耳亟走。他画兰不画根与土，暗示土地已被元朝夺走。县长官欲求所画兰花，因以赋役迫取，他愤怒地说："头可斫，兰不可画"。赵孟頫以书画诗文之才，享誉南北，郑所南怨恨他背叛宋室为忽必烈所聘用，故与赵绝交。赵孟頫数次前往看望，都拒不会见。赵孟頫只得叹息而去。在其所书《大义略叙》等文中，郑所南多处指名道姓咒骂忽必烈及其所建元朝②。忽必烈的上述怀柔南人的政策，显然对郑所南辈几乎毫无效果。

　　另一位固守"严夷夏之防"的南宋遗民是谢枋得。谢枋得系江西信州弋阳人，进士出身，南宋末以江东提刑守信州，城破只身逃亡，匿藏于福建建宁县山村，妻、弟、子、侄多人被杀。建宁县人黄华举行反元起义，谢枋得积极予以支持。至元二十三年（1286年）程钜夫奉忽必烈的旨意，赴江南举荐南宋名士三十人，谢枋得

---

　　① 《三朝野史》。
　　② 《郑思肖集》，《大义略叙》，附录二《郑所南小传》，上海古籍出版社 1991年；《辍耕录》卷二十《狷洁》。

名列其中。他致书程钜夫，以母死未葬为辞，拒不应诏。至元二十五年（1288 年），留梦炎再次举荐。谢枋得不仅严词拒绝，还以尖刻的讽刺挖苦言辞答复留梦炎：

> 江南无人才未有如今日之可耻……先生少年为魁伦，晚年作宰相，功名富贵，亦可以酬素志矣。奔驰四千里，如大都拜见皇帝，岂为一身计哉？将以问三宫起居，使天下后世知君臣之义不可废也。先生此心，某知之，天地鬼神知之，十五庙祖宗之灵亦知之。众人岂能尽知之乎？

此番言语，足以使降元的"状元宰相"留某羞愧不已，无地自容。

而后，元廷继续召谢枋得北上，总计达五次，他依然故我，不予理睬。福建行省参政魏天佑迫不得已下令拘捕谢枋得，派兵押送至大都。没料到，谢枋得以绝食抗争，翌年四月死于大都①。在效忠亡宋和拒不变节仕元方面，谢枋得甚至比郑所南表现得更顽固、更执著。

忽必烈之所以在后期怀柔降元的南宋官员且特别重用个别南人文臣，是有多种意图的。

首先是要作出姿态，拉拢南人，借以安抚江南人民，平息或缓和南方民众思宋反元的情绪。忽必烈对江南新征服地区的人心所向，对江南民众是否认同蒙古人的占领和统治，十分担忧。忽必烈清楚地知道，南宋的名臣和降将，在当地具有较强的影响或势力。

---

① 《谢叠山集》卷四《上丞相刘忠斋书》，卷六《送黄六有归三山序》。

面临南方连绵不断的民众反叛,怀柔和使用南人降臣,有利于笼络江南百姓的人心,有利于降低和消磨他们的反抗意识。

另一方面也通过利用部分南人名士,对北方汉人儒臣进行掣肘和抑制,削弱了北方儒士在朝政中的作用,同时加剧南、北方士大夫原已存在的隔膜,达到分裂汉族队伍,以利稳固蒙古贵族统治的目的。①

还需要补充的是,忽必烈搜罗江南精英、为我所用的动机和客观需要,也十分明显。

从藩王时代起,忽必烈就喜欢搜集聚拢一批来自不同民族或地域的精英人才,充当自己的智囊谋臣。有名的“金莲川幕府”及其在忽必烈统治前期所扮演的角色,实际上就是漠南精英人才与大汗智囊谋臣兼而有之。这也是忽必烈前期取得可以和秦皇、汉武、唐宗、宋祖、成吉思汗相媲美功业的缘由。

然而,迄至元二十年(1283年),刘秉忠、姚枢、窦默、张文谦、许衡、廉希宪、郝经、赵璧、史天泽等能够为忽必烈出谋划策的北方精英人物陆续谢世。至元二十二年(1285年)六月,忽必烈对中书省右丞相安童所言:“朕左右复无汉人,可否皆朕决。汝当尽心善治百姓,无使重困致乱,以为朕羞”②,既可以解释成忽必烈有意疏远北方汉人儒臣,也可以理解为身旁北方精英人物陆续谢世后忽必烈的无奈表白。因为此时忽必烈身旁确实出现了北方汉人精英几乎完全空缺的情况,原因是多方面的。既有朝廷政治斗争对汉人臣僚的打击压抑的背景,也有中土精英自身的人才断层或选拔

---

① 参阅周良霄《忽必烈》,第200页,吉林教育出版社1986年。
② 《元史》卷十三《世祖纪十》。

不畅等因素。

忽必烈清楚地知道,身旁缺乏精英,十分不利。忽必烈所重用的程钜夫、叶李、赵孟頫,恰恰是江南精英儒士的代表。他们的确以其杰出的智能才华,从不同层面替忽必烈运筹帷幄,在一定程度上填补了忽必烈身旁已无北方汉人精英谋臣的空缺。这又是忽必烈打破民族或地域界限,不拘一格,善选精英,为我所用的成功之处。

由于吕文焕、吕师夔、范文虎、夏贵、管如德、陈岩等降元武将在江南各省的长期任职,由于程钜夫、叶李、赵孟頫等在忽必烈后期政治舞台上所扮演的重要角色,人们普遍认为忽必烈后期应是南人受重视的独无仅有的黄金时段。正因为这样,对这段时间基本形成的四等人民族压迫政策,还应该作一些补充说明:人们所熟知的元代民族压迫的四等人规定,通常是谓蒙古人第一等,色目人第二等,汉人第三等,南人第四等的等级排列。但是,忽必烈朝蒙古人、色目人、汉人、南人四等级秩序中,前二者等级排列是高下分明、不容混淆的。而在后两个等级汉人、南人中,尽管已有汉儿和蛮子的特定称谓,可他们的高下有别的法律规定并不多见。因为程钜夫、叶李、赵孟頫等南人儒臣的特别重用,南人的实际处境和待遇并不比北方汉人低多少。严格地说,元代民族压迫的四等人规定,虽然形成于忽必烈朝,但忽必烈时期的蒙古人、色目人、汉人、南人四等级秩序并不典型,后两个等级及待遇往往是难以截然区分开的。成宗以降,南人的法律地位和实际境遇显著恶化,四等级秩序才最终固定下来。

第十章　冬夏巡幸两都
内外布列军卫

第一节　两都的营建与朝会祭祀

一、上都开平

忽必烈奉命总领漠南军国庶事以后,南下驻扎在原金蒙交界的桓州、昌州、抚州一带。

蒙哥汗六年(1256年),忽必烈希望在驻帐附近建城市,修宫室,命令刘秉忠占卜吉祥,选择地点。刘秉忠选定了桓州以东、滦河以北的龙岗之地。此地"龙岗蟠其阴,滦江经其阳,四山拱卫,佳气葱郁","展亲会朝","道里得中"①,既是辽阔坦荡的天然牧场,也适宜建城。

兴建新城花了三年时间,先建宫室,后筑宫城,负责监督工程的有董文炳、贾居贞、谢仲温等。忽必烈还特许近侍谢仲温以工部提领,手执木梃,对成百上千的筑城工匠民夫进行恫吓威胁。忽必烈给他的谕旨是:"汝但执梃,虽百千人,宁不惧汝耶"!②

竣工以后,新城被命名为开平府。开平府的兴建,使忽必烈藩

---

① 《秋涧集》卷八十《中堂事记》;《元文类》卷二十二《上都华严寺碑》。
② 《嘉靖篙城县志》卷八《篙城令董文炳遗爱碑》;《牧庵集》卷十九《参知政事贾公神道碑》;《元史》卷一百六十九《谢仲温传》。

府得以较稳定地迁移至北连朔漠、南控中原的金莲川一带,对忽必烈履行总领漠南使命和接受汉文化,均大有裨益。

中统元年(1260年)三月十七日,忽必烈在开平举行"忽里台"贵族会议,被推举为第五任大汗。

七月,忽必烈率军北上击败在漠北称汗的阿里不哥,并于秋季占领和林,夺回了前朝大汗的四大斡耳朵。

然而,政治、经济、军事等方面的形势或原因,致使忽必烈不愿意、也不可能继续以和林为都城来君临天下。

窝阔台汗建都和林以来,和林城内居民的粮食,主要依赖汉地,多是用大车自南向北转运①。忽必烈在位的三十余年间,朝廷经常运送粮食赈济和林城的居民。假如继续以和林为都城,势必造成粮食等物质长途转输的更大负担和压力。

和林虽然被忽必烈的军队所占领,但忽必烈离开漠北多年,就漠北而言,忽必烈的政治军事实力远不能与阿里不哥相比。假如忽必烈继续以和林为都城,势必受到阿里不哥等反对派的军事威胁,势必需要大量军队留驻漠北并在和林周围部署严密的防御圈。当时蒙古军习惯于战后下马分散驻牧,不善于聚合守卫城堡,汉军又不能适应草原气候而远离汉地长期镇戍。此种情况下,漠北留驻军队的调集和部署也相当困难。

更重要的是,忽必烈总领漠南多年,即汗位之地又在开平,他的主要统治基础已在漠南和中原奠定。在忽必烈看来,继续以和林为都城,继续走草原帝国的旧路,不利于蒙、汉统治阶级的联合,不利于对中原汉地的管理与控制。

① 《史集》余大钧、周建奇译本,第二卷,第296页,商务印书馆1986年。

所以，忽必烈决意离开和林旧都以及原蒙古大汗四季营地、斡耳朵，于当年十二月率众返回燕京附近①。其后的三四年间，开平是有都城之实而无都城之名，忽必烈多数时间驻于开平，刚刚设立的中书省等官署也在开平处理政务。

中统四年（1263年）五月九日，忽必烈正式定开平为上都，设立上都路总管府②。而后，又开始了大规模的上都营建。

因为上都皇城建在一个草地环抱的小湖上，施工前的排水颇费力气。工匠们先用石头和碎砖填满小湖及源头，然后熔化许多锡进行加固，最后在上面覆盖石板。石板上就可以建造宫殿了③。

上都宫城的主体建筑大安阁，始建于至元三年（1266年）十二月。大安阁原是宋金故都汴梁熙春阁，拆迁到千里以外的金莲川，稍加损益而成。据说，汴梁熙春阁拆下的木材多达"万计"，水浮陆辇，耗费甚大。仅从汴梁入黄河东下的一段，就役使汴梁路、卫辉路诸多民夫。卫辉路总管陈祐为此还特意上奏忽必烈批准，由汴梁路负责运送木材至黄河边，调遣军士三百名，负责编组木筏，顺黄河漂下，卫辉路则"雍遏水势"，协助河上木筏漂流工作。

因上都宫城无正衙，大安阁遂巍峨为前殿，"规制尊稳秀杰，后世诚无以加"④。元末周伯琦赋诗赞美曰：

"大安御阁势岧亭，华阙中天壮上京"。

---

① 陈高华、史卫民《元上都》第27页，吉林教育出版社1988年。
② 《元史》卷五《世祖纪二》。
③ 《史集》余大钧、周建奇译本，第二卷，第325页，商务印书馆1986年。
④ 《道园学古录》卷十《跋大安阁图》；《秋涧集》卷五十三《总管陈公去思碑铭》。

"层甍复阁接青冥,金色浮屠七宝楣。"①

这座华丽宏伟的宫殿,又称为上都的"大内"或"大安阁"②,忽必烈临朝、议政、接见臣下等,经常在这里举行。如至元十三年(1276 年)五月初一,忽必烈御大安阁接受宋恭帝赵㬎及被掳北上宋朝大臣的朝拜,封赵㬎为瀛国公;至元十六年(1279 年)都元帅帖木儿不花追击张世杰和平定广东诸郡及海岛后,率领诸降将及有功将校北赴上都,也是在大安阁朝见忽必烈的③。耶律铸之子耶律希亮自中亚东归,入觐上都,同样是在大安阁向忽必烈详细陈述边事以及羁旅他乡的困苦情状④。钦察人和尚之子千奴由御史大夫玉昔帖木儿引见忽必烈,特许以功臣子袭职江南浙西道按察使。播州杨汉英随其母田氏入见忽必烈,得以世袭为播州安抚使。这两次入见,都在大安阁⑤。至元二十二年(1285 年)五月十九日,御史台官员就江南行御史台自江州迁往杭州一事,奏闻忽必烈并得到批准,同样是在大安阁⑥。

大安阁是忽必烈在上都举行"视朝"的场所之一。阁内设有专用的御榻,还有若干宰相或近侍在阁内陪同忽必烈接见前来朝觐的人员。忽必烈接见杨汉英母子时,曾呼汉英至御榻前,熟视他的眼睛和神情,久久抚摩他的头部,然后对旁边的宰臣说:"杨氏

① 《近光集》卷一《次韵王师鲁待制史院题壁二首》,《扈从上京官学记事绝句二十首》。

② 杨允孚《滦京杂咏》。

③ 《元史》卷一百二十七《伯颜传》,卷一百三十二《帖木儿不花传》。

④ 《元史》卷一百八十《耶律希亮传》。

⑤ 《元史》卷一百三十四《和尚传》,卷一百六十五《杨赛因不花传》。

⑥ 《南台备要》《行台复移杭州》,《永乐大典》卷二千六百一十。

母子孤寡，万里来庭，朕甚悯之"。

大安阁还备有祭祀神明的币贡礼器。一次，忽必烈得知有人盗窃币贡，大怒，欲诛盗者，经宿卫出身的提点太医院事许扆劝谏，才作罢①。

除大安阁外，上都的汉地式建筑还有至元八年（1271 年）十一月建成的万安阁②。波斯史家拉施德说："在城的中央修建了一座宫殿和〔另外一座〕较小的宫殿"③，估计指的就是大安阁和万安阁。

汪元量曾赋诗以志万安阁的早朝和宫廷侍从夜直：

> 凤衔紫诏下云端，千载明良际会难。
>
> 金阙早朝天表近，玉堂夜直月光寒④。

上都体现蒙古草原风格的宫殿为失剌斡耳朵。失剌又作昔剌，蒙古语义为黄色。忽必烈定都开平后，沿袭窝阔台汗和林旧例，设置失剌斡耳朵，作为自己在上都的"行在"和"宴游"之所⑤。

此外，皇城中的草地四周筑有围墙。各式各样的野兽飞禽在草地上生息繁衍。如麋鹿鹰兔等。忽必烈时常在围墙内驰马追逐麋鹿，一则取鹿肉喂鹰，二则消遣娱乐⑥。

---

① 《元史》卷一百六十八《许国祯传》。
② 《秋涧集》卷八十一《中堂事记》中统二年五月八日；《元史》卷七《世祖纪四》。
③ 余大钧、周建奇译本，第二卷，第 325 页，商务印书馆 1986 年。
④ 《增订湖山类稿》卷三《万安殿夜直》第 87 页，中华书局 1984 年。
⑤ 《析津志辑佚》云："（昔）剌斡耳朵者，即世祖皇帝之行在"。《元史》卷一百八十四《崔敬传》说："今失剌斡耳朵思，乃先皇所以备宴游"。
⑥ 《马哥孛罗游记》张星烺译本第 125 页，商务印书馆 1936 年；《史集》余大钧、周建奇译本，第二卷，第 325 页，商务印书馆 1986 年。

在上都城,忽必烈还建起了孔子庙、佛寺、道观及城隍庙。

孔子庙和城隍庙先后建于至元四年(1267 年)和五年(1268年)。袁桷所云忽必烈在上都"首建庙学",实即至元四年所建孔子庙[①]。

忽必烈在上都所建佛寺,主要是龙光华严寺和乾元寺。龙光华严寺建于蒙哥汗八年(1258 年),位于上都皇城的东北角。乾元寺建于至元十一年(1274 年),位于上都皇城的西北角。龙光华严寺是禅宗寺院,刘秉忠的好友至温和曹洞宗领袖万松的弟子福裕,相继担任该寺的住持。乾元寺则与大都护国仁王寺相同,属于藏传佛教寺院。

所建上都道观主要有位于城东、西的正一教派崇真宫、全真教派长春宫、太一教派太一宫以及寿宁宫等。

不难看出,上都城的上述宗教文化设施,是儒、佛、道三教并存。即使同一种宗教内,也是诸教派纷然林立。其功用有人阐释为"化俗警蒙,相须以成,具训渊远,将垂宪永,以为民则"[②]。

郝经《开平新宫五十韵》诗曰:

> 欲成仁义俗,先定帝王都。
>
> 畿甸临中国,河山拥奥区。
>
> 燕云雄地势,辽碣壮天衢。
>
> 峻岭蟠沙碛,重门限扼狐。

---

① 《元史》卷六《世祖纪六》至元四年五月,五年正月;《清容居士集》卷二十五《华严寺碑》。

② 《清容居士集》卷二十五《华严寺碑》;参阅陈高华、史卫民《元上都》,第195—204 页,吉林教育出版社 1988 年。

侵淫冠带近，参错土风殊……

栋宇雄新造，城隍屹力扶。

建瓴增壮观，定鼎见规模。①

上都作为忽必烈建造的草原都城，既具汉地式都城的风貌，又带有蒙古草原"行国"的特色。它地处漠北蒙古与汉地的交通要冲，对加强蒙古宗王的向心力和元朝廷控制大漠南北，意义非凡。

需要说明的是，上都的皇宫寺观虽然雄伟壮丽，比较正规，但上都留守司以外的诸官署因系季节性分司扈从，故其衙署建筑均不正规，扈从官员的住宿也颇为简陋。元初担任中书省左右司都事和翰林院编修的王恽，曾赋诗描述他在上都的住所："土屋罳灯板榻虚，一瓶一钵似僧居"。原平章政事廉希宪至元十五年（1278年）扈从上都时，也是暂住在华严寺内②。一般蒙古及色目贵族官宦应该是在毡帐中住宿的。宋本《上京杂诗》曰："西关轮舆多似雨，东关毡房乱如云"③，可以为证。郑思肖所云："四时雨雪，人咸作土窖居宿。北去竟无屋宇，毡帐铺架作房"④，大体符合实际，也能显现忽必烈所建元上都草原都城的特有人文地理风貌。

忽必烈还在上都处理过许多军国大事，举行过一些非常重要的祭祀典礼。

如第三章所述，1260 年拥戴忽必烈为大汗并改变大蒙古国命运的忽里台贵族会议，就在开平举行。接着，建中统年号，设中书

---

① 《陵川集》卷十四。

② 《秋涧集》卷十五《开平夏日言怀》；《元朝名臣事略》卷七《平章廉文正王》。

③ 《永乐大典》卷七千七百二，中华书局 1986 年影印本，第四册，第 3578 页。

④ 《郑思肖集》，《大义略叙》，第 180 页，上海古籍出版社 1991 年。

省、十路宣抚司和燕京行省,都是在开平决策实施的。

中统五年(1264年),也是开平被定为上都的第二年,阿里不哥南下归降,又在这里召开忽里台贵族会议,依据札撒赦免阿里不哥并处置其谋臣。汉地诸路总管史权等二十三人和高丽国王王植,也奉诏参加了这次"大朝会"①。元人张昱诗曰:

> 至元典礼当朝会,宗戚前将祖训开。
> 圣子神孙千万世,俾知大业此中来。②

至元十一年(1274年)忽必烈颁布伐宋诏书和派遣伯颜率师渡江,同样是在上都③。至元十四年(1277年)忽必烈调兵遣将北击昔里吉和至元二十四年(1287年)亲征乃颜,又是把上都当作兵力聚集点与军事大本营④。

至元十九年(1282年)忽必烈听到阿合马被杀的消息,立即从察罕脑儿回到上都,派遣枢密副使孛罗等到大都拘捕诛杀王著等。至元二十二年(1285年)、至元二十八年(1291年)忽必烈追究卢世荣和桑哥罪状及下令处死卢、桑二人,也是在巡幸上都期间⑤。

忽必烈在上都举行的祭祀,主要是祭天和祭祖。

中统二年(1261年)四月八日,忽必烈亲率皇族成员,祀天于旧桓州西北郊,皇族以外不得参与。祭天依然采用洒白色牝马奶

---

① 《元史》卷五《世祖纪二》。
② 《可闲老人集》第二卷《辇下曲》。
③ 《元史》卷八《世祖纪五》。
④ 《元史》卷九《世祖纪六》。《元史》卷十四《世祖纪十一》。
⑤ 《元史》卷二百五《阿合马传》;卷十三《世祖纪十》;卷十六《世祖纪十三》。

子的蒙古旧俗。

关于祭天的详细情况，马可波罗说：

> "每年太阴历八月二十八日，大可汗离开上都同那个宫……他必须在地上或空中洒少许这些马奶，使鬼神可以喝得到这奶……鬼神必须喝得到这奶，方可使他们保护大可汗所有的东西，男女人口，走兽飞禽，五谷以及各种别的东西。"①

至元十三年（1276 年）五月初一，忽必烈又派遣伯颜等大臣赴上都近郊祭祀天地和祖宗，告以平宋大捷。全太后和宋幼主赵㬎一行也随同参与。清晨，出上都城西门外五里，赵㬎面对象征黄金家族太庙的锦制罘思（城角之屏），向北两拜。全太后、福王和吴坚、谢堂等宰执又依礼跪拜。一名蒙古官员对着罘思前致语，拜两拜而退②。致语内容，估计是向成吉思汗等列祖列宗禀告平定南宋的喜讯。

上都建成十余年后，发生过一次是否迁徙的波折和争论。

至元十五年（1278 年）上都所在的龙岗一带失火，殃及民房。少数南人官员借题发挥，主张将上都迁离龙岗。枢密副使张易和中书左丞张文谦竭力言其不可，双方在忽必烈驾前争辩十分激烈。忽必烈听罢，一时举棋不定，甚是烦恼。次日，忽必烈特别召见太常卿阴阳术士田忠良，询问两种意见何者正确。田忠良转达了正

---

① 《秋涧集》卷八十一《中堂事记》中；《马哥孛罗游记》张星烺译本第 126 页，商务印书馆 1936 年。

② 《元史》卷九《世祖纪六》；《钱塘遗事》卷九引《祈请使行程记》。

在抱病休养的原中书平章廉希宪的看法:"上都,圣上龙飞,国家根本。近日火延龙岗,居民常事。勿令杂学小生妄谈风水,惑动上意。"忽必烈听从廉、田二人的劝告,最终拒绝了迁都的意见。还称赞道:"希宪方大病,念及此耶!"①

二、大都汗八里

大都,突厥语作"汗八里",义谓"汗城"。前身为辽南京(又称燕京)和金中都。它"右拥太行,左注沧海,抚中原,正南面,枕居庸,莫朔方"②,两千多年来一直是北方名城之一。

蒙古灭金以后,燕京又因燕京等处断事官所在而成为蒙廷控制汉地的枢纽。忽必烈总领漠南军国庶事之际,札剌亦儿部木华黎后裔霸突鲁就向他献策:"幽燕之地,龙蟠虎踞,形势雄伟,南控江淮,北连朔漠。且天子必居中以受四方朝觐。大王果欲经营天下,驻跸之所,非燕不可"。这项建议对忽必烈将燕京定为上都以外的第二个都城,影响颇大。后来,忽必烈十分感慨地说:"朕居此以临天下,霸突鲁之力也"③。

忽必烈即汗位之初四、五年,开平一直是实际上的都城。中书省设在开平,燕京仅设行中书省。随着忽必烈政权治理汉地事务越来越繁剧,作为中书省组成部分的燕京行省,日益受到忽必烈的重视。由于政务等需要,忽必烈频繁召燕京行中书省官员赴开平奏事和面取圣旨,忽必烈本人常在冬季驻帐于燕京郊外。

---

① 《元朝名臣事略》卷七《平章廉文正王》;《元文类》卷六十五《平章政事廉文正王神道碑》。
② 《南村辍耕录》卷二十一《宫阙制度》。
③ 《元史》卷一百一十九《木华黎传》。

中统四年(1263年)五月,忽必烈改开平为上都。翌年(1264年)七月,阿里不哥南下归降,忽必烈政权基本巩固。八月,忽必烈又降诏改燕京为中都(后易名大都)①。于此,两都制正式确立,营建大都也随之开始。

大都的皇城和宫城,始建于至元三年(1266年),至元十一年(1274年)大体竣工。皇城宫城以外的官民廨舍和城墙等,至元四年(1267年)开始兴建,因为工程浩大,至元二十年(1283年)才基本建成。

大都的主要设计者,也是刘秉忠。参与选择建筑方位和绘制城郭经纬、祖社朝市图形的还有赵秉温等。负责指挥监督施工的,则是汉军万户张柔、张弘略父子,行工部尚书段桢等②。

大都的宫城处于全城的南北中轴线上。宫城的主要建筑是大明殿和延春阁。

大明殿是皇宫的正殿,位置偏南。殿内间架为十一间,东西长二百尺,南北入深一百二十尺,高九十尺。殿外柱廊七间,入深二百四十尺,宽四十四尺,高五十尺。

其建筑样式和风格,主要沿袭汉地皇宫传统。如"青花石础,白玉石圆碣,文石甃地,上藉重裀,丹楹金饰,龙绕其上。四面朱琐窗,藻井间金绘,饰燕石,重陛朱阑,涂金铜飞雕冒"。与此同时,蒙古草原游牧君主宫帐的若干特色又杂糅其中。如殿内中心设置的皇帝七宝云龙御榻,因蒙古大汗与皇后并坐的习俗,添设皇后位。而诸王百官怯薛官侍宴的坐床,又重列左右。另置木质银裹

---

① 《元史》卷五《世祖纪二》。
② 《元史》卷一百五十七《刘秉忠传》,卷一百四十七《张柔传》;《滋溪文稿》卷二十二《赵文昭公行状》;《道园学古录》卷二十三《大都城隍庙碑》。

漆瓮一个,高一丈七尺,容量五十余石,专用于宫廷马奶酒饮用①。后二者又明显是蒙古草原旧俗使然。

此外,至元七年(1270年)忽必烈采纳帝师八思巴的意见,在大明殿御座之上放置一个白伞盖,伞盖用素缎制成,又用泥金字书写梵文于伞盖上,以伏邪魔,以镇国邦②。这应该是忽必烈皈依藏传佛教后喇嘛帝师迅速在大明殿打下的印记。元人张昱诗曰:

> 黄金大殿万斯年,十二丹楹日月边。
>
> 伞盖葳蕤当御榻,珠光照耀九重天。③

大明殿主要用于正月元旦、天寿节等朝会。

至元二十一年(1284年)正月初六,忽必烈御大明殿,右丞相和礼霍孙率文武百官奉玉册玉宝,为忽必烈上尊号为“宪天述道仁文义武大光孝皇帝”,诸王百官按照正月元旦朝贺仪行礼庆贺④。

至元十六年(1279年)秋,招讨使行副都元帅高兴被忽必烈召入大都,侍宴于大明殿,高兴将自己在江南所得珍宝全部贡献给忽必烈。忽必烈说:“卿何不少留以自奉!”高兴回答:“臣素贫贱,今幸富贵,皆陛下所赐,何敢隐俘获之物!”忽必烈欣喜地说:“直臣也”⑤。忽必烈的生日即天寿节,是阴历八月二十八日。天寿节之际,忽必烈半数是要回到大都。高兴秋季应诏入大都侍宴大明殿,

---

① 《南村辍耕录》卷二十一《宫阙制度》。
② 《元史》卷七十七《祭祀志六》;《析津志辑佚》《岁纪》。
③ 《张光弼诗集》卷三《辇下曲》。
④ 《元史》卷十三《世祖纪十》。
⑤ 《元史》卷一百六十二《高兴传》。

估计是天寿节。

马可波罗也说:"当他(引者注:忽必烈)生日那天,全世界鞑靼人,所有各省及臣服他的属地,献给他许多礼物。至于多少,则按他们的官职大小和已定的风俗如何"①。马可波罗所言,可谓忽必烈在大明殿庆祝天寿节并接受高兴等官员贡献礼物的最好诠释。

据说,忽必烈还将成吉思汗漠北创业之地的青草一株,特意移植于大明殿丹墀前,欲使后世子孙不忘勤俭之节,名之曰"誓俭草"。

> 黑河万里金沙漠,世祖深思创业难。
> 却望阑干护青草,丹墀留与子孙看。②

延春阁位于大明殿以北,结构为三檐重屋。阁内间架九间,东西长一百五十尺,入深九十尺,高一百尺③,是皇宫中最高的建筑。

元朝建立后,长期沿袭蒙古国岁时赏赐、朝会赏赐等旧制。忽必烈常常在延春阁赏赐诸王权贵和文武百官。至元中期,忽必烈曾在延春阁大范围赏赉群臣,包括怯薛卫士在内的官员奉命十人为列,上前领赏。至元二十八年(1291年)叛王哈丹被诛后,忽必烈又在延春阁陈列所缴获的金银器,召来诸侯王将帅慷慨赏赐,博罗欢即受赐金银器五百两④。

---

① 《马哥孛罗游记》张星烺译本第 173 页,商务印书馆。
② 《草木子》卷四上《谈薮篇》;另柯九思《草堂雅集》卷一《宫词》诗句略有出入。
③ 《南村辍耕录》卷二十一《宫阙制度》。
④ 《元史》卷一百六十《王思廉传》;卷一百二十一《博罗欢传》。

此外,比较重要的宫殿还有万寿山广寒殿和隆福宫。这两座建筑马可波罗游记都饶有兴趣地叙述过。

关于万寿山广寒殿,元末陶宗仪言"其山皆以玲珑石叠垒,峰峦隐映,松桧隆郁,秀若天成"。有名的渎山大玉海就放置在广寒殿中。

马可波罗也说:

> 还有向着北面,离宫殿有一箭所射的地方,但在两墙里面,大汗造一小山,或是土堆,足一百步高,周围一迈耳长。上面盖着永不落叶而长绿的树木……大可汗将全山覆以玻璃土,那是特别的绿。因此所有的树是绿的,和全山也都是绿的,触目全是绿的。因而叫做绿山。正在山顶上,有一座大宫殿,也是绿的……这个山和树和宫殿皆是非常的美观……西北方面,有一个人工造的大湖,非常的宽和深。计划的最好,湖中掘出的土,用来造成上面所说的山。①

隆福宫是专供太子真金居住的。令忽必烈大为惊恐的王著杀阿合马事件,就是在隆福宫南门发生的。

大都的城墙和城门,也颇有特殊之处。

大都的城墙是采用传统的夯土板筑方法修建的。基部宽,顶部窄,横截面呈梯形。马可波罗曾描述道:"墙基宽十步,高二十步……愈高愈窄,所以上面只有三步宽了"②。至元八年(1271

---

① 《马哥孛罗游记》张星烺译本第156页,商务印书馆;《南村辍耕录》卷一《万岁山》。

② 《马哥孛罗游记》张星烺译本第158页,商务印书馆。

年）忽必烈还听从千户王庆瑞的建议，未辇石砌城，而是以苇草排编遮盖土墙，来防雨水摧塌①。这就是所谓的苇城之策，也是元大都城墙与其它朝代不一样的地方。据说，忽必烈晚年曾下令运来石头，欲砌城加固城墙，因其逝世未能遂愿②。

大都的城门也比较特殊，长方形的城墙四周共开十一门。东面三座：光熙门、崇仁门、齐化门，西面三座：平则门、和义门、肃清门，南面三座：文明门（哈达门）、丽正门、顺承门，北面两座：建德门、安贞门。

大都城门没有筑成对称偶数，偏偏开为十一门。据说是因为该城设计者刘秉忠附会传说中哪吒形象，蓄意构成三头六臂两足状：南面三门象征三头，东、西六门象征六臂，北面二门象征两足。其寓意是借用哪吒的法力，护卫都城，降伏龙王解除缺水之患③。刘秉忠这样做，无非是要为大都——汗八里增添一些神秘色彩。对深信上天诸神的忽必烈来说，这番设计当然是令人满意的。

元末张昱曾赋诗赞叹大都的苇草覆城和十一门：

大都周遭十一门，草苫土筑哪吒城；

谶言若以砖石裹，长似天王衣甲兵。④

大都城中心还建有钟楼和鼓楼，一北一南，雄敞高明，俯瞰城

---

① 《常山贞石志》卷十七，阎复《王公神道碑铭》。

② 《史集》余大钧、周建奇译本，第二卷，第 324 页，商务印书馆 1986 年。

③ 《农田余话》卷一；参阅陈学霖《元大都城建造传说探源》，《汉学研究》第五卷第一期 1987 年。

④ 《可闲老人集》第二卷《辇下曲》。

埴。其鼓奏钟鸣,既报告时辰和控制居民的作息,也便于实行夜禁。

中统五年(1264 年)八月忽必烈颁布的圣旨条画规定:"一更三点,钟声绝,禁人行。五更三点,钟声动,听人行"①。

大都城建好后,曾大规模迁民以居,近臣旧族的赐第多集中在内城西部。而且,原金燕京旧城被废,保留下来的惟有佛寺、道观和若干民房②。

忽必烈还在大都建起太庙,举行了祭祀列祖列宗的活动。

燕京太庙始建于中统四年(1263 年)三月,完工于至元三年(1266 年)。

这以前,忽必烈已在汉族士大夫的影响下初步制作了祖宗神位、祭器、法服等。但相当长的时间内神位暂设于开平的中书省,中书省官署变动之际,祖宗神位又一度迁至圣安寺及瑞像殿。

至元三年十月,大都太庙落成。忽必烈命令中书平章赵璧等集议并决定:在原有太庙七室制度的基础上,增为八室,又制定尊谥庙号,即烈祖神元皇帝及皇曾祖妣宣懿皇后第一室,太祖圣武皇帝及皇祖妣光献皇后第二室,太宗英文皇帝及皇伯妣昭慈皇后第三室,皇伯考术赤及皇伯妣别土出迷失第四室,皇伯考察合带及皇伯妣也速伦第五室,皇考睿宗景襄皇帝及皇妣庄圣皇后第六室,定宗简平皇帝及钦淑皇后第七室,宪宗桓肃皇帝及贞节皇后第八室。又定每岁冬季祀太庙。

至元十四年(1277 年),因旧太庙楹柱腐朽,忽必烈降诏新建

① 《析津志辑佚》《古迹》;《元典章》卷五十七《刑部一九》《禁夜》。
② 《道园学古录》卷五《游长春宫诗序》,卷八《唐山诗》。

太庙于大都。三年后,新太庙正式使用,旧太庙毁弃。

太庙神主开始是刘秉忠依宋制以栗木制成。至元六年(1279年)十二月,帝师八思巴奉忽必烈圣旨制造木质金表牌位,代替栗木神主,特称"金主"。至元十三年(1276年)"金主"题名又依蒙古俗略作改动,太祖改称"成吉思皇帝",睿宗改称"太上皇也可那颜",诸皇后则直题其名讳①。

忽必烈还随时听取掌管祭祀官员的意见,不断完善太庙祭祀及相关制度。

至元十八年(1281年)负责皇室生活供给的太府监欲在大都太庙之南为诸王昌童建王宅,太常丞田忠良亲自前去掀倒正在修筑中的柱子。太府监官员向忽必烈告状,忽必烈质问田忠良。田忠良回答:"太庙前岂诸王建宅所耶?"忽必烈听罢,立即称赞:"卿言是也!"田忠良进一步上奏说:"太庙前无驰道,非礼也"。忽必烈立即命令中书省开通太庙前的道路。

有人一度建议取消太庙牺牲中的牛。田忠良上奏道:"梁武帝用面为牺牲,后如何耶?"忽必烈再次采纳田的说法,恢复了牛为牺牲的旧制②。

忽必烈依照田忠良的意见多次规范太庙祭祀,固然和田以阴阳占卜之术为忽必烈所信任有关,但也可以从侧面说明忽必烈对太庙是比较重视的。

大都太庙是仿照汉地王朝祖宗祭祀的产物,它与忽必烈在上都祭祀祖宗活动有很大差别。不过,忽必烈在大都太庙祭祀中并

---

① 《元史》卷七十四《祭祀志三》。
② 《元史》卷二百三《方技·田忠良传》。

没有完全倒向汉法典制，而是有意无意地加入了不少蒙古及藏传佛教的东西。

第一，宗庙祭祀祝祷之文，用蒙古文书写，以蒙古巫祝致辞。

第二，祭祀所用常馔以外，自至元十三年（1276年）九月增加野猪、鹿、羊、葡萄酒等。一度又禁用豢养之豕及牛。

第三，至元六年（1269年）十二月始命令帝师八思巴和其弟益怜真作佛事于太庙七昼夜。

第四，尽管大都太庙是忽必烈所创建，但他一开始就是让诸王、宰执及必阇赤摄行其事的。忽必烈本人一直未尝亲自祭祀①。

这四条对元朝大都的太庙祭祀，影响极大。元人张昱诗曰：

清庙上尊元不罩，爵呈三献礼当终。
巫臣马湩望空洒，国语辞神妥法官。②

由此，太庙祭祀实际上已被改造成蒙汉杂糅的形态。后世诸帝大抵没有越出忽必烈所构筑的藩篱。

此外，沿用汉地祭祀先人遗像的影堂俗，忽必烈在大都一带也设立影堂以祭祀祖先。

起初，忽必烈仅在父母分邑真定路玉华宫立孝思殿，布置拖雷夫妇御容影堂，逢忌日依照《宋会要》所定礼仪，派官员前往祭祀。至元十五年（1278年）十一月，忽必烈命令翰林学士承旨和礼霍孙画太祖成吉思汗御容，翌年二月，又命画太上皇拖雷御容，与太宗

---

① 《元史》卷七十四《祭祀志三》，卷九《世祖纪六》至元十三年九月，卷七《世祖纪四》至元七年十月己丑，八年九月丙子。

② 《可闲老人集》第二卷《辇下曲》。

窝阔台御容一并置于翰林院,由院官春秋致祭。据说,当画师孙某奉诏将所画成吉思汗和拖雷御容呈献忽必烈时,因为画肖其人,忽必烈看罢,不由得为之动情,"泣下沾衿"。

后来,诸帝后御容影堂祭祀逐渐正规,所奉祖宗御容,皆用纹绮局织锦制成。忽必烈和察必皇后死后,其影堂御容置于大圣寿万安寺(白塔寺)。真金太子的影堂也置于此寺。堂内设祭器,藏玉册、玉宝等。祭祀也由最初的忌日祭祀,扩展为常祭、节祭。文宗时,影堂统一改称神御殿①。

第二节　岁时巡幸

一、扈从留守与春蒐秋狝

在两都制度确定以后,忽必烈便开始在上都、大都间岁时巡幸。每年二月,有时也在三月,忽必烈从大都出发赴上都。秋八月或九月,又自上都返回大都。春秋恒时,岁岁如此,未曾中辍。

据拉施德《史集》,忽必烈往来于大都、上都间的巡幸路线,大抵有三条:

第一条是专供狩猎、持诏使者用的。相当于元末周伯琦所说的皇帝经行之辇道,途中宿营纳钵计有瓮山、车坊、黑谷、色泽岭、龙门、黑店头、黄土岭、程子岭、磨儿岭、颉家营、白塔儿、沙岭、黑嘴儿、失八儿秃等。这条路线,路途最短,"水草茂美,牧畜尤便"。

第二条是沿桑干河向西北,经荨麻岭北上。或相当于周伯琦

---

① 《元史》卷七十五《祭祀志四》;《析津志辑佚》《祀庙》;《秋涧集》卷四十四《杂著》。

所言西路,亦即孛老路。

有关第三条路,《史集》的记载是"道出一低山名新岭 Sing-ling,人过此山后由此去开平府尽为草原,〔宜于〕夏牧"①。此新岭 Sing-ling 的方位,暂无法详考。从中统初忽必烈冬季驻帐潮河川、中统三年(1262 年)立古北口驿和至元二十年(1283 年)十月忽必烈自古北口南返大都看②,第三条路也可能是古北口路。

可以想见,后世诸帝在两都之间"东出西还"的巡幸路线多半是忽必烈开辟的。

由于两都巡幸,朝廷官员又有扈从、留守之别。通常,中书省、枢密院、御史台的主要官员及部分僚属必须扈从上都。如中统二年(1261 年)中书省右丞相史天泽、左丞张文谦、参政杨果等在开平,平章王文统、廉希宪、右丞张启元留燕京;至元六年(1269 年)左丞相史天泽等扈从上都,左丞廉希宪等留守大都;至元十六年(1279 年)平章哈伯、参政耿仁、参议秃烈羊阿扈从上都,平章阿合马、右丞张惠、左丞郝祯留守大都;至元十九年(1282 年)右丞相甕吉剌歹、左丞耿仁、参政阿里扈从上都,左丞相阿合马、右丞张惠、左丞郝祯留守大都③。至元十六年扈从上都的还有枢密院官朵儿朵呵、御史大夫玉速铁木儿、孛罗、通政院使兀良哈歹等④。

在汉族文臣笔下,扈从上都的中书省、御史台官员,被称为

---

① 《成吉思汗的继承者》周良霄译注本,第 328 页,天津古籍出版社 1992 年;周伯琦《扈从集》;《纯白斋类稿》第二卷《题是京纪行诗后》)。
② 《元史》卷十二《世祖纪九》。
③ 《秋涧集》卷八十一《中堂事记》(中);《元文类》卷六十五《平章政事廉文正公神道碑》;《永乐大典》卷一万九千四百一十七《站赤》;《元史》卷一百一十二《宰相年表》,卷二百五《阿合马传》,卷十二《世祖纪九》。
④ 《永乐大典》卷一万九千四百一十七《站赤二》第 7000 页。

"上都分省"、"上都分台"。实际上,扈从上都的均为中书省、枢密院、御史台主要官员,且因其不离权力源头大汗左右,所以,他们始终充当中书省、枢密院、御史台的核心。具体到中书省,扈从上都的才是"都省",留守大都的仅是留省。

忽必烈经常在上都和往返两都途中举行省院台大臣奏闻或大臣集议,决定军国大事。如至元二十二年(1285 年)三月二十五日大口以北的虎皮察只儿奏闻时,御史台官员和中书省安童丞相、阿必失阿平章、卢右丞等讨论江南行御史台废罢问题,经忽必烈裁定:江南行御史台仍保留,治所迁往江州。至元十六年五月二十日,中书省平章合伯、枢密院官朵儿朵呵、御史大夫玉速铁木儿、孛罗、通政院使兀良哈歹等"集议定十五事"①。包括至元二十八年(1291 年)忽必烈杀掉权相桑哥的决策,也是召集御史台与中书省、尚书省官员赴驻跸地大口御前辩论之后作出的②。

无论是省、院、台大臣扈从,还是巡幸途中举行省院台大臣奏闻或集议,在汉地传统王朝都是不可思议的,但从蒙古游牧帝国"行朝"、"行国"习俗看来,又是可以理解的。

从忽必烈开始,两都巡幸还有了一定的迎送仪式。春季忽必烈离大都赴上都前夕,往往在琼华岛万岁山广寒殿大宴文武百官。秋天,忽必烈自上都返回大都时,大都留守官员又要专程至居庸关北口或龙虎台迎接③。

---

① 《南台备要》《行台移江州》,《永乐大典》卷二千六百一十;《永乐大典》卷一万九千四百一十七《站赤二》。

② 《元史》卷十六《世祖纪一三》至元二十八年二月癸未。

③ 《南村辍耕录》卷一《万岁山》;《秋涧集》卷二三《奉和寅甫学士九日迎銮北口高韵》。

二、象背前驮幄殿行

在巡幸期间,忽必烈还沿袭蒙古旧俗,春蒐秋狝。

忽必烈冬春之际的狩猎,一般正月出发,三月初以前返回。开始在大都近郊,后来多数在大都东南的柳林。

《元史》《世祖本纪》和其他人物传中也明确载录了至元十一年(1274年)春、至元十八年(1281年)二月、至元十九年(1282年)二月、至元二十二年(1285年)二月、至元二十八年(1291年)春,忽必烈频繁田猎于柳林①。有时,还在柳林行帐接受臣下的觐见和上奏。至元二十八年(1291年)福建闽海道提刑按察使王恽所上极陈时政的万言书,就是在忽必烈行猎柳林时进奏的②。

至于柳林的方位,或言其在大都西南,或说它在大都东南③。人们注意到,至元十八年正月丙辰忽必烈车驾幸漷州(今天津市武清区河西务),二月辛未车驾幸柳林。漷州在大都东南约二百里处,柳林方位当与漷州相近,也应在大都东南,只是距离更远些。漷州之东南离渤海湾很近,这也和马可波罗所云"往南走两天,留在距大洋海很近的地方",大抵相符。鉴于此,柳林在大都东南说,是正确的。

马可波罗又说,忽必烈春猎后返回大都,仅停留三日,就启程赴上都。马可波罗的说法并无大错,忽必烈在大都停留的时间的

---

① 《元史》卷二百三《方技·田忠良传》,卷十一《世祖纪八》,卷十二《世祖纪九》,卷十三《世祖纪十》,卷一百三十《不忽木传》。

② 《元史》卷一百六十七《王恽传》。

③ 陈高华、史卫民《元上都》,第59页,吉林教育出版社1988年;史卫民《元代社会生活史》,第362页,中国社会科学出版社1996年。

确很短,通常是一周之内即离大都赴上都。

马可波罗还饶有兴趣地讲到忽必烈乘象舆飞放打猎的情景:

"当大可汗远征到临近大洋海的时候,打兽打鸟的美丽景致,是不缺少的……大可汗常常坐在一个美丽的木头寝室中,四只象抬着室走。室中用锤金制成的布匹镶里,外面盖着狮子皮。当打鸟时,因为他有痛风病,所以他常常留在室中。大可汗在室中常常养着十二只好的鹰。里面也有许多贵官和妇女来引他快乐,和他作伴。当他在那放在象背上的寝室中,站起散步时,你们必须知道,如有骑马在他左右的贵官大声喊,'陛下,有鹤飞过去了'。他听到后,即揭开寝室的遮盖物,来看鹤。他叫把所要的大鹰拿来放出。这些鹰最后和鹤争斗,常常的把他们捉住。大可汗在床上看见这种景致,觉得非常快乐和欢娱。"[①]

被掳北上的南宋遗老汪元量有《斡耳垛观猎》诗为证:

黑风满天红日出,千里万里栖寒烟。
快鹰已落蓟水畔,猎马更在燕山前。
白旄黄钺左右绕,毡房帐殿东西旋。
海青眇然从此去,天鹅正坠阴崖巅。

《山东飞放》诗又曰:

---

① 《马哥孛罗游记》张星烺译本,第184页,商务印书馆1936年。

天子出猎山之东，臂鹰健卒豪且雄。

我欲从之出云中，坐看万马如游龙。①

　　汪元量诗中虽然没有提及忽必烈乘象舆行猎的情节，但它如飞放"快鹰""海青"捕捉天鹅等飞禽，燕山以东和以南、蓟水之畔的方位等，却与马可波罗所言基本相符。

　　另外，许多汉文史籍不约而同地记述道：元朝驾驭乘舆的大象，来自金齿、缅国、占城、交趾被征服后的贡纳。大象平时圈养在大都皇城北面湖泊岸边，大汗行幸时，命令擅长驭象的蕃官骑在一只象上，导引象舆前进。象舆前面另有前峰树皂纛，后峰扎小旗，五色璀玉，毛结缨珞的骆驼。一人鸣驼鼓于上，一则威震远迩，替皇帝清道，二则先行试验桥梁和路上的积水，以保证象舆顺利通过②。

　　忽必烈不仅飞放打猎时乘象舆，大都上都，春去秋归，以及征讨叛王乃颜，也经常是乘舆象驾。元人赋诗咏其事曰："当年大驾幸滦京，象背前驮幄殿行"。

　　象舆中除忽必烈外，常有宿卫贺胜等"参乘"。早在藩王时期，忽必烈已患有足疾。亲征乃颜回京途中，因为已是秋末冬初，塞外颇有寒意，坐在象舆中的忽必烈，为足寒而痛苦。参乘宿卫士贺胜竟解开衣服，以自己的身体为忽必烈暖足。这些都能够印证：马可波罗的上述说法，大体是翔实可信的。

---

① 《增订湖山类稿》卷三，第73、80页，中华书局1984年。

② 《元史》卷七十九《舆服志二》；《牧庵集》卷十九《资德大夫云南行省右丞李公神道碑》。

乘坐象舆,岁时往来于两都之间,甚至用于亲征和行猎,这的确是以前蒙古大汗和汉地王朝的皇帝所未曾有的。象舆比较平稳,不影响坐卧酣息,又极具大元帝国皇帝的威严。这无疑令忽必烈十分惬意。

然而,象舆并不绝对安全。至元后期,吏部尚书刘好礼向中书省提出建议:"象力最巨,上往还两都,乘舆象驾,万一有变,从者虽多,力何能及。"

刘好礼建言不久,果然发生了忽必烈行猎归来,大象被伶人蒙彩氎扮狮子舞所惊吓,狂奔不可遏止的危急情况。幸亏"参舆"宿卫士贺胜奋不顾身地跳到大象前面挡住去路,后到的人又割断靷索,放纵受惊大象逸去,才保住忽必烈的安全。贺胜为此受伤颇重。忽必烈亲自慰问贺的伤情,还特意派遣太医和尚食为他医治和护理①。

忽必烈常常在上都附近行猎。如中统二年(1261 年)十一月,忽必烈命令平章政事塔察儿以虎符征发燕京兵士,取道居庸关,围猎于汤山(大约在今北京昌平东)之东。至元十四年(1277 年)八月,一度畋于上都之北②。关于汤山围猎,担任中书省左司都事的王恽扈从该地,以诗咏之:

二年幽陵阅丘甲,诏遣谋臣连夜发。

① 《道园学古录》卷十三《贺丞相神道碑》,卷十八《贺丞相墓志铭》;《可闲老人集》第二卷《辇下曲》;《元史》卷一百七十九《贺胜传》,卷一百六十七《刘好礼传》;《史集》余大钧、周建奇汉译本第二卷,第 352 页,商务印书馆 1986 年。
② 《元史》卷九《世祖纪六》。

春蒐秋狝是寻常，况复军容从猎法。

一声画鼓肃霜威，千骑平岗卷晴雪。

长围渐合汤山东，两翼闪闪牙旗红。

飞鹰走犬汉人事，以豹取兽何其雄。

马蹄蹴麋敚左兴，赤绦撒镞惊龙腾。①

第三节　重组怯薛与创立侍卫军

一、重组万人怯薛

怯薛是成吉思汗所建直属于大汗的宿卫侍从组织。而后，万人怯薛，就成为蒙古大汗身旁不可或缺的御用军团。前四汗时期，万人怯薛大抵是随汗位的传承递相移交给后任大汗的②。

蒙哥汗猝死钓鱼城后，其灵枢由皇子阿速台等亲自护送回漠北"起辇谷"安葬，随从蒙哥汗出征的怯薛宿卫士也在护送人员之列。据说，在钓鱼城前线，蒙哥汗曾命令巩昌汪总帅和汉世侯军团抽调若干精锐补充宿卫，并以史天泽统领③。后者在蒙哥死后或许有一部分随灵枢北上，其余则散归各部了。

就是说，忽必烈与阿里不哥争夺汗位之际，原属蒙哥汗的万人怯薛，大抵聚集在漠北。即位于漠南开平的忽必烈，不可能继承和完全占有这支怯薛。稍有例外的是，蒙哥汗原怯薛长不花和宿卫士、四斡耳朵怯怜口千户木花里等少数人南下投奔忽必烈，忽必烈

---

①　《秋涧集》卷六《飞豹行》。

②　《元朝秘史》第 269 节。

③　《元朝名臣事略》卷七《丞相史忠武王》。

也曾予以赏赐和任用①。忽必烈即汗位以后面临的一个重要任务,即重组属于新任大汗的万人怯薛。此举可以增加忽必烈作为蒙古大汗的必要宿卫军团与合法性。这在阿里不哥南下归降以前是至关重要的。

忽必烈藩邸宿卫士率先进入了新大汗的万人怯薛行列。如蒙古土别燕氏线真、蔑儿乞氏阔阔、畏吾人廉希宪、八丹、昔班,汉人张文谦、赵璧、董文用、贺仁杰、赵炳、张立道等。《中堂事记》中还出现了"内庭官"忽鲁不花和"侍中"者思的名字。又称忽鲁不花是蒙哥汗亲信大将不怜吉歹第二子②。此"内庭官"和"侍中"的职名,可证二人的身份是怯薛。

中统初年,忽必烈曾降诏以诸路官员子弟和其他贵胄入京师充当怯薛秃鲁花,而且亲自审阅拣选③。质子,蒙古语为"秃鲁花",《蒙古秘史》汉译作"散班",还说成吉思汗万人大怯薛中的散班计八千人④。足见,这次审阅拣选贵胄质子,当是忽必烈沿用旧有选拔方式重建大怯薛的组成部分。像木华黎国王后裔安童、硕德、兀良合台之子阿术、迦叶弥儿人铁哥、阿速人阿塔赤、西川便宜都元帅帖赤之子帖木儿不花等,都是这段时间遴选进入怯薛的。

忽必烈拣选铁哥及阿塔赤,颇为有趣。

即位不久,一次巡幸香山永安寺,忽必烈偶然看到墙壁上书写着畏吾字,问起何人所书。寺内僧人回答:蒙哥汗所尊的那摩国师之侄铁哥书写。忽必烈十分怀念当年那摩国师缓和蒙哥汗与自己

---

① 《元史》卷一百二十《察罕传》;《秋涧集》卷八十一《中堂事记》(中)。

② 《秋涧集》卷八十一《中堂事记》(中)。

③ 《元史》卷一百三十四《唐仁祖传》。

④ 《蒙古秘史》校勘本,第226节,内蒙古人民出版社1980年。

紧张关系的那段旧情,于是主动召见铁哥。忽必烈看到铁哥容仪秀丽,语音清亮,甚是喜欢,立即命令编入孛罗丞相属下充任宿卫。

阿塔赤则是因在与阿里不哥的军队作战中负伤立功而被召入宿卫的①。

此类选拔勋臣子孙进入怯薛宿卫,至元九年(1272年)左右再次举行过。答剌罕哈剌哈孙与唐兀人亦力撒合,均是在此次选拔中入备宿卫的②。

原蒙哥汗的少数怯薛人员,也被吸收进忽必烈怯薛中。如中统二年(1261年)五月原蒙哥汗怯薛长兼断事官不花被任命为中书省右丞相③。依照惯例,在担任右丞相前后,不花肯定也在忽必烈新扩建的怯薛中任职。

这样,忽必烈的万人大怯薛较快地建立起来了。

忽必烈的万人怯薛依然遵循成吉思汗的旧制,分作四部分,名曰四怯薛。每三日一轮值,申、酉、戌三日,第一怯薛当值;亥、子、丑三日,第二怯薛当值;寅、卯、辰三日,第三怯薛当值;巳、午、未三日,第四怯薛当值。如至元二十一年(1284年)时的四怯薛,即是也可怯薛、忽都答儿怯薛、怗古迭儿怯薛、月赤察儿怯薛④。也可,蒙古语曰"大",也可怯薛,即第一怯薛,通常由大汗自领。忽都答儿、怗古迭儿、月赤察儿分别为第二、第三、第四怯薛

---

① 《元史》卷一百一十九《木华黎传》,卷一百二十五《铁哥传》,卷一百二十八《阿术传》,卷一百三十二《杭忽思传》,《帖木儿不花传》。

② 《元朝名臣事略》卷四《丞相顺德忠献王》;《元史》卷一百二十《察罕传》。

③ 《秋涧集》卷八十一《中堂事记》(中)又载:不花祖父为成吉思汗时勋臣,其父为蒙哥朝万户长也孙秃花。

④ 《元史》卷九九《兵志二·宿卫》,卷九五《食货志三》。

长名。

关于忽必烈的四大怯薛，马可波罗记述道：

> "大可汗有一万二千的卫队来保守他的国家。他们叫怯薛歹，这字在我们的方言说起来，就是'皇帝忠实之勇士'的意思……这一万二千人有四个首领，每一人带领三千人一组。每三天三夜有三千人留在宫中以为保护，吃喝全在那里。三天三夜过后，他们就要离开。另三千人一组进来，留在那里保护三天三夜。以此类推，直等四组全轮流到了，他们再开始重来。一年到头都是如此。那九千没有轮到职务的人，他们白天也留在宫中。那些为大可汗作事的，或自己有事的，自然除外。不必守卫。他们可以离开。离开时候的长久，要看他们的领袖怎样认可的。假使有意外事情发生，如他父亲或兄弟或其他亲属要死亡了，或其他危险的事情将要临头，使他不能赶快的回来，他必须向大可汗请假。当晚上的时候，这九千人都回家去住"。①

成吉思汗建国之际的大怯薛，人数是一万人。元朝时期，最多扩充至一万五千人。忽必烈朝怯薛人数在一万至一万二千，完全有可能。因此，马可波罗的上述说法，大体与忽必烈时代四怯薛轮番宿卫的状况相符。

怯薛长全面负责大汗的起居、饮食、服御和昼夜警卫等。忽必烈朝的四怯薛长除前述忽都答儿、怗古迭儿、月赤察儿外，史书中

---

① 《马哥孛罗游记》张星烺译本，第 167 页，商务印书馆 1936 年。

还有安童、失列门、巴林、察察儿、呼图克台、阿都台等名字。

怯薛长之下，又有各种名目的执事，如博儿赤、速古儿赤、必阇赤、火儿赤、云都赤、哈剌赤、阿塔赤、昔宝赤、贵赤等。

博儿赤，又作宝儿赤，蒙古语"亲烹饪以奉上饮食者"之义，负责大汗的用膳饮食。蒙元王朝的怯薛内膳掌管，一直受到特殊的重视，所以，博儿赤在怯薛诸执事中地位最高。

自藩邸到中统年间，蒙古土别燕氏线真长期担任博儿赤，掌御膳，不久又升职宣徽使和中书右丞相，曾和汉族儒臣一道参与元朝典制的议论和确定①。

较早充当博儿赤的还有，畏吾人八丹、蒙古按赤歹氏阔里吉思、哈剌鲁氏答失蛮、塔海、贾昔剌孙虎林赤等。其中，塔海起初随同土土哈充哈剌赤，因扈从征乃颜有功，至元二十六年(1289年)升为博儿赤②。

另一个担任博儿赤的重要人物是四杰博儿术之孙玉昔帖木儿。玉昔帖木儿未成年即袭任右手万户长，管领按台山一带的部众，器量宏达，襟度渊深。忽必烈得知他的贤能，驿召赴阙，依蒙古习俗解下御服银貂赏赐他，特命管领怯薛内膳。每逢内殿侍宴，玉昔帖木儿履行其太官御膳之责，为与宴者行觞酌酒，忽必烈即命令宗王妃子都向他答礼。后来，玉昔帖木儿升任御史大夫和知枢密院事，成为威望崇高、久受宠信的蒙古勋贵大臣之一③。

某些博儿赤还兼掌皇帝汤药。忽必烈曾对铁哥言："朕闻父饮药，子先尝之，君饮药，臣先尝之。今卿典朕膳，凡饮食汤药，宜

① 《元史》卷一百三十《完泽传》。

② 《元史》卷一百三十四《阔里吉思传》，《小云石脱忽怜传》，卷一百二十二《塔海传》；《金华集》卷二十四《宣徽使太保定国忠亮公神道碑》。

③ 《元朝名臣事略》卷三《太师广平贞宪王》。

先尝之"①。博儿赤全面负责皇帝的饮食汤药及品尝,其受皇帝的特别重视与青睐,就可想而知了。

速古儿赤,蒙古语"掌内府尚供衣服者"之义。至元十年(1278年)忽必烈选拔勋阀阅子孙进入怯薛,唐兀人亦力撒合应召赴阙,命为速古儿赤,甚见亲幸②。另一名唐兀人昂阿秃(昂吉儿之子)也在至元二十一年(1284年)随父入觐时奉命充当速古儿赤③。蒙古燕只吉台氏彻里(又作阇里)至元十八年(1281年)以功臣子受忽必烈召见,令常侍左右,后担任速古儿赤,擢利用监,频繁奉命出使各地,省风俗,访民事。至元二十八年(1291年)春又率先奏劾权相桑哥,奉旨按问桑哥在江南诸省的党羽,以功进拜御史中丞④。

必阇赤,蒙古语"为天子主史书者"之义。具体职司亦如其名,替大汗掌管文书。

早在藩王时期,一部分汉族和色目臣僚就充当了忽必烈王府的必阇赤。如张文谦1247年驿召北上,擢置侍从之列,负责王府的教令牋奏。董文用随兄董文炳入觐和林,被忽必烈留在藩府主文书,讲说帐中⑤。畏吾人昔班又任藩邸必阇赤长⑥。辽阳人高天锡也充任藩邸必阇赤,甚见亲幸⑦。这些人在忽必烈登大汗位

① 《元史》卷一百二十五《铁哥传》。
② 《道园类稿》卷四十二《立只理威忠惠公神道碑》;《元史》卷一百二十《察罕传》。
③ 《元史》卷一百二十三《也蒲甘卜传》。
④ 《元文类》卷五十九《平章政事徐国公神道碑》;另,《元史》卷一百七十三《崔彧传》,卷二百五《桑哥传》或作彻里,或作阇里,实为一人。
⑤ 《元朝名臣事略》卷七《左丞张忠宣公》,卷十四《内翰董忠穆公》。
⑥ 《元史》卷一百三十四《昔班传》。
⑦ 《元史》卷一百五十三《高宣传》。

后,虽然多数相继官至中书左丞、翰林学士承旨等,但在怯薛中的必阇赤执事身份始终未变。

中统和至元年间,忽必烈又根据需要任用了一些新的必阇赤。如契丹人移剌买奴之子移剌元臣十六岁进入怯薛宿卫,言行应对进止颇有法度。忽必烈称赞道:"此勋臣子,非凡器也"。于是,提拔为怯薛必阇赤,又承袭其父千户职,管领其旧军;耶律阿海的曾孙驴马也充任必阇赤①。康里人明里帖木儿父亲战死钓鱼城,本人也任职必阇赤,其子斡罗思袭为内府必阇赤②。至元四年(1267年)耶律楚材之孙耶律希亮自西北叛王处返回上都,忽必烈念其羁旅困苦和忠心,除重加赏赐外,先后委任他为速古儿赤、必阇赤③。担任翰林学士承旨、集贤院长官和大司徒的撒里蛮,在怯薛中的职务也是必阇赤④。而小云石脱忽怜之孙腊真在担任中书平章和翰林学士承旨及以前,一直是怯薛必阇赤⑤。至元十二年(1275年)二月元廷派往西夏检核榷课的苹罗,其身份也是必阇赤⑥。

哈剌赤,源自蒙古语"哈剌"(黑)。蒙哥西征时,钦察部班都察举族迎降,又随忽必烈征大理和攻鄂州,侍从左右,率部众百人撞黑马乳以进,故称哈剌赤。由此,怯薛执事中又有了哈剌赤之名目。班都察死后,其子土土哈袭职,仍为怯薛宿卫中的哈剌赤⑦。

---

① 《元史》卷一四九《移剌元臣传》,卷一百五十《耶律阿海传》。
② 《元史》卷一百三十四《斡罗思传》。
③ 《元史》卷一百八十《耶律希亮传》。
④ 《通制条格》卷二十八《监临营利》。
⑤ 《元史》卷一百三十四《小云石脱忽怜传》;《史集》余大钧、周建奇汉译本,第二卷,351页,商务印书馆1985年;参阅片山共夫:《元朝必阇赤杂考》,《モンゴル研究》17号,1986年。
⑥ 《元史》卷八《世祖纪五》。
⑦ 《元朝名臣事略》卷三《枢密句容武毅王》。

另一位钦察人伯帖木儿，至元年间入备宿卫，充当的也是哈剌赤，后又升为金左卫亲军都指挥使司事①。

阿塔赤，蒙古语"养马放牧人"之义。藩邸旧臣、世袭阿塔赤阔阔曾奉忽必烈的命令，受业于王鹗和张德辉。中统二年六月，又升任中书左丞②。忽必烈征大理时，阿速人月鲁达某以阿塔赤扈从。其子失剌拔都儿至元十一年（1274年）跟随伯颜平南宋有功，袭为怯薛阿塔赤，后升尚乘寺少卿。同样是阿速人的拔都儿，讨伐李璮，身经二十余战，忽必烈嘉奖其勋劳，先命他管领阿速军千人，旋升任怯薛阿塔赤百户。每当忽必烈御马出行，必定由他控引③。

火儿赤，蒙古语"主弓矢者"之义。充任怯薛火儿赤的有阿速人彻里等④。

贵赤，蒙古语"跑步者"。元人张昱《辇下曲》曾如此描述："放教贵赤一齐行，平地风生有翅身。未解刻期争拜下，御前成箇赏金银。"⑤康里人明安等担任过贵赤。还有阿失不花、秃剌铁木儿担任"上都大内鹰房子"（昔宝赤）等零星记载⑥。

怯薛执事中又有掌朝仪者。如木华黎后裔硕德因通敏有干

---

① 《元史》卷一百三十一《伯帖木儿传》。
② 《秋涧集》卷八十二《中堂事记》下。
③ 《元史》卷一百三十二《拔都儿传》，卷一百三十五《失剌拔都儿传》。
④ 《元史》卷一百三十五《彻里传》。
⑤ 《可闲老人集》第二卷《辇下曲》。
⑥ 《元史》卷一百三十五《明安传》；《马可波罗行记》冯承钧译本，第228页，上海书店出版社2000年；《大元马政记》，国学文库本。《元史》卷一百三十六《阿沙不花传》云，至元二十四年（1287年）忽必烈亲征叛王乃颜，近侍阿沙不花以千户率昔宝赤之众扈从。所以，《大元马政记》中的阿失不花与康里人阿沙不花，估计是同一人。阿沙不花应该是世祖朝后期昔宝赤长之一。

才,忽必烈即位初,进入宿卫,典朝仪。忽必烈自襁褓抚育成人的撒蛮常侍左右,也担任类似职务。关于掌朝仪者的职司,忽必烈曾经诏谕说:"男女异路,古制也,况掖庭乎。礼不可不肃,汝其司之"。掌管宫廷帐殿嫔妃臣子行止等礼仪,应该是典朝仪者的任务。据说,撒蛮恪尽职守,非常负责。一次近侍字罗接受命令迅速出宫,行止违犯规定的次序。撒蛮以其触犯礼仪,将其拘押于别室。忽必烈发觉后,命令下令释免其罪。撒蛮进奏说:"令自陛下出,陛下乃自违之,何以责臣下乎?"忽必烈听罢连忙说"卿言诚是也"。最终承认撒蛮做法的正确①。

在怯薛宿卫士中,董文忠和贺仁杰等少数长直内廷的近侍所扮演的角色,既特殊又十分重要。一般宿卫都是分作四班,三日一轮值。董文忠和贺仁杰往往长时间当值,甚至四十天不归家。征伐田猎,无处不从,凡是乘舆、衣服、鞶带、药饵,大小不下一百几十橐,都要掌管。夜间与妃嫔相混杂,留侍忽必烈寝殿,休息御榻之下。半夜若有需索,不使用蜡烛,就可以迅速取到。皇帝随时呼唤,董、贺因疲惫熟睡而未即时应命,皇帝就让妃子以足蹴之。这类日以继夜、不辞辛劳的内廷服侍,自然能够眷宠弥深,成为忽必烈最宠信的怯薛近侍②。

关于怯薛的宿卫宫帐职司,元人张昱诗曰:"圆殿仪天十六楹,向前黄道不教行。帐房左右悬弓角,尽是君王宿卫兵"③。

扈从大汗亲征,依然是忽必烈新组建的万人怯薛的另一项重要义务。

① 《元史》卷一百一十九《木华黎传》。
② 《牧庵集》卷十五《董文忠神道碑》,卷一七《贺仁杰神道碑》。
③ 《可闲老人集》第二卷。

例如,阿速人阿塔赤中统元年(1260年)与浑都海、阿蓝答儿作战有功,忽必烈赏以白金,召入宿卫。翌年,扈驾亲征阿里不哥,追击至失木里秃(昔木土)之地,又以军功受赏白金。畏吾人博儿赤八丹扈从征讨阿里不哥,亦战于昔木土,一日三回合,杀伤甚众,赏赐黄金一铤①。

至元二十六年(1289年)夏,海都犯边,七十五岁高龄的忽必烈率军亲征杭海山。博儿赤贾秃坚不花扈从,敌军骤然逼近,忽必烈命令立即迎击。其他怯薛近侍见敌军声势颇盛,多畏避不前。贾秃坚不花驶入敌阵,英勇搏斗,活捉其首将而归②。

据说,在杭海山两军阵前,四怯薛长之一的月赤察儿曾以"丞相安童、伯颜,御史大夫月吕禄,皆尝受命征战,三人者臣不可以后之"为由,向忽必烈请缨。忽必烈回答:"乃祖博儿忽佐我太祖,无征不在,无战不克,其勋大矣。卿以为安童辈与尔家同功一体,各立战多,自耻不逮。然亲属囊鞬,恭卫朝夕,俾予一人,不遑不若,尔功非小。何必身编行伍,手事斩馘,乃始快心邪。"③在扈从亲征中,亲近执事,尤其是怯薛长的主要职责不是躬自上阵杀敌,而是朝夕护卫大汗。在忽必烈看来,受命征战、立功疆场的将帅,固然重要,佩带囊鞬、朝夕恭卫的怯薛近侍,更是须臾不能少。他们对大汗自身来说,确实是非同小可。

怯薛近侍奉大汗命令出使各地,也为数甚夥。如硕德先后以"近臣"奉使辽东和西域,速古儿赤亦力撒合曾奉使河西,笃绵亦奉使辽东,彻里则奉使江南,亦黑迷失奉使海外诸国,昔班使于

---

① 《元史》卷一百三十二《杭忽思传》,卷一百三十四《小云石脱忽怜传》。
② 《元史》卷一百六十九《贾昔剌传》。
③ 《元朝名臣事略》卷三《太师淇阳忠武王》。

海都。

在履行上述宿卫服侍义务的过程中,怯薛人员,尤其是近侍又与忽必烈结成了非常亲密的主从关系。怯薛源于草原贵族的"那可儿",汉译曰伴当、同伴。贵族与那可儿属民间的主从领属,曾经是十二三世纪蒙古游牧社会关系的核心。从成吉思汗到忽必烈,一直将草原贵族与那可儿的主从领属,稳定移植于万人怯薛中,作为大汗与怯薛关系的基础。无论怯薛人员入仕或免官,都保持对大汗终身不得变更的隶属和依附。

忽必烈对其所属的怯薛,需要给予贵族主人对"那可儿"伴当式的庇护和照料。十四岁的康里人阿沙不花入侍忽必烈。忽必烈赐予土田、奴隶,让他居住于兴和路的天城县①。铁哥又获赐大都大明宫以东的宅第。忽必烈开始欲替铁哥选择家世尊贵的女子为妻,后因本人意愿,娶汉人冉氏为妻②。昔班出任中书右丞商议政事以后,忽必烈仍将宗王之女不鲁真公主许配他为妻③。与此类似的有,忽必烈特意命已任辽阳行省左丞的亦力撒合尚诸王算吉之女,又亲自资助嫁妆以送之④。内府必阇赤斡罗思受桑哥陷害,欲以使用系官孳畜加罪,忽必烈以"口腹之事,其寝之"为辞,替他开脱⑤。

忽必烈还把怯薛当作最亲近、最可信赖的人员。不忽木、董文

---

① 《元史》卷一百三十六《阿沙不花传》。
② 《元史》卷一百二十五《铁哥传》。
③ 《元史》卷一百三十四《昔班传》。
④ 《元史》卷一百二十《察罕传》。
⑤ 《元史》卷一百三十四《斡罗思传》。

忠、张立道等近侍则得以充任忽必烈的"耳目"、"爪牙"、"腹心臣"①。由于怯薛前身的草原"那可儿"曾是替贵族服役的自由人,上述领属关系和皇帝与宦官阉奴间的主奴关系也有所不同。它并不意味着怯薛社会地位卑下,反而能给他们带来尊贵的"根脚",成为显贵于世的资格和参预朝政的凭借。

二、怯薛近侍参与朝政

蒙古国初期的怯薛组织,兼有禁卫亲兵、宫廷服侍、行政差遣诸职能。忽必烈建立元朝以后,设中书省、枢密院执掌行政和军事。随之,怯薛主要从事较单纯的宫廷服侍和宿卫,其行政职能显著衰退。然而,忽必烈在位期间,怯薛仍以影响御前决策、挟制宰相等形式,参预朝政。这也是忽必烈时期朝廷政治的一个较突出问题。

自忽必烈朝始,元帝国的最高决策大体有两种方式:一是中书省、枢密院、御史台及有关怯薛人员共同进奏议政,二是皇帝听取少数怯薛人员反映情况后作出决策。在这两种方式中,怯薛均能对朝廷决策施加自己的影响。

怯薛近侍参与中书省、枢密院、御史台大臣进奏机密大事,是忽必烈朝以降值得注意的现象。为了便于说明问题,下面引用一段硬译体白话公文:

> 至元二十四年十一月初八日,也可怯薛第一日,香殿里有

---

① 《松雪斋集》卷七《平章军国重事康里公碑》;《牧庵集》卷十五《董文忠神道碑》;《元史》卷一百六十七《张立道传》。

时分,火儿赤脱怜帖木儿、不花、(刺)〔速〕古儿赤秃林台、博儿赤哈答孙、唆欢同知、月迭失同知,对这的每。相哥丞相、阿里浑撒里平章、叶右丞、阿鹳答尚书、忽都答儿尚书、乞失马失里尚书等奏:'秘书监司天台里有的观星象的每根底,在先扎马刺丁、爱薛他每相管着来。前者扎马刺丁、爱薛两个根底,秘书监汉儿观星象的每根底休教管者么道,圣旨有来。如今将秘书监司天台集贤院里撒里蛮、阿里浑撒里那的每根底收管呵,怎生?'奏呵。'那般者。'么道圣旨了也。钦此。①

公文讲的是,尚书省桑哥丞相等有关秘书监司天台、集贤院掌管观星象事的上奏。其中,"对这的每",即陪奏怯薛人员,含有火儿赤脱怜帖木儿、不花、(刺)〔速〕古儿赤秃林台、博儿赤哈答孙、唆欢同知、月迭失同知等六人。这并非特殊或偶然情况,而是忽必烈朝形成的惯例。亲近怯薛参加陪奏,还在于参与机密事务,军政财刑无不涉及。在皇帝圣旨及官方文书中,总是把陪奏的怯薛执事官和中书省、枢密院重臣书于一纸的。这似乎说明,参加陪奏的怯薛和朝廷宰相同样具有参与机务的合法权力。

按照元廷制度,上述省、院、台御前论奏军国机密,非蒙古国族大臣无得与闻。前揭陪奏的火儿赤脱怜帖木儿等六人,也都是非汉人。惟贺胜等个别汉族近侍不予回避,甚至特意命其留侍听奏。这是因为至元后期贺胜承袭其父贺仁杰长直内廷之职,不分昼夜寒暑,未尝暂离左右,属于忽必烈特别亲近的怯薛人员②。

①　《秘书监志》卷七《司属》。
②　《道园学古录》卷一十八《贺胜墓志铭》。

陪奏的怯薛近侍还被当作皇帝临朝听政的得力助手。或许惟有他们，才能协助皇帝察微杜渐，辨别良莠。

当然，并非所有的怯薛人员都可以参与朝政，只有经忽必烈特许的少数亲近怯薛才有这样的资格或权力。如前述木华黎后裔脱脱自幼充任忽必烈宿卫士，因其随从大汗亲征乃颜，拼死杀敌，忽必烈深加器重，由是得以预闻机密之事①。

元制，百官上奏皇帝，须经中书省等枢要机关。然而，内廷亲近怯薛却可以超越中书省等，利用侍从左右之机，"随时献钠"。这种隔越奏闻，比起"三日一奏事"的中书省官员②，显然便利得多。

"随时献钠"等形式出现的隔越奏闻，尽管以成宗、武宗二朝最为盛行，但忽必烈时期已开始成为怯薛近侍较稳定的义务和权力。而且，对忽必烈决策军政庶务的影响也比较大。

近侍秃坚不花力排众议，建言赦免杭海叛军归降者，忽必烈欣然应允③。

安西王相商挺因赵炳被杀案牵连下狱，南宋降儒青阳梦炎援引议勋之义替商说情，忽必烈斥之为"同类相助之辞"。近侍董文忠从旁细说商挺昔日之功和此案中的责任，数言乃息忽必烈之怒④。

太府监令史卢贽截贡布遭近臣诽谤，忽必烈欲杀卢。符宝郎

① 《元史》卷一百一十九《木华黎传》。
② 《牧庵集》卷十五《董文忠神道碑》;《秋涧集》卷八十一《中堂事记》(中)。
③ 《元史》卷一百六十九《贾昔剌传》。
④ 《元朝名臣事略》卷十一《参政商文定公》。

耶律希亮刀下留人，"具以实入奏"，遂免卢贽之罪①。

不忽木每当直，从容献纳，经常使受疑者开释，危难者转安，诬陷者得以辨白②。

博儿赤答失蛮曾在忽必烈面前极言阿合马蠹政害民，忽必烈大怒，斥责道："无预若事！"答失蛮徐徐回答："犬马知报其主，臣世荷国恩，事有关于治乱，安敢坐视而不言？"后来阿合马败露，忽必烈重赏答失蛮，以旌其直③。

王著杀阿合马事件发生后，忽必烈对汉族官僚的疑忌进一步加深。即便如此，他仍以汉人近侍典瑞少监王思廉为耳目，"屏左右"听取王有关张易、张文谦等在王著事件中政治背向的密奏。后张易被杀，张文谦不仅未受牵累还加官枢密副使，王思廉以大汗亲近执事为张文谦辩解，想必发挥了作用④。

他如内朝宿卫阿鲁浑萨里劝阻逮捕南宋宗室，贺仁杰谏止选童男女以入宫掖，博儿赤铁哥奏夺管民官牌符，以彰武职⑤……无一不是利用了径直奏闻的特权。

在这类密奏中，内廷怯薛还能协助忽必烈运筹帷幄，议定大政。如平定阿里不哥之乱后，安童以弭私憾，"怀未附"进谏，协助忽必烈纠正了尽杀阿里不哥党羽千余人的过激措置⑥。至元十年（1273 年），忽必烈立真金为太子，兼中书令和枢密使。由于没有

---

① 《危太朴续集》第二卷《耶律公神道碑》。
② 《元朝名臣事略》卷四《平章鲁国文贞公》。
③ 《金华集》卷二十四《定国忠亮公神道碑》。
④ 《元史》卷一百六十《王思廉传》，《元朝名臣事略》卷七《左丞张盅宣公》。
⑤ 《元史》卷一百三十《阿里浑萨里传》，卷一百二十五《铁哥传》；《牧庵集》卷十七《平章政事贺公神道碑》。
⑥ 《元朝名臣事略》卷一《丞相东平忠宪王》。

理顺某些关系,真金太子一直谦抑不肯视事。董文忠进言:先上奏皇帝后白太子,不妥。应改为先启太子后奏闻皇帝。忽必烈欣然采纳,遂开始了六年之久的真金太子监国①。

诚然,径直奏闻也属于臣下进奏,能否采纳,完全取决于皇帝个人的意志。但是,怯薛的径直奏闻和随时献纳,毕竟获得了向皇帝充分陈述政见的较多机会,又兼他们"密近天光",颇受宠幸。因此,怯薛隔越中书省等奏闻在忽必烈最高决策中的作用是不可忽视的。

中书省等充任朝廷行政中枢后,怯薛组织与中书省、枢密院之间,长期处于既矛盾冲突,又内外协同配合的复杂状态。怯薛人员或以圣旨胁迫,或暗中弹射奏劾,或以内线赞襄,进行了一系列以内驭外、挟制朝廷宰相的活动。

自忽必烈始,皇帝的圣旨分为两种:一是由怯薛札里赤等书写的玺书圣旨,类似唐宋的"内制";一是由汉官书写的诏敕制诰,类似唐宋的"外制"。其中玺书圣旨录有皇帝对朝政的口头指示,权威效力极高。玺书圣旨一部分由中书省、枢密院等重臣奏准颁布,另一部分则由内廷怯薛奏准颁布,或先行署事,再交中书省执行。

怯薛经常用口头形式向中书省传达圣旨,这在中统初已较多发生。虽然忽必烈先后下达敕令:传旨有疑允许复奏和禁止口传敕旨,但至元前期近侍"中贵"传旨朝堂指挥政事的情况,仍时有发生②。

近侍口传诏旨,难免出现弄权或讹传,使中书省宰相无所适

---

① 《牧庵集》卷十五《董文忠神道碑》。
② 《元史》卷五《世祖纪二》中统四年八月甲子,至元元年八月乙巳;《元朝名臣事略》卷七《平章廉文正王》。

从。至元十四年(1277年)中书省接到"汉人盗钞六文〔者〕杀"的圣旨。实施不久,大都城牢狱里挤满了囚犯,忽必烈听到后吃惊地问:"孰传此语?"中书省大臣回答:"也可脱儿察"。脱儿察则说:"陛下在南坡以语蒙古儿童"。忽必烈云:"前言戏耳,曷尝著为令式?"于是,处罚了脱儿察,纠正了讹传的圣旨①。怯薛将皇帝的戏言传为圣旨,人们也很难排除其增所好损所恶的可能。而宰相对所传圣旨,一般是不敢违抗的。

怯薛人员暗中弹射奏劾,也经常给朝廷宰相带来麻烦。

至元二十三年(1286年)中书右丞相安童奏言:"比觉圣意欲倚近习为耳目。臣猥列台司,所行非道,从其弹射,罪从上赐。奈何近习伺间抵隙,援引奸党,曰某人与某官。以所署事目付中书,曰准敕施行。臣谓诠选自有成宪,若此废格不行,必短臣于上者。幸陛下察之。"忽必烈答复道:"卿言甚是。妄奏者,入上其名。"②

安童虽然元初担任怯薛长,但因昔里吉之乱被掳北边八九年,长期脱离怯薛。此时复为中书右丞相,却不能完全控制怯薛,也不甚受忽必烈信任。而怯薛近侍得以假主上威权,"伺间抵隙",随时监视弹射安童等宰相重臣。中书省宰相等则经常处于被约束、被挟制的尴尬境地。

还应注意,安童此次上奏未见明显成效。忽必烈虽口头赞许其说,但没有去严格禁止近侍"妄奏"挠政,只给朝廷宰相入奏申辩的权力。此后,诸如此类的挠政现象,屡见不鲜。朝廷多次下达禁令,都形同具文,不了了之。这或许是因为依照蒙古旧俗,怯薛

---

① 《危太朴续集》第二卷《耶律公神道碑》。
② 《元文类》卷二十四《丞相东平忠宪王碑》。

近侍预政合情合理,也有利于伸张皇权和限制相权。出于强化皇权的目的,忽必烈自然不想加以杜绝。

当内廷怯薛与宰相矛盾激化时,怯薛还能撺掇怂恿忽必烈罢黜宰相。桑哥出任丞相四年被杀一事,就颇典型。

《元朝名臣事略》卷三《太师淇阳忠武王》载,桑哥既立尚书省,蒙蔽上听,杀异己者,箝天下口,以刑赏为货,纪纲大紊,人心骇愕。尚书省平章政事也速答儿是怯薛太官属员,向怯薛长月赤察儿秘密报告此事。月赤察儿奋然奏劾,桑哥伏诛。忽必烈赞扬说:"月赤察儿口伐大奸,发其蒙蔽。"

其他近侍贺胜、彻里、不忽木、岳铉等相继参与了弹劾①。

《汉藏史集》也说:

> 又由于他不虚耗国库钱财,对怯薛们加以限制,怯薛们就传出丞相贪污了钱财的话,并在皇帝回京的路上由怯薛们向皇帝控告……众怯薛受各怯薛长及玉吕鲁诺颜的鼓动,又以以前的罪名向皇帝控告桑哥……(皇帝)把桑哥丞相交使者带走。②

上述两段汉、藏文史料,对桑哥有明显的褒贬之别。但在怯薛太官上下配合,屡次奏劾,导致桑哥失败被杀等情节上,又如出一辙。还告诉人们,即使是受皇帝宠幸的权相重臣,一旦和内廷怯薛发生摩擦与对立,终究抵不住怯薛太官的众口铄金,党同伐异。其

---

① 《道园学古录》卷十八《贺胜墓志铭》;《牧庵集》卷十四《平章政事徐国公神道碑》;《松雪斋集》卷七《平章军国重事康里公碑》;《侨吴集》卷十二《岳铉第二行状》。
② 陈庆英译本,第182页,西藏人民出版社1986年。

垮台几乎是不可避免的。

内廷怯薛臧否和挟制宰相，并不完全是忽必烈有意的利用，而主要是内廷怯薛与外廷中书省、枢密院、御史台机构并存的情况下，怯薛运用侍从官掌庶政的蒙古旧俗惯力和接近皇权源头的有利地位使然。其大背景又是忽必烈所缔造的蒙、汉政治文化二元体制。内廷怯薛不仅以忽必烈的家臣自居，在皇帝和省、院、台等朝廷权力机构之间扮演承上启下、内外贯通的重要角色，而且似乎在观念上长期把省、院、台看作汉唐式的"外朝官"。省、院、台大臣顺从内廷怯薛的利益意愿，就可以得到其暗中赞襄而较长时间地执政当权，若有违忤，怯薛往往会在御前群起而攻之。

不可否认，由于怯薛人数上万，内廷怯薛与皇帝的关系也有亲疏之别。那些与忽必烈不十分亲近的怯薛人员对朝廷大臣的弹劾，有时也不被采纳，甚至会受到朝廷大臣的报复。例如弹劾权相阿合马的秦长卿就反遭暗算①。

以上所述，主要是怯薛人员与省、院、台大臣的矛盾、冲突。另一方面，他们之间的相互依赖、支持，更为常见。

首先，内廷怯薛往往充任宰相的内应和赞襄者。《牧庵集》卷一七《平章政事贺公神道碑》说：贺仁杰入侍帷幄日久，事益明习。人们以为他密近天光，宰相而下，面君进奏之前，依然必须咨托，刺探皇帝的喜怒动静。宰相们这样做，无非是为着进奏称旨固宠，避免犯龙颜丢乌纱帽。而当宰相大臣违忤皇帝旨意，可能受到责备处罚时，近侍人员又可以从中斡旋。同书《董文忠神道碑》云：至元二年(1265年)，安童出任中书省右丞相，建言陈奏十事，违忤忽

---

① 《元史》卷一百六十八《秦长卿传》。

必烈的意见。符宝郎董文忠说,丞相由勋阀王孙,素以贤明闻。如今开始理政,人们正延颈倾耳。所奏请这样,以后如何是好。于是,董文忠从旁边代安童应对,恳切详尽,如同亲自条理陈述。这才得到忽必烈的认可。

足见,执掌朝廷庶政的中书省勋贵重臣,同样需要以近侍为内线,随时疏导、弥合君臣间的分歧隔阂,才能顺利履行其相权。

忽必烈新设的御史台,颇受重视,御史大夫多由勋贵阀阅担任,权势很大。然而,御史官不仅不能弹劾怯薛近侍,其一般弹劾谏诤也往往需要怯薛近侍暗中应和或奉旨对证事实。阿合马等看破了这个机关,常常交结"贿遗近臣",一旦受到监察官弹劾,"中贵人"就"力为救解"①。结果,受宠柄国二十年,御史监察官往往奈何不得。

其次,怯薛歹与省、院、台为首的官僚机构始终存在人员上的交流沟通,怯薛组织一直是忽必烈以降朝廷文武官员的预备学校。怯薛宿卫的大部分成员都来自那颜官员子弟。从忽必烈朝开始,怯薛宿卫一直是入官的首要途径。大量怯薛人员可用怯薛长举荐、皇帝批准的方式,直接入仕并担任各种官职。

忽必烈曾经亲自训喻担任尚膳监的怯薛博儿赤头目铁哥:"朕以宿卫士隶卿,其可任使者,疏其才能,朕将用之"②。这就是所谓"别里哥选"(蒙古语"符验"之义)。自此途径所任官职,又依皇帝宠爱、怯薛内职掌轻重、历时久近、门第贵贱、才能大小为等差。门第高、受宠信的怯薛长,往往可以直接出任三品以上官,有

① 《元史》卷二百五《阿合马传》,卷一百六十八《秦长卿传》。
② 《元史》卷一百二十五《铁哥传》。

的甚至是一品大员①。如中统四年（1263年）博儿赤线真拜中书右丞相，至元二年（1265年）安童由宿卫官任中书右丞相，至元十二年（1275年）玉昔铁木儿由博儿赤任御史大夫②。中书省右丞相为正一品，御史大夫当时为从二品。其他由怯薛宿卫直接授官的还有：木华黎后裔硕德、博尔忽后裔月赤察儿、速古儿赤亦力撒合、速古儿赤昂阿秃、赛典赤次子忽辛、高智耀子高睿、博儿赤铁哥、札剌儿氏唆都、燕只吉台氏彻里、哈剌赤伯帖木儿、必阇赤长昔班、畏吾人亦黑迷失、蔑儿乞氏阔阔、康里人秃忽鲁、博儿赤阔里吉思、答剌罕哈剌哈孙、康里人阿沙不花、女真人谒只里、董文炳之子董士元、长直近侍贺仁杰等。

安童由怯薛长直接担任中书省右丞相，起初是汉人侍从崔斌在赴上都途中向忽必烈当面举荐，忽必烈听罢默然良久，未置可否。崔斌觉得自己根脚"猥鄙"，难以说服忽必烈。于是，他征得忽必烈同意，立马对随行众怯薛近臣高声说："有旨问安童为相，可否？"众怯薛近臣欢然高呼万岁。忽必烈遂根据怯薛近臣的舆情，很快任命安童为右丞相③。可见，怯薛长直接任相，主要凭其根脚家世和皇帝的信任，偶尔也和怯薛近臣的意愿舆情有关。

担任朝廷官职后，上述怯薛人员的怯薛宿卫身份始终不变。尤其是在京官员，白日赴所在衙门处理政务，夜间仍需要按照原有的番直顺序，宿卫服侍皇帝。忽必烈病危之际，不仅在京的宿卫大

---

① ［日］片山共夫：《怯薛と元朝官僚制》，《史学杂志》89卷12号，1980年12月。

② 《元史》一百三十《完泽传》；《元朝名臣事略》卷一《丞相东平忠宪王》，卷三《太师广平贞宪王》。

③ 《元史》卷一百七十三《崔斌传》。

臣、中书省平章不忽木入侍病榻,担任福建行省平章的怯薛近侍彻里也特意驰还京师,入侍医药①。而当中书右丞相安童等罢职后,仍然可以继续掌管原属怯薛歹或负责怯薛中的执事②。在这个意义上说,怯薛人员任职朝廷官署,只是暂时的,其在怯薛中的执事服侍,才是长期或终身的。就蒙古人而言,似乎后者更被看重。

由于上述人员上的交流沟通,怯薛充当了培养文武官员的学校和忽必烈控制官僚机构的良好工具。一般官僚对怯薛组织,也就倾慕多于嫉妒了。

三、创设侍卫亲军及镇戍军制

在重组万人怯薛的同时,忽必烈着手创设了以汉族兵员为主的侍卫亲军。

中统元年(1260 年)最初建立的是武卫军。当时,姚枢等向忽必烈献策:"汉军除守御南边,可选进勇富强三万,燕京东西分屯置营,以壮神都"③。此策既可暂时弥补万人怯薛尚未恢复的缺陷,又能加强幽燕一带的防务,抵御阿里不哥的南下。忽必烈当然乐意接受。

第一批征集来京师宿卫的汉军就有六千五百人④,后来增加到三万人左右。这批军队主要来自真定史天泽、藁城董文炳、东平严忠济、济南张荣、顺天张柔等汉世侯麾下。而且仿金朝禁军旧

① 《元朝名臣事略》卷四《平章鲁国文贞公》,《平章武宁正宪王》。
② 《元朝名臣事略》卷一《丞相东平忠宪王》。
③ 《牧庵集》卷十五《中书左丞姚公神道碑》。
④ 《道园学古录》卷二十《董文用行状》;《元史》卷四《世祖纪一》中统元年四月。

制,也称为武卫军。这应是元侍卫亲军的早期形态。

忽必烈还以"亲军非文炳难任"的谕旨,任命藁城董文炳及李伯祐为侍卫亲军的两名都指挥使①。

平定李璮之乱后,其益都旧部兵士经过改编,部分也被补充进武卫军。

武卫军的兵员主要来自汉军,所沿用参照的也是宋、金中央禁军制度。武卫军的设置,是忽必烈效仿汉法,从军事上以内驭外,更好的控制汉军诸万户的措施之一。

至元元年(1264年)十月,忽必烈很快将武卫军改组为左、右翼侍卫亲军,还把征调范围进一步扩大到辽东、辽西女真、高丽、契丹等部族或遗民,总人数超过四万②。用意明显是让上述兵员和中原汉世侯麾下所抽兵互相牵制,以便朝廷的控制。

至元八年(1271年)七月,左、右翼侍卫亲军又扩建为左、中、右三卫。蒙古忙兀部勋贵博罗欢被委任为右卫亲军都指挥使,在大都时专门统辖右卫,扈从上都时,则兼总左、中、右三卫③。而后,兵士民族成分又增入少量蒙古人、阿速人、钦察人及南宋降军。

武卫军扩充为左、中、右三卫,意味着侍卫亲军已初具规模。

至元十六年(1279年)以后,侍卫亲军的规模和结构逐渐扩大,形成了以汉人、南人为主的五卫和色目人、蒙古人单独组建的卫军两大集团。

至元十六年,忽必烈在原有的左、中、右三卫基础上下令增置前、后卫军,合为五卫军。新抽调的兵员主要是江淮行省所属二万

① 《元史》卷一百五十六《董文炳传》。
② 《元史》卷五《世祖纪二》,卷六《世祖纪三》,卷九九《兵志二·宿卫》。
③ 《元史》卷七《世祖纪四》,卷一百二十一《博罗欢传》。

新附军精锐、部分征宋北归汉军以及巩昌汪总帅麾下一千兵卒①。此外,大批阿速人也被编入前、后二卫军。前、后、左、右、中五卫象征着五方,其人数最多,与唐代的天子"六军"有某些类似之处。

色目及蒙古卫军的单独组建,始于至元十八年(1281年)。主要含唐兀卫、钦察卫和蒙古侍卫亲军等。

唐兀卫的兵员为西夏人,原先,西夏遗民组成的唐兀军或河西军大多隶属于蒙古军。至元十八年(1281年)元廷设置唐兀卫亲军都指挥使司,总领阿沙、阿束所属河西军三千人②。唐兀卫由此产生。

设置钦察卫的直接原因是土土哈的显赫军功。蒙古西征之际,一批突厥族系的钦察人被胁裹掳掠东来。其中土土哈等钦察人随从蒙古军征战有功,特别是驰骋北边与蒙古叛王作战,为捍卫忽必烈政权屡建殊勋。至元二十三年(1286年)三月,在特许土土哈收集钦察族人充其部伍的基础上,忽必烈下令组建钦察卫亲军都指挥使司③。钦察卫之立,是对土土哈的赏赐和回报,同时也使忽必烈拥有了一支英勇善战的色目卫军。

平宋以后,部分蒙古军自江南北撤,另组成蒙古侍卫军。至元十七年(1280年)八月,蒙古侍卫总管府被改编为蒙古侍卫亲军都指挥使司④。于是,侍卫亲军行列也有了蒙古卫军。

贵赤,本来是由怯薛中善跑步者组成。至元十三年(1276年)忽必烈诏荡析离居及僧道、漏籍诸色不当差者万余人充任贵赤,让康里氏明安统领。明安率领贵赤军团每岁扈从出入,至元二十一

---

① 《元史》卷十《世祖纪七》,卷九十九《兵志二·宿卫》。
② 《元史》卷九十八《兵志一·兵制》,卷九十九《兵志二·宿卫》。
③ 《元史》卷十四《世祖纪一一》。
④ 《元史》卷一百二十三《抄儿传》,《怯怯里传》,卷十一《世祖纪八》。

年（1284年）又奉命北征。至元二十四年（1287年），正式设立贵赤亲军都指挥使司，明安担任达鲁花赤①。

以上前、后、左、右、中五卫亲军、唐兀卫、钦察卫、蒙古侍卫亲军及贵赤亲军共同组成了忽必烈时期的侍卫亲军。它虽然也属于中央宿卫军，但在兵员构成、管理、番直、军事职能等方面，与怯薛差异明显，而和汉地传统的禁卫军类似。

按照朝廷规定，侍卫亲军的兵士选自汉军、新附军精锐，也包括原先附籍于蒙古军的部分色目人及蒙古人。其中，汉人、南人的比例大体在66%以上。

侍卫亲军的管理，糅蒙古、金朝旧制于一体，诸卫长官仿金制设都指挥使和副都指挥使，其下实行蒙古军制，设千户、百户、十户，其上又隶属于枢密院。平时，侍卫亲军兵士与其他军户一样，也实行相关的赡养地、贴军户等制度，同时需要提供车马装具等②。

侍卫亲军的番直，基本沿袭唐宋禁军的轮番"践更"制度，迄至元二十二年（1285年）二月，还形成了固定的规则：以十人为率，七人三人，分为二番，十月放七人回家备资装，正月复役；正月放其余三人回家备资装，四月复役，周而复始，轮番更直休息③。这与四大怯薛三日一轮直的方式，颇异其趣。

与怯薛专门负责皇帝宫城、斡耳朵防卫不同的是，侍卫亲军除了守卫大都、上都外，又需镇戍朝廷直辖区"腹里"，还要以中央常

---

① 《元史》卷一百三十五《明安传》。
② 《元史》卷十七《世祖纪一四》。
③ 《元史》卷十三《世祖纪十》。

备精锐部队奉命赴边地征战①。

多数侍卫亲军还陆续建立了比较完善的军营、训练、屯田、戍守等管理制度。如右卫侍卫亲军在都指挥使王庆瑞的主持下,创建威武营于大都南郊,起庐舍,画井邑,规为屯田。又立训练之用的"整暇堂",长技之习的"神锋翼",函矢之藏的"犀利局"。其他诸卫军争相效仿。一次,忽必烈派近侍夜间伺察右卫侍卫亲军的警卫情况,却被巡逻兵卒所执。近侍说明其身份及任务,以求解脱。兵卒曰"军中惟知将军令,不知其他"。近侍回宫向忽必烈奏报。忽必烈特意赏赐王庆瑞黑貂裘,以示旌表嘉奖②。

忽必烈在中央宿卫军中,既重建蒙古国式的怯薛,又创设汉地式的侍卫亲军,同样维持了蒙、汉二元并存的格局。从数量上看,上述侍卫亲军合计已达八万左右,几乎相当于怯薛人数的七、八倍。成宗朝以后,卫军扩展到三十余个,人数就更多了。这种情况下,尽管怯薛的内廷宿卫服侍功能始终无法替代,但侍卫亲军的中央常备精锐部队角色越来越突出,其军事地位和作用也越来越重要。

中央宿卫军之外,忽必烈又根据政治军事的需要,增设了镇戍军及其相关制度。

蒙古国时期,成吉思汗所创立的千户、万户是军队的基本组织形式。蒙古成年男子"上马则备战斗,下马则屯聚牧养"③。千户、

---

① 以上参阅史卫民《元代侍卫亲军建置沿革考述》,《元史论丛》第四辑,中华书局 1992 年。

② 《元史》卷一百五十一《王庆瑞传》;《静轩集》卷五《故荣禄大夫平章政事王公神道碑》。

③ 《经世大典·序录·军制》,《元文类》卷四十一。

万户分驻于朝廷指定的牧地,实际上相当于兼有军事、行政双重职能的地方军政组织。尤其是统辖数十个千户的左、右翼万户,地方军政组织的色彩更为显著。由于大规模的对外征服,蒙古千户成员频繁赴外地征戍,蒙古统治者不断从草原诸千户中抽取部分蒙古士,组成混编的蒙古军和探马赤军。

元朝建立后,忽必烈基本没有改变蒙古诸千户分屯漠北草原兼治军事、行政的体制,只是撤消了千户之上的左、右翼万户长,蒙古诸千户转而直隶朝廷,由朝廷派遣的枢密院官和总兵宗王负责管理。

忽必烈还着手重新收集组建了五部探马赤军。中统三年(1262年),原五部探马赤军将领石高山通过平章塔察儿入见忽必烈,上奏:"在昔太祖皇帝所集按察儿、孛罗、窟里台、孛罗海拔都、阔阔不花五部探马赤军,金亡之后,散居牧地,多有入民籍者。国家土宇未一,宜加招集,以备驱策。"忽必烈正为如何尽可能多地利用蒙古国原有军队而犯愁。听罢石高山的奏报,非常喜悦,称赞道:"闻卿此言,犹寐而觉。"马上下令诸路官府重新招集。登记入籍册后,即让石高山佩银符统领。这支五部探马赤军相继参加平宋、和林屯戍、征乃颜等作战,屡建军功,后来又改组为蒙古侍卫亲军,划归东宫①。

平定南宋和统一全国后,忽必烈着手建立了镇戍军体系,以适应大规模军事征服结束后稳定控制广大新征服区域的需要。

镇戍军包括蒙古军、探马赤军,汉军、新附军四种成分。镇戍的布局和管理方式大体是:"河洛、山东据天下腹心,则以蒙古军、探马赤军列大府以屯之。淮江以南,地尽南海,则名藩列郡,又各

---

① 《元史》卷一百六十六《石高山传》。

以汉军及新附等军戍焉"。

首先,忽必烈把参与平宋的奥鲁赤四万户等蒙古军、探马赤军,自江南调回中原,先后于至元二十一年(1284年)和至元二十四年(1287年)组建山东河北蒙古军都万户府、河南淮北蒙古军都万户府等,以镇戍军的形式长期驻屯在山东、河南、河北一带。而且逐渐与草原蒙古诸千户脱离了统属关系,直接归朝廷枢密院管辖。以后,陕西、四川也设置了此类都万户府,统辖镇戍于当地的蒙古军和探马赤军。

元朝时期的汉军是由降蒙的金军、投附蒙古政权的北方地主武装以及中原签兵等组成的。忽必烈把这类汉军部署在淮河以南的原南宋统治区,充当镇戍军。汉军大都随同蒙古军参与平定南宋的战争,同样以万户、千户形式编组,他们在原南宋统治区也属于北人占领军。所不同的是,这些汉军隶属于各行省或行枢密院,其军士家属奥鲁在北方原籍,需要施行"岁时践更"和轮番应役。此制度在全国的推行,始于至元二十六年(1289年)左右尚书省左丞、商议枢密院事李庭的提议。李庭奏言:"今汉军之力,困于北征,若依江南军,每岁二八放散,以次番上,甚便"。忽必烈批准了他的奏议,让枢密院著为军令①。

由南宋降兵组建的新附军,则被分散编组在汉军等镇戍各翼中,听从蒙古、汉军将领的号令指挥,执行镇戍、屯田等任务②。

另外,漠北、河西、辽阳等地也部署了较多的蒙古军、侍卫亲军、色目军,作为镇戍边地和抵御叛王的军事力量。

---

① 《元史》卷一百六十二《李庭传》。
② 《元史》卷八十六《百官志二》,卷九十九《兵志二·镇戍》。

第十一章　亲贵享封邑　皇子总重兵

第一节　宗王兀鲁思的演化与限制

如前所述,忽必烈是在一批蒙古诸王的拥戴支持下夺取和巩固汗位的。复杂的政治形势致使忽必烈的宗藩投下政策一开始就带有两面性:既要加强皇帝中央集权,削弱藩权,又注意保护宗王投下的特权利益,以换取长期的拥戴支持。随着时势的发展,皇权与藩权的冲突愈显严重。为了加强中央集权政治,忽必烈必然要执行由温和到强硬的宗藩政策。对蒙古分封制进行整顿改革,将其限制在不危害中央集权的范围内,遂成为忽必烈面临的一项重要任务。

蒙元分封的原始形态,就是成吉思汗开始的宗王兀鲁思分封。大约在 1207 年——1214 年之间,成吉思汗把三十余个千户的草原部民和阿尔泰山、大兴安岭一带的牧地,封授给诸子诸弟,形成了所谓西道、东道诸王兀鲁思。兀鲁思一词,是蒙古语"人众"、"国家"的意思。称其为宗王兀鲁思,是因为受封诸王对所封部民和领地,拥有相当大的支配权,酷似较独立的封国。

这种分封,在成吉思汗以降发生了较大的变化。总的变化轨迹是:窝阔台、贵由、蒙哥时期,与对外军事征服和皇位争夺相联系,宗王兀鲁思大多有所扩张;忽必烈时期,由于蒙古帝国的分裂等复杂原因,元朝控制范围以外和以内的宗王兀鲁思,走上了反差较大的两条道路:基本独立和削弱萎缩。

先看趋于基本独立的术赤、察合台、窝阔台、旭烈兀等宗王兀鲁思。

术赤是成吉思汗的长子。他虽然未能继承汗位,但《蒙古秘史》说,术赤受封九千户,在诸子中所封千户最多。还获得了从也儿的石河基本领地出发,向西将钦察草原等被征服区域一律并入自己领地的权力。随着军事征服的胜利,术赤兀鲁思不断向西扩张。由于地处遥远等缘故,成吉思汗晚年,就发生术赤不按时觐见父汗、不坚决执行父汗命令等情况。可见,自成吉思汗始,术赤兀鲁思已带有一定的离心倾向。

术赤死后,次子拔都嗣位。他奉窝阔台汗之命,率领长子西征,进一步实际控制了以钦察草原为中心的大片领土。在贵由以降的汗位更迭中,拔都反对贵由及其子孙,支持拖雷长子蒙哥。结果,先是几乎造成术赤兀鲁思与贵由汗之间的兵戎相见,蒙哥汗即位后,又特许拔都在自己幅员辽阔的兀鲁思行使更大的权力,以作为报偿。这样,拔都嗣有的术赤兀鲁思率先成为大蒙古国内扩张最快,领土最大,权力较独立的宗藩之国。阿里不哥之乱和忽必烈建立元王朝以后,大汗对术赤兀鲁思更是鞭长莫及,其独立性随之越来越严重。

由于竭力扶持窝阔台取得汗位,窝阔台时期的察合台开始在自己的兀鲁思内享有无限的权力。窝阔台甚至派长子贵由充当察合台的侍从。尽管如此,此时,察合台兀鲁思与大汗在河中的直辖区是泾渭分明的。察合台的权力基本上限于所封兀鲁思的草原地带。当察合台本人擅自侵占河中行尚书省部分辖地时，也曾受到窝阔台汗的指责。

阿里不哥在漠北蒙古本土称汗时，察合台孙阿鲁忽曾被委任为察合台兀鲁思的新君主。不久，因为争夺财赋收入，阿鲁忽又与阿里不哥反目，转而归附忽必烈，以此换来了忽必烈对其完全控制从阿尔泰山到阿母河区域的正式批准。1269年，新任兀鲁思君主八剌与海都在塔剌思聚会，结盟反叛元廷，察合台兀鲁思遂基本脱离元朝廷控制，成为另一个相对独立的宗藩之国。

1229年，窝阔台即汗位，入主蒙古本土，在和林建立了国都和统治中心。他把自己叶迷里一带的原封地赐给长子贵由。又强行将拖雷系统辖的逊都思、雪你惕三千户拨赐次子阔端，让其驻牧西凉，全权负责川陕甘宁青藏一带的攻略征伐。后来，阔端的基本领地扩大到原唐兀惕二十四城。这些新扩充的领地虽然不全是草原千户民驻牧，但"人地割界"，专制一方，显然不是食邑。在某种意义上，由此构成了以西凉府为中心的阔端兀鲁思。而后，其他窝阔台后王的领地也有向南扩张的势头。

好景不长，蒙哥汗登极，窝阔台孙失列门、脑忽等在争夺汗位中败北。翌年，蒙哥汗在惩处失列门、脑忽的同时，又分迁窝阔台子孙：六子合丹居别失八里，七子蔑里居也儿的石河，合失子海都居海押立，哈剌察儿子脱脱居叶密立，阔端子蒙哥都的领地也奉命西移。这样，原先由贵由继承的窝阔台兀鲁思就被肢解和分割了。例外的是，因阔端与蒙哥汗保持友好关系，其所属军队未被剥夺。旋因忽必烈受封京兆分地，阔端兀鲁思的领域逐渐龟缩到西凉府一带的狭小范围内了。元朝建立后，阔端兀鲁思由其子只必帖木儿继承，权力进一步削弱。塔剌思会议，特别是昔里吉叛乱后，海都乘机不断收集西逃的蒙古部众,把人数甚多的蒙古贵族及部属汇聚自己麾下。于是,窝阔台兀鲁思在海都的旗帜下得以复兴,并且构成了与第五任大汗忽必烈公开对抗的轴心。

起初,旭烈兀是作为蒙哥汗胞弟,统率从诸王及各千户抽调的军队奉命征服伊朗、伊拉克、叙利亚等地的。不久,他实际控制了上述被征服地区,势力很大。忽必烈与阿里不哥争夺汗位时,双方都希望得到旭烈兀的支持。旭烈兀最终支持了忽必烈,并由此从新任大汗处获得了自阿母河(只浑河)到密昔儿(埃及)之境的正式统治权。从此,旭烈兀及其继承者自称伊利汗,在上述区域组建了另一个较独立的藩国。

再说逐步削弱萎缩的东道诸王及拖雷等宗王兀鲁思。

以斡赤斤·铁木哥为首的东道诸王,曾经是东蒙古地区的支配力量。在成吉思汗西征和窝阔台死后,斡赤斤先是奉命监国,后因图谋不轨被杀。但斡赤斤等三王兀鲁思并没有停止向东扩张。到塔察儿国王在位时,斡赤斤兀鲁思的统治范围已达到了黑山南北的广大地区。

忽必烈即位,塔察儿等因翊戴新汗和抗击阿里不哥有功,长期受到尊崇优待。同时,东道诸王在辽阳、高丽一带的扩张活动,又不断被朝廷所限制。忽必烈后期终于爆发了乃颜之乱,叛乱平息后,忽必烈剥夺了乃颜等叛王的蒙古军队及其他部众,又设东路蒙古军上万户府长期镇戍该地。东道诸王兀鲁思的疆域范围基本上退缩回原封地。其若干后裔虽仍享封与其他宗支诸王相近的王爵,实力地位却大大减弱了。

忽必烈对阿里不哥袭领的拖雷兀鲁思也做了若干调整。

拖雷夫妇死后,幼子阿里不哥袭有其父兀鲁思。蒙哥汗诸子和旭烈兀的禹儿惕及部众,也大致在拖雷兀鲁思范围内。阿里不哥争位失败,死于漠南。忽必烈遂命令阿里不哥诸子药木忽儿、灭里帖木儿等继承其父的牧地和斡耳朵。

而后,元廷派伯八为万户镇守其地,并设置了益兰州等五部断事官。最先担任断事官的是汉族官僚刘好礼。刘精通蒙古语,赴任前充永兴府达鲁花赤等职。到任后,迁中原工匠于该地,兴办舟船水运和器物陶冶。其同僚还欲榷盐酒以佐官府经费。就是说,五部断事官在当地委实代表朝廷临民理政了。是时,阿里不哥诸子仍留驻欠欠州、乞儿吉思领地。元廷采取此项其他诸王兀鲁思未尝见过的非常措施,无非是要通过断事官较直接地控制监视阿里不哥兀鲁思。

昔里吉叛乱爆发,刘好礼等被俘,阿里不哥诸子部众大多从叛。元廷在该地的统治直到至元三十年(1293年)土土哈收复乞儿吉思五部才得以恢复。

五部断事官的设置,是忽必烈以拖雷嫡子和大汗双重身份,对阿里不哥袭领兀鲁思的设官临民权的部分剥夺。诚然,因为诸王叛乱战争在漠北较长时间的持续,无论是阿里不哥和蒙哥系宗王,抑或元朝廷在当地的支配,都受到很大的冲击和干扰①。

第二节　五户丝食邑制的发展与改造

在窝阔台创立五户丝食邑制的丙申分封中,宗王受封最多,还有贵戚驸马和其他勋臣受封。虽然朝廷制度规定五户丝食邑分封

---

① 　参阅拙作《元代分封制度研究》第二章,天津古籍出版社1992年。

"赋为二等"，治权归有司，由中央和诸王投下分享其利益，但是，蒙古国时期五户丝制并没有彻底实行。投下封君在汉地食邑或自立课税等官，各征其民，或层层封授食邑民，承制封拜食邑官吏。

忽必烈对五户丝食邑制的发展与改造，主要表现为江南户钞的推行、中原食邑置路州等。

至元十八年（1281年），忽必烈在刚刚征服的江南地区进行了新的食邑分封。

此次分封中，宗王共受封799,279户。规模之大，超过了窝阔台丙申分封。其中，成吉思汗子弟、窝阔台诸子受封略多于中原食邑封户，拖雷诸子较中原封户增加近三分之一。忽必烈诸子则只封嫡不封庶。受封的仅有太子真金、安西王忙哥剌和北平王那木罕。而太子真金的封户（105,000户）几乎等于忙哥剌、那木罕的二倍。其他庶子如阔阔出、奥鲁赤、爱牙赤、脱欢、忽哥赤、忽都帖木儿均未享封。

所封宗王江南食邑的分布，既仿中原五户丝食邑分封，又略有变动。概括地说，东道诸王哈撒儿、哈赤温、斡赤斤及答里真后王食邑大致分布在东边的江浙行省及江西行省东部建昌路、南丰州一带。西道诸王术赤、察合台、窝阔台子阔端、合丹的食邑分布于西边的湖广行省一带。拖雷系阿里不哥、木哥、拨绰和忽必烈三嫡子食邑则在江西行省及湖广行省东部。这种封授格局显然是拖雷系继续充当蒙元帝国中央核心部分的象征和表现。

后妃斡耳朵受封，主要是成吉思汗斡耳朵和忽必烈第二斡耳朵。成吉思汗斡耳朵的受封地都在江西行省赣州路，第一、二、三斡耳朵封户相近，第四斡耳朵不知何故失载。忽必烈四斡耳朵中惟察必皇后等所掌第二斡耳朵此次受封，这可能和察必皇后至元十八年逝世有关。

贵戚驸马受封的只限于弘吉剌、汪古、亦乞列思三部，其他未能染指。

勋臣的受封主要是木华黎国王、带孙郡王、畏答儿、术赤台郡王、八答子、和斜温、孛罗台、合丹大息、也速兀儿、帖柳兀秃、忽都虎、阿儿思兰等较大投下。忽必烈四怯薛及昔宝赤、八剌哈赤、阿塔赤、必阇赤、贵赤、厥列赤、八儿赤等执事也在至元二十一年（1284年）左右首次获得了数量不等的封户。

在封户方位上，元廷虽然尽可能地把左、右翼千户那颜的封户，相对集中于同一路分，但整个功臣江南食邑分封已谈不上模仿漠北左、右翼千户分列东西的格局了。

忽必烈还在增加五户丝税额为五户二斤，改投下征索为中书省统一关支的基础上，对新封授的江南食邑一概实行户钞制。

户钞制始于至元二十年（1283年）。其先，诸王勋贵虽受封江南食邑，但因江南科差未定，暂时未给付各投下赋税收益。到至元二十年，忽必烈才下令从江南食邑税粮中折粮纳钞，每一万户纳钞百锭，"申解"中书省统一关支①。中统钞一锭为五十贯（两），一贯（两）合一千文。一百锭即合五千贯（两），平均每户输纳数即五钱（或五百贯文）。据说，这个数额大致相当于中原五户丝户的平均负担②。由于户钞从地税田粮中折纳，那些封户中的无地者，似乎就不负担投下户钞了。

忽必烈对部分宗王中原食邑的改封或调整也值得注意。

---

① 《元史》卷九十五《食货志三·岁赐》；《元典章》卷二十四《户部》《投下税·投下税粮许折钞》。
② 《元史》卷十二《世祖纪九》至元二十年正月。

其一,至元三年(1266年)朝廷以原史天泽卫州五城分地,改赐蒙哥汗子玉龙答失①。这样,蒙哥汗后王也在中原拥有了五户丝食邑。

其二是对窝阔台系宗王南京(汴梁)一带食邑所作的调整。

据《元史·食货志三》蒙哥汗七年(1257年)曾将原汴梁路在城户分拨窝阔台诸子合丹、灭里、合失、阔出。所谓"汴梁路",即金南京直辖地,原领归德府和延、许、郑、钧、睢、蔡等二十州。所谓"在城户",可能是当地实有的汉族农耕民。如此,蒙哥汗七年原金南京直辖区的上述府州民户大多封授窝阔台系四亲王了。

至元二年(1265年)忽必烈下令进行调整。具体做法是,"分四亲王南京属州,郑州隶合丹,钧州隶明里,睢州隶孛罗赤,蔡州隶海都"。四亲王虽然各自得到了郑州、钧州、睢州、蔡州等处一千至五千余户的食邑,但四州以外的原南京所辖府州却统统"复还朝廷"了②。这实在是一种众建诸侯而削夺其力的妙策。

至元初罢黜汉世侯不久,忽必烈即在中原汉地着手调整与投下五户丝食邑相关的路州建置。其做法大致是,在元汉世侯辖区内,以较重要的诸王勋贵为单位,采取分设、新立、改置及维持原状等方式,众建路及直隶州,划一食邑,尽可能使拥有较多封户的诸王贵族独占一路一州,或在该路占主导地位,尽可能减少同一路(州)内数投下封君领民纷杂交织的现象。

具体情况大致是,严实东平路辖区被分为济宁、东昌、东平三路和高唐、冠州等七个直隶州,而般阳路、彰德路、卫辉路、广平路、

---

① 《卫辉府志》卷四十五,王公孺《卫辉路庙学兴建记》乾隆五十三年本。
② 《元史》卷六《世祖纪三》至元二年闰五月丁卯,卷九五《食货志三·岁赐》。

顺德路、怀孟路、河南府路等，又是从某些路州中割划、合并而来的新路(州)。益都路、济南路、真定路、大名路、河间路等又属于路的名称未变，实际辖区则因投下封民所在发生划割改属等变动的"改置"路。

上述依投下食邑所在置路州的做法，既是对投下封君的怀柔，也有利于朝廷加强对投下食邑的管辖。

此举使投下封君的中原五户丝封民集团多半获得了路或直隶州一级的较独立行政建置。按照惯例，新设置的路总管府"言可以专达，事可以专决"①。即使是投下直隶州，也可以享受路一级直接向中书省或行省禀报请示的权力②。在五户丝征集、达鲁花赤委派及其品秩等方面，也给投下封君及部属带来诸多便利。还可以减少多个投下封君同居一路时彼此间的摩擦。故不失为对投下封君的优抚。

另一方面，由于食邑置路州与投下食邑封民集团并入所隶州城的措施同步而行③，于是，原先某些"一道细分"各自为政的投下总管府等，也可以并入所在路总管府④，纳入国家的官僚体系。有学者认为，路总管府的设立，意味着国家机关对诸王介入食邑的私人权力的一种吸收⑤。此说很有见地。投下食邑路州在行政上均直隶中书省或行省，投下食邑达鲁花赤自然也可以与朝廷中书省保持较多的隶属关系了。这对朝廷加强对投下食邑的管辖也是有

---

① 《新纂云南通志》卷九十三，欧阳玄《升姚安路记》。
② 《元典章》卷四十二《刑部四》《杀亲属·打死男妇》。
③ 《元史》卷六《世祖纪三》至元二年闰五月丁卯。
④ 《元史》卷十五《世祖纪一二》至元二十五年四月辛酉。
⑤ 海老泽哲雄《元代食邑制度的成立》，《历史教育》9卷7号，1961年。

裨益的。

另,对兀鲁思领地和五户丝食邑以外的投下私属,忽必烈根据不同情况予以区别对待:诸王驸马位下的私属,多以总管府、都总管府及万户府等形式进行编制,仍维持其自行设官、独立管辖的特权;一般功臣投下私属,或籍还朝廷,或改造为五户丝食邑户①。

第三节　王爵印章封授的制度化

蒙古国时期,宗王多不讲究汉地式的封爵礼仪,不追求头衔,而且遵循成吉思汗不许宗王带荣号头衔的祖训,"位号无称,惟视印章,以为轻重"②。印章镌文一般直书与大汗的兄弟子侄等亲缘关系。王号爵名较早在木华黎、按陈、镇国等功臣贵戚头上出现。不用说,这是来自汉地封爵的影响和渗透。与此同时,按只台、木华黎、怯台受赐金印,按陈赐银印的等级差别随之产生了。这可以称为以印章视诸王封君等级制度的滥觞。当然,此时的印章等级制度还很不完善,仍有个别宗王与大汗一样使用"玉宝",而且一开始就是蒙古原有的赐印章惯例与汉地"国王"、"郡王"等位号的偶然拼合。

诸王六等印章封爵制度,大约是在忽必烈朝确立的。

中统初,忽必烈命令中书省官员"讨论古今诸侯王印制"③,将上述蒙古诸王印章等级惯例与宋辽金王爵等级制度相糅合,规定

---

① 参阅拙作《元代分封制度研究》第四章,天津古籍出版社 1992 年。
② 《元史》卷一百八《诸王表》。
③ 《秋涧集》卷八十一《中堂事记》(中)中统二年五月九日。

了一套新的印章等级制度。

关于此制的基本条文，未见朝廷宣告颁布。然而，人们注意到前四汗时期诸王印章大抵只分金印、银印，而未出现《元史·诸王表》中的六个等级。相反，终忽必烈朝所封诸王印章却囊括了金印兽纽、金印螭纽、金印驼纽、金镀银印驼纽、金镀银印龟纽、银印龟纽六个等级。因此，诸王六等印章封爵制最迟在忽必烈朝确立的说法，大体不错。

忽必烈是根据血缘亲疏嫡庶身份的宗法原则和对元廷的恭顺抗逆等，分授不同等级的印章王爵的。

忽必烈一朝，共封印章王爵三十七位（包括晋封）。其中，忽必烈子孙约占三分之一。而且，除内属国高丽王外，惟忽必烈的两名嫡子、一名嫡长孙、一名嫡曾孙得赐第一等金印兽纽。由于金印兽纽王号中的国邑仅一字，后来还因之形成了"非亲王不得加一字之封"的定制①。第二等、第三等印章，除封赐忽必烈两名嫡子、两名庶子外，还给授拥戴忽必烈时立有殊勋的东道诸王移相哥、爪都和皇侄昔里吉、玉龙答失、昌童等。当然，在近亲、拥戴者获得高等印章王爵的同时，忽必烈也注意了对各宗支首领人物的封授。例如，阔列坚后王兀鲁带、拜答寒、阔端孙也速不花、禾忽子秃鲁、阿只吉弟帖木儿不花等，都在第三、第四、第五等中占有自己的位置。至于第六等印章，当时主要是封授驸马郡王的，也杂有少量宗王。

忽必烈朝对一般功臣（尤其是汉族功臣），只封国公，不封王爵。如张柔封蔡国公，董俊封赵国公，张荣封济南公。这既是受汉

---

① 《元史》卷一百三十六《哈剌哈孙传》。

地非同姓者不王倾向的影响,也表明汉族功臣所受待遇不能与"国人"同日而语。

在所封三十七位王爵中,大部分授爵赐印者被加上汉地式的国邑王号。所加国邑王号,或取春秋以后大诸侯国名,如燕王、秦王、梁王、晋王;或依中原封邑路州名,如济南王、河间王、广宁王、济宁郡王;或依出镇屯戍方位,如安西王、北安王、镇南王、西平王、云南王、南平王、镇东王等。三者依据各异,但在效法汉地传统王爵名称方面又是相同的。此外,仍有少数宗王驸马惟授印章,未加国邑王号。包括移相哥、也速不花、玉龙答失等持二、三等印章者。

忽必烈还改革蒙古国时期宗王印文印质与皇帝至上原则不适合的部分。至元二十四年(1287 年)十月,尚书省平章桑哥奏言:诸王胜纳合儿印文为"皇侄贵宗之宝",非人臣所宜用,应根据其食邑改为"济南王印"。忽必烈立即予以批准①。"皇侄贵宗之宝"的印文,直书与大汗的亲属关系,主要表示皇族中的叔侄辈分和长幼,很难反映大汗与宗王的君臣关系。而且,它所表示的上述辈分长幼,只适用于成吉思汗和按只台的关系。时过境迁,反而使新汗与宗王间的关系变的模糊不清了。忽必烈本来比成吉思汗曾孙辈的胜纳合儿辈分高,但因后者持有"皇侄贵宗之宝",俨然成吉思汗亲侄,无形中在家族辈分方面反居忽必烈之上。忽必烈将其印章改为"济南王印"后,胜纳合儿在名分上就随之成为偏守一隅的藩王了。由于新印文明书"××王",宗王与皇帝的君臣名分也显而易见。

在此以前,元廷还趁封皇侄昌童为永宁王的机会,改木哥大王

---

① 《元史》卷十四《世祖纪十一》。

原持"玉宝"为金印①。这样,宗王印章遂一律改用金银印,而不再持有大汗玉玺式的玉质印章了。

凡获印章王号,"位次里委付来的",称"大大王"。未获印章王号者,则称"小大王"。"大大王"有权享受系带祗候扈从等礼遇②。通常,每一宗王驸马支系,忽必烈只封有印章王号者一人,作为该位下的家长和首领。至元二十四年(1287年),安西王阿难答和其弟按檀不花各袭其父的安西王印和秦王印,后者即被元廷收回③。可见,忽必烈朝不允许一藩二印的现象存在。

第四节　皇子宗王出镇总兵

早在蒙哥汗初年,忽必烈和旭烈兀就曾以皇弟身份奉命代表大汗总督漠南、波斯,且与燕京、阿母河等处行尚书省分理军民。皇弟诸王总督方面军事,对蒙廷的军事征伐,对确保拖雷系在黄金家族中的统治地位,对蒙廷有效的控制漠南等三大直辖区,均发挥了一定作用。而且,它又是忽必烈朝宗王出镇制度的先声。

元朝建立以后,忽必烈政权与西北叛王的军事对抗日益加剧,南方被征服地区的反抗又连绵起伏。针对上述严峻形势,忽必烈接受汉族臣僚郝经、刘好礼、王恽等建议,相继封诸皇子为王,出镇西北、西南一带。这就是皇子北平王那木罕、皇子宁远王阔阔出及皇孙甘麻剌、铁穆耳出镇漠北,皇子安西王忙哥剌镇京兆,皇子西

---

① 《秋涧集》卷八十一《中堂事记》(中)中统二年五月九日。
② 《元典章》卷二十九《礼部二》《服色·校尉带》。
③ 《元史》卷十四《世祖纪十一》至元二十四年十一月丁酉。

平王奥鲁赤镇吐蕃,皇子云南王忽哥赤镇云南,皇子爱牙赤、宗王阿只吉、术伯镇河西。皇子镇南王脱欢先总兵征交趾,兵败受贬,遂由鄂州移镇扬州。

以上皇子及宗王的出镇,从漠北—西北—西南—江淮,构成了一个半圆形的军事防御线,以藩屏朝廷。

马可波罗曾说:

> 他(忽必烈)四位正妻生的儿子中,有七个是大省或大国的君主。他们一齐把他们的领域统治的很好。他们都像很聪明很贤良的人。①

马可波罗说的七皇子分镇"大省或大国",非常准确。前述那木罕、忙哥剌、奥鲁赤、忽哥赤、爱牙赤、脱欢、阔阔出,恰恰是七人。只是前述七皇子并非都是正妻所生,这一点马可波罗所言稍有误差。

这些镇边的皇子及宗王,大多领受与该地方位相应的王号印章,如安西王、北平王、西平王、云南王、镇南王等。起初他们或设王相府总揽军民,或以王府官兼行六部,具有较强的独立性。特别是安西王忙哥剌、北平王那木罕均系皇嫡子,他俩的权限和辖地范围,又明显超过其他庶出皇子。可见,忽必烈朝初期的皇子封藩,对蒙古宗王兀鲁思分封的形式和内容,多所沿袭。其直接用意却主要是代表朝廷镇戍一方,以对抗西北叛王和镇遏南方民众。

---

① 《马哥孛罗游记》张星烺译本第151页,商务印书馆1936年。

428

然而,元廷中央集权政治与宗藩分封旧制本身就是矛盾的。几年后,在藩皇子连续发生严重问题。至元八年(1271年),云南王忽哥赤被都元帅宝合丁等毒杀。不久,北平王那木罕在阿里麻里前线被俘。安西王忙哥剌死后,其王妃等又擅杀王相赵炳①。这些事件意味着皇子封藩并未收到控驭边徼和藩屏朝廷的预期效果,反而给中央集权政治带来一些麻烦。至元十三年(1276年)以后,忽必烈从巩固中央集权的目标出发,对包括皇子在内的诸王普遍削夺事权,主要措施有:遍置行省兼辖投下分地,肢解东道诸王兀鲁思和必帖木儿兀鲁思,检括役使兀鲁思领民,立都万户府编组各投下签起的军队等②。

经过削夺事权,皇子安西王等的各种权益发生了显著的变化。

史书记载,安西王忙哥剌封藩关中的辖地有两部分:一是他从乃父忽必烈处继承的京兆分地,亦即京兆路八州十二县;二是他"教令之加"的今陕西、四川、甘肃、宁夏等地。前者是他的分地,后者归他控御而非其赐土。但由于忙哥剌出镇之初中兴行省(甘肃行省前身)、川陕行省即被废罢,故安西王忙哥剌在其控御区内获得了"承制"治军、命官、司法、征税等多方面权力。这种情况下,安西王忙哥剌控御的秦蜀夏陇,与他属下的京兆分地虽然有名分之别,但权力所及,几同封土。

至元十七年(1280年,忙哥剌死后第二年),忽必烈下令废罢了安西王相府,恢复了陕西、四川、甘肃三行省③。

---

① 《元朝名臣事略》卷十一《参政商文定公》。
② 参阅拙稿《忽必烈削弱宗藩加强中央集权》,《南开大学学报》1985年3期。
③ 《元史》卷八《世祖纪五》至元十年三月癸酉,四月辛丑,卷十一《世祖纪八》至元十七年六月丁丑,七月己酉,卷九十一《百官志七》行中书省。

至元二十年(1283 年)左右,朝廷又以治书侍御史杜思敬担任安西路(京兆路)总管,原四川行省左右司郎中吕惑先后调任顺庆路同知和华州知州①。表明安西王控御区的各级官员此时已陆续由朝廷委派的流官担任。《史集》也说:成宗铁穆耳初年,安西王镇戍区内"合罕朝臣担任课税长官,他们按照朝廷命令,供应安西王之需"②。

世祖末到成宗初,朝廷又阅实安西三道军籍,并设陕西蒙古军都万户府辖制陕甘蒙古军③。还建立了陕西等路诸站总管府,管理境内站赤④。

所以,成宗铁穆耳说:"赋税军站,皆朝廷所司","置王相府,惟行王傅事"⑤。经至元中期的普遍削藩,安西王等出镇皇子的权力已大大削弱了。

北平王、宁远王、云南王等也发生了类似的变化。如北平王、宁远王位下部分军队被编入军籍⑥。曾以王府官兼行六部的云南王镇戍区,至元十一年(1274 年)起改由行省兼领军民,宗王断事官参议行省事,政事一听行省平章赛典赤所为⑦。尽管削藩对各镇戍区的影响强弱不同,但至元十七年左右忽必烈诸皇子镇戍区陆续恢复或设置了行中书省并由其管理军事行政庶务,却是不争

---

① 《元史》卷一百五十一《杜丰传》,卷一百六十七《吕惑传》。
② 俄译本第二卷第 209 页。
③ 《元史》卷十六《世祖纪十三》至元二十七年十二月甲申,至元二十八年九月戊午,卷十九《成宗纪二》大德二年十月壬戌。
④ 《元史》卷十四《世祖纪十一》至元二十三年六月丁巳。
⑤ 《元史》卷一十九《成宗纪二》元贞二年正月丙戌。
⑥ 《通制条格》第二卷《以籍为定》大德三年六月初十枢密院奏。
⑦ 《元史》卷一百二十五《赛典赤·赡思丁传》。

的事实。

忽必烈所确立的宗王出镇,是蒙古分封制适应加强中央集权和内外军事镇戍等需要,较多融会汉地官僚政治成分而发展变化来的。如果说蒙古宗室分封曾经是封地属民领有、治理权和王位世袭三者的有机统一,那么,忽必烈朝开始的宗王出镇恰表现出如下三个基本特征:其一,宗王驾临镇戍区,代表皇帝执行军事镇戍等权力和任务,镇戍区及百姓为宗王控御而非其所有;其二,宗王在镇戍区的主要权限是镇戍征伐,监督军政,同时赋税军站庶务实权多被行省等官执掌,"镇之以亲王,使重臣治其事"①,就是这个意思。其三,部分世袭罔替,部分临时指派,世袭非世袭兼行,是出镇宗王的委任惯例。

忽必烈诸皇子受封出镇总兵中,较显赫和较有代表性的应属安西王忙哥剌。

忙哥剌最初见于正史的记录,大抵是至元四年(1267年)三月与真金、那木罕、忽哥赤三皇子一并受赐白银三万两,平均每人七千两以上,数目可观。

至元九年(1272年)十月封安西王,赐第二等螭纽金印,以忽必烈藩府食邑京兆路及开成路为分地,驻兵六盘山②。

明年,置安西王相府,以枢密副使商挺、参知政事李德辉为王相。商、李二人都是忽必烈藩邸旧臣。其中,李德辉是应忙哥剌的请求而委任的。赴任前,忽必烈嘱咐商挺:"王年少,河迤西尽以委卿"。

---

① 《道园学古录》卷五《送文子方之云南序》。
② 《元史》卷六《世祖纪三》,卷七《世祖纪四》。

王相商挺到任后,曾向忙哥剌进献十策:睦亲邻、安人心、敬民时、备不虞、厚民生、一事权、清心源、谨自治、固本根、察下情。忙哥剌或许只能懂得所献十策的大概要领,他还是置酒款待商挺,表示嘉纳。另一名王相李德辉则视察泾水附近的营牧故地,利用数千顷荒地,举办屯田,招募贫民二千家,官给耕牛、种子和田具,起庐舍,修沟渠,每岁收入最多可得粟麦十万石,刍藁一百万束①。

翌年,忙哥剌进封秦王,赐第一等金印兽纽,成为皇子中继燕王真金之后另一位封一字王的。后又改王相府铜印为银印。

在长安城外浐水之西,忙哥剌建造起方圆四十里的兵营,"巍殿中峙,卫士环列",车帐相连,包原络野,外竖牙门,十分威严②。忽必烈特意命令京兆路总管兼府尹赵炳在以上兵营的基础上替忙哥剌建造宫室。

关于忙哥剌在京兆的王宫,马可波罗饶有兴趣地记录道:

> 骑马走八天后,我们到京兆府大城。这城实在是大而好看,是京兆府国的都城……但现在这地君主名忙哥剌,是大可汗之子。他父亲把这国封给他,命他做这国的王……城外有忙哥剌王的宫,宫很华丽。我就要告诉你们了,宫在一个大平原上。到处有川河湖沼源泉。宫的前面有一很厚很高的墙,周围五迈耳。建筑极佳,并设的铳眼。墙里有许多野兽飞禽,墙围之中央即王宫。宫很大并很华丽,比这再好的是没有了。宫里有许多伟壮的殿,同美丽的房屋。到处皆油漆绘画,用金

---

① 《元朝名臣事略》卷十一《左丞李忠宣公》,《参政商文定公》。
② 《牧庵集》卷十《延釐寺碑》。

叶、蔚蓝和无数的大理石来装饰。忙哥剌治国贤明,公平无私,人民很爱戴他。宫的四周有兵驻防。野禽野兽给他们许多娱乐。①

考古资料进一步说明,安西王宫城在今西安城东北约三公里,东距浐河约二公里。宫城为长方形,周长 2282 米,城有东、西、南三门,南门为正门,宽度相当于东门、西门的二倍。城的四角呈半圆形,可能有角楼之类的建筑。宫城中央是规模宏大的夯土台基,上面散落着大量砖瓦和琉璃瓦,这显然是宫殿遗址②。

忙哥剌受封初期,忽必烈赋予他的权力是很大的。他的教令可以施行于陇、凉、蜀、羌等广阔地域,这些地区的诸王、地方官及少数族首领,都要服从其号令,向其进贡。军旅振治、爵赏予夺和刑罚宽猛,可以承制行事;其余商贾之征、农亩之赋、山泽之产和盐铁榷税,可以不入有司,全归安西王支配。又改长安为安西路,六盘山为开成路,夏驻六盘山,冬驻京兆。此二路赋税,皆听王相府使用。不足部分,由朝廷补充供给,朝廷每年负担数甚至多达一百三十万贯③。至元十二年(1275 年)三月,忽必烈一次就赏赐安西王忙哥剌币帛八千匹,丝万斤④。据初步研究,上述地区属安西王忙哥剌节制的军队大约有十万左右⑤。来自这些地区的赋税和朝

---

① 《元史》卷一百六十三《赵炳传》;张星烺《马哥孛罗游记》第 225 页,商务印书馆。

② 马得志《西安元代安西王府勘查记》,《考古》1960 年第 5 期。

③ 《牧庵集》卷十《延釐寺碑》。

④ 《元史》卷八《世祖纪五》。

⑤ 王宗维《元代安西王及其与伊斯兰教的关系》,第 75 页,兰州大学出版社1993 年。

廷赏赐,估计主要用于供养此十万军队。

在元军最后攻略四川的军事行动中,安西王及其所辖军队发挥了一定的作用。

至元十三年(1276年),安西王忙哥剌派遣使者把戍守嘉定城的管军万户刘恩从前线召回六盘山,问刘:"江南已平,四川未下奈何?"刘恩回答:"若以重臣之不徇私者奉诏督责之,则半年可下矣"。忙哥剌采用刘恩的意见,立即派刘恩和王府僚术儿赤乘驿站进京奏闻,忽必烈深以为然。于是,命令丞相不花等行枢密院于西川,统一指挥四川的战事。到至元十五年(1278年),终于迫使重庆和夔州二城宋军归降。

另外,至元十三年(1276年)十一月安西王所部军在四川前线攻克万州①。南宋已亡,重庆及合州仍拒守不降。元廷委任安西王相李德辉兼任西川枢密院副使。除督运军粮外,李德辉在招谕合州守将王立投降,减少杀戮和最终平定四川方面,出力颇多②。

南宋灭亡后,安西王军事使命的重心,又很快转向防御西北叛王。至元十四年(1277年)诸王昔里吉叛乱并麾军东扰漠北,忙哥剌曾率兵北征,从侧翼配合元军对昔里吉叛军攻防。至元十六年(1279年)元廷调四川蒙古军七千、新附军三千隶安西王忙哥剌③,也是为了加强北线的防御。

在忙哥剌北征期间,屯驻在六盘山的宗王土鲁乘机叛乱。新任安西王相赵炳及别速带、汪惟正率安西王兵、汪总帅兵等前往讨伐,生擒土鲁。忙哥剌返回后,排宴庆贺,重赏赵炳、汪惟正等,安

---

① 《元史》卷九《世祖纪六》。
② 《元朝名臣事略》卷十一《左丞李忠宣公》。
③ 《元史》卷九十九《兵志二·镇戍》。

西王妃特意为汪惟正之母缝制珠络帽衣以赏汪惟正军功①。

安西王忙哥剌还喜纳忠言,善于抚治部民。

封藩之初,有的王府官吏兵卒横暴扰民,京兆路总管赵炳请求忙哥剌绳之以法。忙哥剌命令:"后若犯者,勿复启,请若自处之"。于是,豪猾畏惧敛迹,民众以安。

忽必烈曾颁圣旨以河东解州盐赋给安西王府经费。但解州盐赋逋负甚多,岁久累积二十余万缗,官府追理,仅获三分之一,民不堪命。赵炳秘密启禀忙哥剌:十年之逋欠,责偿于一日,谁能承受!与其横敛病民,不如惠泽加于民。忙哥剌采纳了他的意见,立即下令免掉了追征。而后,忽必烈命令以京兆路一年赋税充当安西王北征军费,忙哥剌又接受赵炳的建议,予以宽贷,得到关中百姓的欢迎。

忙哥剌曾命令:"关中事有不便者,可悉更张之",另一位王相李德辉即着手简约侍卫以裁浮费,去不急土木以舒民力,升秩留用关辅贤士。

难怪马可波罗也说:"忙哥剌治国贤明,公平无私,人民很爱戴他"②。

至元十五年(1278年)一月,忙哥剌逝世。不久,又发生了王相赵炳被杀事件。此事引起忽必烈的震怒。

赵炳,惠州滦阳(今河北迁西西北)人,少年入侍忽必烈藩邸,初任抚州长官,中统元年(1260)任北京等路宣抚副使,历任中书省断事官、枢密院断事官、济南路总管、辽东提刑按察使、京兆路总

---

① 《元史》卷一百六十三《赵炳传》,卷一百五十五《汪惟正传》,卷一百三十五《月举连赤海牙传》。

② 《元史》卷一百六十三《赵炳传》,卷一百五十九《商挺传》;《元朝名臣事略》卷十一《左丞李忠宣公》;张星烺《马哥孛罗游记》第225页,商务印书馆。

管等职。赵炳素来"执法忠君",刚直不阿,忽必烈对他的评价是"炳用法太峻,然非徇情者"。

至元十四年(1277年)赵炳担任安西王相不久,即与转运使郭琮及郎中郭叔云发生矛盾。忙哥剌死后,忽必烈在便殿召见赵炳,抚慰道:"卿去数载,衰白若此,关中事烦可知已"。又问及民间利病,赵炳奏告转运使郭琮及郎中郭叔云窃弄威柄,恣为不法。忽必烈听罢,立刻起身说:"闻卿斯言,使老者增健"。随即赏赐宫廷马奶酒。还给赵炳升秩中奉大夫,命他掌管陕西四川课程屯田事,偕使者数人乘驿前往按问郭琮及郭叔云等。

没料到,郭琮撺掇安西王妃以令旨逮系赵炳及其妻室儿子,囚禁于平凉北崆峒山。赵炳子赵仁荣向忽必烈投诉,忽必烈立即命令两名近侍乘驿西去解救赵炳。郭琮用酒灌醉两名奉使的近侍,先派人把赵炳毒死在崆峒山狱中。

忽必烈闻讯,抚髀叹息道:"失我良臣!"于是,下令将郭琮、郭叔云及王相、商挺等一百余人押至京师,亲加审讯。最后,杀掉了郭琮和郭叔云。

忽必烈对安西王府及王相擅自杀害赵炳,大为恼火,一度把王相、商挺逮捕下狱,还愤愤地说:"商孟卿,老书生,可与诸儒谳其罪"。吏部尚书青阳梦炎请求以议勋补其过,忽必烈则指斥其同类相助。后来,忽必烈又向符宝郎、近侍董文忠询问事情真相,得悉"杀人之谋,商孟卿不预",才释放了商挺。不过,忽必烈还降下圣旨:商孟卿不可完全无罪释放,须籍没其家产①。

---

① 《元史》卷一百六十三《赵炳传》,卷一百五十九《商挺传》;《元朝名臣事略》卷十一《参政商文定公》。

忽必烈还高度重视忙哥剌死后的王位继承。忙哥剌死后,安西王妃让王相、商挺奏请以王子阿难答嗣王位。忽必烈回答:"年少,祖宗之训未习,卿姑行王相府事"。直到至元二十四年(1287年)十一月忽必烈才正式颁诏阿难答承袭安西王,同时又因丞相桑哥一藩不得持二印的奏言,收回阿难答弟按摊不花所持秦王印,又罢其位下王傅①。

由于前述一系列改革,嗣安西王阿难答就不再有乃父昔日的赫然权势了。

出镇各地的皇子还有北平王那木罕、宁远王阔阔出、云南王忽哥赤、西平王奥鲁赤、镇南王脱欢等。他们的情况分别在第十二章第二节、第八章第四节、第五节、第十三章第二节有所叙述,兹不赘。

---

① 《元史》卷十四《世祖纪十一》,卷一百五十九《商挺传》,卷二百五《桑哥传》。

第十二章　萧墙叛王祸　朔漠御驾征

第一节　海都称雄西北与塔剌思会议

一、海都举兵

海都是窝阔台嫡孙、合失之子。据说,幼年的海都是在成吉思汗的帐殿(斡耳朵)里长大的①。蒙哥汗即位时,海都没有参与失烈门等人反对蒙哥的谋叛活动。在蒙哥汗对窝阔台子孙分割给授本兀鲁思领地之际,海都也曾得到海押立一带的份地。但他对窝阔台系失去汗位始终耿耿于怀,曾经长期拘留蒙哥汗派遣的使者石天麟,不予放还②。

蒙哥汗死后,忽必烈与阿里不哥两兄弟因争夺汗位同室操戈。海都看到了重整编旗鼓的机会,于是很快加入阿里不哥阵营,支持阿里不哥攫取汗位,与忽必烈对抗。

最初,海都的势力并不大,所纠集的部众仅仅二三千人。而当阿里不哥麾兵击败察合台兀鲁思君主阿鲁忽和窝阔台兀鲁思君主禾忽之际,窝阔台兀鲁思内部发生变化,海都趁机取代禾忽做了该

① 《史集》余大钧、周建奇译本,第二卷第 13 页,商务印书馆 1985 年。
② 《元史》卷一百十五三《石天麟传》。

兀鲁思君主。

阿里不哥兵败南归后,海都依然不肯臣服,不肯听从大汗忽必烈的号令。尽管忽必烈对海都十分宽厚。即汗位之初,忽必烈也曾赏赐海都白银八百三十三两,文绮五十匹,与只必帖木儿待遇相同。至元二年(1265年)闰五月,忽必烈又将汴梁路属州蔡州分拨给海都为五户丝食邑。还一度赐予海都若干金银牌符①。

忽必烈曾派遣使者召海都和他的亲族出席忽里台贵族会议。忽必烈让使者传达说:"其他宗王们全都在这里,你们为何迟迟不来? 我衷心希望当面会晤,我们一起把一切事情都商议好后,你们将获得各种恩典返回去"。海都连续三年拒绝赴会,托词为:"我们的牲畜瘦了,等养肥之后,我就遵命前来"。他还利用路途遥远和元军征伐南宋,扩张自己的地盘和军队,继续与忽必烈为敌②。

海都看到,窝阔台兀鲁思在阿母河一带的直接竞争对手是察合台兀鲁思,主要打击对象又是察合台兀鲁思背后的新大汗忽必烈。

据说,忽必烈即汗位后,曾派一支军队前往阿母河岸控制这一地区的交通线,还派使臣到不花剌城清查户口③。察合台兀鲁思的君主阿鲁忽、八剌又因支持大汗忽必烈而获得了东自阿尔泰山、西到阿母河的防守权,并容许在该地扩张领地和实力。恰在这时,术赤兀鲁思和察合台兀鲁思为争夺讹打剌等地发生严重冲突。于是,海都果断决定和术赤兀鲁思结成联盟,合力对付察合台兀鲁思

---

① 《元史》卷四《世祖纪一》,卷六《世祖纪三》,卷八《世祖纪五》至元十二年正月己亥。

② 《史集》余大钧、周建奇译本,第二卷,第14页、312页,商务印书馆1985年。

③ 参阅刘迎胜《元朝与察合台汗国的关系》,《元史论丛》第三辑,中华书局1986年。

及其背后的大汗忽必烈。对海都而言，这也是在大汗忽必烈无力西顾和成吉思汗诸子兀鲁思并立西域的复杂情势下，壮大自己的最好办法。

1264年，察合台兀鲁思君主阿鲁忽去世，木八剌沙继任兀鲁思君主。忽必烈又派遣察合台系的另一位宗王八剌回来与木八剌沙共同执掌兀鲁思。八剌凭借长期供职于忽必烈处所取得的信任和自己的权谋，发动兵变，废黜了木八剌沙，自己登上了君主宝座。然后遵照忽必烈汗的旨意，率兵攻打海都。

双方在忽阐河（今锡尔河）畔作战，海都先失利，后获得术赤兀鲁思新君主蒙哥帖木儿所遣别儿哥察儿五万军队的援助，大败八剌，迫使其向西退回阿母河以北的地区①。

二、塔剌思反元联盟

海都在军事上取得胜利的情势下，预感到八剌必定要在河中最富庶的撒麻耳干和不花剌二城大肆搜刮，筹集军资。而这二城的居民当时分属于术赤系和拖雷系，察合台系和窝阔台系都没有领属民份额。为防止八剌造成强行独霸河中撒麻耳干和不花剌二城利益的事实，海都积极倡导与八剌议和。他的意见得到术赤系宗王和窝阔台后王钦察等人的支持。钦察还自告奋勇，充当说服八剌的使者。

八剌鉴于自己的领地势力范围狭小和兵败后的不利形势，果然接受海都的意见，而将忽必烈汗命令他与海都对抗的旨意完全抛在脑后。

---

① 《史集》余大钧、周建奇译本，第二卷，第14、180页，商务印书馆1985年。

1269年春,海都、八剌和术赤兀鲁思君主蒙哥帖木儿的代表别儿哥察儿三方在塔剌思草原举行了八天聚会。这就是有名的塔剌思会议。

这次聚会议定:三方的军队远离阿母河以北的农耕区,移驻于草原或山区;三方分享阿母河以北地区(河中地区)的赋税,八剌享有三分之二,海都和蒙哥帖木儿享有其余三分之一;与会三方诸王还盟誓约定互不再战①。

塔剌思会议是一次没有大汗忽必烈参加和同意的西北诸王瓜分河中的行动,重新划分了海都、八剌和蒙哥帖木儿三方在中亚的势力范围,排挤或否定了大汗在该地区的实际权威和利益。这次会议意味着蒙古帝国事实上分裂为若干相对独立的小汗国,而忽必烈汗则开始被他们视作黄金家族的总代表和名义上的共主。

可以说,海都应是这次会议的最大赢家,他不仅成功地把和术赤后王的联盟扩大到察合台系,而且让与会三方诸王一致将矛头对准了拖雷系及忽必烈。这样,海都在西北诸王与忽必烈对抗阵营中的领袖地位得以确立,为今后海都成为河中、突厥斯坦的霸主,成为忽必烈大汗最有力的挑战者铺平了道路②。

针对这种情况,忽必烈云:"朕以宗室之情,惟当怀之以德,其择谨密足任大事者往使焉"。经过朝臣举荐和忽必烈亲自召见拣选,选定术赤位下王府宿卫铁连为大汗使者,多次派遣铁连出使术赤兀鲁思君主蒙哥帖木儿处,传达忽必烈的谕旨,希望取得他的支持。但是效果并不理想。蒙哥帖木儿虽作过:"祖宗有训,叛者人

① 《史集》余大钧、周建奇译本,第三卷,第110页,商务印书馆1985年。
② 参阅刘迎胜《论塔剌思会议》,《元史论丛》第四辑,中华书局1992年。

得诛之。如通好不从,举师以行天罚,我即外应掩袭,剿绝不难矣"①之类的许诺,但只是表面上顺从的搪塞之辞,并没有真正放弃与海都结盟的立场。海都"兵繁而锐"②和忽必烈汗在阿母河一带失控的局面,迟迟未能改变。

大约在塔剌思会议以后,海都等西北藩王曾派遣使者质问忽必烈:"本朝旧俗与汉法异,今留汉地,建都邑城郭,仪文制度,遵用汉法,其故何如?"忽必烈也曾选派西夏人高智耀予以"报聘"答复,不幸的是,高智耀临行前突然病逝于上都,"报聘"之行未果③。上述质问,进一步显示出海都为代表的西北藩王与忽必烈在政治法度上的分道扬镳。

第二节　昔里吉叛乱

一、那木罕总兵阿力麻里

海都与元朝方面的军事冲突,是从至元五年(1268年)开始的。当时,海都率兵自阿力麻里东攻依附于蒙哥之子玉龙答失的纳邻部,忽必烈则派遣皇子北平王那木罕带领左右翼诸王前往北

---

① 《元史》卷一百三十四《铁连传》
② 《元史》卷一百三十四《铁连传》。
③ 《元史》卷一百二十五《高智耀传》。关于西北藩王遣使质问一事,一般认为是1269年塔剌思会议后海都等诸王之所为。笔者看到,《高智耀传》将此事的时间系于高智耀担任西夏中兴等路提刑按察使之后。《秋涧集》卷八六《弹西夏中兴路按察使高智耀不当状》亦云,至元五年(1268年)王恽任监察御史后弹劾过西夏中兴路按察使高智耀。另,高智耀早年曾被窝阔台汗以"河西故家子孙之贤者"召见,后又谒见皇子阔端于西凉。揆以时间先后抑或高智耀与窝阔台系诸王的密切关系,西北藩王质问一事是塔剌思会议后海都等诸王所为之说,都是有道理的。

庭征讨,击退了那里的海都军队。海都所部远遁二千余里①。

至元八年(1271年),北平王那木罕所率大军占据阿力麻里,并在那里设置了对付海都的前线统帅部。

为了加强元军在这一地区的军事实力,忽必烈不断向驻于阿力麻里的那木罕处运送军马等给养。至元十二年(1275年)春,又命令中书省右丞相安童以行中书省、枢密院事,辅佐那木罕总兵阿力麻里②。

那木罕是忽必烈嫡幼子,察必皇后所生。他在诸皇子中地位较高,颇受忽必烈器重。早在至元三年(1266年)六月,那木罕已受封北平王,赐第二等金印螭纽。就印章等级而言,那木罕仅次于其兄长燕王真金,而与另一位兄长安西王忙哥剌(忙哥剌当时未封秦王)相同。

依照蒙古幼子守灶习俗,那木罕的出镇地被安排在漠北,负责"统领太祖四大斡耳朵及军马、达达国土"③,所肩负的出镇总兵使命应该是诸皇子中最重要的。相应地,至元初年那木罕屡屡受赐的白银、马匹、牛、羊等,也动辄巨万,为数甚夥④。忽必烈甚至一度想以那木罕为皇位继承人。足见那木罕在忽必烈诸皇子中的显赫地位。

当时,那木罕所率领的军队包含了左右翼诸王和众多蒙古那

---

① 《元史》卷六十三《地理志六》;《史集》余大钧、周建奇译本,第二卷,第312页,商务印书馆1986年。

② 《元史》卷七《世祖纪四》至元九年十二月戊午;《元文类》卷二十四《丞相东平忠宪王碑》。

③ 《元史》卷二十九《泰定帝纪一》。

④ 《元史》卷六《世祖纪三》至元四年三月己亥,卷七《世祖纪四》至元七年六月丁亥,至元九年十二月戊午。

颜,如蒙哥汗之子昔里吉、蒙哥汗之孙撒里蛮、阿里不哥之子玉木忽儿和明里帖木儿、岁哥都(拖雷庶子)之子脱黑帖木儿、拨绰(拖雷庶子)之孙牙忽都、斡赤斤之孙察剌忽、阔列坚之孙兀鲁台等,蒙古那颜则以安童为长。那木罕及其兄弟阔阔出所统辖的忽必烈家族属民则组成中军。这些"诸王蕃卫之兵",阵容强大,兵员丰富而充足,军事实力较海都方面占绝对优势。

在大军西征之前,忽必烈先派术赤投下官、平阳马步站达鲁花赤铁连使于海都。后又派必阇赤长、宗正府札鲁忽赤昔班到海都处传达忽必烈的谕旨,命海都罢兵而设置驿站准备朝觐。海都看到元军来势汹汹,不好正面硬抗,只得口头答应退军置驿。

《元史》等史料也留有至元十一年(1274年)左右元朝方面在斡端、鸭儿看、沙州北一线设置十五个驿站的记载①。

安童丞相的军队已先行袭击窝阔台后裔禾忽所部军,尽获其辎重。海都欲西逃以避元军,临行前,他对昔班说:我杀掉你并不难,念我父曾受书于你,姑且放你回去,以安童袭击事奏闻忽必烈汗,不是我的罪过。昔班回京后如实奏闻,忽必烈称赞昔班所奏的真实性。

第二年,昔班再次奉使海都,宣谕海都臣服入觐,且有:"苟不从我,尔能敌诸王蕃卫之兵乎"等语。海都此时已通过支持八剌之子笃哇为君主,基本控制了察合台兀鲁思,势力很大。但慑于元朝方面大兵压境,只好用"畏死不敢"等辞敷衍②。

---

① 《元史》卷一百三十四《昔班传》,卷八《世祖纪五》至元十一年正月。
② 《元史》卷一百三十四《昔班传》,《铁连传》。

二、昔里吉等合谋兵变

出乎意料的是,由于安童分配给养不均和拖雷系宗王内部纠纷,居然在阿力麻里前线发生了昔里吉叛乱。

至元十二年(1275年)夏,在一次河滨度夏的行猎中,岁哥都之子脱黑帖木儿和蒙哥汗之子昔里吉偶然相遇。他们密谋商议:忽必烈汗使我们和我们的父亲受了多少侮辱,我们把那木罕和安童抓起来交给敌方吧!脱黑帖木儿还许诺事成之后拥戴昔里吉为大汗。他们还派人诱胁拔绰之孙牙忽都,未得逞。

翌年,军将八鲁浑等率兵叛逃,牙忽都奉那木罕之命拦截。昔里吉和脱黑帖木儿趁势在一天夜里突然发动兵变,拘捕元军的统帅那木罕和他的兄弟阔阔出,送至术赤兀鲁思君主蒙哥帖木儿处。又拘捕安童丞相,送至海都处。

他们遣使对蒙哥帖木儿和海都说:"你们有大德于我们(按,海都等在阿里不哥与忽必烈争夺汗位时支持前者),我们对此未忘,现将企图攻打你们的忽必烈合罕的宗王和异密们送交给你们;咱们不要互相算计,要联合起来打退敌人"。忙哥帖木儿和海都的答复是:"我们很感谢你们,我们正希望你们这样做,请留驻于原地,因为那里水草很好"①。

这就是有名的昔里吉叛乱。

这次叛乱,来的十分突然,顷刻间使忽必烈在阿力麻里前线进攻海都的"诸王蕃卫之兵"土崩瓦解,"一军皆没"②。而且,多数

① 《史集》余大钧、周建奇译本,第二卷,第313页,商务印书馆1985年;《元史》卷一百一十七《牙忽都传》,二百三《田忠良传》。
② 《元史》卷十五《世祖纪十二》至元二十五年十二月丁巳。

蒙古诸王和士兵在昔里吉和脱黑帖木儿的率领下,倒向了海都等西北叛王阵营。

因为昔里吉、脱黑帖木儿等反叛者人多势众,情况复杂,他们和蒙哥帖木儿、海都的利益也未必完全一致,所以,海都只接纳了被俘的安童,且授予官职①。他没有把昔里吉等收拢过来,合兵一处,而是与其建立起一个反对忽必烈的政治和军事联盟。

海都等让昔里吉叛军"留驻于原地"的策略也是很奸猾的。这就等于让昔里吉叛军充当反对忽必烈政权的先锋。而海都则可以退居二线,乘机巩固在中亚的地盘和势力,还可以坐观拖雷后裔自相残杀,两败俱伤,以收渔人之利。后来的事态发展证明:海都的策略是成功的。就结果而言,大部分都如愿以偿。

三、东犯和林及失败

昔里吉和脱黑帖木儿反叛以后,大肆散布他们已和海都、忙哥帖木儿结盟并合兵攻打元朝军队的舆论,以壮声势。

至元十四年(1277年),他们率兵东来,袭击乞儿吉思地区,元军方面的万户伯八战死于谦州②。不久,昔里吉叛军逼近和林,掠取祖宗大斡耳朵,震动漠北。

更严重的是,弘吉剌部只儿瓦台举兵响应。只儿瓦台是弘吉剌部驸马、万户斡罗陈之弟,他的反叛不仅裹胁并杀害兄长斡罗陈,还一度围攻弘吉剌部夏营地应昌府,忽必烈之女囊加真公主也被围困。

---

① 《元史》卷一百五十三《石天麟传》。
② 《元史》卷一百九十三《伯八传》。

应昌处于上都与漠北之间的帖里干驿道上，距上都约二百里，是上都的北边门户和漠南、漠北间的军需转运站。只儿瓦台在应昌策应叛乱，对元廷统治中心上都和大都无疑构成了严重的军事政治威胁。

二月，忽必烈命令中书省右丞别乞里迷失率领蒙古军、汉军等迅速北上援救，全力打击这支来自忽必烈麾下蒙古军团内部的叛变。诸王彻彻都、兀鲁兀部脱欢、忙兀部博罗欢、札剌亦儿部脱欢、钦察人土土哈和苫彻拔都儿、阿速千户玉哇失及伯答儿、中卫亲军总管移剌元臣、高丽人洪茶丘等均率兵参加了平定只儿瓦台的军事行动。足见，只儿瓦台与昔里吉的里应外合，对元朝廷威胁甚大，忽必烈为之深恶痛绝，几乎是倾全力迅速平息。

事后，忽必烈下令："赏瓮吉剌所部力战军，人五十两，死事者人百两，给其家"①。此次受赏赐者，人均白银量颇多，表明忽必烈甚为重视只儿瓦台叛乱中弘吉剌部众的背向，所以，给予忠于元廷的弘吉剌部众特殊的眷顾和酬答。

此后三四年，应囊加真公主的请求，忽必烈命令后卫侍卫亲军副指挥使移剌元臣率所部长期镇守应昌城，以备不虞②。

忽必烈又将平宋主帅伯颜紧急调往漠北，率大军在秃兀剌河、斡耳寒河一带击败脱黑帖木儿、玉木忽儿的军队，昔里吉等率众西逃。元军追还了被掠的祖宗大斡耳朵和那木罕所部属民③。在元

①　《元史》卷十《世祖纪七》至元十六年七月壬午。

②　《元史》卷一百二十一《术赤台传》，卷一百二十一《博罗欢传》，卷一百三十三《脱欢传》，卷一百二十三《苫彻拔都儿传》，卷一百二十八《土土哈传》，卷一百三十二《玉哇失传》，卷一百三十五《阿答赤传》，卷一百四十九《移剌捏儿传》，卷一百五十四《洪福源传》。

③　《元朝名臣事略》卷二《丞相淮南忠武王》，卷三《枢密句容武毅王》。

军将领别乞里迷失等强有力攻势下,昔里吉和脱黑帖木儿于至元十五年(1278年)初率军逃往也儿的失河,袭击了那里的八邻部属地。

忽必烈觉察到,在征讨叛王时蒙古军因亲族关系往往作战不利,于是,他一方面较多投入土土哈等钦察兵员,一方面特意命令汉军都元帅刘国杰和左卫亲军都指挥使贾忙古歹?率领左、中、右三卫侍卫亲军精兵万人戍守漠北,临行,忽必烈嘱咐刘国杰说:"征者不力,以其族属怀顾望尔。卿号陈力,朕视卿如子,当如朕躬行"。且颁赐给刘国杰"山南安知山北事,不用命者,先斩后闻"的诏谕。同年十月,刘国杰等所率军队在和林之南的亦都山建起了一座名曰"宣威军"的城堡,以为戍守的要塞①。随着大批汉军及色目军调来戍守,元朝方面重新控制了漠北地区的局势。

至元十六年(1279年)和十七年(1280年),脱黑帖木儿、昔里吉等连续两次率兵东来侵扰杭海山与和林一带。

元军将领别乞里迷失及刘国杰在谦州和按台山以西邀击叛王军队,将对方打败。刘国杰甚至率军逼近也儿的石河,袭击叛军营地,给昔里吉以很大打击②。

而后,昔里吉和脱黑帖木儿发生内讧。

脱黑帖木儿在谦州附近战败,辎重被元军所掠。脱黑帖木儿向昔里吉求援,企图夺回辎重,却遭到拒绝。脱黑帖木儿对昔里吉怨恨不已,便怂恿蒙哥汗之孙撒里蛮自立为新汗,并一度迫使昔里

---

① 《金华集》卷二十五《刘国杰神道碑》;《至正集》卷四十八《刘平章神道碑》;《元史》卷一百六十二《刘国杰传》;堀江雅明:《ホタシンニテール碑と宣威军城址》,《东洋史苑》30、31合并号1988年。

② 《金华集》卷二十五《刘国杰神道碑》。

吉表示臣服。

阿里不哥长子玉木忽儿拒不承认撒里蛮的汗位，率军与脱黑帖木儿对阵。脱黑帖木儿所部阵前倒戈，脱黑帖木儿本人最终被昔里吉和玉木忽儿杀掉。

于是，昔里吉得以恢复其汗位。撒里蛮的军队被夺去，本人也要被押解到术赤后王火你赤处。幸而得到其部众的解救，撒里蛮重整旗鼓，一度击败昔里吉和玉木忽儿。

频繁的内讧，大大削弱了拖雷系叛王的势力，除了阿里不哥之子明里帖木儿投奔海都外，昔里吉和撒里蛮均因穷愁潦倒，先后于至元十九年（1282 年）左右南下归附了忽必烈汗。撒里蛮受到忽必烈的优遇，获赐军队和牧地。昔里吉则被谪居在一座南方的小岛上①。

昔里吉叛乱是继阿里不哥之乱以后拖雷系宗王发动的另一次对抗忽必烈政权的反叛。

与前述阿里不哥之乱不同的是，前者是蒙哥汗突然去世的情况下两名皇弟围绕汗位的角逐，而且又是以忽必烈胜利并完全控制漠北蒙古腹地告终的。昔里吉叛乱则发生在忽必烈担任大汗十六年之后，叛乱中昔里吉和撒里蛮先后称汗，且与蒙哥帖木儿、海都主动勾结，公然向忽必烈的汗位挑战，故在全体蒙古人中消极影响更重。

这次叛乱爆发在皇子北平王那木罕及丞相安童为首的元军阿力麻里前线大本营，而且将他们所统率的"诸王蕃卫之兵"全部葬送。其结果不仅令元朝方面对海都的西线军事攻势毁于一旦，而

① 《史集》余大钧、周建奇译本，第二卷，第 313 页，商务印书馆 1985 年。

且使岭北蒙古腹地陷入了历时六年的叛王侵扰洗劫的灾难,搅乱了忽必烈汗对漠北的直接控制,漠北蒙古诸大千户从此陷入了动荡和混乱。

这次叛乱的确让海都如愿以偿。昔里吉等拖雷系宗王扮演了进攻忽必烈政权和祸乱蒙古腹地的急先锋,消耗了忽必烈和拖雷系其他宗王的大量军事力量。对刚刚取得平定南宋战争胜利的忽必烈,可以说是迎头一击。这次叛乱结束后,昔里吉和撒里蛮虽然先后南下归附,但阿里不哥幼子明里帖木儿率领众多原属拖雷家族的蒙古军队稳定地投靠于海都麾下,大大增强了海都等西北叛王的势力。

若干年后,被海都和术赤后王拘留的北平王那木罕、阔阔出及安童,相继遣送回元廷。噩梦般的昔里吉叛乱总算结束。但它给忽必烈带来的打击和创伤又是难以平复的。

还有一段插曲:安童被拘留于叛王海都处时,曾接受海都委任的官职。安童返回元廷,有人向忽必烈报告此情况。忽必烈大为震怒。幸而护送安童、那木罕东归的石天麟以"海都实亲王,非敌也"等语,替安童辩解,忽必烈才渐渐平息了怒火①。

昔里吉叛乱的结束,只算是北边蒙古叛乱暂时告一段落,更大规模的由海都充当主角的叛乱还在后面。难怪忽必烈对此次叛乱的始作俑者昔里吉耿耿于怀。昔里吉南下归降后,忽必烈一直拒不接见,听任这位皇侄死于谪居的南方海岛②。

---

① 《勤斋集》卷三《元故特授大司徒石公神道碑》。
② 《史集》余大钧、周建奇译本,第二卷,第317页,商务印书馆1985年。

第三节　海都争夺漠北与元廷的军事防御

一、和林激战

昔里吉之乱以后,元廷方面已无力对海都采取主动积极的攻势。

前述铁连奉使归来曾向忽必烈献计:"海都兵繁而锐,不宜速战,来则坚垒待之,去则勿追,自守既固,则无虞矣"。忽必烈深以为然。还特意发布敕令:将海都赐给铁连的皮服,全饰以金,以为朝会之礼服①。

忽必烈朝中叶以后对海都的军事策略,大抵是依铁连的意见,以防御为主。这与其说是忽必烈从谏如流,毋宁说是他迫于当时海都实力转强且争雄漠北的形势不得已的策略。此外,皇子那木罕被释放南归后,其北平王号也改为北安王。由"平"到"安"的一字之改,也能披露忽必烈在漠北"攻"、"防"策略的转换变动。

至元二十四年(1287年)东道诸王乃颜反叛时,曾与海都联络,双方约定东、西夹攻元朝军队。第二年六月,海都派大将暗伯、著暖越按台山,进犯叶里干脑儿(今蒙古西部艾里克湖),被元朝方面的管军元帅阿里带击退②。

至元二十六年(1289年)海都纠集玉木忽儿和明里帖木儿大举进犯漠北,先攻占西部的吉儿吉思,又攻至杭海岭与和林一带,皇孙甘麻剌率兵迎击,遭围困,后在土土哈救援下勉强突围。北安王那木罕下令和林军民弃城南撤,宣慰使怯伯等临阵降敌。由于

---

①　《元史》卷一百三十四《铁连传》。

②　《元史》卷十五《世祖纪一二》。

形势危急,七月,忽必烈率军亲征,收复了和林①。

关于元军和海都在和林一带的激烈战斗,马可波罗说:

　　海都大王征集大军,有无数马兵。他知道在哈喇和林地方有大可汗的儿子那木罕和长老约翰的儿子佐治。这两位大臣也有大队马兵归他们统辖……海都大王既征集他所有的兵力以后,率领他的全军,离开他的国,出发打仗。他们骑着马前行,一天又一天……于是一直走到哈喇和林,那两位大臣带着大军驻扎的地方。那两位大臣,大可汗的儿子和长老约翰的儿子的儿子,听到海都带领大军来到他们的国里,预备和他们开战,他们并不惊异。反而表示他们的大胆勇武,他们谨慎预备。他们和他们的军士合起来共有六万多人。他当他们全预备好了,出发前进去抵抗敌人……他们骑马前进,一直到离海都尚有十迈耳路程的地方,把营垒驻扎又好又妥当。你们必须知道,海都大王带着他的大队人马,也驻扎在这同一个平原上面。两面皆休息,尽力的为未来的战事预备……大可汗的儿子和长老约翰的儿子的儿子到后第三天清早时候,双方皆带上武器。尽力预备好。越好越妙。双方皆没有什么特别占便宜地方。因为双方各有六万人,皆备足武器如弓、箭、刀、锤、矛、盾牌等。每方分作六队,每队有一万马兵,皆有好的统带官。两方皆在战场排好阵伍,预备好了。只等待镬鼓声……镬鼓声一起,他们就不再耽搁,即刻前进攻打敌人。互

①　《元朝名臣事略》卷三《枢密句容武毅王》;《元史》卷一百六十九《刘哈剌八都鲁传》,卷十五《世祖纪一二》。

相厮杀,取弓张弩,空中箭飞如雨。许多人马皆受伤倒毙了。两边喊叫呼号的声音极高,就是天上打雷也听不到了……只要他们有箭,那些未受伤和仍旧健康的兵士,不停的放射……所有的箭皆放射以后,他们把那些弓藏在筒里,拿起他们的刀和锤矛互相砍杀。用这些刀锤他们起始用重力打击,最凶恶最可怖的厮杀开始了。有的用尽全身的气力去砍杀,有的受到这重砍,把手和臂砍落了。有许多人倒在地上死了……海都大王做事实在十分勇敢。假如没有他在场,他的军队不仅一次要从战场逃走,被打败了。但他出战如此勇敢,尽力抚慰他的兵士,使他们振奋,勇武拒敌。在那一方面,大可汗的儿子和长老约翰的孙子,也是战得极勇。在这徒手搏战当中,他们显出他们的勇武……夕阳已经下落,多少人卧在地上死了。到那时不得已,仗事只得停止。他们离开战场,各方皆回到自己的帐幕里,人人皆精疲力倦……第二天早晨,海都大王接到警报,大可汗另派一支大军,内有无数兵士,来攻打他和逮捕他。他自己说道,这事与我不利,不可再留的了。天一亮,他穿上甲胄,率领所有他的兵士,跨上马身,出发回到自己国中去了。大可汗的儿子和长老约翰的孙子看见海都大王和所有他的兵卒皆已离开,他们不去追他们,因为皆已精疲力倦……"①

马可波罗所言"长老约翰的孙子"佐治,实为信仰聂斯脱里教的汪古部驸马阔里吉思②。这一时期,阔里吉思恰在漠北作战。

---

① 《马哥孛罗游记》张星烺译本,第 465 页,商务印书馆 1936 年。
② 参阅杨志玖《马可波罗与长老约翰》,载《马可波罗在中国》第 167 页,南开大学出版社 1999 年。

汉文史书《枢密句容武毅王事略》等处亦云杭海岭之役中元军稍却，皇孙甘麻剌被围，土土哈鏖战掩护有功，甚至受到海都的赞叹。亲赴北边的忽必烈特意召见土土哈抚慰道："昔太祖与其臣之同患难者饮班朱尼河水以记功，今日之事何愧昔人，卿其勉之"①。可见，马可波罗描述的此战役激烈状况大多属实，可以和汉文史书记述互相补充。

由于海都越来越频繁的进犯和侵扰，损害了忽必烈对漠北的统治秩序和部众的正常生活。对此，忽必烈当然是气愤已极。忽必烈说：假如海都不是他的侄子，那就可以毫无顾忌把他处于极刑了②。也是同样的原因，当忽必烈得悉安童曾经接受海都的官爵时，勃然大怒，后经石天麟以宗亲并非仇敌等语从旁劝解，才算了事③。

二、强化漠北军事防御体系

海都的侵扰，似乎成了忽必烈晚年的一桩难以了却的心腹之患。为此，忽必烈逐步完善了漠北的军事防御体制。

其内容主要是皇太子抚军，那木罕和甘麻剌、铁穆耳二皇孙的总兵，枢密院遣官与和林宣慰司的设置等，试图从宗王总兵与重臣辅佐相结合，汉军、色目军团的较多屯戍，和林、称海东西二镇戍区互为犄角之势等层面，实施对海都等西北叛王长期而有效的军事防御。

至元十八年（1281 年），忽必烈命令皇太子真金赴漠北巡视军

---

① 《元朝名臣事略》卷三；《元文类》卷二十六《句容郡王世绩碑》。
② 《马哥孛罗游记》张星烺译本第 469 页，商务印书馆。
③ 《元史》卷一百五十三《石天麟传》。

事,且以枢密院同知伯颜从行。这次皇太子巡视,依汉地礼制特称"抚军",自二月到十月,历时八个月①,并非长期总兵。但因为北平王那木罕被拘于蒙哥帖木儿处,真金此行也寓有代表忽必烈汗出镇漠北蒙古腹地的意义。

皇太子"抚军",仅次于忽必烈汗亲征,在北平王拘留叛王处的情势下,此举充分显示了大汗对漠北军事防御的极大重视。

这次巡视或"抚军",恰在至元十八年二月真金生母察必皇后病逝后不久。忽必烈之所以让真金此时离京师赴漠北,也是形势所迫。临行,忽必烈特意嘱咐真金:"伯颜才兼将相,忠于所事,故俾从汝,不可以常人遇之"。真金恪守父亲的旨意,每与伯颜议事,尊礼有加。忽必烈明白:真金的军事才能有限,"抚军"很大程度上是象征性的。他的巡视或"抚军",离不开伯颜的辅佐。

至元二十一年(1284年),那木罕被释放回朝,改封北安王,驻于和林北的帖木儿河,依然负责总领漠北军事。又增设北安王傅,掌管军需和本位下诸事②。当时皇子阔阔出、东道诸王胜纳合儿、也不干及牙忽都等,均在北安王麾下。

至元二十三年(1286年)忽必烈又派遣皇长孙甘麻剌协同北安王镇北边③。

北安王的改封和还镇,意味着皇子宗王代表大汗总领漠北的恢复。

---

① 《元朝名臣事略》卷二《丞相淮安忠武王》;《元史》卷十一《世祖纪八》,卷一百二十七《伯颜传》。

② 《元史》卷十三《世祖纪十》至元二十一年闰五月癸巳,卷十四《世祖纪一一》至元二十四年十二月甲子。

③ 《秋涧集》卷四十三《范君和林诗序》。

至元二十九年(1292年)那木罕逝世,忽必烈特地将时已封梁王镇云南的甘麻剌调回漠北,改封晋王,"统领太祖四大斡耳朵及军马、达达国土"[1]。

翌年六月,甘麻剌之弟铁穆耳受皇太子宝,"抚军于北边"[2]。于是,漠北开始有了二皇孙同镇。

此时的甘麻剌、铁穆耳兄弟同镇,在战区和职司上是有所侧重或分工的。一方面,甘麻剌、铁穆耳大体以杭海岭为界,分别负责和林、称海东西两个战区的军事活动。另一方面,甘麻剌、铁穆耳又有守土和总兵的侧重。铁穆耳主要是统率"屯列"于称海一带的防御海都的大军,甘麻剌则重在"镇护"四大斡耳朵和漠北蒙古诸部。这种二宗王同镇的局面,一直被沿用到元中叶海都、笃哇叛乱结束以后。它既可使两个防区互相策应和牵制,防止一军战败造成全线溃退,又能利用诸王之间的矛盾,尽可能避免以往宗王军团阵前倒戈等现象。可见,忽必烈晚年对漠北军事防御的部署更为成熟了。

枢密院遣官,可以上溯到至元十二年(1275年)春右丞相安童以行中书省、枢密院事辅佐北平王镇北边。

至元十四年(1277年)昔里吉等率兵进犯漠北,同知枢密院事伯颜首先受忽必烈派遣,统兵抵御。伯颜还京后,别乞里迷失继为同知枢密院事,主持军务,且有行枢密院之称[3]。

至元二十六年(1289年)二月,海都大举进犯,忽必烈命伯颜为知枢密院事,镇和林,统率漠北诸军。史称和林置知院,始于伯颜。

---

① 《元史》卷一百一十五《显宗传》。
② 《元史》卷十八《成宗纪一》。
③ 《元史》卷一百六十五《孔元传》。

至元二十九年(1292年),御史大夫玉昔帖木儿又代伯颜为知院以统北兵。

迄世祖朝末,枢密院所遣官一直是漠北最高军事官员。伯颜和玉昔帖木儿皆为忽必烈时期的著名将领,伯颜为平南宋最高统帅,玉昔帖木儿在平定乃颜之乱中战功显赫。两人在以知枢密院事总领北军之际,对所在军队的实际指挥权甚至要多于甘麻剌兄弟。阎复《玉昔帖木儿勋德碑》:"宗藩帅钺,一切秉命于公"①,一语破的。这既有汉军、色目军队数量上超过诸王军队的背景,也是忽必烈看重伯颜和玉昔帖木儿的军事才能而委以重任的缘故。

有的廷臣埋怨伯颜对海都守御为主而功劳不显,其实是片面之词。阿撒忽秃岭战役中,"伯颜先登陷阵,诸军望风争奋",击败明里铁木儿叛军,自不待言。即使是后来与海都交兵,接连七日且战且退,也是在避其锋芒和诱敌深入。最终大败敌兵,杀虏几绝,惟海都脱走,即证明伯颜的军事指挥无可挑剔。南归之前,伯颜所言:戒酒色,严纪律,恩德不可偏废,冬夏营驻,循旧为便等,也是皇孙铁穆耳欣然采用的良策②。

忽必烈在皇子宗王出镇总兵的同时,又任用有杰出军事才能的枢密院官具体掌管军务。这也是忽必烈后期漠北对海都的军事防御逐渐摆脱被动的原因之一。

和林宣慰司最早见于至元二十年(1283年),担任该司官员的有答木丁(可能是宣慰使)、宣慰副使刘哈剌八都鲁。三年后,刘哈剌八都鲁升同知,翌年升宣慰使。至元二十五年(1287年)又与

---

① 《元朝名臣事略》卷三《太师广平贞宪王》。
② 《元朝名臣事略》卷二《丞相淮安忠武王》;《元史》卷一百二十七《伯颜传》。

怯伯同为宣慰使。

此时的和林宣慰司，主要负责漠北的军屯、钱谷出纳和军需供给，也兼管所在民户。

忽必烈对和林宣慰司官员的选用十分重视。当尚书省拟奏怯伯为宣慰使时，忽必烈谕旨："钱谷非怯伯所知，哈剌斡脱赤（刘哈剌八都鲁初赐名）可使也"。不久，怯伯在海都进攻和林时叛变投敌。忽必烈得悉，深有感慨地说："譬诸畜犬，得美食而忘其主，怯伯是也。虽未得食而不忘其主，此人（刘哈剌八都鲁）是也"①。足见，忽必烈识别忠奸良莠的能力是相当强的。

和林宣慰司是元廷在漠北设置的第一所以掌管财赋军需为主的汉地式官府，较有力地支持了整个漠北的军事防御。

第四节　乃颜叛乱与忽必烈亲征

一、来自东道诸王的反叛

至元二十四年（1287 年），正当忽必烈对海都侵扰备感忧虑时，又爆发了东道诸王乃颜为首的大规模叛乱，从而使忽必烈在黄金家族和蒙古诸部的统治地位又面临着新的严峻挑战。

乃颜是成吉思汗幼弟铁木哥斡赤斤的后裔，塔察儿国王之孙。成吉思汗建国后，曾将怯绿连河以东至哈剌温山（大兴安岭）的蒙古东部封授给四个兄弟：哈撒儿、哈赤温（本人早逝，实际受封是其子按只台）、铁木哥斡赤斤、别里古台。其中幼弟铁木哥斡赤斤受封千户最多，一直充当东道诸王之长。

---

① 《元史》卷一百六十九《刘哈剌八都鲁传》。

在忽必烈与母弟阿里不哥争夺汗位时,塔察儿等东道四藩王都是忽必烈政权的强有力支持者。忽必烈朝前期,东道诸王备受尊崇,在各类赏赐、封国及食邑内权力等方面,均享受许多优待。

然而,随着忽必烈仿效汉法加强中央集权,他和东道诸王的矛盾也与日俱增。

至元十一年(1274年)春,忽必烈命令原中书省平章廉希宪与头辇哥国王一并行省于辽东。

临行前,忽必烈特意嘱咐廉希宪:"辽霫户不数万,政以诸王国婿分地所在,居者行者,联络旁午,明者见往知来,察微烛著,塔察儿诸王,素知卿能,命卿往者,识朕此意"。忽必烈的用意很明白,就是让资深宰臣廉希宪代表朝廷镇抚和监视东道诸王。

当塔察儿大王使者抵达,头辇哥国王站立以听令旨时,廉希宪竟敢以"大臣无为王起者"为由,安坐如故①。显然是与忽必烈的上述嘱托有关。

至元二十年(1283年)前后,元廷与东道诸王争夺辽东地区控制权的斗争愈演愈烈。忽必烈曾担心当地的宣慰司秩卑望轻,一度将宣慰司升格为东京等处行中书省。

至元二十二年(1285年)元廷筹备再征日本,强行征发辽东女真故地的百姓及诸投下民建造船只,忽必烈还特别降旨征调乃颜、胜纳合儿等部鹰房、采金户充役②。这无疑又加剧了与东道诸王的利益冲突。

叛乱发生以前,忽必烈已经接到辽东道宣慰使塔出等有关铁

---

① 《元朝名臣事略》卷七《平章廉文正王》。
② 《元史》卷十三《世祖纪十》至元二十二年十月丁卯。

木哥斡赤斤后裔乃颜谋叛的密报，事先做了必要的准备。不久，废罢宣慰司，改立辽阳行省，命令原宣慰使亦力撒合任行省参政，负责为征讨大军运送军粮①。

至元二十四年（1287年）二月，乃颜派遣使者向漠北节制军马的宗王阇里铁木儿征调东道兵，忽必烈宣谕阇里铁木儿不得随便拨付②。

同月，忽必烈又特意派刚刚从西北前线回京的枢密院同知伯颜赴乃颜处探听虚实。伯颜携带了许多衣裘进入乃颜境内，沿途频频赠与驿站管理人员。抵达后，乃颜设宴款待。席间，伯颜阐明大义，乃颜佯作应承，暗中图谋拘捕伯颜。伯颜觉察，乘酒酣与随从分三路逃出，驿站管理人员因为得到衣裘赠与，争先提供健壮的驿马。伯颜顺利摆脱追骑，逃离其境，驰还京师，向忽必烈禀白了真实情况③。

至元二十四年四月，乃颜公然反叛，宣布不再做大汗的臣属，并且遣使与西北叛王海都联络，双方约定从东、西两方面夹攻忽必烈，以夺取大汗的领土和汗位④。伙同乃颜叛乱的有：哈撒儿后王势都儿、火鲁哈孙，哈赤温后王胜纳合儿、合丹等。

由于叛王乃颜距离和林及上都较近，又来自原先支持者阵营，忽必烈闻讯后，极为重视，立即采取一些紧急措施。

在辽东方面，忽必烈先下令转运粮食赈济女真、水达达部饥荒，减免二部是年赋税，防止其卷入乃颜叛乱。又遣使者传旨谕北

---

① 《元史》卷一百三十三《塔出传》，卷一百二十《亦力撒合传》。
② 《元史》卷十四《世祖纪十一》至元二十四年二月戊午。
③ 《元朝名臣事略》卷二《丞相淮安忠武王》。
④ 《马哥孛罗游记》张星烺译本，第133页，商务印书馆1936年。

京等处宣慰司:禁止与乃颜所部往来。同时命令辽东道宣慰使塔出率领当地军兵一万,与皇子爱牙赤一同御敌①。

在漠北方面,忽必烈派遣近侍阿沙不花说服诸王纳牙勿与乃颜连兵反叛,瓦解叛王的暗中勾结②。又急速命令北安王那木罕为首的漠北戍军抽调兵马,部署在乃颜与海都之间的要塞关口上,切断二者的联系。当时,胜纳合儿随从北安王戍守漠北西部。枢密副使、钦察军将土土哈说服主将朵儿朵海,拒绝出席胜纳合儿的宴请,又截获了乃颜通谋胜纳合儿的秘密使者,奏报朝廷。忽必烈遂命胜纳合儿自西道入朝。阔列坚后王也不干举兵东去,与乃颜反叛应和。北安王那木罕命土土哈等率兵急行军七昼夜,渡土剌河,在孛怯岭将也不干击败③。

这就粉碎了乃颜企图以漠北部分诸王为内应,与海都东、西配合,攻取蒙古根本之地的战略计划。

二、象舆东征

忽必烈不顾年老力衰和关节疼痛,毅然决定亲征乃颜。他甚至发誓说:"假若他不能得胜而去处死那两个不忠的叛逆,他将不要再戴皇冠或去保守他的领土了"。

忽必烈用了二十二天的时间迅速调集了大都、上都附近的大批军队(马可波罗说,数量达四十六万),随同他亲征。而且都是

---

① 《元史》卷一百三十三《塔出传》,卷一百二十《立智理威传》。
② 《元史》卷一百三十六《阿沙不花传》。
③ 《马哥孛罗游记》张星烺译本,第 135 页,商务印书馆 1936 年;《元朝名臣事略》卷三《枢密句容武毅王》。

秘密进行,除了"御前会议"人员以外,竟没有人知道调集兵马的工作①。这些军队包括:五投下蒙古军团和汉军诸卫军等。

忽必烈调集的首先是忙兀、兀鲁兀、札剌儿、弘吉剌、亦乞列思五投下军团。

忙兀部博罗欢主动向忽必烈请缨东征,忽必烈赏赐他介胄弓矢鞍勒,命他率领"五诸侯兵以行"②。这里的"五诸侯兵",即五投下军团。除忙兀部军外,弘吉剌部万户帖木儿率所部脱怜千户、不只儿等征乃颜屡立战功,兀鲁兀部的庆童带病随军征战,亦乞列思部脱别台、忽怜、札剌儿部硕德等也在出征之列③。

按照博罗欢的说法,五投下的领地与民户,略多于乃颜等东道诸王,"惟征五诸侯兵",足可以对付乃颜。此言虽有些过头,但五投下军团充任征乃颜的主力之一,是毋庸置疑的。

翌年三月,亦乞列思、兀鲁兀、札剌亦儿等部探马赤军又奉命自懿州东征④。此探马赤军是由上述五投下所抽调兵士混编的军团,显然和五投下军有着密切的联系。

其次是诸卫汉军及怯薛军团。

元初,汉军组成的侍卫亲军主要是左、右、中三卫,至元十六年(1279年),又选平宋汉军精锐等增置前、后二卫,合为五卫侍卫亲军。

---

① 《史集》余大钧、周建奇译本,第二卷,第352页,商务印书馆1985年;《马哥孛罗游记》张星烺译本135页,商务印书馆1936年。
② 《元文类》卷五十九《平章政事蒙古公神道碑》。
③ 《元史》卷一百一十八《特薛禅传》、《孛秃传》,卷一百二十《术赤台传》,卷一百一十九《木华黎传》。
④ 《元史》卷十五《世祖纪一二》。

启程征乃颜前夕，忽必烈对蒙古将校与叛军率多亲昵，军阵前立马相向对话，往往释兵仗不战，逡巡退却等状况，深感不安。于是，他接受南人官僚叶李及伯颜的建议，命董士选和李庭统率"诸卫汉军，从帝亲征"。

此"诸卫汉军"，有的场合又称作"汉人诸军"。当时在上都和大都附近驻戍的"汉人诸军"，大抵是五卫侍卫亲军。所以，"诸卫汉军"和"汉人诸军"，名异而实同。包括前卫在内的五卫侍卫亲军，估计都抽调精锐参与了从征乃颜。这也符合侍卫亲军"掌宿卫扈从……国有大事，则调度之"的职司①。

诚然，此时的"诸卫汉军"及将领并不一定都是汉人，阿速人玉哇失就以前卫亲军都指挥使率所部阿速军充任征乃颜的先锋②。

怯薛宿卫士扈从忽必烈亲征的却不乏见。如木华黎后裔脱脱以"直宿卫"，率家奴数十人从征；阿沙不花以千户率昔宝赤之众从行③。至元二十四年（1287 年）七月十六日，忽必烈车驾抵达合剌合河之际所颁的圣旨，仍然标有"安童怯薛第一日"的字样④。表明四怯薛是依照旧例扈从忽必烈亲征乃颜的。

此外，哈撒儿后裔八不沙及按只吉台后裔也只里等个别东道宗王，站在忽必烈政权一边。八不沙所部军队还在王府司马孛兰奚率领下随同忽必烈亲征。孛兰奚本人"跃马陷阵，斩其旗，所向

① 《元史》卷一百七十三《叶李传》，卷一百二十七《伯颜传》，卷一百五十六《董文炳传》；卷一百六十二《李庭传》，卷九十一《兵志二》。
② 《元史》卷一百三十二《玉哇失传》。
③ 《元史》卷一百一十九《木华黎传》，卷一百三十六《阿沙不花传》。
④ 《元典章》卷三十《礼部·祭祀·禁祭星》。

披靡"，受到忽必烈黄金五十两等赏赐①。

出发前，忽必烈曾让靳德进、岳铉等占星术士替他"揆度日时，占候风云"，预卜此战的胜负吉凶，得到吉利预言后，方才发兵②。与乃祖成吉思汗一样，忽必烈对占星家甚为迷信。元初，刘秉忠之所以受到忽必烈特殊信任，很大程度上是因为他占卜推步等方面的技能。岳铉就是刘秉忠举荐给忽必烈的。忽必烈让占星家预卜征乃颜战争胜负，完全符合忽必烈迷信占星术的习惯。

为了给元军运输军粮，忽必烈曾命令运粮万户罗璧从海道向辽阳运送粮食。运粮舟船经渤海，入锦州小凌河，抵达广宁十寨，保证了军队粮食供应③。

五月十二日忽必烈从上都出发，途经应昌，麾师东北方向的乃颜领地。御史大夫玉昔帖木儿奉命总领蒙古军先行。六月三日至撒儿都鲁，与叛军激战，又进军哈剌河，十三日攻占乃颜腹地失剌斡耳朵。

关于忽必烈与乃颜军队的激战，《马哥孛罗游记》作了一番绘声绘色的描述：

> 大可汗率领全队人马前进，经过二十天，到达一个大平原，乃颜和他的四十万骑军已经在那里住扎了……大可汗在四个象背上所负的小楼中，站在小山上，左右围以弓弩手。旌

① 《元史》卷一百三十三《孛兰奚传》。
② 《松雪斋集》卷九《故昭文馆大学士资德大夫遥受中书右丞商议通政院事领太史院事靳公墓志铭》；《侨吴集》卷十二《元故昭文馆大学士荣禄大夫知秘书监岳铉第二行状》。
③ 《元史》卷一百六十六《罗璧传》。

旗飘扬在他上面,旗上有日月形象,高插空中,所以各方面都能看见。这四只象都盖以极厚的熟牛皮,牛皮上面又盖着丝和金制的布。他的军队排列成三十队。每一队有一万人,全都带着弓箭。大可汗分自己的兵力为三组,两翼展开极长……在每队前面,有五百带弓和短矛的步兵……每当骑兵冲锋时,那步兵就跳到靠他最近的马的臀上,坐在骑兵的后面,两人共同前进。当马停止时,他们跳下马来,用他们的长矛去戮杀敌人的马……大汗确然如此排列他的人马成为许多分队,去包围乃颜的营塞,要和他去决斗……以后人就可以看见和听到许多乐器声音作起来了(特别是那二弦的乐器,有最愉快的声音)也能听到许多喇叭的吹声,和许多的高唱。因为你们必须知道鞑靼人的风俗如此。当他们已经摆布和排列成队伍,在去打仗以前,他们一定要等待领袖的罐鼓声……当双方都预备充足后,大可汗的罐鼓开始发出声来了。先在右翼,后到左翼。罐鼓的声音开始发作,所有阻滞即刻停止,他们用弓箭、长矛、鎚矛和长枪(后者是很少的),冲上前去厮杀。但是步兵都有强弩和许多其他的武器……这战争开始,是非常残暴和凶猛。现在就可以看见箭的飞射,空中全充满了,好似雨的下降。现在又可以看到骑士和马倒在地上死了……奋勇战斗从早到午……最后,大汗得胜了。当乃颜和他的战士,看见自己方面将不能再久支持了,于是他们开始逃遁。但是这也不能帮助他们什么。因为乃颜已被捉了。所有他的达官和臣民带着所有武器,全来投降大汗了。①

---

① 张星烺译本第137页。

以上与乃颜军队激战的许多情节,几乎和汉文及波斯文史籍如出一辙。

如忽必烈乘象舆亲征,前揭《岳铉第二行状》云,忽必烈汗"亲御象舆以督战,意其望见车驾必就降"。没料到"乃颜悉力攻象舆"。拉施特《史集》也说:"他(忽必烈)尽管关节酸痛,年老力衰,仍然坐在象背的轿子里出发了"。

如忽必烈立于小山之上,《元史》卷一百一十九《脱脱传》载:"至元二十四年,(脱脱)从征乃颜,帝驻跸于山巅,旌旗蔽野"。拉施特《史集》又说:"当接近了合罕军队溃逃的地方以后,载着轿子的象被赶到一个山丘顶上"。

如阵前飞箭如雨,《岳铉第二行状》云:"锋既交,两阵矢急射,几蔽天"。《元史·董士选传》也说:"乃颜军飞矢及乘舆前"。王恽亦有"器纷任使前,万矢飞攒枪"的诗句。

如战争残酷和阵亡甚多,王恽诗又云:"僵尸四十里,流血原野腥"①。

稍有差异的是,汉文史书说,元军先后在撒儿都鲁、失剌斡耳朵及不里古都伯塔哈山等处与乃颜叛军交战三次,马可波罗似乎是把这三次战斗合并在一起记述了。

在这三次战斗中,忽必烈亲临战阵并经受风险的是撒儿都鲁遭遇战。在撒儿都鲁与叛军黄海最先遭遇交战的是都万户阔里铁木儿所部。忽必烈乘象舆随而进至该地,一则是因为忽必烈年老力衰且患足疾骑马困难,二则也寓有以大汗象舆亲临督战和威慑

---

① 《秋涧集》卷五《东征诗》。

敌军的意思。

谁料突然遇到叛军将领塔不台六万军士猛烈攻击,投入兵士数超过了元军。叛军不仅未被震慑,反而偏偏重点攻击大汗象舆,他们射来的箭支甚至直抵忽必烈象舆前。博罗欢所率的五投下蒙古军在两军阵前一度有溃逃的迹象①。由于情况危急,忽必烈不得不将象舆赶至一小山丘上,后来又改乘马匹。幸而依赖汉军将士奋力以步卒和射士抵御,才遏止了敌军的攻势。夜幕降临,元军以兵车环绕为营卫,严加防守。

半夜,李庭率壮士十人,持火炮突袭敌阵,叛军惊恐,混乱中自相残杀。此时,洪茶丘所率三千高丽汉军又裂裳帛为旗帜,断马尾为旄饰,掩映林木,张设疑兵,叛军见其状,以为是官兵大至,溃败而去②。

在这次亲征中,大汗的怯薛近侍也披挂上阵,拼死奋战。木华黎后裔、撒蛮之子脱脱以宿卫士随从忽必烈征乃颜,两军列阵,未等镗鼓敲响,即率家奴数十人疾驰阵中,攻击敌军,所向披靡。忽必烈在象舆中望见此状,大加赞赏。又特意遣使者慰劳,且召脱脱回还,嘱咐道:"卿勿轻进,此寇易擒也"。忽必烈看到脱脱所持刀已折断,马也中箭,颇有感慨地对近臣们说:"撒蛮不幸早死,脱脱幼,朕抚而教之,常恐其不立,今能如此,撒蛮可谓有子矣"。于是,亲自解下自己的佩刀及所乘马匹,赏赐给脱脱③。

乃颜自失剌斡耳朵撤出后,向东逃至不里古都伯塔哈山。玉昔帖木儿率领蒙古军和李庭等汉军合兵并进,乘胜追击,在那里展

---

① 《元文类》卷五十九《平章政事蒙古公神道碑》。
② 《元史》卷一百五十四《洪福源传》。
③ 《元史》卷一百一十九《木华黎传》。

开了另一场激战。阿速人玉哇失所率前卫侍卫亲军充当先锋，陷阵力战，在后续部队的支援下，大败叛军。乃颜逃逸，最后在失列门林被元军擒获①。

忽必烈听到乃颜被擒的消息，立即下令将他处死。其方式依然遵循蒙古人处死贵族的传统，即"很紧的被捆扎在地毯里，放在地上乱滚和到处击打，然后死去"，"不允许皇帝宗系的血洒在地上，或叫太阳或空气看见"②。

忽必烈取胜班师回到上都，随同亲征的金枢密院事洪君祥，类次编辑出征期间的车驾起居，撰为《东征录》③。

而后，哈赤温后裔哈丹等乃颜余党仍然在大兴安岭东西两侧率众与元军顽抗，殃及嫩江、黑龙江、辽河和高丽地区。忽必烈派遣皇孙铁穆耳和御史大夫玉昔帖木儿率军征讨，经历近四年的征战，最后平息了这场叛乱的余烬。

王恽赋诗记录了这场忽必烈亲征乃颜的战争：

> 东藩擅艮隅，地旷物满盈。
>
> 漫川计畜兽，荡海驱群鳄。
>
> 盛极理必衰，彼狡何所惩。
>
> 养虺得返噬，其能遁天刑。
>
> 远接强弩末，近诋乳臭婴。
>
> 一朝投袂起，毡裘拥矛秒。
>
> 天意盖有在，聚而剿其萌。

---

① 《元史》卷一百三十二《玉哇失传》。

② 《马哥孛罗游记》张星烺译本，第140页，商务印书馆1936年。

③ 《元史》卷一百五十四《洪福源传》。

莽蜂有蛰毒，大驾须徂征。
寅年夏五月，海甸观其兵。
凭轼望两际，其势非不敌。
横空云作阵，裹抱如长城。
嚣纷任使前，万矢飞挃抢。
我师静而俟，衔枚听鼙声。
夜半机石发，万火随雷轰。
少须短兵接，天地为震惊。
前徒即倒戈，溃败如山崩。
臣牢最忾敌，奋击不留行。
卯乌温都间，天日为昼冥。
僵尸四十里，流血原野腥。
长驱抵牙帐，巢穴已自倾。
彼狡不自缚，鼠窜逃余生。
太傅方穷追，适与叛卒迎。
选锋不信宿，逆颈系长缨。
死弃木裔河，其妻同一泓。
彼狡何所惜，重念先王贞。
择彼顺祝者，其归顺吾氓。
万落胁罔治，无畏尔来宁。
三师固无敌，况复多算并。
君王自神武，岂惟庙社灵。①

———————

① 《秋涧集》卷五《东征诗》。

忽必烈还对参与叛乱的乃颜部众及领地进行了严肃处理。

首先是瓜分其民。大多乃颜部众被没入国家版籍,有些被强行迁徙江南充军。

其次是肢解其地。忽必烈特意从西北迁来兀速、憨哈纳思、乞里吉思三部屯驻于乃颜故地,亲自赐名肇州,立宣慰司管辖。忽必烈还亲自嘱咐首任宣慰使刘哈剌八都鲁说:"自此而北,乃颜故地曰阿八剌忽者,产鱼,吾今立城,而以兀速、憨哈纳思、乞里吉思三部人居之,名其城曰肇州。汝往为宣慰使"①。

尽管没有参与叛乱的乃颜亲族成员乃蛮带等继续受到优待,但昔日庞大的东道诸王兀鲁思已不复存在了。

据马可波罗记载,乃颜叛军的军旗上缀有基督十字架徽记,他的军队中有大量基督徒②。这也是完全可能的。蒙元时期,蒙古诸部中克烈、乃蛮、汪古等部族信仰聂思脱里教的很多。而成吉思汗之侄按只吉歹所封三千户中即有相当数量的乃蛮人③。乃颜军队中的基督教信仰,很可能是由他们传播开来的。

---

① 《史集》余大钧、周建奇译本,第二卷第352页,商务印书馆1985年;《元史》卷十四《世祖纪一一》至元二十四年八月己巳,卷十五《世祖纪十二》至元二十六年四月丁丑,卷一百六十九《刘哈剌八都鲁传》。
② 《马哥孛罗游记》张星烺译本,第139页,商务印书馆1936年。
③ 《史集》余大钧、周建奇译本,第一卷第二分册第380页,商务印书馆1985年。

第十三章 扬威伐海外 黩武丧舟师

第一节 两侵日本

一、遣使宣谕

平定南宋以后,忽必烈仿效祖父成吉思汗征服扩张业绩,又把中国以外的东亚、南亚当作新的征伐目标。如日本、占城、安南、缅国、爪哇、高丽等。

忽必烈的意图很清楚;术赤兀鲁思、察合台兀鲁思、窝阔台兀鲁思、旭烈兀兀鲁思雄踞西北,元帝国不必要、也不可能朝那个方向直接扩张征服。惟有南亚、东亚,尚有超越祖宗征服功业的空间余地。更重要的是,海外征伐及鼓励海外贸易的政策,给蒙元帝国已有游牧国家与农耕国家混合体带来海洋国家性质,从而使蒙元帝国的发展步入的第二阶段,即成为横跨欧亚、包括陆地海洋的前所未有的世界大帝国。忽必烈也就可以称为蒙元帝国的第二位创业者[①]。所以,忽必烈非常固执地实施了针对上述国家及地区的海外用兵征伐。不过,海外军事征服的结局并不令忽必烈满意,半数是以损兵折将而告终。

---

① 杉山正明《遊牧民から見た世界史》,日本日經ビジネス人文庫 2003 年。

忽必烈得悉有关日本的情况,大约是至元初开始的。

至元二年(1265年),高丽人赵彝向忽必烈献策:汉唐以来日本通使中国,可择使者出使日本,令其来朝。赵彝的意见,正迎合了忽必烈征服世界和万国来朝的心理,

第二年八月,忽必烈委任兵部侍郎黑的佩虎符,充国信使,礼部侍郎殷弘充副使,持国书出使日本。这次奉使因为高丽护送官的劝止而未能进入日本国境。

不过,从黑的所持国书中"冀自今以往,通问结好,以相亲睦……不相通好,岂一家之理哉,以至用兵,夫孰所好,王其图之"①,可以窥见忽必烈对日本既有来朝通好的期盼,又有乃祖式的加兵征服威胁。从而为后来用兵日本埋藏了杀机。

关于忽必烈对日本发生兴趣的缘由,马可波罗说是听到日本拥有无数黄金等财富②。此说仅见于《马可波罗游记》,汉文史籍未言这类事。马可波罗本人没去过日本,他的说法只能算道听途说,而且很可能出于商人自身的嗜好,有意无意地加以夸张渲染。从上述国书的内容看,不论有关日本富庶的描绘真实与否,也未必是忽必烈对日本发生兴趣的主要原因。

至元四年(1267年)六月,忽必烈再次遣黑的等出使,委托高丽王护送导引。高丽王派遣潘阜代蒙古使臣传达国书,被日方拘留六月,无功而返。

翌年九月,黑的和殷弘亲自持国书抵达对马岛,日方拒不接纳,捕获塔二郎、弥二郎二人回朝复命。

---

① 《元史》卷二百八《日本传》。
② 《马哥孛罗游记》张星烺译本,第345页,商务印书馆1936年。

至元六年(1269年)六月,忽必烈派高丽官员送还塔二郎等,且带去了中书省给日本国的书信。日方依然不予理睬。

至元七年(1270年),忽必烈藩邸旧臣、高丽经略使赵良弼见数名赴日使臣不得要领而还,自告奋勇,请求奉使日本。忽必烈开始念其年迈,不同意他出使。赵良弼坚决请求,忽必烈才予批准。于是,赵良弼授职秘书监,充国信使以行。或许是担心这位老臣的人身安全,忽必烈下令调拨兵士三千作随从。赵良弼推辞不要,只带书状官二十四人前往。

船只抵达金津岛(又作绝景岛),日人望见使者的舟船,欲携兵刃来攻,赵良弼下船登岸,说明出使来意,遂被金津岛守官延引入太宰府之西的守护所。然而,仍以兵卒包围房屋,还有意熄灭灯烛,大声鼓噪,兵刃交举,排垣破户,焚其邻舍,百般恫吓。

天明,日本太宰府官布置兵卒,占据四周山地,追问赵良弼来日的情况。又胁迫索取国书,大加诟责,随意诘难。赵良弼坚持:国书当俟见日本国王时致达。在对方再三逼迫下,赵良弼录国书副本交付,才算了事。

而后,日本方面申称,以前高丽屡言元军欲来征讨,岂期皇帝好生恶杀,遣使送国书。希望先派人随贵国使者归国回报。赵良弼无法见到日本国主,只好让书状官吴铎等携其使共二十六人至大都请求觐见忽必烈。赵良弼则被送至对马岛。

忽必烈怀疑:日本方面的使者不是国主所派,可能是守护所的欺诈。于是,命令翰林学士承旨和礼霍孙向汉族儒臣姚枢、许衡咨询。姚枢、许衡的回答都是:诚如圣算。此辈探听我方强弱,不宜听其入见。忽必烈从其计而行,没有接见日方使者。

至元十年(1273年)五月,赵良弼得以释放回朝。忽必烈仔细询问出使及滞留原因,称赞道:"卿可谓不辱君命矣"。

后来,忽必烈曾三次向赵良弼征询对日本用兵的意见。赵良
弼说:"臣居日本岁余,睹其民俗,狠勇嗜杀,不知有父子之亲、上
下之礼。其地多山水,无耕桑之利,得其人不可役,得其地不加富。
况舟师渡海,海风无期,祸害莫测。是谓以有用之民力,填无穷之
巨壑也,臣谓勿击便。"①

然而,忽必烈并没有接受赵良弼的劝谏。至元十一年(1274
年)和至元十八年(1281 年),忽必烈接连发动了两次渡海侵日本
的军事行动。

二、舟师十万毁飓风

至元十一年(1274 年)三月,忽必烈命令凤州经略使忻都、高
丽军民总管洪茶丘率领屯田军、女真军及水军等一万五千人,乘大
小船只九百艘,渡海征日本。年初,洪茶丘已奉命在高丽等处监造
征日战船。八月,忻都、洪茶丘等被任命为东征正、副都元帅。

十月,元军攻入日本对马、一歧等岛屿,与当地守军激战,取得
一定进展。因指挥作战不够统一和箭矢缺乏,元军在掳掠该地后
即主动撤退回国②。

这次征日,时间不太恰当,元朝方面正倾全国之力,进行攻灭
南宋的战争。投入军队不可能太多,或许算是忽必烈对日征战的
首次尝试。

---

① 《元史》卷一百五十九《赵良弼传》卷二百八《日本传》;《元朝名臣事略》
卷十一《枢密赵文正公》。

② 《元史》卷八《世祖纪五》,卷一百五十四《洪福源传》,卷二百八《外夷
一》。关于征日军士数量,《洪福源传》作二万。

至元十七年（1280年）二月，忽必烈获悉：五年前派出的使臣礼部侍郎杜世忠等被日方杀害。忻都、洪茶丘请求立即率兵讨伐。可能是因为当时北边昔里吉叛军连续侵扰和林，大臣廷议后决定暂缓用兵。

五月，忽必烈召范文虎回京商议征日本事。而后，发兵十万命范文虎统领，改而使用江南新附军作为征日的主要军事力量。

至元十八年（1281年）正月，根据忽必烈的旨意，组建征日本行省，阿剌罕、高丽国王王睶为右丞相和左丞相，范文虎、忻都、洪茶丘并为右丞，李庭为左丞，张禧为参政。

出征前夕，元廷重新给授了新附军军官元佩虎符。范文虎提出两条请求：一是增加汉军万人，二是拨马匹二千给秃失忽思军及回回炮匠。忽必烈同意前者，否定后者，还驳斥道：战船安用马匹。

忽必烈又把阿剌罕、范文虎、囊加带召至京师，亲加训喻："朕闻汉人言，取人家国，欲得百姓土地，若尽杀百姓，徒得地何用。又有一事，朕实忧之，恐卿辈不和耳。假若彼国人至，与卿辈有所议，当同心协谋，如出一口答之"。

于是，元军分为两路，忻都、洪茶丘率兵四万，由高丽金州合浦渡海，阿剌罕、范文虎率江南兵十万由庆元、定海等处渡海。六月，阿剌罕生病不能行，阿塔海代其总兵。

忽必烈还以"此间不悉彼中事宜"为由，命令元军统帅自行机动处理一切军务。

七月，两路军队先后抵达日本鹰岛、平户岛一带，但行省官商议如何进攻太宰府等问题时争论不一，彼此不和，果然发生了忽必烈临行前谆谆叮嘱和最不愿意看到的情况。由于争论，元军在鹰岛、平户岛一带"逗留不进"，接近一月，一直未作积极的军事攻势。

八月一日夜间,飓风大作,波涛如山。为防止海浪颠簸,元军舰船大多捆绑在一起。谁料此时舰船在飓风袭击下相互震撼撞击,破坏很大,军士因舟坏纷纷坠海溺死。只有张禧等部事先筑垒平户岛,隔五十步停泊战舰,以避风涛触击,才保全了船只。

五日,范文虎等诸将欲各自选择坚好舰船逃归。参政张禧起初提出异议:"士卒溺死者半,其脱死者,皆壮士也。曷不乘其无回顾心,因粮于敌,以进战"。范文虎却以"还朝问罪,我辈当之"为由,不予采纳。

于是,范文虎等诸将乘船逃归,十余万军士被遗弃在原地,群龙无首,很快被日本军队击溃,蒙古人、高丽人及汉人统统被杀,江南新附军士多被掳为奴隶①。

忽必烈动用十四万军队所发动的第二次侵日,就因飓风袭击而惨败告终。日本方面对这场挽救其国家命运的飓风,甚为崇拜,特称之为"神风"。

在忽必烈的海外征伐中,两次侵日是用兵最多,失败最惨的。两年后,忽必烈仍然不甘心,一度命令阿塔海等募兵造船,准备三征日本。此举引起丧失十余万子弟、深受征日祸害的江南民众的不满和骚动。福建建宁黄华率众十万造反,就发生在二次侵日之后。御史中丞崔彧、淮西宣慰使昂吉儿等朝臣也奏言征日本不便。

至元二十一年(1284年)忽必烈因日本尚佛,特命令江西行省参政王积翁偕补陀寺僧如智再使日本,被不愿赴日的同行人

① 《元史》卷十一《世祖纪八》,卷一百五十四《洪福源传》,卷一百六十二《李庭传》,卷一百六十五《张禧传》,卷二百八《日本传》;《桐江续集》卷三十二《孔瑞卿东征集序》。

所杀。

至元二十三年(1286年)正月,鉴于"日本孤远岛屿,重困民力",忽必烈最终降旨:"日本未尝相侵,今交趾犯边,宜置日本,专事交趾。"①于此,渡海征日本的军事行动,总算基本结束。

有学者认为,忽必烈以新附军为主力远征日本,几乎全军覆灭,达到了不杀降而降人自消的目的②。从前述范文虎执意坚持遗弃十万兵卒的主张看,此说法不无道理。然而,它只是忽必烈征日本动机中诸复杂因素之一,并非全部或主要原因。忽必烈征日本,的确是一箭双雕,既要征服东瀛,又希望新附军能留戍日本诸岛,以解决十余万新附军廪养或遣散等难题。这两个目标缺一不可。

据说,范文虎等诸将回京师后皆因遗弃兵士逃归而获罪,惟有反对撤退的行省参知政事张禧侥幸免罪。忽必烈还因征日本丧师无功而大怒,一度要全部罢免参与征战的大小将校③。说明忽必烈本人还是非常希望征日本取得胜利。诚然,在取胜的同时新附军长期屯戍日本或大量伤亡,那也是忽必烈十分惬意的。如今新附军为主的十余万军队寸功未得,即全军覆灭,对忽必烈的声誉无疑是一个损害。这一点,忽必烈不可能不予顾及。所以,似乎不能把征日本当作对新附军的单纯消耗。

① 《元史》卷十四《世祖纪十一》,卷一百三十二《昂吉儿传》,卷二百八《日本传》。
② 韩儒林《元朝史》前言,人民出版社1986年。
③ 《元史》卷一百六十二《刘国杰传》,卷一百六十五《张禧传》。

第二节　屡征安南

一、唆都攻占城

在征伐安南以前,忽必烈曾派兵征讨安南之南的占城。

早在至元十六年(1279年)十二月,忽必烈特意召福建行省左丞唆都回京议论诏谕海外南夷诸国事。占城因地处海路冲要而被当作首先征服的目标。

随后,忽必烈派兵部侍郎教化的、总管孟庆元等出使占城,谕其国王入朝。次年二月,占城国王遣使贡方物,奉表归附。

至元十八年(1281年)十月,忽必烈封占城国主失里咱牙信合八刺麻合迭瓦为占城郡王。又立占城行省,以唆都为右丞,刘深为左丞,也黑迷失为参知政事,企图对其地实施直接统治,并作为经营南海的基地。忽必烈还决定次年正月对海外诸番正式开始军事征服行动,命令占城郡王为参与征伐的元军万人提供军粮。

占城国王之子补的掌管国政,依仗海道不便,不肯屈服于元朝。元朝派往暹国、马八儿等国的使臣何子志等途经占城,都被他扣留拘禁。

于是,忽必烈下令唆都等率兵征占城。临行前,忽必烈叮嘱道:"老王无罪,逆命者乃其子与一蛮人耳。苟获此二人,当依曹彬故事,百姓不戮一人"。

十一月,占城行省唆都率军自广州浮海至占城港,依海岸屯驻。占城方面筑起方圆二十里的木城及行宫,国王亲率重兵屯戍,架立一百余门回回炮,拒绝元军七次谕降,负隅顽抗。

至元十九年(1282年)正月十五,唆都命令战船出发,从北、东、南三面攻击敌方木城,与占城兵万余激战,城破,杀敌数千。国王杀所囚元使者,弃城逃入山中。唆都继续攻占大州。占城王遣使赴大都奉表请降,表示愿意岁贡方物。唆都则命令所部军士建造木城,辟田以耕,积蓄粮食十五万以供军。

两年后,镇南王率大军征安南,唆都奉命撤离占城,北上与征安南的元军会合,对占城用兵才告一段落①。自此,占城国一直臣服元朝,元军征伐爪哇及对南海诸国的使节往来,都是以占城为中转站的。

二、强令安南内属

安南,古名交趾。蒙古用兵安南,是从蒙哥汗七年(1257年)开始的。

忽必烈自大理北返后,大帅兀良合台留镇大理。是年十一月,兀良合台率兵至安南以北,先派遣两名使者前往招谕,被安南国主陈日煚拘留入狱。翌年初,兀良合台与其子阿术攻入安南,占领都城升龙,陈日煚逃窜。蒙古军在其国停留九日,因气候郁热匆匆撤回。

其年,陈日煚子光昺继位,主动派人到云南持方物谒见兀良合台,兀良合台奏禀蒙哥汗及镇守云南的宗王不花,遂遣使命其纳款内附。

中统元年(1260年)十二月忽必烈即汗位伊始,特派礼部郎中孟甲、礼部员外郎李文俊为南谕正、副使,赴安南持诏宣谕,允许其"衣冠典礼风俗一依本国旧制,已戒边将不得擅兴兵甲,侵尔疆

① 《元史》卷二百一十《占城传》,卷十一《世祖纪八》,卷一百二十九《唆都传》。

场,乱尔人民"。

中统二年(1261年),忽必烈封光昺为安南国王。继而确定三年一贡,贡品包括儒士、医人、阴阳卜筮、工匠各三人,以及苏合油、光香、金、银、朱砂、沉香、檀香、犀角、玳瑁、珍珠、象牙等。又以讷速丁为该国达鲁花赤。当安南来使觐见时,忽必烈也回赐玉带、金繒、药饵、鞍辔等。此种贡纳的物品部分,仍带有传统的朝贡贸易色彩。对索取儒士、医人、阴阳卜筮、工匠等蒙古式的野蛮要求,安南方面则婉辞拒绝。

不久,忽必烈下诏谕以内属国六事:一,君长亲朝;二,子弟入质;三,编民数;四,出军役;五,输纳税赋;六,仍置达鲁花赤统治之。又强索安南国内的回回商贾和巨象。

对上述六事,安南多半拒不执行,且不肯拜跪受诏书。双方对此一直争执不休,或许是因为元朝方面忙于对南宋的战争,一段时间内没有对安南的抗拒态度深加追究。

至元十四年(1277年),陈光昺死去,其子日烜由其国人自立为王。此时南宋已经平定,忽必烈对与元帝国江南版图毗邻的安南转而采取强硬政策。

次年,忽必烈遣使者严厉责备陈日烜:"不请命而自立",不执行"六事",不亲来朝见。又警告:"汝若弗朝,则修尔城,整尔军,以待我师"。日烜仍然以道路艰难,不习乘骑为由,婉言推托。

至元十六年(1279年),忽必烈再次遣使传达更为严厉的警告:"若果不能自觐,则积金以代其身,两珠以代其目,副以贤士、方技、子女、工匠各二,以代其土民。不然,修尔城池以待……"。

两年后,忽必烈又设置安南宣慰司,任命宇颜帖木儿为宣慰使都元帅,柴椿、忽哥儿为副使,欲强行对该地实施直接统治。同时册立来京师朝觐的日烜叔陈遗爱为国王,取代日烜,作为元朝的傀儡和代言人。又命令柴椿率领一千新附军护送陈遗爱至安南国境。陈遗爱回国后很快被日烜废为庶人,又遭暗害①。

忽必烈上述政治解决安南问题的计划失败,诉诸武力不可避免。

三、镇南王两征安南及失败

至元二十一年(1284年)六月,忽必烈封皇子脱欢为镇南王,赐涂金银印②,驻鄂州。脱欢是忽必烈第九子③,巴牙兀真哈敦所生。在这以前,荆湖、占城二行省已合二为一,号为荆湖占城行省,

① 《元史》卷二百九《安南传》,卷十一《世祖纪八》至元十八年十月;《安南志略》卷十三,第312页,中华书局1995年。

② 关于镇南王脱欢的王爵印章等级,《新元史·世祖诸子传》依据《元史·诸王表》的笼统记载,断言:"脱欢……至元二十一年六月封镇南王,赐螭纽金印"。此说有误。《元史·世祖纪》至元二十一年六月甲寅条明言:"赐涂金银印"。在世祖朝确立的六等印章王爵制度中,"涂金银印"应属第四等或第五等,而非第二等的金印螭纽。至元二十一年以后,也未见镇南王脱欢改赐印章和提升等级的史料记载。《元史·诸王表》第二等的金印螭纽栏内有关镇南王脱欢的记录,并不准确。因为该栏中除脱欢外,尚有其子孙老章、脱不花、帖木儿不花、孛罗不花,故《元史·诸王表》记载的镇南王位居第二等金印螭纽,很可能是文宗天历二年十二月嗣镇南王帖木儿不花改封第二等金印螭纽宣让王时的一并提升所致。另,《元史·诸王表》中,脱欢次子、威顺王宽彻普化在第二等金印螭纽和第四等金镀银印驼纽二栏,均有其名,只是第二等金印螭纽栏中其封授时间失载。笔者拙见,第四等金镀银印驼纽是宽彻普化泰定三年始封的情况,第二等金印螭纽则可能是天历二年十二月与帖木儿不花一并改封提升的结果。换言之,镇南王和威顺王的王爵印章等级,很可能都是天历二年十二月与帖木儿不花一并改封提升为第二等的,镇南王脱欢在位期间仅属"涂金银印"的第四等或第五等。

③ 《史集》言脱欢为第十一子。参见余大钧、周建奇译本,第二卷,第285页,商务印书馆1985年。今从《元史·宗室世系表》。

也设在鄂州。这样,镇南王与荆湖占城行省共同组建的征伐安南的军事统帅部遂告成立。

当年十二月,镇南王脱欢与右丞宽彻、左丞李恒、万户李邦宪、刘世英、忙古带等率领大军攻入安南,分六道以进。先期攻入占城的唆都所部,也奉镇南王的命令北上与大军会合。

安南兴道王陈国峻在万劫一带阻击,被元军击溃。至元二十二年(1285年)正月,安南国王陈日烜亲率十万军队在排滩与元军激战,被元帅乌马儿等击败,退守泸江。

镇南王率大军入都城升龙,在其宫廷举行宴会,献俘授馘。

元军分兵攻取诸地,安南方面则改变策略,避开元军锋芒,聚集兵力和战船,分屯要地,与元军持久周旋。又利用气候水土等条件,陷元军于困境。元军屡屡发动攻势,一度追击至清化等地,甚至在三峙几乎擒获陈日烜。日烜弟陈益稷等被迫归降。

然而,安南军虽然屡次战败溃散,却增兵转多。蒙古军马难以施展其技能长处,死伤也不少。尤其是五月气候炎热,暴雨疫情大作,元军处境更加困难。

镇南王听取诸将的意见,决定撤军北还。途中,连续遭安南军队尾追堵截,为翼护镇南王安全出境,左丞李恒殿后,且战且退,左膝中毒箭身亡。唆都及所部事先没有接到班师的命令,得知大军撤退,仓皇北撤,也在归途中战死①。

第一次征安南就以失败而告终。

---

① 《元史》卷二百九《安南传》,卷十三《世祖纪十》,卷一百二十九《唆都传》,《李恒传》;《安南志略》卷十三,第87页,中华书局1995年。

至元二十四年(1287年),忽必烈决定再征安南。他下诏调集江淮、江西、湖广三行省的蒙古军、汉军、新附军七万人,云南兵六千人,海南岛四州黎兵一万五千人,总计九万余人。又设置征交趾行尚书省,以蒙古军主力将领奥鲁赤为平章政事,程鹏飞为右丞,乌马儿、樊楫为参知政事,总领兵马,一并受镇南王节制。

忽必烈还特意将平章奥鲁赤召至上都,慰谕说:"昔木华黎等戮力王室,荣名迄今不朽,卿能勉之,岂不并美于前人乎!"又宣谕镇南王脱欢:"毋纵军士焚掠,毋以交趾小国而易之"。

十一月,元军分东道、西道、海道三路攻入安南。

这次征讨,元军仍未能占什么便宜。当镇南王率军攻至都城升龙时,陈日烜故伎重演,主动率众弃城撤往海上。镇南王麾兵追击,未见其踪影。元军运粮万户张文虎所押粮船在绿水洋一带遭到安南兵袭击,未能将军粮运抵前线。

针对元军多北人,春夏之交,瘴疫发作,战斗力锐减等弱点,陈日烜派宗室兴宁王陈嵩屡次来约降,以麻痹元军,拖延时日。待元军疲惫乏粮,又派遣敢死之士夜间劫击元军兵营,搞得镇南王恼羞成怒,一度想焚烧其城。

此时,诸蛮复叛,元军内部疫情又起,所据关隘皆失守。镇南王脱欢哀叹:"地热水湿,粮匮兵疲。"

至元二十五年(1288年)二月,镇南王脱欢下令撤兵。自陆路撤退的元军,在内傍关遭到安南重兵伏击。三月,镇南王急忙改由单巳县和盏州撤退,间道以出。右丞来阿八赤率步兵骑兵,先行开路,且战且行,每天作战数十回合。来阿八赤本人中毒箭身亡。参知政事樊楫等所率舟师,也在白藤江受到截击,因潮退舟阻,樊楫被俘杀①。

第二次征安南又告失败。

忽必烈对两次征安南失败和皇子镇南王脱欢的无能,非常恼火。他曾经下令:不许脱欢再与他见面。

按照忽必烈起初的设想,镇南王脱欢的镇戍区,应包括湖广行省和安南、占城等广阔区域,这从镇南王的王号和《史集》中脱欢在交趾"作了整整一个星期的王"的说法②,就看的十分清楚。两次征安南失败后,脱欢的镇戍区调至淮南江北,镇所先迁汴梁,后徙扬州③。此后,脱欢本人确实没有再得到觐见乃父的机会,也没有被委以总兵作战的重任。

镇南王第二次兵败撤回后,陈日烜立即派人贡献金人以谢罪。忽必烈又先后三次遣使臣敦促陈日烜及嗣其王位者亲自来朝,仍没有结果。对陈日烜及嗣其王位者,忽必烈一直不承认其国王的名分,一直称其为世子。而且,忽必烈还在至元二十三年(1286年)春,册封北上归降的陈日烜弟陈益稷为安南国王,两次想把他护送回国。

至元三十年(1293年),晚年多病的忽必烈,依然企图发动第三次征安南的军事行动。他曾对北上觐见的湖广行省右丞刘国杰说:"此事犹痒在心,岂诸人爬搔所及",于是任命英勇善战的刘国杰为湖广安南行省平章政事,与宗王亦吉里带同征安南。又以江

---

① 《元史》卷二百九《安南传》,卷十三《世祖纪十》,卷十四《世祖纪十一》,卷一百二十九《来阿八赤传》,卷一百三十一《奥鲁赤传》,卷一百六十六《樊楫传》;《安南志略》卷十三,第90页,中华书局1995年。
② 《史集》余大钧、周建奇译本,第二卷,第337页,商务印书馆1986年。
③ 《元史》卷十四《世祖纪十一》至元二十四年闰二月乙酉,卷十六《世祖纪十三》至元二十八年二月丙戌。

484

西行枢密院副使彻里蛮为右丞。中书省奏准调集五万六千余军士从征。

后来因为忽必烈病逝,第三次征安南才算作罢①。

两征安南,是忽必烈海外征伐的重要组成部分。本来安南已经表示臣服,只是忽必烈坚持安南国王必须履行包括亲自朝见等内容的内属国六事,才酿成元朝对安南的大规模用兵。由于出征将士难以适应安南的气候地理条件和当地军民顽强抵抗,元军的失败不可避免。忽必烈发动的两次征安南,继征日本之后,同样留下了失败的记录。

第三节 南攻缅国

11—13 世纪,缅国为蒲甘王朝所统治。其居民是白衣金齿(傣族),与东北方大理的腾越、永昌二府相同。至元八年(1271年),大理、鄯阐等路宣慰使都元帅府派遣使者乞带脱因去缅国,招谕其主内附。至元十年(1273 年)二月,忽必烈正式派遣勘马剌失里和国信使乞带脱因、副使小云失持诏出使缅国,谕其王能谨事大之礼,派子弟或贵近臣僚来朝。但未见成效,使者也被杀掉。

至元九年(1272 年)云南行省上奏:缅国王没有归降之心,所派使者一去不返,必须征讨。忽必烈审时度势,作出决策:暂且缓期,待重庆等地平定,然后有事缅国。

---

① 《元史》卷二百九《安南传》;《至正集》卷四十八《刘国杰神道碑》;《安南志略》卷十三,第 92 页,中华书局 1995 年。

元朝方面与缅国的兵戎相见,是从云南行省将帅和缅军局部性战争开始的。

至元十四年(1277年)三月,缅人怨恨阿禾归附元朝,以骑兵、步卒、象军四、五万进攻阿禾,并且要在腾越、永昌之间建立寨子。当时大理路总管信苴日、蒙古军千户忽都及总把脱罗脱孩奉命征讨永昌之西的腾越、蒲、骠、阿昌、金齿等未附部落,驻军南甸。接到阿禾的告急,信苴日、忽都迅速率军前往救援,以少胜多,击败了缅军。

十月,云南诸路宣慰使都元帅纳速剌丁奉行省之令,率蒙古、爨、僰等军三千八百余进攻缅国江头城一带,招降其东北境三百余寨,三万五千余户。

关于这场战争,马可波罗曾作了绘声绘色的描述,其内容与汉文史籍记载大抵相同,情节又甚为详瞻。马可波罗说:

　　鞑靼军队的元帅探听确实缅王率领大军来打他,他很觉得不安,因为他自己只有一万二千马兵。但他实在是一个极勇敢的人,并且是一个很好的首领。他的名字叫做纳速剌丁。他布置兵士……来到永昌平原歇下。等待敌人来攻打他们。他们这样做可以表现出他们是很聪明,统帅指挥是很得宜,因为平原边有一大森林,树木丛深……缅王同他的人马略事休息后,拔营再出发。他们前进至永昌平原。鞑靼人一齐在那里预备好,等待他们。当他们到了那个平原,距敌人尚有一迈耳的时候,国王把他的象排列成阵。象背负有楼寨,寨内皆有战士,全副武装。他次乃很巧的和很小心的布置他的马兵同步兵……于是和他全体军队出发攻打敌人……鞑靼军马望见

486

象,皆惊惶万状,骑在马背上的兵士无论如何不能驱之向敌。虽费尽气力,仍向后退。缅国王同他的兵士,带领着象,依然前进……当鞑靼人见到他们的马既如此之惊惶,他们就一齐下马,把马牵引到树林里面,绑在树上。次乃取来他们的弓,拉起来,向象射出许多箭。射出之多,讲起来实在惊人。象皆被惨伤……大多数的象皆照我所说的,中箭受伤了。他们转过身向缅王自己的兵士奔逃,其势甚猛,几如天地倒塌一样,一直到了树林,方才停住。象向树林里面奔窜,把背上的楼寨碰坏,打碎一切的东西……鞑靼人望见象如此回转他们尾巴,他们不肯稍稽片时,即刻跳上马身,攻打缅王和他的兵士。他们开始用箭互射,其惨虐可怖,至此为极。缅王同他的兵士奋勇抵抗,保卫自己。他们把箭全射完了,又拿起刀链矛,互相砍击……鞑靼人无疑的占了胜势。打了一点钟,缅王和他的兵士已实在有不少的人在那一天被杀了……假如再支撑下去,就要全被杀了。因此不复留恋,快快逃命。

这场战役,还获得二百多只象等战利品,为忽必烈汗豢养大象提供了数量可观的来源①。

至元十七年(1280年)二月,云南行省平章政事赛典赤逝世不久,刚刚升任行省左丞的赛典赤长子纳速剌丁上奏:四川已平定,征讨缅国时机成熟,应遵照先前圣旨,增兵征讨缅国。

忽必烈询问朝中大臣朵鲁朵海,朵鲁朵海回答:"陛下初命发合剌章及四川与阿里海牙麾下士卒六万人征缅,今纳速剌丁止欲

---

① 《马哥孛罗游记》张星烺译本,第252页,商务印书馆1936年。

得万人"。忽必烈听罢,表示赞赏。于是,命令枢密院修缮兵甲武备,选拔出师将士。五月,诏发四川军一万人,由药剌海统领,与纳速剌丁等同征缅国。至元十九年(1282年)二月,忽必烈又降诏发思州、播州、叙州及亦奚不薛诸蛮等处士卒征缅国。这些均是大规模征伐的必要准备。

至元二十年(1283年)九月,宗王相吾答儿、云南行省右丞太卜、参知政事也罕的斤率兵自中庆出发,征讨缅国。十月,大军至南甸后,兵分三路,右丞太卜由罗必甸进军,参知政事也罕的斤取道阿昔江,宗王相吾答儿从骠甸直抵其国,攻破江头城,击杀万余人。又命令都元帅袁世安领兵戍守其地,然后遣使者持江头城一带的舆地图进献朝廷。

翌年初,元军继续攻至太公城,降服附近寨堡十二处。缅王十分恐惧,一面自都城蒲甘南逃到勃升,一面遣高僧信弟达巴茂克北上说服忽必烈停止进攻缅国都城①。这样一来,果然暂时中止了元军进一步的南下攻势。

至元二十三年(1286年)二月,忽必烈下令组成缅中行省,畏兀儿贵族后裔雪雪的斤为左丞相,阿台董阿为参知政事,兀都迷失为佥行省事,专门负责征讨缅国。行省统兵进入缅国后,驻于其北部的太公城。十月,又以秃满带为征缅都元帅,张万为副都元帅,也先铁木儿为征缅招讨司达鲁花赤,千户张成为征缅招讨使,督造战船,率领六千兵卒参与征缅。云南行省也奉云南王令旨拨军一千,自中庆出发,与征缅行省会合。

---

① 《元史》卷二百一十《缅传》,卷十四《世祖纪十一》;《中外关系史译丛》第一辑《信弟达巴茂克信弟达巴茂克碑铭》,上海译文出版社1984年。

在调兵遣将的同时,忽必烈还派遣镇西平缅宣抚司达鲁花赤兼招讨使怯烈为招缅使赴缅国宣谕其降附。

次年,缅王被其庶子不速速古里毒杀,缅国内大乱。云南王也先帖木儿利用这个机会,会合诸王兵马,攻取缅国都城蒲甘。此役元朝方面虽然损失七千余兵士,但缅国终于被征服,并开始岁贡方物。还在蒲甘设置邦牙宣慰司。而后,缅王子的立普哇拿阿迪提牙袭王位,正式向元朝廷臣服进贡①。

马可波罗说,元军攻占缅国都城蒲甘后,忽必烈所派的一些将领向大汗奏报:缅王去世前曾建造镀金佛塔、镀银佛塔各一座,上面包有一指厚的黄金或白银,如何美丽,如何值钱。假如大汗想要,他们可以把塔打碎,把金银送给他。忽必烈的答复是:他不愿意把这两座塔打破,但愿仍如以前造塔的缅王所吩咐,使塔照旧站在那里。马可波罗还讲了忽必烈如此答复的两条理由:一是忽必烈晓得缅王造这两座塔是为他灵魂好处和死后有人纪念他;二是鞑靼人没有要死人用物作贡品的习俗②。

从南亚、东南亚佛教国家率以黄金镀佛塔和蒙古人的有关风俗看,马可波罗的说法大体是真实的。

第四节　跨海征爪哇

爪哇是 13 世纪的南海强国。平定南宋之后,忽必烈多次派遣

---

① 《元史》卷二百一十《缅传》,卷十四《世祖纪十一》;《南诏野史》下卷,段忠条。
② 《马哥孛罗游记》张星烺译本,第 258 页,商务印书馆 1936 年。

使者诏谕爪哇国王入朝。爪哇方面也曾派使者进献金佛塔①。若干年后,元朝使者孟琪被爪哇王黥面的偶然事件,导致忽必烈派兵跨海征爪哇。

至元二十九年(1292年)二月,忽必烈诏史弼、亦黑迷失、高兴并为福建行省平章,率福建、江西、湖广三行省兵二万,远征爪哇。

忽必烈对这次征伐十分重视,曾经叮嘱来京陛辞的亦黑迷失说:"卿等至爪哇,明告其国军民,朝廷初与爪哇通使往来交好,后刺诏使孟右丞之面,以此进讨"。三名平章各有分工,史弼为首席长官,负责军事,亦黑迷失、高兴为副贰,分别负责海道水军和步兵。属下设左、右两个都元帅府和四个征行上万户。

忽必烈甚至有令元军长期驻屯爪哇的意图,他特意对亦黑迷失说:"汝等至爪哇,当遣使来报。汝等留彼,其余小国即当自服,可遣招徕。彼若纳款,皆汝等之力也"。除了准备五千艘海船外,又给粮一年,颁降钞四万锭、金虎符十个、金符四十个、银符一百个、金衣缎匹一百端,用于军功犒赏。高兴等还获得玉带、锦衣、甲胄、弓矢和大都良田千亩等赏赐。

十二月,元军自泉州启程。翌年二月,抵达爪哇北岸。亦黑迷失先领官军五百余前往招谕。史弼所率大军分兵上岸,驻兵伐木,造小舟以入,水陆并进。

此时,爪哇国王哈只葛达那加刺已被相邻葛郎国主哈只葛当所杀,爪哇国王之婿土罕必阇耶与葛郎国军交战,没有取胜。听到元军在爪哇登陆,遣使携爪哇国图籍户口迎降,且向元军求救。

史弼轻信土罕必阇耶之言,遂与诸将率军三路进击葛郎国军,

---

① 《元史》卷十一《世祖纪八》至元十八年十一月壬午。

两次大败其军,迫使葛郎国主哈只葛当投降。

四月二日,土罕必阇耶佯称欲归故地修改降表和取所藏珍宝入朝,史弼、亦黑迷失再次轻信其言,许其回去,派万户捏只不丁等领兵二百护送。不料,土罕必阇耶途中杀死万户捏只不丁等,背叛逃去。不久,纠集部众,夹道攻击班师之元军。

史弼率军且战且退,杀哈只葛当父子,行三百里,慌忙至海岸登船,航海六十八日,归泉州,损失兵卒三千余。

回国后,史弼、亦黑迷失虽然以所获降人和金银犀象等物进献,但忽必烈仍然追究他俩轻信放纵土罕必阇耶及亡失较多的罪过,处以杖十七下,籍没家资三分之一的惩罚。高兴则因未参与放纵土罕必阇耶,受到五十两黄金的赏赐①。

第五节　对高丽的占领和统治

一、扶植新国王

由于地理接近的缘故,从窝阔台到蒙哥汗,曾先后四次派兵进入高丽,并开始在该地驻屯军队,强迫子弟入质。高丽王不得不迁都江华岛。

忽必烈建元朝以后,改而采用军事攻略和政治怀柔相结合的政策,进一步加强了对高丽的统治。

忽必烈与高丽王室的政治联系,始于蒙哥汗后期。1259 年,高丽王世子王倎奉蒙哥汗圣旨赴四川前线朝见。中途闻蒙哥汗死

---

① 《元史》卷二百一十《爪哇传》,卷一百六十二《史弼传》,《高兴传》,卷一百三十一《亦黑迷失传》。

讯,改道东来。忽必烈自鄂州北上,王倎迎谒于汴梁,又随从至开平。

中统元年(1260年)三月,忽必烈即汗位伊始,高丽国王逝世的消息传来,藩邸旧臣赵良弼和廉希宪不约而同地向忽必烈献策:高丽国世子王倎入朝蒙哥汗未果,留二年不遣。今其父已死,若立王倎,遣送回国,必定感恩戴德,一心内附,这样可以不烦兵戎而得一国。忽必烈对王倎主动迎谒和随从北上,颇有好感,欣然接受以上建议,改而以国王礼节馆舍接待王倎,顾遇有加。然后,派兵护送王倎回国即王位。

忽必烈还颁发了赦免高丽国境内的制书,宣布令王倎"完复旧疆,安尔田畴,保尔室家","世子其王","永为东藩";"中外枝党,官吏军民,圣旨到日已前,或有首谋内乱,屡拒王师,已降附而还叛","罪无轻重,咸赦除之"。

六月,王倎派其子永安公王愖等入贺新大汗即位,忽必烈又授予王倎封册、虎符和高丽国王印。并应王倎的请求,诏令撤回驻屯高丽境内的蒙古军队,归还被掳及逃离国境的高丽百姓①。

中统二年(1261)王倎入朝,不久改名王禃。此后频繁派世子或使臣奉表入朝。次年,忽必烈又向高丽王颁赐历书,岁以为常,高丽国开始同时使用元朝和本国两种纪年。

同年十月,忽必烈诏谕高丽王禃实施"籍编民,出师旅,输粮饷,助军储"等内属国有关条款。王禃以其百姓久经丧乱为由,上表乞求暂缓实行。忽必烈对其优容宽大,一一允许。

中统五年(1264年),忽必烈以阿里不哥南下归附和改年号至

---

① 《元史》卷四《世祖纪一》,卷二百八《高丽传》,卷一百二十六《廉希宪传》;《元朝名臣事略》卷十一《枢密赵文正公》。

元,派遣必阇赤古已独征王禃入朝,参加上都诸王贵族大臣忽里台聚会。王禃秉命以内属国元首入朝与会,给忽必烈召集的此次忽里台聚会增添了一份对外征服的业绩。

至元五年(1268 年),忽必烈对高丽王禃迟迟不去水就陆、自江华岛迁回旧都,对王禃不践约履行成吉思汗所定内属国六条中的助军、输粮、籍户、置达鲁花赤等,甚为不满,专门遣北京路总管于也孙脱和礼部郎中孟甲持诏质问王禃。

忽必烈还亲自对高丽国使臣李藏用训喻道:"回谕尔主,速以军数实奏,将遣人督之。今出军,尔等必疑将出何地,或欲南宋,或欲日本。尔主当造舟一千艘,能涉大海可载四千石者"。当李藏用言其兵疫多死,徒有虚数,"人民残少,恐不及期"等困难时,忽必烈的答复是:"死者有之,生者亦有之"。足见,忽必烈对高丽助军造船的要求,十分坚决。在后来征日本的军事行动中,高丽确实提供了海船等方面的多种支持。

二、嗣国王尚公主

至元六年(1269 年)六月,高丽国权臣林衍策动政变,立王禃弟安庆公淐取代王禃。世子王愖向忽必烈奏诉本国臣下擅废立事。忽必烈曾经在王淐入朝时当面责备他欺负兄长王禃。听了世子的奏报,忽必烈觉得王淐对先前的训喻置若罔闻,自然非常恼火。他立即命令使臣斡朵思不花、李谔等至高丽国详问此事,条具以闻。二使臣转达权国王淐的奏表诡称,国王禃遘疾,令弟淐权国事。忽必烈当然不相信,他应世子王愖的请求,封其为特进、上柱国,率兵三千赴其国难。

十月,忽必烈命令兵部侍郎黑的、淄莱路总管府判官徐世雄召王禃、王淐、林衍十二月同诣阙下，面陈真情，听其曲直。又命令札剌亦儿部国王头辇哥率兵压高丽境，三人若逾期不至，即进兵剿戮，穷治首恶。管军万户宋仲义和王綧、洪茶丘所部三千高丽军，奉命参与了此次征讨。

十一月，慑于元朝方面的政治军事压力，王淐、林衍被迫恢复了王禃的王位，十二月，王禃亲自入朝。

至元七年（1270年）二月，王禃求见燕王真金，忽必烈诏曰："汝一国主也，见朕足矣"。还就王禃朝见班序向其解释道："汝内附在后，故班诸王下。我太祖时亦都护先附，即令齿诸王上，阿思兰后附，故班其下，卿宜知之"。

忽必烈派东京行省头辇哥国王和平章赵良弼率兵护送王禃回国，又以脱朵儿为其国达鲁花赤，镇抚其境。还强制高丽君臣自江华岛迁出，复归王京。另外，洪茶丘奉命率兵往凤州一带立屯田总管府，长期戍守。

在高丽臣民自江华岛迁回旧都过程中，发生分裂。此时权臣林衍已死，其子惟茂袭掌国政，旋被拥护迁回旧都的侍郎洪文系等所杀。林衍党羽裴仲孙率守卫江华岛的亲近部队叛乱，另立宗室承化侯温为王，逃窜珍岛。

至元八年（1271年）五月，忽必烈命令经略使忻都、与史枢、洪茶丘进讨珍岛，大败叛军，杀承化侯温①。林衍余党基本被肃清。

忽必烈制止高丽权臣擅废立获得成功，王禃作为高丽国君和元朝代理人的地位随之得以巩固。

---

① 《元史》卷六《世祖纪三》，卷七《世祖纪四》，卷二百八《高丽传》，卷一百五十四《洪福源传》。

此后,高丽王王禃屡次派世子愖入朝,还主动向忽必烈为其子请婚。忽必烈起初未允其请,拖至至元十一年(1274年)五月,见到高丽国内基本稳定,王禃父子对元朝的忠诚也无可挑剔,才最终批准将皇女忽都鲁揭里迷失下嫁世子愖。

七月,高丽国王王禃逝世。忽必烈命世子愖袭为国王,又诏谕高丽国臣民:"国王王禃存日,屡言世子愖可为继嗣。今令愖袭爵为王。凡在所属,并听节制"。

高丽国遵照元朝廷的命令,整顿境内已设置的驿站。李益、黑的、石抹天衢等相继任正、副达鲁花赤,

至元十五年(1278年),忽必烈应高丽王愖的请求,废罢了上述达鲁花赤设置。又以带方侯王澂率衣冠子弟二十人入为质子,还在高丽签军五千六百人助征日本。

至元十四年(1277年)正月,高丽国一度发生大臣金方庆的阴谋叛乱,但很快被国王和忻都、洪茶丘为首的东征元帅府捕捉治罪,平息下去①。其余反元叛乱逐渐销声匿迹。

以王愖尚忽必烈之女和嗣高丽国王为开端,元朝和高丽国长期结成了政治联姻关系。王愖及日后国王尚蒙古公主者,一律授号"驸马高丽国王",凭借驸马身份加强了在元朝和国内的权势,并享有宗庙、设官、司法、军事、征税等方面的部分主权。蒙古公主在高丽国也频繁参与国政,地位和权力颇显。

元丽联姻以后,高丽国基本杜绝了反元事件,与元朝廷的关系更为密切②。忽必烈娴熟地运用了乃祖军事征服和联姻的两手策

---

① 《元史》卷八《世祖纪五》;卷二百八《高丽传》。
② 《牧庵集》卷三《高丽沈王诗序》。

略,最终将高丽国改造为由元朝严密控制、贯彻六条规则较彻底的"内属国"。这称的上是忽必烈在对外征服方面成功的一笔。

尽管忽必烈亲自缔结了高丽国王尚蒙古公主的政治联姻关系,但他对高丽国仍然抱着成见和蔑视态度。据说忽必烈曾"誓不与高丽共事"。还立下"贱高丽女子,不以入宫"的"世祖皇帝家法"①。

忽必烈控制高丽的另一巧妙之处是,善于利用高丽王之外的其他归附元朝的力量。

王綧早在窝阔台汗时以高丽王子入质,忽必烈命其担任高丽新附军民总管,佩虎符,统领元朝境内的高丽归附人户。王綧先奉命征李璮,接着奉命签领部民一千三百户随木华黎后裔头辇哥国王入高丽境平定林衍擅废立之乱②。其子阿剌帖木儿、阔阔帖木儿、兀爱中的二人先后袭王綧总管等职,从上述三子改用蒙古名字和始终效忠元朝,或征戍高丽,或渡海征日,或从征乃颜等实际活动看,忽必烈重用王綧的政策收效很大。

另一名早期归附蒙古的高丽人洪福源,蒙哥汗时因王綧潜言被杀。忽必烈即位后,第三子洪茶丘申明其父的冤情,忽必烈很快命令他袭父官职,与王綧同掌高丽归附人户,相继担任东征右副都元帅和都元帅③,成为忽必烈征讨和镇遏高丽中的又一员忠实干将。

至元六年(1269年)十一月,高丽西北面兵马使官吏崔坦以反对林衍擅废立为名,杀西京留守等官,西部五十余城归附元朝。忽

---

① 《庚申外史》第12页;《元史》卷四十一《顺帝纪四》。
② 《元史》卷一六六《王綧传》。
③ 《元史》卷一五四《洪福源传》。

必烈立即降诏支持,下令把慈悲岭以西的地区改为东宁府,直接内属朝廷,特派忙哥都为安抚使,率兵镇戍其地。直到至元二十七年(1290年),东宁府撤消,该地才回归高丽①。

利用高丽王以外的其他归附力量,对分化瓦解反元势力,对消除高丽王室的离心倾向,也能发挥一定的积极作用。

        *   *

对忽必烈的海外征伐,元人赵天麟批评道:

> 窃见数年以来,北征阋墙之叛,东伐俘海之国,近又大举南征,鞭策未尝停,戎缰未尝解……胜之不足以喜,得之不足以治。②

忽必烈对日本、安南、缅国、爪哇、高丽海外诸国的征伐和占领,半数没有达到预期的效果,有些还损失惨重。这类征伐,暴露了忽必烈黩武海外、扬威海外的强烈欲望和野心,这对成吉思汗后继者来说,倒可以理解。就结局而言,这类征伐的地点多数是炎热的南方或距大陆遥远的海岛,蒙古铁骑无法发挥其优势和长处,归附蒙古的汉军、新附军也不适宜或不愿意海外征战。黩武海外之失败,不可避免。

———————————

① 《元史》卷二百八《高丽传》。
② 《太平金镜策》卷八《办至公》。

第十四章　站赤通天下　货舶渡大洋

第一节　站赤与急递铺

一、完善和推广站赤制度

蒙元的站赤制度是窝阔台汗所创立。起初设立站赤，是为解决使臣长途驰骋和搬运货物的困难，以适应蒙古帝国广袤疆域内交通联络的需要。当时只是粗略规定了管站者、马夫、所用马牛、车辆、饮食分例、持牌面文字用驿等①，故算作站赤的初具规模。

忽必烈的贡献在于，迅速健全完善了站赤制度，并且将其推广到元帝国大一统的国度。

正如马可波罗所说：

> 驿站是每二十五迈耳，或三十迈耳设置一个，皆设在沿着所有通到各省的重要道路上……钦差大臣就经毫无路途、山道崎岖、全无房屋旅馆可住的地方，大可汗在那里也建筑驿站、宫殿。别的东西如马和马具等，也皆设备，一如他站。在这些地方各站距离略微长些。有的相距三十五迈耳，更有相

---

① 《蒙古秘史》第280节，第281节；《元史》卷一百一《兵志四·站赤》。

距四十多迈耳者。大可汗也移民到那里住，并叫他们耕种，作站中所需的事务。①

据《元史·兵志四》的统计，中书省直辖区腹里驿站 198 处，河南行省驿站 179 处，辽阳行省驿站 120 处，江浙行省驿站 262 处，江西行省驿站 154 处，湖广行省驿站 173 处，陕西行省驿站 81 处，四川行省驿站 132 处，云南行省驿站 78 处，甘肃行省脱脱禾孙马站 6 处。这些驿站多半是忽必烈统一南北前后设置的。

首先，忽必烈基于原有规则，进一步明确了往来使臣的祗应分例。

中统四年（1263 年）三月中书省议定：乘驿使臣于换马处分例，正使支付粥食及解渴酒，随从只给粥。住宿停顿处，正使支付白米一升，面一斤，酒一升，油盐杂支钞十文，随从白米一升，面一斤。冬季（十月一日开始，正月三十日结束）一行人员每日开支炭五斤。持皇帝圣旨、诸王令旨及省部文字办理公事乘长行马者，其中一、二名为长的，支付住宿停顿分例，每日白米一升，面一斤，油盐杂用钞十文。随从只给粥饭。其马料供给十月开始，三月三十日终止，每匹马一日草十二斤，料五升。投呈公文的曳剌、解子等差役人员，依照部拟有关条例在宿顿处审查支付。至元二十一年（1284 年）四月，又对使臣分例略作增加②。

接着，忽必烈参考汉军军户的有关制度，制定了站户的签起，服役及优待条例。

---

① 《马哥孛罗游记》张星烺译本，第 197 页，商务印书馆 1936 年。
② 《元史》卷一百一《兵志四·站赤》；《元典章》卷三十六《兵部三》《长行马》。

中统四年五月云州设置站户之际,开始确定从中上户内选充的制度,马站户出马一匹,牛站户出牛二只。所选拔的站户,不问亲自应役抑或驱口应役,每户取二丁,连同家属于立站处安置。次年八月,忽必烈又以诏书决定:站户贫富不等,每户限四顷免除税粮,四顷以外,另行交纳税粮。至元二十年(1283年)七月,下令免除站户和雇和买及一切杂泛差役①。

忽必烈完善站赤的第三件事,即增设江南新征服区域的驿站。

至元十七年(1280年)二月,忽必烈下诏:江淮诸路增置水站,持海青牌的急使和涉及军事者,方能使用。至元二十五年(1288年)二月,针对江南实际情况,规定所在站户以税粮七十石出马一匹为基准,或者十石以下八、九户共出马一匹,或者二、三十石之上两、三户共出马一匹,并免一切杂泛差役。合户出马一匹不得超过十户,独户出马一匹的税粮不得逾百石②。

马可波罗所云:"这些城市用他们所应付大可汗的贡税来喂养马匹。譬如有人应当征纳税额够养一个半马的用处,他就被命令去照这数目捐助靠他最近的驿站此项费用"③。这似乎是对江南依税粮数出马新制的自我理解和诠释。

于是,元朝的站赤网络也被推广到整个江南,还变通北方的四顷地免税旧制,改而依税粮数来确定站户的应役负担。

忽必烈在站赤方面所做的第四件事,即健全各级官署。

元朝廷管理站赤的机构,最初是至元七年(1270年)所立的诸站都统领使司。至元十三年(1276年)正月,改为通政院。至元二

---

① 《元史》卷五《世祖纪二》,卷一百一《兵志四·站赤》。
② 《元史》卷十五《世祖纪十二》,卷一百一《兵志四·站赤》。
③ 《马哥孛罗游记》张星烺译本,第201页,商务印书馆1936年。

十九年(1292年),忽必烈又命通政院派官四名,赴江南四省整顿站赤①。

路州县则从站户应役人员中选取头目等官,具体管辖所在驿站。至元十一年(1274年)十月,又命令各地站赤头目直隶路总管府,站户家属则由原籍州县管理。后来,进一步确认路府州县达鲁花赤长官依照军户例,兼管站户家属奥鲁,非奉通政院明文,不得擅科差役。又命脱脱禾孙专门于关津要路检查盘问使臣乘驿牌面文书。

乘驿凭据的改进,也是忽必烈的贡献之一。

元初乘驿凭据分为三种:畏吾儿蒙古字给驿玺书、中书省劄子、海青牌。

畏吾儿蒙古字给驿玺书始于中统三年(1262年)三月。大约在中书省建立不久,元廷依官府级别和事务繁简,颁发数量有差的中书省铺马劄子。例如诸路总管府和各道按察司统一颁给中书省铺马劄子三道。中书省铺马劄子起先用畏兀儿蒙古文,因各处站赤未能尽识,至元八年(1271年)正月中书省议定改为墨印马匹数目,加盖省印,以为劄子凭据②。

元初驿站用牌符之一海青牌,又称海青符。至元十四年(1277年)九月,一度改制为镔铁海青圆符。此牌为圆形,因牌面上铸有海东青鹰的图样而得名。马可波罗称其为"大鹰牌子"③,非常符合它的形体特征。

---

① 《元史》卷一百一《兵志四·站赤》;《元典章》卷三十六《兵部三》《脱脱禾孙》。

② 《经世大典》《站赤》至元八年正月二十五日,《永乐大典》卷一万九千四百一十七;《元史》卷一百一《兵志四·站赤》。

③ 《元史》卷九《世祖纪六》;《马哥孛罗游记》张星烺译本,第201页,商务印书馆1936年。

海青牌主要用于使者驰驿通报紧急军情,如中统三年(1262年)平定李璮之乱期间,元廷特意下令"燕京至济南置海青驿凡八所","晋山至望云立海青驿"①,专供持海青牌使者驰报军情。海青牌颁给统领大军的将帅,供其派遣急使使用。一般达官不能享受此种权力。悬带海青牌的使者可享用取便道,随时更换马匹和供给食粮等待遇。还常常发生"于过往客旅庄农百姓人等处夺要,拽车牵船,骑坐头匹"。据说,负责传达紧急命令的"海青使臣,一昼夜或行八站、九站,遇站则易马。骑马之人用梣木夹铁挂腰,食不敢饱,饱则呕出心肺,使臣走至马死,则有赏"②。按每站九十里计算,其一昼夜可行七、八百里。与明清八百里快马使者类似,称得上是乘驿走马最快的使臣。

忽必烈改进乘驿凭据,包括海青牌改为金、银字圆牌,中书省铺马劄子改为皇帝铺马圣旨,以及诸王令旨用驿的废止。

至元七年(1270年),元廷开始将原海青牌上的海青图样改铸为八思巴蒙古字。忽必烈曾亲自颁发改用八思巴蒙古字牌面的圣旨,并下令依数倒换③。新式金、银字圆牌正式启用于至元十五年(1278年)。到至元十八年(1281年)仍有参用海青牌的零星记载④。

更换后的圆牌,形体大小一致,又按等级分作金字、素金字、银字三种,且有边栏台级字样和平级字样的区别。朝廷军情大事奉圣旨所派使者佩金字圆牌,诸王使者用素金字圆牌,官长因军情大

---

① 《元史》卷五《世祖纪二》。

② 《元典章》卷三十六《兵部三》《驿站·使臣·禁使臣条画》。

③ 《元典章》卷二十九礼部二《牌面·改换海青牌面》。

④ 箭内亘:《元朝牌符考》,《蒙古史研究》刀江书院1930年;《中国历史大辞典》(辽夏金元分册),陈得芝撰"海青牌"条。

事所遣使者佩银字圆牌。佩圆牌者仍可优先用驿，可使用特殊驿站。出征将帅及部分行省有时特定颁给圆牌若干。如至元二十三年（1286年）四月福建、东京二行省各给圆牌二面，河南行省给圆牌二面，奥鲁赤出师交趾特给圆牌四面；至元三十年（1293年）八月，忽必烈命刘国杰为安南行省平章率兵五万再征交趾，特给圆牌三面①。

改用皇帝铺马圣旨作为乘驿凭据，大约始于至元十九年（1282年）。当年四月，忽必烈下令："今后您省家休与铺马文字者，这里与圣旨者"。于是，忽必烈即以诏令形式颁给当时的扬州、鄂州、泉州、隆兴、占城、安西、四川、西夏、甘州九行省铺马圣旨各五道。同年十月，又视情况对四川等五行省的铺马圣旨予以适当增加。

忽必烈如此变动的原因主要是，中书省铺马剳子颁发及控制不够严格，各地官员及使臣滥用乘驿情况严重，包括江南行省、行御史台、按察司、宣慰司、各路总管府诸衙门也竞相擅自给发铺马剳子。忽必烈改用皇帝铺马圣旨作为乘驿凭据，也含有禁止上述衙门擅自给发铺马剳子的内容②。不过，至元十九年的改动并不彻底，在以后的一段时间内，忽必烈仍然允许中书省铺马剳子与皇帝铺马圣旨交参使用。直到至元二十七年（1290年）以后，中书省铺马剳子的使用才逐渐稀少，铺马圣旨遂成为圆牌以外最为常用的乘驿凭据③。

---

① 《元史》卷一百一《兵志四·站赤》。
② 《元典章》卷三十六兵部三《驿站·给驿》，《给降铺马剳子》，《诸衙门不得给铺马剳子》；《元史》卷一百一《兵志四·站赤》。
③ 《元典章》卷三十六兵部三《驿站·给驿》，《省台出给站船差剳》；《元史》卷一百一《兵志四·站赤》。

忽必烈即位初期曾明确规定诸王以令旨入站使用铺马头口的权力,各地官府若不能及时应付,要予以追究。后来,忽必烈对诸王令旨起用驿马采取了逐步限制乃至最终废止取消策略。至元七年(1270年)开始禁止口传诸王令旨用驿。至元二十年(1283年)以后又要求诸王用驿令旨须先送中书省等官署审批,得到准许文字,方可按某种定额使用驿站①。至元二十八年(1291年)七月,元廷又命令云南行省拘收云南王用驿令旨②,这应是废止诸王令旨起用铺马权力的端倪。此项政策到成宗、仁宗朝,终于得到彻底贯彻。

元人称:

> 钦惟圣朝一统天下,龙节虎符之分遣,蛮陌骏奔之贡奉,四方万里,使节往来,可计日而至者,驿马之力也。
>
> 于是四方往来之使,止则有馆舍,顿则有供帐,饥则有饮食,而梯航毕达,海宇会同。③

站赤的普遍设置,构成了以大都为中心的稠密交通网,有利于元廷对广袤疆域的政治军事控制,也有利于国内外商业贸易及文化交流。尤其是乘驿凭据的改进,对于扭转地方各自为政的倾向和强化朝廷号令的集中统一,无疑具有特殊意义。在站赤通天下的进程中,忽必烈应是窝阔台汗之后又一位做出重大贡献的人物。

---

① 《经世大典·站赤》,中统二年二月,至元二十九年十二月二十二日,《永乐大典》卷一万九千四百一十六,卷一万九千四百一十九;《元史》卷七《世祖纪四》至元七年五月丙辰;《成宪纲要》至元二十年十月,《永乐大典》卷一万九千四百二十五;《元典章》卷九《吏部三》《投下·大小勾当体例》。
② 《经世大典·站赤》,《永乐大典》卷一万九千四百一十九。
③ 《析津志辑佚》《大都东西馆马步站》;《元史》卷一百一《兵志四·站赤》。

二、创立急递铺

除站赤以外,忽必烈自中统元年(1260 年)开始设立急递铺,用于军政重要公文的传递。

马可波罗记述道:

在驿站中间,每隔三迈耳路程有一个村庄。庄上大约有四十家,住者皆是跑道的人,也是替大可汗送信的……他们穿着宽带子,周围挂着铃铛。当他们在路上跑时候,很远就可以听到了。他们常常用充足的速度飞跑,只跑三迈耳。在三迈耳终点,另有一个信差很远听见铃声时候,预备好站着,等待跑到的人。这个信差跑到,那个就拿着他所带来的东西,并得到书记官的一张条子,然后就开始飞跑。以后他也跑三迈耳……照这样用跑道的人,大可汗在一昼夜间,能得十天路程以外各地方的消息……在每三迈耳驿站上,有一个委派的书记去记录信差到的日期钟点和别个出发的日期同钟点。所有各站皆是这样做。并且也有委派的人每月到这些站上去查看,有无跑道不力的人。如有不勤力的人就加以惩罚。①

马可波罗所说基本属实。最初,急递铺仅设在燕京与开平府、开平府与京兆府之间,而后根据需要逐渐推行到全国。通常每十里,或十五里、二十五里设一铺。每铺铺丁五人,于各州县所辖民户及漏籍户内签起,须要本户少壮善跑人力正身应役,不许雇人领

---

① 《马哥孛罗游记》张星烺译本,第 199 页,商务印书馆 1936 年。

替。铺丁自备夹板、铃攀、缨枪、软绢包袱各一,油绢三尺,蓑衣一领,回历一本。当值铺丁腰系革带,悬带铃铛,挟雨衣,背负文书以行。若道路狭窄,沿途车马行人闻铃声必须躲避路旁。铃声传至下一铺,铺丁即提前准备迎接。铺铺相接,疾递而行,按规定一昼夜行程四百里,夜晚持火炬照明。

转递公文时,有严格的交接和检查制度。各处县官在每个急递铺都放置文簿一道,随时记录转递文书、到铺时间及当值转递人姓名。还要求转递人取下铺押字交接时刻回铺。各路总管府以正官一员每季度亲自提点,各州县则命末职正官一员上、下半月照刷文簿,查验滞迟。如有违犯,铺丁铺司,痛行断罪,提点官查验官也要视情节轻重予以答责、罚俸等处分。

由于诸色官府竞相使用急递铺,引起铺丁负担过重等弊病,元廷还开始限制入递公文的类目及所属官衙。如中统年间允许中书省下发公文及宣慰司、转运司、各路总管府申禀公文及沿边军情等入递;至元八年(1271 年)又规定各路重量十斤以下账册可入递,各衙门丝货、钞数、弓箭、军器、茶墨等物品不得入递;至元二十年(1283 年)以后又准许功德使司及释教总摄所公文入递①。

这样,急递铺体制在忽必烈时期基本建立起来了。

第二节　开辟海运

一、一日粮船到直沽

忽必烈定都幽燕和统一中国以后,把各地的钱粮财赋藉水道

---

① 《元史》卷一百一《兵志四·急递铺兵》;《元典章》卷三十七《兵部四·递铺》。

等运往京师,成为至关国计民生的大事。在忽必烈的支持下,元朝廷开创了从江浙闽沿海到渤海直沽(今天津)口岸的海上粮食运输。

海运,尽管是沿海岸线的长途跨海运输,也需要依赖于造船技术的进步,依赖于航海知识和航道的发展。这两个条件因南宋航海业的迅速繁荣已经基本具备。而平定南宋后东南富庶地区尽入版图,北边对蒙古叛王的战争连续不断,统治者对江南财富的贪婪需求等等,又使海运从偶然性运货活动演进为元代东南漕运的主要形式。《元史·食货志一》载:"元都于燕,去江南极远,而百司庶府之繁,卫士编民之众,无不仰给于江南"。也是在说这种政治经济需求。

最初的海上运货,始于至元十三年(1276年)伯颜平南宋,入临安,欲运宋室帑藏图籍北上。当时李庭芝、姜才死守扬州,运河水道受阻,伯颜特命张瑄、朱清等自崇明州由海道运载入大都。

张瑄、朱清原是南宋崇明一带的著名海盗,曾乘舟抄掠海上,后泛海北上降元,非常熟悉长江口到渤海湾的航道,因此,顺利完成了首航运输帑藏图籍的任务。张瑄、朱清还随从伯颜丞相入见忽必烈,以功授金符和千户官职。

而后五、六年间,忽必烈曾经接受南宋降官王积翁"如今江南粮多,若运至京师,米价自贱"的奏议,极为重视南粮北运,但海运并没有正式开始,东南财赋依然使用运河水道转漕北上。

因为运河数百年失修,旧的运河转输弊病颇多,河道狭窄而水浅,大船无法航行。船行五十里,就得筑堰蓄水。又需要过长江、淮河,溯泗水而上,沿途险峻处不少。从东阿到往平三百里地段,仍需车推辇运。当时的运河转输,艰难而糜费巨额,成为朝廷甚为棘手的难题。

至元十九年(1282年)张瑄、朱清建议:试行海路运输东南钱粮财赋。丞相伯颜追忆当年海道成功运送南宋图籍事,认为海运可行。于是,上奏忽必烈。

忽必烈对海运之议很重视,立即予以批准,命令上海管军总管罗璧与张瑄、朱清等,造平底海船六十艘,运江南粮食四万六千余石,由海道至京师。

罗璧、张瑄、朱清三人组织的船队从扬州载粮,出长江,沿海岸北上。因首次航行,未能适应和利用季风及潮汐,中途受阻,只好在山东刘家岛过冬。第二年三月才抵达直沽①。

首次海运虽然粮数无多,但毕竟为朝廷开辟了一条新的漕运路线,意义非凡。十二月,忽必烈论功行赏,授朱清运粮万户,张瑄子张文虎为千户,忙兀歹为万户府达鲁花赤,罗璧也升任管军万户,仍兼管海道运粮②。

二、海运的改进与扩展

至元十九年(1282年)以后,海运得到迅速扩展和完善。

首先,运粮数不断增加。

至元十九年运粮仅四万二千一百七十二石,至元二十一年(1284年)增至二十七万五千六百一十石,至元二十二年(1285

---

① 《经世大典·漕运》,《永乐大典》卷一万五千九百四十九;《元史》卷九十三《食货志一》;卷一百六十六《罗璧传》;《辍耕录》卷五《朱张》。
② 《经世大典·漕运》,《永乐大典》卷一万五千九百四十九;《元史》卷十二《世祖纪九》,卷一百六十六《罗璧传》。

年)九万七百七十一石,至元二十三年(1286年)四十三万三千九百五石,至元二十四年(1287年)二十九万五百四十六石,至元二十五年(1288年)三十九万七千六百五十五石,至元二十六年(1289年)九十一万九千九百四十三石,至元二十七年(1290年)又增至一百五十一万三千八百五十六石,至元二十八年(1291年)一百二十八万一千六百一十五石,至元二十九年(1292年)一百三十六万一千五百一十三石,至元三十年(1293年)八十八万七千五百九十一石。元后期每年运粮甚至高达三百万石以上。

其次是航线改进。

初期的航路,从平江路刘家港入海,经扬州路海门县黄连沙头,由万里长滩进入大洋,沿着海岸山礨行驶,先抵淮安路盐城县,经西海州、海宁州东海县、密州、胶州地界,进灵山洋向东北,绕过胶东半岛的成山,入渤海湾,进界河口,最后抵杨村。这条航路不仅路程长达一万三千三百五十里,而且沿途多浅滩,十分险恶。

至元二十九年(1292年),朱清等又开辟新航线,自刘家港直接入大洋,经撑脚沙、沙嘴、三沙、洋子江、扁担沙、大洪,又过万里长滩,跨青水洋和黑水洋,抵胶东半岛的成山,又经刘岛、芝罘、沙门等岛,越渤海,入界河口,抵达杨村。

次年,千户殷明略又开辟新海道,自刘家港出发,由崇明州三沙直接入大洋,东经黑水洋,抵胶东半岛的成山,西经刘家岛和沙门岛,入界河口,抵杨村。

后一条航线,离开海岸线,在近海洋面行驶,线路较直,不再受浅滩的困扰。如果掌握好季风时日,从浙西到京师只需要十天左右。

海运能够十分便捷地转输来东南财赋,元廷自然重视有加。

509

至元二十四年(1287年)因海运粮数增长近十倍,元廷设置行泉府司,"专掌海运",加强对海运的管理。又增置两个万户府,连同四年前所设,共计四万户府,即都漕运海船上万户府、平江等处运粮万户府、孛兰奚等海道运粮万户府、彻彻都等海道运粮万户府。当时,行泉府司所辖海船多达一万五千艘①。行泉府司设置后,海运主要是由江淮行省左丞(后升平章)沙不丁掌管。

至元二十八年(1291年)沙不丁因桑哥之败而免官,行泉府司随之撤消。忽必烈又采纳朱清、张瑄的奏请,将行泉府司下辖四万户府合并为两个都漕运万户府,命朱清、张瑄加骠骑卫上将军,分别以江东道宣慰使和淮东道宣慰使兼领二万户府事。此举意味着元代海运管理机构的基本定型,也是朱清、张瑄专领海运和权势极度膨胀的开始。

此外,元廷还于至元二十五年(1288年)在河西务设都漕运使司掌管接运海道粮事,负责把南来的粮食物资运赴大都官仓。

海运所使用的船只,来源多样,或官府制造,或收集沿海民船,或缴获南宋战船,或征日本等转用船。水手开始多为军士,后来大量改用民丁。运粮由官府按石数支付脚价,至元二十一年(1284年)定脚价为每石中统钞八两五钱,而后递减为六两五钱。又实行配给船户口粮和免除其杂泛差役等优待②。脚价和口粮的支付,满足了船户水手的基本生活需求,使海运得以长期维持和发展。

---

① 《经世大典·漕运》,《永乐大典》卷一万五千九百四十九;《元史》卷十五《世祖纪十二》至元二十六年二月丙寅。

② 《经世大典·漕运》,《永乐大典》卷一万五千九百四十九;《元史》卷九十三《食货志一》。

海运的开辟,迅速便捷地为京师运送了大批粮食物资,又大大减省运输费用,给官府带来莫大的利益。正如丘濬所云:"河漕视陆运之费,省什三四;海运视陆运之费,省什七八"①。另一方面,海运为南北贸易和物资交流,提供了更为便利的途径。

元人诗曰:

"一日粮船到直沽,吴罂越布满街衢。"
"今年却趁直沽船,黑洋大海波连天;
顺风半月到闽海,只与七州通买卖。"②

作为大元皇帝忽必烈,他所看重的主要是南粮北运。晚年,忽必烈曾嘱咐右丞相完泽:"朱、张有大勋劳,朕寄股肱,卿其卒保护之"③。忽必烈的这番嘱咐,表明朱清、张瑄所开辟的海运对京师粮食供给的巨大作用,也披露了忽必烈本人有功必赏的用人之道。元末张昱有诗为证:"国初海运自朱张,百万楼船渡大洋。有训不教忘险阻,御厨先饭进黄粱"④。

遗憾的是,由海运起家,"贵富为江南望"的朱清、张瑄,成宗大德七年(1303年)以谋逆反叛的罪名,被逮系京师。最后,朱清自杀,张瑄及其子张文虎等俱斩首弃市。忽必烈保护朱张的嘱咐,居然因统治阶层的倾轧成了一纸空文。

---

① 《大学衍义补》卷三十四《漕輓之宜》下。
② 张翥《蜕庵集》卷五《读瀛海喜其绝句清远因口号数诗示九成皆实意也》;黄镇成《秋声集》卷一《直沽客》。
③ 王逢《梧溪集》卷四《张孝子》。
④ 《可闲老人集》卷二《輦下曲》。

忽必烈还在至元十八年（1281 年）和至元二十六年（1289 年）先后两次册封东南海之神妈祖林默娘为"护国明著天妃"和"显祐明著天妃"。册封诏文特别提及"惟尔有神，保护海道，舟师漕运，恃神为命"；"祥光映风浪之区，护岁漕而克有济"①。忽必烈未必完全懂得天妃的寓意，但蒙古人素来有多神崇拜的习俗，册封天妃，不足为怪。而保祐海运及海外贸易，又是忽必烈两次册封天妃的直接而务实的动因。

第三节　鼓励海外贸易

一、招徕蕃商与"官本船"贸易

元代的海外贸易，始于至元十四年（1277 年）。

当时南宋政权刚刚灭亡，东南沿海江浙、福建一带先后被元军占领。特别是擅蕃舶之利三十年的泉州招抚蒲寿庚，至元十三年（1276 年）十一月杀赵宋宗室三千余而投降，随而将所掌海外贸易奉献给元朝。于是，元朝方面得以迅速在泉州设立第一个市舶司，命令闽广大都督忙兀台管领。接着，又在庆元、上海、澉浦增设三市舶司，命令福建安抚使杨发管领②。

至元十五年（1278 年）八月，忽必烈诏福建行省官唆都、蒲寿庚通过蕃舶向东南诸蕃国传达："诚能来朝，朕将宠礼之。其往来互市，各从所欲"③。

对海外贸易，忽必烈一开始就采取宽容和积极支持的态度，这

---

① 危素《元海运志》；《经世大典·漕运》，《永乐大典》卷一万五千九百五十。
② 《宋史》卷四十七《瀛国公纪》；《元史》卷九十四《食货志二·市舶》。
③ 《元史》卷十《世祖纪七》。

应该是难能可贵的。市舶贸易就在忽必烈的支持下发轫起步了。

最初，泉州等市舶司大体参照南宋旧制，每年招集舶商，赴南洋蕃邦博易珠宝翠玉香料等物，次年回帆，依旧例抽解，然后听其货卖。按照南宋旧例，濒海商人以船贩运买卖国内土货也要按照海外蕃货实行"双抽"，征收双重税钱。

至元十七年（1280年）二月，上海市舶司招船提控王楠上言批评土货依蕃货例双抽太重，商旅受困，主张国内贩运土货依数量实行单抽。朝廷听从了王楠的建议，开始区别国内土货和海外蕃货，分别实行单抽和双抽税制①。

至元二十年（1283年）六月，元廷正式规定市舶抽分条例，细货取十分之一，粗货取十五分之一。

在此前后，对市舶司用铜钱交易海外黄金珠宝，朝廷积极予以支持；对舶商以金银交易海外香木，则下令明确禁止②。

马可波罗在谈到泉州市舶司税收时说：

> 大可汗由这城和商埠收得极大的税额。因为你们要晓得，所有由印度来的船，要付百分之十的税，就是他所载的货物，宝石和珍珠的价值的十分之一。此外轻货各船皆取百分之三十作运费。胡椒要取百分之四十四。沉香木、檀香木以及其他笨重货物，皆要取百分之四十。因为要付税钱和运费两样，所以商人们必须拿出他们所载货物之半。③

---

① 《元典章》卷二十二《户部八》《市舶·泉福物货单抽分》。
② 《元史》卷十二《世祖纪九》；卷九十四《食货志二·市舶》。
③ 《马哥孛罗游记》张星烺译本，第337页，商务印书馆1936年。

出身于威尼斯商人的马可波罗,对泉州市舶司税收特别留意,所记税额也特别细致,这完全合乎商人的职业习惯。他的记述中,明显提到的"双抽"制和粗货、细货之别,可与汉文史料相得益彰,珠联璧合。

忽必烈朝的另一项重要举措是卢世荣主持的"官本船"贸易。

至元二十一年(1284年)十一月,忽必烈任用卢世荣为中书右丞,全权负责掌管财政。翌年正月实施的"官本船"贸易,也是卢世荣聚敛财富,增加财政收入诸项方略的组成部分。

其内容主要是:

(1)在泉州、杭州设立市舶转运司,统一掌管原四市舶司事务,实行官府造船舶出资本,募人渡海入蕃,贸易诸货的新制度。据说,当时朝廷一次提供资金中统钞十万锭。所得利益,官取七分,商取三分。

(2)禁止权势之家以私钱入蕃贸易,违者治罪,籍没其家产之半。

(3)蕃商就官船买卖交易,官船可代表政府依例抽税①。

卢世荣所推行的"官本船"贸易,基于官营招商的模式,目的是抑制和打击权势之家,企图把被蒙古贵族代理人斡脱商控制海外贸易的局面扭转过来,为朝廷占据海外贸易的大部分利益。

抑制斡脱商的政策,并非卢世荣所肇始。在卢世荣受重用和担任中书省右丞以前的至元二十一年(1284年)四月,右丞相和礼

---

① 《元史》卷九十四《食货志二·市舶》,卷二百五《卢世荣传》;《元典章》卷二十二《户部八》《市舶·合并市舶转运司》。

霍孙就废罢了掌管斡脱事务的泉府司。尽管卢世荣与和礼霍孙在理财富国等问题上政见不同，但出于增加朝廷财政收入的考虑，卢世荣仍然在"官本船"措施内继续沿用了和礼霍孙抑制斡脱商的政策。

不幸的是，官本船贸易和卢世荣理财一样短命。此项措施刚刚出台五个月，即遭到攻击和否定。至元二十二年（1285 年）六月，几乎与卢世荣受到以御史台监察官弹劾的同时，随从忽必烈巡幸上都的中书省官员针对卢世荣禁止从事官本船以外的海外贸易的做法，奏请改弦易辙，允许商人从事市舶贸易，官府依旧例向他们征税抽分。这项奏议得到忽必烈批准。八月，忽必烈返回大都，随即正式宣布废罢有关民间从事海外贸易的禁令。掌管斡脱事务的泉府司也重新被恢复①。

于是，卢世荣的"官本船"贸易寿终正寝，朝廷又恢复了舶商下蕃贸易、官府征税抽分的旧制。

二、整顿与繁荣市舶贸易

卢世荣被杀后，吐蕃人桑哥理财柄国。他的党羽沙不丁较长时间内把持了东南沿海的市舶贸易大权。

沙不丁是回回人，起先，他与另一名回回人乌马儿在江淮行省负责管辖泉府司和市舶司。至元二十四年（1287 年）七月，沙不丁被桑哥提拔为行省左丞，继续掌管泉府、市舶二司事务。迄至元二十六年（1289 年），沙不丁已升任江淮行省平章，全面负责钱谷财

---

① 《元史》卷十三《世祖纪十》；《元典章》卷二十二《户部八》《市舶·合并市舶转运司》。

政,包括海运、市舶等。

由于史料零散,沙不丁掌管市舶贸易的具体业绩,目前仅能见到另增杭州、温州二市舶司和至元二十六年正月向朝廷上贡前岁市舶税收所得"珠四百斤,金三千四百两"①。尽管杭州、温州二市舶司设置时间不长,忽必烈对沙不丁上贡珠宝黄金的答复也只是"诏贮之以待贫乏者",但沙不丁被特许以三百戍兵充当护卫以及在江浙行省立德政碑等事②说明,忽必烈对他是非常赏识和器重的。这当然和沙不丁借市舶贸易为朝廷获取巨额财利有关系。至元二十七年(1290年)马可波罗随同伊里汗国阿鲁浑大王位下使臣自泉州离开中国前夕,就是由担任江淮行省平章的沙不丁负责办理支付分例口粮事宜的③。

至元二十八年(1291年)桑哥被杀,桑哥在江浙行省的爪牙党羽乌马儿、纳速剌丁灭里、忻都、王巨济等皆坐罪弃市。沙不丁却例外地得到豁免。据说,中书省宰相极力庇护沙不丁。理由是:国家出财资助舶商前往南海贸易宝货,获利以亿万计。若沙不丁被黜被杀,舶商必定大多逃逸。这不无道理,忽必烈也信以为真。所以,当监察御史上言批评独免沙不丁欠妥时,忽必烈仍然坚持姑且释放沙不丁。后来,近侍董士选以失民心和得财货执重,劝谏忽必烈。忽必烈略有震动和省悟,立即奖赏董士选白银五千两,并任命他为江淮行省左丞,可沙不丁独受豁免和继续负责市舶贸易的决

---

① 《元史》卷二百五《桑哥传》,卷十五《世祖纪十二》至元二十六年九月;《元典章》卷二十二《户部八》《市舶·市舶则法二十三条》。

② 《元史》卷十五《世祖纪十二》至元二十六年九月;《南村辍耕录》卷二十三《炉鸣》。

③ 杨志玖《关于马可波罗离华的一段汉文记载》,《元史三论》人民出版社1985年。

定始终没有改变①。次年正月,中书省奏请改善泉州贡赋及外国使臣北上大都的驿站时,忽必烈仍然诏命向沙不丁询问有关情况②。

忽必烈晚年,着手进行了对市舶贸易的较认真整顿。

事情的缘起是:至元三十年(1293年)四月前后,南人官员燕公楠和前南宋状元留梦炎相继上奏江淮行省长官忙兀台及沙不丁为牟取暴利,强行实施高比率抽解,造成蕃商却步、朝廷收入减少等弊端。

忽必烈得悉后,非常重视,亲自过问,还以圣旨命令中书省与留梦炎及熟悉南宋市舶贸易人等商量议定合理则例。中书省遵旨行事,迅速出台整顿市舶贸易的二十三条则法。内容主要有:取消上海、澉浦、温州、广东、杭州、庆元等市舶司正常抽分外的三十取一的税课,一律实行泉州式粗货、细货原定额抽分;将温州市舶司并入庆元,杭州市舶司并入所在税务;禁止金银铜铁男女人口私贩入蕃;行省、行泉府司、市舶司官员每年回帆之时,必须先期抵达,依例封堵,以次抽分,违期及走透作弊者治罪。

二十三条则法奠定了元朝政府管理海外贸易基本框架,使元代的市舶贸易在继承南宋旧制的基础上走向成熟,保证了市舶贸易的正常进行。

与南宋市舶条例相比,至元三十年(1293年)二十三条则法的特殊之处在于:首次允许官吏权豪合法从事海外贸易,同时又严格

---

① 《吴文正公集》卷三十二《董忠宣公神道碑》;《元史》卷十六《世祖纪十三》至元二十八年十一月。

② 《经世大典·站赤》,《永乐大典》卷一万九千四百一十九,卷一万九千四百二十三。

要求其完纳舶税①。这显然是对卢世荣"官本船"政策的后退，也是元廷正视官豪势要竞相涉足海外贸易的现实而做的比较实惠的变通。

还需要强调的是，上述二十三条则法的前五条，都是忽必烈亲自接受奏闻并以圣旨批准的。足见忽必烈对海外贸易管理的高度重视。诚然，此番重视，又与海外贸易能给朝廷带来丰厚的税收及珠宝贡纳分不开。

忽必烈时期以泉州为中心的海外贸易出现了空前繁荣。有学者推算至元二十六年(1289年)沙不丁上缴朝廷的"市舶司岁输珠四百斤，金三千四百两"，仅黄金一项，相当于当时朝廷岁入黄金总数的六分之一，若加上四百斤珠宝，其市舶收入总数超过了南宋②。

由泉州港离华的马可波罗，惊喜地记述道：

> 这里是海港，所有印度的船皆来到这里。载着极值钱的商品，许多顶贵重的宝石和许多又大又美丽的珍珠。他也是四邻蛮子国商人所群聚的一个商埠。一言以蔽之，在这个商埠，商品宝石、珍珠的贸易之盛，的确是可惊的……假如有一只载胡椒的船去到亚历山大港或到奉基督教诸国之别地者，比例起来，必有一百只船来到这刺桐港。因为你们要晓得，据商业量额上说起来，这是世界上两大港之一。③

① 《元典章》卷二十二《户部八》《市舶·市舶则法二十三条》。
② 陈高华、吴泰《宋元时期的海外贸易》，第187页，天津人民出版社1981年；高荣盛《元代海外贸易研究》，第274页，四川人民出版社1998年。
③ 《马哥孛罗游记》张星烺译本，第336页，商务印书馆1936年。

元朝中叶的江南名儒吴澄也留下了类似的描述：

> 泉,七闽之都会也。蕃货远物,异宝奇玩之所源薮,殊方别域,富商巨贾之所窟宅,号为天下最①。

马可波罗和吴澄,一个是来华的威尼斯商贾,一个是江南一代儒学宗师,谁曾料,他俩对泉州的描绘居然一唱一和,惊人地相似!

---

① 《吴文正公集》卷十六《送姜曼卿赴泉州路录事序》。

第十五章　倚守敬巧工　用札氏西技

第一节　郭守敬巧思办水利

郭守敬,字若思,顺德路(旧称邢州)邢台县人,自幼不喜欢嬉闹游戏,志趣操行特殊。他的祖父郭荣,号鸳水翁,通晓五经,对数学和水利很有研究。

金末蒙古兵南下,邢台一带同样遭受战乱劫难。天文、阴阳、术数及佛道皆通的州人刘秉忠最先北上归附蒙古。1247 年,刘秉忠居父丧南返,与张文谦、张易、王恂等相聚在邢州西紫金山,结伴而学,研讨学问。

郭荣和刘秉忠是情投意合的挚友,深知这是个难得的机会,就让孙儿郭守敬上紫金山跟随刘秉忠学习。除刘秉忠外,王恂是造诣很深的数学家,张文谦、张易也是有作为之人。紫金山的这段学习经历虽然不算长,郭守敬学到的天文、数学等方面的知识,却是大量和有裨益的。

青少年时代的郭守敬,已崭露头角。他开始动手试做一些天文仪器模型,因陋就简,模仿书上的一幅插图,用竹篾扎成测天的浑仪,又把竹制浑仪放在一个手工堆砌的土台上,进行简单的天文观测。

邢州城北潦水、达活泉、野狐泉三河,兵乱之后,河堤失修,洪水冲溃堤堰,殃及北郭。达活泉上的一座石桥也被泥水所淤没,无迹可寻。邢州安抚使张耕、刘肃等决定疏浚水道和修复桥梁。郭守敬参加了这项水利工程,负责设计规划等技术性工作。首先是分划沟渠,将三河勒回各自的水道,又修复填补坝堰决口;接着挖掘出淤没三十余年的石桥,稍加修理,继续使用。整个工程仅用四十天,四百余工,收到了河水畅流,交通便利的良好成效。

著名文人元好问特撰《邢州新石桥记》一文,以识其事。文中特别提到"里人郭生立准计工"的角色和作用①。"郭生"就是指郭守敬。这项工程显示了郭守敬年轻有为的杰出才干,也使他在邢州一带小有名气。当时,郭守敬年仅二十岁。

中统元年(1260 年),忽必烈即皇帝位。张文谦被任命为十道宣抚使之一的大名等路宣抚使,管辖道内行政财政,并监督所在汉世侯。张文谦很了解郭守敬的才干,召郭到自己身旁充当助手。

郭守敬办理公务之余,还做了许多河道水利的勘探调查工作。他又在原先依据石印本《莲花漏图》探究其原理的基础上,召集大名匠人大为鼓铸,制成后来在灵台使用的"宝山漏",以计时刻。

中统三年(1262 年)回朝继续担任中书省左丞的张文谦,以"习知水利且巧思绝人",向忽必烈举荐郭守敬。忽必烈在上都开平便殿亲自召见。郭守敬当即面陈关于水利兴修的六项建议,主张疏浚大都和黄河以北的几条河流,筑堤建闸,通航灌溉。具体内容是:

其一,大都旧漕河东至通州,如果引玉泉水行舟,每年可以节

① 《元文类》卷五十《知太史院事郭公行状》;《元好问全集》卷三十三。

省雇车钱六万缗。通州以南，从蔺榆河口径直开引一条水道，由蒙村跳梁务到杨村还本河，能够避免途中滩浅、风浪、转运等困难。

其二，顺德路达活泉引入城中，分作三渠，流出城东，可灌溉田地。

其三，顺德路澧河东至古任城，偏离故道，淹没良田一千三百余顷，若将此水开通成河，那里的土地可以耕种。此河自小王村经溥沱河，并入御河，可以通行大船。

其四，在磁州东北滏水、漳水汇合处，引一条河渠由滏阳、邯郸、洺州、永年，下经鸡泽，合入澧河，沿岸可灌溉田地三千余顷。

其五，怀州孟州的沁水虽已浇灌，尚有漏堰余水，若让它与东面的丹河余水汇合，再向东流经武陟县北，并入御河，沿岸亦可灌溉田地二千余顷。

其六，黄河自孟州西开引一小渠，经由新、旧孟州中间，顺着黄河旧岸，下到温县南还入黄河，沿岸亦可灌溉田地二千余顷。

由于郭守敬掌握了大量的探勘资料，所提建议具体而有说服力。忽必烈每听罢一条，都要大加赞赏。还说："当务者，此人真不为素餐矣！"

于是，忽必烈任命郭守敬为提举诸路河渠。翌年，又加授银符，升任副河渠使。从此，忽必烈将兴办水利交给郭守敬全面负责。

至元元年（1264 年），郭守敬随同张文谦行省西夏，修复濒河诸渠。

原西夏境内的河套地区，古渠颇多。如唐来渠，长四百里，汉延渠，长二百五十里。又有正渠十条，长各二百里。还有大小支渠六十八条。总计可灌溉田地九万余顷。由于蒙古与西夏的长期战争,废坏淤浅的居多。郭守敬在张文谦的支持下,花了近三个月的时间,重新更换建立堋堰,修复旧有的水道,使废坏水渠全部得到恢复并发挥其效益。为了感谢郭守敬修复旧渠的功绩,当地百姓特意在渠上为他立起了生祠①。

郭守敬兴办的另一项水利工程是开挖通惠河。

自忽必烈确立上都、大都两都制后,两都臣民的生活消费均依赖南方漕运来的粮食等物资。无论海运和大运河漕运,北上水路终点只是到大都以东的通州,而非大都。从通州到大都的五十里路程,则需要陆运。陆地辇运马驮,每年总运量高达数十万石,耗费巨大,成本甚高。而且,秋季霖雨,道路泥泞,驴马牲畜倒死者不可胜计。随着大都城的繁华和人口增长,城市官民用水水源也显得供不应求。

早在中统三年(1262年),郭守敬即在给忽必烈的六项水利工程建议中首先提到引清河上源水,经瓮山泊和高粱河,入运河的计划。不久,他又提议在金人所开浑河修分水河,以减少泥沙淤积。但是,由于地势梯度落差较大和水资源有限,大都到通州陆运改水运的难题迟迟没有得到解决。

至元二十八年(1291年),郭守敬利用到上都奏报滦河、浑河溯流开辟漕运勘察情况的机会,及时向忽必烈提出了开凿大都到通州间运河的新方案。主要内容是,在开凿清河上源水道的基础上,进一步扩充水源,另引昌平县白浮泉水,向西转南,经瓮山泊自西水门入大都城,迂回汇入积水潭,再向东转南,出南水门,最后合入通州运河。全长一百六十四里,沿途每十里置一河闸,共计七

---

① 《元文类》卷五十《知太史院事郭公行状》。

闸,闸前一里左右置斗门,互相配合,用以过船止水。

忽必烈听了郭守敬的设计,非常高兴,谕旨:"当速行之"。还特地设立都水监,让郭守敬兼领其事。

开工之日,忽必烈又命令丞相以下官员统统亲操畚箕铁锹参加劳动,以为垂范,并一律听从郭守敬的指挥。整个工程自至元二十九年春到三十年秋,历时一年半。共调集包括怯薛宿卫士在内的军民二万余人,计工二百八十五万个。完工之时,忽必烈特地赐名"通惠河"。

通惠河工程中最值得称道的是,白浮堰自昌平到瓮山泊迂回线路的巧妙选择。由于白浮泉源头海拔约六十米,比大都西北角及沙河、清河谷地均高出十米以上,假如引白浮泉径直向南,泉水势必沿两河谷地东流而下,无法进入运河。即使架渡槽,所引用的水流也只限于白浮泉一泉,远不能解决新运河的水量问题。郭守敬采用先向西转南,入大都城后再向东转南的路线,既可保持河道较小的水位落差,又能沿途汇集大都西郊诸多山泉水源,为新运河注入丰富水量。

通惠河修成后,结束了自通州到大都的官粮陆运,南来的运粮船及其他商用船舶一直可以驶进大都城内的积水潭。同时,增大了积水潭的水源和储水量,充裕优化了元大都城的水供给,为明清北京城的继续发展提供了用水保证。

至元三十年(1293年)九月初一,七十九岁高龄的忽必烈自上都返回大都。此时的忽必烈已是风烛残年,体弱多病,这也是他最后一次自上都南返大都。当他见到积水潭一带舳舻蔽天,桅樯如林,通惠河的开凿的确解决了从通州到大都城内的转运难题,龙颜大喜,一次就重赏郭守敬宝钞达一万二千五百贯。

第二节　观天术精湛　《授时历》流芳

历法,本来是依据日月星辰的运行而推算年月日时的记法。它不仅影响人们的生活起居和农耕节令,也直接关系到王朝的正朔和正统,向来为统治者所重视。

辽、金和元初使用的历法,与唐宋二朝大不相同。唐朝先后使用的主要是《麟德历》和《大衍历》,两宋共改历十六次,较有代表性的历法有应天、乾元、仪天三历。辽、金和元初则沿用六、七百年前刘宋祖冲之编制的《大明历》。《大明历》虽然在当时成就很高,但因时间久远,误差越来越大。

1220年,成吉思汗西征驻跸寻斯干城,按照《大明历》,该年五月十五日子夜月食,但初更时分(八、九点)月食已发生。按常规,微月始见于初三,但该年二月初一和五月初一,均有微月出现在西南天际。可见,《大明历》比实际时辰已大大滞后。

随从西征的耶律楚材认为,《大明历》必须放弃,还特地修订《庚午元历》,上奏成吉思汗,以纠正其偏差。遗憾的是,当时西征战事正酣,成吉思汗未暇颁行新历①。窝阔台时期,耶律楚材吸收西域历法的长处,"自算、自印造、自颁行"新历书,流行于北方部分地区,号称"麻答把历"②。

至元十三年(1276年)元军平定南宋,南北归于一统。原用《大明历》误差甚大,南宋末的《成天历》等又不可能使用,元帝国

---

① 《湛然居士集》卷八《进征西庚午元历表》。

② 《黑鞑事略》;《辍耕录》卷九《麻答把历》。

君临华夏南北,迫切需要制定一部更为精确的朔闰历法。

忽必烈顿时想起刘秉忠在世时修订新历法的建议,于是,委派王恂为太史令,郭守敬为同知太史院事,共同负责修历事,又让御史中丞张文谦改任昭文馆大学士领太史院,与金枢密院事张易一起负责主领。他们四人均为当年金莲川幕府刘秉忠为首的邢州术数家群成员。此外,应王恂的举荐,驿召许衡赴京参议修定新历。

郭守敬、王恂、许衡根据自己的特长,各有侧重和分工。王恂负责推算,许衡明历法之理,郭守敬偏重仪器制造和天象观测。

郭守敬首先倡言:修历之本,在于测验,测验之器,莫先仪表。如今的司天浑仪,是北宋皇祐年间汴京所造,误差颇大,难以使用。

至元十六年(1279年),郭守敬又制成仪表式样,向忽必烈奏报。在忽必烈驾前,郭守敬逐个介绍解释仪表的构造和功能,周密详细,引人入胜。忽必烈听得很感兴趣,从早晨到傍晚,竟毫无倦意。

在忽必烈的支持下,郭守敬创制了"简仪"、"高表"、"候极仪"、"浑天象"、"玲珑仪"、"仰仪"、"立运仪"、"政理仪"、"景符"、"窥几"、"日月食仪"、"星晷定时仪"等十二种新仪器。还创制了供观测人员外出使用的四种可携式仪器——正方案、丸表、悬正仪、座正仪,以及与仪表相互参考使用的"仰规复矩图"、"异方浑盖图"、"日出入永短图"等。

这里,扼要介绍几种比较重要和有特色的仪器。

"简仪",是郭守敬发明的最重要的天文仪器。他简化了部分圆环装置,改造浑仪的外、中、内三层同心结构,克服了七、八个圆环互相交错而遮蔽部分空间的缺陷。又将传统的窥管由正方形空心立柱管改作窥衡加立耳的装置,既便于使用,又容易加工。还把浑仪上的圆周刻度精确到十分之一度或三十六分之一刻,将读数精度大大提高了一步。郭守敬所改进的赤道装置在现代天文望远镜中得到了广泛运用。其刻度细密的观测仪表,到十八世纪的英国才开始使用。

元人姚燧称赞简仪:"法简而中,用密不穷,历校古陈,未与侔功。"①简仪构造简单合理,使用起来精密无比,在世界范围内都是前无古人的。

仰仪是一台铜制的俯视天象的仪器,形状像一口仰天放着的铜锅。直径一丈二尺,深六尺。锅口上边刻着东南西北四方位。锅内面刻着与观测地纬度相应的赤道坐标。锅口面上用一横一竖交叉的竿子架起一块小板,板上凿一个正对锅底中心的小孔。太阳光透过小孔,在锅面上映出圆形的倒像。人们从仰仪底部的这个倒像,就可以读出太阳的实际坐标来。发生日食时,人们也可以从上述倒像的相应亏缺,看出日食的时刻和方位等。

元人姚燧对仰仪也称赞有加:"视日漏光,何度在也";"一仪即揆,何不悖也";"将窥天睽,造物爱也。"②

高表、景符和窥几,是通过测影确定节气时刻的三种仪器。

古代测量节气日影的仪器,为圭表。表是垂直立于地面的竿子或铜柱。每天正午,太阳当头,表影投落在圭面南北方向的长短,就可以测到夏至、冬至等节气的所在。当太阳行至最北而位置最高时,竿影最短,即为夏至。当太阳行至最南而位置最低时,竿影最长,即为冬至。然而,以往的圭表,长度仅八尺,表影较短,难

---

① 《元文类》卷十七《简仪铭》。
② 《元文类》卷十七《仰仪铭》。

免误差。郭守敬将表的高度增加到四十尺，相当于原来的五倍，故称高表，这样，表影的测量误差，随之缩小了五分之四。

针对旧圭表的表影边缘模糊不清，容易影响测量准确性的缺陷，郭守敬又制成与高表配合使用的仪器——景符。景符的构造是，一个座架斜撑一块宽二寸、长四寸的小铜板，铜板中心开一圆孔。由于郭守敬所制的高表顶部三十六尺处另加四尺高的二龙抬横梁，运用针孔成像的原理，当太阳、横梁和景符上的圆孔在一条直线时，在太阳像中可以看到一条细黑线。从表足到这条细黑线的距离，就是高表的准确影长了。借助景符，阳光漫射带来的表影模糊的难题，迎刃而解。

鉴于旧圭表不能观测光线较弱的星星和月亮的影子，郭守敬特意增制了窥几。窥几是一张长六尺、宽二尺、高四尺的长方桌。桌面上开一道长四尺、宽二寸的缝，缝两旁刻着尺、寸、分的刻度。把窥几放在圭面上，人蹲在几下面，利用桌面长缝，适当集中星月的光线，观测其影长。

高表、景符和窥几的配合运用，使观测太阳等星球的竿影更为准确和方便。元人杨桓赞誉三种仪器说：

> 表高之法，先哲匪惮，其巅影虚，取的是患。表梁上陈，景符下依，符窍得梁，景辰精微。揆月有方，窥几是映。几限容光，圭表交应。器术之密，推步之精，历古于今，斯毕其能。①

郭守敬在创制天文观测仪器方面确实达到了巧夺天工和炉火

---

① 《元文类》卷十七《高表铭》。

纯青的地步。

在此基础上,郭守敬又组织实施了规模浩大的天文观测。他向忽必烈上奏说:唐玄宗朝僧一行和南宫说实测子午线时,设立测景站十三处。如今我朝的疆域比唐朝辽阔,若不派人远方测验,日月交食分数时刻不同,昼夜长短不同,日月星辰去天高下不同,修新历的数据未必准确。即目测验人员少,可以先期在南北边地树表测影。忽必烈很快批准了郭守敬的计划。

于是,设置十四名监候官,分道而出,到达指定地点,执行观测天象的任务,东至高丽,西极滇池,南逾琼州,北尽铁勒。还在全国分设二十七个观测站,同时实施观测工作。包括南海、衡岳、岳台、和林、铁勒、北海、上都、北京、益都、登州、高丽、西京、太原、安西府、兴元、成都、西凉州、东平、大名、南京、阳城、扬州、鄂州、吉州、雷州、琼州①。这是世界天文史上罕见的一次大规模观测。它积累了上述各地的纬度、夏至日影长和昼夜长短等丰富数据,为新历编制的顺利完成和准确性做了很好的技术准备。

然后,郭守敬和王恂会同来自南、北方掌管天文历数的官员陈鼎臣、邓元麟、毛鹏翼、刘巨渊、王素、岳铉、高敬等,参考累代历法,反复核定日月星辰消息运行的变化,参酌同异,精密计算,取得准确的数据,至元十七年(1280年)冬,终于编成了新历。采用"敬受民时"的意思,忽必烈赐名《授时历》。翌年,颁行天下。

《授时历》是当时世界范围内最优秀的历法之一。它依据实地观测,取得了多项重大创造和革新:

一是废除了传统的上元积年,改以至元十八年(1281年)冬至

---

① 《元文类》卷五十《知太史院事郭公行状》。

为主要起算点,推算其他天文周期历元与该起算点的差距,形成一个天文常数系统。

二是最先采用万分为日法,定出一个回归年数值为365.2425日。又进一步提出回归年每百年减少万分之一的新说。

三是发明三次差内插法,解决了前人有关日、月等非均速天体运动计算的难题。

四是创立弧矢割圆术,将球面上的弧线段化为弦、矢等直线线段来计算,运用了与现代球面三角学公式相一致的思路。

《授时历》是王恂、郭守敬、许衡、杨恭懿等一批著名学者分工协作和集体智慧的结晶。就编制新历的前期工作而言,郭守敬的贡献,主要偏重于创制先进仪器和组织大规模天象观测。至元十七年《授时历》颁布后,王恂、许衡、杨恭懿或病逝,或辞官返乡,只留下郭守敬一人继续完成整理全部文稿的工作。因此,一般认为郭守敬对《授时历》的问世,贡献最大。

郭守敬又结合《授时历》的编制,开展了一系列卓越的测量天体的研究工作。

其一,黄赤交角测定。在古代,地球赤道面延伸与天球相交的大圆,称作"天赤道"或"赤道"。地球公转轨道平面与天球相交的大圆,称作"黄道"。黄道与赤道的交角,即黄赤交角。郭守敬通过观测太阳一年中去极度的数据,进而测定黄赤交角为二十三度九十分三十秒。这个测定结果,非常先进和精确,比欧洲的类似成果早了三个世纪。

其二,二十八宿距度测定。二十八宿是指黄道赤道带的二十八组恒星,它是古代确定日、月、五星位置和运动的相对标志。从一组的标志星到下一组标志星的赤道度数(两星间的赤经差),称为这一宿的距度。郭守敬开展了中国历史上第六次二十八宿距度测定,而且精确度最高,较北宋提高了一倍,其误差仅是 0.075 度。

其三,星表的测定。所谓星表,是指恒星的位置坐标、星等诸数据的记录。据研究,郭守敬所编《新测二十八舍杂坐诸星入宿去极》和《新测无名诸星》,不仅测定记录了前人已录的全部 1464颗恒星,还测定了前人未定名的近 1000 颗恒星,使人类有史以来的恒星记录达到了 2500 颗。

郭守敬创造性的科学工作,代表了元帝国在中世纪世界上的科技领先地位。尤其是他在天文学上的杰出贡献,使之进入世界文化名人行列,令中华民族及整个人类引以为骄傲。

第三节　札马鲁丁的科技活动

札马鲁丁,又译作札马剌丁,波斯大不里士附近的马拉加城人。早在忽必烈即大汗位之前,札马鲁丁就以"回回为星学者"应征东来,成为忽必烈王府的一名回回技艺侍臣①。

中统初,忽必烈政权忙于和阿里不哥方面的作战,札马鲁丁一度被派去收购征集粮食②,以满足前线兵马军需供应。

至元四年(1268 年),札马鲁丁开始了他的科技活动,陆续把西域天文历法的一些成就带入元帝国。

札马鲁丁在华期间最有意义的工作是制造了七件西域天文仪器。

一曰咱秃哈剌吉,汉译混天仪。这架仪器为铜制,设一个与地

---

① 《元史》卷九十《百官志六》。
② 《元史》九十六《食货志四·市籴》。

面平行的单环,上刻周天度数,画十二辰位。侧立与平环垂直交于其子午线的双环,半入地下。内有第二组较小的双环,上亦刻周天度数,且参差相交,与地平面成三十六度以为南极北极,可以旋转,以象征天体太阳运行轨道。另有第三环、第四环固定于第二组环上,与南北极成二十四度,亦可以旋转。三组可旋转的环子,均缀有小方铜片,上有窍孔,以代窥管仰观天体。据研究,这是一种源自古希腊托勒密式黄道浑天仪的仿制品。

二曰咱秃朔八台,汉译测验周天星之器。酷似古希腊托勒密发明的观察天体的长尺。外周围圆墙,东面开门,中部有小台,台上树立七尺五寸高的铜表,上部设机轴,悬五尺五寸长的铜尺,另加两根五尺五寸的窥管,下部置刻有度数的横尺。铜尺和窥管,都可以上下左右转动,灵活地观察和测量。

三曰鲁哈麻亦渺凹只,汉译春秋分晷影堂。形状像座两间大的房屋,屋脊开东西向的横缝,让日光斜射入屋内。屋中有南高北低的台,台面上放刻有一百八十度的铜半环,一条六尺长的铜尺,一头固定在铜半环的圆心上,另一头在铜半环上移动,侧望屋脊缝射入的日光,以确定春分、秋分的时刻。

四曰鲁哈麻亦木思塔余,汉译冬夏至晷影堂。形状像座五间大的房屋,屋内地面有二丈二尺的深坎,屋脊开南北向缝,以直通日光。随屋脊缝立一墙壁,附壁悬挂一条一丈六寸的铜尺,壁上又画半圆规环,铜尺在其上往来转动,观测屋脊日光,以确定冬至夏至的时刻。

五曰苦来亦撒麻,汉译浑天图,实际是一种不能转动窥测的浑天仪。其构造为铜制小球,腹内斜刻日道交环度数,其上又刻二十八星宿。球外平置铜单环,上刻周天度数和十二辰位。又侧立二单环,分别固定在平环的子午线和卯酉线处,其中一个以铜钉象征南北极`。

六曰苦来亦阿儿子,汉译地理志,实际是地球仪。构造为木制圆球,球面七分为水,呈绿色,三分为土地,呈白色。其上添江河湖海和山脉。另画小方形网格,表示幅员广袤和道里远近。这是第一次将西方经纬度和地球的概念介绍给中国。它纠正了"天圆地方"的传统误解,使中国人开始认识到大地为球形。

七曰兀速都剌不,汉译定昼夜时刻之器。构造为铜制大星盘,盘面刻十二辰位和昼夜时刻。一根铜条的中心固定在盘心,可以绕盘心旋转。铜条两端各屈起带孔的铜片,两孔可对望,白天观日影,夜间窥星辰,以确定时刻[1]。

至元八年(1271 年)忽必烈在上都设立回回司天台,任命札马鲁丁为"提点",后又兼任秘书监长官。他所制造的七件西域天文仪器,就放置在回回司天台内。这七件天文仪器,在构造和功能上基本反映了欧洲的先进水平,开阔了忽必烈和郭守敬等的眼界。郭守敬在所制简仪和立运仪中改传统的观测装置"窥管"为窥衡(铜条两端立起带孔的铜片),估计是受了札马鲁丁的启发和影响。

元人张昱诗曰:

仪台铁表冠龙尺,上刻横文暑度真。

中国失传求远裔,犹于回纥见斯文。[2]

---

[1] 《元史》卷四十八《天文志一》。

[2] 《可闲老人集》卷二《辇下曲》。

时至元末,札马鲁丁所造回回天文仪表仍然在使用,而且确实给中国的天文发展带来了西域的新信息、新技术。

札马鲁丁的另一项重要科技工作,是编制《万年历》。

《万年历》俗称《回回历》,该历书同样是至元四年(1267年)进呈给忽必烈,仅在回回人等有限范围内颁行和使用①。

元代信仰伊斯兰教的回回人遍布各地,他们一直保持伊斯兰教的宗教祭仪等风俗习惯。查询伊斯兰教的宗教节日,《万年历》是必不可少的。至元九年(1272年)七月忽必烈发布"禁私鬻回回历"的命令②,又披露《万年历》在回回人范围内使用颇广,一些人为贪图便宜甚至私下购买私商盗印的历书。有关《万年历》的具体资料未曾留下,详细内容不得而知。但元末文宗天历元年(1328年)朝廷印制发行的此类回回历仍有5257册。明代在颁行《大统历》的同时,依然参用回回历③。

耶律楚材云:"西域历,五星密于中国"④。札马鲁丁编制《万年历》并在回回人族群范围内颁行,传入了西域历法的精华,大大丰富了元人对西方历法的认识。

此外,札马鲁丁还在忽必烈的支持下主持编纂了《元一统志》。

事情是由至元二十三年(1286年)三月七日担任秘书监长官的札马鲁丁的一段上奏引起的。关于这段上奏,文献记载有两种"版本"。

许有壬《大一统志序》所载札马鲁丁的奏言是:

---

① 《元史》卷五十二《历志一》。
② 《元史》卷七《世祖纪四》。
③ 《元史》卷九十四《食货志二·额外课》;《明史》卷三十一《历志一》。
④ 《辍耕录》卷九《麻答把历》。

今尺地一民,尽入版籍,宜为书以明一统。

《秘书监志》卷四所载其上奏又曰:

在先汉儿田地些小有来,那地里的文书册子四、五十册有
来。如今日头出来处、日头没处都是咱每的,有的图子也有
者,那远的他每怎生般理会的? 回回图子我根底有,都总做一
个图子呵,怎生?

不难看出,两个"版本"的大概意思是一致的,都主张适应元
统一后的版图疆域变化,组织编纂全国一统志,并绘制与之配套的
地图。所不同的是,前者采用汉语文言文,典雅而简略;后者则是
当时官方公文中常见的汉语硬译文体,叙述生硬却具体详细,明确
展现出将汉地已有地图与西域地图融会于一体的宏大蓝图。忽必
烈以"编类地理图书"的圣旨,欣然批准了札马鲁丁的计划,命令
他和秘书监少卿虞应龙等负责此项工作。

札马鲁丁积极督促各地"随处城子"将所在地图文书送缴秘
书监,约请翰林院、兵部选派郎中等官共同协调,又奏请将秘书监
官衙由旧城迁入大都新城。

忽必烈对秘书监官衙原在旧城致使官吏来往不便,耽误"勾
当"的情况,甚为重视,特意命令予以及时调换,妥善解决。对札
马鲁丁请求征调提拔的山东陈俨、江南虞应龙、京兆萧维斗等精通
地理之学的"秀才",忽必烈也颁布"教来者"的圣旨,大开绿灯。

至元二十八年(1291 年)初稿完成,计 755 卷,名曰《大一统

志》。成宗大德七年（1303年）又补充云南、甘肃、辽阳等行省材料，增修至1300卷。

《大元一统志》超越前人的贡献主要有二：

第一，它以地图为本，图文并茂，"备载天下路府州县古今建置沿革及山川、土产、风俗、里至、宦绩、人物"，既绘制成图，又附与地图内容相关的文字叙述①，各地分图之外，又有全国地理总图。

第二，包含广袤，四极之远，混而一之。既有汉唐以来的原有疆域，又收录钦察汗国、伊利汗国、察合台汗国等西域版图。其首次以《一统志》为名，不仅名实相符，而且直接影响到明清两代。

这些成就，又是与两个人的名字联系在一起：札马鲁丁和忽必烈。

忽必烈的成功业绩之一，就是支持郭守敬和札马鲁丁等实施了天文水利等方面一系列世界领先的伟大创造。

正如马可波罗记载，忽必烈在大都城配备了一大批专业人员，为他们从事天文历法的观测研究提供了良好的条件。

在基督教徒、回回教徒和契丹人中，汗八里城里有五千星相家和卜卦者。每年大可汗供给他们衣食……他们常常在城中练习他们的技艺。他们有自己的观象仪，上面写着行星的符号、钟点和全年的几种方位。每年这些基督教徒、回回教徒和契丹人的星相家，分成各派，在这观象仪中考察全年的行程和性质，就是每月的行程。他们能够看出和考察出来，每月在

---

① 《至正集》卷三十五《大一统志序》；《秘书监志》卷四《纂修》。

这年行程中将产生什么大概情形。这种观察是按照星和星宿自然的行程和位置,和依照他们各种不同的情形。例如他们看见某月将用雷暴雨和暴风雨标表,另一个月用地震,再一个月用电火和暴雨,又有用疾病瘟疫,又有用战争和无限的失和等等,标记每月。他们说这些事情是依照自然的趋势和实事的演进而产生。但是上帝的威力能够使这种事情减少或增多。此外,他们制成许多小本书,将按照每月把全年所遇写在里面。这种小书叫做'大龟年'。并且卖给希望要知道全年大事的人,一格罗梭钱一本。那些推算出来能和实事相近的人,就被认为艺术最完善的专家,接受最大的尊荣。①

马可波罗虽然未能举出郭守敬和札马鲁丁的名字,但汉文史书可以印证郭守敬和札马鲁丁就是"这些基督教徒、回回教徒和契丹人的星相家"的佼佼者。

读完这一系列杰出的科技创造事迹,人们不免会对身为蒙元大汗的忽必烈竟然如此热心和全力支持郭守敬、札马鲁丁的科技活动,感到惊讶。

的确,在马背上长大的忽必烈,粗犷朴实,文化素质比较低,这样做似乎难以理解。但粗犷朴实容易使忽必烈对外界的美好事物充满了好奇、兴趣和强烈追求,也不会像汉族皇帝那样对工巧技艺持有传统偏见。联想起蒙古人对天的虔诚和崇拜,忽必烈对天文科技予以特殊关注,也是合乎逻辑的。忽必烈鼓励科学技艺之士去试验,去创新,也鼓励郭守敬的中国天文历法和札马鲁丁的西域

---

① 《马哥孛罗遊记》张星烺译本,第210页,商务印书馆1936年。

天文历法长期并存，自由发展。后一点，又是忽必烈的可贵之处和魅力所在。

还有一点值得注意，忽必烈所实现的南北大一统，也为郭守敬和札马鲁丁的杰出科研活动营造了良好的客观环境。试想，如果没有元统一后安定和平的条件，郭守敬怎可能从事天文仪器制造和通惠河等大规模的水利工程？如果没有元统一，全国二十七处天文观测又怎可能举行？如果没有元统一，札马鲁丁又怎可能把西域先进天文历法成就传入中土并通过上述七件天文仪器和《万年历》展现于东方？在这个意义上，忽必烈的确扮演了郭守敬和札马鲁丁两位科技巨匠身后不可缺少的支持者和保护神的角色。

第十六章　学儒重致用　崇教告天神

第一节　忽必烈与儒学

一、早期学儒用儒

金元鼎革,战乱连年,在蒙古铁骑的强有力攻击下,大批儒士颠沛流离,或者葬身沟壑,或者沦为驱奴,儒士及他们所载承的中原传统文化遭到了很大的摧残。

以耶律楚材为代表的少数汉族儒人,曾以其理财、卜筮、医术等技艺赢得了成吉思汗、窝阔台汗的信任。他们利用充任蒙古大汗侍从的便利,向蒙古统治者竭力宣传儒学的意义和功用,还说服蒙廷实行"戊戌选士",解脱了部分儒士的奴籍,使儒士继僧道之后开始享有了一定的优待。还在 1222 年左右建起了燕京夫子庙。元末张昱诗曰:

> 太祖雄姿自圣神,一时睿断出天真。
> 要将儒释同尊奉,宣谕黄金塑圣人。①

---

① 《可闲老人集》卷二《辇下曲》。

但是,蒙古四大汗时期最高统治者对儒学、儒士的接受和认同程度仍极为有限。

蒙哥汗曾说:"孔、老之教,治世少用,不达性命,唯说现世,只可称为贤人"。佛教则可以"穷尽生死善恶之本,深达幽明性命之道,千变万化,神圣无方"①。在蒙哥汗看来,儒学在释、道、儒三教中远不及前二者哲理神圣和贯穿今生来世,也难以收到祈天祝福的效益。

总的来说,蒙古四大汗时期,儒学的地位被贬低,绝大多数儒士没有受到应有的重视和任用。

如第二章所述,忽必烈是第一位主动接触和学习汉地儒学的蒙古贵族。1252 年北方名士元好问、张德辉欲尊其为"儒教大宗师",忽必烈愉快地接受下来②。在此前后,忽必烈的金莲川幕府中也曾汇集了一批汉族儒士。这些儒士学术志趣不尽相同,但无不殚精竭虑地向忽必烈献上儒学治国之道。王鹗进讲《孝经》、《尚书》、《易经》和古今之变、齐家治国的道理。赵璧把《大学衍义》译为蒙语,在骑马时为忽必烈陈说。窦默则首论三纲五常,还引起了忽必烈"人道之端,无大于此"的共鸣③。忽必烈先后任命名儒许衡为京兆儒学教授,张德辉为提举真定路学校,又根据张德辉的请求,颁降令旨让地方官府严格执行蠲免儒户兵赋的条例④。忽必烈藩邸分地京兆和代答剌罕管辖的邢州,实际上主要是以儒

---

① 《至元辨伪录》卷二。

② 《元朝名臣事略》卷十《宣慰张公》。

③ 《元史》卷一百六十《王鹗传》,卷一百五十九《赵璧传》,《元朝名臣事略》卷八《内翰窦文正公》。

④ 《元朝名臣事略》卷八《左丞许文正公》,卷十《宣慰张公》。

士和儒术来治理的。忽必烈还接受高智耀"以儒为驱,古无有也。陛下方以古道为治,宜除之,以风厉天下"的建议,命令高循行州县,释放四川和淮河一带被掳为奴的儒士数千人①。

儒学和儒士为忽必烈提供了来自汉地王朝的非常丰富的政治经验,提供了直接治理汉地的基本蓝图和有效方略。这对忽必烈成为少数民族君主中统一南北和以汉法治汉地的第一人,无疑具有非常重要的意义。

圣代崇儒意非轻,征车相望半儒生。②

忽必烈即汗位后的最初一两年,较多藩邸儒士被委以重任,担任了中书省宰执和宣抚使等。譬如中书省平章赵璧,右丞廉希宪,左丞张文谦,燕京路宣抚使李德辉,副使徐世隆,益都济南等路宣抚使宋子贞,副使王磐,北京等路宣抚使杨果,平阳太原路宣抚使张德辉,真定等路宣抚使刘肃,东平路宣抚使姚枢等③。他们占当时中书省正副宰相的一半,占十路正、副宣抚使的五分之二强。

尤其可贵的是,忽必烈还特意命令皇子真金从名儒姚枢、窦默受《孝经》,讲授完毕,忽必烈十分高兴地赐食招待姚、窦二人。至元八年(1271 年)又降旨新任国子祭酒许衡教蒙古生四人,后增至七人。这几名蒙古生又都是忽必烈亲自拣选出来的。坚童、太答、秃鲁及康里人不忽木均在受业行列。忽必烈曾亲自观赏他们所书字,亲自试验所学成效,对优良者予以嘉奖。忽必烈还特意嘱咐许

---

① 《元史》卷一百二十五《高智耀传》。
② 《秋涧集》卷十五《送王子初总管奉诏北上》。
③ 《元史》卷四《世祖纪一》中统元年。

衡用心辅导怯薛长、中书省右丞相安童。

对忽必烈的这种安排,元人苏天爵称颂道:

> 世祖圣明天纵,深知儒术之大,思有以变化其人而用之,
> 以为学成于下,而后进于上,或疏远未即自达,莫若先取侍御
> 贵近之特异者使受教焉,则效用立见。①

苏天爵语,不无阿谀奉承之嫌,但反映的情况多数是真实的。
无论忽必烈是否有意,若干年以后,真金、不忽木、安童等均得到不
同程度的儒化,并成为朝廷中儒士的政治代表或支持者。

比起持有"儒家何如巫医"和"不蹈袭他国所为"②偏见的蒙
哥汗,忽必烈对儒学治国齐家之道似乎情有独钟。忽必烈曾经说:
"孔子言三纲五常。人能自治,而后能治人;能齐家,而后能治
国"③。由于较早受到儒术的影响,忽必烈对孔子的学说也能够言
其要领,娓娓道来了。

然而,这只是事情的一个方面。应该承认和正视,忽必烈对儒
学始终没有完全信奉和尊崇,而仅仅是有选择地学习和吸收。

二、鄙夷空言义理,强调经世致用

忽必烈十分强调儒学的应用性。

当廉希宪读《孟子》怀书进见,阐扬性善义利之说时,忽必烈

---

① 《元史》卷一百一十五《裕宗传》,卷一百三十《不忽木传》;《元朝名臣事
略》卷一《丞相东平忠宪王》,卷八《左丞许文正公》。
② 《元史》卷一百二十五《高智耀传》,卷三《宪宗纪》。
③ 《元史》卷一百三十四《朵罗台传》。

誉其为廉孟子。而当至元七年(1270年)廉希宪因忤旨罢相赋闲。忽必烈询问廉居家何为,左右回答:读书。忽必烈当即批评道:"读书固朕所教,读之不肯见用,何多读为?"①可见,忽必烈对学儒读经,基本要求是能为其治国经世所用。能用则受称道,不能用则受批评。

在身旁的几名儒臣中,张文谦、姚枢、赵璧、廉希宪四人治国经世之才稍显,能为忽必烈解决一些实际问题,相对而言,他们四人还能受到一定的重用。

忽必烈对北方理学领袖许衡的态度则逊色得多。一次,忽必烈直率地批评许衡:

> 窦汉卿独言王以道(文统),当时汝何为不言?岂孔子教法使汝若是耶?汝不遵循孔子教法自若是耶?往者不咎,今后勿尔也。是云是,非云非,可者行,不可者勿行。我今召汝无他,省中事前虽命汝,汝意犹未悉,今面命汝。人皆誉汝,想有其实。汝的名分,其斟酌在我。国事所以无失,百姓所以得安,其谋谟在汝。谓汝年老未为老,谓你年小不为小,正当黾勉从事,毋负汝平生所学。②

宋元时期儒学的主流已发展为理学,许衡就是北方理学宗师。尽管许衡在汉族儒臣心目中是学术领袖和旗帜,尽管至元初许衡也曾上疏论及立国规模,中书大要,为君难,农桑学校,慎微等五

---

① 《元朝名臣事略》卷七《平章廉文正王》。
② 《元朝名臣事略》卷八《左丞许文正公》。

事,但他空言性理较多,替忽必烈解决朝政实际问题颇少。有些说法本来就比较冗长深奥,又需要借助翻译为中介,忽必烈很难听懂,更谈不上接受。即使忽必烈自择高明翻译,也难免发生言不逮意或语意不伦等情况①。对许衡这套不讲实用的理学说教,忽必烈自然不喜欢。忽必烈指责许衡未直言王文统问题,指责他年富力强而屡次推辞所委任的官职,指责他负盛名而不务实,不是没有道理。

儒学只是忽必烈所接触的汉地文化的重要组成部分,并非全部。他接触汉地文化还包括传统官制、王霸之术、阴阳历数、道教及汉地佛教等。无论忽必烈的藩邸旧臣,抑或即位以后招罗的文臣,实际不只是纯粹的儒士,还有不少擅长王霸之术、阴阳历数、诗赋文辞、管理财赋,或者佛、道、儒兼通者。这些人员都在忽必烈面前竞相施展自己的才能,争取忽必烈的青睐或注意。忽必烈对这类人的重视和赏识往往不在纯粹的儒士之下。试举例如下:

刘秉忠学贯儒、佛、道,尤精通晓音律、算数、推步和仰观占候,还娴熟治国之术。忽必烈称赞他"事朕三十余年,小心慎密,不避险难,事有可否,言无隐情。又,其阴阳术数之精,占有知来,若合符契"。他与忽必烈"情好日密,话必夜阑,如鱼得水,如虎在山"②,又是一般儒士难望其项背的。

金末状元王鹗"以文章魁海内","一时学者翕然咸师尊之"。忽必烈对他格外优待,每每赐座,呼状元而不名。虽然他也曾给忽必烈进讲修身齐家治国平天下之道,但忽必烈最看重的却是他的华丽文章。包括《中统建元诏》在内的许多大诰命和大典册,无一

---

① 《元朝名臣事略》卷八《左丞许文正公》。
② 《藏春诗集》卷六附录,《祭文》,《故光禄大夫赠太傅仪同三司文贞刘公神道碑》。

不是出于王鹗之手①。

第九章所述原南宋太学生叶李因率同舍生八十三人伏阙上书抨击贾似道缪司台鼎,病民误国,忽必烈闻其奏章,拊掌称叹,爱其刚直,大加褒扬。特命侍御史程钜夫招至京师,赐坐赐宴,允许五日一次入宫议事,很快提拔为尚书省右丞,赐赍甚多,成为忽必烈后期地位最高,最受宠信的南人官员②。

忽必烈对人才的衡量尺度,除了为己所用外,就是对奇异杰出技能的喜好。这种喜好并不以儒学为界限,儒学也罢,其它也罢,只要属于奇异杰出技能,忽必烈就一概抱着极大兴趣和热忱去关注,去重视。出于这种喜好,忽必烈的心目中自然不会独尊儒学,自然不会完全信奉儒学。

儒学和儒士不能满足忽必烈黩武嗜利的需要,有时反而成为障碍,这也是他对儒学不十分信赖、热衷的重要原因。

在每次大的军事征伐前夕,儒士们多半会基于仁义、仁爱理念,跳出来反对忽必烈的作战计划。

如忽必烈率兵渡江攻鄂州之际,郝经上书说:"彼无衅可乘,未见其利。唯修德以应天心,发政以慰人望,简贤以尊将相,惇族以壮基图……兴文治,饬武事,育英材,恤疲氓,以培植元气。藏器于身,俟机而动,则宋可图矣"③。郝经的意思不外是,以文治德政为本,停兵以待,不必急于攻宋。这种明显违背蒙哥汗三路围攻南宋计划的意见,自然不会被忽必烈采纳。

---

① 《元朝名臣事略》卷十二《内翰王文康公》。
② 《元史》卷一百七十三《叶李传》。
③ 《元朝名臣事略》卷十五《国信使郝文忠公》。

又如襄阳攻克后,忽必烈准备兴师渡江灭亡南宋。许衡却以为不可,还强调"惟当修德以致宾服,若以力取,必戕两国之生灵"①。如此近于迂腐的意见,符合许衡理学家的性格,但对急欲平定江南、建功立业的忽必烈来说,又是万万不能接受的。

再如至元十九年(1282年)忽必烈将要大举渡海征日本,王磐谏止说:"日本岛夷小国,海道险远,胜之则不武,不胜则损威,不伐为便。"当时发兵日期已定,忽必烈对这类说三道四,甚是震怒。他斥责王磐说:"此在吾国法,言者不赦,汝有它心而然耶?"王磐辩解说:"臣以八十之年,又无子息,有他心欲何为耶!"方消除了忽必烈的疑心和不满②。

清人赵翼批评忽必烈嗜利黩武。实际上忽必烈的嗜利和黩武,往往密不可分,军事征伐必须有巨额军费的支持,为了顺利进行军事征伐,忽必烈势必重用理财之臣,以搜敛财富。此外,诸王岁赐和官吏俸禄,也依赖充足的财赋支持。而儒臣不仅对军事征伐持消极态度,对忽必烈重用的理财官员也一概反对。中统初,王文统以中书省平章掌管财政,为忽必烈政权筹办了较充裕的钱谷经费,一度颇受忽必烈的重用。儒臣许衡、姚枢极言治乱休戚,必以义为本。窦默甚至在忽必烈面前直接斥责王文统"此人学术不正,久居相位,必祸天下",还当即举荐许衡可以为宰相③。许衡、窦默等显然把他们和王文统的分歧,当作传统的义、利之争的继续。殊不知王文统协助忽必烈理财助国,成绩显著,功大于过。忽必烈对许、窦、姚三人一味崇义斥利的意见,并不赞同。所以,三人

---

① 《元朝名臣事略》卷八《左丞许文正公》;《许文正公遗书》卷末《许衡神道碑》。
② 《元朝名臣事略》卷十二《内翰王文忠公》。
③ 《元朝名臣事略》卷八《左丞许文正公》;《元史》卷一百五十八《窦默传》。

均被逐出政府枢要,改任国子祭酒、大司农、翰林侍讲学士等闲职。王文统被杀后,忽必烈使用回回人阿合马理财。尤其是在阿合马升任中书省平章、忽必烈对他更加倚重的情况下,儒臣和阿合马的冲突也日益尖锐。由于忽必烈的偏袒,儒臣指责批评阿合马的种种努力均告失败。如张文谦屡次在忽必烈面前极论阿合马害政,却因阿合马嫉恨被迫辞去御史中丞之职。许衡奏劾阿合马专权无上,蠹国害民,又反对阿合马以其子掌兵柄,指出,父典民与财,子又典兵,乃反侧之道。谁料忽必烈将此言转告了阿合马。许衡为避祸,主动辞掉中书省左丞。另一名儒臣廉希宪也因多次与阿合马抗衡,被排挤至北京和江陵行省①。

儒臣们讳言财利,无以副忽必烈裕国足民的愿望,对理财懵然无知,迂腐僵化,也是忽必烈疏远他们的背景之一。许衡曾在《楮币札子》内指责纸币"制法无义,则古先圣王知其为天下害必不可行也"。至元十二年(1275年)二月在议论江南新征服地区上是否废交子会子改行中统钞时,姚枢认为:"江南交会不行,必致小民失所",徒单公履又云:"伯颜已尝榜谕交会不换,今亟行之,失信于民"。忽必烈的裁决是:姚枢、徒单公履"不识事机",应当依照阿合马的提议,迅速更换宋交会子②。南宋灭亡在即,废交子会子,不仅可以避免当地货币因政权更迭发生混乱,而且有利于完成大统一。姚枢等顽固地阻止此事,难怪忽必烈批评他"不识事机"。

元人孔齐说:"世祖能大一统天下者,用真儒也。用真儒以得

---

① 《元朝名臣事略》卷七《左丞张忠宣公》,《平章廉文正王》,卷八《左丞许文正公》;《元史》卷一百五十七《张文谦传》。

② 《元史》卷二百五《阿合马传》。

天下,而不用真儒以治天下。"①

孔齐的话,不是没有根据。忽必烈对儒学、儒士的态度,又受到李璮之乱和阿合马被杀事件的影响而前后变化较大。李璮之乱发生以前,尽管王文统对儒臣有所压制,但张文谦、廉希宪等继续留任中书省等枢要机构,忽必烈与许衡、姚枢、窦默等儒臣的关系仍比较近密。李璮之乱爆发后,忽必烈对汉官有所疑惧,开始重用阿合马等回回人理财,并以其牵制汉官。阿合马擅权柄国近二十年,在他被杀前夕,儒臣全部被排挤出中书省,许、姚、窦等著名儒臣老死过半,七零八落。阿合马被杀后,忽必烈对汉官的疑惧进一步加深,儒臣亦在此列。后来,虽然有太子真金、右丞相安童、近侍不忽木等受儒学影响较深的非汉族人员继续活跃在政治舞台上,但至元二十二年(1285 年)左右忽必烈身旁汉官已寥若晨星,朝廷大臣中的儒臣集团实际已不复存在了。

为此,王恽不胜感慨地说:"国朝自中统元年已来,鸿儒硕德济之为用者多矣。如张、赵、姚、商、杨、许、王之伦,盖尝忝处朝端,谋王体而断国论矣……今则曰:彼无所用,不足以有为矣。是岂智于中统之初,愚于至元之后哉?"②

三、热心儒学教育与拒绝科举

忽必烈较热心地举办儒学教育和拒绝科举的复杂态度,也颇有意思。

蒙古贵族南下攻金初期,与汉地儒学隔膜甚深,对儒士杀戮颇

---

① 《至正直记》卷三《世祖一统》。
② 《秋涧集》卷四十六《儒用篇》。

多,毁于战乱的州县学校不计其数。苟且保全性命的儒士,也多半难逃被掳为奴或百无一用的遭际。自耶律楚材获得成吉思汗父子的信任后,儒学和儒士的处境开始略有转机,燕京国子学和各地的官办、民办儒学逐渐有所恢复。在历任蒙古大汗中,忽必烈应是较热心地举办朝廷和地方儒学教育的第一人。

除了前述张德辉说服忽必烈重新兴办真定庙学和许衡奉命提举京兆学校外,另一位重要谋臣刘秉忠就曾向身为藩王的忽必烈献策:"古者庠序学校未尝废,今郡县虽有学,并非官置。宜从旧制,修建三学,设教授,开选择才,以经义为上,词赋论策次之。"①这条建议尽管因忽必烈总领漠南军国重事使命的中断,暂时未见明显成效,可对忽必烈即汗位以后兴办儒学教育影响很大,世祖朝中央和地方的官办儒学大抵是循着刘氏的说法举行的。

忽必烈热心举办儒学教育,概括地说含有以下三方面:

其一,兴建正规的国子学。

蒙古占领燕京后,燕京行台官王楫新建了夫子庙学。窝阔台五年(1233年),蒙廷在燕京夫子庙的基础上设立国学②。然而,此"夫子庙学"严格地说只是王楫运用职权建立的燕京地方儒学,此"国学"也只是蒙廷举办的蒙古贵胄学习汉语的学校,二者均非正规的"国子学"。

至元六年(1269年)七月,应张文谦、窦默奏请,忽必烈正式设

①　《元史》卷一百五十七《刘秉忠传》;陈高华《元代的地方官学》释"三学"为金朝地方的府学、节镇学、州学(《元史论丛》第五辑,中国社会科学出版社1993年)。今从陈先生说。
②　《元史》卷八十一《选举志》,卷一百五十三《王楫传》;《析津志辑佚》《学校》第197页,北京古籍出版社1983年。

置了国子学,任命许衡为第一任国子祭酒,选拔贵胄子弟入学受业。至元二十四年(1287年)闰二月,又增设国子监,掌国子学之教令①。

国子学和国子监的正式设立,使元朝廷开始有了儒学最高学府,而与其他汉地王朝没有两样了。

其二,地方官办儒学的普遍设置。

中统二年(1261年)八月,忽必烈听取翰林学士承旨王鹗的意见,特诏各路设立提举学校官,选博学老儒王万庆、敬铉等三十人充任,训诲在学诸生,作成人才,以备选用②。这意味着北部中国地方官办儒学的全面恢复和重建,一定程度上改变了蒙古统治者不重视儒学文治的偏向。

平定江南后,南宋原有的地方官学大体被沿袭下来,还于至元二十四年(1287年)设立江淮十一道儒学提举司,专掌儒学教育③。成宗初,江南儒学提举司进一步改为各行省只设一个。

可以毫不过分地说全国范围的地方官办儒学的普遍设置,基本上是在忽必烈朝完成的。

其三,儒学教官的制度化。

儒学教官大抵始于宋代。忽必烈实现南北统一后,中央和地方各级教官的制度化得以确立。即国子学设祭酒、司业、博士、助教,各道(后改行省)设儒学提举司正、副提举,路学设教授、学正、

---

① 《元史》卷六《世祖纪三》,卷一百五十七《张文谦传》,卷十四《世祖纪一一》。
② 《秋涧集》卷八十二《中堂事记》;《庙学典礼》卷一《设提举学校官》。
③ 《庙学典礼》卷二《左丞叶李奏立太学设提举司及路教迁转格例儒户免差》;《元典章》卷三十一《礼部四·儒学》《立儒学提举司》。

学录,散府学和上、中州学设教授,下州学设学正,县学设教谕①。至元二十一年(1284年)还专门颁布了《教官格例》,作为管理教官的办法②。

儒学教官的普遍设置,客观上与元代诸色户计职业分类体制相对应,忽必烈将其制度化,一定程度上也为儒学教育发展提供了比较好的条件。

与热心儒学教育形成较大反差的是,忽必烈对科举却很不积极。忽必烈即汗位初,曾召许衡于上都,询问科举如何?许衡回答:"不能"。忽必烈赞和说:"卿所言务实,科举虚诞,朕所不取"③。据说,至元十一年(1274年)忽必烈曾让朝臣讨论过科举行废问题,而且拟定了比较具体的条目程式,但一直没有实施④。

忽必烈拒绝科举的态度,既受汉地厌恶金宋文士溺于场屋奔竞、唯务诗赋空文的舆情影响,也与他固守选官领域内蒙古贵族的特权利益有关。

早在金莲川藩府时期,读经穷理的理学家群和热中诗赋的金源文学群,在兴趣理念等方面就是有裂痕的。元朝建立后,这两个群体虽然在恢复科举上多半抱赞成态度,但在试经义抑或试诗赋问题上又分歧很大。忽必烈对科举取士并不感兴趣,或许他意识到科举考试是汉人士大夫的"专利",于维护蒙古贵族特权不利。所以,他有意无意地利用这两个群体的分歧,阻止开科举士。

---

① 《元典章》卷九《吏部三·教官》《正录教谕直学》。
② 《庙学典礼》卷二《学官格例》。
③ 《元朝名臣事略》卷八《左丞许文正公》。
④ 《滋溪文稿》卷三《陕西乡贡进士题名记》;《元史》卷八十一《选举志一·科目》。

当徒单公履建言试诗赋开科举时,忽必烈特意诏命姚枢、窦默、杨恭懿等杂议,杨恭懿等立即指责"日为赋诗空文"的弊端,忽必烈马上表示赞同,并作为拒绝科举的依据①。

当徒单公履得悉忽必烈尊崇佛门中的教宗(指天台、法相、华严等宗)而压抑禅宗,乘机进言:儒人亦有教、禅之别,主张以诗赋科举取士的,类似佛门中的教;道学则类似佛门中的禅。忽必烈听罢,果然对喜好经学和性理之学的姚枢、许衡大发雷霆,甚至命令他们和一位中书省左丞"廷辩"。恰巧近侍董文忠从外面进来,忽必烈竟质问道:"汝日诵《四书》,亦道学者"。董文忠连忙解释:"陛下每言,士不治经究心孔孟之道,而为赋诗,何关修身,何益治国! 由是海内之士,稍知从事实学。臣今所诵,皆孔孟言,乌知所谓道学哉。而俗儒守亡国余习,求售己能,欲锢其说,恐非陛下上建皇极,下修人纪之赖也"。经过忽必烈亲近宿卫董文忠这番解释,忽必烈才算停止了对理学家姚枢、许衡的指责和申斥。

忽必烈对儒士中的读经之士和热中诗赋者,态度并不一样,但标准只有一个,那就是实用。他曾经对藩邸旧臣赵良弼说:"高丽小国,匠人棋人皆胜汉人,至于儒人通经书,学孔孟,汉人只是课赋吟诗,将何用?"②忽必烈这里说的汉人,显然是指原金朝统治下热中诗赋的北方汉人文士。忽必烈厌恶"只是课赋吟诗",是因为他们于治国修身无用。徒单公履借佛门教、禅之别,一度攻击理学家奏效而引起忽必烈对姚枢、许衡的不满,也是因为他们空言性理,讳谈兵赋。

---

① 《元朝名臣事略》卷十三《太史杨文康公》。
② 《元朝名臣事略》卷十四《枢密董正献公》,卷十一《枢密赵文正公》。

很明显,忽必烈既重儒士又嫌其迂阔的复杂心理,说来也简单,就是儒士儒学不能完全满足其"为我所用"的政治需要。

在忽必烈较热心地举办儒学教育和拒绝科举的复杂政策下,居然出现了"九儒十丐"的奇怪情况,这又作何解释呢?

"九儒十丐"的说法,出自南宋遗民郑思肖《大义略叙》。原文曰:

> 鞑法,一官,二吏,三僧,四道,五医,六工,七猎,八民,九儒,十丐,各有所统辖。僧为僧官统僧,道士为道官统道士。

首先,郑思肖所云自"官"到"丐"的排序,大抵是元朝职业户计的分野,当时的户计名色,的确包含了官、吏、僧、道、医、工、猎、民、儒等类别,而且是各立官署,自治其人。所缺漏的主要是"军"。上述排序中的"九儒十丐",只是郑思肖按职业户计的胪列,并非官方的正规等级制度,因此,不能全面反映忽必烈时期儒士的实际地位。

第二,忽必烈时期的儒士,虽然能享受儒户定籍、免除差役、选拔充当教官及儒吏等待遇,但唐宋以来儒士赖以仕进登龙的科举迟迟未开,大多数儒士"学而优则仕"的门径被堵死。而在地方教官中,惟教授有资品(从八品、正九品),学正、学录、教谕、山长等均属无资品的流外职,其薪俸每月仅在米三石,钞三两以下[1]。更有甚者,多数下层教官升迁极慢,进入流品的机会渺茫,不免有"热选尽教众人做,冷官要耐五更寒"之类的哀叹牢骚。就仕进只

---

[1] 《庙学典礼》卷二《学官职俸》。

限于中下层教官及吏员的大多数儒士来说,其地位确实是比较低的。儒士虽然未必卑下到第九位,但比僧、道肯定是低的。汪元量"释氏掀天官府,道家随世功名。俗子执鞭亦贵,书生无用分明"的诗句①,并非无根之说。

第二节　道教的境遇

一、开平辩论全真教败北

大蒙古国时期,北方道教主要是全真教、太一教、真大教。尤其是全真教宣扬道、佛、儒三家兼而修之,教主丘处机又较早投靠成吉思汗,因而成为北方最有势力的道教教派。元人张昱诗曰:

> 运际昌期不偶然,外臣豪杰得神仙。
> 一言不杀感天听,教主长春亿万年。②

随之,以全真教为首的道教一度取得了高于佛教、儒学的优势地位。

然而,全真教势力膨胀,网罗不法之徒,侵压佛教及儒学,引起朝廷的猜忌。蒙哥汗五年(1255 年)八月,河南少林寺长老福裕藉阿里不哥赴和林告全真教的状,他指责是:"道士欺谩朝廷辽远,倚着钱财壮盛,广买臣下,恃方凶愎,占夺佛寺,损毁佛像,打碎石塔"。蒙哥汗断定道士理屈,责成断事官和来自克什米尔的那摩

---

① 《增订湖山类稿》卷三《自笑》。
② 《可闲老人集》卷二《辇下曲》。

国师负责全真教退还所占佛寺。这应是蒙古统治者偏袒佛教和全真教失势的开始。

据说，那摩国师执行退还任务时，全真教临时首领张志敬拖延支吾，不肯遵旨交付。那摩国师偕张去德兴府觐见忽必烈。忽必烈大怒，命令刘侍中、活者思殴打诟骂张志敬，张被打得头面流血①。

在此前后，忽必烈为保护儒士利益，曾两次以令旨强制全真教冯志亨归还所占儒士夫子庙及学田，且命令冯志亨等道士今后不许再行争夺②。

足见，忽必烈积极参与了蒙古上层适当限制全真教势力的最初活动，在这个问题上，忽必烈和同胞兄弟蒙哥、阿里不哥的态度，如出一辙。

1258年蒙哥汗南征前夕，颁诏举行佛、道二教辩论。依照蒙哥的旨意，辩论由解兵柄赋闲的忽必烈主持，地点是开平忽必烈藩府"大阁之下"。

参加辩论的有佛、道二教代表各十七人。僧人代表有吐蕃萨思迦派领袖八思巴、前述那摩国师以及汉地、大理、河西等处的名僧，忽必烈的亲近侍臣刘秉忠也在僧人代表之列。道教的代表是全真教新任掌教张志敬等。藩邸儒士姚枢、窦默、廉希宪、张文谦等也出席辩论，协助忽必烈证其是非。与会人员总数多达七百人以上。

这次辩论与福裕在和林指斥道教、要求退还侵占寺院不同，其

---

① 祥迈《至元辩伪录》卷三。
② 《析津志辑佚》《学校》。

核心是《老子化胡经》的真伪。僧人全力揭露《化胡经》的虚伪荒诞，道士则抗论狡辩，节节败退。在最后关头，忽必烈也亲自参与并最终裁定。

当道士们将《老子传》、《化胡经》等史书呈献忽必烈面前，忽必烈诘问："此是何人之书？"道士回答："此是汉地自古已来有名皇帝集成底史记，古今为凭"。

忽必烈又问："自古皇帝唯汉地出耶？他处亦有耶？"道士答复："他国亦有"。

忽必烈问："他国皇帝与汉地皇帝都一般么？"道士回答："一般"。

忽必烈又说："既是一般，他国皇帝言语，汉地皇帝言语，都一般中用么？"回答："都中使用"。

忽必烈说："既中使用，老子他处不曾行化，而这史记文字主张老子化胡，不是说谎文字？那这般史记都合烧了，不可凭信"。

八思巴乘机说，西天史书里没有老子化胡成佛的记载。于是问道士可曾闻知西天史书里化胡成佛的说法。道士回答："不曾闻得"。

忽必烈十分恼怒地说："偏这史记汝不曾闻得，汉地史记尔偏闻得！"

辩论结束时，夕阳西下，阁内昏暗，忽必烈宣告道教辩论失败。姚枢译语斥道教曰："守隅曲士，难论大方"①。道士樊志应等十七人被迫诣龙光寺削发为僧，焚烧道经四十五部，归还佛寺及产业二百三十七区②。

---

① 祥迈《至元辩伪录》卷三。
② 《佛祖历代通载》卷三十三，王磐等撰《圣旨焚毁诸路伪道臧藏经之碑》。

道教辩论败北，一方面是《老子化胡经》的确是伪造，公平论争时无法占上风；另一方面是当时蒙古业已入主中原多年，汉地仅为蒙古帝国的一部分，蒙古帝国内多种民族和多种文化兼容并存，蒙古为统治民族，故不容许汉地文化为上，不容许强调汉地民族意识。忽必烈不惜直接介入和道士的辩论，坚持"他国皇帝"与"汉地皇帝"君临天下及其"言语"的同等有效性，公开反对道士出于汉族本位的以华化夷论。这就注定了道教无可挽回的失败。

1258年的辩论结束不久，忽必烈奉命率军南下攻鄂州。接着，又是蒙哥汗猝死钓鱼山和忽必烈、阿里不哥兄弟争夺汗位，忽必烈一时无暇顾及开平辩论决议的彻底落实。所以，到至元十七年（1280年）佛、道二教的冲突再起，又导致了至元十八年（1281年）的第二次佛、道大辩论。

二、至元十八年再焚道藏伪经杂书

至元十七年（1280年）二月，忽必烈再次下令道士焚烧道藏伪经及刻版。谁料四月又发生了长春宫全真教为和僧人争夺观院，聚集五百名道士，持棍棒殴打僧人，自焚廪舍，谋害僧录广渊的事件。中书省直接处理此案，辩白了道士的诬告，甘志泉、王志真等款伏认罪。忽必烈诏遣枢密副使孛罗及诸大臣覆按相关罪犯，全无异词。于是，处死肇事首犯甘志泉、王志真，其余十人割了耳朵鼻子，流放充军①。

---

① 《元史》卷十一《世祖纪八》；《通制条格》卷二十九《寺观僧道数目》；《佛祖历代通载》卷三十三，王磐等撰《圣旨焚毁诸路伪道藏藏经之碑》。

至元十八年(1281年)九月,鉴于道士私自匿藏伪经版本,忽必烈命令枢密副使孛罗与前中书左丞张文谦、秘书监焦友直、功德使司脱因小演赤、释教总统合台萨哩、太常卿忽都于思、中书省客省使都鲁以及在京的僧录司所属教、禅诸僧,诣长春宫无极殿会同正一教天师张宗演、全真教掌教祁志诚、真大道教掌教李德和、杜福春等道教徒众,翻阅道家经卷数千帙,考证真伪,耗时近二十日。

功德使司脱因小演赤等将结果奏闻忽必烈,以诳惑愚俗,凿空架虚,罔有根据,诋毁释教,妄自尊崇为辞,请求焚毁老子《道德经》二篇以外的其它道家经书。据说,官员们分拣道藏时,检出马湘诗一首:"树连沧海水连云,昔有殷周李老君。人说是非皆不定,五千言外更无文"。此诗奏上,提供了《道德经》外其他道家经书皆伪的有力证据。

忽必烈龙颜大悦,指示说:"道家经文传讹踵谬,非一日矣。若遽焚之,其徒未必心服。彼言水火不能焚溺,可姑以是端试之。俟其不验,焚之未晚也"。又命令枢密副使孛罗、司徒和里霍孙等谕张宗演、祁志诚、李德和、杜福春,让他们各推择一人,佩符入火,自试其术。张、祁、李、杜四人连忙上奏:"此皆诞妄之说,臣等入火,必为灰烬。实不敢试,但乞焚玄道藏,庶几澡雪臣等。"

忽必烈批准了他们的上奏,诏谕天下:"道家诸经,可留道德二篇,其余文字及版本化图,一切焚毁。隐匿者罪之。民间刊布诸子医药等书,不在禁限。今后道家者流,其一遵老子之法。如嗜佛者,削发为僧。不愿为僧者,听其为民。"

十月二十日,忽必烈聚百官于悯忠寺,焚烧道藏伪经杂书。又派遣使者督促地方诸路遵照诏令行事。当时,忽必烈圣旨禁断并焚毁的道教伪经,计有《化胡经》、《出塞经》、《南斗经》等三十九种①。据说,丘处机十九位弟子之一宋德方在平阳路印刷的大型道教文献《道藏》,此次也被连同刻版,一并焚烧②,道教文献因而损失巨大。

在辩论开始以前,忽必烈曾询问:"胜负如何赏罚?"道士说:"义堕者斩首"。忽必烈谕旨:"不然,义堕者削发为僧"。辩论败北后,确实有部分道士被迫落发为僧,忽必烈还赐给进入佛门的原道士张志幕七宝数珠,命其每日课诵③。

至元十八年(1281年)忽必烈在大都再次掀起的佛道辩论,是蒙哥汗八年(1258年)那场辩论的继续。与前一次相比,这场辩论严格地说已不再是辩论。忽必烈及朝廷官署袒护佛教和压制道教的政策倾向,一开始就非常明显。这当然和忽必烈本人此时已皈依喇嘛教且受帝师戒有关系。尤其是忽必烈巧施智谋,亲自设计令道教诸派首领入火自试其术的计划,致使道士们的诡术很快败露,被迫同意焚烧伪经而换取自己的生路。说明忽必烈对压制道教想得很深很细,力求毕其功于一役,使道士们心服口服地就范。

经过忽必烈至元十八年(1281年)的佛道辩论和焚烧伪经,盛极一时的道教(主要是全真教)由此一蹶不振,终于跌至佛教之下。

摧折最厉的当然是全真教,据说,大都长春宫被禁止醮祠长达

---

① 《佛祖历代通载》卷三十三《圣旨禁毁诸路伪道藏藏经之碑》,卷三十四,卷三十五,第412页,江苏广陵古籍刻印社1993年。

② 《道藏》19册,第540页;《道家金石略》第547页。

③ 《佛祖历代通载》,卷三十五,第411页,江苏广陵古籍刻印社1993年。

十余载。直到忽必烈晚年颁布"凡金箓科范不涉释言者,在所听为"的诏令①,才算撤销了对长春宫醮祠的禁令。

对道教此番所受的打击,南人郑思肖亦云:"北地长春宫道士与番僧有仇,番僧化辀主曰,道经是伪作谎语,蒙哥时道士斗佛法不胜,髡为僧,今宜焚其经。辀主果焚南北州郡《道藏经》,唯许留老子《道德经》,几灭道士,髡为僧。胡俗妖怪,惨酷如是"②。

三、世祖朝后期的道教诸派

道教虽然遭受很大打击,但道教诸派并不像郑思肖所说的几乎到了灭绝的地步。即使在至元十八年以后,忽必烈对道教的正一、太一、真大及全真诸派,仍然采取了一定的保护措施。忽必烈本人也和这些教派长期保持着这样那样的沟通或联系。

正一道教与忽必烈的交往,早在其三十五代天师张可大时期业已开始。至元十三年(1276年)南宋刚刚灭亡之际,忽必烈主动派使者召世居信州(今江西上饶)龙虎山的三十六代天师、张可大子张宗演入京。张宗演抵京时,忽必烈命令朝廷官员出城迎接慰劳,待以客礼。

忽必烈颇有感慨地对张宗演说:"昔岁己未,朕次鄂渚,尝遣王一清往访寻卿父(张可大)。卿父使报朕:后二十年天下当混一。神仙之言,验于今矣"。于是,倍加宠渥张宗演,让其入座,赏赐筵宴,又特赐玉芙蓉冠和组金无缝衣,命令他佩银印,主领江南道教。

---

① 《牧庵集》卷十一《长春宫碑》。
② 《大义略叙》,《郑思肖集》第184页,上海古籍出版社1991年。

至元十八年（1281年）道教遭受焚经厄运时，张宗演通过真金太子在忽必烈驾前说情，总算得以允许保存正一道教"不当焚者"，其醮祈禁祝，也许可不废。忽必烈还躬自观看正一教祖传玉印、宝剑，赞叹良久："朝代更易，已不知其几，而天师剑印传子若孙尚至今日，其果有神明之相矣乎！"

张宗演死后，忽必烈又命其子张与棣嗣为三十七代正一天师，继续掌管江南道教①。

元人张昱诗曰：

> 龙虎山中有道家，上清剑履绚青霞。
> 依时进谒棕毛殿，坐赐金瓶数十茶。②

张宗演的门人张留孙与忽必烈的关系最为密切。

至元十三年（1276年），张留孙随从其师张宗演入觐大都，被忽必烈看中，遂留侍阙下。

一次，忽必烈亲自在帐殿内祭祀，皇太子真金陪祀，突然狂风暴雨骤起，众人甚为惊骇恐惧，张留孙一番祷告，居然令风雨立止。

又一次，忽必烈偕察必皇后出巡漠北日月山，察必皇后突然病重，亟召张留孙祷告。而后，察必皇后梦到一位朱衣白髯者，由随从甲士引导，乘朱辇白兽行于草间。张留孙为其解释说：引导辇兽的甲士，是臣所佩法箓中的将吏；朱衣白髯者，是汉代正一道教鼻祖张道陵天师；行于草间，意味着春天。皇后殿下的病，一到春天

---

① 《道园学古录》卷五十《张宗师墓志铭》；《元史》卷二百二《释老传》。
② 《可闲老人集》卷二《辇下曲》。

就会痊愈！察必皇后命人取来张留孙所奉祖师画像观看，果然是梦中所见的。忽必烈和察必皇后非常喜悦，立刻任命张留孙为天师，张留孙固辞不敢接受。于是，赐号上卿，又赐予尚方太府所铸宝剑。镌文曰："大元赐张上卿"。

忽必烈还下令上都、大都皆筑崇真宫，由张留孙居住，专掌醮祠之事。至元十五年（1278年），又授张留孙玄教宗师，赐银印，并让他掌管淮东、淮西、荆襄等处道教。张留孙之父也被特授信州路治中，后又升为江东道宣慰司同知。

忽必烈还连年命令张留孙奉使各地或代祀山岳河渎。他曾对张留孙说："天子当礼五岳，而朕年高不能往。每遣近臣忠信而识察者分道祠岳渎后土。戒之曰：'神明之使，马不至喘汗，则善矣'"。归来后，忽必烈又仔细询问"其所闻见人物道里、风俗善美、岁事丰凶、州县得失"，以全面了解平素接触不到的"疏远之迹"。并且称赞张留孙："敬慎通敏，谁如卿者！"

此外，上都寿宁宫也属于正一道教，至元十八年（1281年）八月忽必烈焚毁道藏伪经前夕，寿宁宫依然为巡幸上都的忽必烈设醮祠。张留孙曾利用常侍左右之便，讲述贵清净无为的黄老之道，试图劝谏忽必烈在天下安定的形势下实行与民休生养息政策。

忽必烈晚年欲以东宫旧臣完泽为丞相，命令张留孙卜筮，卦辞是"同人"之"豫"。张留孙进而解释说："同人"的意思，"柔得位而应于乾，君臣之合也；'豫'，利建侯，命相之事也。何吉如之，愿陛下勿疑。"忽必烈依其卜筮，最终命完泽为丞相。

据说，皇曾孙海山、爱育黎拔力八达二人的名字虽系蒙古语，但起初又是张留孙奉旨以汉语选定，然后译为蒙古语的。忽必烈病危弥留之际，还对真金妃阔阔真说："张上卿，朕旧臣，必能善事太子(铁穆耳)"①。

忽必烈对正一道教例外垂青,超过了其它道教各派。这不仅是因为当年张可大有利于忽必烈混一南北的那段预言,还在于正一道教教义的某些内容为其所喜好。正一道教不重修持,最重符箓,崇拜神仙,画符念咒,祈福禳灾,而与杂糅儒释、倡导修真养性的全真道教,有较大差别。尤其是卜筮预言等技艺,和蒙古原始的萨满教不无类似处,这在忽必烈看来也是较为有用的。前述张留孙奉忽必烈旨意,卜筮任命完泽为相吉否,最能说明问题。

太一道教与忽必烈的过从交往,也能追溯到藩邸时期。藩邸旧臣刘秉忠兼通儒、佛、道,所通之道,即祀太一六丁之神的太一道教。太一道教掌门萧公弼一度被藩王忽必烈召至和林。应萧公弼的举荐,忽必烈命令其弟子李居寿袭掌太一道教。

忽必烈接替塔察儿率军渡江攻鄂州,途经淇州(今河南淇县),应李居寿的邀请,巡视其所居万寿宫。中统元年(1260年)正月,忽必烈自鄂州北归,又命令李居寿在淇州万寿宫设黄箓静醮,祭奠"江淮战殁一切非命者"。

同年九月,已经登上皇帝位的忽必烈,又将李居寿召至燕京,亲自告谕李修祈袚金箓醮,又赐号"太一演化贞常真人"。后来屡次命令李居寿在上都、大都大安阁等处建醮祈福。

至元十一年(1274年)夏,刘秉忠在上都逝世。忽必烈命令在上都南屏山和大都西山分别建太一宫,让李居寿居住并管领祠事,

---

① 《元史》卷二百二《释老传》,卷十《世祖纪七》,卷十一《世祖纪八》;《道园学古录》卷二十五《河图仙坛之碑》;《清容居士集》卷三十四《玄教大宗师张公家传》。

以继承刘秉忠之"秘术"。太一宫全称太一广福万寿宫,每年官给道众粟帛有差。《析津志》还把刘秉忠称为太一宫的第一代宗师,李居寿为第二代宗师。

忽必烈对李居寿颇为宠爱,至元十三年(1276年)赐号太一掌教宗师。所赐如玉尊像、宝剑、安车、龙杖、金银器皿,不胜枚举。还得以留宿宫禁,参与庭议。李居寿还能借奉命祠醮五昼夜和奏赤条于上天的机会,向忽必烈献策:"皇太子春秋鼎盛,宜参预国政"。忽必烈居然欣喜接受,随即命真金太子监国参决庶政①。

另外,真大道教的孙德福被忽必烈委任为该教掌教,赐铜印,后改赐银印。

对前述全真道教势力膨胀,欺压佛儒,甚至影响蒙古统治者的权威,忽必烈当然不满意。但对其正常的祈福禳灾,忽必烈不仅支持,也比较热心。1258年开平辩论结束两、三年,刚即皇帝位不久的忽必烈,就命令在上都长春宫作清醮三昼夜,为民祈福,还让王鹗撰写了祷告之辞②。即使全真道教的第四代掌教祁志诚,依然可以继续在云州一带活动,而且道誉甚著。连丞相安童罢相后是否复出,也要向祁真人问计。安童丞相在位,"以清静忠厚为主",或受他的一定影响③。

马可波罗说:

<hr />

① 《元史》卷二百二《释老传》;《危太朴集》卷八《送郭真人还玉笱山序》;《秋涧集》卷四十七《太一五祖演化贞常真人行状》;《析津志辑佚》《寺观》第94页,北京古籍出版社1983年。
② 《秋涧集》卷八十一《中堂事记》(中),中统二年四月十五日。
③ 《元史》卷二百二《释老传》。

还有,我也要告诉你们的,就是又有先生教派。依照他们的习尚,这些人严行禁酒节食,遵守一种苦生活……他们的全生任何东西不吃,只吃做小麦面粉时候留下来的麸子……还要每年里斋戒多少天数……别教的和尚叫这些严行节食的人是邪教徒……因为他们所奉的偶像同别教完全不同的,两派教规也大不相同。世界上不论什么东西不能引诱先生派徒娶妻……他们穿的是大麻布做于黑色和黄色衣服……他们睡在席上、木头格子上。[1]

马可波罗所言,显然是指戒酒、色、财、气,以苦修奇行著称的全真道教[2]。他不仅谈到全真道教"苦生活"的特征,又言及与佛教的对立冲突,故不失为佛道辩论以后全真道教虽失势却得以继续生存的域外佐证。

忽必烈的道教政策已如上述。这并不排除忽必烈对个别道士的青睐和眷顾。

如中统二年(1261年)六月忽必烈降圣旨给曾事拖雷夫妇多年的真定玉华宫护持王道妇,称其是"我家祈福之地,朝夕焚诵,用报我皇考妣罔极之恩","常教告天,与皇家子孙祝延福寿","毋容他人妄相侵夺,毋以差役相毒",明确给予与一般僧道有别的优厚待遇[3]。

再如至元二十六年(1289年),忽必烈命令御史中丞崔彧从江浙行省湖州路请来了"异人"道士莫月鼎,在上都祷雨。果然灵

① 《马哥孛罗游记》张星烺译本,第130页,商务印书馆1936年。

② 《金石萃编未刻稿》卷上,王利用《元马宗师道行碑》。

③ 《秋涧集》卷八十二《中堂事记》(下),中统二年七月二十三日。

验,"雷应声而发","雨立至"。忽必烈大悦,重赏以内府金缯,还欲让他掌管道教事。萨都剌赋诗颂扬说:

田叟病怜篰稼,仙卿力干丰年。

怒召魁罡霎至,万里云霄肃然。

灵雨溥沾原野,神龙倏返天阍。

瞠启道人双目,吸干浊醪数尊。①

忽必烈对个别道士的优待并非无条件的。玉华宫护持王道妇在中原食邑真定侍奉拖雷夫妇多年,莫月鼎是因为奉旨祷雨有功。前者是与拖雷家族的旧情,后者又是忽必烈最看重的僧侣法师的特殊技能。没有这些条件,两位道教人士享受特别的青睐和眷顾,似乎不可能。

顺便说说,崇天象和喜占卜,是忽必烈一生的重要癖好。对擅长此术的道士和阴阳术士,忽必烈格外青睐。

前述1259年忽必烈派侍臣王一清去龙虎山造访正一道教三十五代张天师。张天师"后二十年天下当混一"卜知天意的预言,似乎有几分偶合,却无疑增加了忽必烈对天象和占卜的信赖喜好。

忽必烈使用提拔将帅,也颇相信相士之言。例如,中统四年(1263年)蒙古答禄乃蛮氏别的因副万户入觐。忽必烈暗中让相士突然从背后摸其肋骨,别的因十分沉着,没有动。忽必烈起初称赞其为"壮士"。后来,相士说:"其人肋大,非极贵之相"。忽必烈

---

① 《雁门集》卷一《浙河莫术者祷雨验甚二首》。

愕然,即日改命别的因为寿、颍二州屯田府达鲁花赤①,弃兵务农,明显含有贬谪之意。

至元二十年(1283年)忽必烈欲第三次征日本,命擅长术数的著作郎张康"以太一推之",张康上奏:"南国甫定,民力未苏,且今年太一无算,举兵不利"。而后,忽必烈果然下令罢征日本。史称,此次谏止征日本,淮西宣慰使昂吉儿的作用不小。对颇信天象的忽必烈,张康的上述推算也不可忽视。

田忠良是忽必烈颇为信赖的阴阳术士之一,因刘秉忠的举荐而被忽必烈所用。初次见面,忽必烈观察其"状貌步趋",即称赞说:"是虽以阴阳家进,必将为国用"。忽必烈曾命田忠良"试占"自己近日的心事,田果然推测到:"当是一名僧病耳"。忽必烈大喜,立即让人送田忠良于司天台,经刘秉忠考核,正式以诏令任命其司天台官职。

不久,忽必烈询问田忠良:"朕用兵江南,困于襄樊,累年不决,奈何?"田忠良回答:"在酉年也"。后来,元军果真在至元十年(1273年)癸酉岁二月攻占了襄樊。

至元十一年(1274年),阿里海牙奏请率十万军队渡江平宋,朝臣议论纷纭,多有反对意见。忽必烈一时不好定夺,密问田忠良:"汝试筮之,济否?"田忠良答复:"济"。若干日后,忽必烈又问田:"今拜一大将取江南,朕心已定,果何人耶?"田忠良答曰:伯颜。恰与忽必烈所拟人选完全吻合②。

田忠良的术数占筮,很大程度上是凭借对事情外在迹象的综

---

① 《金华集》卷二十八《答禄乃蛮氏先茔碑》。
② 《元史》卷二百三《田忠良传》。

合推断,也带有某种巧合与偶然。但忽必烈对田忠良的占筮术技能,颇感神秘,深信不疑。

刘秉忠亲自选定的太史属官靳德进,尤其精通于星历之学,"占筮有征","所言休咎辄应",每岁随车驾巡幸两都,或以天象规谏忽必烈,多所裨益。靳德进曾从忽必烈亲征叛王乃颜,"揆度日时,占候风云,刻期制胜"。忽必烈还采纳他的意见,括取天下阴阳术士,创设诸路阴阳教授,由官府严格控制各地阴阳学校,训导后学,禁止以妖言惑众,禁止不法术士与诸王权贵交通①。

忽必烈晚年"春秋已高,海内已定,每严畏天象以自警",对太史司天等官甚为重视,这些官员上奏,可以"非时以闻"。一次,天市垣内帝座星座出现彗星,忽必烈感到忧惧,连夜召见大臣询问"销天变之道"②。

忽必烈对天象和沟通天人之际奥秘的占筮活动,格外重视,可以追溯到蒙古草原民对天的极度崇拜。在当时的历史条件下,即使是文化素质较高的汉族王朝皇帝,类似的信奉喜好,也司空见惯。值得一提的是,在忽必烈上述崇天象和好占卜的活动中,几乎没有见到蒙古传统的"通天巫"萨满的身影,更多地是汉地阴阳术士及道士的表演。说明忽必烈崇天象和好占卜,并没有停留和局限于蒙古萨满原始宗教的范畴,而是大量吸收了来自汉地等先进民族的较高层次的东西。

---

① 《松雪斋集》卷九《故昭文馆大学士靳公墓志铭》;《元史》卷二百三《方技传》。
② 《道园学古录》卷十八《贺丞相墓志铭》;《元史》卷一百三十《不忽木传》。

第三节　释氏掀天官府

一、海云与那摩的启蒙

忽必烈与佛僧的接触，始于海云法师。

海云，禅宗僧人，俗名宋印简，山西岚谷宁远（今山西五寨北）人。早在成吉思汗时期，他就与蒙古上层建立了较密切的联系，曾被成吉思汗称为"小长老"，衣粮所需由官府供给，还奉命考试北方僧徒。

乃马真皇后元年（1242 年），忽必烈召海云法师到漠北自己的帐中，询问佛法大意。海云法师宣讲人天因果之教，又以各种佛法要点，开其心地。

忽必烈问："佛法中有安天下之法否？"海云法师答曰："包含法界，子育四生，其事大备于佛法境中。"

忽必烈接着问："三教何教为尊？何法最胜？何人为上？"海云法师回答："诸圣之中，吾佛最胜。诸法之中，佛法最真。居人之中，唯僧无诈。故三教中佛教居其上。"

忽必烈听罢，甚为高兴，先后赏赐以珠袄金锦无缝大衣、珠笠等珍品。还一再想把海云留在漠北，结果只留下他的侍从、号称佛、道、儒皆通的刘秉忠。

真金太子诞生，忽必烈请海云法师摩顶立名，海云曰："世间最尊贵，无越于真金。"于是得名真金。

蒙哥汗七年（1257 年），海云法师圆寂，忽必烈降令旨建塔于燕京大庆寿寺之侧，谥为佛日圆明大师。后来，忽必烈曾对太子真金说："海云是汝师，居住金田，宜加崇饰"。于是，大庆寿寺很快得到"鼎新"修葺①。

忽必烈从海云法师处学到的,或许只是佛法的启蒙知识。可以看出,忽必烈已经在儒、佛、道三教中初步比较其优劣高下,并试图寻求其中的安天下之术。从赏赐物看,此时的忽必烈虽然谈不上皈依,但在海云法师影响下以佛为尊的意念似乎已开始形成。

与忽必烈交往较密切第二位僧人是那摩国师。那摩是克什米尔人,窝阔台时东来归附蒙古,受到窝阔台汗、贵由汗的礼遇。蒙哥汗尊那摩为国师,赐玉印,命他总领天下释教。在蒙古国时期的两次佛道论争中,那摩国师对蒙廷抑制全真道教和扶持佛法,竭尽全力,功劳不小。

阿蓝答儿钩考前后,忽必烈和汗兄蒙哥间的关系因某些大臣进谗言,一度比较紧张。当时,那摩国师曾出面劝导忽必烈理应对蒙哥汗多加敬慎,遂使兄弟二人和好友爱如初。对他的这番善意,忽必烈始终未能忘怀。即汗位后,尽管那摩国师已经逝世,忽必烈仍特意将那摩之侄铁哥召入宿卫,委以掌餐膳汤药的博儿赤重任,以报答当年的那摩国师②。

《马可波罗游记》也提到来自怯失迷儿部族"拜偶像"的佛教徒,大概马可波罗在华期间对那摩国师的上述事迹仍有耳闻,或者是与其族人亲属有所接触。

元一和尚是与忽必烈接触较多的另一位僧人。元一先在四川出家为僧,远游西天求佛,东归朝见忽必烈。

忽必烈问道:"西天佛有么?"元一回答:"当今东土生民主,何

① 《佛祖历代通载》卷三十二、三十五,第 379 页、410 页、412 页,江苏广陵古籍刻印社 1993 年。
② 《元史》卷一百二十五《铁哥传》。

异西天悉达多。"

忽必烈又问:"孔老徒众何以至少? 如来徒众何以至多?"元一答复:"富嫌千口少,贫恨一身多"。

忽必烈再问:"和尚远涉世缘么?"元一奏云:"不知法故犯,知法了应无。"

忽必烈还特意把元一所献西天玉石佛像置于万(岁)山供养,又把所献贝叶经贮于七宝函,严加信仰。所献如来佛衣钵,也被忽必烈当作宝物收藏,以镇府库①。

二、尊帝师与皈依藏传佛教

对忽必烈影响最大并促使他皈依藏传佛教的,无疑是八思巴。

八思巴是藏传佛教萨迦派首领萨迦班智达的侄子,生于1235年,年龄比忽必烈小二十岁。他原来的名字是罗追坚赞,八思巴则是他的后用名,本为藏语的"圣者"的音译。因他自幼聪明颖慧,三岁能念诵莲华经,八岁能讲述佛本生经,故被人们尊称为八思巴("圣者")。八思巴十岁时出家于拉萨大昭寺,伯父萨迦班智达亲自为他授沙弥戒。

1246年,八思巴随从伯父萨迦班智达到达凉州,谒见窝阔台汗之子阔端大王,并奉阔端大王的命令继续学习佛法。

1253年夏,忽必烈远征大理途经六盘山,派专人去凉州迎请萨迦班智达,萨迦班智达以年老多病辞谢,其侄八思巴应邀随阔端之子蒙哥都前来六盘山与忽必烈会见。忽必烈非常高兴,也甚是

---

① 《佛祖历代通载》卷三十五,第408页、409页、410页,江苏广陵古籍刻印
社1993年。

喜欢这位萨迦派年轻僧人。于是他赠给蒙哥都一百名蒙古骑兵，而让八思巴留在自己身边。

忽必烈征服大理北返时，八思巴主动赶到武刺去会见他。这使忽必烈深深感到八思巴对他个人的忠诚。同时，八思巴的博学，也令忽必烈钦佩和折服。一次，忽必烈向八思巴询问吐蕃的历史，八思巴讲述了自松赞干布以下的事迹。忽必烈起初将信将疑，派人查对汉文史书，结果与八思巴所言毫无二致。于是，忽必烈对他更加信任。

1254 年忽必烈和他的正妻察必及子女已开始以宗教礼节礼拜八思巴。忽必烈还赐给八思巴"优礼僧人令旨"，表示自己和察必已皈依藏传佛教，并尊八思巴为上师，特别强调对八思巴及萨迦派所在后藏地区寺院僧人的政治保护。这就意味着忽必烈与八思巴初步结成了施主与福田的关系①。

《佛祖历代通载》云："世祖皇帝潜龙时，出征西国，好生为任，迷径遇僧，开途受记。由是光宅天下，统御万邦，大弘密乘，尊隆三宝"②，讲的就是这段皈依藏传佛教的过程。

1255 年，八思巴在河州（今甘肃临夏）受扎巴僧哥等高僧的比丘戒，正式成了喇嘛僧人。然后，追随忽必烈抵达开平藩府。

1258 年，八思巴在开平参与了前述佛道辩论，而且表现活跃，对忽必烈公开袒护佛教和佛教压倒道教，发挥了不小的作

---

① 《红史》第 43 页，西藏人民出版社 1988 年；《汉藏史集》第 202 页，西藏人民出版社 1986 年；参阅王辅仁、陈庆英《蒙藏关系史略》第 26 页，中国社会科学出版社 1985 年。按，《史略》将忽必烈"优礼僧人文书"译作"诏书"，欠妥。此时忽必烈仍为藩王，改译作"令旨"更恰当些。
② 卷三十五，第 408 页，江苏广陵古籍刻印社 1993 年。

用。当道士们携带大量史书进入辩论会场,企图以史书诸多说法为依据侥幸取胜时,八思巴协助忽必烈揭穿了道士们的一系列伪说。

八思巴首先发问:"此是何书?"道士答:"前代帝王之书。"忽必烈插话:"汝今持论教法,何用攀援前代帝王?"

八思巴云:"我天竺亦有此书,汝闻之乎?"道士回答:"未也。"

八思巴言:"我为汝说,天竺频婆罗王赞佛偈曰:天上天下无如佛,十方世界亦无比。世间所有我尽见,一切无有如佛者。当其说是语时,老子安在?"道士无言以对。

八思巴继续说:"汝史记有化胡之说否?"道士答曰:"无。"

八思巴又问:"老子所传何经?"道士答:"道德经。"继续问:"此外更有何经?"回答:"无。"

八思巴接着问:"道德经中有化胡事否?"回答:"无。"

八思巴最后雄辩地总结:"史记中既无,道德经中又无,其为伪妄明矣!"道士理屈词穷,败下阵来①。

开平辩论中佛僧获胜和八思巴的出色表演,无疑加深了忽必烈对佛教(尤其是吐蕃喇嘛教)及八思巴个人的崇信,为日后藏传佛教成为元朝国教和八思巴登上帝师之位做了很好的准备。

中统元年(1260年)忽必烈即汗位,立刻尊八思巴为国师,"授以玉印,任中原法主,统天下教门"②。此时,八思巴的国师尊号及

---

① 《圣旨焚毁诸路伪道藏藏经碑》,《历代佛祖通载》卷三十三。
② 王磐《八思巴行状》,《历代佛祖通载》卷三十三。

职司,大抵与那摩国师相同。但"任中原法主,统天下教门"的词句,已包含了藏传佛教及八思巴凌驾于汉地佛教之上的意思。

至元七年(1270年),忽必烈又加封八思巴为"普天之下,大地之上,西天佛子,化身佛陀,创制文字,护持国政,精通五明班智达八思巴帝师",又号大宝法王,还将西夏甲郭王旧玉印改制为六棱玉印,赐予八思巴①。

八思巴的重要贡献之一是,奉忽必烈之命,创制蒙古新字,俗称八思巴字或"国字"。

成吉思汗建国后,使用的是塔塔统阿以畏兀儿字书写蒙古语的畏兀儿体蒙古文。被征服区域则仍使用汉文和波斯文等。忽必烈对借用畏兀儿字而成的畏兀儿体蒙古文不太满意,非常希望能够创制一种代表大元帝国的新文字。

经过一段努力,八思巴果真创造了一种新文字。八思巴字参照藏文设计出四十一个拼音字母,主要以谐声为宗,藉"韵关之法"和"语韵之法",汇成新蒙古语千余条。还可以音译汉文、波斯文等其它文字,比起畏兀儿体蒙古文,又有拼音准确等优点。在当时来说,确实是对元朝多民族统一国家内"顺言达事"和语言交流的一种便利。

至元六年(1269年),忽必烈以诏书将八思巴字颁行天下,要求"凡有玺书颁降者,并用蒙古新字"②。

忽必烈对推广八思巴字,可谓非常热心,不遗余力。

至元六年七月,他下令设立诸路蒙古字学,翌年四月又设路蒙

---

① 王磐《八思巴行状》,《历代佛祖通载》卷三十三;参阅王辅仁、陈庆英《蒙藏关系史略》第35页,中国社会科学出版社1985年。
② 《元史》卷二百二《释老传》。

古字学教授,专门负责八思巴字的教学训练。至元八年(1271年),又以圣旨条画完善有关制度:增设诸王位下及蒙古千户处蒙古字学教授,特意规定各路蒙古字学生徒25—30人的数额及免除差役的优待,中书省、御史台、枢密院等衙门奏目和行移公文事目均须用八思巴字标写,印信和铺马札子也一概用八思巴字。"上则王言制命,纶綍涣汗,符章篆刻,下而官府案牍之防闲,丝缕斗升之出纳,政刑兵戎之调发,悉用其字书"。各衙门亦令熟悉八思巴字人员充当必阇赤,随朝怯薛中当值的必阇赤限一百日内学会八思巴字①。

平定南宋后,忽必烈又进一步把蒙古字学推广到江南地区,江南各路仿北方设蒙古字学教授,江浙、江西、湖广等行省又各设蒙古提举学校官二员②。

直到世祖朝后期,忽必烈仍然不断重申和强调:各处文书必须广泛使用八思巴字,各路和各按察司官员要负责监督实施,各路教授、各衙门必阇赤和翰林院须具体负责八思巴字教学③。

元人张昱诗曰:

八克思巴释之雄,字出天人惭妙工。

龙沙髣髴鬼夜哭,蒙古尽归文法中。④

---

① 《元史》卷六《世祖纪三》,卷七《世祖纪四》;《元典章》卷三十一礼部四,《学校·蒙古学·蒙古学校》《羽庭集》卷五《送浙西宪府译史徐子信序》。
② 《元史》卷十一《世祖纪八》至元十八年十月。
③ 《通制条格》卷五《蒙古字学》。
④ 《可闲老人集》卷二《辇下曲》。

南宋遗民郑思肖曾无可奈何地说:"愿充虏吏,皆习蒙古书,南人率习其字,括以四十八字母,凡平、上、去、入声,同一音之字,并通以一字摄,一字十数用"①。郑思肖是站在攻击元政权的立场上发此议论的。但他也不得不承认八思巴蒙古字在江南流传颇广的事实。

八思巴字的创制和推广,是忽必烈在文化上的一大建树,而这一建树又是八思巴以帝师身份辅助忽必烈完成的。忽必烈是八思巴字的倡导者和推行者,八思巴则是这一新文字的具体创制者。

八思巴还为忽必烈和察必皇后举行了灌顶的神秘宗教仪式。

灌顶为密宗(包括藏传佛教)所独有,凡皈依入门者,须由师父以水灌洒头顶。萨迦派的灌顶,特称为吉祥金刚喜灌顶。

接受灌顶的,首先是察必皇后。灌顶后,察必皇后对此密法十分信仰。依照帝师八思巴的指点,察必皇后取下自己最珍爱之物——陪嫁所携的耳环大珍珠,双手奉献。察必皇后又劝说忽必烈接受灌顶。

当忽必烈主动向八思巴提出灌顶请求时,八思巴要求他遵守上师坐上手、以身体礼拜、悉听上师之教,不违上师意愿等法誓。经双方妥协,忽必烈只答应:听法或人少时,上师坐上手;皇子驸马官员百姓聚会时,皇帝坐上手;吐蕃之事悉听上师之教,不与上师商量不下诏书,其余大小事上师不必过问。八思巴则仅授其近事修灌顶三次。作为对灌顶的回报和供养,忽必烈第一次奉献给八思巴吐蕃十三万户,第二次奉献吐蕃三区,第三次依照八思巴法

---

① 《郑思肖集》第188页,上海古籍出版社1991年。

旨,废除了汉地以人填河的野蛮做法。

灌顶,象征着忽必烈和察必完全皈依了藏传佛教,而且与八思巴间建起了"师尊与弟子"的宗教关系。由于这种关系和忽必烈的大元皇帝权威有所冲突,双方分别作了妥协和让步。由此,藏传佛教"掀天官府"的赫然权势及帝师"皇天之下,一人之上"的地位,初步确定下来①。

皈依藏传佛教之后,忽必烈信奉十分虔诚。他曾经命令僧人以黄金为泥,缮写《大藏经》一部,贮以七宝珐琅函,希冀流传万世。史载,此次写经耗费黄金三千二百四十四两。又命令印制《大藏经》三十六部,遣使分赐外邦他国。

据说,当时皇宫大内皆以真言梵字广加装饰,以示坐卧住行不离佛法。忽必烈本人处理国家大事之余,常常"持数珠而课诵"。

忽必烈多次颁布圣旨,保护天下寺院僧徒的利益,免除僧徒的"田产二税"等一切差发,令他们专心佛事。一位宰臣进奏:欲以天下僧尼一例同民。忽必烈诘问道:"民籍若干? 府库若干?"宰臣回答:"不知。"忽必烈斥责道:"辅相治道,固宜用心。此乃不理,而急于飡菜馂馅之僧人。"结果,忽必烈命令该宰臣修补寺院,以示惩罚。

后来,权相阿合马也曾上奏:"天下僧尼颇多混滥,精通佛法,可允为僧。无知无闻,宜令例俗。"国师胆巴奏曰:"多人祝寿好,多人生怒好。"忽必烈最终也以"多人祝寿好"否定了阿合马拣汰

① 《汉藏史集》第 170 页,西藏人民出版社 1986 年;参阅王辅仁、陈庆英《蒙藏关系史略》第 35 页,中国社会科学出版社 1985 年。

僧尼的提议①。

据藏文史书记载,忽必烈多次向八思巴咨询有关朝廷政事的意见。

一次,忽必烈问:"从前在成吉思汗收服广大国土之时和我整治安定国土之时出过大力气的蒙古军士们,如今财用不足,可有什么办法增加他们的财物?"八思巴回答:"陛下可出御库中的钱财,点查军士及怯薛之数目,赏赐给足够数年衣食生活之物品。"忽必烈依其计行事,赏赐之物品果然足够使用。

又一次,忽必烈询问:"现今财用不足,蒙古地方的南面,有叫做蛮子的国王,其治下百姓富庶。我朝若派兵攻取,依靠佛法的气力,能否攻克?"八思巴答复:"现今陛下身前尚无能建此功业之人,故不宜骤行,我将访查之。"不久,他极力举荐伯颜担任平定南宋的统帅,被忽必烈采纳,最终成就了南北统一的大业。

八思巴还特意命令尼泊尔工匠阿尼哥在大都以南的涿州修建一座神殿,殿内塑有面朝南宋方向的密宗护法神摩可葛剌的神像,还亲自为神像开光。又命胆巴国师前往该神殿修法,保佑元军平定南宋成功②。

与汉地儒学说教相比,八思巴以佛法辅助忽必烈,既带神秘,又替其实际功业服务。难怪忽必烈对他崇敬信赖有加。

---

① 《元史》卷十六《世祖纪十三》至元二十七年六月庚辰;《佛祖历代通载》,卷三十五,第 410 页、413 页、414 页,江苏广陵古籍刻印社 1993 年;蔡美彪《元代白话碑集录》,《一二六一年林县宝严寺圣旨碑》,科学出版社 1955 年。

② 《汉藏史集》第 171 页,西藏人民出版社 1986 年。

关于八思巴引入汉地的藏传佛教和摩可葛剌佛,郑思肖云:"供佛则宰杀牛马,刺血涂佛唇,为佛喜欢。斋僧则僧妇僧子俱来,皆僧形僧服,人家招僧诵经,必盛设酒肉,恣餍饮归,为有功德。幽州建镇国寺,附穹庐侧,有佛母殿,黄金铸佛,裸形中立,目瞩邪僻,侧塑妖女,裸形斜目,指视金佛之形。旁别塑佛与妖女裸合,种种淫状,环列梁壁间。两廊塑妖僧,或啶活小儿,或啶活大蛇,种种邪怪。后又塑一僧,青面裸形,右手擎一裸血小儿,赤双足,踏一裸形妇人,颈环小儿枯骸数枚,名曰'摩睺罗佛'。"①

郑氏本人虽然没有北赴大都亲睹所谓"镇国寺"、"佛母殿"和"摩睺罗佛",但上述藏传佛教寺院佛像与汉地佛刹有很大差别,容易为百姓传言其状。所述摩睺罗佛形象,元人张昱诗可为证:"北方九眼大黑杀,幻影梵名纥剌麻。头戴髑髅踏魔女,用人以祭盛中华。"②所述喇嘛娶妻生子和饮酒食肉状,也基本属实。格鲁派以前的喇嘛僧,的确可以娶妻生子和饮酒食肉。《佛祖历代通载》可以为证③。

吐蕃喇嘛僧的娶妻生子和饮酒食肉行径,很容易引起汉地吏民较大反感。在这方面,喇嘛僧们也供认不讳。忽必烈曾询问喇嘛渊总统:"还有眷属无?"渊总统云:"终日不曾离。"又问:"还餐酒肉无?"渊总统回答:"钵盂常染腥膻味。"忽必烈丝毫没有责备这位喇嘛僧,反而称赞他"好老实人"④。

作为帝师,八思巴还有义务为忽必烈及皇后、皇子讲经说法,

---

①　《郑思肖集》,《大义略叙》第 183 页,上海古籍出版社 1991 年。

②　《可闲老人集》卷二《辇下曲》。

③　《佛祖历代通载》卷三十五,第 410 页,江苏广陵古籍刻印社 1993 年。

④　《佛祖历代通载》卷三十五,第 410 页,江苏广陵古籍刻印社 1993 年。

祈福祝寿,广做佛事,佑国护民。八思巴曾向太子真金讲解佛学教义,后来汇集成有名的《彰所知论》一书。

至元六年(1269年)十二月,八思巴奉忽必烈的旨意,率喇嘛僧人在太庙作佛事七昼夜[①]。太庙祭祀列祖列宗,本为汉地王朝的礼制,且有一整套完整的规则。以喇嘛僧作佛事荐于太庙,亘古未有,实为忽必烈和八思巴二人所"新创"。在汉人看来,这似乎是对传统太庙礼制的一种亵渎。对忽必烈来说,则是将汉地太庙祭祖礼制和喇嘛作佛事相混合而为我所用的尝试,既然二者都可为我祈祝福祉,混而用之,又有何妨?在太庙祭祀等事上,八思巴的确充任了忽必烈挑战汉地礼法的帮手。

翌年,八思巴还开始在大都大明殿御座之上设置白伞盖,并举行迎送伞盖的"游皇城"仪式。伞盖用白色素雅的锦缎制成,又以泥金书梵字于伞上,意为"镇伏邪魔,护安国刹"。

后来,还形成年年照例举行的"世祖之故典"。每年二月十五日都要举行大明殿启建白伞盖佛事。

十四日,帝师率领喇嘛僧五百,先在大明殿建佛事,十五日,恭请伞盖于御座,奉置宝舆之上。诸仪卫队仗列于殿前,诸色官民社直和寺院坛僧众相向列于宫城南墙崇天门外,导引迎接伞盖出宫。到达庆寿寺后,以素食餐迎送队伍,餐罢起行,从西宫门外墙太液池南岸,北上入宫城北墙厚载门,经宫城东墙东华门内,过中部的延春门而西,忽必烈和皇后、嫔妃、公主则登临玉德殿门外搭建的金脊吾殿彩楼上观览。待仪仗社直队伍将伞盖送回大明殿,重新恭敬置于御座之上。此时,帝师率喇嘛僧众再次作佛事,到十六日

---

① 《元史》卷六《世祖纪三》。

才停止。

由于这种仪式动用数千名官兵僧俗充任诸色仪仗社直,迎引伞盖,周游皇城之内,故有"游皇城"之称。其用意在于为芸芸众生"祓除不祥,导迎福祉"。据说,此种仪式在皇帝夏季巡幸上都时也要照例举行。元人赋诗志其事:

> 白伞帝师尊帝释,皇城望日游宫室。圣主后妃宸览毕。
> 劳宣力,金银段匹君恩锡。

城西迎佛,是仅次于"游皇城"的另一种大都城藏传佛教"年例故事"。

每年二月初八,城西高粱河畔镇国寺恭迎帝坐金牌和寺之大佛,在城外游行。富民佩带珠玉狗马器物,俳优交杂子女百戏炫鬻以为乐。万人怯薛和诸侍卫亲军,皇宫贵人设幕观摩,庐帐蔽野。蒙古诸王、怯薛近侍和贵族大臣,身穿镶嵌珠宝的衣服,驰马过市,盛气不少让。平常西镇国寺两廊布满买卖店铺,南方北方,甚至川蜀两广的精美货物,琳琅满目。此时更是江南富商,海内珍奇,无不凑集。时人估计官府为此事一日花费巨万,民间的花费也与其相当。是时桑哥柄政,他曾以帝师八思巴的译员出身而得到忽必烈的宠幸,由于桑哥的效力,城西迎佛办得甚为华丽奢侈。有的负责承办织造的官吏还"并缘为贪虐",受到监察御史的纠弹①。

此外,忽必烈应八思巴的请求,在崇天门之右置金轮一个,支

---

① 《道园学古录》卷四《金燕南河北道廉访司事赵公神道碑》;《析津志辑佚》《岁记》,北京古籍出版社 1983 年。

撑金轮的铁柱高数丈,下有铁索四条系之。此种设置的意思是:金转轮王统制四海①。

大明殿置白伞盖、游皇城、城西迎佛以及崇天门右置金轮等,给忽必烈皇宫陈设仪制和大都、上都官民岁时习俗,深深地打下了藏传佛教的印痕。

帝师喇嘛们为忽必烈和皇室做佛事,往往能获得巨额赏赐,耗费大量钱财。八思巴为忽必烈灌顶后,忽必烈曾赏赐他黄金、珍珠袈裟、经典、大氅、僧帽、靴子、坐垫、黄金宝座、伞盖、盘、碗、骆驼、骡子、全副金鞍等②。一次,忽必烈问八思巴:"施食至少,何能普济无量幽冥?"八思巴回答:"佛法真言力,犹如饮马珠"。据统计,忽必烈一朝,醮祠佛事次数,合计已达 102 次。有些喇嘛佛事坐静还在皇宫大殿或寝殿举行③。

《马可波罗游记》也说:

> 我还要告诉你们,当他们的偶像菩萨祭日来到时候,这些比丘僧走到大可汗面前,向他说道,'老爷,某某菩萨的祭日要来到了。'同时他们指出菩萨的名字,再说道,'陛下知道,这菩萨好做坏事,能使天气变坏,加损害于我们所有的东西,

① 《元史》卷七十七《祭祀志六》;《析津志辑佚》《岁记》,北京古籍出版社 1983 年。

② 参阅王辅仁、陈庆英《蒙藏关系史略》第 34 页,中国社会科学出版社 1985 年。

③ 《佛祖历代通载》卷三十二、三十五,第 408 页、410 页,江苏广陵古籍刻印社 1993 年;《析津志辑佚》《岁记》,北京古籍出版社 1983 年;《元史》卷二百二《释老传》,卷十四《世祖纪十一》至元二十四年是岁。卷十五《世祖纪十二》至元二十五年十二月。

牲口、收获之类。我们供献他一点祭品,那就可以免除灾殃了。因为这个原故,我们求陛下给我们黑面羊若干,香若干……使得我们能对我们的菩萨举行大敬礼、大祭祀,叫他保佑我们人口、牛羊平安,收获丰盈'……他们既得到所要的东西以后,向菩萨偶像用歌唱筵宴举行大礼拜。他们用好的香来焚烧,香味极佳。再把肉煮熟,放在菩萨面前……①

马可波罗所云虽然未必完全准确,但所述详细而合乎情理,颇有参考价值。

忽必烈还在帝师喇嘛们的怂恿下修建了一批藏传佛教寺庙。

一次,忽必烈问八思巴:"修寺建塔有何功德?"八思巴答曰:"福荫大千。"忽必烈听其言而行。

至元七年(1270年)在大都城西高粱河畔建起了大护国仁王寺。史称,大护国仁王寺兴建之初,胆巴即担任仁王寺的住持,负责普度僧员②。大护国仁王寺很可能是汉地最早的藏传佛教寺院之一。

一日,忽必烈云:"栴檀瑞像,现世佛宝,当建大刹安奉,庶一切人俱得瞻礼。"于是至元九年(1272年)开始在大都平则门内建大圣寿万安寺。还命令从所选寺址的中心地向东南西北四个方向各射一箭,定为大圣寿万安寺界至。当监修官奏报欲在寺院两廊塑造佛像的计划时,忽必烈谕旨指示:"不须塑泥佛,只教活佛住"。

---

① 《马哥孛罗游记》张星烺译本,第129页,商务印书馆1936年。
② 《历代佛祖通载》卷三十二。

至元十一年(1274年),仿照护国仁王寺形制,在上都建造了大乾元寺。

至元十三年(1276年)又在涿州建起了前述护国寺。

史称,护国仁王寺、大乾元寺和涿州护国寺形制相同①,故都是藏传佛教寺庙无疑。

此外,又有西镇国寺,位于大都城西平则门外三里处。这是察必皇后施舍功德之寺,察必皇后曾奉忽必烈之命,亲自前往西镇国寺进香,很可能也属于藏传佛教寺庙。

前述大护国仁王寺和大圣寿万安寺,曾设总管府、都总管府及规运提点所管理,忽必烈逝世周年之际,大圣寿万安寺还举行"饭僧七万"的施舍②。可见这两个寺院规模之大。

马可波罗也说:

> 他们有很大的寺院庙宇,有几个大如小城市,有二千多个僧人,皆是照他们教规修度,衣服比较别的人民高雅一点……祭祀各神,用最大典礼,为各处所未闻的。歌唱灯烛,奢靡无比,为各处所未见的。③

马可波罗所言犹如小城市且"奢靡无比"的大寺院,可能就是指大护国仁王寺、大圣寿万安寺之类。

---

① 《雪楼集》卷七《凉国敏慧公神道碑》;《佛祖历代通载》卷三十五,第408页、411页,江苏广陵古籍刻印社1993年。

② 《佛祖历代通载》卷三十五,第408页、410页,江苏广陵古籍刻印社1993年;《元史》卷十八《成宗纪一》元贞元年正月壬戌。

③ 《马哥孛罗游记》张星烺译本,第129页,商务印书馆1936年。

在建造藏传佛教寺院及塑像方面，受忽必烈宠爱的工匠阿尼哥，功劳颇大。

阿尼哥是尼泊尔王室后裔，自幼擅长画塑和铸像。中统元年（1260年），十七岁的阿尼哥奉命赴吐蕃建黄金塔，担任八十人之长，督造塔之役。帝师八思巴奇其才，为他祝发，收为弟子，并向忽必烈举荐。

忽必烈遣使召阿尼哥东来大都，端详良久，问道："汝来大邦，得无怖耶？"阿尼哥回答："圣人子视万方，子至父前，何怖之有？"又问："汝何所习？"阿尼哥答复："臣以心为师，粗知绘塿铸镂。"忽必烈听罢大喜，先让他修补王楫出使南宋带回的针灸铜像，而后又令建造护国仁王寺、大乾元寺、涿州护国寺、大圣寿万安寺以及城南寺、兴教寺等。

阿尼哥将"西天梵相"的造像技艺传入中国，雕塑绘织，铸造镂刻，或"庄严无上"，或"玉塔陵空"，绝艺无双，神思妙合。他还为忽必烈创制七宝镶铁法轮，用作车驾行幸的前导。大圣寿万安寺栴檀佛像建造完工，忽必烈亲临出席其安置仪式，还命令帝师及喇嘛僧作佛事坐静二十会①。

对阿尼哥的建寺塑像功业，忽必烈也大加恩赏，至元十五年（1278年）诏其还俗，授光禄大夫、大司徒，兼领将作院，印信品秩与丞相同，又赐京畿良田一万五千亩。还特遣使者携黄金五百两，乘驿站将其妻自尼泊尔接来。

忽必烈逝世后，阿尼哥在自己的府邸举办水陆大会四十九日，为忽必烈超度亡灵。又亲自用彩锦绘织忽必烈和察必皇后御容，

---

① 《元史》卷十五《世祖纪十二》至元二十六年。

奉安于大护国仁王寺和大圣寿万安寺别殿①。这样一来，大护国仁王寺和大圣寿万安寺等藏传佛教寺院就开始成了忽必烈等帝后的祭祀影堂所在(后又称神御殿)。由此，忽必烈为首的蒙元皇室与藏传佛教生前死后的"施主与福田"关系，变得更为牢固了。

还有一些喇嘛僧人往往凭借咒语法术，取得忽必烈的信赖。

如来自吐蕃朵思麻的胆巴国师被八思巴推荐给忽必烈后，留侍御前。一次，怀孟路遭严重旱灾，胆巴奉忽必烈之命祷告求雨，于是很快下起雨来。又曾经念咒语变食物于水池内，果真奇花异果、上尊美酒接连涌出水面。忽必烈看罢，甚为惊喜②。

马可波罗也有类似的描述：

> 那些比丘——就是我方才讲的巧于魔术的人——做出极大的一件怪事，我就要告诉你们了。大可汗坐在他的大厅里，靠着桌子边。桌子高八骨尺，距离几个装满酒、奶和别种饮料的杯子不下十步之远。杯子皆放在大厅中央。我所讲的那些魔术家，又叫做比丘，用他们的技术同邪咒，叫装满饮料的杯子各自举起，离开地面，来到大可汗面前，毫没有人碰到他们。大可汗喝完，各杯子仍旧回到老地方。这是当着一万人面前做的，的的确确毫无谎的。③

---

① 关于忽必烈御容影堂所在，《雪楼集》卷七《凉国敏慧公神道碑》载："世祖上宾……又追写世祖顺圣二御容织祯，奉安于仁王、万安之别殿。"《元史》卷七十八《祭祀志四》则云："影堂所在：世祖帝后大圣寿万安寺，裕宗帝后亦在焉。"笔者拙见，御容影堂很可能先在大护国仁王寺，后移至大圣寿万安寺。

② 《元史》卷二百二《释老传》。

③ 《马哥孛罗游记》张星烺译本，第128页，商务印书馆1936年。

586

不能否认,胆巴等喇嘛法术咒语的奇妙功力,也是导致忽必烈对藏传佛教感兴趣并信奉皈依的重要原因。

八思巴死后,亦怜真、答耳麻八剌剌吉塔、亦摄思连真、乞剌斯八斡节儿等相继担任忽必烈的帝师。忽必烈感到他与帝师、国师之间的语言障碍,妨碍了双方的交流,于是特意命令通晓天竺教和诸国语言的畏吾儿人迦鲁纳答思随国师学习藏传佛教法及吐蕃语言。学成后,忽必烈又命令他以畏吾儿体蒙古文译写吐蕃等经论,雕版印刷,分赐诸王大臣①。此举对忽必烈子孙和蒙古贵族官僚皈依笃信藏传佛教,影响深远。

三、依违于禅、教诸派之间

忽必烈时期的汉地佛教,仍然主要是禅、教、律三大派系。

禅宗内部尤以的曹洞宗和临济宗两家势力最大,流传最广。在皈依藏传佛教前后,忽必烈与曹洞宗、临济宗的关系也比较密切。

1258 年夏,曹洞宗首领少林寺长老福裕向忽必烈告全真道教的状,声称李志常诈传蒙哥汗圣旨,拒不交还所霸占的三十七处寺院。忽必烈立即命令燕京断事官布只儿强制将三十七处寺院交还少林寺长老福裕②。这是忽必烈与曹洞宗的较早联系。

北方临济宗首领海云印简与忽必烈的早期接触,已如前述。据说,海云印简死后葬于大庆寿寺西南隅。忽必烈修建大都时,城墙基础恰好经过海云印简及其弟子可庵的骨塔,按照常规,应当迁

---

① 《元史》卷一百三十四《迦鲁纳答思传》。
② 蔡美彪《元代白话碑集录》附录一,《一二五八年忽必烈令旨》,科学出版社 1955 年。

徙骨塔以保持城墙的直线走向。忽必烈却特意下令:"海云高僧,筑城围之,贵僧之德,千古不磨",让城墙走向以曲线绕开海云等骨塔。足见,忽必烈对海云及临济宗尊崇眷顾之深。

元中叶大庆寿寺被称为"天下第一禅刹",又号"海云禅寺",海云传人被称为"临济正宗"①,和忽必烈的护持重视是分不开的。

另外,中统二年(1261年)和至元三十年(1293年)忽必烈降圣旨保护的林州宝严禅寺、赵州栢林禅寺②,都是明显的禅宗寺院。忽必烈即汗位之初所修上都大龙光华严寺,为传承菩提达摩之学者居之,也应属于禅宗。大龙光华严寺到元末并无新的修葺和发展,连元顺帝也提出疑问:"创建于世祖践祚之初,何以久而犹有所未备?"对此,中书省平章太平的答复是"其役所费钜而财用弗继耳"③。此说基本正确。估计与世祖忽必烈转而崇尚藏传佛教的政策不会没有关系。

对汉地禅、教等教义及分歧,忽必烈也比较关心。

在禅、教二派中,忽必烈虽然比较喜欢禅宗,但对教僧也时有扶助。平定南宋以后,忽必烈发现江南教僧势力弱,流传有限。于是,挑选三十名教僧到原南宋辖境说法布道,使该地教僧有所复兴。

至元二十五年(1288年)正月,忽必烈召江南禅、教等派法师北上大都,问以佛法。忽必烈先是提出:"讲何经","禅何以为宗","再举一遍"等问题,接着命令禅、教二派互相论辩,又宣谕:

---

① 《元一统志》卷一《中书省·大都路·古迹》;《松雪斋集》卷九《临济正宗之碑》《佛祖历代通载》卷三十五,第410页,江苏广陵古籍刻印社1993年。

② 蔡美彪《元代白话集录》,《一二六一年林县宝严寺圣旨碑》,《一二九三年赵州栢林寺圣旨碑》,科学出版社1955年。

③ 《金华集》卷八《上都大华严寺碑》。

"莫看面皮","但说不要怕,又非奸偷屠贩之事"。此次辩论的结果在《佛祖历代通载》的记载中,似乎是"无输赢"。但另一些史料说,由于江淮释教都总统杨琏真加偏向教僧,忽必烈曾降旨"升教居禅之右"。

忽必烈还对教僧仙林说:"俺也知尔是上乘法,但得法底人,入水不溺,入火不烧,于热油锅中教坐,汝还敢么?"吓的仙林连忙说"不敢"①。除了教义高下优劣的评价外,忽必烈更注意的是"入水不溺,入火不烧"之类的神秘法术。在这方面,汉地禅、教等宗比起藏传佛教就相形见绌了。

再说与佛教相关的僧官。在以总制院(后改宣政院)统辖全国佛教的体制下,忽必烈又设行宣政院、僧录司、僧正司等僧官管理汉地的寺院和僧徒。行宣政院为从二品衙门,专门掌管"江南诸省地面僧寺、功德、词讼等事","俾其徒岁课梵典,守持戒律,以祝愿睿算万年"。至元二十八年(1291年)置于建康,三十年徙至杭州②。

忽必烈时期名声最大,劣迹最多的僧官,莫过于杨琏真加。

杨琏真加,唐兀人,依仗其八思巴门徒出身,至元十四年(1277年)担任江南释教都总统,掌管江南佛教。他在任期间,"怙势恣睢,日新月盛,气焰熏灼,延于四方,为害不可胜言",其恶行劣迹主要有三:

其一,戕杀平民四人,攘夺盗取财物,计金一千七百两、银六千

---

① 《佛祖历代通载》卷三十四,三十五,第411页,江苏广陵古籍刻印社1993年;《羽庭集》卷五《送大璞圯上人序》。

② 《至正金陵新志》卷六上《本朝统属官制》;《存复斋集》卷四《行宣政院副使送行诗序》。

八百两、玉带九、玉器大小一百一十一、杂宝贝一百五十二、大珠五十两、钞一十一万六千二百锭、田一万三千亩。

其二，纵佛寺影占编民为佃户五十余万，私庇二万三千户平民不输公赋。

其三，重贿权相桑哥并与其相勾结，毁南宋宫室，改建为佛寺五所、佛塔一座，挖掘南宋诸帝在杭州、绍兴的陵墓等一百零一所①。

尤其是掘宋帝陵墓，在民间引起普遍愤恨和不满。但由于强调掘得金银建佛寺替皇帝太子祈福和筑佛塔镇压赵宋之运等宗教或政治意图，此举却得到忽必烈的纵容和支持②。前述至元二十五年（1288 年）正月江南禅、教等派僧人北上大都，听忽必烈问法，也是由杨琏真加率领的。

桑哥被杀前后，杨琏真加盗用官物等事，也曾受到追究，其家财一度被没收。中书省和御史台官员曾请求杀掉杨琏真加，以平民愤。忽必烈却未予批准，还命令把没收的人口、土田归还杨琏真加。一年后，忽必烈甚至任命杨琏真加之子暗普出任江浙行省左丞。不久，因江南民众对杨琏真加怨恨难平，忽必烈不得不罢免了暗普的行省左丞职务③。

由于忽必烈本人皈依藏传佛教，自忽必烈朝开始，佛教尤其是喇嘛教在朝廷上下取得了"掀天官府"的权势。当时不仅佛教"宫

---

① 《元史》卷二百二《释老传》，卷十五《世祖纪一二》至元二十五年二月丙寅，卷二十《成宗纪三》大德三年七月庚辰。

② 《元史》卷十三《世祖纪十》至元二十一年九月丙申，二十二年正月庚辰。

③ 《元史》卷十六《世祖纪一三》至元二十八年五月戊戌，十月己丑，卷十七《世祖纪一四》至元二十九年三月壬戌，至元三十年二月己丑，五月丙寅。

室制度,咸如帝王居","甍栋连接,蒼宇翚飞,金碧炫耀,亘古莫及",喇嘛僧人恃势为非作歹,也引起了较大的民愤。元人赵天麟批评说:"今天下僧道极多……逓生骄恣,自相夸尚,男众或服绫锦之衣,女流或极绮罗之饰,或游于酒垆茶肆之中,或迷于妓舍优场之畔,与常俗而竞利,营产业以无厌,育子孙于僧舍,拥妻妾于道舍,甚至昼执钟磬,夜从寇盗,伤人之命,火人入室。如此等事,未可胜言。"①赵天麟所言,大抵反映了喇嘛僧人横行天下的情形。

第四节　伊斯兰教和基督教的传播

成吉思汗及其子孙的屡次西征,改变了西域世界的面貌,大批穆斯林及基督教徒随而东来。虽然忽必烈本人皈依了藏传佛教,但仍然对伊斯兰教和基督教持尊重和兼容并蓄的政策,马可波罗说忽必烈常常出席伊斯兰教和基督教的宗教节日或仪式②,他和朝廷上下的伊斯兰教徒和基督教徒,都保持着比较密切的关系。所以,原先在中国土地上势力颇小的伊斯兰教和基督教,忽必烈时期得到了前所未有的发展。

早在成吉思汗西征前后,以札八儿火者、阿散等为先导,部分回回人参与成吉思汗创业活动,或替其经营商业,回回人与蒙古统治集团结成了合作或不成文的同盟联系。蒙古国时期,回回人牙剌瓦赤、奥都剌合蛮、法提玛、答失蛮·哈只不等都曾经是政治舞

---

① 《经世大典·序录·僧寺》,《元文类》卷四十二;《太平金镜策》卷五《汰僧道》。

② 《马哥孛罗游记》张星烺译本,第 142 页,商务印书馆 1936 年。

台上十分活跃的人物①。

忽必烈在李璮之乱后,继承了蒙古国前四汗的上述政策,长期重用回回大臣理财,回回人的势力及其信仰的伊斯兰教,又在喇嘛教、道教、基督教诸教林立的复杂形势下依然有较大发展。如中统年间大都路即有回回人户2953户,其中多半是"富商大贾、势要兼并之家",平素"兴贩营运,百色侵夺民利,并无分毫差役"②。拉施德和马可波罗都说,自赛典赤在押赤(今昆明)建立云南行省,该地的穆斯林人户甚多③。赛典赤在担任陕西行省平章之际,还在京兆路修建了两座较大的回回礼拜寺④。据杨志玖统计,忽必烈一朝,担任中书省正副宰相的回回人先后有祃祃、赛典赤·赡思丁、阿合马、阿里、阿里伯、宝合丁、麦术丁、别都鲁丁、忻都、伯颜等十人。行省正副长官的回回人也多达28人。权相阿合马任职柄国甚至长达二十年。忽必烈朝也算得上回回人势力最盛的时期之一⑤。

斡脱商,是回回人垄断的官商经营。从事斡脱营运的回回人,以皇帝、后妃、皇太子、诸王的商业代理人出现,从领主诸王处贷与白银等为本钱,经营高利贷或奢侈品贩运。这又是蒙古贵族与回回人在经济上某种"联盟"关系的表现。

忽必烈朝,以回回人为主体的斡脱商经营得到了长期保护,而

---

① 杨志玖《回回人与元代政治》(一),《回族研究》1993年4期。
② 《秋涧集》卷八十八《乌台笔补·为在都回回户不纳差税事状》。
③ 《史集》余大钧、周建奇译本,第二卷,第333页;张星烺译《马哥孛罗游记》,第240—241页,商务印书馆1936年。
④ 杨志玖《回回人的东来与分布》,《回族研究》1993年2期。
⑤ 杨志玖《元代回回人的政治地位》,《历史研究》1984年3期。

且设置了斡脱总管府和泉府司,加以较正规的管理。

斡脱总管府设立于至元四年(1267年),泉府司设立于至元十七年(1280年),后几经废置,最终又合而为一。斡脱总管府和泉府司的创立,都发生在回回人权相阿合马当政时期。所以,这两个官署的设置,乃是忽必烈政权保护回回人斡脱商经营,又对其加强管理的特殊措施①。

忽必烈之孙、嗣安西王阿难答皈依伊斯兰教,是忽必烈朝皇室宗教信仰发生局部变化的一件大事,也可以算是伊斯兰教在元朝版图内传播的了不起的胜利。

如前所述,大约在至元初年忽必烈已信奉藏传佛教。皇子忙哥剌自幼奉父皇之命学儒,但从他的名字来自梵文幸福之义的情节②看,他应该随父亲忽必烈、母亲察必皇后信奉了藏传佛教。这种情况在其他皇子范围内似乎没有例外。

然而,根据拉施德《史集》记载,忙哥剌长子阿难答却在忽必烈家族中第一个改而信奉伊斯兰教。《史集》说:

> 因为阿难答的父亲忙哥剌的子女长不大,所以阿难答被托付给一个名为蔑黑帖儿·哈散·阿黑塔赤的突厥斯坦伊斯兰教徒,让这个人抚养[他]。这个人的妻子名祖来哈,把他奶大,因此木速蛮的信仰在他心中已经巩固起来,不可动摇,他背诵《古兰经》,并且用大食文书写得很好。他经常把[自己的]时间消磨于履行戒律和祈祷上,同时,他还使依附

---

① 修晓波《元朝斡脱政策探考》,《中国社会科学院研究生院学报》1994年3期。
② 《多桑蒙古史》冯承钧译本,上册,第331页,上海书店出版社2001年。

于他的十五万蒙古军队的大部分皈依了伊斯兰教。①

对《史集》上述说法，多数学者持赞同态度②。王宗维认为不确，他的依据主要有三条：第一，阿难答子月鲁铁木儿和女儿兀剌真都是佛教徒；第二，成宗初阿难答修建的"延釐寺"属佛寺；第三，服侍阿难答多年的王府官畏兀儿人月儿思蛮等是佛教徒③。

笔者的看法是，王宗维所举阿难答子月鲁铁木儿和女儿兀剌真属佛教徒的证据只限于前者文宗朝与喇嘛国师、畏兀儿僧人的勾结和后者下嫁畏兀儿嗣亦都护纽林的斤，尚有一定的或然性。即便月鲁铁木儿和兀剌真属佛教徒是事实，这在忽必烈家族均信奉藏传佛教，惟皇孙阿难答改信伊斯兰教的特殊情况下，也不值得大惊小怪。因为阿难答刚刚背离忽必烈家族的藏传佛教信仰之际，其子女与他发生信仰分歧，不是没有可能的。

由于整个忽必烈家族都崇尚藏传佛教，已皈依伊斯兰教的阿难答，也不见得完全排斥藏传佛教，他修建佛教"延釐寺"，纪念其祖父忽必烈和祖母察必皇后，也合乎常理。

至于服侍阿难答多年的王府官畏兀儿人月儿思蛮等是佛教徒，千真万确。月儿思蛮还曾"兼领僧人"。然而，我们在王宗维引用的《元史》卷一百二十四《哈剌亦哈赤北鲁传》中看到，成宗初阿难答是以"若终老死王府，非所以尽其才，愿以归陛下用之"等理由，遣使将月儿思蛮父子送回朝廷的。这一举动很像是已对佛

① 余大钧、周建奇译本，第二卷，第 379 页。
② 余振贵《中国历代政权与伊斯兰教》，99 页，宁夏人民出版社 1996 年；白寿彝《中国通史》第八卷（上），第 621 页，上海人民出版社 1997 年。
③ 《元代安西王及其与伊斯兰教的关系》，兰州大学出版社 1993 年。

教厌倦者之所为。倘若阿难答仍然信仰佛教,他何以舍得将"服勤二十余年"又"兼领僧人"的王府老臣月儿思蛮,送还朝廷呢?

无独有偶,另一名畏兀儿佛教徒大乘都曾被忽必烈选作皇孙阿难答的"良师",阿难答继承安西王爵位出镇时,又"载师自随"。二十年后,这位"良师"大乘都也以"吾思见至尊"为由,经阿难答批准,"自平凉归京师"①。后者归京师与月儿思蛮父子被送回朝廷,几乎同时,说明二者原因相同,也非偶然,都可能是阿难答厌倦佛教和改宗伊斯兰教所致。

鉴于此,笔者认为,王宗维所列举的三种证据,不足以否定拉施德有关阿难答皈依伊斯兰教的记载。尽管拉施德有些夸大其词(如阿难答麾下十五万蒙古军大部分皈依了伊斯兰教),但所述阿难答在忽必烈子孙中第一个改而信奉伊斯兰教,大抵符合事实。

或许由于忽必烈的母亲唆鲁和帖尼所在的克烈部信奉聂思脱里教(景教,又称也里可温),唆鲁和帖尼本人也是聂思脱里教的追随者和信奉者,忽必烈对基督教似乎保持着某种亲和性。这就为忽必烈时期基督教在元王朝的传播提供了一些有利条件。

当时,在原唐兀地区,在汪古部居地,在大都,在江南的镇江、杭州、泉州等城,都有聂思脱里教和天主教的活动。汪古部驸马、高唐王阔里吉思,今译作乔治,显然用的是基督教徒的名字。

元朝廷还在至元二十六年(1289年)二月设立从二品的官署崇福司,专门管理全国的聂思脱里教的传教礼拜等事。而后,各地又设置数十个也里可温掌教司。基督教教士和其他宗教同样,也

---

① 《雪楼集》卷八《秦国先墓碑》。碑中虽未明言大乘都是佛教徒,但从其原为畏兀儿"国中贵臣",替忽必烈"诵说经典"及次子大悲都任职宣政院提点所达鲁花赤等情节看,大乘都属佛教徒无疑。

享有蠲免差发等优待①。

忽必烈朝的基督教传播中,担任镇江路副达鲁花赤的马薛里吉思和担任崇福使的爱薛,最为活跃与显赫。

马薛里吉思,撒麻儿干人,祖父可里吉思,父亲灭里。外祖父撒必是当地名医,成吉思汗西征至其故土,因替皇子拖雷治病有功,受命充当"舍里八赤",专为皇家煎制名曰"舍里八"的香果蜂蜜混成饮料。至元五年(1268年),忽必烈命令马薛里吉思驰驿东来,入充"舍里八赤",特赐金牌以专其职。后来,他多次被派往云南、福建、江浙等地,煎制舍里八饮料。

至元十四年(1277年),马薛里吉思被任命为镇江路总管府副达鲁花赤,受宣命怀远大将军,佩金虎符。

他在任五年,以弘扬传播基督教为己任,"连兴土木之役",修建了七所基督教堂"十字寺",即镇江铁瓮门舍宅建大兴国寺,西津竖土山建云山寺和聚明山寺,丹徒县开沙建四渎安寺,登云门外黄山建高安寺,大兴国寺侧建甘泉寺,杭州荐桥门建大普兴寺。

马可波罗说:

> 自从耶稣降生后一千二百七十八年……有一位聂斯脱里派基督教徒,名叫马薛里吉斯,奉大可汗的命,来到这里做长官三年。这位马薛里吉斯叫人造这两所十字寺。从那时候起,这地有基督教徒的十字寺。而以前则没有十字寺,也没有

---

① 《元史》卷八十九《百官志五》;参阅周良霄《元和元以前的中国基督教》,《元史论丛》第一辑,中华书局1982年。

基督教徒。①

马可波罗所见到的镇江两所聂思脱里教十字寺,很可能是建造较早的大兴国寺和云山寺。七所中的后几所则可能是后来马薛里吉思"休官"免职期间建造的。

在镇江地区基督教和十字寺从无到有的过程中,马薛里吉思的功不可没。

马薛里吉思还积极筹集教堂田产,以供教堂和传教之需。这些田产包括朝廷完泽丞相拨与的江南官田三十顷,另设法置买浙西民田三十四顷,数额相当可观。修建七所十字寺时,据说能做到"秋毫无扰于民",恐怕是获益于上述田土的经济支持。此外,马薛里吉思又在西津竖土山云山寺和聚明山寺之间开辟了聂思脱里教徒的墓地,集中埋葬其教民。

马薛里吉思信奉和传播聂思脱里教,非常虔诚。镇江路儒学教授梁相称赞他"虽登荣显,持教尤谨,常有志于推广教法","家之人口受戒者,悉为也里可温","阐扬妙义,安奉经文","且敕子孙流水住持"。还把基督教的象征十字架,"取像于人",明悬于在房屋,绘制在殿堂墙壁上,戴在头上,佩挂在胸前。这的确给从未接触过基督文明的镇江人带来了几分新奇和神秘。

马薛里吉思还注意把传教活动与为忽必烈等蒙古统治者祈求福祉联系起来,以取得官方的支持。如他所修建的七所十字寺即用的是替忽必烈、真金、唆鲁和帖尼太后祈福的名义。这种做法无论是真是假,效果还是不错的。儒学教授梁相出于儒士的境界和

---

① 《马哥孛罗游记》张星烺译本,第 297 页,商务印书馆 1936 年。

理解,称赞他"忠君爱国,无以自见,而见之以寺耳",还特意为他撰写《大兴国寺记》,以志其功德。中书省右丞相完泽也为他出于"好心"、完全靠一己之力兴建七座十字寺的行动所感动,特地奏闻忽必烈颁发玺书圣旨给予庇护和支持,又拨与江南官田三十顷归其支配①。

世祖末成宗初,马薛里吉思曾直接向朝廷主管也里可温事务的崇福使爱薛汇报,请他转奏免除其教堂官民田税粮的要求。此事因涉及国家通行制度,中书省担心其他寺院援引为例,故而没有批准②。此时,马薛里吉思已离开路总管府副达鲁花赤官职多年,他仅是以镇江地区也里可温的身份,和朝廷交涉周旋,以争取更多的特权和优惠。

由于镇江地处东南佛教中心地带,佛教庙宇,触目皆是,势力根深蒂固。马薛里吉思兴建十字寺和传播聂思脱里教,实际上是在当地原有宗教的夹缝中进行的。所以,难免触犯佛寺的利益,引起宗教间的一些纠纷。

二十年后,镇江路僧众在宣政院、功德使司的支持下,掀起一股谴责马薛里吉思擅作十字寺的浪潮。翰林学士潘昂霄撰文指斥:"至元十六年,也里可温马薛里吉思者,绾监郡符,势张甚。掇危峰秀绝之所,屋其颠,祠彼教"。又控告其侵占金山寺地产。最终由仁宗皇帝下达玺书,遣官拆毁云山和聚明山两座十字寺,将其地归还金山寺,并改造为佛门的金山下院般若院③。

① 《至顺镇江志》卷九《僧寺》;参阅刘迎胜《关于马薛里吉思》,《元史论丛》第八辑,江西教育出版社 2001 年。
② 《通制条格》卷二十九《僧道·商税地税》。
③ 《至顺镇江志》卷九《僧寺》。

爱薛是西域弗林(今叙利亚)人,精通西域诸国语言,擅长星历医药。起初因贵由汗身旁的一位聂思脱里教教友列边阿达的举荐,充任贵由汗的侍从,以敢言直谏著称。中统年间,转而充任忽必烈的怯薛近侍,奉命掌管西域星历、医药二司事。从此成为忽必烈身旁的基督徒亲近侍从。《史集》称爱薛为怯里马赤①,观其精通西域诸国语言的特长,爱薛很可能是忽必烈怯薛中的一员负责翻译的怯里马赤。

当时,忽必烈已开始皈依藏传佛教,朝野上下,佛教势力最大。道教作为汉地本土宗教,根基深,信徒多。伊斯兰教也因忽必烈重用回回大臣理财和斡脱商经营,势力颇盛。爱薛的聪明之处在于,他利用近侍的便利,巧妙地从维护国家社稷和百姓利益的角度,劝阻忽必烈过分倚重纵容上述宗教的偏向。结果,既抑制了佛教、道教和伊斯兰教的膨胀,赢得了忽必烈的信任,又为基督教的发展争取到一定的空间。可谓一石三鸟。

中统三年(1262年)春,忽必烈听从喇嘛僧的建议,下令燕京二月初八举行大规模的佛事,临街楼宇装饰五彩流苏,调集教坊歌舞声乐百伎,使用皇帝的车驾仪仗,迎导喇嘛僧的法事队伍。这是喇嘛僧"游皇城"定制以前少见的大型法事,也是藏传佛教取得压倒其他宗教优势的先声。

爱薛当然不愿看到这种局面。于是,他向忽必烈进言:"方今高丽新附,李璮复叛淮海之壖,刁斗达旦,天下疲弊,疮痍未瘳,糜此无用之费,非所以为社稷计也"。忽必烈听罢,欣然采纳了他的意见。

---

① 余大钧、周建奇译本,卷二,第347页。

同年二月十六日,忽必烈驾幸燕京长春宫,还想在那里留宿过夜。长春宫是全真道教的"大本营"。此时,经 1258 年的上都佛道辩论,全真道教虽然败下阵来,但它毕竟是金元之际北方最盛的宗教,毕竟是当年受到成吉思汗褒奖为"神仙"所在的宗教,倘若忽必烈果真留宿长春宫,或许会导致全真道教的东山再起。

可能是想到这种背景,爱薛急忙赶往长春宫劝谏说:"国家调度方急,兵困民罢,陛下能安此乎?"忽必烈正在用餐,闻之愕然,抚摩着他的后背赞叹道:"非卿不闻斯言"。说罢,立即回宫。

爱薛在忽必烈时期已成为最受大汗宠幸的基督教徒近臣之一。据说,在一次庆贺上都新凉亭落成宴会上,忽必烈当着诸王大臣的面,把爱薛抱在自己双膝上,亲昵地用口水啐他的脖颈,又用左手挽起他的长胡须,右手将酒强灌入他口中。还对身旁的皇太子真金说:"有臣如此,朕何忧焉?"

在帐殿内举行的宴饮中,包括大汗在内的蒙古权贵都可以开怀狂饮,不甚讲究礼仪,这当然是有元一代受草原旧俗影响的宫廷惯例。但是在这类场合像爱薛般受到大汗亲昵待遇的,也是凤毛麟角。

不久,爱薛奉命与孛罗丞相出使伊利汗国阿鲁浑大王处,孛罗丞相留仕于伊利汗国,爱薛却历尽艰险,辗转两年,回朝复命。忽必烈因此大为感慨,说:"孛罗生吾土,食吾禄,而安于彼;爱薛生于彼,家于彼,而忠于我,相去何远耶!"

由于爱薛的忠诚和忽必烈的宠幸,爱薛获得了不论大汗进餐和睡眠,随时上奏的权力。他的官爵和政治地位也是当时基督教徒中最高的。至元五年(1268 年)兼广惠司,至元二十四年(1287年)擢秘书监,至元二十六年(1289 年)领崇福使,掌管全国也里可温教事务。至元三十一年（1294 年）又加从二品的翰林学士承旨，兼修国史。成宗以后授平章政事，封秦国公。逝世后又被追封为拂林忠献王①。尤其是追封王爵，当时在蒙古勋臣中也不多见。

基督教和伊斯兰教的冲突一直十分激烈，忽必烈时期也不例外。

拉施德《史集》记载：忽必烈时期基督教徒在宗教上对待穆斯林极不宽容，蓄意谋害他们。一位基督教徒曾向忽必烈告密说，《古兰经》有这样一段话："要无例外地把一切多神教徒都杀掉"。忽必烈对此很生气，一度下令处死固执此说的穆斯林长者别哈丁·别海。后经回回人宰相阿合马劝谏和另一位回回人毛拉哈米答丁解释，将忽必烈巧妙排除在"多神教徒"之外，才平息了忽必烈的愤怒，保住了别哈丁·别海的性命。

至元十六年（1279 年）十二月，从北边八里灰运来海东青名鹰向大汗进贡的回回人，沿途拒绝食用别人宰杀的羊，给百姓带来一定的骚扰。忽必烈得悉后，十分恼怒，特降圣旨云：

> 成吉思皇帝降生，日出至没，尽收诸国，各依风俗，这许多诸色民内，惟有回回人每为言俺不吃蒙古之食上，为天护助，俺收抚了您也，您是俺奴仆，却不吃俺的茶饭，怎生……便教吃。若抹杀羊呵，有罪过者。

按照穆斯林习俗，宰羊使用断喉法，即"抹杀羊"。蒙古人宰羊，使用破腹杀法。穆斯林严守其俗，拒不食用其他方式所宰羊，

---

① 《元史》卷一百三十四《爱薛传》；《雪楼集》卷五《拂林忠献王神道碑》。

说来也符合"各依风俗"的法度。忽必烈却以"奴随主便"的原则，禁止穆斯林固守其"抹杀羊"方式。还用从良、奖赏没收财产等措施，鼓励其奴婢等告密①。这件事《元史》、《元典章》和波斯文《史集》均有详细记述。可见，事情闹得很大。

在这次惩罚穆斯林的活动中，爱薛也起了推波助澜的作用。《史集》带着几分愤怒记载道：

> 当时的一些恶毒、卑鄙和下流的[人]之中，有基督教徒爱薛怯里马赤、伊宾·马阿里和拜答黑，他们抓住[这道]命令，取得了一道处死在[自己]家中[以断喉]法宰羊者的诏敕。以此借口，夺取了人们很多财富。他们引诱木速蛮（穆斯林之别称）的奴隶们[说]：谁告发了自己的主人，我们就解放他。他们为了自己的解放，便诬陷主人，控告[他们]犯了罪。爱薛怯里马赤和他该死的下属们，甚至达到了使木速蛮在一连四年中不能举行自己的儿子的割礼的地步。

从《元典章》等所载《禁回回抹杀羊做速纳》的严厉措施看，《史集》的说法大抵属实。此事发生在回回人宰相阿合马柄国时期。对此桩压制回回人的政策，连权倾朝野的阿合马都无能为力，足见其执行之坚定不移。出于宗教冲突，爱薛站在忽必烈一边，竭力禁止回回人抹杀羊。同样道理，来自回回人对他的愤怒和咒骂，也十分强烈。

---

① 《元史》卷十《世祖纪七》；《元典章》卷五十七《刑部十九·禁宰杀·禁回回抹杀羊做速纳》。

此桩压制回回人的政策,实施长达七、八年。直到桑哥当上丞相,回回商贾们拿出大笔钱财向他行贿。桑哥才以穆斯林商人全体离境、穆斯林诸国商人不来贸易、关税收入不足、珍贵货物匮乏等为理由,上奏忽必烈,这样才终止了有关回回人抹杀羊的禁令①。

在基督教徒朝廷大臣中,除了爱薛,还有一位答失蛮。此人来自蒙古克烈部。其父孛罗欢是蒙哥汗时期颇有权势的大臣,因党附阿里不哥和反对忽必烈被杀。答失蛮继续受到忽必烈的重用,长期担任大汗第一怯薛必阇赤,掌管斡脱总管府和泉府司,兼户部尚书和内八府宰相。拉施德称他是与安童、月赤察儿、完泽等齐名的重要大臣。

答失蛮虽然是也里可温世家,但因他长期掌管斡脱总管府,与回回人交往颇多,所以,他并没有像爱薛那样对回回人残酷打击。相反,有时还替回回人说话。至元二十二年(1285 年)八月,一度被中书省右丞相和理霍孙废罢的泉府司,又经答失蛮奏请得以恢复。在前述穆斯林因《古兰经》杀多神教徒语而受忽必烈怪罪的事件中,答失蛮也曾和阿合马一起从旁为穆斯林开脱②。

据马可波罗记载,忽必烈认为基督教是十二分的真正和善良。他曾委派马可波罗的父亲和叔叔奉使罗马教廷,请求教皇派遣一百名深谙教规的传教士东来传教布道,从教理宣扬方面取得对其他宗教的压倒优势。并请他俩顺便带回少许耶路撒冷耶稣墓上长明灯里的圣油来。

---

① 《史集》余大钧、周建奇译本卷二,第 347 页。
② 《牧庵集》卷十三《皇元高昌忠惠王神道碑》;参阅杨志玖《元代的几个答失蛮》,《元史三论》,人民出版社 1985 年。

马可波罗还说,东道诸王乃颜叛乱中其麾下军队的旗帜缀有十字架等标志,诸王乃颜叛军中也有相当数量的基督教徒。平定乃颜之乱后,许多穆斯林、佛教僧人、犹太教徒不约而同地嘲笑和讥讽基督教徒,说他们的上帝十字架如何去辅助叛王乃颜。忽必烈听到后,主动为基督徒解释,庇护他们,又痛责那些在大汗面前嘲笑十字架的人。他还召集朝廷的基督教徒,安慰他们说:

> 假若你们上帝的十字架没有辅助乃颜,那里面有一个很好的原因来解释他。因为十字架是好的,所以只能作好而正直的事。乃颜是一位不忠的叛逆,他违反君主,所以他所经阅的报应是最公平的。你们上帝的十字架并没有帮他去反抗公理,是做得很对的。十字架在这里做得一件好事,他不能去做别的,只有做好的事。

如果马可波罗所言属实,忽必烈对基督教应该是亲和性很强的。或者可以说,除去他所皈依的藏传佛教,基督教在其心目中应该是优于其他宗教的。

马可波罗游记还提到,他们游历福州城时发现,当地居住着少许信仰古老基督教的教徒,从其三位祖先处获得并世代传承教义,却不晓得自己属于基督教。经马可波罗等反复晓谕,方派代表赴元朝廷请求官方承认其属于基督教徒。此事奏报朝廷后,引起势力最大的佛僧人士的非议。僧人们坚持认为这批居民应属佛教徒,双方一度在忽必烈驾前发生激烈争吵。忽必烈发怒了,他命令争论的人退朝。单独召见这批福州居民的代表,听取其意见,让其自己选择宗教归属。最后,根据其意愿,下达圣旨,肯定其归属于

604

基督教。马可波罗又说,此类新发现并得到确认的基督教徒,江南各地多达七十余万户①。

马可波罗的上述说法,虽然得不到汉文史料的全面印证,难免有缺乏可靠性之嫌。但与此相关的蛛丝马迹仍依稀可见。

《元典章》大德八年(1304 年)的一件公文说,温州路一带的也里可温掌教司曾经招收民户,充本教户计,以致侵夺道教人户。还称:"江南自前至今……别无也里可温教门"②。另,元朝专门管辖也里可温教事务的崇福司和七十二所也里可温掌教司,应大多设立于忽必烈时期③,江南地区官方承认的也里可温户计从无到有,也应该发生在忽必烈时期。由是观之,马可波罗有关福州及江南七十余万户也里可温被大汗忽必烈确认而得以享受相应特权的记述,当不是无根之说。

忽必烈的宗教倾向,的确发生了其先辈所没有的戏剧性变化,但他毕竟无法完全脱离成吉思汗子孙的烙印和赖以生息的草原文明。他虽然皈依藏传佛教,但仍然保留着祖父成吉思汗平等对待所有宗教和崇拜上天的遗风。

忽必烈曾说:"这四位圣人,是全世界所崇拜和所尊敬的。基督徒说他们的上帝是耶稣基督,回回教徒说是摩诃末,犹太人说是摩西,偶像教徒说是释迦牟尼……我崇拜和敬爱所有他们四位圣人。因此也尊敬天上那一个最有权威,最真正的,并祈祷

① 《马哥孛罗游记》张星烺译本,第 8 页、141 页、143 页、335 页,商务印书馆 1936 年。
② 《元典章》卷三十三《礼部六》《也里可温教·禁也里可温挽先祝赞》。
③ 《元史》卷八十九《百官志五》。

他来辅助我"①。

忽必烈似乎在崇敬四大宗教圣人和崇拜"腾格里"上天之间找到一种和谐,也似乎在皈依藏传佛教和尊重其他宗教之间找到一种平衡。换句话说,忽必烈在皈依藏传佛教的同时,没有排斥伊斯兰教、基督教、道教和儒学。这种政策十分重要。它使忽必烈时期的宗教避免了唯藏传佛教独尊的封闭性和排他性,保持了兼容并蓄的开放性和多元性。

---

① 《马哥孛罗游记》张星烺译本,第 143 页,商务印书馆 1936 年。

第十七章　暮年多事秋　朝堂风雨骤

第一节　从和礼霍孙主政到卢世荣理财

一、和礼霍孙以儒治国及失败

至元十九年（1282年），忽必烈度过了他68岁的生日。光阴荏苒，暮年已向在位23年的元帝国皇帝悄然走来。

刚刚经历昔里吉之乱和杀阿合马暴动的忽必烈，又迎来朝堂之上更为激烈的风雨和冲突。

阿合马被杀后，忽必烈自至元十九年四月委任和礼霍孙为中书省右丞相，主持朝政。和礼霍孙是蒙古贵胄，宿卫大臣，原任蒙古翰林学士承旨。

和礼霍孙主持朝政期间，主要做了三件事：

一是惩治阿合马党羽。和礼霍孙"置黑簿以籍阿合马党人之名"，凡入该簿册者，永不叙用。至元十九年（1282年）四月五月罢斥的阿合马党羽就多达714人①。几乎与此同时，和礼霍孙曾会同中书省、御史台、枢密院等官，核查阿合马所管财赋，继而派人钩考户部主要库藏万亿库以及各盐运司、财赋府、茶场都转运司等

---

① 《元史》卷十二《世祖纪九》至元十九年五月己未，九月壬申。

"出纳之数"①。

二是裁减冗官。在精简中书省七百余员滥官的同时,和礼霍孙又经忽必烈诏令批准,废罢阿合马所滥设官署171所。被废罢的较高级官署有:刚刚设立半年的司徒府、农政院、掌管斡脱事务的泉府司、江南诸行省治所在的四道宣慰司等。对阿合马"海选"造成的江南冗滥官,和礼霍孙也坚决予以取缔。还废罢诸盐司,改以诸运司管辖盐政。又罢各地金银冶炼官署,以其事归于路总管府②。

三是重用儒士和奏开科举。和礼霍孙任用一批儒臣进入政府。如张雄飞任中书省参知政事,何玮、杨恭懿参议中书省事,徐琰、董文用等也被委以中书省左司郎中等职。不久,和礼霍孙又奏请忽必烈开科取士③。

在汉族儒臣许衡、姚枢、窦默等与阿合马抗争失败并相继谢世后,和礼霍孙代表受汉法浸润影响较深的部分蒙古官宦,试图以上述措施,继续老一代儒臣未竟的汉法改革。

和礼霍孙的所作所为,得到太子真金的全力支持。他任右丞相之初,太子真金即加勉励:"阿合马死于盗手,汝任中书,诚有便国利民者,毋惮更张。苟或沮挠,我当力持之"。太子真金还对担任中书省参议和左司郎中的何玮、徐琰说:"汝等学孔子之道,今

---

① 《元史》卷十二《世祖纪九》至元十九年四月辛卯,五月己巳。
② 《元史》卷十二《世祖纪九》至元十九年五月戊辰,六月甲午、癸丑,十二月癸卯,卷十三《世祖纪十》至元二十二年八月己未。
③ 《元史》卷十二《世祖纪九》至元十九年五月癸未,《元史》卷十三《世祖纪十》至元二十一年十月丁卯,卷一百一十五《裕宗传》。

始得行,宜尽平生所学,力行之"①。

但是,忽必烈对和礼霍孙雅重儒术而"讳言财利事"感到不满,也对动摇蒙古贵族入仕特权的科举之议十分恼火。

就在和礼霍孙奏请重开科举一个月后,忽必烈解除了他的丞相职务,改而命令卢世荣入相理财。这就意味着忽必烈强行终止了和礼霍孙和真金的汉法改革,重新把朝政拉回以"理财"为中心的轨道。

二、卢世荣"立法治财"

卢世荣是大名路(今河北大名)人,阿合马柄国时,曾以财贿踏入仕途,担任过江西榷茶使,后获罪去职。

卢世荣受忽必烈重用,虽说事出偶然,也有不可逆转的背景。

和礼霍孙主政两年,"讳言财利",朝廷财政出现较严重的问题。

由于平定南宋和对付北边叛王的战争,耗费了大量财富,元朝初年发行的中统钞随之急剧贬值,朝廷印钞数理应增加,但至元二十年、二十一年朝廷印钞数仅六十一万六百二十锭和六十二万九千九百四锭,比至元十三年到十九年的年平均印钞数反而减少将近一半②。而当时忽必烈为雪征日惨败之耻,急于筹备第三次跨海征日本,对安南和缅国的用兵,规模也越来越大。朝廷财政入不敷出,根本无法满足忽必烈黩武海外的政治军事需要。

当掌管佛教的总制院使桑哥举荐卢世荣有才术,"能救钞法,

① 《元史》卷一百一十五《裕宗传》。
② 《元史》卷九十三《食货志一·钞法》。

增课额,上可裕国,下不损民","能使天下赋入倍其旧十"时,忽必烈立即召见卢世荣本人,听取卢的奏言应对,感到满意。

至元二十一年(1284年)十一月十八日,忽必烈特意安排卢世荣与和礼霍孙为首的中书省官员的御前辩论。辩论的中心内容是中书省应当做的事情。和礼霍孙等虽然"守正不挠",卢世荣的理财富国之论却受到忽必烈的赏识和支持,最终占了上风。

当日,右丞相和礼霍孙、右丞麦术丁、参政张雄飞和温迪罕皆被罢黜。从北边回朝不久安童被任命为中书省右丞相,卢世荣任中书右丞,史枢为左丞,不鲁迷失海牙、撒的迷失为参政,拜降为参议。

据说,后四人皆是卢世荣所举荐。安童虽然是成吉思汗四功臣之一木华黎后裔和至元前期的右丞相,但被叛王海都拘禁近十年,忽必烈对他的亲宠已非昔比。此时的中书省,实际由卢世荣所控制。

首先,卢世荣重新纠集阿合马原先使用的一些理财官吏,作为其理财"班底"和基本力量。

刚上任不久,卢世荣就上奏忽必烈:"天下能规运钱谷者,向日皆在阿合马之门,今籍录以为污滥,此岂可尽废。臣欲择其通才可用者,然惧有言臣用罪人。"忽必烈爽快答复:"何必言此,可用者用之。"

卢世荣得到皇帝的赞许,于是将和礼霍孙罢斥的阿合马理财党羽、前河间路转运使张弘刚、撒都丁、孙桓,重新用为河间、山东等路都转运盐使,掌管了河北山东一带的财赋大权。其他被重新擢用的阿合马旧有属官甚众。一次,卢世荣推荐宣德和王好礼为浙西道宣慰使,忽必烈先说:"宣德,人多言其恶。"卢世荣辩解道:

"彼入状中书,能岁办钞七十五万锭,是以令往。"忽必烈听罢,居然批准了卢的推荐①。

卢世荣先后设置相当多的理财官署。如常平盐局、市舶都转运司、上都等路群牧都转运司、诸路常平盐铁坑冶都转运司等。当卢世荣奏立规运所时,忽必烈询问:此官署职司如何?卢世荣答曰:"规划钱谷者。"忽必烈听罢,欣然应允。至元二十二年(1285年)二月又设五品的规运所,专门经营钱谷,由擅长商贾的官吏及"白身人"担任。

卢世荣还竭力保护理财钱谷官,曾明令禁止各种官司不得擅自追迫管理税课的官吏,按察司不得检核其文卷。若有胆敢阻挠者,开具其姓名上闻。

至元二十二年二月,卢世荣又特意确定各行省专领课程的官员,即江浙行省参政冯珪,湖广行省右丞要束木、参政潘杰,江西行省左丞伯颜、参政杨居宽、佥省陈文福。还命令真定、济南、太原、甘肃、江西、江淮、湖广等处宣慰司兼都转运司,以治所在课程。诸道监察官提刑按察司一度也被改为提刑转运司,兼管各路钱谷,其刑名事上御史台,钱谷由户部申中书省。

卢世荣这样做的目的,就是要在健全钱谷官诸司局官署的同时,将行省、宣慰司、按察司等主要官府也纳入以理财为中心的轨道,恢复昔日阿合马柄国时理财官的赫然权势。

卢世荣还不失时机地培植亲信和私党。前述冯珪、潘杰即为阿合马党人,要束木又是卢世荣的举荐者桑哥的妻党,此时都被安

---

① 《元史》卷十三《世祖纪十》;卷二百五《卢世荣传》;《元朝名臣事略》卷四《平章鲁国文贞公》。

插为江南诸省掌管财赋的官员。卢世荣的姻亲牛某，经卢世荣的副手不鲁迷失海牙的推荐，由提举升任浙西转运副使。

其次，卢世荣致力于整治钞法。

这也是忽必烈在卢上任当日敕令交给的一项任务。前面提到和礼霍孙主政时的财政问题之一，就是中统钞急剧贬值，朝廷印钞数反而比至元十三年到十九年减少将近一半，正常流通受到影响。卢世荣迅速行动，一方面，重新规定金银与纸钞的比价，允许民间买卖金银，以减轻中统钞贬值且数少的弊端。另一方面，他顺应中统钞贬值的大势，立即将至元二十二年的印钞发行量增加到二百四万三千八十锭，相当于至元二十一年的三倍多。

卢世荣还别出心裁，以中统钞贬值为由，关闭回易库，既不许昏烂之钞流通，也不许倒换。官吏不严格执行的，也要治罪。又倡言依汉唐故事，括前代铜钱而铸造新铜钱且织造绫券，与钞参用。此意见上奏，忽必烈回答是："便益之事，当速行之。"于是，至元二十二年二月降诏拘收天下铜钱，强制推行其方略①。

再次，卢世荣费力最多的仍然是举办官营或官商联营的工商业，以榷卖和官府垄断直接获取大量财富。

上任月余，卢世荣就在忽必烈驾前夸下海口："臣言天下岁课钞九十三万二千六百锭之外，臣更经画，不取于民，裁抑权势所侵，可增三百万锭。初未行下，而中外已非议，臣请与台院面议上前行之。"忽必烈说"不必如此，卿但言之"，明确表示支持。

为达到增课三百万锭的目标，卢世荣采取了三项措施：

其一，整顿盐铁榷卖。他代表中书省奏言，国家榷卖食盐，原

---

① 《元史》卷九十三《食货志一·钞法》。

售价每引中统钞十五两,未尝多取。如今权豪富商持引盐囤积居奇,流通中卖至每引八十两,京师竟高达每引一百二十两。拟议以二百万引给盐商,一百万引散给诸路,设立常平盐局,商贾哄抬盐价时,官局出售储盐,既可平抑盐价,又能增加收入。这显然是在官榷商卖、官商分占盐利的体制下再为官府抢夺一部分盐利。忽必烈当然乐得接受。又主张禁民间采矿冶铁,官府立冶铁炉鼓铸铁器以鬻卖获厚利。

其二,改进酒、醋、竹等课税。卢世荣上奏:京师富豪酿酒牟取巨利,缴纳税课却往往拖延,理应禁止民间酿酒,实行官酿官卖。大都酿酒每天用米一千石,天下诸路每日酿酒用米也应当在二千石。今诸路仅言日用米三百六十石,其奸欺道隐如此。已责各官增旧课二十倍,不如数完成者,重治其罪。忽必烈一概允其奏而行。于是,诸路酒课数额亦比照大都之例,用米一石,课取中统钞十两。对上都酒课,卢世荣则根据实际情况特准实行优惠办法:酒户自具工本,官司拘卖,每石只收钞五两。怀孟等路竹货官府榷卖课程数额较少,卢世荣遂改为民间自由买卖而有司收税。对乡村农户及上都醋课,卢世荣又下令免除①。或许也是数量偏少的缘故。

其三,实行"官本船"制,谋求巨额市舶之利。如前述,平定南宋以后,元朝廷十分重视海外贸易。大体参照南宋旧制,立泉州等市舶司,每年招集舶商,赴南洋博易,回帆时,依南宋旧例抽解,然后听其货卖。细货取十分之一,粗货取十五分之一。此外轻货另收取一定运费,谓之"双抽"。此时卢世荣实施"官本船"贸易,在

① 《元史》卷九十四《食货志二》。

泉州、杭州设立市舶转运司,官府出资本,造船募商,渡海贸易诸货。据说,朝廷一次提供资金中统钞十万锭,所得利益,官取七分,商取三分。官船也可代表政府依例抽取蕃商就官船交易的税收。又禁止权势之家以私钱入蕃贸易,违者治罪,籍没其家产之半①。卢世荣基于官营招商的模式,目的是抑制和打击权势之家,为朝廷占据海外贸易的大部分利益。

此外,卢世荣还搞了增加课税的其它种种名堂。一次,他建言:各处都会设立野麦、木植、瓷器、桑枣、煤炭、匹段、青果、油坊诸牙行,以市易司管理诸牙侩人,依据商贾货物,征收四十分之一的课税,所得四成归牙侩,六成给官吏俸;宜于上都、隆兴等路,以官钱买幣帛易牛羊于北方,选蒙古人放牧,收其皮毛筋角酥酪等物,官取其八,二与牧者。忽必烈答复:"汝先言数事皆善,固当速行,此事亦善,祖宗时亦欲行之而不果,朕当思之。"显而易见,忽必烈对卢世荣的这两条建议的可行性,是有所保留的。

卢世荣以敛财为己任,招来不少怨恨,为释怨邀誉,他向忽必烈进奏如下九事,并以诏书颁告天下:一是免民间包银三年,二是官吏俸钱免民间代纳,三是免大都地税,四是官府收赎江淮贫民所鬻妻子为良民,五是免逃逸复业者差税,六是免乡村民户造醋之课,七是减免江南私家田租一分,八是增添内外官吏俸五分,九是定百官考课升擢之法。

以上九条中,大幅度增加百官俸禄,是卢世荣理财的较重要政绩。元朝的官吏俸禄虽然早在至元三年(1266)已经开始发放,但

---

① 《元史》卷九十四《食货志二·市舶》,卷二百五《卢世荣传》;《元典章》卷二十二《户部八》《市舶·合并市舶转运司》。

很长一段时间管民官及钱谷官的俸禄是从百姓差发俸钞中支出的，故有民间代纳官吏俸钱的说法。至元二十二年（1285年）二月卢世荣以"设官颁俸，本以为民，近年诸物增价，俸禄不能养廉，以致侵渔百姓，公私俱不便益"为由，奏请并经忽必烈批准，将"内外官吏俸给，以十分为率，添支五分"，增加了50%。在此基础上，还把百官俸禄依各品分为上中下三等，视职事繁简轻重，事大者依上等，事小者依中等。自从一品六锭、五锭至从九品三十五两，共计三十八等①。

这次调整不仅使官吏品秩俸禄更为秩序化，而且减轻了物价上涨和官俸偏低、不正规的弊病，可以称得上是元代官阶俸禄制度的一个进步。

有一个误说需要纠正。《汉藏史集》说：

桑哥丞相仿照以前汉地实行的一种旧法，对内外各级衙署的官员们发给饮食及衣着所需的俸钱……直到如今，官员们有固定的俸钱，犹思桑哥丞相的恩德。②

如此看来，官吏俸禄的增加和固定化，实际上是由卢世荣推行的。桑哥在背后也可能有出谋划策的动作。正如后文所说，桑哥入相，发行至元钞，改善了国家财政状况，对卢世荣制定的官吏俸禄制度发挥了重要的保证和继续落实作用。这或许是《汉藏史集》把官吏俸禄固定化一概归功于桑哥的原因。

---

① 《元典章》卷十五《户部一·禄廪》，《官吏添支俸给》；《元史》卷九十六《食货志四·俸秩》。
② 陈庆英译本，182页，西藏人民出版社1986年。

在卢世荣掌管财政期间,忽必烈对他是极为信任的。表明此时忽必烈高度重视理财,也披露了他豪爽耿直和用人不疑的品格。

卢世荣上任不足十日,御史中丞崔彧奏言:卢世荣不可为宰相。

崔彧是阿合马被杀后受忽必烈擢用的汉族官员之一,蒙古名为拜帖木儿。他负才气,刚直敢言。至元十九年(1282年)崔彧始任集贤侍读学士,上奏:阿合马党羽阿里子阿散不可袭其职,另一党羽郝祯应剖棺戮尸。忽必烈立即予以批准。还好言安抚崔彧:"已敕中书,凡阿合马所用,皆罢之,穷治党与,纤悉无遗。事竟之时,朕与汝别有言也。"足见,忽必烈对他的亲近与器重。

然而,此时崔彧攻击卢世荣的言辞,却让忽必烈大为恼怒。崔彧竟因此受到逮系按问和罢官的惩罚①。

此番一弃一取表明,在忽必烈用人的天平上,理财官卢世荣的分量似乎远远重于御史中丞崔彧。

卢世荣曾以理财"多为人所怨,后必有谮臣者",向忽必烈诉苦。忽必烈的回答是:"汝无防朕,饮食起居间可自为防。疾足之犬,狐不爱焉,主人岂不爱之。汝之所行,朕自爱也,彼奸伪者则不爱耳。汝之职分既定,其无以一二人从行,亦当谨卫门户。"还特意宣谕右丞相安童给卢增派随从。忽必烈对他的眷顾倚重,可见一斑。

或许是倚势恃宠心理的作用,卢世荣当权期间肆无忌惮,十分

---

① 《元史》卷二百五《卢世荣传》,卷一百七十三《崔彧传》。

跋扈,甚至不把右丞相安童放在眼里。他事先不禀白丞相安童,擅支中统钞二十万锭,擅升六部为二品;不与枢密院议论,调动江南三行省兵一万二千人置济州,委漕运使陈柔为万户管领,又命沙全代万户甯玉成浙西吴江。左司郎中周戴议论政事稍有不合,卢世荣即罗织废格诏旨的罪名,上奏杖周郎中一百,然后杀掉。卢世荣气焰因而更为嚣张,臣僚震慑,气氛凛凛。

对包括台察官在内的不同政见者,卢世荣也采取了压制打击的态度。

前面提到,御史中丞崔彧首先因反对卢世荣入相而被罢免,卢世荣与台察官间的裂痕随之愈来愈严重。至元二十二年(1285年)正月卢世荣提议并以中书省的名义上奏,欲废罢江南行御史台,还想把御史大夫玉昔帖木儿自御史台调开,转任中书省左丞相。玉昔帖木儿是成吉思汗四功臣之一博尔术的后裔,袭爵万户,与安童一样,同属当时最显赫的蒙古勋贵大臣。卢世荣欲将其调离御史台,显然是欲削弱御史台的势力。

对此,忽必烈十分慎重,答复道:"玉昔帖木儿朕当思之……罢行御史台者,当如所奏"。

二月,御史台官两次上奏,表示抗议:"中书省请罢行台,改按察司为提刑转运司,俾兼钱谷。臣等窃惟:初置行台时,朝廷老臣集议,以为有益,今无所损,不可辄罢。且按察司兼转运,则纠弹之职废。"忽必烈则云:"世荣以为如何?"大臣奏曰:"欲罢之耳。"于是,忽必烈裁定:"其依世荣言。"

尽管忽必烈不同意玉昔帖木儿调离御史台,但对卢世荣废罢行台及按察司兼转运的主张,又是全力支持的。这当然也是卢世荣打击压制台察官得逞于一时的主要原因。

三、卢世荣被杀

卢世荣的理财,触犯了很多权贵的利益,又因专横跋扈、打击台察,引起了台察官和汉法派官僚的强烈不满。

卢世荣上任之初,礼部尚书董文用曾委婉地指责他"立法治财"的弱点:"此财取诸右丞家耶?将取诸民?取诸右丞家,则不敢知;若取诸民,则有说矣。牧羊者,岁常两薅其毛,今牧人日薅其毛而献之,则主者固乐其得毛之多矣。然而,毛无以避寒热,即死且尽,毛又可得哉?民财亦有限,取之以时,犹惧其伤残也,今尽刻剥无遗毓,犹有百姓乎?"卢世荣无言以对。

太子真金对以理财邀功徼幸得宠的卢世荣,也持类似的严厉批评态度,曾说:"财非天降,安得岁取赢乎。恐生民膏血,竭于此也。岂惟害民,实国之大蠹"①。

一般台察官和汉法派官僚开始因御史中丞崔或被罢职问罪,敢怒不敢言,一旦机会来临,他们对卢世荣的反击就激烈展开。

右丞相安童协助台察官恢复江南行御史台,是台察官与汉法派官僚联合反击卢世荣的先声。

至元二十二年(1285年)二月,忽必烈启程北赴上都,在文武百官前往大都城北大口给皇帝送行之际,忽必烈突然向中书省官发问:"行御史台何故罢之?"安童趁势奏言:"江南盗贼屡起,行御史台镇遏居多,臣以为不可罢。然与江浙行省并在杭州,地甚远

---

① 《元朝名臣事略》卷十四《内翰董忠穆公》;《元史》卷一百一十五《裕宗传》。

618

僻,徙之江州,居江浙、湖南、江西三省之中为便。"①

忽必烈当初支持卢世荣废罢江南行御史台,主要是出于对卢世荣理财的充分信任,似乎没有细想废罢行台的原因或利弊。安童则不去正面理论废罢原委,又抓住行台镇遏功能这一至关江南统治的要害以及江浙行省与行台同居一城的不便,提出行台迁至江西行省江州的折衷方案,终于使忽必烈批准恢复了江南行御史台。江南行御史台的恢复,是对卢世荣第一个有分量的打击,也是安童等中书省大臣与台察官成功的联合行动,意味着卢世荣开始走向颓势。

四月,监察御史陈天祥上疏弹劾卢世荣奸恶,弹文大略曰:

> 卢世荣素无文艺,亦无武功,惟以商贩所获之赀,趋附权臣,营求入仕,舆赃莘贿,输送权门,所献不充,又别立欠少文券银一千锭,由白身擢江西榷茶转运使。于其任,专务贪饕,所犯赃私,动以万计。其隐秘者固难悉举,惟发露者乃可明言,凡其掊取于人,及所盗官物,略计:钞以锭计者二万五千一百一十九,金以锭计者二十五,银以锭计者一百六十八,茶以引计者一万二千四百五十有八,马以匹计者十五,玉器七事,其余繁杂物件称是。已经追纳及未纳见追者,人所共知。

> 今竟不悔前非,狂悖愈甚,以苛刻为自安之策,以诛求为干进之门,既怀无厌之心,广畜攘掊之计,而又身当要路,手握重权,虽位在丞相之下,朝省大政,实得专之……

---

① 《元史》卷十三《世祖纪七》;《南台备要》《行台移江州》,《宪台通纪》王晓欣点校本,第164页,浙江古籍出版社2002年。

今世荣欲以一岁之期,将致十年之积;危万民之命,易一世之荣;广邀增羡之功,不恤颠连之患,期锱铢之诛取,诱上下之交征。视民如仇,为国敛怨。果欲不为国家之远虑,惟取速效于目前,肆意诛求,何所不得。然其生财之本既已不存,敛财之方复何所赖? 将见民间由此凋耗,天下由此空虚,安危利害之机,殆有不可胜言者。

计其任事以来,百有余日,验其事迹,备有显明。今取其所行与所言而已不相副者,略举数端:始言能令钞法如旧,钞今愈虚;始言能令百物自贱,物今愈贵;始言课程增添三百万锭,不取于民而办,今却迫协诸路官司增数包认;始言能令民快乐,凡今所为,无非败法扰民者。若不早有更张,须其自败,正犹蠹虽除去,木病亦深,始嫌曲突徙薪,终见焦头烂额,事至于此,救将何及?

臣亦知阿附权要则荣宠可期,违忤重臣则祸患难测;缄默自固,亦岂不能! 正以事在国家,关系不浅,忧深虑切,不得无言。①

陈天祥的这份弹文,分作三部分,前为揭露卢世荣入相以前贪赃秽行,桩桩件件,言之凿凿;中为抨击其广增羡、取锱铢、害国害民的理财思想;后为指责其不履行承诺,所行非所言,实属欺诈。忽必烈本来对卢世荣了解无多,在苦于无人理财的情况下,匆匆接受桑哥的举荐而用卢,很大程度上看重的是卢世荣信誓旦旦的敛财承诺。对卢世荣虽然充分信任,全力支持,但始终有"试验"性

---

① 《元史》卷一百六十八《陈天祥传》。

质。如今陈天祥指责卢不履行承诺，可谓切中要害。

弹文由扈从上都的御史大夫玉昔帖木儿转奏忽必烈。忽必烈听罢震动甚大。当日，就派遣唆都八都儿、秃剌帖木儿等南还大都，命令安童召集诸司官吏、老臣、儒士等同卢世荣一起听陈天祥弹文。又命令陈天祥与卢世荣同赴上都，在忽必烈驾前当面对质。

抵达上都当日，忽必烈自内宫传旨：将卢世荣绑缚宫门之外。对卢世荣的声讨问罪很快进入高潮。

先是御史中丞阿剌帖木儿、郭佑、侍御史白秃剌帖木儿、中书省参政撒的迷失等奉命鞫问卢世荣，得其所承认的擅支钞、擅调兵等罪状十条奏上。

翰林学士赵孟传等斥责：

> 世荣初以财赋自任，当时人情不敢预料，将谓别有方术，可以增益国用。及今观之，不过御史之言。更张之机，正在今日。若复恣其所行，为害非细。

卢世荣的上司安童也说：

> "世荣昔奏，能不取于民岁办钞三百万锭，令钞复实，诸物悉贱，民得休息，数月即有成效。今已四阅月，所行不符所言，钱谷出者多于所入，引用憸人，紊乱选法。"

他们所言与陈天祥的弹文大同小异，算得上众口一词。

接着，御史中丞阿剌帖木儿、陈天祥与卢世荣对质于忽必烈驾前，陈天祥再次阐述弹劾之辞及余言未尽者，忽必烈连连称善。还遣近臣谕说陈天祥：

> 汝尽乃职为朕，朕其忍以言罪汝，言出祸随，讵必云尔也。

卢世荣则一一款伏。忽必烈派遣近侍忽都带儿传旨中书省：命右丞相安童与诸老臣议论卢世荣所行，应废罢的废罢，应更张的更张，所用之人确实无罪的，由忽必烈亲自裁决处理。卢世荣也被正式逮捕下狱。

十一月乙未，忽必烈问另一位近侍忽剌出："汝于卢世荣有何言？"忽剌出说："近汉人新居中书者，言世荣款伏，罪无遗者，狱已竟矣，犹日养之，徒废廪食。"忽必烈觉得言之有理，于是降旨诛卢世荣，割其肉以喂鹰隼猎兽①。

上任不足半年的宰相卢世荣，就这样以事败被杀的结局匆匆退出了舞台。

卢世荣被杀后，中书省做了重大调整，比较清廉的回回人麦术丁担任了中书省右丞，参与鞫问卢世荣的御史中丞郭佑及杨居宽被委任为参知政事，安童仍然是右丞相。当年十月，参议帖木儿升任参知政事，位在郭佑之上。忽必烈还特地命令说："自今之事，皆责于汝。"翌年三月，中书省官员又重新分工，右丞麦术丁与参政郭佑并领钱谷，参政杨居宽典铨选②。

忽必烈对帖木儿的提拔，很有意思。

帖木儿，又名也速带儿，蒙古兀良哈氏，阿术从弟。平定南宋

---

① 《元史》卷十三《世祖纪十》；卷二百五《卢世荣传》；《归田类稿》卷十《资德大夫中书右丞陈公神道碑》。
② 《元史》卷十三《世祖纪十》；卷十四《世祖纪十一》。

后,担任淮东道宣慰使。一次,他奉江淮行省之命入京进奏边事。因其粗知文墨,能够在忽必烈驾前"诵其文而释以译语,音吐明畅,辞旨精切",引起忽必烈注意,于是命令他在殿中纵横来回走动,仔细予以观察,下令提拔。开始,中书省只让帖木儿担任参议,忽必烈责问道:"朕初以为卿同列,置之僚佐何耶?"右丞相安童改而奏曰:"帖木儿蒙古人,而于汉人语言无所不通,久淹下位,宜升用之",帖木儿最终被提拔为中书省参知政事①。

足见,忽必烈对懂得汉文的蒙古官员甚为器重,在忽必烈看来,这些人充任宰执,协助忽必烈治理国家是十分必要的。

如果说和礼霍孙执政两年是汉法儒臣派官僚在十年受压抑后的短暂复兴,那么至元二十二年(1285年)四月到至元二十四年(1287年)闰二月又似乎是上述复兴的重演。在这不到两年的时间内,中书省主要官员大体属于汉法儒臣派,他们与阿合马余党的冲突一直没有停止。

安童为首的新中书省组建后,很快纠正了卢世荣当权时的一些弊政。如改六部依旧为三品,减商税,罢牙行,省市舶司入转运司等。忽必烈对他们一度寄予厚望,曾对右丞相安童说:"朕左右复无汉人,可否皆自朕决。汝当尽心善治百姓,无使重困致乱,以为朕羞"。

但在新宰执上任不满半年之际,阿合马余党答吉古阿散等声称"海内财谷,省院台内外监守里魁什长率有欺蠹",奏请实施大规模的钩考。忽必烈批准了这一计划,还委派脱里察安、答吉古阿散等专门"考核中书省",特地另设官署,赐三品官印。钩考的办

---

① 《金华集》卷二十五《江浙行中书省平章政事赠太傅安庆武襄王神道碑》。

法是拘收内外百司吏案,清查积年钱谷,相当峻刻,脱里察安、答吉古阿散等纠结阿合马原来的爪牙党羽,搞得"省臣御史掾吏民庶罹井陷日众,人情危骇"。又"私聚群不逞之徒"到御史台寻衅闹事。甚至连忽必烈赏赐原中书省参政张雄飞的金银等,也矫旨追回。

钩考主要针对前任宰相所掌钱谷,对现任宰相也有妨害,因此受到新任中书省参政郭佑等人坚决抵制。郭佑先是以"别置司属,与省部敌,干扰政务"为由,撤消其专设官署,并入中书省内;后又"以自平江南,十年之间,凡钱粮事,八经理算"为辞,奏明忽必烈,罢止了针对中书省的钩考①。

据说,答吉古阿散等另有叵测居心,那就是借检核百司案牍之机,揭发南台御史奏请忽必烈禅位于真金太子的表章,以打击真金、安童为首的汉法儒臣派集团。后因玉昔帖木儿、安童抢先劾奏答吉古阿散"受人金"等奸赃罪,答吉古阿散及其党人蔡仲英、李蹊坐罪被杀②。足见,围绕钩考钱谷,汉法儒臣派官僚与阿合马余党间的斗争,仍相当激烈。

在安童为首的新中书省执政期间,内廷官答失蛮奏准复立泉府司,颇引人注目。

泉府司始立于阿合马当权的至元十七年(1280 年)。它是由斡脱总管府提升来的。二者的职司基本相同,均掌管皇帝、诸王位下金银假贷出纳及其商业代理人斡脱事务。和礼霍孙执政时一度

---

① 《元史》卷十三《世祖纪十》;卷一百六十三《张雄飞传》;《元文类》卷六十八《平章政事致仕尚公神道碑》。

② 《元史》卷十三《世祖纪十》,卷一百七十《尚文传》。

废掉泉府司①。至元二十二年(1285年)八月,内廷官答失蛮上奏忽必烈,重新恢复了泉府司。答失蛮为蒙古克烈部人,蒙哥汗必阇赤长字鲁欢之子。史称,答失蛮"自幼事世祖",后又兼管斡脱总管府和至元十七年设立的泉府司②,其内廷官的身份昭然若揭。

事情的复杂性又在于,卢世荣虽然使用回回人理财较多,却以"官本船贸易"禁止权贵及斡脱霸占市舶之利。他与和礼霍孙在政策方略上大异其趣,但在抑制权贵斡脱规运方面又是异曲同工的。答失蛮恢复泉府司设置,应该说是代表了自和礼霍孙执政即受抑制的蒙古权贵和回回斡脱商的利益。

第二节　桑哥专擅国政

一、桑哥登场

至元二十四年(1287年)闰二月,安童为首的新中书省执政告一段落,权臣桑哥开始把持朝政。这一变动,又是以总制院使桑哥奉特旨拟定中书省宰相人选和麦术丁等中书省官员理财失败为前奏的。

前述卢世荣入相掌管财政,就是因桑哥的举荐。至元二十三年(1286年)七月壬午,桑哥居然草拟中书省官员候选名单奏上。桑哥虽然任职总制院使,但肯定不会有擅自拟定中书省官员的权力。此次草拟,事先得到忽必烈的特旨。对这份候选名单,忽必烈

---

① 《元史》卷十一《世祖纪九》至元十七年十一月乙巳,卷十三《世祖纪十》至元二十一年四月乙酉。
② 《牧庵集》卷十三《皇元高昌忠惠王神道碑铭并序》。

答复道:"右丞相安童,右丞麦术丁,参知政事郭佑、杨居宽,并仍前职。以铁木耳为左丞。其左丞相瓮吉刺带、平章政事阿必失合、忽都鲁皆别议"。

需要说明的是,桑哥所拟候选名单具体有哪些人,史书记载不详。很可能忽必烈所保留的安童、麦术丁、郭佑、杨居宽、铁木耳五人,应是以桑哥的拟定名单为蓝本的。"廷中有所建置,人才进退,桑哥咸与闻焉。"桑哥所持有的如此特权,有元一代几乎是独一无二,可见他入相前夕已得到的信任和亲宠。

忽必烈除了裁定原中书省官员留五去三的方案,还命令中书省选拔可以代替被裁者的人选奏告皇帝①。这些无疑是桑哥出任宰相及另立尚书省的契机。

朝廷财政的入不敷出和麦术丁等理财的无能,也颇值得注意。

至元二十四年(1287 年)初,皇子镇南王第一次率兵征交趾无功而返,忽必烈欲积极筹备第二次征伐;对缅国的用兵又正值高潮。东道诸王乃颜举兵反叛在即,元廷方面已有所防备。这些大规模的军事行动,无疑需要充足的财政支持。恰在此时,京师大都发生饥荒,朝廷不得不用官仓储米低价粜贫民以赈济。

但是,朝廷的财政状况并不乐观。二月,中书省官员上奏说:"自正旦至二月中旬费钞五十万锭,臣等兼总财赋,自今侍臣奏请赐赉,乞令臣等预议。"忽必烈也说:"此朕所常虑"②。一个半月内耗费中统钞五十万锭,估计主要是用于赏赐和庞大的军费开支。

中书省官员中主管财政的是回回人右丞麦术丁。此人早在和

① 《元史》卷十四《世祖纪十一》,卷二百五《桑哥传》。
② 《元史》卷十四《世祖纪十一》。

礼霍孙执政时就担任右丞,本人也比较廉洁,但他两度入相理财并未曾见其有显著成绩。此时,不仅右丞麦术丁等感到无奈、焦急,忽必烈也为朝廷财政的入不敷出及理财大臣无能而深感忧虑。这或许是桑哥登台把持朝政的财政方面的背景。

二、尚书省独揽大权

至元二十四年(1287年)闰二月,在大都近郊打猎的忽必烈,召集麦术丁、铁木耳、杨居宽与集贤院大学士阿鲁浑撒里及南人官僚叶李、程钜夫、赵孟𫖯议论钞法。麦术丁将议论的结果上奏:"自制国用使司改尚书省,颇有成效,今仍分两省为便。"①这就意味着麦术丁等承认自己理财失败而被迫把财政大权交给桑哥为首的尚书省。

桑哥是吐蕃噶洛部落人,通晓蒙古、汉、畏兀儿、藏多种语言,起初充任帝师八思巴的译史和侍从官速古儿赤。桑哥随八思巴来京并多次被派遣到忽必烈驾前奏事,受到忽必烈的注意和喜欢,特召为大汗近臣。至元十一年(1274年)左右桑哥担任总制院使,负责管理佛教,兼治吐蕃之事。桑哥其人狡黠豪横,办事干练,好言财利,尤其是后者,颇为忽必烈器重。

据《汉藏史集》记载,任职总制院官的桑哥曾奉旨率领十万大军进入吐蕃平定本钦贡噶桑布叛乱,在乌思藏等处留兵镇戍,并整顿当地站赤,做了一些有益于吐蕃安定发展的事情。

和礼霍孙当政时,中书省命令李留判买卖食油,桑哥主动请求承担此事。右丞相和礼霍孙认为,这不是桑哥的本职公务。桑哥

---

① 《元史》卷十四《世祖纪十一》。

不服，甚至与和礼霍孙殴打起来。还说："与其汉人侵盗，曷若与僧寺及官府营利息乎？"和礼霍孙只好拨给桑哥食油一万斤。后来，桑哥果然以其所运营的利润上缴中书省。和礼霍孙不无感慨地说："我初不悟此也。"忽必烈听到这件事情，越发看重桑哥的理财能力，决定委以朝廷财政庶务等重任①。

桑哥把持朝政，是从重新设立尚书省开始的。至元二十四年（1287年）闰二月，忽必烈颁诏，在中书省之外，另设尚书省，两省各设官六员。尚书省以桑哥、铁木儿为平章政事，阿鲁浑撒里为右丞，叶李为左丞，马绍为参知政事。数日后，户部尚书忻都增补为参政。又诏告天下，以六部改属尚书省，称尚书六部，改行中书省为行尚书省。

十月，桑哥理财初见成效，忽必烈对他宠信眷顾有加，决定给桑哥为首的尚书省人员加官晋爵。

忽必烈遣使宣谕翰林院诸臣："以丞相领尚书省，汉唐有此制否？"翰林院官回答："有之。"第二日，尚书省左丞叶李将翰林院集贤院诸臣的意见奏上，又说："前省官不能行者，平章桑哥能之，宜为右丞相。"忽必烈很快批准其奏言，以桑哥为尚书省右丞相，兼总制院使，领功德使司事，进阶金紫光禄大夫，品秩与安童相同。桑哥又奏准，铁木儿升为第一平章政事，右丞阿鲁浑撒里升为平章政事，左丞叶李升为右丞，参知政事马绍升为左丞。

至元二十五年（1288年）十一月，桑哥又以总制院所统吐蕃诸宣慰司，军民财谷，事体甚重，宜有以崇异为由，奏准改为宣政院，

---

① 《元史》卷二百五《桑哥传》；《汉藏史集》陈庆英译本，第179页、180页，西藏人民出版社1986年。

秩从一品，用三台银印。忽必烈进而问所用何人，桑哥对答："臣与脱因。"于是，忽必烈任命桑哥为开府仪同三司、尚书省右丞相，兼宣政院使，领功德使司事①。此时，他本人的品秩为正一品第一，位在安童之上。

桑哥为首的尚书省所做的第一件事是"更定钞法"和改行至元钞。

至元二十四年（1287年）三月，在桑哥、叶李等人倡导下，颁行至元宝钞于天下，自二贯至五文，凡十一等，与中统钞通行。以至元宝钞一贯文当中统宝钞五贯文，子母相权，新者无冗，旧者无废。

又模仿中统初制度，随路设立官库，贸易金银，平准钞法。每花银一两，入库其价至元钞二贯，出库二贯五分；赤金一两，入库其价至元钞二十贯，出库二十贯五百文。

还重申"伪造钞者处死"等禁令，对告发者则赏钞五锭并赏犯人家产。

颁行大面值的至元宝钞与中统钞一并流通，新钞印制量又相当至元二十三年（1286年）中统旧钞印数的二倍半②，这就适应了当时中统钞贬值的实际，有利于正常流通及稳定物价。重要的还在于，新钞法沿用卢世荣允许民间买卖金银的办法，正式规定金银与至元钞的交易比率及手续费，准许在诸路官库进行交易，从而使钞本金银在官库交易中得到较为稳定和充足的储备量，有益于提高新钞的信誉。这应是桑哥钞法改革的成功之处。

为尽快推行至元钞，四月，应参政忻都的奏请，颁发新钞十一

---

① 《元史》卷二百五《桑哥传》，卷十四《世祖纪十一》。
② 《元史》卷九十三《食货志一·钞法》；《元典章》卷二十《户部六·钞法·行用至元钞法》。

万六百锭、银一千五百九十三锭、金一百两,交付江南各行省与民互市。后又设立江南四行省交钞提举司和陕西宝钞提举司。从至元二十五年(1288年)正月开始,桑哥还实行停止印制中统钞和毁中统钞版的政策,此年到世祖朝末,朝廷就只印至元钞了。对民间流通的中统钞,则采取逐步收回的办法。先实行天下盐课中统钞、至元钞相半输官,后又依据桑哥的提议,改行赋税并输至元钞,商贩持有的中统钞可易为至元钞流通。

忽必烈对至元新钞的成功发行和流通,十分重视与欣喜。他特意召来桑哥叮嘱道:"朕以叶李言,更至元钞,所用者法,所贵者信,汝无以楮视之,其本不可失,汝宜识之。"①

桑哥推行至元钞,同样是果敢坚决,不遗余力。至元钞法在江南地区滞涩不行,桑哥特派遣尚书刘宣与兵部郎中赵孟𬒗驰驿至江南问行省丞相慢令之罪,左右司及诸路官可以径自笞责。前信州三务提举杜璠言:"至元钞公私非便。"桑哥愤怒地说:"杜璠何人,敢沮吾钞法耶!"欲治杜以重罪。幸好尚书省参政马绍竭力劝阻,杜璠才得免罪罚②。

钩考钱谷,是桑哥把持朝政期间的另一项重要政策。

早在忽必烈即位初,钩考钱谷业已开始。阿合马专权之际,钩考钱谷愈演愈烈。桑哥则将钩考钱谷推至登峰造极的地步。

首先是奉旨对中书省的钩考。至元二十四年(1287年)闰二

---

① 《元史》卷十四《世祖纪十一》至元二十四年四月甲申、八月乙丑、十月乙酉,卷十五《世祖纪十二》至元二十五年正月辛卯、至元二十六年闰十月庚辰,卷九十三《食货志一·钞法》,卷二百五《桑哥传》。

② 《松雪斋集》附录《大元故翰林学士承旨赵公行状》;《元史》卷一百七十三《马绍传》。

月尚书省重新设立和桑哥担任平章政事之时,中书省和尚书省二省并立。以安童为首的中书省官,蒙、汉儒臣较多,如参知政事杨居宽、郭佑等。桑哥为首的尚书省则承阿合马之余绪,几乎是清一色的言利派。桑哥等钩考检核中书省,除了清查追征钱谷外,还旨在打击安童等汉法儒臣派官僚,架空中书省,将朝廷政务大权夺归尚书省所有。

由于新设立的尚书省职司偏重于代中书省理财,钩考中书省原掌钱谷,似乎像是公务交割,师出有名。荒唐的是,桑哥"奉旨检核中书省事"时,是把阿合马担任领左右部、制国用使以来"所逋钱粟,并归中书,举诬中书失征","凡校出亏欠钞四千七百七十锭,昏钞一千三百四十五锭"①。以此为把柄,进而诬陷杀害了参知政事郭佑和杨居宽。

郭佑和杨居宽均是太子真金提拔的儒臣。郭佑担任御史中丞时曾奏劾诛杀桑哥举荐的卢世荣,任中书省参政后,又上奏停罢答吉古阿散钩考。为此,桑哥自然对郭佑和杨居宽衔恨在心②。

桑哥给郭佑所加的罪名是"多所逋负,尸位不言,以疾为托……力不能及,何不告之蒙古大臣"。杨居宽以"实掌铨选,钱谷非所专"为辞,自我辩白,却被诬以"既典选事,果无黜陟失当"之类的莫须有罪状。还命令左右殴打凌辱,逼迫二人款伏。中书省参议伯降等也因"钩考违惰耗失等事"获罪。

忽必烈听罢有关中书省逋负亏欠的报告,甚是气愤,命令安童与桑哥共议其罪,还宣谕说:"毋令麦术丁等他日得以胁问诬服为

① 《牧庵集》卷十四《平章政事徐国公神道碑》;《元史》卷二百五《桑哥传》。
② 《元史》卷一百一十五《裕宗传》,卷一百七十八《王约传》。

辞,此辈固狡狯人也。"最终,杀掉了郭佑和杨居宽。

桑哥以钩考中书省亏欠,诬陷郭佑和杨居宽致死,引起了一些汉族儒臣的愤懑。御史台吏员王良弼和前江宁县达鲁花赤吴德等为郭佑和杨居宽鸣不平,声称:"尚书钩校中书,不遗余力,他日我曹得发尚书奸利,其诛籍无难。"桑哥闻讯,竟以"此曹诽谤,不诛无以惩后"为由,杀害王、吴二人①。

桑哥钩考中书省,不仅在于追征钱谷,更重要的是打击以安童为首的中书省官员,进而夺取其原有的主要权力。早在忽必烈决意设立尚书省之际,安童曾苦苦进谏:"臣力不能回天,乞不用桑葛,别相贤者,犹不至虐民误国"。此意见未被忽必烈采纳,反倒增加了桑哥对中书省的仇视。郭佑和杨居宽被杀后,中书省仅留下安童及麦术丁等二、三名官员,权威大伤。原先,中书省设于大都凤池坊北,桑哥奏准将其迁至皇城大内前。此时权势炙手可热的尚书省,设于大内前五云坊东②。桑哥把员数大为减少的中书省迁至尚书省附近,显然是企图把中书省当作尚书省的附庸。

至元二十六年(1289年)闰十月,业已实际掌握朝廷内外官吏铨选大权的桑哥,觉得形式上颁布宣敕的中书省,仍然碍手碍脚,因此奏准忽必烈,将中书省颁布宣敕之权,夺归尚书省③。这样一来,安童为首的中书省几乎成了没有实权的傀儡。

桑哥还把钩考推广到中书省以外的其他朝廷衙门,"凡仓库

---

① 《元史》卷二百五《桑哥传》。
② 《元史》卷十四《世祖纪十一》至元二十四年十月甲子;《析津志辑佚》《朝堂公宇》。
③ 《元史》卷十五《世祖纪十二》至元二十六年闰十月乙酉;卷二百五《桑哥传》。

诸司,无不钩考","毫分缕析,入仓库者,无不破产"。

钩考所用官吏起初多从"六部""摘委",后"复以为不专",遂仿答吉古阿散,"乃置征理司","秩正三品,专治合追财谷",命甘肃行省参政秃烈羊呵等充征理使①。另外,对中书省所掌中统钞本及所属筹办军需的应昌和籴所,对"钱粟损失颇多"的上都留守司,桑哥也派官予以钩考检核,其至采用召二名留守官员"廷辩"方式追究其罪责。留守贺仁杰、忽剌忽耳争相承担责任,请求罪罚。忽必烈念他俩"争引咎归己"的风格,特命置而不问。甘肃行省金省赵仁荣及益都淄莱淘金总管府总管明里等,就是因钩考获罪被桑哥罢官的②。

对钩考钱谷有能的王巨济等,又特意赏钞五百锭,激励其继续以搜括聚敛为功。大都路总管府判官萧仪曾经担任桑哥的掾史,以受贿坐罪,忽必烈免其死而令流放淘金,桑哥则以萧仪钩考万亿库"有追钱之能",奏请改为"解职杖遣"的处分③。

桑哥钩考,还扩展到诸行省及所属路州。至元二十五年(1288 年)十月由桑哥奏准,朝廷向江淮、江西、福建、四川、甘肃、陕西等六行省各遣官二员专事钩考,所遣官包括参政忻都、户部尚书王巨济、参议尚书省事阿散、山东西道提刑按察使何祖荣、札鲁忽赤秃忽鲁、泉府司卿李佑、奉御吉丁、监察御史戎益、金枢密院事

① 《元史》卷十五《世祖纪十二》至元二十五年九月癸卯,卷二百五《桑哥传》。

② 《元史》卷十五《世祖纪十二》至元二十五年四月辛酉,五月乙未,卷一百六十九《贺仁杰传》,卷二百五《桑哥传》;《牧庵集》卷十七《光禄大夫平章事贺公神道碑》。

③ 《元史》卷十六《世祖纪十三》至元二十七年六月庚辰;卷十五《世祖纪十二》至元二十六年二月丙寅。

崔彧、尚书省断事官燕真、刑部尚书安祐、监察御史伯颜等十二人，"特给印章"，配备兵卫，以增其声威①。湖广行省因其平章要束木本系桑哥姻党，又是钩考起家，特许自行检核。

钩考以"理逋负，复欺隐"，"复核奸赃"为主要内容。桑哥所言："外省欺盗必多"，大体也是指地方官所掌赋税积年逋欠及征收过程中的"奸赃"、"侵牟"之类。

具体做法不外是置局稽查籍册，强制追征逋负，清查官吏奸赃，"敲榜遍于郡县"②。如湖广行省在桑哥亲信要束木的主持下，"大征诸道官吏，无虑数千"。还命荆湖北道宣慰司同知孙显"主计局"，长时间地拘留受检核的各路计吏③。被派往江浙行省的中书省右丞忻都和行省左丞相忙兀台对桑哥的"理算钱谷"政策"奉行尤力"，"实以无义肆虐厉民，望其家财，往往妻子寒饥困辱，有不忍言者"。

各地具体负责者对此类钩考的态度是否积极，效果大不相同。据说，江东道宣慰司同知陈思济奉行省檄"分理浙东"钩考事，以"濒海民贫而犷，必激变"为理由，"得寝其行"，且"绳督吏卒多行还付"。前江淮行省员外郎李衎"分江浙省"，"稽核郡县钱谷"，"人不以为苛"。而江东道官吏则"承意竣剥，狱犴尤甚"④。

除七行省外，中书省直辖的腹里路州也在罹难之列。胡祗遹说：至元二十七年（1290 年）"奸臣横暴，分遣恶党，祸毒天下，以追

---

① 《元史》卷十五《世祖纪十二》，卷二百五《桑哥传》。

② 《中庵集》卷十六《故昭文馆大学士大司农郭公神道碑》，《故肃政廉访司经历赵君神道碑》；《牧庵集》卷二十四《少中大夫孙公神道碑》；《元史》卷二百五《桑哥传》。

③ 《牧庵集》卷二十四《少中大夫孙公神道碑》。

④ 《道园类稿》卷四十一《陈文肃公神道碑》；《滋溪文稿》卷十《故集贤大学士李文肃公神道碑》。

征逋欠为名,所至凶残百至。虽汉唐酷吏之不为者,尽其毒螫,死者相望。有司股栗屏息而不敢言,亦反有助恶为奸以肥其家者。彰德例受其害。"达鲁花赤扬珠台"抗直不从,哀诉于上,一郡获免"①。彰德路是忽必烈母弟、伊利汗国君旭烈兀的位下食邑。其达鲁花赤扬珠台之所以敢于"抗直不从",忽必烈之所以特许中止彰德路钩考,或出于对皇弟的格外眷顾,其它路州则不能获此殊遇。

钩考既查账籍,又"繁为条约",强令官吏自首。凡向百姓索取或冒支官粮的,都要强制偿还②。

追征逋负,"立期送官",应该说是逐级进行的。朝廷所遣官或行省追征于路及直隶州,路及直隶州追征于属州和县,最后又追及民众。于是,"榜掠号哭之声相闻,民至妪田屋,嫁妻女,或赴水自戕;死无定责,责偿亲戚邻里";"追系收坐,岸狱充韧"。据说,被逼死者多达数百人。

钩考中对地方官奸赃侵牟,惩办很严。甚而威逼"官吏受尝受所治民财及酒食馈遗"。某总管被逼"标草老婢,令鬻得值",以输其赃。后来,竟依此项输赃情节,免其官职。"督责之使,日十余辈,燕犒迎送不少遑。其恃势须索者,无少敢逆其言"③。由于稽查地方官的使臣本身就不见得清廉,追赃过程中,他们又恃势勒索,贪赃枉法,胡作非为,这种情况下的钩考理算,自然谈不上"清

---

① 《紫山集》卷十五《怀远大将军彰德路达鲁花赤扬珠台公去思碑》。

② 《牧庵集》卷十四《徽州路总管府达噜噶齐虎公神道碑》。

③ 《牧庵集》卷二十八《中奉大夫荆湖北道宣慰使赵公墓志铭》,卷十四《平章政事徐公神道碑》。

浊虚实"①。

附带说一下,至元二十五年(1288年)钩考还对路府州县的羡余金帛,进行了一次检括。《道园学古录》卷十四《知昭州秦公神道碑》云:"至元二十五年,用事者急聚敛,遣使天下,大括金玉珠货器物赢余,苛酷吏请尽辟知名清强吏以任。公(秦仲)虽居闲,犹被迫遣治徽广德之会。是时公府之出纳,无容复有余羡,此直以无义而取之耳。而操窃郡县危甚"。碑中所言"急聚敛"之"用事者",即权相桑哥。"大括"即大肆搜求,字面上与钩考有异。估计"大括"当是钩考钱谷的组成部分。揆以秦仲被派往江浙行省徽州路、广德路及"操窃郡县危甚"之语,"大括"应以路州为单位派专官举行。

钩考钱谷中对路府州县羡余财赋的大检括,还披露了桑哥控制路府州县支用财赋的一项强硬政策,即路府州县所掌财赋收支,必须遵循朝廷的规定,除留一定数量的官府经费外,务必将大部分金帛钱谷解送朝廷,一律不准私留"余羡",不准背着朝廷留存可供机动支用的财赋。至元二十五年钩考钱谷中的"大括金玉珠货器物赢余",就是从这项政策出发,而对私自留用"余羡"的路府州县所进行的一次惩治和财物没收。

桑哥的钩考,遍及全国,逋欠和赃钱,已经征集的达数百万,尚未征到的有数千万,为数巨额,确实暂时给国库增添了一笔可观的收入。然而,钩考在民间引起很大的骚动,甚至有富户被逼入山林,率众拒捕,黄河淮河之间群盗多达数万的情形②。

① 《中庵集》卷十六《故昭文馆大学士大司农郭公神道碑》。
② 《松雪斋集》《大元故翰林学士承旨赵公行状》。

随着钩考日益峻刻,反对钩考的意见也相继出现。江南行御史台侍御史程钜夫公开指责桑哥之流钩考"剥害生民",还因此被桑哥羁留京师,几遭毒手。尚书省官阿鲁浑撒里、何荣祖等也由于社会效果消极而出面请求停罢钩考①。阿鲁浑撒里听从集贤院直学士赵孟頫的劝告,曾把至元二十七年(1290年)大宁路一带"地陷黑砂,水涌出,死伤者数万人"的特大地震与钩考相附会,督促笃信天象和占筮之术的忽必烈下决心降诏停止钩考,以弭天变。

忽必烈特意询问右司郎中梁德珪:"今岁刑部报囚徒何烦多?"梁德珪回答:"囚非犯刑罪,特以征索罗织,无所从纳,故悉为囚在狱中"。忽必烈大为感悟,于是降诏赦免天下逋负。

据说,桑哥听罢停止钩考的诏书,居然恼怒地"摇手以为不可,且谓必非上意"。经宣读诏书的赵孟頫藉"凡钱粮未征者,皆无用虚数","他日言事者倘谓尚书省界失陷钱粮数千万,丞相何以自解"之辞,反复晓谕,桑哥才勉强接受②。

桑哥的钩考,美其名曰:以所征补国家财用,"未尝敛及百姓"。但是正如桑哥本人所说,时至至元二十六年(1289年)因"仓库可征者少,而盗者亦鲜",钩考对国家财政的补充作用越来越小,很难单用钩考解决每年百万余锭的财政赤字。所以,从至元二十六年闰十月开始,桑哥奏请忽必烈批准,改而实行赤裸裸增加课税的办法。即盐课每引由中统钞三十贯增至一锭;茶课每引由中统钞五贯增至十贯;酒醋课,江南增加十万锭,内地增加五万锭;

---

① 《雪楼集》《元故翰林学士承旨光禄大夫知制诰程公行状》;《元史》卷一百三十《阿鲁浑撒里传》,卷一百六十八《何荣祖传》。

② 《清容居士集》卷三十二《梁德珪行状》;《松雪斋集》《大元故翰林学士承旨赵公行状》。

原先只输半赋的十八万协济户，现也改为纳全赋。此外，桑哥又大增天下商税，腹里为二十万锭，江南为二十五万锭①。一度又想增山东盐课及税粮。桑哥还曾引导三十名路总管入见忽必烈，欲以办集财赋多寡为殿最。后因忽必烈念及可能导致民力困竭，才作罢②。

桑哥颇善于规运小利，以补充国用，也借此博得忽必烈的欢心。万亿库原藏旧牌绦七千余条，桑哥说，岁月长久，牌绦会腐烂，应该移作他用。朝廷赏赐察合台后王术伯白银二万五千两，币帛一万匹，官府雇驴运载以往。桑哥则建言"不若以驴载玉而回"。忽必烈甚为赞许。

至元二十五年（1288 年）四月，桑哥曾提议，扈从皇帝的怯薛宿卫种地极多，应依军户站户之例，除四项田免税外，验地征税粮。十二月，又上奏：享有分地的封君权贵，例以贫乏为辞，滥请赐与，理当限制对他们的赏赐。忽必烈欣然接受③。这些撙节财用的做法，对饱受军费、赏赐、佛事等浩繁开支压力的忽必烈来说，当然是正中下怀。

桑哥当权之际，恰逢东道诸王乃颜发动叛乱。与忽必烈调整宗藩政策同步，桑哥对包括皇子在内的蒙古宗王采取了较强硬的抑制措施。

至元二十四年（1287 年）十月，桑哥上奏："北安王相府无印，而安西王相独有印，实非事例，乞收之。诸王胜纳合儿印文曰：'皇侄贵宗之宝'，实非人臣所宜用，因其分地改为'济南王印'为

---

① 《元史》卷九十四《食货志二》，卷二百五《桑哥传》。
② 《元史》卷一百七十三《马绍传》。
③ 《元史》卷十五《世祖纪十二》。

宜。"忽必烈立即批准了他的奏言。

当年十一月,桑哥又奏:"先是皇子忙哥剌封安西王,统河西、土番、四川诸处,置王相府,后封秦王,绾二金印。今嗣王安难答仍袭安西王印,弟按摊不花别用秦王印,其下复以王傅印行,一藩而二王,恐于制非宜。"安难答和按摊不花虽然是皇嫡孙,忽必烈接受桑哥的建议,同样不允许一藩持有二王二印。即日,忽必烈以诏令形式命安难答嗣为安西王,仅设王傅,按摊不花所用秦王印上缴,其王傅撤罢。不久,秦王典藏司及其印信也被撤罢①。

此外,术赤大王位下食邑原先依宗支细分为若干投下而各治其民的情况,也改而统一归属平阳路总管府②。

在这个意义上,桑哥倒是充当了忽必烈削弱宗藩的得力干将。

三、大汗荫庇下的专横肆虐

桑哥凭借理财之能及其获取的宠信,很快上升为类似阿合马的另一位权臣。

元人或曰:桑哥"贪暴残忍,又十倍于阿合马"③。此言带有贬斥之义,不一定客观,但桑哥的赫然权势和专横跋扈,比起阿合马的确是有过之而无不及。

桑哥担任丞相后,每日钟初鸣,即坐于尚书省听事,六部官迟到者要受笞责。包括忽必烈非常器重的江南才子、兵部郎中赵孟

---

① 《元史》卷十四《世祖纪十一》,卷十六《世祖纪十三》至元二十七年五月乙巳。
② 《元史》卷十五《世祖纪十二》至元二十五年四月辛酉。
③ 《南村辍耕录》卷二十二《数谶》。

頫也被断事官拉去受笞①。

一次,桑哥发现工部所辖织工进展缓慢,怒斥曰:"误国家岁用。"急忙派驿骑追回出使云中的工部尚书唐仁祖,命令属吏拘押唐仁祖前去督促工匠。还警告唐:"违期必致汝于法",逼迫唐仁祖和众工匠昼夜加倍劳作,终于在限期前全部办集②。

对行省丞相、宣慰司及路府州县官,桑哥也往往以"稽缓误事"和"慢令之罪",派遣使臣施以笞责之罚。

桑哥如此行事,除了提高行政效率外,更重要的是在于增强自己一人之下、万人之上的权势。忽必烈对此种做法,几乎是全力支持的。当桑哥奏报真定宣慰使速哥和南京宣慰使答失蛮,"皆勋贤旧臣子",难以自行责罚时,忽必烈即以敕令罢免了二人的官职。它如甘肃行省参政铁木哥、江西行省平章忽都铁木儿均是桑哥斥为不职而被罢免。兵部尚书忽都答儿不勤于职守,桑哥竟先行殴击罢斥,然后才奏报皇帝。忽必烈的答复是:"若此等不罢,汝事何由得行也。"

桑哥对所属六部官员如此,对尚书省佐贰同僚也常常盛气凌人,不可一世。宗王海都叛乱,漠北蒙古部民南归者七十余万,散居云州、朔州一带。桑哥建议把他们迁徙到内地就食,尚书省左丞马绍以为不可。桑哥怒曰:"马左丞爱惜汉人,欲令馁死此辈耶?"桑哥此言无形中给马左丞加上了亲汉人而疏蒙古人的罪名。在业已推行四等民种族压迫政策之际,此类罪名非同小可,完全可以使马左丞受罚被遣。幸亏马绍以"言有异同,丞相何以怒为"辩解,

---

① 《松雪斋集》附录《大元故翰林学士承旨赵公行状》。
② 《元史》卷一百三十四《唐仁祖传》。

他提出的"计口给羊马之资,俾还本土",又为忽必烈所采纳,方避免了不测①。马绍是桑哥一手提拔起来的宰执,对马绍尚且如此,对他人就更专横了。

至元二十六年(1289年),桑哥党羽唆使大都民史吉等请求为桑哥立德政碑以颂其德。忽必烈对桑哥宠幸正隆,于是答复说:"民欲立则立之,仍以告桑哥,使其喜也"。忽必烈又特意命令擅长草拟诏令文稿的翰林学士阎复为桑哥捉笔撰写碑文,碑名曰"桑哥辅政碑",又名"王公辅政之碑",树立于尚书省官衙前。又建碑亭覆盖其上,碑亭的墙也被涂成红色②。

忽必烈还特旨允许怯薛秃鲁花散班护卫及侍卫亲军一百人充任桑哥的导从。又准许他每天视察内帑诸库可以乘坐小舆。忽必烈特别以"听人言之,汝乘之可也"等语,消除桑哥乘坐小舆的顾虑③。忽必烈的宠爱支持,无疑助长了桑哥的赫然权势和气焰。

桑哥得势当权以后,接受贿赂,卖官鬻爵,劣迹昭彰。如至元二十七年(1290年)斡罗思、吕国瑞入贿桑哥及要束木,得任罗甸宣慰使。河间运使张庸,献官婢事桑哥,得以久居漕司,盗窃官钞三千一百锭。大都高赀富户也因贿赂桑哥,受其庇护,逃避徭役。桑哥妻弟八吉由担任燕南宣慰使,也受贿积赃颇多。另外,桑哥还收受回回官员别哈丁、沙迪左丞、乌马儿、纳速剌丁、忻都左丞等大

<hr />

① 《元史》卷一百七十三《马绍传》。
② 《元史》卷二百五《桑哥传》,卷一百六十《阎复传》。
③ 《元史》卷十五《世祖纪十二》至元二十六年七月丙戌,卷二百五《桑哥传》。

笔钱财,劝说忽必烈废止回回人以断喉法宰羊的禁令①。史书记载:桑哥"以刑爵为货而贩之,咸走其门,入贵价以买所欲。贵价入,则当刑者脱,求爵者得,不四年,纪纲大紊,人心骇愕。"②这些虽然是历数桑哥罪状的言辞,难免有贬斥或夸张成分,但有关桑哥操刑赏大权而进行权钱交易的描述,应该是比较逼真和可信的。

桑哥的专权与跋扈,又表现在他对以御史台为首的台察官的压制打击。

至元五年(1268年)设立的御史台,其地位权势可与中书省及枢密院相匹敌。御史台的监察职能,也使它往往成为权臣柄国的制约力量。与阿合马类似,桑哥的专权与跋扈,同样伴随着和御史台官员的较量、斗争。

《汉藏史集》说,桑哥担任总制院使不久,因在大都帝师所居花园内德钦殿旁建造一座向上师求法的佛堂,受到御史台惩治,被囚禁入狱。后经帝师八思巴出面说情和忽必烈降旨干预,才获释放③。足见,桑哥自出山伊始,就和御史台生嫌积怨。

如前述,桑哥刚刚担任尚书省平章两月余,就以诽谤尚书省政事的罪名,杀掉了御史台吏王良弼。这算得上是对台察官的第一次成功的报复。

至元二十五年(1288年)二月,桑哥又怂恿忽必烈降诏申饬

---

① 《元史》卷六十一《地理志四》普定路条,卷一百七十三《崔彧传》,卷十六《世祖纪十三》至元二十八年三月己亥;《史集》余大钧、周建奇译本,第二卷,第348页,商务印书馆1985年。
② 《元史》卷二百五《桑哥传》。
③ 陈庆英译本,第179页,西藏人民出版社1986年。

御史台监察御史、提刑按察司不举职者①。一年后,桑哥又上奏:"近委省臣检责左右司文簿,凡经监察御史稽照者,遗逸尚多。自今当令监察御史即省部稽照,书姓名于卷末,苟有遗逸,易于归罪。仍命侍御史坚童视之,失者连坐"。忽必烈立即予以批准。

上述令监察御史赴省部检查文簿的办法,表面上像是强化监察,实质上是打击台察官。其一,是把监察御史陷入检查省部文簿的繁重工作中,容易使之巨细不分;其二,以书名"归罪"及连坐,将监察御史等置于受惩治的境地。果然,此办法实行不久,桑哥即笞责监察御史四人。监察御史赴省部检查文簿时,备受冷落,掾史也敢与其抗礼,台察官的权威纲纪受到很大损害②。

江南行御史台设立十年,一直和朝廷御史台保持垂直隶属,而与行省不相统摄,也无文移联系。这本来是监察官独立行使其职能的需要。桑哥竟以"往复稽留误事"为由,奏准仿御史台和中书省之例,强令行台书呈移文各行省。此举不仅切断了行御史台和朝廷御史台的直接联系,也使行御史台受制于行省。第八章所述江南行御史台中丞刘宣被江浙行省丞相忙兀台诬陷迫害致死,就发生在桑哥借文移呈行省令行御史台受制于行省的变动之后。

桑哥还引用成吉思汗"凡临官事者互相觉察"的旨意,奏准:"按察司文案,宜从各路民官检覈,递相纠举"。这就等于剥夺了

---

① 《元史》卷十五《世祖纪十二》。
② 《元史》卷十五《世祖纪十二》至元二十六年三月庚辰,卷二百五《桑哥传》。

按察司作为监察官的特殊权威。几乎与此同时，桑哥还纵容支持其姻党要束木废罢了负责监治湖广地区的江南湖北道提刑按察司①。江南行御史台监察御史周祚弹劾行尚书省官，桑哥即诬以他罪，将其流放憨答孙，妻子家赀也被籍没入官②。

这些行径，严重破坏了江南行御史台和按察司的正常监察职能。

桑哥还把压制打击的矛头直接对准了御史台官员。

他先是派人暗示御史中丞董文用"赞己功于上（忽必烈）前"，又亲自恫吓董文用："百司皆具食丞相府，独御史台未具食丞相府"。董文用不仅不予理睬，还每日与桑哥辩论，不为屈服，公开批评桑哥："御史台所以救政事之不及，丞相当助之，不当抑之也。御史台不得行，则民无所赴愬，无所赴愬而政日乱，将不止台事不行也。"进而具奏弹劾桑哥"急法苛敛"等奸状。桑哥对董文用违忤己意怀恨在心，百端撼拾诋毁，又在忽必烈面前反复诬告说："在朝唯董中丞戆傲不听令，沮挠尚书省，请痛治其罪。"忽必烈回答："彼御史职也，何罪！且董某端谨，朕所素知，汝善视之。"因为董文用是藩邸近侍，忽必烈对他格外眷顾，不允许桑哥肆意伤害。尽管如此，董文用不久还是被调离御史台，改任大司农③。

桑哥还一度想把御史大夫玉昔帖木儿贬谪江南，降任金江西等处行尚书省事④。可见其气焰之嚣张。

---

① 《立鄂州肃政廉访司》，《宪台通纪》王晓欣点校本，第33页，浙江古籍出版社2002年。
② 《元史》卷十六《世祖纪十三》至元二十八年七月戊申。
③ 《道园学古录》卷二十《翰林学士承旨董公行状》。
④ 《元史》卷十五《世祖纪十二》至元二十六年四月甲戌。

至元二十六年(1289年)江南行御史台侍御史程钜夫入朝上章弹劾桑哥:"今权奸用事,立尚书省钩考钱谷,以割剥生民为务,所委任者,率皆贪饕邀利之人,江南盗贼窃发,良以此也。"桑哥大怒,对程钜夫打击报复更是残酷无情。他将程钜夫扣押在京师,六次奏请杀害。桑哥又怀疑御史台都事王约与程钜夫互为表里,也企图加害王约。只是因为忽必烈始终未予批准,加害程、王的计划才没有得逞①。

四、桑哥失势被杀

桑哥卓有成效的聚敛理财、铁腕政治及专横跋扈,虽然得到了忽必烈较牢固的青睐与宠信,但也引起了众多官僚贵族的强烈怨愤和反对。反对桑哥的臣僚主要含有两部分人,一是汉法儒臣派官员,二是受到某些限制或伤害的蒙古权贵及怯薛宿卫。

这两部分人中,汉法儒臣派官员反对桑哥由来已久,几乎是和桑哥入相掌权同时开始的。康里人不忽木阻止桑哥诬杀杨居宽、郭佑未果而被桑哥深深嫉恨,桑哥甚至视之为"他日籍我家者"②。从政治文化志趣上看,不忽木等大体属于汉法儒臣派官员。前述与桑哥的对立争斗的安童、王良弼、吴德、董文用、程钜夫、王约等,也在此类。

蒙古权贵及怯薛宿卫反对桑哥稍晚,大约是在至元二十六年(1289年)以后。

---

① 《元史》卷一百七十二《程钜夫传》,卷一百七十八《王约传》。
② 《元史》卷一百三十《不忽木传》。

如淮西江北道提刑按察使、钦察人千奴北上入朝,见忽必烈于大都郊外柳林,极陈桑哥"秉政擅权,势焰熏灼"罪状,忽必烈听罢脸色变得十分难看①。千奴虽然不是蒙古勋旧,可他是由御史大夫玉昔帖木儿举荐而袭父职的。他奏劾桑哥,或许与玉昔帖木儿的意见多少有些关系。

至元二十八年(1291年)春,长期任忽必烈怯薛速古儿赤的蒙古燕只吉台氏彻里,随忽必烈在柳林田猎,奏劾桑哥奸贪误国害民状,辞语激烈,"极数桑哥之恶",百倍于贾似道,不亟诛之,必乱天下。忽必烈大怒,怪他诋毁大臣,有失礼体,命左右掌击其脸颊,打得彻里血涌口鼻,委顿于地。少顷,呼而问之,彻里所对如初,且竭力辩解说:"臣与桑哥无仇,所以力数其罪而不顾身者,正为国家计耳。苟畏圣怒而不复言,则奸臣何由而除,民害何由而息!且使陛下有拒谏之名,臣窃惧焉。"②

蒙古勋旧博尔忽后裔、怯薛长之一月赤察儿也奋然"口伐大奸,发其蒙蔽"③。另一名近侍根脚的上都留守贺仁杰以及也里审班、也先帖木儿等也相继在忽必烈驾前揭露桑哥的"奸欺"。

忽必烈心有所动,三次派人将出使外地的近侍不忽木召回,询问众人所言虚实。不忽木对答:"桑哥壅蔽聪明,紊乱政事,有言者即诬以他罪而杀之。今百姓失业,盗贼蜂起,召乱在旦夕,非亟诛之,恐为陛下忧。"忽必烈看到桑哥奸恶已犯众怒,又从亲近侍从处核实了事情真相,于是在至元二十八年(1291年)正月先罢免

① 《元史》卷一百三十四《千奴传》。
② 《元史》卷一百三十《彻里传》;《元文类》卷五十九《平章政事徐国公神道碑》;《松雪斋集》附录《大元故翰林学士承旨赵公行状》。
③ 《元朝名臣事略》卷三《太师淇阳忠武王》。

了桑哥的官职。

二月巡幸上都前夕,忽必烈又面谕御史大夫玉昔帖木儿:"屡闻桑哥沮抑台纲,杜言者之口;又尝捶挞御史,其所罪者何事,当与辨之。"玉昔帖木儿依照忽必烈的旨意,会同中书省、尚书省,在大都和城外大口举行了连续两日的辩论。

起初,桑哥等拿出御史李渠已照刷文卷,让侍御史杜思敬等勘验,往复四次,桑哥才辞屈。第二日,尚书省官再次举出前浙西道按察使只必受赃千锭,曾檄御史台追还其赃,二年不报等事,攻击御史台。杜思敬驳斥说:"文之次等,尽在卷中,今尚书省拆卷持对,其弊可见"。速古儿赤彻里抱着案卷到忽必烈驾前上奏说:"用朱印封纸缝者,防欺弊也。若辈为宰相,乃拆卷破印与人辩,是教吏为奸,当治其罪。"杜思敬和彻里抓住了尚书省官"拆卷破印"的短处,使其对御史台的攻击归于失败,并得到忽必烈的肯定。

十日后,忽必烈派近侍彻里率怯薛三百前往抄桑哥家,抄得的金宝充栋溢宇,其它物品计算价值也相当于皇宫内帑的一半①。

忽必烈看到被搬来的两箱珍珠和贵重物品,质问桑哥:"你有这么多珍珠,我向你要两三颗珍珠,你却不给!"桑哥惭愧地说:"大食达官贵人可以作证,这都是他们给我的。他们每个人都是某个地区的长官。"②忽必烈听罢,甚为恼怒,他没有想到自己宠信的桑哥对他并不很忠诚。三月,忽必烈下令仆倒桑哥辅政碑,并将

---

① 《元史》卷二百五《桑哥传》;《元文类》卷五十九《平章政事徐国公神道碑》。
② 《史集》余大钧、周建奇译本,第二卷,第349页,商务印书馆1985年。

桑哥逮捕下狱。七月,桑哥伏诛①。

关于桑哥受蒙古权贵及怯薛宿卫奏劾并被杀的经过,《汉藏史集》恰恰可以和上述记载相互印证。该书云:

> 由于桑哥丞相具有智慧,财用充足,使许多蒙古人忌恨难忍。又由于他不虚耗国库钱财,对怯薛们加以限制,怯薛们就传出丞相贪污了钱财的话,并在皇帝回京的路上由怯薛们向皇帝控告。皇帝说:"对怯薛如何压制,朕知之,与桑哥何干?你们受人贿赂,跟在别人后面,仅听说桑哥有财宝,就找他的罪名,这怎么行!"拒绝了他们的控告。各怯薛长又鼓动怯薛们再次向皇帝控告,皇帝为设法平息这一事端,对桑哥说:"你与月吕鲁二人,应设法和解。"桑哥领旨,陈设盛宴宴请月吕鲁,还献上自己的帽子、衣服、腰带,请求结成安答。月吕鲁回答:"对帽子、衣服、腰带,我并不那么想要,此宴乃皇上所赐,故已享之。"说毕离去。众怯薛受怯薛长及月吕鲁诺颜的鼓动,又以以前的罪名向皇帝控告桑哥。皇帝说:"怎么能只看他富有就定他的罪呢,国家的财富也不都是我的。既然你们这样(非要告倒他),我亲自来审讯。"皇帝将以前由于信用和爱惜桑哥而替他隐瞒下来的只有皇帝自己知道的罪过揭露出来,皇帝说:"桑哥,我派你从上都去大都时,在斡耳朵迁移的路上,一棵大树底下,有我乘凉时坐的坐位,你坐了。从大都给我送来的果子箱,你把封蜡开了,吃了送给我尝鲜的果

---

① 《元史》卷二百五《桑哥传》;卷十六《世祖纪十三》,卷十七《世祖纪十四》。

子。你没有罪吗？另外，我身体易出汗，衣服容易脏，洗后再穿就窄小了，所以汉人织匠为我织了无缝的衣服，献给我两件，你手里却有三件，甚至超过了我，这不是你的罪过吗？"①

所谓忌恨桑哥的"许多蒙古人"，就是指前述彻里、月赤察儿、玉昔帖木儿（月吕鲁）、也里审班、也先帖木儿等。如前所述，桑哥曾经想把玉昔帖木儿排挤往江西行省，故他与桑哥的积怨较深。从忽必烈指示桑哥主动与玉昔帖木儿和解看，玉昔帖木儿应当是"许多蒙古人"中的领袖。这与他勋旧后裔和御史大夫职位都是相吻合的。在奏劾桑哥的诸多人员中，速古儿赤彻里、不忽木、月赤察儿、玉昔帖木儿、安童、董文用等均是怯薛根脚者。月赤察儿和安童，又是至元二十四年（1287 年）左右的两名怯薛长。怯薛"太官属"、原尚书省平章也速答儿也曾秘密禀报桑哥奸状，怂恿月赤察儿出面奏劾②。而且，这些人的奏劾多集中在至元二十八年（1291 年）春。所以，"众怯薛受怯薛长及月吕鲁诸颜的鼓动，又以以前的罪名向皇帝控告桑哥"等说，是确凿无疑的。

与汉法儒臣派官僚尚仁义斥聚敛相比较，这些蒙古权贵及怯薛宿卫主要指责桑哥奸贪误国害民，实际上是出于对桑哥限制、损害其利益的怨愤。可见，桑哥的垮台和被杀，是汉法儒臣派官员、蒙古权贵及怯薛宿卫，出自不同的理念或利益，交替弹劾抨击的结果。以安童为首的汉法儒臣派官员反对桑哥，虽自始至终而又显得软弱无力；以玉昔帖木儿为首的蒙古权贵及怯薛宿卫所发挥的

---

① 陈庆英译本，第 183 页，西藏人民出版社 1986 年。
② 《元朝名臣事略》卷三《太师淇阳忠武王》。

作用却是至关重要的。

总的来说，桑哥是个有争议的复杂人物。他理财变钞，钩考钱谷，殚精竭虑，有力地支撑了世祖朝后期的财政。他又以铁腕手段辅助忽必烈整顿各级官府及宗藩秩序，在平定叛乱和治理吐蕃中也颇有建树。同时，桑哥贪赃受贿，恶声狼藉。史书称他"以刑、爵为货"，殆非虚言。他"秉政擅权，势焰熏灼"，又招来汉法儒臣派官员、蒙古权贵及怯薛宿卫等诸多怨愤和反对。忽必烈对桑哥可以说十分器重和赏识。至元二十八年春对桑哥的处理，起初只是罢职问罪，而且大抵是迫于来自蒙古权贵及怯薛宿卫的压力，当时的忽必烈，内心十分痛苦和无奈。桑哥家被抄，其受贿窝藏巨额珍宝而不上供，令忽必烈大为恼火，这也是忽必烈对桑哥的看法急转而下、最终于七月杀掉桑哥的直接原因。

桑哥被杀前后，其党羽也迅速得到追究与惩办。尚书省于当年五月被废罢。桑哥弟、巩昌宣慰使答麻刺答思惧诛自杀。妻弟、燕南宣慰使八吉由因受贿罪伏诛。姻亲、湖广行省平章要束木也被抄家，并械致湖广行省就戮。桑哥在江浙行省的同党爪牙纳速剌丁灭里以盗取官民钞一十三万锭，忻都以追理逋负迫杀五百二十人，王巨济与忻都同恶，统统被忽必烈派遣的使臣彻里等按问后弃市。沙不丁、杨琏真伽等均被治罪①。

对尚书省其他官员，忽必烈进行了严肃慎重的甄别处理。平章阿鲁浑萨理先因连坐被抄家，忽必烈质问阿鲁浑萨理："桑哥为政如此，卿何故无一言?"阿鲁浑萨理以"陛下方信任桑哥甚，彼所忌独

---

① 《元史》卷二百五《桑哥传》，卷十六《世祖纪十三》;《元文类》卷五十九《平章政事徐国公神道碑》。

臣,臣数言不行"等辞辩解。忽必烈验以桑哥临刑的供词,谅解了阿鲁浑萨理,特命罢其相而归还家产。尚书省右丞何荣祖因反对桑哥钩考钱谷而被留用为中书省右丞。左丞马绍反对桑哥增税,其行贿籍册又无马绍之名。忽必烈降旨曰:"马左丞忠洁可尚,其复旧职",仍令他担任中书省左丞。另一名右丞叶李则罢相南还①。

本着忽必烈"死者勿论,其存者罚不可恕也"的旨意,"桑哥党与"、扬州路达鲁花赤唆罗兀思被罢官。曾为桑哥撰写《辅政碑》的翰林院官阎复,也被免职。文士冯子振等还要进而追究"词臣撰碑引谕失当"等罪。最后,忽必烈谕旨:"词臣何罪! 使以誉桑哥为罪,则在廷诸臣,谁不誉之! 朕亦尝誉之矣",才算停止了滥追词臣罪过②。

忽必烈知道,桑哥的最后垮台,主要是由于皇帝最亲近的怯薛侍从联手发难和攻击,反映了众多怯薛人员对皇帝所宠幸的权臣桑哥的强烈不满。事后,忽必烈因势利导,重赏奏劾桑哥的怯薛人员。忽必烈亲自褒奖曰:"月赤察儿口伐大奸,发其蒙蔽",又以籍没桑哥的黄金四百两、白银三千五百两及水田、水垸、别墅等,赏其"清强"。率先揭发桑哥的速古儿赤彻里也进拜御史中丞。不久,奏劾桑哥的领导者、御史大夫玉昔帖木儿,又加官录军国重事、知枢密院事,"位望之崇,廷臣无出其右"③。这不仅是论功行赏,也是在修复受到桑哥专权影响的皇帝与怯薛

---

① 《元史》卷一百三十《阿鲁浑萨理传》,卷一百六十八《何荣祖传》卷一百七十三《马绍传》,《叶李传》。

② 《元史》卷十六《世祖纪十三》至元二十八年二月丙子,卷十七《世祖纪十四》至元二十九年二月丁亥,五月丁未。

③ 《元朝名臣事略》卷三《太师淇阳忠武王》,《太师广平贞宪王》;《元文类》卷五十九《平章政事徐国公神道碑》。

间的关系。

另一方面,对专司言事和纠弹的御史台在揭发桑哥中无所事事,忽必烈非常愤怒。他责备道:"桑哥为恶,始终四年,其奸赃暴著非一,汝台臣难云不知。"主持御史台日常事务的御史中丞赵国辅回答:"知之。"忽必烈又说:"知而不劾,自当何罪?"侍御史杜思敬等答复:"夺官追俸,惟上所裁"。其实,桑哥专权之际,台察官屡受其摧折,多数情况下忽必烈又是纵容和支持桑哥的。所以,此时指责御史台"知而不劾",并不合情理。

但圣命难违,御史台总得承担责任。数日后,御史大夫玉昔帖木儿建议:"台臣久任者当斥罢,新者存之。"① 被罢免的可能有御史中丞赵国辅、侍御史杜思敬等。杜思敬任治书侍御史和侍御史多年,至元二十八年(1291年)转任中书省参政。御史中丞赵国辅据说是桑哥党人,曾经对赵世延等五名监察御史弹劾桑哥的本章,"抑不以闻",还向桑哥告密,致使四名监察御史免职② 。"知而不劾"的罪名,对赵国辅来说倒是恰当的。

此外,反对桑哥最强烈的彻里和崔彧二人,当年被任命为新的御史中丞。

第三节　完泽、不忽木为相

桑哥被杀后,忽必烈于至元二十八年(1291年)五月废罢尚书省,重新组建中书省,以总揽朝廷庶政。任命完泽为右丞相,不忽

---

① 《元史》卷二百五《桑哥传》。
② 《元史》卷一百五十一《杜丰传》,卷一百八十《赵世延传》。

木、麦术丁为平章政事,何祖荣为右丞,马绍为左丞,贺胜、高翥为参知政事。

对桑哥之后用何人为丞相,忽必烈曾经举棋不定。

最初,忽必烈曾想以近侍、康里人不忽木为丞相。他曾对不忽木说:"朕过听桑哥,致天下不安,今虽悔之,已无及矣。朕识卿幼时,使卿从学,政欲备今日之用,勿多让也。"不忽木是藩邸旧臣卫士燕真第二子,少年时奉旨受学于王恂和许衡,通晓儒术,后一直担任忽必烈近侍。忽必烈在桑哥被杀、找不到其他杰出人才之际,欲使用不忽木,也可以理解。因为不忽木至少满足两个条件:一是兼通蒙古、汉地及西域等文化,具有良好的素养和一定的行政经验;二是为忽必烈充分信任。不忽木坚决推辞,理由是:朝廷勋旧、年龄和官爵在臣之右者尚众,如今不次用臣,无以服众。

于是,忽必烈又让不忽木和贺仁杰推荐他人。不忽木和贺仁杰回答:当年籍没阿合马家,其贿赂近臣的账籍独无完泽之名;完泽曾言桑哥为相,必败国事。所以,太子詹事完泽可以胜任。还找来正一道教宗师张留孙用《周易》卜筮用完泽为相之事,所得"同人之豫",张留孙解释道:"同人,柔得位而应乎乾,君臣之合也。豫,利建侯命相之事也,愿陛下勿疑。"

忽必烈依然对不忽木说:"然非卿无以任吾事",最后安排完泽为右丞相,不忽木为平章政事,贺仁杰为参知政事。

忽必烈在位最后三年,实际上是完泽与不忽木当政。

不忽木与桑哥相左的政治倾向比较明显。忽必烈欲用卢世荣时,曾垂询于不忽木,不忽木坚决反对,忽必烈当时很不高兴,事后竟对不忽木说:"朕愧德于卿。"桑哥对不忽木深为嫉恨,曾指着不忽木对其妻说："他日籍我家者此人也。"①

对王恂和许衡以儒术教导出来的不忽木得以入相，汉人官僚自然感到十分欣喜。王恽诗曰：

> 黑头便插侍中貂，潕水春风忆共僚。
> 学术自初希圣哲，羽毛今果见云霄。
> 心存经济开公道，天予精神一本朝。②

不忽木本人的政治态度，自然会影响到至元二十八年以后的朝廷政策。

完泽和不忽木当政后，首先是重新起用受桑哥压抑迫害的官员。

如因反对卢世荣而被罢免的原御史中丞崔彧，被提升为中书省右丞；为被诬陷流放的行台监察御史周祚平反，给还其妻室儿女；曾因桑哥专恣不肯仕的别都儿丁，出任中书省左丞。胡祗遹、姚燧、王恽、雷膺、陈天祥、杨恭懿、高道、程钜夫、陈俨、赵居信等十人，也以"昔任词垣风宪，时望所属"，被召回京师③。

另一项重要举措是永远停止钩考钱谷。

桑哥被杀后，钩考钱谷并没有完全结束。先是脱脱、塔剌海、张忽辛三人于至元二十八年三月奉命追究江淮释教总摄杨琏真伽等所盗用官物。不久，塔剌海等请求征考中书省钱谷通欠，一度来

---

① 《元史》卷一百三十《不忽木传》；《元朝名臣事略》卷四《平章鲁国文贞公》；《元文类》卷五十三《上都留守贺公墓志铭》；《道园学古录》卷五《张宗师墓志铭》。
② 《秋涧集》卷二十一《寿右平章不忽木》。
③ 《元史》卷十六《世祖纪十三》至元二十八年三月壬戌，七月戊申，十二月癸未；卷十七《世祖纪十四》至元二十九年三月壬寅。

势汹汹,有的中书省官员欲入奏皇帝予以制止。不忽木认为:没有必要。急躁容易引起忽必烈猜疑,反而会有所庇护。可以坐观其败。果然,未满旬月,塔剌海、张忽辛等即以钩考时受贿被诛。

同年十二月,玉昔帖木儿为首的御史台上奏:"钩考钱谷,自中统初至今余三十年,更阿合马、桑哥当国,设法已极,而其余党公取贿赂,民不堪命,不如罢之。"三日后,忽必烈降诏:"罢钩考钱谷,应昔年逋负钱谷文卷,聚置一室,非朕命而视之者有罪。"还特意派遣使者将此诏书"布告中外"①。于此,忽必烈朝以财赋追征和清查为主要内容的钩考钱谷,终告结束。

同时还积极整顿台察,强化监察机构。在桑哥罢相十余日后,忽必烈即诏曰:"行御史台勿听行省节度",以恢复监察机构的独立性,纠正桑哥压制监察官的偏向。同月,又诏改诸道提刑按察司为肃政廉访司,加强其权力及官员设置。又重新恢复了一度被桑哥姻党要束木废罢的江南湖北道宪司②。

肃政廉访司新设伊始,也曾受到一些非难。上都留守木八剌沙上奏忽必烈:极言廉访司不便,应废罢,又举河东山西道廉访副使受贿一千五十锭,以动摇忽必烈的决策。忽必烈责备新任御史中丞崔彧,崔彧托病不答。不忽木当面斥责崔彧不直言,接着,上奏说:"设廉副受赇,罪止其身,天下宪司,何与而尽去之。"这样才打消了忽必烈再次撤罢廉访司的意图。

此外,不忽木等又特别注意在桑哥急敛暴征之后的轻徭薄赋

① 《元史》卷十六《世祖纪十三》至元二十八年五月戊戌,十月癸酉,十二月;《元朝名臣事略》卷四《平章鲁国文贞公》。
② 《元史》卷十六《世祖纪十三》至元二十八年二月癸酉,丙戌;《立鄂州肃政廉访司》,《宪台通纪》王晓欣点校本,第33页,浙江古籍出版社2002年。

和休生养息。

麦术丁奏请复立尚书省,专领户、工、刑三部,不忽木当庭驳斥道:"阿黑马尝以领部分中书户、工败,为制国用使又败,为尚书省又败,则并归中书,终以奸赃狼戾,以取诛籍。后桑哥立尚书省,尽夺六部,其威虐贪墨益极,亦就枭夷。既废复置,将效尤两人耶!"于是,麦术丁之议,遭到否定。麦术丁本人不久也丢掉了平章官职。

对增收江南包银的意见,不忽木又追溯其源流,极陈江南赋税已重,再增包银,民将不堪,最终制止了增包银之议。

有人提议大都蒙古人应与汉人相间居处,以制不虞。不忽木批评说:大都新民迁来不久,未尝宁居,若再变更,必致失业,此乃奸人贪图货易之利而编造的不实之言。不忽木还特意绘制大都蒙古人贵宦第宅与民居犬牙相制的图形,进奏忽必烈,以制止此事。

右丞相完泽是蒙古怯薛大臣线真之子。他长期担任太子东宫长官,并兼管东宫卫兵。他做事小心缜密,真金太子对他甚为器重,曾经称赞他:"亲善远恶,君之急务。善人如完泽者,群臣中岂易得哉。"真金死后,完泽曾两次随皇孙铁穆耳征戍北边。

但是,忽必烈对完泽并不十分信任。有人揭发完泽徇私,忽必烈召来不忽木询问。不忽木替完泽辩护,并建议当面对质,以究真伪。忽必烈依其言而行,对质结果,揭发者屈服,忽必烈大怒,命令左右批打其面颊,而后驱逐之①。

如果忽必烈在位三十五年中的元初五年、阿合马专权二十年算作前两个阶段,自至元十九年到忽必烈逝世的后十余年,似乎可

---

① 《元朝名臣事略》卷四《平章鲁国文贞公》;《元史》卷一百三十《不忽木传》、《完泽传》。

以视为第三阶段,亦即忽必烈七十岁到八十岁的暮年时期。

这后十年间,忽必烈虽然已完成南北统一的任务,但他没有志得意满和停滞不前。与北边海都、乃颜等叛王的战争,海外用兵征伐,镇压江南民众反抗,喇嘛僧做佛事和蒙古诸王的赏赐等等,都是暮年时期忽必烈不得不应付的大事。为此,忽必烈依然需要敛财大臣为其办理财政,筹集经费。于是,在和礼霍孙等无法胜任理财的情况下,忽必烈先后重用卢世荣"立法治财",桑哥实施"至元钞"、钩考等理财。卢、桑二人,特别是桑哥,理财成效颇显,却又恃宠专横肆虐,得罪蒙古勋贵怯薛、汉族儒臣等多方面人士。在这些人的激烈反对下,忽必烈不得不杀掉了卢世荣和桑哥。在这段时期,忽必烈藩邸汉族儒臣老死身亡,一个个在政坛上消逝。汉法儒臣派的政治代表,改由受他们影响熏陶而发生一定儒化的真金太子、安童丞相及不忽木等担任。他们和卢世荣、桑哥激烈争斗和交替掌权。忽必烈暮年的朝堂之上依然是腥风血雨,不得安宁。由于忽必烈身旁汉人精英匮乏,导致改而重用叶李、赵孟頫等南人名士的奇怪现象。可见,忽必烈暮年确实是多事之秋,朝堂之上充满了戏剧性的事变、冲突,年逾古稀的忽必烈仍然以一位出色政治家的雄才大略,左右着朝廷大局,仍然在按照自己的理念和意志,继续治理和支配着庞大的元帝国。

第十八章　后宫子孙众　皇位传承难

第一节　后妃与皇子

一、察必皇后及其他后妃

察必皇后出身于弘吉剌氏,他的父亲是该部有名的首领按陈。按陈的妹妹孛儿帖,嫁给了成吉思汗,被尊为光献翼圣皇后,也就是术赤、察合台、窝阔台、拖雷四皇子的母亲。按陈本人于1215年赐号国舅。窝阔台汗曾降圣旨说"生女世以为后,生男世尚公主,每岁四时孟月,听读所赐旨,世世不绝",由此,弘吉剌部成了蒙古诸部中与黄金家族世代联姻的主要姻亲部族①。察必嫁给忽必烈,可谓亲上加亲,家世愈贵。

察必容貌秀丽,禀赋娴雅,颇得忽必烈喜爱②。她聪明敏捷,晓达事机,在忽必烈即汗位前后,还能左右匡正,给予忽必烈有力的支持和帮助。

1259年阴历十一月,蒙哥猝死钓鱼山,忽必烈远在渡江攻鄂州前线。拖雷嫡幼子阿里不哥图谋在漠北自立为大汗,暗中派阿

---

①　《元史》卷一百一十四《后妃传一》,卷一百一十八《特薛禅传》。

②　《史集》余大钧、周建奇译本,第二卷,第282页,商务印书馆1986年。

蓝答儿乘驿传抽取兵丁,已行至距离开平一百里的草原地带。察必得悉,派使者责问:"发兵大事,太祖皇帝曾孙真金在此,何故不令知之?"阿蓝答儿语塞不能答①。

随后,察必派遣脱欢、爱莫干二人急驰赶到鄂州军中向忽必烈密报:阿里不哥派脱里赤和阿蓝答儿从漠南蒙古军、汉军中抽调括取兵丁,其原因不明,那支军队我们交不交给他们呢? 还带来察必王妃的一段隐语:"大鱼的头被砍断了,在小鱼中除了你和阿里不哥以外,还剩有谁呢? 你回来好不好?"忽必烈闻讯,颇为震惊,于是,果敢决定与宋军议和北返,先解决汗位归属问题②。

在汗位谁属的关键时刻,察必留守辅佐之功不可没。成宗追谥册文中说:"曩事潜龙之邸,及乘虎变之秋,鄂渚班师,洞识事机之会;上都践祚,居多辅佐之谋",就是指谓这段故事。

中统初,察必被立为皇后。于是,她更注意运用自己的地位,辅弼忽必烈处理好朝政。一天,四怯薛官奏请割大都近郊土地以供怯薛宿卫牧马,忽必烈已经予以批准,还把所分割土地图形呈上。察必皇后到忽必烈面前,欲劝谏,先是装着责备太保刘秉忠说:"汝汉人聪明者,言则帝听,汝何为不谏。向初到定都时,若以地牧马则可,今军站分业已定,夺之可乎?"忽必烈知道是说给他听的,沉默了一会儿,下令停止割地牧马。

忽必烈北征阿里不哥之际,察必皇后留守燕京。当时,包括姚枢在内的藩邸旧臣,大多外出担任十道宣抚使。察必皇后特意遣使者把出任东平宣抚使的姚枢,召回燕京。她曾对姚枢说:

---

① 《元史》卷四《世祖纪一》。
② 《史集》余大钧、周建奇译本,第二卷,第290页,商务印书馆1986年。

"儿辈幼时汝授之书,何久留彼?"还让姚枢帮助谋划"宫闱诸事"之疑难①。

至元十年(1273年)三月,察必皇后正式受册宝,上尊号为贞懿昭圣顺天睿文光应皇后。

有趣的是,在忽必烈吸收汉法的同时,察必皇后也部分接受了汉文化。忽必烈让汉人文臣王思廉进读《资治通鉴》,读至唐太宗有杀魏徵语和长孙皇后进谏事,忽必烈特意令内官把王思廉引到察必皇后房内,讲述这段故事。察必皇后有所领悟,称赞道:"是诚有益于宸衷。尔宜择善言进讲,慎勿以渎辞烦上听也。"②

受忽必烈的影响,察必皇后还注意节俭,保持蒙古草原妇女勤劳本分,自己动手,缝制衣物。

一次,察必皇后从掌管朝廷金银缎匹出纳的太府监支用了缯帛表里各一。忽必烈知晓后,责备道:"此军国所需,非私家物,后何可得支?"察必接受批评,开始率领宫女亲自做纺织缝纫等工作,收集许多旧弓弦,缉捻为线,织成衣服,其坚韧细密,可与绫绮媲美。宣徽院所管羊前肢皮,弃而不用,察必搜取来缝合成地毯。

蒙古人所戴帽子,没有帽檐,俗称胡帽。忽必烈嫌它不能遮挡太阳光,察必即依忽必烈的意见,增加前帽檐,忽必烈大喜,于是命令定为帽子的样式。又缝制一种衣服,前有裳而无衽,后边长度相当于前边的一倍,没有衣领和衣袖,缀以两排襻襻,以便骑射,名之曰比甲,当时人们争相仿效。估计今天我们穿用的马甲,就是由此

---

① 《元文类》卷六十《中书左丞姚公神道碑》。
② 《元史》卷一百六十《王思廉传》。

演变而来的。

察必对南宋亡国之君赵㬎及皇太后，也表达了深切的怜悯和同情。

至元十三年（1276 年）南宋灭亡，幼主赵㬎朝忽必烈于上都开平。忽必烈大宴群臣，与宴众臣甚为欢乐。惟独察必皇后郁郁不乐。此刻，她想到的是"自古无千岁之国，毋使吾子孙及此则幸矣"。当她应召观看和选取从临安缴获来的南宋府库珍宝时，略看一眼，即刻离去。还感叹道："宋人贮蓄以遗其子孙，子孙不能守，而归于我，我何忍取一物耶！"察必皇后居安思危，以南宋三百年基业毁于一旦为殷鉴，其远见卓识，不让须眉，也给忽必烈以难得的警示。

被掳北上的南宋全太后抵达大都，不习北方风土，察必三次奏请忽必烈允许她返回江南。在这个问题上，忽必烈批评了察必，他说："尔妇人无远虑，若使之南还，或浮言一动，既废其家，非所以爱之也。"忽必烈的说法，不无道理。依当时形势，全太后返回临安，只能被反元力量所利用，徒召祸害。察必听罢忽必烈的意见，不再提放其南归，越发厚待全太后①。汪元量《湖州歌》之八十七曰："三殿加餐强自宽，内家日日问平安。大元皇后来相探，特赐丝紬二百单。"②正是察必皇后善待全太后等的写实。

察必皇后晚年所表现的这些怜悯弱者的情绪，与蒙古草原民崇尚强势英雄的传统，稍异其趣。这或许和她皈依藏传佛教有关。藏文史料说，察必皇后曾请帝师八思巴为她举行了灌顶的神秘宗

---

① 《元史》卷一百一十四《后妃传一》。
② 《增订湖山类稿》卷二。

教仪式,灌顶后,察必皇后对此密法十分信仰。又劝说忽必烈接受灌顶。位于大都城西平侧门外三里处的西镇国寺,乃是察必皇后施舍功德之寺。察必皇后曾奉忽必烈之命,亲自前往西镇国寺进香①。

至元十八年(1281年)二月,察必皇后在大都逝世。成宗朝追谥为昭睿顺圣皇后。

南必皇后也是弘吉剌氏。她是纳陈那颜之孙仙童之女,也是察必的侄女。至元二十年(1283年)正月,纳为皇后,继守察必原先的斡耳朵。拉施德《史集》说,察必哈敦死后一年,忽必烈把南必哈敦引进察必的禹儿惕和帐殿,因为她是察必哈敦的侄女②。《元史》卷一百六《后妃表》,也将南必列在世祖第二斡耳朵察必皇后之后。南必生一子,名字为铁蔑赤。

《元史》《后妃传一》说,南必"继守正宫"。"正宫"是汉语皇后之宫的意思,元史撰者用"正宫"一词来描述表达南必的情况,不十分确切。按照蒙古习俗,大汗的后妃,只依所居斡耳朵排列,并无"正宫"的概念。再者,蒙元皇后名号的使用,也比较宽泛,大抵四大斡耳朵之主,均称皇后。第一斡耳朵之主也非察必,而是帖古伦大皇后。所以,言南必继续掌管察必原先的斡耳朵,是比较准确的。

忽必烈晚年,南必颇参预朝政。因忽必烈年事已高,宰相大臣往往难以朝见,若有政事,经常通过南必奏闻。忽必烈死后,南必

---

① 《汉藏史集》陈庆英译本,第170页,西藏人民出版社1986年;《佛祖历代通载》卷三十五,第408页、410页,江苏广陵古籍刻印社1993年;参阅王辅仁、陈庆英《蒙藏关系史略》第34页,中国社会科学出版社1985年。

② 《史集》余大钧、周建奇译本,第二卷,第287页,商务印书馆1985年。

皇后也参加了拥立成宗的上都忽里台贵族会议①。

忽必烈的其他后妃还有，第一斡耳朵帖古伦大皇后，第三斡耳朵塔剌海皇后、奴罕皇后，第四斡耳朵伯要兀真皇后、阔阔伦皇后。伯要兀真皇后，伯牙兀剔部人孛剌黑臣的女儿，亦即镇南王脱欢之母。察必皇后和南必皇后则属于第二斡耳朵。又有八八罕妃子、撒不忽妃子和泰定三年奉诏守忽必烈斡耳朵的速哥答里皇后。

马可波罗亦云：

> 他（忽必烈）有四个妻子。这四个妻他都认为正室，他们全叫做皇后，再加以各人特殊的名字。他们每一个都有自己的宫。每一宫至少也有三百最美丽和娴雅的宫女。他们也有许多太监来做侍仆，和许多其他男女仆人。因此每一个皇后都有一万人在他的宫中。

马可波罗所说的四皇后和四宫，就是指前述帖古伦大皇后、察必皇后、塔剌海皇后、伯要兀真皇后及其所属的四大斡耳朵宫帐。由于马可波罗毕竟不是元廷重要官员，他未能详细记住察必以外的其他三位皇后的名字。

此外，拉施德《史集》还列出云南王忽哥赤和西平王奥鲁赤的母亲、来自朵儿边部落的朵儿别真，皇子爱牙赤和阔阔出的母亲、来自许慎部落的许慎真。又说，忽必烈早年曾娶蔑儿乞剔部落君主脱黑台别乞的侄女忽鲁黑臣，她的年龄长于其他哈敦，所生子名

---

① 《元史》卷一百一十四《后妃传一》；《史集》余大钧、周建奇译本，第二卷，第376页，商务印书馆1985年。

叫忽里带。后来，她被忽必烈废黜①。

二、诸皇子的教育及婚姻

忽必烈诸皇子，见于记载的有十二个。依照蒙古"子以母贵"的习俗，十二皇子亦有嫡庶之别。察必皇后所生嫡子有四人：朵儿只、真金、忙哥剌、那木罕。其他后妃所生庶子八人：忽哥赤、爱牙赤、奥鲁赤、阔阔出、脱欢、忽都鲁帖木儿、忽里带、铁蔑赤。

马可波罗称赞道：

> 他们（忽必烈诸皇子）在军中全是很好很勇敢的人。他们每一个都是很高贵的官员。②

忽必烈比较重视皇子的教育。早在藩王时期，忽必烈即命令名儒姚枢教授真金《孝经》，讲授完毕，又准备饭食以飨姚枢。姚枢随从忽必烈南征大理，改而让儒士窦默继续教真金。临行，忽必烈赏赐玉带钩给窦默，还特意嘱咐："此金内府物也，汝老人，佩服为宜。且太子见之，与见朕无异，庶几知所敬畏。"

而后，忽必烈命令王府"主文书，讲说帐中"的汉人侍从董文用给那木罕、忽哥赤教授儒家经书。至元元年（1271年）八月，忽必烈又委任李槃为皇子忙哥剌说书官，高道为那木罕说书官。

至元二十七年（1290年）应太子妃阔阔真的请求，忽必烈又命

---

① 《元史》卷一百六《后妃表》；《马哥孛罗游记》张星烺译本，第148页，商务印书馆1936年；余大钧、周建奇译本，第二卷，第284页、285页，商务印书馆1985年。

② 《马哥孛罗游记》张星烺译本，第151页，商务印书馆1936年。

令已担任翰林学士承旨的董文用为皇孙铁穆耳等讲授儒学经书，董文用在讲授儒学经书要旨的同时，还附入国朝故事，"丁宁譬喻，反复开悟"，受到皇孙的礼遇和尊重①。

至元二十六年(1289年)，皇孙答剌麻八剌出镇其父分邑怀孟州，忽必烈亲自选择东宫老成练达的旧臣王倚辅导护送。陛辞之际，忽必烈打量观察王倚好久，对侍臣说："倚，修洁人也，左右皇孙，得人矣"。王倚陪侍皇孙答剌麻八剌南下途经赵州，从卒有损坏民众桑枣的，杖之以惩戒。王倚还奉命回大都奏报，忽必烈听了非常喜悦②。

由于忽必烈悉心安排，忽必烈诸皇子及皇孙都不同程度地学习和接受了汉文化。

除了汉文化，忽必烈也注意对皇子皇孙的佛学教育。他曾先询问皇孙阿难答："遗尔良师，尔愿学否？"后又诏命在御前"诵说经典"的畏吾儿人近侍大乘都为阿难答之师。后来，阿难答嗣为安西王离京出镇，察必皇后为阿难答奏请忽必烈"愿载师自随"。忽必烈起初的意见是："大乘都我所须也，余人则可。"察必皇后进一步劝说道："大乘都学业甚精，聪明方正，俾往训导数年，诸子有成。"于是，忽必烈批准大乘都随阿难答出镇③。

或许是忽必烈皈依藏传佛教的缘故，帝师八思巴对诸皇子及皇孙的影响，也比较大。

八思巴异母弟异希迥乃很早就担任皇子忽哥赤的宗教老师，

---

① 《元史》卷一百一十五《裕宗传》，卷五《世祖纪二》；《元朝名臣事略》卷八《内翰窦文正公》，卷十四《内翰董忠穆公》。
② 《元史》卷一百一十五《顺宗传》，卷一百七十六《王倚传》。
③ 《雪楼集》卷八《秦国先墓碑》。

至元九年(1272年)五月八思巴在临洮特为忽哥赤撰写《授皇子忽哥赤口诀》。

同年四月,八思巴写诗108颂,赠皇子北平王那木罕。至元十一年(1274年)九月,八思巴又为北平王那木罕写造"十万般若颂"作赞语。

次年十二月,八思巴又写诗向西平王奥鲁赤祝贺藏历阳火鼠年新年;至元十三年(1276年)九月,特为奥鲁赤子铁木儿不花写《授王子铁木儿不花教诫——月亮之光》。

至元十二年(1275年)八月,八思巴为皇子安西王忙哥剌写《皇子忙哥剌父母造广、中、略三种般若及华严经的说明》;次年七月,又为忙哥剌写《授皇子忙哥剌之教诫——吉祥串珠》。

至元十二年十一月,八思巴写诗赠太子真金,又为真金写《彰所知论》;翌年(1276年)正月在《为造佛经所题之赞语》中,八思巴祈祷祝愿真金太子、阔阔真妃、及皇孙甘麻剌、答剌麻八剌、铁穆耳、皇孙女古洛格迪等"世间阳寿长如江河,荣华富贵满如大海,权势煊赫犹如天界之王";至元十五年(1278年)十月八思巴应太子妃阔阔真的请求,在萨迦寺为她写《尊胜度母坛城前灌顶仪轨》,又为真金太子所造金汁书写佛经题赞语。

同年六月,八思巴为皇曾孙迭里哥儿不花写《授王子迭里哥儿不花之教诫》。

蒙哥汗九年(1259年)五月,八思巴为皇孙答剌麻八剌写《密宗行部所说无量寿佛修行法》,七月又专为疾病缠身的答剌麻八剌做法事禳灾①。

---

① 参阅陈庆英:《雪域圣僧——帝师八思巴传》,中国藏学出版社2002年。

此外,至元二十一年(1284年)皇孙甘麻剌出资修大都天庆寺①。西平王奥鲁赤和公主虎都台又师事河西显密圆融大师②。

因为忽必烈和察必皇后皈依佛门和八思巴授教戒、赠诗、祈祷等活动,皇子真金、忙哥剌、那木罕、忽哥赤、奥鲁赤及其子孙大多数也成了藏传佛教的信徒。

忽必烈对诸皇子也比较严格。一次,云南王忽哥赤从一个村庄多取了一些野禽。忽必烈知道后,一怒之下,打了他七十棍,把他的臀部打得皮肉模糊③。真金太子生病,忽必烈亲往探视,看到床上陈设织锦卧褥,大发雷霆,责备太子妃阔阔真说:"我尝以汝为贤,何乃若此耶?"阔阔真连忙跪倒在地,以真金生病防湿气为辞辩解,并立即撤去织锦卧褥④。

忽必烈子孙的婚姻状况,也颇有意思。

由于窝阔台汗1237年颁布圣旨:"弘吉剌氏生女世以为后,生男世尚公主",忽必烈子孙和蒙古弘吉剌部上层的联姻最为频繁。忽必烈本人先后以弘吉剌氏按陈之女察必、按陈孙脱怜之女帖古伦、纳陈孙仙童之女南必为皇后,可以说是很好的先导和垂范。

而后,忽必烈子孙娶弘吉剌氏的有:真金太子娶伯蓝也怯赤(又名阔阔真),皇孙甘麻剌娶普颜怯里迷失,答剌麻八剌娶答己,铁穆耳娶斡罗陈之女失怜答里等。忽必烈女儿和孙女下嫁弘吉剌

---

① 《秋涧集》卷五十七《大元国大都创建天庆寺碑铭》。

② 《金华集》卷十三《寿光寺记》。

③ 《史集》余大钧、周建奇译本,第二卷,第284页,商务印书馆1985年。

④ 《元史》卷一百一十六《后妃传》。

氏驸马的有:忽必烈女囊家真公主先嫁纳陈之子斡罗陈,继适斡
罗陈弟帖木儿,再适帖木儿弟蛮子台;真金太子女南阿不剌嫁蛮
子台等①。

忽必烈子孙与汪古部的联姻,同样是世代延续。如忽必烈孙
甘麻剌娶爱不花之女必札匣为王妃,另一个皇孙、安西王忙哥剌子
按摊不花则娶爱不花次女叶里弯为王妃,忽必烈季女月烈下嫁爱
不花,真金太子女忽答迭迷失下嫁阔里吉思②。

其他联姻事例还有:忽必烈女兀鲁真下嫁亦乞列思部不花,安
西王忙哥剌女奴兀伦公主下嫁亦乞列思部锁郎哈,忽必烈女忽都
鲁坚迷失下嫁高丽国王愖,忽必烈孙女下嫁斡亦剌部秃满答
儿等③。

基于族外婚原则的世代联姻,始于成吉思汗时代。它相继造
就了与黄金家族保持世代联姻关系的弘吉剌、汪古、亦乞列思、斡
亦剌等四个在蒙古诸部中地位颇高的姻亲部落。可以看到,上述
四大姻亲部落部族,到忽必烈时期已大致缩小至弘吉剌、汪古二
部。亦乞列思、斡亦剌二部虽然仍有数例,可已缺乏连续性,尤其
是忽必烈家族与此二部族已很难说是世代联姻。而高丽国王愖尚
忽必烈女忽都鲁坚迷失,又开了忽必烈家族公主下嫁高丽的先例,
由此蒙元皇室增加了一个新的姻族,而且与高昌亦都护类似,也来
自被征服的内属国。

---

① 《元史》卷一百一十八《特薛禅传》,卷一百一十六《后妃传二》,卷一百九
《诸公主表》。

② 《元史》卷一百九《诸公主表》;《元文类》卷二十三《驸马高唐忠献王碑》;
参阅周清澍《汪古部与成吉思汗家族世代通婚关系》,《文史》第12辑,中
华书局1981年。

③ 《元史》卷一百九《诸公主表》,卷一百一十八《李秃传》。

此时的世代联姻关系,还导致一些近亲结婚的消极现象。就忽必烈家族而言,不难举出近亲联姻的事例。如弘吉剌部斡罗陈尚忽必烈女囊家真公主,而斡罗陈之女失怜答里又成了铁穆耳的妻子。联姻范围变窄和某些近亲婚姻,势必带来皇室人口质量的下降。成宗所立皇太子德寿夭亡和元后期多数皇帝寿命不长,或许与此有某种因果联系。

另外,忽必烈女囊家真公主的两次改嫁和被前夫之弟收继,说明入元以后贵为皇女公主的忽必烈家族女性成员,并不讲究汉地式的贞节观念,依然按照蒙古草原古老的收继婚俗处理自身婚配。

忽必烈本人对子孙的婚配,也比较关心。据说,真金太子妃阔阔真就是由忽必烈亲为择定。

一次,忽必烈外出田猎,途中口渴,行至一座蒙古牧民毡房,见一名少女正在缉驼茸,于是向她索要马奶酒。少女回答:"马湩有之,但我父母诸兄皆不在,我女子难以与汝。"忽必烈闻此言欲离去,少女又说:"我独居此,汝自来自去,于理不宜。我父母即归,姑待之。"须臾,其父母果然归来,拿出马奶酒让忽必烈喝个痛快。事后忽必烈感叹道:"得此等女子为人家妇,岂不美耶!"

不久,忽必烈与大臣们商议替真金太子选妃,提出几个人选,忽必烈都没有应允。一位老臣回忆起忽必烈对那位少女的赞誉之言,又得知她尚未许嫁,于是向忽必烈推荐此少女。忽必烈非常欣喜,终于纳此女为太子妃。她就是弘吉剌氏阔阔真,又名伯蓝也怯赤。此外,忽必烈曾把汉族侍女郭氏赐给皇孙答剌麻八剌为妻,郭氏后来生子名阿木哥①。

---

① 《元史》卷一百一十六《后妃传二》。

第二节　真金太子之立

一、汉族儒臣议论"定国本"

自成吉思汗建国以来,汗位继承始终缺乏固定的制度。"忽里台"贵族会议推举,大汗生前指定,各宗室支系的军事政治实力等因素,都在发挥作用。蒙古草原家产分配习俗中长子优先与幼子守家的冲突,日益增长的汗权与"忽里台"贵族政治权力的冲突,各宗室支系之间的利益矛盾,均会在汗位继承问题上交织汇集或爆发。每当汗位交替的时候,经常出现汗位争夺危机和政局的动荡。从窝阔台汗到贵由汗,从贵由汗到蒙哥汗,从蒙哥汗到忽必烈汗,此类汗位争夺愈演愈烈,甚而引发了军事对抗,乃至蒙古帝国的分裂。

忽必烈建立元朝以后,在一批汉族儒臣的辅佐下,把"定国本"和解决汗位继承问题,当作行汉法的组成部分,积极开展了这方面的探索与改革。所谓"定国本",就是用汉地传统的嫡长子继承制度,预立太子,改变蒙古国汗位继承的混乱状况。

中统元年(1260年),忽必烈政权建立不满一月,藩邸谋臣之一郝经在其所奏上的《便宜新政》十六条中第一次提出了"定储贰以塞乱阶"。他说:

> 国家数朝,代立之际,皆仰推戴,故近世以来,几致于乱,不早定储贰之失也。若储贰早定,上下无所觊觎,则一日莫敢

争者。且使朝夕视膳,或出而抚军,守而监国,练达政事,此盛
事也。①

郝经既总结了前四汗时期汗位继承因推戴而启乱阶的经验教
训,又阐述预立储贰的积极功用,总的思路是,用预立皇储的汉法
成熟制度去解决蒙古国汗位继承危机频起的矛盾。郝经的论说虽
然简洁而精辟,可此时的当务之急是建立元帝国的国号、年号、机
构等基本统治体制以及军事上对付漠北阿里不哥。所以,郝经的
这条议论并没有引起忽必烈的较大重视,即使在郝经本人十六条
《便宜新政》中,它也被排在末尾,远不及"严备御"、"定都邑"、
"置省部"诸条,重要而迫切。

至元四年(1267年),另一名重要汉族儒臣姚枢在评论中统以
来政务时,提出了八点新建议,"建储副以重祚"被列在第二②。

翌年,卫辉路总管陈祐上《三本书》,"一曰太子国本,建立之
计宜早";"二曰中书政本,责成之任宜专;三曰人才治本,选举之
方宜审"。

陈祐的贡献在于,他把预立太子当作国本,置于首位。这比前
述二人都进步了许多。还以"圣代隆兴,不崇储贰,故授受之际,
天下忧危";"建皇储于春宫,隆帝基于圣代,俾入监国事,出抚戎
政,绝觊觎之心,壹中外之望,则民心不摇,邦本自固矣"等语③,进
一步阐发郝经和姚枢的论说。

需要注意的是,以上建言和议论,多是以汉文奏疏形式呈献给

① 《陵川集》卷三十二。
② 《元文类》卷六十《中书左丞姚文献公神道碑》。
③ 《元文类》卷十四。

忽必烈的。这对一位不懂汉语的蒙古皇帝来说,的确不太方便,很大程度上妨碍了忽必烈对上述建议内容的理解。郝经、姚枢和陈祐上奏后,未见忽必烈的任何明显反映。究其原因,除了史料记载佚失因素外,或许存在语言障碍的问题。比较起来,张雄飞的上奏恰恰弥补了以上不足。

张雄飞,琅琊临沂人,幼年被蒙古军俘掳北上,后流落霍州、潞州、赵城、关陕等地,辗转入燕京,渐渐学会蒙古语及其他语言。至元初,由廉希宪举荐,觐见忽必烈,授官同知平阳路转运司事。不久,处士罗英再次向忽必烈举荐张雄飞"真公辅器"。忽必烈特命驿召张雄飞进京,询问如今国事所急。张雄飞回答:

> 太子天下本,愿早定以系民心。闾阎小人有升斗之储,尚知付托,天下至大,社稷至重,不早建储贰,非至计也。向使先帝知此,陛下能有今日乎?

或许是张雄飞谈起了忽必烈亲身经历的汗位争夺,或许是张雄飞用蒙古语讲的绘声绘色,这番话果然打动了忽必烈。原先躺着的忽必烈,听罢张雄飞此言,矍然起身,久久称善①。于是,忽必烈下决心预立太子。

二、册立真金与那木罕的愤懑

真金是忽必烈第二子,察必皇后所生。因长子朵儿只早年病逝,真金实际相当于嫡长子。

---

① 《元史》卷一百六十三《张雄飞传》。

真金的少年时代,是在忽必烈总领漠南和尝试以汉法治汉地中度过的。他从十岁起,就按照忽必烈的命令,跟随藩邸著名儒士姚枢读《孝经》,每日以三纲五常先哲格言熏陶性情。1253 年,姚枢随忽必烈远征大理,另一位名儒窦默接替姚枢充任真金的老师。临行前,忽必烈赏赐窦默玉带钩。此时忽必烈尚是藩王,故是以二十余年后的册封之太子名号尊称真金。尽管有这点小小的出入,但并未掩饰藩王时期的忽必烈对嫡子真金儒学教育的重视。刘秉忠的学生王恂,此时也被忽必烈任命为伴读,长期辅导真金。

1259 年忽必烈率兵南征鄂州之际,真金随其母察必留守开平。当时,阿里不哥图谋在漠北自立为大汗。其党羽脱里赤括兵于漠南诸州,阿蓝答儿发兵于漠北诸部,乘传行至距开平仅百余里处。察必哈敦派人质问阿蓝答儿:"发兵大事,太祖皇帝曾孙真金在此,何故不令知之?"阿蓝答儿被问的无言以对①。后来,忽必烈在鄂州城下与贾似道议和北归,谋臣郝经即提议:召真金镇燕京,与阿里不哥所委派的燕京断事官脱里赤相抗衡②。虽然当时真金年仅十七岁,但他在很大程度上已能代表忽必烈支系,在成吉思汗黄金家族具有举足轻重的地位。

忽必烈即汗位后,真金于中统二年(1261 年)十二月受封燕王,守中书令,枢密院设立,又兼判枢密院事。真金是忽必烈诸皇子中第一个封王爵者,按照后来确定的元朝王爵制度,燕王属于第一等金印兽纽"一字王",其王号又隐含着国邑在燕地。所以,在与真金关系密切的汉族儒臣看来,由于封爵和充任中书省、枢密院

① 《元史》卷四《世祖纪一》。
② 《陵川集》卷三十二《班师议》。

长官,真金已接近储君的地位。诚然,忽必烈未必完全懂得这些寓意。

也是在中统二年,王恂升任赞善,掌管燕王府庶政。忽必烈敕命中书省、枢密院大臣:凡有咨禀,必须让王恂与闻。还玺书命令:王恂悉意调护真金的起居出入和饮食衣服,不准许不正当之人得侍左右。

忽必烈正式册立燕王真金为皇太子,是在至元十年(1273年)二月。册文说:

> 咨尔皇太子真金,仰惟太祖皇帝遗训,嫡子中有克嗣继统者,豫选定之。是用立太宗英文皇帝,以绍隆丕构。自时厥后,为不显立冢嫡,遂起争端。朕上遵祖宗宏规,下协昆弟佥同之意,即从燕邸,即立尔为皇太子,积有日矣。比者,儒臣敷奏,国家定立储嗣,宜有册命,此典礼也。今遣摄太尉、左丞相伯颜持节授尔玉册金宝。於戏! 圣武燕谋,尔其承奉。昆弟宗亲,尔其和协。使仁孝显于躬行,抑可不负所托矣。尚其戒哉,勿替朕命。

这篇册文,虽然不是出自忽必烈手笔,但从文辞简洁,内容全面,含义深刻等情节看,大体是根据他本人的思路和旨意而拟写的。册文避而不谈原本主要参照中原王朝立太子传统的真相,而是巧妙地追溯成吉思汗生前择贤预定继承人的祖制遗训,并沉痛总结不定冢嫡而起争端的教训。尽管有蓄意掩盖蒙古草原继承法与贵族会议推戴旧俗既有作用的部分,但所述符合蒙古国汗位继承的基本史实,有较强的说服力,体现了忽必烈对旧有汗位继承方式的"祖述变通"和锐意改革。这样,忽必烈就从成吉思汗祖制遗训中,为自己册立真金太子找到了一定的合法依据,同时也摆脱了蒙古草原继承法与贵族会议推戴旧俗的纠缠。

忽必烈在挑战汗位继承旧俗和预立太子方面取得了成功。这也是他实行汉法的重要组成部分。不过,李璮之乱使忽必烈对汉族臣僚已心存疑惧,对汉法制度也不完全相信。忽必烈或许清楚:汉人儒臣对册立真金太子之事,众口一词,竭尽全力,其目的是用汉法改造忽必烈政权,建立汉法指导下的蒙汉联合统治。忽必烈用其策而立太子,主要是为传子传孙和稳定统治。二者虽然在稳定巩固忽必烈政权上可以取得一致,但动机用意是有差别的。所以,在册文中,忽必烈有意淡化汉人儒臣竭力推动立太子的角色,仅以册命典礼出于"儒臣敷奏"等言辞,多少披露了汉人儒臣居中的作用。如此处理,既可以减少蒙古守旧贵族的不满,又能够保持自己不完全随和汉人儒臣的某种独立性。这或许是忽必烈自鸣得意的地方。

然而,册文中也有不符实之处。那就是所谓立真金太子"下协昆弟金同之意"。事实上,忽必烈立真金之前,未见他与诸皇子商议的记载,应主要属于乾纲独断。对真金立为太子,皇幼子那木罕又持反对态度。

拉施德《史集》说:

合罕在数年之前,当海都的军队还未[掳]去那木罕之时,曾无意中说出了由他继承大位,这个热望[一直]都存在他心中。但后来,合罕注意到真金很聪明能干时,就很喜欢他。当脱脱蒙哥[已经]把那木罕送回来之后,合罕命令立真金为合罕。那木罕难过起来,他说道:"他[真金]继位后,将怎样称呼你呢?"合罕生了气,把他大骂一顿,从自己身边赶开,并说道:"不许再来见我!"他[那木罕]过了几天就死了。①

上述记载中,真金被立为合罕说,不确。把真金立为太子的时间说成是那木罕南归以后,也是错误的。前一个错误,或许是口述元朝历史的孛罗丞相等蒙古人因不晓太子含义而将它与合罕混淆所致。从记载中看,将二者混淆的,也包括那木罕。尽管如此,那木罕被海都掳去以前,忽必烈一度属意那木罕为继承人,倒是很有可能的。因为那木罕身为嫡幼子,又率大军镇守漠北,这在三名皇嫡子中绝无仅有,完全可以和燕王真金相匹敌。如果拉施德上述说法是事实,那么,在预立皇储问题上,真金与其幼弟那木罕之间曾经发生过不小的争执。由于忽必烈改变主意,立真金为太子,那木罕最终在争执中败北,受父皇训斥后愤懑而亡。不过,那木罕的死亡时间,晚于太子真金病逝,大约在至元二十九年(1292 年)。《史集》说忽必烈训斥数日后那木罕即死去,不确。

《马哥孛罗游记》也曾谈到真金被立为太子及太子东宫宫殿建筑。书中说:

> 我也将详细告诉你们,靠近他的宫殿,大可汗又别建一宫。和他自己的一切完全相似。他造这宫给他的太子和未来的君主。因为这理,他把他的宫造成和自己的形式同大小皆

---

① 余大钧、周建奇译本,第二卷,第 352 页,商务印书馆 1986 年。

一样,围墙也周围一样长……太子成吉思[真金]住在那里,我上面已经讲过他了。他是大可汗的承嗣人。大可汗死后就要君临人民的他保守和仿效大可汗一切的习惯和态度。曾经命定,大可汗死后,他就即刻为天下主了。他已经得有帝王的印玺和图章,但是他没有大可汗那样独断和完全的权柄。①

《南村辍耕录》卷二十一《宫阙制度》云,真金太子东宫的中心建筑为光天殿,七间,东西九十八尺,深五十五尺,高七十尺,规模稍小于大明殿和延春阁。外有柱廊,后有寝殿,东有寿昌殿,西有嘉禧殿,周围廊屋一百七十二间。西北还有鹿顶殿和香殿。主要殿阁也都是重檐藻井,文石甃地,重陛朱阑等等,应有尽有。以上汉文史料记载与马可波罗对真金太子东宫描述,基本一致。

真金被立为太子后,当年九月,应刘秉忠等提议,设置东宫宫师府,詹事以下官属三十八员。至元十九年(1282年)十月,又设詹事院,以完泽为右詹事,赛阳为左詹事②。后来东宫官职越来越完备。左、右詹事以下,副詹事、詹事丞、院判、宫臣宾客、左右谕德、左右赞善、家丞、长史、校书郎、中庶子、中允等。

侍卫亲军都指挥使王庆端和张九思曾任詹事丞,王恂、刘因、夹谷之奇担任过左右赞善,李谦、夹谷之奇担任过左右谕德,伯必担任过中庶子,宋衟曾任太子宾客,耶律有尚曾任长史,王倚曾任家丞。

真金死后,朝廷大臣曾议论废罢詹事院。詹事丞张九思以宗

---

① 《马哥字罗游记》张星烺译本,第 157 页,商务印书馆 1936 年。

② 《元史》卷一百一十五《裕宗传》,卷一百三十《完泽传》,卷八《世祖纪五》,卷十二《世祖纪九》)。

社所系和辅导皇孙为理由,据理而争,故得以依然保留。直到至元三十一年(1294年)正月,侍卫亲军都指挥使王庆端仍兼任詹事。留任詹事院职务的,还有詹事张九思、太子家令阿散罕、院判官仆散寿等①。

真金太子东宫还设立了附属的侍卫亲军。这支侍卫亲军包括两部分:

一是至元十六年(1279年)七月忽必烈新抽取侍卫亲军一万人,划归东宫,设置的侍卫亲军都指挥司。至元十六年,原右卫亲军副都指挥使王庆端,升任侍卫亲军都指挥使,十九年又以本职兼东宫詹事丞。王庆端所任就是至元十六年始立的第一支万人东宫侍卫军都指挥使。至元三十一年(1294年)正月,王庆端继续担任此侍卫亲军都指挥使并兼詹事。成宗即位,此侍卫军改属皇太后阔阔真,且易名为隆福宫左都威卫使司,王庆端仍留任左都威卫使。

王庆端到任不久,曾为该侍卫军选大都之南"近郊隙地",建造了含有庐舍、井邑、"阅武之堂"、"函矢之局"等等的威武营。还举办屯田,"岁入丰羡,屯峙山积"。且在真金太子的干预下,以余粮数万付有司佐经费②。

二是由五投下探马赤军改组的蒙古侍卫亲军都指挥使司。五投下探马赤军,是从札剌亦儿、弘吉剌、亦乞列思、忙兀、兀鲁兀五蒙古部落抽调混编的军队,专门用作打先锋及战后镇戍。金朝灭亡和至元十六年(1279年)曾经两次废罢其军,放回各部落应役。

---

① 《元史》卷一百一十五《裕宗传》,卷一百六十九《张九思传》;《南村辍耕录》卷二十六《传国玺》。

② 《元史》卷十《世祖纪七》,卷九十九《兵志二·宿卫》;《南村辍耕录》卷二十六《传国玺》;《静轩集》卷五《故荣禄大夫平章政事神道碑铭》。

至元十九年(1282年)重新组建为五投下探马赤军。至元二十一年(1284年)划归东宫,明年改称蒙古侍卫亲军都指挥使司。至元三十一年(1294年),成宗即位后,改属皇太后,随而易名隆福宫右都威卫使司①。

拥有由蒙古军和汉军组成的两支侍卫亲军,无疑增加了太子东宫在朝廷中的权势。

真金太子还和其他皇子一样,享封食邑、岁赐等。其食邑主要是至元十八年(1281年)受封的江西行省龙兴路105000户,收取江南户钞4200锭。所封户数超过安西王、北平王等嫡皇子近4/5。岁赐则与安西王、北平王相同,都是缎1000匹,绢1000匹。又有位下四怯薛同年所封江西行省瑞州路上高县8000户,计户钞330锭②。

此外,窝阔台朝辽阳人高宣曾将三峰山之战降附的2000余户呈献拖雷,置打捕鹰房都总管府,高宣任都总管,世袭统领。其孙高谅先充真金位下掌管印章的符宝郎,又奉命承袭打捕鹰房都总管。真金特意嘱咐大汗怯薛符宝郎董文忠:"汝为我奏请,以谅所管民隶我,庶得谅尽力为我用"。忽必烈批准了此项奏请,2000余户打捕鹰房户随之归属于真金位下③。

三、真金太子崇尚儒术与忽必烈猜疑

真金崇尚儒术,起先是王恂、白栋朝夕不出东宫,亲密无间,李谦、宋衜常侍帷幄,尤加咨询。后又遵照真金"是数人者,尽为我

---

① 《元史》卷九十九《兵志二·宿卫》。
② 《元史》卷九十五《食货志三》。
③ 《元史》卷一百五十三《高宣传》。

致之,宜自近者始"的令旨,陆续征召京兆杨恭懿、易州何玮、东平徐琰、马绍、潞州杨仁风以及杨居宽、郭佑等,在东宫宫师府和詹事院等官属周围,招徕、聚集了一个不大不小的汉人儒臣群体。

忽必烈朝前期,真金受王恂的影响颇大。王恂之学,尤精于算术,曾因刘秉忠之劝,再研性理。真金曾以算术问王恂,王恂回答:"算数,六艺之一耳。定国家,安人民,乃大事也。"平常,他引导真金学习探索的主要是三纲五常之旨,历代治乱兴亡之道。尤其是对接近耳目的辽金史事,更注意区别善恶,论著得失。王恂曾奉命向真金讲授许衡所辑的唐、虞以来嘉言善政编。

真金在其身旁的汉族儒臣的影响下,逐步儒化。

至元七年(1270年)秋,真金奉诏巡抚漠北称海。其间,真金对随行的诸王扎剌忽、撒里蛮及从官伯颜、王恂等言:"吾属适有兹暇,宜各悉乃心,慎言所守,俾吾闻之。"撒里蛮说:"太祖有训,欲治身,先治心;欲责人,先责己。"扎剌忽说:"我祖有训:长者梢,深者底。盖言贵有始终,长必极其梢,深必究其底,不可中辍也。"伯颜说:"皇上有训:欺罔盗窃,人之至恶。一为欺罔,则后虽出善言,人终弗信。一为盗窃,则事虽未觉,心常惴惴,若捕者将至。"王恂说:"臣闻许衡尝言:人心犹印板然,板本不差,虽摹千万纸,皆不差;本既差矣,摹之于纸,无不差者。"真金则说:"皇上有训:毋持大心,大心一持,事即隳败。吾观孔子之语,即与圣训合也。"①

扎剌忽、撒里蛮及伯颜所云,大抵是蒙古草原的哲理格言。真金不仅深表赞同王恂的说法,他本人所说与王恂同样,也贯穿着孔

---

① 《元史》卷一百一十五《裕宗传》,卷一百六十四《王恂传》;《元朝名臣事略》卷九《太史王文肃公》。

孟儒学理念。可见,时至至元七年,真金受儒学的熏染,已不算浅。

至元十九年(1282 年)十月十二日,曾担任翰林待制的文臣王恽,携带自己撰写的《承华事略》,赴太子东宫呈献给真金。《承华事略》共六卷,二十篇。篇目为:广孝、立爱、端本、进学、择术、谨习、听政、达聪、抚军、崇儒、亲贤、去邪、纳诲、几谏、从谏、推恩、尚俭、戒逸、知贤、审官。从内容上看,显然是专门为皇太子所纂集,也可以称得上皇太子监国所用的儒家小百科。

负责引见的是工部尚书兼詹事丞张九思。当时已接近中午,真金正在东宫西部射圃射箭。事先,真金曾两次命令近侍催促王恽入宫。

真金询问:秦始皇如何?王恽答:所行过分暴戾。真金亲自阅览,读至汉成帝不绝驰道,唐肃宗改服绛纱为朱明服,甚为喜悦。又说:"我若遇是礼,亦当如是。"后来,索性中止射箭,继续询问其余各篇主要内容,称赞其书弘益良多,令诸皇孙传观。最后,还赐酒慰劳王恽。

王恽赋诗以纪其详:

> 射殿风清巳午间,曳裾挟策拜隆颜。
>
> 首询帝子龙楼召,喜辍犀弓偃月弯。
>
> 葵藿尽酬承日志,简编不负半生闲。
>
> 满樽春露沾恩处,光动西池玉笱班。①

迄真金监国前后,他已经能够翻阅汉文儒学书籍,对汉唐君臣

---

① 《秋涧集》卷二十三《西池幸遇诗》,卷七十八《承华事略》;《元史》卷一百六十七《王恽传》。

施政得失和礼法遗事,也可以津津乐道,评头论足了。当然,王恽等汉族文臣运用儒家文化对真金太子的刻意熏染和教化影响,也是竭尽全力、煞费苦心的。

白栋,字彦隆,河东阳曲人,许衡的弟子,受许衡举荐担任国子学伴读和助教。又充任真金太子侍讲,曾为真金讲"郑伯克段于鄢",真金称赞道:"是非空言,意固有在也"。后升任监察御史,弹劾阿合马阴贼不法诸事,因而一度受阿合马的报复和诬陷①。

李谦,字受益,东平东阿人。博学强记,擅长辞赋,与徐世隆、孟祺、阎复齐名,且居四人之首。初为东平府儒学教授,升万户府经历。受王磐荐,召为应奉翰林文字,负责草拟制诰。至元十八年(1281年)升为翰林直学士,以太子左谕德侍真金于东宫。书陈十事,一曰正心,二曰睦亲,三曰崇俭,四曰几谏,五曰戢兵,六曰亲贤,七曰尚文,八曰定律,九曰正名,十曰革弊。忽必烈对他深加器重,赏赐坐便殿。有次与群臣一起饮酒,忽必烈对李谦说:"闻卿不饮,然能为朕强饮乎?"特赐葡萄酒一锺,还叮嘱道:"此极醉人,恐汝不胜"。后见李谦醉倒,即命令三名近侍将他扶掖出宫②。

宋衟,字弘道,潞州长子人。初入赵璧幕僚,中统三年(1262年)始任翰林修撰,至元十三年(1276年)升太常少卿。十八年升秘书监。真金太子以耆德之士召见,应对详明优雅,大惬睿旨,此后屡屡蒙召见垂询,侍讲经幄,开谕为多。太子位下江西行省龙兴路分地需要选取守令,真金特命宋衟全权铨举。前述何玮、徐琰、马绍、杨仁风、杨居宽、郭佑等儒士,均由宋衟向真金太子举荐。可见

① 《牧庵集》卷二十六《河南道劝农副使白公墓碣》。
② 《元史》卷一百六十《李谦传》。

信任之笃。至元二十年（1283 年）设立詹事院，宋衡首任太子宾客。每逢宴饮接见，真金总是优容相待，多所赐赉①。

杨恭懿，字元甫，京兆奉元人。力学强记，书无不读，尤精于《易》、《礼》、《春秋》，擅长卜筮推算。最初与许衡同被忽必烈召聘，屡召不起。至元十一年（1274 年），真金太子给中书省下达教令："汝如汉惠聘四皓者，其聘以来。"安童丞相命令郎中张元智书写并传达太子的上述令旨，杨恭懿方应聘来京师，相继参与编制《授时历》和议论开科取士等，官至集贤学士，兼太史院事。八年后辞归。杨恭懿是忽必烈召聘未果，真金太子特意以教令征召成功的一位名士。至元二十年（1283 年），真金再次以太子宾客召，或许是因为年迈，杨恭懿此后长期留在故里，直到世祖末逝世②。

何玮，字仲韫，易县人。何伯祥之子。初袭父职，知易州。后从伯颜丞相平定南宋，累官行户部尚书、两淮都转运使。阿合马专权时，谢病归家。至元十八年（1281 年），真金太子召其复出，提拔为参议中书省事，迁中书省参知政事和御史中丞，武宗朝，仕至河南行省平章政事，进入极少数汉人行省平章之列③。

徐琰，字子方，东平人。元好问佐严实校试东平诸生，徐琰与李谦、孟祺、阎复四人同预其选，名扬中州④。后来官至南台御史中丞、江浙行省参政和翰林学士承旨。真金召聘和提携徐琰，也算得上是慧眼独具。

马绍，字子卿，济州金乡人。上党张播的门徒。初因平章张启

① 《元史》卷一百七十八《宋衡传》。
② 《牧庵集》卷十八《领太史院事杨公神道碑》。
③ 《雪楼集》卷八《梁国何文正公神道碑》。
④ 《元史》卷一百六十《阎复传》。

元荐举，以儒士充左右司都事。历任单州知州、山东东西道金按察司事、和州路同知等。至元十九年（1282年），忽必烈拨江西龙兴路为真金太子位下分地，食邑户达十万五千户，计收户钞四千二百锭①。真金对左右侍臣说："安得治民如邢州张耕者乎！诚使之往治，俾江南诸郡取法，民必安集。"于是，委派宋衟精心选拔署命龙兴路守长。马绍因宋衟之荐，被任命为龙兴路总管。世祖后期升任尚书省参政和左丞，是桑哥柄国之际极少数"忠洁可尚"的汉人宰执②。

王倚，字辅臣，大都宛平人。读书务躬行，不专事章句。刘秉忠荐为东宫官，服勤守恪，遂见信任。初任工部尚书，行本位下随路民匠都总管，统掌地广事繁的汤沐分邑。至元二十一年（1284年），任家丞，兼储用司，掌货物钱财出纳。真金监国临决庶政后，凡时政所急，民瘼所系，王倚知无不言③。

杨仁风，字文卿，潞州襄垣人。受真金征召入京，累官至行省参政、宣慰使。

杨居宽，字子裕，东昌莘县人。他与郭佑，同为宋衟向真金举荐的儒士，被真金太子所提拔。如前所述，卢世荣被杀后，杨居宽与郭佑同时担任中书省参政，协助右丞相安童掌管财政和铨选。不久，被桑哥诬陷杀害。

上述儒臣对真金太子的影响是非常大的。或者可以说，由于这些汉族儒臣在东宫长期宣传儒家文化，促使真金太子成为忽必烈子孙中最早儒化的重要人物。尤其是忽必烈对汉法产生厌倦或

① 《元史》卷九十五《食货志三》。
② 《元史》卷一百七十三《马绍传》。
③ 《元史》卷一百七十六《王倚传》。

倒退情绪后，真金太子充任了继续汉法改革的支持者。

赞善王恂逝世，真金深表震惊和哀悼，特意赙钞二千五百缗。他曾对左右侍臣说："王赞善当言必言，未尝顾惜，随事规正，良多裨补，今鲜有其匹也。"

何玮担任中书省参议，徐琰任左司郎中，奉命入见，真金太子告谕他们说："汝等学孔子之道，今始得行，宜尽平生之学，力行之。"显然是勉励他们利用所任官职，弘扬儒术，治理天下。

真金还一度把练达官政的卫辉路总管董文用及关中名士杨恭懿置于中书省中。真金注意对儒臣特加敬礼，通常赏赐臣下饮酒，臣下必须下拜跪饮，真金赏赐董文用饮酒则特免此礼①。

真金十分重视国子学最高层次的儒学教育，曾说："吾闻金章宗时，有司论太学生廪费太多，章宗谓养出一范文正公，所偿顾其少哉。其言甚善。"至元二十年（1283 年），根据近侍不忽木的建议，真金费了很大气力，把北方著名理学家刘因自保定征辟来京，任命刘出任东宫右赞善大夫。不久，命令刘因代替王恂，专领国子学，教授近侍子弟。而让先前以东宫僚友典教国子学的李谦、宋衟、李栋等继续备咨访。刘因因病请求去官离职，真金又命令东宫长史耶律有尚出任国子司业，主持国子学②。

东宫中庶子伯必以其子阿八赤谒见，真金谕令阿八赤入学，伯必即让其子进入蒙古字学。过了一年，阿八赤再次谒见，真金问他读何书，阿八赤回答：读蒙古书。真金纠正道："我命汝学汉人文字耳，其亟入胄监。"在重视儒学和作育人才方面，真金比起汉族

---

① 《元朝名臣事略》卷十四《内翰董忠穆公》。
② 《元史》卷一百一十五《裕宗传》，卷一百七十一《刘因传》。

皇储似乎并不逊色。

在义与利的问题上,真金大抵是遵循儒家重义理而轻财利的原则来处理的。

江西省以岁课羡余钞四十七万缗贡献东宫。因太子分地在江西省治所,江西行省官此举似乎也不无道理。真金却愤怒地指责道:"朝廷令汝等安治百姓,百姓安,钱粮何患不足,百姓不安,钱粮虽多,安能自奉乎。"结果一概推却掉了。

阿合马同僚阿里提议管民官兼运司,每年附带输羊三百只。真金认为其超越例条,罢止其议。

江西行省参政刘思敬派其弟思恭献新附民一百六十户,真金追问所献民户从何而来,思恭答道,其兄征重庆时所俘获。真金皱着眉头说:"归语汝兄,此属宜随所在放遣为民,毋重失民心。"

乌蒙宣抚司进献马匹,连续两年如额进献。真金也以路途遥远,容易给百姓带来较重负担为由,告戒停止进献①。

注意爱惜民力和重视赢得民心,是儒家学说的一项基本信条。真金对此可谓心领神会,忠实奉行。

阿合马专权之际,真金厌恶他"奸恶","未尝少假颜色"。拉施德《史集》在谈到真金太子与阿合马的关系时说:

> 汉人异密们由于嫉妒而仇视。真金也对他没有好感,甚至有一次用弓打他的头,把他的脸打破了。当他到了合罕处,[合罕]就问道:"你的脸怎么啦?"他回答道:"被马踢了"。[正好]真金在场,他就生气地说:"你说得无耻,[这是]真金

---

① 《元史》卷一百一十五《裕宗传》。

打的。"还有一次，他[甚至]当着合罕的面狠狠地用拳头打了他。阿合马一直都怕他。①

阿合马害怕真金，说来也有缘由。因阿合马系察必皇后的陪嫁媵人或奴仆，所以也应该是忽必烈和真金的奴仆。为了牢固地取宠于忽必烈，阿合马必须严格恪守对忽必烈父子的主仆名分及隶属关系。在第二代主人真金面前，阿合马自然要表现得诚惶诚恐和唯唯诺诺。

对受阿合马排挤的一些汉法派儒臣，真金不断予以支持。一些汉法派儒臣也呼吁真金痛下决心，在剿除阿合马奸党中，发挥更积极的作用。

崔斌出任江淮行省左丞后不久，受阿合马诬陷遇害。真金太子在东宫听到崔斌即将被杀的消息时，正在用膳，恻然放下手中的筷子，急忙派遣使者前去制止。遗憾的是，为时已晚，最终未救下崔斌②。

至元十六年（1279 年），朝廷议论模仿唐三省制，设立门下省。忽必烈一度欲令廉希宪担任门下省长官侍中。刚刚监国听政的真金太子也派人对廉希宪说："上命公领门下省，勿难群小。"

适值营缮东宫，工部官员欲移植廉希宪府邸的数株牡丹，以取媚于太子，遭到廉希宪拒绝。这并没有影响真金对廉希宪的信赖。廉希宪病重之际，真金太子派遣东宫侍臣前往问候，并听取治理国家的方略。廉希宪答复说：

---

① 余大钧、周建奇译本，第二卷，第 340 页，商务印书馆 1985 年。
② 《元史》卷一百七十三《崔斌传》。

君天下者二道,用君子则治,用小人则乱。臣病虽剧,委之于天。所甚忧者,大奸专柄,群邪蜂附,误国害民,病之大者。殿下宜开圣意,急为屏除。不然,日以沈痼,不可药矣。①

廉希宪的心愿,既深重又急迫,那就是希望真金说服忽必烈,早日除掉阿合马。在与阿合马反复斗争、未能获胜的情况下,廉希宪只能寄希望于真金太子了。

真金没有辜负廉希宪等儒臣的期望,他虽然没能说服父皇忽必烈除掉阿合马,但反对阿合马的政治态度是十分鲜明的。王著、高和尚刺杀阿合马之所以能成功,重要原因之一就在于他们利用阿合马惟独害怕真金的心理,冒充太子真金而哄骗阿合马出迎。

事后,王著、高和尚等被杀,阿合马党羽也受到新任中书省丞相和礼霍孙的严厉惩处。和礼霍孙任相之初,真金又劝勉道:"阿合马死于盗手,汝入中书,诚有便国利民者,毋惮更张。苟或阻挠,我当力持之。"

对卢世荣的搜刮理财,真金也深为不满,持严厉批判态度。他曾说:"财非天降,安得岁取赢乎。恐生民膏血,竭于此也。岂惟害民,实国之大蠹。"②

在如何对待理财富国以及理财大臣等问题上,真金的确同乃父忽必烈存在不小的分歧。

至元十六年(1279 年)忽必烈在太一道教主李居寿和近侍、符宝郎董文忠等的怂恿下,正式批准真金太子监国。

---

① 《元文类》卷六十五《平章政事廉文正王神道碑》。
② 《元史》卷一百一十五《裕宗传》。

十月，忽必烈命太一道掌教宗师李居寿祠醮五昼夜和奏赤条于上天。事毕，李居寿向忽必烈献策："皇太子春秋鼎盛，宜参预国政。"忽必烈欣喜答复：不久将实行①。

近侍、符宝郎董文忠自万寿宫祝釐所归来，也奏言：陛下先前命令燕王真金兼中书令、枢密使，只去过一次中书省。后来册封真金皇太子，曾多次让他明署军国事。然而，十余年来，真金"终守谦抑"。其原因并非没有奉领明文诏书，也在于朝廷处之未极其道。遇政事，先奏请陛下裁决，而后启白太子。这种情况下，真金身为陛下的臣与子，惟有沉默避任，绝对不敢就皇帝制敕发表可否意见。不如让有司先启太子，而后奏闻陛下。若有未安，断以制敕，这样就能做的理顺而分不逾。

听了董文忠的这番话，忽必烈立即召集中书省、枢密院、御史台大臣近百人，面谕道："自今庶务，听皇太子临决而后入闻。"②由此开始了长达六年的真金太子监国临决庶政。

事后，忽必烈还对真金说："董八（文忠），崇立国本者，其勿忘之"。

---

① 《元史》卷二百二《释老传》，卷十《世祖纪七》；《危太朴集》卷八《送郭真人还玉笥山序》。

② 《牧庵集》卷十五《董文忠神道碑》；《元朝名臣事略》卷十四《枢密董正献公》。关于真金太子监国问题，《瓦撒夫书》有不同的说法。该书云："忽必烈欲使其子参决朝政，诸臣言父在子执大权，非旧例，且背成吉思汗法令，乃止。唯令诸臣共立文约，约在可汗死后奉真金即帝位"。（参阅《多桑蒙古史》冯承钧译本，上册，第315页，上海书店出版社2001年。）太子监国参决朝政，乃汉地王朝典制。一般蒙古人很难理解这项制度的真实内涵。《瓦撒夫书》的以上说法，与拉施德《史集》中那木罕所云"他真金继位后，将怎样称呼你呢？"内容大体是一致的。然而，从汉文记载看，"太子监国"的确实施过。以上两种反面记述，只能反映了蒙古人对"太子监国"的难以理解。

史称,真金监国,明于听断,凡是四方州郡科敛、輓漕、造作、和市,关系到百姓休戚的,接受启白,即日奏请皇帝罢止①。

真金太子监国是汉法儒臣派官员的一个胜利。它虽然是由太一道教主李居寿和近侍、符宝郎董文忠出面上奏促成的,但背后支持力量主要是汉法儒臣派官僚群体。

由于许衡、姚枢、窦默等代表人物相继逝世,忽必烈朝中后期汉法儒臣派官员几乎没有什么主帅级人物。真金太子监国,至少使朝廷有了一位可以为汉法派儒臣官员撑腰的政治代表,以便与权臣阿合马及卢世荣相抗衡。因为忽必烈中后期,汉法儒臣派官员在朝廷中书省等枢要衙门势力较弱,仅有安童、霍礼和孙等短暂掌权,而阿合马及卢世荣背后的支持者则是忽必烈。

真金监国虽然给汉法儒臣派官员带来了一定的高层支持,但并不意味着他们能借助真金的力量得以在朝廷占据上风。随着政治理念和政策倾向差异的加深,真金太子与忽必烈之间的分歧或裂痕也在扩大。

至元二十二年(1285年),江南行御史台监察御史上封事说:忽必烈"春秋高,宜禅位于皇太子,皇后不宜预外事"②。

当时,忽必烈年届七十,身体不太好,仍然龙骧虎视,壮心不已。无论是对北边叛王,还是日本、安南、缅国、爪哇,忽必烈都想继续干一番征服伟业。南台御史提出的禅位意见,显然迂腐而不合时宜,既增加忽必烈对台察官等汉法派的反感,又容易引发忽必烈与真金父子间围绕皇位的利害冲突。

---

① 《元史》卷一百一十五《裕宗传》,卷一百四十八《董文忠传》。
② 《菊潭集》卷二《平章政事致仕尚公神道碑》。

另,至元十八年(1281年)察必皇后逝世后,其侄女南必继为皇后,守第二斡耳朵。南必乘忽必烈年事已高,颇预朝政,宰相很难直接朝见忽必烈,往往通过南必皇后上奏政事①。南台御史有关"皇后不宜预外事"的批评,一则有悖于蒙古汗国皇后较多过问朝政的传统,二则得罪忽必烈身旁的南必皇后。

御史台官员接到此奏章后,觉得非同小可,于是秘密扣压下来,未予转奏。阿合马党羽答即古阿散等得知此消息,借钩考朝廷诸司钱谷之名,欲拘收内外百司案牍,特别是御史台案牍,以揭发南台御史的奏章。御史台专司案牍的首领官都事尚文,执意扣留这份奏章,不肯交付答即古阿散辈。

答即古阿散随即将此情况报告忽必烈,忽必烈命令宗正府官员薛彻干赴御史台索取。尚文感到事情紧急,立即禀报御史大夫玉昔帖木儿:这是上危太子,下陷大臣,流毒天下民众的阴毒计谋。答即古阿散乃阿合马余党,赃罪狼藉,应抢先揭露他,以戳穿其阴谋。

御史大夫玉昔帖木儿急忙与中书省安童丞相商议,入宫主动奏明事情原委。忽必烈听罢,为之震怒,质问玉昔帖木儿和安童:"汝等无罪耶?"安童丞相进奏曰:"臣等无所逃罪,但此辈名载刑书,此举动摇人心,宜选重臣为之长,庶靖纷扰。"安童这番上奏,使忽必烈怒气稍解,终于批准了玉昔帖木儿和安童的上奏。结果,答即古阿散及其党羽以奸赃罪处死,南台御史的禅位奏章之事,也就不了了之。

遗憾的是,体弱多病的真金太子,听到父皇震怒的消息,更是

---

① 《元史》卷一百一十四《后妃传一》。

恐惧不安。不久,即谢世,年仅四十三岁①。

耶律铸赋诗悼念真金太子：

> 象辂长归不再朝,痛心监抚事徒劳。
> 一生威德乾坤重,万古英名日月高。
> 兰殿好风谁领略,桂宫愁雨自萧骚。
> 如何龙武楼中月,空照丹霞旧佩刀。②

真金之死,的确是汉法儒臣派官员在与答即古阿散及其党羽较量中付出的代价,对汉法儒臣派官员的打击十分沉重。寄托于真金的较彻底的汉法改革希望,随而破灭。汉法儒臣派官员在朝廷高层丧失了最后的支持力量。耶律铸之流的悲哀失望,可以理解。而后,桑哥的专权跋扈和汉法儒臣派官员所受的压制,均超过阿合马当政时期,或许与真金的谢世有关。

第三节　皇孙甘麻剌封晋王与铁穆耳总兵

真金太子逝世后,忽必烈四位嫡子中惟存幼子北安王那木罕。但那木罕长期被叛王海都拘留,又因与真金争储而顶撞忽必烈,忽必烈命其永不得朝见。这样,那木罕自然被排除在皇位继承之外。有资格继承皇位,惟有真金的两个儿子甘麻剌和铁穆耳。

---

① 《菊潭集》卷二《平章政事致仕尚公神道碑》;《元史》卷一百一十五《裕宗传》,卷一百七十《尚文传》。
② 《双溪醉隐集》卷四《挽皇太子词》。

一、甘麻剌封晋王镇守漠北

甘麻剌是真金长子，阔阔真所生。自幼由祖母察必皇后抚育，日侍忽必烈，未尝离左右。

至元二十三年（1286 年），甘麻剌奉命出镇漠北，曾统率一支数量可观的军队，包括"近侍"、"饔人"众部曲、土土哈所部钦察卫军、八丹所领昔宝赤（鹰房）万户等①。

甘麻剌此次出镇，大体是在阿勒台山、杭海岭一带活动。此处也是其父真金太子至元七年（1270 年）"巡抚"之地。由于至元二十一年（1284 年）那木罕改封北安王后驻地在和林以北帖木儿河（塔密儿河），所以，在至元二十三年到至元二十六年的相当长的时间内，北安王那木罕与皇孙甘麻剌是分镇漠北东、西两地（和林、称海）。那木罕偏重于守护太祖四大斡耳朵、统领漠北各大千户及控驭防范东道诸王，甘麻剌的使命则重在统率称海一带的元军，且直接与叛王海都作战。

甘麻剌屯兵阿勒台山时，会大雪，下令烹制肉糜，亲自尝过后遍赐麾下部众。还告戒近侍太不花说："朝廷以藩屏寄我，事有不逮，正在汝辈辅助。其或依势作威，不用我命，轻者论遣，大者奏闻耳，宜各慎之，使百姓安业，主上无北顾之忧，则予与卿等亦乐处于此，乃所以报国家也"。这番训诫，表明了甘麻剌对部属的节制统辖权限，其"朝廷以藩屏寄我"之语，或许就是指担负漠北西部防御海都的军事使命。

---

① 《秋涧集》卷四十三《总管范君和林远行图诗序》；《元史》卷一百一十五《显宗传》，卷一百二十八《土土哈传》，卷一百三十四《小云石脱忽怜传》。

至元二十六年（1289 年），叛王海都率兵大举东犯，甘麻剌所部与海都在杭海岭一带展开激战。由于海都的军队抢先占据险要地形，元朝军队作战失利，惟有土土哈率领的钦察军勇往直前，与敌鏖战，掩护主帅甘麻剌突围而出。甘麻剌在杭海岭战败后，元军全线溃退，和林一度被海都攻占。

当年七月，忽必烈亲征，收复和林。又改命伯颜以知枢密院事镇和林①。甘麻剌则奉旨率部曲南撤至大都附近的柳林休整。《元史·显宗传》"世祖以其居边日久，特命猎于柳林之地"等语，乃是有意掩饰甘麻剌在漠北战绩欠佳、被迫撤离原镇戍地的一套遁词。

至元二十七年（1290 年）冬，忽必烈正式将甘麻剌调离漠北，封其为梁王，赐以金印，出镇云南。直到那木罕死去，甘麻剌才于至元二十九年（1292 年）由梁王改封晋王，代替那木罕"统领太祖四大斡耳朵及军马、达达国土"。

甘麻剌重返漠北后的使命具有如下特征：

第一，沿袭北安王那木罕旧例，晋王甘麻剌是以整个蒙古本土为镇戍或监护对象。作为成吉思汗产业的（后来又被拖雷家族继承的）蒙古中央兀鲁思及四大斡耳朵，都被置于晋王的统领之下。王恽"皇孙晋王于其地建藩开府，镇护诸部"的说法，实际上是描述至元二十九年甘麻剌二次出镇漠北使命的。严格地说，此次出镇才称得上封藩，而不再限于至元二十六年（1289 年）以前的临时总兵。

---

① 《元史》卷一百一十五《显宗传》，卷一百二十八《土土哈传》，卷一百二十七《伯颜传》，卷十五《世祖纪十二》。

第二,晋王甘麻剌封藩后,其母弟铁穆耳及宁远王阔阔出总兵称海,正式形成了和林、称海二宗王东、西并镇的局面。晋王在履行监护"达达国土"使命的同时,总兵权较北安王有所缩小。

第三,忽必烈后期,元廷在漠北设置行枢密院,晋王封藩与行枢密院之间,也存在权力分配和互相监督牵制的关系。

第四,按照忽必烈时期的朝廷制度,晋王王爵印章为一等金印兽纽,较北安王高一等,也是其父真金、叔父秦王忙哥剌及本人先封梁王外,仅有的四个一字王封爵之一,最为尊贵。元廷还专门为晋王设立规格较高的内史府,以示优待。《元史·显宗传》载,晋王甘麻剌封藩不久,"中书省臣言于世祖曰:'诸王皆置傅,今晋王守太祖肇基之地,视诸王宜有加,请置内史。'世祖从之,遂以北安王傅秃归、梁王傅木八剌沙、云南行省平章塞阳并为内史"。

内史之官,源于秦汉。秦汉的内史,有两种:一是掌治京师的,一是负责诸王国政务的。因元代"太祖肇基之地"的漠北,亦即蒙古国京畿所在,现又由宗王统领,中书省官以"内史"名晋王傅,似兼取秦汉内史官上述二职事含义。表明晋王内史府一开始就与一般诸王藩府有些差别。从三名内史的构成看,原梁王、北安王二藩府官和云南行省官各占有一席,云南行省平章赛阳还曾经充任其父真金的东宫官左詹事。由此可以看出,元廷对晋王内史府的重视。

甘麻剌性情仁厚,小心谨慎,不妄言,言语直率而无隐瞒。平素信奉佛教,御下有恩,管束部众颇严。在柳林休整期间,甘麻剌担心禀膳分配不均,命令左右近臣掌管,分给随从兵士。又特意训诫部众:汝等饮食既足,若复侵渔百姓,那将是自取罪谴,不要后悔。部众俯首听命,当地百姓赖以安宁。后北返上都觐见忽必烈,忽必烈亲自慰劳道:"汝在柳林,民不知扰,朕实嘉焉。"赴云南途中,随从兵卒马驼不下千百计,经中山、怀孟等地,未曾横取于民众①。这些对他日后争夺皇位也带来一定影响。

二、铁穆耳持皇太子宝总兵称海

铁穆耳是真金太子第三子,生于至元二年(1265 年)九月庚子,其母也是阔阔真。

铁穆耳登上政治舞台,是从平定乃颜之乱开始的。忽必烈亲征乃颜获胜南返,乃颜余党哈丹秃鲁干重新发动叛乱,攻略骚扰州郡。至元二十五年(1288 年)四月,忽必烈诏命年仅二十四岁的皇孙铁穆耳统率诸军讨伐。原先随从忽必烈征乃颜的御史大夫玉昔帖木儿、钦察卫都指挥使土土哈及诸王乃蛮带等,或奉旨在铁穆耳麾下,或与其协同作战。

铁穆耳率军追击叛王余党于哈刺温山,诛叛王兀塔海,收降其部众。

是时,顺从元廷的哈赤温后王也只里为叛王火鲁哈孙所攻,遣使告急。铁穆耳又率土土哈等移师救援,在兀鲁灰河之地(今内蒙古东乌珠穆沁旗)击败叛王火鲁哈孙。

接着,又乘胜追击叛王哈丹,渡贵烈河(今洮河上游支流归流河)等二河,元军势如破竹,攻杀敌众。时已隆冬,铁穆耳及御史大夫玉昔帖木儿不听驻兵待春天再进攻的意见,倍道兼行,越黑龙江,突然直捣哈丹巢穴,杀戮殆尽,夷平其城郭,镇抚其遗民。

于是,辽东之地彻底平定。平哈丹有功的玉昔帖木儿加爵太

---

① 《元史》卷一百一十五《显宗传》。

傅、开府仪同三司。土土哈也被忽必烈赐予诸王也只里妹塔伦为妻①。

率军平定叛王哈丹秃鲁干并迅速取得胜利,是铁穆耳步入政治舞台的第一次出色表演。此次平叛战争,使初出茅庐的铁穆耳经受了锻炼,结交了一些重要将领,故在他的人生旅途上具有重要意义。

至元三十年(1293年)六月,忽必烈命令铁穆耳总兵漠北,以知枢密院事玉昔帖木儿辅佐以行。

铁穆耳此次总兵漠北,与至元二十六年(1289年)以后叛王海都的频繁进犯北边有关。

自甘麻剌在杭海岭战败,忽必烈亲征且收复和林,元廷本来把北边的军事防务交给平定南宋的统帅伯颜。伯颜的新职务是首任和林知枢密院事,全权负责对付海都的防御和作战。其间,元军虽然几次攻至阿勒台一带,但多数情况居守势,战争也多在和林、杭海岭附近进行。有人奏劾伯颜:久居北边,与海都通好,因仍保守,无尺寸之获。忽必烈颇信此言,所以让铁穆耳偕玉昔帖木儿,取代伯颜总兵北边。

在玉昔帖木儿行至大营三驿之地,海都军队再次东来进犯。伯颜派人阻止玉昔帖木儿继续前进,击退海都后,方召玉昔帖木儿来大营,交付印信而去。

当时,铁穆耳对卸任的统帅伯颜,依然颇为尊重。他举酒为伯颜饯行,还询问道:"公去,将何以教我?"伯颜举着杯中酒说:"可

---

① 《元史》卷十二《世祖纪十二》;《元朝名臣事略》卷三《太师广平贞宪王》;《元文类》卷二十六《句容郡王世绩碑》。

慎者,此与女色耳。军中固当严纪律,而恩德不可偏废。冬夏营驻,循旧为便。"铁穆耳居然全部采纳①。

伯颜告戒铁穆耳慎对酒色,也是有的放矢的。拉施德《史集》说,铁穆耳是一个酒鬼,忽必烈曾想方设法规劝和责备他,都无济于事。甚至杖责他三次,还派护卫监视和阻止他酗酒。直到铁穆耳即大汗位,才自动改掉了酗酒的嗜好②。看来伯颜的告戒,是有些效果的。

至元三十年(1293年)铁穆耳总兵漠北的一个特殊之处,是持有其父真金所用的皇太子宝。

铁穆耳赴北边之初,忽必烈并未授予此印章。皇太子宝是赴北边后不久授予的。《元史》玉昔帖木儿本传及相关碑铭,均言此皇太子宝是因玉昔帖木儿奏请而赐予。实际情况与此说略有出入。

拉施德《史集》载:

> [铁穆耳]合罕的母亲阔阔真召了他(回回人伯颜)去,说道:"因为你获得了这样一些奖赏,并且合罕又把国事委托给了你,请你去问一问:真金的宝座被封存九年了,你对此有何吩咐?"而当时,[铁穆耳]合罕正在征讨海都和都哇的军队。伯颜平章把这话禀过了[合罕]。合罕由于过分高兴,从病床上起来,召来异密们说道:"你们说这个撒儿塔兀勒是个坏人,然而他却出于怜悯作了有关臣民的报告,他谈到了宝座和大位,他关心到了我的子女。为的是在我身后他们之间不致

---

① 《元史》卷一百二十七《伯颜传》。
② 余大钧、周建奇译本,卷二,第355页,商务印书馆1986年。

发生纷争!"于是他又一次奖赏了伯颜平章,并以其祖父崇高的名字赛典赤来称呼他……说道:"现在就骑马去把我那率军向海都方面出征的孙子铁穆耳叫回来吧,把他扶上他父亲的宝座,举行三天宴会,授予他帝位,然后让他在三天之后出征,到军队里去。"赛典赤奉旨出发,把铁穆耳合罕从途中召回来,在开平府城中,扶他登上了真金的宝座。三天之后,[铁穆耳]合罕到军队里去,赛典赤便回来见合罕了。①

汉文史料方面,《元史》卷一百五十一《王忱传》云,真金死后,山北辽东道提刑按察司副使王忱通过中书省平章不忽木向忽必烈进奏:"陛下春秋高,当早建储嗣。"《元史》卷一百三十《阿鲁浑萨理传》又说:"初,裕宗即世,世祖欲定皇太子,未知所立,以问阿鲁浑萨理,即以成宗为对,且言成宗仁孝恭俭宜立,于是大计乃决。成宗及裕宗皇后皆莫之知也。数召阿鲁浑萨理不往,成宗抚军北边,帝遣阿鲁浑萨理奉皇太子宝于成宗,乃一至其邸。"

以上波斯文、汉文史料告诉我们:铁穆耳是至元三十年取代伯颜丞相负责北边抵御叛王海都的元军统帅。这个角色和位置,与兄长甘麻剌"统领太祖四大斡耳朵及军马、达达国土"的使命比较,几乎是同等重要的。皇太子宝是铁穆耳赴漠北途中临时召回上都授予的。奉命召回铁穆耳的是著名回回政治家赛典赤·赡思丁之孙伯颜平章。此人取了一个与前述知枢密院事伯颜相同的名字。劝说忽必烈让铁穆耳承嗣其父太子印章的,还有大汗近侍阿鲁浑萨理。六月二十二日,奉命将"皇太子宝"送到铁穆耳府邸

---

① 余大钧、周建奇译本,卷二,第355页,商务印书馆1986年。

的,也是阿鲁浑萨理。即使玉昔帖木儿也曾有类似奏请,因其远在漠北,所发挥的作用未必直接。

持有了"皇太子宝",实际上等于预先获得了其父真金太子式的储君地位。这样,铁穆耳比起兄长甘麻刺,在同样出镇漠北以外,又多出一项重要的政治资本。

第四节　铁穆耳嗣汗位

一、三大臣受遗诏

至元三十年(1293年)十二月,忽必烈病重。

至元三十一年(1294年)正月初一,通常都要举行的元旦朝贺,因忽必烈病重而被取消。正月十二日,知枢密院事伯颜自大同应召回大都。十九日,忽必烈病危。

二十二日夜,元王朝的创建者忽必烈,在大都紫檀殿阒然长逝。在位三十五年,享年八十岁。

忽必烈的遗体,先是依照蒙古习俗,殡殓于萧墙之帐殿,二十四日晨,忽必烈的灵柩出大都建德门。在近郊北苑祭奠祖先完毕,文武百官号啕哭泣,与灵车告别。灵车继续北上,埋葬于成吉思汗等四大汗在漠北的陵地起辇谷①。

同年五月,忽必烈被尊谥为圣德神功文武皇帝,庙号世祖,蒙古语尊称曰薛禅皇帝。

忽必烈逝世后,还沿袭成吉思汗四大斡耳朵旧俗,保留了若干被称为"禾失房子"的后妃宫帐。成宗大德五年(1301年),又特

---

① 《元史》卷十七《世祖纪十四》;《秋涧集》卷十三《大行皇帝挽辞八首》。

设正三品的长信寺,长期负责对上述世祖皇帝斡耳朵祭奠和位下私属怯怜口的管理①。

八思巴弟子阿尼哥还为忽必烈举办水陆大会四十九日,超度亡灵。又亲自用彩锦绘织忽必烈和察必皇后御容,奉安于大护国仁王寺和大圣寿万安寺别殿②。大护国仁王寺和大圣寿万安寺等藏传佛教寺院随之成了忽必烈帝后的祭祀影堂所在,后来又称神御殿。

在忽必烈病危和弥留之际,曾将御史大夫玉昔帖木儿、知枢密院事伯颜及中书省平章不忽木召至禁中,并受遗诏。此三人,族属身份稍异,但都是忽必烈最信任的大臣。

玉昔帖木儿是成吉思汗四勋臣博尔术的后裔,久任御史大夫,平定乃颜哈丹之乱有功,又以枢密院长官辅佐皇孙铁穆耳总兵北边。

知枢密院事伯颜曾是平定南宋的统帅和第一功臣,虽然不久前被忽必烈自漠北军队统帅的官职上调回,可依然是朝廷中一位显要大臣。

康里人不忽木并非蒙古大臣,但以近侍兼平章政事,忽必烈晚年最受宠信。忽必烈病重期间,不忽木突破"非国人勋旧不得入卧内"的"故事",以近侍日视医药,不离左右。这又是其他大臣不能比拟的。

---

① 《元史》卷九十《百官志六》。
② 关于忽必烈御容影堂所在,《雪楼集》卷七《凉国敏慧公神道碑》载:"世祖上宾……又追写世祖顺圣二御容织祯,奉安于仁王、万安之别殿。"《元史》卷七十八《祭祀志四》则云:"影堂所在:世祖帝后大圣寿万安寺,裕宗帝后亦在焉"。笔者拙见,御容影堂很可能先在大护国仁王寺,后移至大圣寿万安寺。

当时,中书省右丞相是完泽,论朝廷官爵名分地位,完泽应该最高。完泽看到禁中受遗诏的是另外三位大臣,偏偏没有自己,特意赶到忽必烈卧病的紫檀殿前,却被禁止入内,心里很是不平。于是,他问伯颜等三人:"我年位俱在不忽木上,国有大议而不预,何耶?"伯颜回答:"使丞相有不忽木识虑,何至使吾属如是之劳哉!"此番话搞得完泽更为尴尬。

其实还有一个背景,伯颜没有提到。完泽虽然贵为右丞相,但他原先只是太子东宫詹事长和怯薛长,并非忽必烈亲近怯薛,他没有通籍禁中的特权。忽必烈对他的熟悉信赖,也远不及三位受遗诏的大臣。

玉昔帖木儿等三人所受遗诏的内容为何,起初秘而不宣。真金妃阔阔真有几分不安,急忙召三位大臣询问。玉昔帖木儿回答:"臣受顾命,太后但观臣等为之。臣若误国,即甘伏诛,宗社大事,非宫中所当预知也。"①不让阔阔真等后妃过多参预"顾命"等事,很可能是忽必烈临终时的特意安排。玉昔帖木儿的以上答复,总算让真金妃阔阔真比较放心了。

在忽必烈逝世到铁穆耳即汗位的三个月内,三位"顾命"大臣,还得以过问朝廷重大政务。如负责维持大都城治安秩序的兵马使,请求日将落鸣暮钟,日出鸣晨钟,美其名曰:防止变乱发生。"顾命"大臣之一伯颜斥责兵马使的主意是人为制造紧张空气,命令一切如常。中书省宰执提议诛杀盗窃内府银者,理由是:趁皇帝驾崩偷盗而侥幸求赦免。伯颜则又以"盗何时无,今以谁命诛人",否定了宰执擅诛杀的意见。其他像忽必烈灵车出殡发引、升

---

① 《元史》卷十七《世祖十四》,卷一百三十《不忽木传》。

祔宗庙、请谥南郊等,则由另一位顾命大臣不忽木操办①。

二、进献传国玉玺

至元三十一年(1294 年)正月初二,亦即忽必烈逝世前夕,御史中丞崔彧正在怯薛宿卫当值。因为崔彧的出身根脚是怯薛宿卫,故其担任朝廷台宪大臣后仍有义务番直宫内。这也是元朝的固定制度。

负责翻译的御史台通事阔阔术,前来宿卫处向崔彧报告说:成吉思汗四勋臣之一木华黎玄孙、前通政院同知硕德,本人死后,财产散失,家计窘迫至极。妻子脱脱真身患痼疾,幼儿仅九岁,无奈拿出家中收藏的珍玉一块,托他变卖,以给日用所需。阔阔术只认识珍玉是印章,不晓得上面的文字,因此来报告崔彧。

崔彧听罢又是惊奇,又是疑惑。回到宅邸取出来观察,只见玉印颜色青绿混合而玄黑,光彩射人。以古黍尺计算,大约四寸见方,厚度不足十二寸。印纽为盘螭,布满印背的四方边缘。印纽上端中央有一直径二分的通孔。印面上刻有篆字八个,笔画流畅,位置匀称,皆呈虫鸟鱼龙之状。辨别其大概,近似于命字寿字等。崔彧大为惊骇,连忙召来监察御史杨桓仔细辨认。

杨桓,兖州人,自幼警悟,博览群书,尤其精于篆籀之学。杨桓解读为“受命于天,既寿永昌”,进而断定是前朝之传国玉玺。

崔彧认为,传国玉玺在这时候出现,实乃昌运之兆。于是,小心翼翼地将玉印擦拭干净,用白帕覆盖。

---

① 《元朝名臣事略》卷二《丞相淮安忠武王》;《元史》卷一百三十《不忽木传》。

忽必烈逝世后八日,崔彧立即偕同监察御史杨桓和通事阔阔术,直趋东宫。通过侍卫亲军都指挥使、太子詹事王庆端和太子家令阿散罕及詹事院判官仆散寿引导,拜谒真金太子妃阔阔真。

阔阔真孝顺谨慎,又极为聪明能干。入宫后,她善于侍奉父皇忽必烈和皇后察必,忽必烈称赞她为贤德媳妇。侍奉皇后察必,不离左右,甚至厕所用纸,也要亲自以脸擦揉,令其柔软而进上①。

拉施德说,忽必烈逝世到铁穆耳即位的时间内,真金太子妃阔阔真"主持了一切重要国事"②。当时,南必皇后尚在,阔阔真不太可能名正言顺地掌管朝政,但因东宫詹事院长官完泽两年前担任中书省右丞相,阔阔真通过完泽实际控制大部分权力倒是可能的。

崔彧等拜谒阔阔真,算是目标准确。

崔彧禀告阔阔真说:此乃古代传国玉玺,秦朝以和氏璧所造。而后,据有天下者相沿以此玺为宝,来君临万国。前代遗失此玺已久。如今正值大汗晏驾,诸大臣共同议论迎请皇太孙铁穆耳龙飞,此玺不寻求而自现,这是上天昭示的瑞应。应该尽早送达于皇太孙行殿,以符灵贶。

真金太子妃阔阔真欣然采纳了崔彧的意见。随即,下令赏赐收藏玉玺的硕德家属宝钞二千五百贯,崔彧、杨桓及阔阔术三人也因辨别和进献玉玺而获赐衣缎等。

当日,中书省右丞相完泽率集贤院、翰林院侍从诸臣到东宫祝贺。阔阔真命令拿出玉玺,让群臣一一观看。翰林学士董文用等上前云:这是神物,若非皇太妃、皇太孙圣感,何以骤现于此。而

---

① 《元史》卷一百一十六《后妃传二》。
② 《史集》余大钧、周建奇译本,第二卷,第375页,商务印书馆1985年。

704

后,丞相以下官员依次向阔阔真祝福。于是,内外称道庆贺,皆曰天命有归。

第二天,阔阔真派遣中书左丞兼詹事丞张九思和詹事院判官仆散寿,召铁穆耳南归,以亲为付授①。

在此以前,也是忽必烈逝世第五天,儒臣徐毅给阔阔真上书中也主张:"四海不可一日无君。大行皇帝奄弃天下,已五日矣。苟非早定大策,万一或启奸觑,变生不测,实可寒心。皇孙抚军朔漠,先帝既授以皇太子宝,圣意可知。伏愿明谕宗藩大臣,叶谋推戴,遣使举迎,归正大统"②。

为进一步制造舆论,杨桓还专门撰写文章,列举蒙元诸帝的天命功德:太祖成吉思汗为天下除祸定乱,受天命而为天下主;忽必烈汗功包海岳,舆地所记,悉主悉臣;真金太子天赐仁慈之德,上感君亲之悦,下系亿万之望;皇太妃阔阔真聪明淑懿,母仪崇严,皇孙翼翼,训导端严;皇太孙铁穆耳英谋独断,大肖祖宗,皇天授命,诞膺龙飞,以正九五之位。又追述传国玉玺的千余年经历始末,宣传其再现于世的瑞应意义。杨桓归纳了瑞应之兆的三个表现:昔日真金太子封为燕王,皇太孙铁穆耳系燕王之子,将主神器,而神宝出于燕,适与前事相符。此瑞应征兆之一。宝玺之出,正当皇元圣天子六合一统之时,忽必烈汗晏驾不久,可以见到上天意在恰为继统新君而设。此瑞应征兆之二。宝玺之出,适正月三十日,有终而复始之象,可以见到先圣皇帝御世太平之功既成,让继统新君复其

---

① 《元史》卷一百七十三《崔彧传》,卷一百六十四《杨桓传》;《南村辍耕录》卷二十六《传国玺》。
② 《金华集》卷二十七《徐毅神道碑》。

始。此瑞应征兆之三①。

进献传国玉玺,应该是崔彧、杨桓等汉人官僚主动为铁穆耳继承皇位制造的一种政治舆论。所进献的传国玉玺或许是真的,或许是秦以后伪造的赝品。因为实物已无,《辍耕录》等相关记载又寥寥数语,如今难考其详,只能将玉玺真假问题暂时搁置。

木华黎后裔硕德变卖家藏玉印,本来不是什么大事情。崔彧、杨桓等之所以断定玉印为传国玉玺,又以瑞应征兆及时呈献阔阔真,就是希望皇位早日传给真金之子铁穆耳。曾经相当于汉法儒臣派官员领袖的真金太子,当年的确令汉人官僚对未来蒙古皇帝彻底汉化充满了热烈的向往和憧憬。真金的不幸早逝,使他们希望破灭。崔彧、杨桓等自然会将昔日对真金的热望转移到其子铁穆耳身上。

至于阔阔真及右丞相完泽,之所以对崔彧、杨桓等所献玉印感兴趣,虽然不排除蒙古人酷信卜筮瑞应天命等因素,但主要还是他们也需要利用传国玉玺的瑞应之说,达到扶持铁穆耳登皇位的政治目的。考虑到崔彧多年充任御史大夫玉昔帖木儿的副贰,或许他从玉昔帖木儿处已探听到忽必烈令铁穆耳继承皇位的遗诏意向。如果后者符实,崔彧、杨桓等进献传国玉玺之举,又明显是和玉昔帖木儿等三顾命大臣扶助铁穆耳继承皇位的比较巧妙的内外配合。

三、上都"忽里台会议"定策

在真金死后的八年多时间内,忽必烈迟迟没有再立皇储,直到

---

① 《南村辍耕录》卷二十六《传国玺》。

至元三十年(1293年)才把皇太子宝授予铁穆耳。忽必烈如此处理真金死后的皇位继承问题，是有原因的。正如人们所熟知的，忽必烈在至元中后期政治上的保守倾向有所加重，表现在皇位继承上也有倒退的迹象，即没有及时册立铁穆耳为新太子。

事情似乎并不那么简单。除了政治上不能坚持汉法外，有两个因素也应该注意：

一是真金死后，皇幼子北安王那木罕仍镇北边，如前所述，忽必烈曾经许诺过那木罕继承皇位之事，后来才改而决定立其兄真金为太子。此时抛开那木罕，再立真金之子，阻力重重，忽必烈很难操作。

二是皇孙甘麻剌和铁穆耳，并不能让忽必烈感到十分满意。

甘麻剌生性懦弱，在漠北抵御海都作战中屡屡失败，日后很难有大的作为。忽必烈一度不得不将他封为梁王，调至云南。

铁穆耳平定哈丹秃鲁干功勋卓著，比其兄更有能力和胆识。正如马可波罗所云："这铁木耳是一个很聪明和勇敢的人。他已经多次在战阵中很清楚的表现他自己的才能了"。但铁穆耳也有弱点，他是个嗜酒如命的酒鬼，忽必烈多次教育他，都不知悔改。拉施德说：

> 铁穆耳合罕是一个酒鬼，无论合罕怎样规劝和责备他，都没有用。以至到了［合罕］用棍子打过他三次并派一些护卫盯着他，让他们不给他酒喝的地步。有一个绰号里咱的学者，不花剌人，经常在他身边……并经常和铁穆耳合罕偷偷地喝酒，因此合罕对他生了气，但无论费多大力气，都未能把他和铁穆耳合罕隔离开……因为卫士和暗探妨碍［他们］喝酒，所

以里咱就让他去洗澡并对澡堂管理人员说,要他偷偷地用酒代替水灌到水道中,通过管子放进浴池内,他们便喝到了酒。这件事被看守人知道了,报告了合罕。合罕就下令强迫他和里咱分开……并在路上暗中把他(指里咱)杀掉了①。

如此看来,忽必烈对甘麻剌、铁穆耳兄弟并不十分满意,只是在至元二十九年(1292年)左右那木罕逝世后,忽必烈已没有再多的选择余地。只能在甘麻剌、铁穆耳兄弟中选择其一。当然忽必烈选择铁穆耳,还是正确的,他毕竟比其兄甘麻剌才干出众。据拉施德说,铁穆耳即汗位后,就改掉了酗酒的毛病。这是需要非凡毅力的。

忽必烈授予铁穆耳皇太子宝,并将以铁穆耳为汗位继承人的遗诏留给三位顾命大臣:御史大夫玉昔帖木儿、知枢密院事伯颜及平章不忽木。由于没有正式册立铁穆耳为新太子或皇太孙,铁穆耳正式登上皇位,必须履行忽里台贵族会议的古老程序。

实际上,忽必烈安排这样的皇位继承方式,是以蒙古旧俗为主、又杂糅汉地太子位号印章。从汉法的角度,如此行事是比册立真金太子倒退了。但它又比较符合当时的实际,经过努力,也可以行得通,可以按忽必烈的意志顺利传位给铁穆耳。册立真金为太子,毕竟是蒙元帝国的第一次,来自漠北蒙古方面的阻力很大。即使真金不逝世,而以皇太子继承皇位,也很难说不需要忽里台贵族会议定策。

① 《马哥孛罗游记》张星烺译本,第151页,商务印书馆1936年;《史集》余大钧、周建奇译本,第二卷,第355页,商务印书馆1986年。

铁穆耳是至元三十一年（1294年）四月初二，应召自漠北返回上都的。在此前后，其兄长甘麻剌也回到了上都。

接着，在上都举行了忽里台贵族会议，专门议论决定皇位继承问题。出席这次忽里台会议的有：忽必烈庶子宁远王阔阔出、镇南王脱欢、皇孙甘麻剌、铁穆耳、忙哥剌之子、嗣安西王阿难答、西平王奥鲁赤之子铁木儿不花、知枢密院事伯颜、御史大夫玉昔帖木儿、右丞相完泽、月赤察儿、土土哈、答失蛮、哈剌哈孙答剌罕、平章不忽木等，还有南必皇后、阔阔真等。

在忽里台会议上，由于忽必烈四名嫡子均已逝世，庶子宁远王阔阔出和镇南王脱欢地位较低，缺乏角逐皇位的实力，镇南王脱欢还因两征安南损兵折将，被忽必烈罚以永远不得觐见。而在诸皇孙中，真金的两个儿子晋王甘麻剌和铁穆耳，最为显赫。甘麻剌在诸皇孙中首封一等王爵（金印兽纽）梁王和晋王，又代替北安王那木罕统领成吉思汗四大斡耳朵及军马、达达国土。铁穆耳则奉命总兵漠北，掌管着元朝方面在漠北的大部分军队，又持有忽必烈授予的皇太子宝。甘麻剌和铁穆耳，都是成吉思汗的嫡系子孙，又都在守卫着蒙古本土，按照蒙古习俗，他俩最有资格角逐皇位。这场皇位争夺，实际上是在真金的两个儿子晋王甘麻剌和铁穆耳之间展开。

《元史·伯颜传》所云："亲王有违言"，就是晋王甘麻剌欲和其弟铁穆耳争位的意思。然而，皇太子妃阔阔真和三名"顾命"大臣，都站在铁穆耳一边，这就使甘麻剌很快处于十分不利的地位。

拉施德云：

在铁穆耳合罕与长他几岁的［兄长］甘麻剌之间在帝位

继承上发生了争执。极为聪明能干的阔阔真哈敦对他们说道:"薛禅合罕,即忽必烈合罕曾经吩咐,让那精通成吉思汗必里克(指宝训)的人登位,现在就让你们每人来讲他的必里克,让在场的达官贵人们看看,谁更为精通必里克"。因为铁穆耳合罕极有口才,是一个[好的]讲述者,所以他以美妙的声音很好地讲述了必里克,而甘麻剌,则由于他稍患口吃和没有完善地掌握词令,无力与他争辩。全体一致宣称,铁穆耳合罕精通必里克,他较漂亮地讲述了[必里克],他应取得皇冠和宝座。①

以精通成吉思汗宝训来考核皇位继承候选人,看来比较公正。问题是阔阔真明明知道铁穆耳能言善辩和甘麻剌讷于言辞,偏偏以讲述成吉思汗宝训来让与会众人评定雄雌优劣,显然她是在有意袒护铁穆耳。由于阔阔真提议的如此"考核",忽里台贵族会议的舆论倒向了铁穆耳。可见,在忽里台会议上阔阔真拥戴铁穆耳的作用是非常大的。

阔阔真在皇位传承问题上的厚此薄彼,是有背景的。《元史·显宗传》虽然说,甘麻剌也是阔阔真所生,但同书《后妃传二》又明言:阔阔真仅生答剌麻八剌和铁穆耳二子。有人据此怀疑甘麻剌是阔阔真所亲生②,不是没有道理。史书还说,甘麻剌自幼一直由忽必烈夫妇抚养,即使《元史·显宗传》所言甘麻剌系阔阔真所生符实,也可以断定甘麻剌与母亲阔阔真的亲密程度远不及铁穆耳。

---

① 《史集》余大钧、周建奇译本,第二卷,第376页,商务印书馆1986年。
② 周良霄:《蒙古选汗仪与元朝的皇位继承问题》,《元史论丛》第三辑,中华书局1986年。

在铁穆耳占据上风的过程中，伯颜、玉昔帖木儿等"顾命"大臣的作用，也至关重要。伯颜、玉昔帖木儿二人软硬兼施，配合的十分默契。

当甘麻剌有"违言"异议时，伯颜手握宝剑立于宫殿台阶上，陈述祖宗宝训，宣扬顾命，阐明忽必烈所以立铁穆耳的旨意，而且辞色俱厉，致使甘麻剌双腿颤抖，被迫趋殿下拜。

玉昔帖木儿则起身对甘麻剌说："宫车远驾，已逾三月，神器不可久虚，宗祧不可乏主。畴昔储闱符玺，既有所归，王为宗盟之长，奚俟而弗言？"甘麻剌听罢他的话，立刻说："皇帝践祚，愿北面事之。"

甘麻剌一表示屈服，与会宗亲大臣就取得完全一致，于是，依照忽里台惯例，合辞拥戴铁穆耳继承皇位。据说，上都忽里台定策以前，形势复杂，人心惶惶，随时都可能发生变乱，定策之后，"易天下之岌岌为泰山之安"。难怪玉昔帖木儿感慨地说："大事已定，吾死且无憾。"①

如果说阔阔真在忽里台的作用，重在以考核精通宝训，让与会其他宗亲大臣达成共识，那么，伯颜、玉昔帖木儿等"顾命"大臣的作用，又主要是传达忽必烈的遗诏，说服或迫使甘麻剌屈服就范。他们传达遗诏，也带有忽必烈指定继承人和嗣君的意思。伯颜、玉昔帖木儿根脚贵重，都担任朝廷重要官职，南征北战，功勋卓著，在宗亲大臣中很有权威，由他们传达忽必烈遗诏，容易控制局面，具有很大的威慑力。二人在受遗诏顾命以前，都与铁穆耳有较密切

---

① 《元朝名臣事略》卷二《丞相淮南忠武王》，卷三《太师广平贞宪王》；《牧庵集》卷十一《蒲庆寺碑》。

的交往,从二人的言行看,他们都是竭尽全力,忠实奉行忽必烈立铁穆耳的旨意。如果没有三大臣的传达遗诏及威慑作用,皇长孙甘麻剌肯定不会屈从于以讲述宝训决定皇位谁属的结果。应该承认,伯颜、玉昔帖木儿等"顾命"大臣的实际作用效果,似乎应在阔阔真之上。

四月十四日,铁穆耳在上都大安阁登上皇位。这就是元成宗。

铁穆耳即位后,立即任命了以右丞相完泽为首的中书省宰相,尊阔阔真为皇太后。兄长甘麻剌获赐忽必烈的一整份财产,仍然负责统领太祖大斡耳朵及军马、达达国土;安西王阿难答继续统管关中陕西等地,宁远王阔阔出奉命总兵于称海,镇南王脱欢继续镇戍扬州。伯颜被加爵太傅,玉昔帖木儿则进为太师①。

新太后阔阔真还特命派近侍洁实弥尔护送晋王甘麻剌归藩,且以祖宗"弘模远范"、古今"善行美德",开导甘麻剌安心守藩,以弥补兄弟争位的嫌隙。事后,成宗铁穆耳还称赞洁实弥尔:"汝善处吾兄弟之间"②。

于此,忽必烈身后的皇位继承事宜,总算告一段落。

---

① 《史集》余大钧、周建奇译本,第二卷,第 376 页,商务印书馆 1986 年;《元史》卷十八《成宗纪一》。
② 《吴文正集》卷三十二《大元荣禄大夫宣政院使齐国文忠公神道碑》。

第十九章　蒙汉杂糅梦　功过纷纭说

在五千年文明的长河中,许多著名帝王,如秦始皇、汉高祖、汉武帝、魏孝文帝、隋文帝、唐太宗、宋太祖、成吉思汗、明太祖、清康熙帝、雍正帝、乾隆帝等等,他们在时代舞台上叱咤风云,各领风骚,以显赫功业树起了一座座丰碑,无论对当时还是对后世,均产生了不可磨灭的影响。

忽必烈完全可以和上述帝王相媲美,也应该进入千古名帝行列。

先让我们回顾七百年来有关忽必烈的议论和评价。

忽必烈去世不久,翰林学士王恽曾撰《大行皇帝挽辞八首》,予以追述和悼念:

　　　　滦水龙飞日,长杨羽猎时。

　　　　天颜凡五见,两泪遽双垂。

　　　　化日中天赫,阴灵万国驰。

　　　　何由知帝力,耕凿乐雍熙。

　　　　晏驾纔经宿,轜车出建门。

　　　　千官分两泪,六驭迅龙奔。

　　　　云气苍梧远,天山禹穴昏。

依光瞻日月，颂德象乾坤。

威破群雄胆，恩藏四海心。
声明三五盛，垂拱九重深。
国论多儒断，天机入睿临。
小臣劵面血，无路洒松林。

圣神由广运，纂述到无加。
禹甸逾轮广，殷邦极靖嘉。
尊临三纪久，遽陟九天遐。
白首金銮旧，长号自倍嗟。

端月辰临酉，渊衷弗瘳兴。
紫垣逢彗学，杞国骇天崩。
法从嗟何及，朝臣痛不胜。
圣灵知在上，春草认封陵。

去岁回銮辂，旌麾拥万灵。
今春辞画翣，弓剑閟泉扃。
黼裳虚琼岛，云龙惨帝庭。
词臣思补报，泪湿简编青。

论治方尧禹，求贤到钓耕。
民区无二上，庙算有奇兵。
万寓风烟静，中天日月明。

小臣思颂德，终了是强名。

帝系三宗上，麟经一统尊。
火盘承正据，虎落入雄吞。
穷麈南交兽，奔腾北海鲲。
不教擒一索，遗恨付皇孙。①

王恽的八首五言律诗，每首都有较丰富的内涵，大体包罗了忽必烈一生的诸多重要事迹。第一、二、五、六首是回忆登皇位到晏驾三十五年间作者的五次面君及突然去世，群臣护送灵车出城等情景。第三首记述忽必烈善用儒臣之谋，恩威并施，垂拱九重。第四首记述忽必烈广拓疆域，君临大漠南北三十余年。第七首记述忽必烈效法尧禹，求贤若渴，善待民众，平定天下。第八首记述忽必烈混一南北，承袭中原王朝正统，但征交趾和平海都叛乱未竟，只能交付皇孙铁穆耳完成。王恽的诗不无阿谀奉承和溢美之词，表达了部分北方文士对忽必烈的效忠爱戴与认同，故也算是对忽必烈的最早评价。

马可波罗回国后，在其《游记》中称赞说：

告诉你们治理全鞑靼人各王中的最大的王……这最大的王就是大可汗，他的名字叫忽必烈……在臣民、土地、钱财各方面来说，在现世或是以前，自从我们的始祖亚当直到现今，大可汗是一个最有势力的人了……他是现在活的，也是从来没有的，一位大皇帝……忽必烈承嗣着成吉思汗直系皇统，因

_____

① 《秋涧集》卷十三。

为全鞑靼人的君主必须属于那个宗系……他得到这个君位是用着他自己的豪气、勇敢和智慧……在他为君主之先,他差不多参加了每次战争。他是一位勇敢的兵士和优良的领袖……大可汗,是一个最智慧,在各方面看起来,都是一个有天才的人。他是各民族和全国的最好君主。他是一个最贤明的人,鞑靼民族从来所未有的。①

马可波罗来自欧洲威尼斯,对中国史和蒙古史所知不太多,他只是从来华亲身见闻中得出忽必烈权威显赫、最具勇敢、智慧、贤明、天才等认识,而且是比较准确和符合实际的。

波斯史家瓦撒夫说:

自我国(波斯)境达于蒙古帝国之中心,有福皇帝公道可汗驻在之处。路程相距虽有一年之远,其丰功伟绩传之于外,至达于吾人所居之地,其制度法律,其智慧深沉锐敏,其判断贤明,其治绩之可惊羡,据可信之证人,如著名商贾、博学、旅人之言,皆优于迄今所见的伟人之上。仅举其一种功业一段才能例之,已足使历史中之诸名人黯淡无色。若罗马之诸恺撒,波斯之诸库萨和,支那之诸帝王,阿勒壁之诸开勒,耶门之诸脱拔思、印度之诸罗阇,萨珊、不牙两朝之君主,塞勒柱克朝之诸算端,皆不足道也。②

---

① 《马哥孛罗游记》张星烺译本,第131、151页,商务印书馆1936年。
② 《瓦撒夫书》,转引自冯承钧译《马可波罗行记》,第179页,上海书店出版社2000年。

瓦撒夫的评价,把忽必烈列为世界级伟人和千古一帝,为其歌功颂德,大体反映了波斯伊利汗国方面对忽必烈的态度。因为取材于元帝国西去人员的传闻,其夸张失实之处在所难免。

明初《元史》纂修者则云:

> 世祖度量弘广,知人善任使,信用儒术,用能以夏变夷,立经陈纪,所以为一代之制者,规模宏远矣。

《元史》纂修者对忽必烈功业的评价稍低于成吉思汗,又着重讲忽必烈"信用儒术"和"以夏变夷",其坚持汉文化本位的局限性,显而易见。

清初萨囊彻辰《蒙古源流》又说:忽必烈"治理大国之众,平定四方之邦,四隅无苦,八方无挠,致天下以井然,俾众庶均安康矣"①。

这是蒙古族史家对忽必烈较早的评说。该书虽然肯定其"治理"、"平定"之功,但对忽必烈的叙述远比成吉思汗简略,赞美之辞,也逊色得多。

清人赵翼则说:

> 元世祖混一天下,定官制,立纪纲,兼能听刘秉忠、姚枢、许衡等之言,留意治道,固属开国英主。然其嗜利黩武之心则根于天性,终其身未尝稍变。②

---

① 道润梯步校注本,第 196 页,内蒙古人民出版社 1981 年。
② 《廿二史劄记》卷三十《元世祖嗜利黩武》。

赵翼在称赞忽必烈"混一天下"、"留意治道"、"开国英主"的同时,又批评他"嗜利黩武",而且是对忽必烈较早的深刻批评。

忽必烈究竟是怎样的一位帝王呢?他的为政用人情况如何?他比起成吉思汗等前四汗,比起秦皇汉武和唐宗宋祖,又有什么超然的功业和贡献呢?他对13、14世纪的中国及亚洲的历史作用又如何?

这里,我们分为不嗜杀、轻刑等惠政,知人善任使,缔造元帝国功业三方面,对忽必烈进行总体评价。

第一节　不嗜杀、轻刑等惠政

一般地说,人们往往是把游牧军事征服与野蛮残酷联系在一起的。在蒙古四大汗时期,这种看法是正确的。

作为成吉思汗嫡孙的忽必烈,不愧是一位成功的军事征服者。如前所述,藩王时期,忽必烈本人亲自远征大理,将云南率先置于蒙古帝国的版图之内。继为大汗和建立元帝国后,他又主持实施渡江平定南宋和对安南、爪哇、缅国、日本等海外诸国的远征,创建了可以和乃祖成吉思汗相媲美的军事征服功业。另一方面,忽必烈在汉人儒臣的影响下,效仿北宋曹彬,无论是远征大理,还是渡江攻鄂州,平定南宋,跨海征日本等,始终奉行不嗜杀的原则。从屠城掳掠到不嗜杀的过渡,忽必烈确实经历了了不起的文明进步与提升。这无疑是在改变蒙古征服者的传统理念和形象。具体事例,详见第三章第二节、第七章、第十三章。兹不赘。

谁曾料,作为蒙古征服者的忽必烈,不仅在战争中不嗜杀,君临元帝国之际,还做出包括"轻典"、节俭、济贫、置惠民药局、植树、禁赌等内容的一系列嘉惠庶民的政绩。

在刑法方面，忽必烈实行"轻典"和慎刑政策。

忽必烈在沿用汉地王朝传统的笞、杖、徒、流、死五刑制度的同时，又对笞、杖二刑作大胆的修订："曰天饶他一下，地饶他一下，我饶他一下，自是合笞五十，只笞四十七；合杖一百十，只杖一百七"①。结果，从笞刑十下到杖刑一百一十下，统统被减少了三下。

对此，马可波罗也有如出一辙的记载："假如有人偷小东西，不需要处死的，那就用棍子打他七下，或十七下，或二十七下，或三十七下，或四十七下，以至一百零七下。"②

忽必烈又效法唐太宗李世民的死刑复奏，曾告戒史天泽等大臣："朕或怒，有罪者使汝杀，汝勿杀，必迟回一二日乃复奏。"③他还对降元南人将领管如德说："朕治天下，重惜人命，凡有罪者，必令面对再四，果实也而后罪之。非如宋权奸擅权，书片纸数字即杀人也"。④ 复奏或对质后定罪行刑，自然可以避免部分错杀和枉死。

至元八年（1272年），陕西行省官员也速迭儿建议：比因饥馑，盗贼兹横，若不显戮一二，无以示惩。忽必烈则听取中书省的意见，未予批准，依然坚持"强、窃均死，恐非所宜，罪至死者，宜仍旧待报"的制度。至元十年（1274年），全国上奏朝廷待报的死囚五十人，忽必烈让中书省从其中拣出由斗殴杀人的十三例，诏命减死

---

① 《草木子》卷三下《杂制篇》。
② 《马哥孛罗游记》张星烺译本，第114页，商务印书馆1936年。
③ 《元史》卷一百二《刑法志一》，卷五《世祖纪二》中统三年十一月。
④ 《元史》卷一百六十五《管如德传》。

从军①。忽必烈在死刑的判决上,慎重及从宽的原则始终没有改变。

忽必烈还善于接受臣下的正确意见,随时纠正执法量刑的某些偏差。

一段时期内盗贼数量增多。忽必烈一度降诏:犯盗贼罪者,皆杀无赦。搞的各处牢狱内囚犯人满为患。符宝郎董文忠上奏:杀人取货与窃取一钱,均为死罪,残酷莫甚,恐乖陛下好生之德。忽必烈立即以敕令革除了上述条款。

有人控告汉人殴伤蒙古人及太府监属吏卢甲盗剪官布,忽必烈大怒,下令杀之以惩戒众人。董文忠又奏言:刑曹对于死罪囚犯,已有服辞,犹必详谳,这次岂能因为有人一句控告,就加以重刑。应该交付有司审阅查实,以待朝廷的处理命令。忽必烈果然派人核查清楚确系诬告,降诏免除了被告人的处分。忽必烈还因之对身旁的侍臣说:"方朕怒时,卿曹皆不敢言。非董文忠开悟朕心,则杀二无辜之人,必取议中外矣。"于是,赏赐董文忠黄金酒尊,以褒奖其忠直②。

某年冬季,太庙祭祀,有司丢失黄幔,后来虽然找到,已甚污弊。忽必烈大怒,曰:"大不敬,当斩。"中书省右丞赵璧却云:"法止杖断流远。"结果,犯罪者得以不死③。

一次围猎中,猎人亦不剌金射兔,误射死名驼。忽必烈大怒,下令诛亦不剌金。博儿赤铁哥进言:"杀人偿畜,刑太重。"忽必烈

① 《元史》卷一百二十六《安童传》。
② 《元史》卷一百四十八《董文忠传》。
③ 《元史》卷一百五十九《赵璧传》。

听罢,吃惊地说:"误耶,史官必书。"迅速下令释放亦不刺金①。忽必烈对史家直书法外行刑有所顾忌,故能够以个人喜怒服从刑律。

至元九年(1272年),忽必烈得知天下牢狱关押囚犯越来越多,于是命令诸路死罪以下的犯人全部暂时纵放回家,预定秋七月归京师受刑。届时囚犯全部归京,忽必烈又恻然怜悯,决定赦免其罪。忽必烈找来一些文臣起草戒谕天下的诏旨,都因为不能宣达圣意而无法称旨。最后,翰林学士王磐奉命草拟释囚诏旨进读,忽必烈非常满意,称赞道:"此朕心也,欲言而不能形之于口,卿能为朕言之。"②这似乎也是在仿效唐太宗。

元末叶子奇所言:"天下死囚,审谳已定,亦不加刑,皆老死于圄圉。"③估计就是实施忽必烈至元九年诏旨的结果。如果这种推测可以成立,上述忽必烈诏旨不仅带来至元九年全国囚犯的一次大赦,还导致了元中后期死囚长年不加刑而老死狱中。

至元十二年(1275年)元军大举进攻南宋之际,藩邸旧臣姚枢上奏:"南方官府以情破法,鞭背文面,或盛行竹络投诸江中。"忽必烈立即下令:"鞭背鲸面及诸滥刑,宜急除之。"后来,禁止鞭背,还与"禁断王侍郎绳索"、禁止跪瓮芒碎瓦等法外酷刑,一并列入了朝廷刑律④。此举使元帝国的刑罚趋于减轻放宽,对消除南宋的刑罚弊端和树立新王朝的宽仁形象,也有积极意义。

一日,忽必烈闻知江南一道观内仍设有南宋皇帝的土木遗像,

---

① 《元史》卷一百二十五《铁哥传》。
② 《元朝名臣事略》卷十二《内翰王文忠公》。
③ 《草木子》卷三下《杂制篇》。
④ 《元文类》卷六十《中书左丞姚公神道碑》;《元典章》卷四十《刑部二·刑狱·狱具》。

于是对身旁的石天麟说："僧当致之大辟,何如?"石天麟解释道,金代大同寺院中一直保存有赵宋帝后祠像。忽必烈了解到此番情况,就没有再去追究道观当事人的罪责①。忽必烈在使用死刑方面还是能够倾听忠告和以史为鉴的。

刑部侍郎赵炳处理一桩携妓登龙舟案件,按之以法,不久,该人死亡。其子到忽必烈驾前告御状,为父亲伸冤。忽必烈降诏责备赵炳。赵炳却坚持说："臣执法尊君,职当为也。"忽必烈听罢大怒,命令他出宫。事后,忽必烈并没有惩罚赵炳,还对身旁的侍臣说："炳用法太峻,然非循情者。"②轻刑慎刑与执法如山,的确有些不太和谐。忽必烈主张轻刑,又能够对臣下秉公执法的行为,抱理解态度,这是需要很大度量和勇气的。

在位三十五年间,遇到大臣受鞫受罚甚至犯罪被杀等情况,忽必烈多半比较慎重,尽可能多问多谳,弄清犯罪事实,尽可能做到处罚得当,避免误罚误杀。

中统四年(1263年),阿里不哥南下归降,其党羽一千余人被拘捕,"将置之法"。忽必烈询问陪侍的怯薛官安童："朕欲置此属于死地,何如?"安童回答："人各为其主,陛下甫定大难,遽以私憾杀人,将何以怀服未附。"忽必烈极为赞赏安童的意见,最终仅杀其中为首者十人③。

至元初,有人控告丞相史天泽子侄布列中外,威权太盛,久将难制。忽必烈先是降诏罢免史天泽的丞相官职,令其等待审问。平章廉希宪上奏说："知天泽者,陛下也。粤自潜藩,多经任使,将

---

① 《勤斋集》卷三《元故特授大司徒石公神道碑》。
② 《元史》卷一百六十三《赵炳传》。
③ 《元史》卷一百二十六《安童传》。

兵牧民,悉著治效,以其可属大任,故使丞兹相位。小人一旦有言,陛下察其心迹,果有跋扈不臣者乎?今日信臣,故臣得预此旨,他日一人讼臣,臣亦入疑矣。臣等承乏政府,上之疑信若是,何敢自保。天泽既罢,亦当罢臣。"廉希宪援引诸多事实替史天泽开脱,说明他的无辜和清白,甚至把自己的去留也连带进来。结果,忽必烈慎重考虑一天后,接受廉希宪的意见,撤销了让史天泽接受"对讼"审查的命令①。

至元十六年(1279年)安西王相商挺因另一名王相赵炳被杀案牵连下狱,忽必烈甚为震怒,曾下令:"商孟卿老书生,可与诸儒谳其狱罪"。后来,忽必烈亲自向符宝郎董文忠等核实商挺在赵炳被杀案中的责任,最终给予籍没家资而释放商挺的处分②。

忽必烈又擅长运用"廷对"、"廷辩"等方式,解决高、中级官员的有关狱讼。河北河南道提刑按察司副使王忱弹劾罢免镇南帅唐兀台,唐兀台交结朝廷大臣,向忽必烈诬告王忱,一度把王忱逮系至京师。"廷对"之际,王忱得以面陈真相,忽必烈大悟,下令唐兀台抵诬告之罪③。又如王文统与李璮勾结谋反案,伯颜被诬私藏南宋玉桃盏案,卢世荣奸恶被劾案,桑哥奸赃被劾案等,都是经过多次审谳和"廷对"、"廷辩",才作出或杀或释等处置的。

在追究阿合马党羽过程中,忽必烈一度将中书省参政咱喜鲁丁和左右司员外郎刘正等逮系至御前,进行此类"廷对"、"廷辩"。忽必烈问:"汝等皆党于阿合马,能无罪乎?"刘正回答:"臣未尝阿附,惟法是从。"后来的数日,其他阿合马奸党多伏诛,刘正一直被

① 《元朝名臣事略》卷七《平章廉文正王》。
② 《元朝名臣事略》卷十一《参政商文定公》。
③ 《元史》卷一百五十一《王忱传》。

械系,最后,忽必烈谕旨:"刘正衣白衣行炭穴十年,可谓廉洁者。"于是,刘正被释放回家。

至元二十八年(1291年),已升为中书省参议的刘正,因处理湖南马宣慰庶子争荫而诬其兄匿藏南宋官府黄金等案件,受到控告。忽必烈召刘正诘问:"匿金事在右司,争荫事在左司,参议乃幕长,寝右而举左,宁无私乎?"刘正再次申辩明白,最终解除了忽必烈的怀疑①。

忽必烈之所以"轻典"和慎刑,似乎有两个原因:一是他的宽仁理念,二是藏传佛教作佛事影响。忽必烈曾说:"天下事如圆柄方凿,能少宽之,无往不可。"②忽必烈此番话虽然引自"老臣"言,但他本人已深信不疑,故可反映其宽仁理念。至元九年(1272年)忽必烈已皈依藏传佛教,当时,八思巴为首的喇嘛在宫廷内外屡兴佛事,"每岁必因好事奏释轻重囚徒,以为福利"③。后者对忽必烈的影响想必不算小。

忽必烈的尚节俭,也是非常突出的。

忽必烈曾批评察必皇后支用太府监缯帛,促使察必亲率宫人用旧弓弦编织为衣,取羊臑皮缝为地毯。又批评太子妃阔阔真使用织金卧褥。可见他节俭成性,对皇室亲属和贵为后妃者也严格要求,禁止她们奢侈挥霍。

王恽说:忽必烈"躬先俭素,思复淳风,如轻紵衣而贵䌷缯,去金饰而朴鞍履,至衣服等物销织镀䂥之类,一切禁止"④,殆非

---

① 《元史》卷一百七十六《刘正传》。
② 《元朝名臣事略》卷四《平章鲁国文贞公》。
③ 《元史》卷二百二《释老传》。
④ 《秋涧集》卷三十五《上世祖皇帝论政事书》。

724

虚言。

忽必烈特意把成吉思汗所居地的青草一株,移植在大都大明殿前丹墀内,号曰"誓俭草",目的是让子孙后代"知勤俭之节","思太祖创业艰难"①。

忽必烈又将所用皮裘旧带藏于上都大安阁一箧箱中,并训谕道:"藏此以遗子孙,使见吾朴俭,可为华侈之戒。"

对忽必烈的上述做法,武宗时朝臣们也有不同评价。侍奉过忽必烈的宦官李邦宁表示赞同,某宗王则言:"世祖虽神圣,然啬于财。"②此宗王的抱怨不是没有道理。在慷慨赏赐宗王方面,忽必烈远不及窝阔台汗、贵由汗、蒙哥汗和武宗海山。那些习惯于享受滥赐优遇的蒙古诸王,自然会感到忽必烈对他们的赏赐有限而"啬于财"。

救济贫困、举办惠民药局、道旁植树和禁止赌博,也属于忽必烈的惠政。

救济贫困,虽然是汉地王朝的传统政策之一,但在忽必烈在位期间发挥得相当出色。

忽必烈即汗位初的中统元年(1260 年),就诏告有司以粮食赈济鳏寡孤独废疾之人。至元八年(1271 年),命令各路设置济众院收留此类人员,并供给粮食柴薪。至元十九年(1282 年)改名养济院。此外,对遭受水旱疫疠灾害的民众,官府常常调钱粮赈给。如至元三年(1266 年)以粮三万石赈济南饥民,以课银一百五十锭赈甘州贫民。

---

① 《草木子》卷四上《谈薮篇》。
② 《元史》卷二百四《宦者传》。

又有常平仓、义仓储粮赈济。常平仓和义仓均设于至元六年（1269 年）。常平仓模仿汉唐旧制，丰年米贱，官府增价籴购；歉年米贵，官府减价粜售。义仓，每社置一仓，社长掌管，丰年每丁纳粟五斗，驱丁纳粟二斗，灾年就便供给社众。至元二十一年（1271 年）新城县水灾和至元二十九年（1292 年）饥荒，即是使用义仓储粮赈济的①。

马可波罗也说：

当大可汗看见五谷丰富和低贱时，他命人聚集和储藏多量的五谷。在各省有大的房子，专为储藏五谷而建造。他叫人很细心的看视这谷，使在三四年内不致腐烂。自然的，他所贮藏的有各种谷，和小麦、大麦、黍米、稷等等。他贮藏极多。所以每当一种谷缺乏和饥馑时候，大可汗就去乞助这些贮藏……譬如小麦，市价卖出，每斗值一贝桑忒。他卖四斗值一贝桑忒，他施舍出去多量的谷，所以全体皆能够得到一些……我将再告诉你们他如何给汗八里城穷人许多施舍物的。你们必须知道，他有一张单子，记着汗八里城中许多可尊敬和高贵家族。他们因运气不好，陷入穷苦悲境，不能做工和缺乏食物。在这些家中可以有六个、八个、十个、或更多或较少的人口。大可汗给那些人家麦子和别种五谷，使他们可以有全年的生计。这样人家是非常之多。相当时候来到，这些人家向官吏请求恩施。这些官吏奉命，施舍皇帝的各种财物。他们住一个官里，官是专门划出为他们用的。请求人以后填在一

① 《元史》卷九十六《食货志四》。

张纸上,说明他们上年接受多少恩施,始足维持生计,使来年也按照这数目再给他们。大可汗也供给他们衣服……如有人来到大可汗宫中要饭,是不会被拒绝的。所有来者皆得到施舍物。专管这事的官吏,没有一天不施出三万多碟的米或稷或粟。①

马可波罗所说的"宫",估计就是养济院。其他大体也能够与上述汉文赈济记载相印证。马可波罗还指出,蒙古原本没有向穷人施舍的习惯。忽必烈此种行为,是受了僧人慈悲说教的影响。

设惠民药局,可追溯到窝阔台汗时期。中统二年(1261年),忽必烈命令王祐正式开局,官给钞本,月营子钱,预备药物,以良医掌管,为贫民治病。后来,各路普遍设立惠民局,且与医户户计相配套,成为另一件嘉惠百姓的仁慈事②。

关于道旁植树,至元九年(1272年)二月,忽必烈颁布圣旨命令从大都到各地随路州县官府和民众在城郭周围、道路旁边种植榆树、槐树。还规定:官府所种植的树木归民家使用,官府负有保护成材的责任③。

马可波罗也有类似的记录:

大可汗命在大道两旁栽植树木,每株相距有两步远。这路是钦差、商人和人民所通行的。这些树实在都是很高很大,可以从很远的地方看得见。大可汗这样做,所以人们能够看

---

① 《马哥孛罗游记》张星烺译本,第207页,商务印书馆1936年。
② 《元史》卷九十六《食货志四》。
③ 《元典章》卷二十三《户部九》,《农桑·栽种·道路栽植榆树槐树》。

得清道途,不致走错路了。你们就在沙漠路旁边,也能找到这些树。这树使商人和远行人觉得很大的舒适。①

马可波罗把种树之事讲的如此详细,或许是因为他曾经在这样的道路上往返行走,亲身感受道路旁边栽树的诸多益处。

关于禁止赌博,至元二十三年(1286年)二月,忽必烈颁布圣旨:"禁约诸人不得赌扑钱物……如有违犯之人,许诸人捉拿到官,将犯人流去迤北田地里种田者。"后来,浙西道按察司审理平江路常熟县姚千六赌博案,淮西江北道按察司审理黄梅县王伴儿赌博案等,均遵照这道圣旨行事②。

无独有偶,马可波罗也记述了忽必烈禁止赌博:

> 当今在位的大可汗禁止一切赌博和欺骗。这些事情在这些人群中比世界上任何地方的人多风行些。为要断绝他们这种的习惯,他常对他们说:"我已经用我的兵力克服你们。你们的一切全是我的。如果你们赌博,你们就是拿我的财产来做孤注一掷的输赢了。"然而他并不从他们拿走什么东西。③

忽必烈似乎懂得,一位君临天下的帝王,除了轰轰烈烈的政治作为以外,诸如轻刑、节俭、赈济、医药、植树之类的惠民善行,也不可或缺。这也是争取子民爱戴之心的必要手段。后者或多或少受到儒家、释氏的影响和渗透。忽必烈的轻刑等惠政,带来了元朝相

---

① 《马哥孛罗游记》张星烺译本,第204页,商务印书馆1936年。
② 《元典章》卷五十七《刑部十九》,《诸禁·禁赌博·赌博流远断罪例》。
③ 《马哥孛罗游记》张星烺译本,第214页,商务印书馆1936年。

对安定的社会局面,有利于经济文化的恢复发展。元末叶子奇说:"元朝自世祖混一之后,天下治平者六、七十年,轻刑薄赋,兵革罕用,生者有养,死者有葬,行旅万里,宿泊如家。诚所谓盛也矣。"①叶氏的说法,应该是基本属实的。

第二节　知人善任使

史称:"世祖皇帝尽得天下之豪杰而用之,以成大勋,建大业。"②忽必烈之所以能成就其大统一和有效治理的非凡功业,一个重要原因即是善于网罗任用并驾御一批优秀人才。在这方面,忽必烈表现了较为宽广的胸襟,敏锐的洞察能力和出色的领导驾驭艺术。

一、巧掌用人尺度

元人虞集云:"世祖之于用人,审训之,慎察之,而后信任之。"③事实大致如此。

前述南人程钜夫随其叔父原南宋建昌通判程飞卿降元,先以质子入京师,授管军千户。一日,忽必烈召见,问贾似道何许人。程钜夫逐条应对,甚为详悉。忽必烈听罢欣喜,给予笔札命他书写。程钜夫书写二十余幅以进呈。忽必烈大为惊奇,得知程现任千户军职,就对近臣说:"朕观此人相貌,已应显贵;听其言论,诚聪明有识者也。可置之翰林。"于是,程钜夫转任应奉翰林文字,

①　《草木子》卷三上《克谨篇》,第47页。
②　《道园类稿》卷四十《张忠献公神道碑》。
③　《道园类稿》卷四十《贺忠愍公神道碑》。

后升翰林修撰、江南行御史台侍御史,成为南人任台察高级官员的第一人①。

重名士,重才能。

前述程钜夫奉旨赴江南搜求贤士,忽必烈素闻叶李等二人之名,临行前密谕必致此二人北上。后赵孟頫、叶李果然成为忽必烈最重用的两位南人官员。

忽必烈不喜欢科举,曾经批评"科举虚诞,朕所不取"②,但对宋、金末代科举登第的状元却格外青睐赏识。王鹗是金正大甲申词赋第一甲第一名,藩王时期的忽必烈即派赵璧和许国祯延请王鹗至漠北,"赐之坐,呼状元而不名"。建立元朝后,又委任王鹗为翰林学士承旨,用其文章魁海内的特长,掌管诰命典册十余年③。李俊民中金承安进士第一,忽必烈在藩邸,曾"以安车召之,延访无虚日"④。南宋淳祐四年第一甲第一名进士留梦炎,忽必烈也让他担任翰林院长官翰林学士承旨(从二品)⑤,与叶李、赵孟頫同为忽必烈最器重的三位江南文臣。另一名咸淳十年状元王龙泽,又经留梦炎的征召,担任了江南行御史台监察御史⑥。

至元二十二年(1285年),应阿鲁浑撒理的奏请,忽必烈设立集贤院,掌管学校和征求召集儒士、道教、阴阳术士等。凡上述领域的名士应诏来京师者,一概由集贤院接待,"饮食供帐,皆喜过望"。即使不能称旨任用,也要赏赐后遣送回家。一位负责钱财

---

① 《元史》卷一百七十二《程钜夫传》;《雪楼集》附录揭傒斯《程钜夫行状》。
② 《元朝名臣事略》卷八《左丞许文正公》。
③ 《元朝名臣事略》卷十二《内翰王文康公》。
④ 《元史》卷一百五十八《李俊民传》。
⑤ 《元史》卷十七《世祖纪十四》至元三十年四月己亥。
⑥ 《元史》卷一百九十《熊朋来传》。

供给的宣徽院官员,对此不满,故意大量陈设所给廪饩于皇宫前,让忽必烈看。忽必烈得悉,恼怒地说:"汝欲使朕见而损之乎? 十倍此以待天下士,犹恐不至,况欲损之,谁肯至者"。随后,又接受阿鲁浑撒理的意见,对国子监博士弟子员优加廪饩①。可见,忽必烈为搜罗天下精英名士,为我所用,是颇为大方,毫不吝啬。

对臣下的某些专长,忽必烈往往称赞不已。

不忽木与某大臣廷辩激烈,忽必烈称赞他"吐辞锋出,人有不能及婴者。"②湖广行省理问虎都铁木禄入奏本省军事,敷陈辩白有旨趣,忽必烈赞誉他:"辞简意明,令人乐于听受。"③

高丽洪福源之子洪君祥,率所部参与筑万岁山和开通州运河,忽必烈亲谕之曰:"尔守志忠勤,朕所知也。"后应召帮助忽必烈阅览江南、海东舆地图及地理险易,奏对详明,忽必烈很高兴,赏赐他巨觥饮酒。还称赞道:"是儿,远大器也。"④

监察御史姚天福"每廷折权臣",不畏强悍,忽必烈赐号曰"巴儿思",义为老虎⑤。

南人降元将领管如德随从围猎,遇到一条河流,马匹无法跨越,管如德脱掉衣服泅渡而过。忽必烈十分欣赏,由此称管如德"拔都"勇士⑥。

此外,忽必烈称誉阎复:"有才如此,何可不用!"称誉刘肃:"卿耆年宿德,饱谙政事,宜立范模,使后人易于遵守。"赞誉商挺:

---

① 《元史》卷一百三十《阿鲁浑撒理传》。

② 《元朝名臣事略》卷四《平章鲁国文贞公》。

③ 《元史》卷一百二十二《铁迈赤传》。

④ 《元史》卷一百五十四《洪福源传》。

⑤ 《元史》卷一百六十八《姚天福传》。

⑥ 《元史》卷一百六十五《管如德传》。

"卿等古名将也,临机制变,不遗朕忧。"①

这和嫉妒臣下才能的隋炀帝相比,确实是明智的多。

重家世,重故旧。

忽必烈对家世根脚相当重视,但他并不是一味看重根脚出身的高贵。他较为注重的是:与黄金家族,特别是与忽必烈政权的故旧联系。

畏吾儿人孟速思早年事拖雷夫妇,奉命管理分邑岁赋。后为忽必烈藩邸之臣,日见亲用。曾竭力劝说忽必烈早即大汗位,又奉命监护倾向于阿里不哥的燕京断事官不只儿。忽必烈一度欲以他和安童并为丞相,对他的评价是:"贤哉孟速思,求之彼族,诚为罕也"②。

藩邸汉族儒臣中窦默应召北来较早,"诚结主知",直言无隐。忽必烈对他最为信任,曾对侍臣说:"朕访求贤士几三十年,惟得李状元(俊民)、窦汉卿二人。"当窦默年届八十,忽必烈居然恭默瞻仰,拱手于天,祷告说:"此辈贤士,安得请于上帝,减去数年,留朕左右,同治天下。"③

李德辉早事忽必烈藩邸,历任燕京宣抚使、右三部尚书、北京行省参政、安西王相等,有人诬告他收受马匹千余。忽必烈答复说:"是人朕素知,虽一羊不妄受,宁有是事!"④忽必烈为李德辉的开脱,是否正确,暂且不论。这里"朕素知"之语,很是重要。表明

① 《元史》卷一百六十《阎复传》;《元朝名臣事略》卷十《尚书刘文献公》,卷十一《参政商文定公》。
② 《元史》卷一百二十四《孟速思传》。
③ 《元朝名臣事略》卷八《内翰窦文正公》。
④ 《元朝名臣事略》卷十一《左丞李忠宣公》。

忽必烈对他所熟悉、深知的藩邸旧臣的高度信任。

世祖朝末,枢密院论平定江东军功,知枢密院事玉昔帖木儿等以为张弘范子张珪年少,授职金行枢密院事足矣。忽必烈却驳斥道:"不然。是家为国家踣金蹙宋,尽死者三世矣。汉人赐号拔都者,惟真定史天泽与其家耳。史徒持文墨议论,孰与其家功多而可靳此耶?"最终超授张珪江淮等处行枢密院副使①。

类似情况还有藁城董氏董文炳及浑源孙公亮。

忽必烈南征大理时,文炳率四十六人从征,遂入为藩邸侍臣。历任侍卫亲军都指挥使、山东经略使、参知政事、中书左丞等。忽必烈曾公开说:"文炳吾旧臣,忠勤朕所素知。"又称:"朕心文炳所知,文炳心朕所知。"②

孙公亮之父以甲匠早附蒙古,公亮本人生于漠北,通晓译语,袭父职为诸路甲匠总管,亦使用父赐名也可兀兰。忽必烈南攻鄂州之际,已得到孙公亮提供的优质铠甲。忽必烈亲征昔木土,公亮又出私财制甲胄六十袭献上。至元五年(1268年)创建御史台,孙公亮被任命为监察御史。忽必烈特意宣谕大夫塔察儿:"他人则未之识,如也可兀兰,朕熟其忠廉,宜与汝共事。"③

畏兀儿人布鲁海牙,其子孙仕进者数多,有人奏请适当减汰。忽必烈却说:"布鲁海牙功多,子孙亦朕所知,非当汝预。"④忽必烈所看重的,不仅是布鲁海牙很早充拖雷家臣,更在于其子廉希宪等

---

① 《元文类》卷五十三《平章政事张公墓志铭》。

② 《元朝名臣事略》卷十四《左丞董忠献公》。

③ 《秋涧集》卷五十八《大元故正议大夫浙西道宣慰使行工部尚书孙公神道碑》。

④ 《元史》卷一百二十五《布鲁海牙传》。

早入金莲川藩邸而为忽必烈亲近侍臣的知遇从属关系。

赏功有序,酬劳适当,是忽必烈用人的另一个良好办法。

汉军万户李庭平宋战争中出生入死,功勋卓著,又奉命押送宋主北赴京师。宫廷举行盛大宴会之际,忽必烈特意让他坐于左手诸王之下,百官之上,赏金百锭,金丝、珍珠衣各一袭。还宣谕说:"刘整在时,不曾令坐于此,为汝有功,故加以殊礼,汝子孙宜谨志之勿忘。"①

至元三十年(1293年),淮安路总管梁曾两次奉使安南,不辱使命,回京奏报与安南国王交涉事。忽必烈大喜,按照蒙古草原风俗,解下自己的衣服赏赐梁曾,又令梁坐在地上,无须跪着。中书省右丞阿里对梁享受的优遇,不太满意。忽必烈愤怒地说:"梁曾两使外国,以口舌息兵戈,尔何敢尔!"当日,一位亲王自和林返京,忽必烈命令侍从酌酒,先赐梁曾,再赐亲王。忽必烈特意向亲王解释:"汝所办汝事,梁曾所办,吾与汝之事,汝勿以为后也。"②

参知政事张雄飞刚直廉洁,是大臣中未曾接受权臣阿合马贿赂的佼佼者。忽必烈特意召至便殿,对张说:"若卿,可谓真廉者矣。闻卿贫甚,今特赐卿银二千五百两、钞二千五百贯"。张雄飞拜谢准备退出,又诏加赐黄金五十两及金酒器若干③。

蒙古札剌亦儿部百家奴,在平定南宋的战争中身先士卒,屡立战功。忽必烈听罢统帅伯颜的奏报,高兴地说:"此人之名,朕心不忘,兵还时大用之,朕不食言也。今且以良家女及银碗一赐之,

---

① 《元史》卷一百六十二《李庭传》。
② 《元史》卷一百七十六《梁曾传》。
③ 《元史》卷一百六十三《张雄飞传》。

以为左验。"①

忽必烈还善于在维护朝廷基本制度的前提下,适当给予效忠元王朝的官僚勋臣一定的优待和报偿。例如,张弘范在崖山之战后凯旋而归,请求恢复对其父张柔旧部亳州万户统领权,忽必烈颁诏批准。不料其他将帅蜂起攀比,枢密院等官府不得不拟议:平宋汉军诸将官至行省级的,允许恢复统领原属旧部。忽必烈深知,若照此实行,罢黜汉世侯的成果,就会前功尽弃。于是,果断决定:"许自择,欲将去相,欲相去将",依然坚持汉人将领的军民分任原则。遵循忽必烈的旨意,史天泽之子史格已担任湖广行省右丞,枢密院遂奏请改以张温管领邓州旧军万户。忽必烈得悉,居然说:"太尉一军,岂可代以他人?宜问其子格,可谁授者。"结果,破例令史氏仍掌邓州旧军万户,史格死后,正式授嗣子史燿邓州旧军万户②。

忽必烈在对有功官员予以赏赐的同时,又特别注意关心其家事和健康,故令臣下感铭在心。

至元十五年(1278年)夏,中书省左丞董文炳患病,请求解除宰相机务。忽必烈诏曰:"大都暑炽,非病者所宜,卿可来此,故当愈。"董文炳抵达上都后,又提出效力北边。忽必烈答复:"卿固忠孝,是不足行也。"八月天寿节皇宫举行宴会,忽必烈让董文炳上坐,还向宗室大臣宣谕:"董文炳,功臣也,理当坐是。"当董文炳病情复发时,忽必烈特意敕令御医每日前往诊视③。

---

① 《元史》卷一百二十九《百家奴传》。
② 《牧庵集》卷十六《荣禄大夫福建行省平章大司农史公神道碑》。
③ 《元史》卷一百五十六《董文炳传》。

石天麟受海都拘留二十八年,后陪同皇子北安王那木罕返回元廷,忽必烈为他的忠直感到欣慰,赏赉甚厚,一度想委以中书省左丞。看到石天麟年届七十余,体力衰惫,忽必烈就把自己所用金龙头杖赏赐他。还对他说:"卿年老,出入宫掖,杖此可也。"①

忽必烈对有功于王室者的后代也能给予悉心眷顾和优待。

蒙古乃蛮氏月里麻思奉使南宋被囚禁长沙飞虎寨三十六年而亡,忽必烈深加悼念,免除其家差役,特赐其子忽都哈思"答剌罕"之号。蒙古彻兀台氏桑忽答儿为叛王禾忽所杀,忽必烈闻而怜之,赐其兄麦里"答剌罕"②。"答剌罕",突厥语义为"自在",是成吉思汗授予若干特殊功臣的封号。受封者世世享有九次犯罪不罚,自由选择牧地,俘获及猎物尽为己有等特权。忽必烈时期受封答剌罕者,仍可享有免除赋役,官府供给其家人口粮等优遇。

湖北道宣慰使郑鼎讨伐蕲、黄二州叛乱,舟覆溺死。其子郑制宜袭为太原、平阳万户。征叛王乃颜时,忽必烈特别嘱咐:"而父殁王事,毋使在行阵"。此种安排虽因郑制宜本人的一再请求而稍作改变,但忽必烈对待功臣遗属的确格外眷顾,颇有人情味。

不拘疏远,唯才是举。

在重家世和重故旧的同时,忽必烈对疏远乃至敌对阵营的人才,也能积极搜罗,唯才是举,为我所用。

蒙古克烈氏忙哥撒儿是蒙哥汗大断事官,因党附阿里不哥论罪伏诛。对其诸子,忽必烈并没有歧视,而能以拖雷家族旧臣继续委任比较重要的官职。忙哥撒儿长子也先不花初充怯薛必阇赤

① 《元史》卷一百五十三《石天麟传》。
② 《元史》卷一百二十三《月里麻思传》,卷一百三十二《麦里传》。

长,后升燕王真金王傅。忽必烈曾特地嘱咐真金:"也先不花,吾旧臣子孙,端方明信,闲习典故,尔每事问之,必不使尔为不善也。"真金太子死后,也先不花改任云南行省平章。次子木八剌、答失蛮、不花帖木耳也分别担任御史台中丞、四川行省平章等职①。

在平宋战争中,忽必烈任用自伊利汗国奉使朝廷的伯颜为统帅,任用曾随同亲征云南的阿术为副统帅。忽必烈如此唯才不唯亲,是依据伯颜"将二十万,如将一人"和"阿术才勇善战,而士颇不附"的实际情况②,而作出的不论亲疏、才能为上的抉择。

按照忽必烈制定的种族四等级政策,汉人和南人不许执把弓矢兵器。在执行此政策过程中,忽必烈也能有所变通。他曾对巩昌便宜都总帅汪德臣之子汪惟和说:"汝家不与它汉人比,弓矢不汝禁也,任汝执之。"③忽必烈之所以把汪氏"不与它汉人比",既因为汪氏在族源上和汪古部有瓜葛,也是汪氏较早归附蒙古和屡建殊勋使然。

重实用,斥空言。

这也是忽必烈用人时所奉行的原则之一。有关这方面的情形,第十六章第一节已作描述。这里,稍加补充忽必烈对汉族儒臣"以老避事"的态度。

至元三年(1266年),忽必烈批评许衡:"谓汝年老,未为老;谓汝年小,不为小。正当黾勉从事,毋负汝平生所学。"二十七年后,年届耄耋之岁的忽必烈又评论道:"汉人每以老避事,国人则不

---

① 《元史》卷一百三十四《也先不花传》。
② 《元朝名臣事略》卷二《丞相淮安忠武王》。
③ 《元史》卷十五《世祖纪十二》至元二十六年六月己酉。

然。目明身健，即为不老。"①汉地王朝因科举取士，官员数多，年老致仕退休，成为历朝固定制度。蒙元帝国全然不顾及官员的这些因素。在忽必烈看来，"目明身健，即为不老"，就是有用之材，就可以为国家效力。可见，在年老有用与否的问题上，忽必烈仍然恪守实用为上的原则。

忽必烈对忠义臣节看的很重，对忠诚于君主之人，格外赏识。

契丹后裔王珣自1215年归附木华黎以来，与其子王荣祖在辽东、高丽一带镇戍征战，屡建战功。中统元年（1260年）夏，北京等路征行万户王荣祖前来朝见，忽必烈特意抚慰说："卿父子勤劳于国，诚节如一。"②

而对1258年在四川前线投降蒙哥的南宋将领杨大渊，忽必烈中统元年也颁降手诏曰："尚厉忠贞之节，共成康乂之功。"③

至元十二年（1275年），刚刚降元的南人将领管如德北上入觐，忽必烈听到管如德事父至孝，于是笑着对管说："是孝于父者，必忠于我矣。"④

至元二十六年（1289年）叛王海都率兵东掠漠北和林，两名和林宣慰使怯伯和刘哈剌八都鲁采取了截然不同的态度。怯伯背叛朝廷，投降海都。刘哈剌八都鲁历尽艰难，脱身归报朝廷。忽必烈对刘哈剌八都鲁的归来，甚是惊喜，赏赐他中统钞五千贯，随同南归的将士也受到奖赏。忽必烈还对侍臣说："譬诸畜犬，得美食而

---

① 《元朝名臣事略》卷八《左丞许文正公》；《至正集》卷四十八《刘平章神道碑》。

② 《元史》卷一百四十九《王珣传》。

③ 《元史》卷一百六十一《杨大渊传》；《秋涧集》卷八十《中堂事记》（上）。

④ 《元史》卷一百六十五《管如德传》。

弃其主,怯伯是也。虽未得食而不忘其主,此人是也。"又下令将其名字由刘哈剌斡脱赤改为察罕斡脱赤①。

或许出于直率,忽必烈往往称赞蒙哥汗时塞咥旃暗中以官物助己的才能。近臣不忽木反驳道:"是所谓为人臣怀二心者。今有以内府财物私结亲王,陛下以为若何?"忽必烈听罢,连忙挥手说:"卿止,朕失言。"②表明忽必烈虚怀若谷,十分注意吸取臣下有关臣节的正确意见。

在评论叶李和留梦炎这两位南人官僚时,忽必烈曾云:"梦炎在宋状元及第,位至丞相,贾似道怀谖误国,罔上不道,梦炎徒依阿取容,曾无一言,以悟主听。李,布衣之士,乃能伏阙门上书,请斩似道。是李贤于梦炎明矣。"后又命令赵孟頫书写"往事已非那可说,且将忠直报皇元"等诗句,以讥刺留梦炎③。从褒叶贬留的态度看,忽必烈的忠义臣节观念十分浓厚,即使对亡宋降元官僚,也以此观念评定其贤否高下。

有人说忽必烈宠用王文统、阿合马、卢世荣、桑哥等,表现了他重实用轻品德的用人原则④。此说有些道理,但不太全面。忽必烈重实用,毋庸置疑,其用人还是讲究道德的。忽必烈对忠义臣节看的很重,不就是讲道德吗?

二、用人所长　特许便宜

根据时势需要和个人特长,适时使用各类人才,是忽必烈任用

① 《元史》卷一百六十九《刘哈剌八都鲁传》。
② 《元史》卷一百三十《不忽木传》。
③ 《松雪斋集》附录《大元故翰林学士承旨赵公行状》。
④ 杨建新、马曼丽《成吉思汗忽必烈评传》,第424页,南京大学出版社2002年。

宰相等重臣时坚持的一条基本原则。

如前所述,中统年间,忽必烈政权面临的主要任务是:构建元帝国统治的基本框架,对付并战胜来自阿里不哥的挑战。此时忽必烈任用的宰相班底,以右丞相史天泽为首,包括平章王文统、廉希宪、左丞张文谦及谋臣刘秉忠等核心人物。其中主持政务和理财的是平章王文统。

至元元年(1264年)到十九年(1282年),元朝廷的主要任务实施罢黜汉世侯,实施大规模的平宋战争及抵御海都等西北叛王,忽必烈使用回回人阿合马为宰相,把持中书省大权近二十年,极力敛取巨额财富,为以上艰巨任务提供有力的物资支持。同时,在蒙古、色目、汉人、南人诸族群矛盾错综复杂的情况下,阿合马因其察必皇后陪嫁媵人和藩邸旧臣的特殊身份,自然也是忽必烈最可信赖的。

至元二十年(1283年)到三十一年(1294年),元朝廷既要对付海都、乃颜等叛乱,又忙于征伐日本、安南、爪哇等。这十一年间,忽必烈任用的宰相,变动较为频繁,先是蒙古大臣和礼霍孙主政,接着是卢世荣理财,很快又换为桑哥柄国,最后三年是完泽和不忽木接任丞相、平章。但是,这批宰相的中心工作与阿合马当政时并无根本变化,依旧是敛取巨额财富,以支持抵御叛王和征伐海外的战争。

忽必烈曾经说:"夫宰相者,明天道,察地理,尽人事。兼此三者,乃为称职……回回人中,阿合马才任宰相。"①从忽必烈任用宰相的实践看,他讲的宰相称职三条件,其实可以归结为一,那就是

---

① 《元史》卷十《世祖纪七》至元十五年六月;卷二百五《阿合马传》。

敛取巨额财富,为其穷兵黩武的内外战争服务。阿合马能胜此任,所以"回回人中,阿合马才任宰相"。王文统、卢世荣、桑哥等在某段时期受到忽必烈宠幸,也是同样的原因。

忽必烈宠用以上以理财见长的宰相,与他的功利目标是分不开的。自忽必烈登上蒙古第五任大汗和大元皇帝的宝座,与阿里不哥、海都、昔里吉、乃颜等叛王的战争,平定南宋的统一战争以及对安南、日本、爪哇、缅国的征服战争等,接踵而来。有些是忽必烈主动发起的,有些则是被迫举行的。要取得这些战争的胜利,要建立和祖辈父兄们相媲美的伟大功业,忽必烈必须"嗜利黩武"。于是,任用王文统、阿合马、卢世荣、桑哥等,帮助他敛取巨额财富,为其穷兵黩武的内外战争服务,也必不可少。在这个问题上不必过分责备忽必烈。历史上建有拓边统一等丰功伟业的秦皇汉武,哪一个身旁没有聚敛之臣为他提供巨大的财富支持。或者可以说,任用王文统、阿合马、卢世荣、桑哥等为宰相,不是什么严重的过错,而是忽必烈在成就其功业过程中迫不得已的选择,或者算是忽必烈审时度势,适当使用各类人才的可圈可点之处。

诚然,敛取巨额财富的另一个直接后果,无疑是加重民众的负担。忽必烈本人也清楚地知道:"财赋办集,非民力困竭必不能"①。这也是阿合马、卢世荣、桑哥等理财专权引起朝野怨恨而被斥为奸臣的重要原因。

忽必烈还特别善于适时调用某些重臣独当一面,解决军政难题,而且运用恰当,往往收到非常好的效果。

中统初,忽必烈派性格刚强、敢作敢当的藩邸旧臣廉希宪,和

---

① 《元史》卷一百七十三《马绍传》。

商挺一起前往关中，主持对付浑都海、阿蓝答儿的关陇战事。廉、商二人对关陇情况熟悉，对昔日阿蓝答儿钩考遭受的屈辱压抑记忆犹新，多谋善断，独立办事能力强，且得到忽必烈充分信任。所以，能够在敌我兵力众寡悬殊的形势下，聚集和扩大我方军队的局部优势，果断攻击，最终取得了胜利。

至元十一年（1274 年）春，忽必烈又把廉希宪派往辽阳任北京行省平章，命他"见往知来，察微烛著"，监督辽阳一带的诸王驸马。而当右丞相安童奏请廉希宪行省河西时，忽必烈竟说："河西诸王列地，希宪执法于朕意无所曲从，岂听宗王语者。"忽必烈对藩邸旧臣廉希宪的性情了如指掌，元政权当时对东道、河西宗王的政策也有强硬、怀柔之别。忽必烈命令廉希宪行省辽阳而不同意其行省河西，可谓人尽其才，恰到好处。

至元十一年底，伯颜率大军渡江成功，占领鄂州。负责经营荆湖的阿里海牙奏请朝廷派一重臣坐镇江陵，遏制长江上游的宋军，并为鄂州一线的元军提供战略支援。忽必烈接到奏报，连夜召见廉希宪，嘱咐道："荆南入我版籍，使新附者感恩忘苦，未来者怀化效顺，宋知我朝有臣如此，亦足降其心也……今以大事托卿，卿当不辞。"还给予廉希宪承制版授三品以下官的权力。廉希宪欣然受命，兼程上任，不出两年，果然把江陵治理得政化大行，声及四远，不仅为荆湖地区的军事经略提供了战略支援，也树立起了元朝统治江南的样板①。

随着平宋战争的结束和昔里吉等蒙古叛王频繁进犯漠北和林腹地，忽必烈在漠北的调兵遣将，也颇为得法。针对多数蒙古大千户军

---

① 《元朝名臣事略》卷七《平章廉文正王》。

队陷入动荡和混乱,难以稳定依赖的非常情况,忽必烈采取了调动汉军将领李庭、刘国杰北上和果断起用钦察军将土土哈的有效措施。

南宋灭亡不久,忽必烈迅速委任平宋战争的两员虎将李庭和刘国杰为汉军都元帅,连同左、右、中三卫侍卫亲军调往漠北战场。忽必烈勉励李庭说:"汝在江南,多出死力,男儿立功,要在西北上也。今有违我太祖成宪者,汝其往征之。"

起用钦察军将土土哈,事出偶然。至元十五年(1278年)调集大批军队北征时,仅让土土哈率钦察骁骑千人从行。在此次与叛王的作战中,土土哈追击逾阿尔泰山,殊死力战。忽必烈发现这位来自钦察的战将肯为漠北战事效死,特意召至御榻前,亲加慰劳和犒赏。忽必烈破例把土土哈夺回的祖宗大帐赏赐给他,曾对他谕示:"祖宗武帐,非人臣所得御,以卿能归之,故以授卿。"还特命土土哈收集元隶属于诸王和官府的钦察族人,专门组建钦察卫军,作为一支部族精锐军团,北上抵御海都①。

而后,忽必烈又根据战事的需要,把平定南宋的正、副统帅伯颜和阿术,调往漠北坐镇指挥。在发觉伯颜在漠北作战保守,"无尺寸之获"的弱点后,忽必烈又果断以御史大夫玉昔帖木儿接替伯颜②。玉昔帖木儿是成吉思汗所封右手万户博尔术之孙,在漠北蒙古地区旧部较多,威望颇高,让他取代伯颜统领漠北元军,的确是一着好棋。

其他像赛典赤·赡思丁行省云南,相威首任江南行御史台大夫等,同样是善于使用某些重臣独当一面的成功范例。

---

① 《元史》卷一百六十二《李庭传》,卷一百二十八《土土哈传》;《金华集》卷二十五《湖广行省平章政事刘公神道碑》。
② 《元史》卷一百二十七《伯颜传》。

特许便宜,用人不疑。

忽必烈还允许臣下在紧急情况下临机应变,便宜行事。中统元年(1260年),忽必烈命令廉希宪、商挺宣抚川陕,对付阿里不哥阵营的浑都海等。当时屯驻成都的密力火者握有重兵,廉希宪与商挺担心他发动兵变,派遣刘黑马乘驿前往矫称新大汗忽必烈旨意,杀掉了密力火者。而后,密力火者之子赴朝廷告状。忽必烈宣谕道:"兹朕命也,其勿复言。"①忽必烈清楚地知道,在关陇鏖战敌强我弱的情况下,廉希宪、商挺为主动掌握必要的军队而采取一些非常措施,是十分合理的。所以,亲自出面替他们开脱,避免了许多麻烦。

刑部尚书不忽木奉命往大同鞫问河东山西道按察使贷官钱而强令所部州县输羊马案,入境后发现当地闹饥荒,于是先发仓廪赈灾而后治狱。有人控告不忽木违制擅发仓廪之罪。忽必烈竟然说:"出使之臣,身见岁恶,须请而发,民殍死矣!何罪?"②

至元十四年(1277年)忽必烈亲征漠北,中书左丞董文炳请缨北上,忽必烈却嘱咐董:"所亟召卿,意不在此。竖子盗兵,朕自抚定。山以南,国之根本也,尽以托卿,卒有不虞,便宜处置以闻。中书省、枢密院事无大小,咨卿而行。已敕主者,卿其勉之。"③董文炳是忽必烈所信任的藩邸旧臣,此时将大都留守的便宜处置权交付董文炳,是必要和适宜的。

至元十五年(1278年)汉军都元帅刘国杰与指挥使贾某奉命率左、右、中三卫侍卫亲军一万人赴漠北抵御叛王海都。临行,忽

---

① 《元史》卷一百四十九《刘黑马传》。

② 《元朝名臣事略》卷四《平章鲁国文贞公》。

③ 《元文类》卷七十《藁城董氏家传》。

必烈嘱咐刘国杰："朕不识贾指挥何如人，边事一付于汝。"又说："山南安知山北事！不用命者，先斩后奏。"至元三十年（1293年）忽必烈欲再次征讨交趾，命刘国杰为湖广安南行省平章率军前往。刘国杰请求与一宗王同时前往。忽必烈以一蛇两首，难以行动为喻，不予批准。后来勉强同意刘国杰为主帅，宗王亦吉列台任监军。忽必烈又特为降诏宣谕："凡号令进退赏罚，一决于公，宗王受成而已。"①忽必烈懂得，任用统帅率兵作战，克敌制胜，必须用而不疑，放手让统帅在前线独立行使权力。忽必烈如此行事，可谓通晓事体、豁达大度。

又如至元二十七年（1290年）忽必烈欲派遣宿卫出身的北京路总管张立道再次出使安南。张立道请求以重臣一人位其上。忽必烈答复："卿朕腹心臣，使一人居卿上，必败卿谋。"张立道果然比较顺利地履行了使命②。忽必烈清楚地知道，在皇子镇南王等屡征安南均告失败的形势下，奉使安南，事情重大，与对方谈判甚为复杂和困难。任用不专，很可能节外生枝。忽必烈如此安排，是比较明智的。

三、乐于纳谏　择善而从

忽必烈乐于纳谏，能够听取各种不同意见，常常颁降求言之诏："其言可采，优加旌擢；如不可采，亦无罪责。"③因而往往可以集中臣僚智慧，随时纠正错误。这既是忽必烈保持政治清明和决策基本正确的"法宝"，又是他宽阔胸怀、豁达性情的显现。

①　《金华集》卷二十五《湖广行省平章政事刘公神道碑》。
②　《元史》卷一百六十七《张立道传》。
③　《归田类稿》卷二《时政书》。

从藩王时代起,忽必烈就喜欢模仿唐太宗李世民,模仿的重要内容之一就是纳谏。忽必烈懂得"以一身临四海,统万机,一或逸弛,则民受其殃"的"为君之难"①,他似乎能把纳谏和集中臣下智慧,当作克服君临天下之难的办法之一。他曾对臣下说:"朕欲求如唐魏征者,有其人乎?""朕于廷臣有戆直忠言,未尝不悦而受之;违忤者,亦未尝加罪。盖欲养忠直,而退谀佞也。"②

忽必烈如是说,也大体如是做。忽必烈饮用马奶酒过量,患足疾,王府医生许国祯所进药味苦,忽必烈推却不肯服用。许国祯说:"古人有言:良药苦口利于病,忠言逆耳利于行。"不久,忽必烈足疾再次发作,悔恨交集,终于接受许医师的良药和忠言,还特意赏赐许七宝马鞍③。

至元初,有人控告西川军帅钦察罪恶,忽必烈敕令中书省火速派使者杀掉钦察。次日,平章廉希宪复奏,忽必烈一度以迟缓误事发怒。廉希宪进一步奏言:"钦察大帅,以一人之言被诛,西川必骇,逮之至此,与讼者庭对,暴其罪于天下可也。"忽必烈采纳廉希宪的建议,派遣有能力的官员按问此事,终于查明所告不实④。

至元二年(1265年),大名路一带发生大水灾,漂没百姓庐舍,租税无从交出。路总管张弘范擅自免除了百姓的税收。朝廷以为,张总管专擅行事有罪。张弘范请求进京觐见忽必烈,上奏说:"臣以为朝廷储小仓,不若储之大仓。"忽必烈云:"何说也?"张弘范回答:"今岁水潦不收,而必责民输,仓库虽实,而民死亡殆尽,明年租将安

---

① 《元朝名臣事略》卷四《平章鲁国文贞公》。
② 《元史》卷一百五十八《窦默传》,卷一百三十四《朵儿赤传》。
③ 《元史》卷一百六十八《许国祯传》。
④ 《元朝名臣事略》卷七《平章廉文正王》。

出? 曷若活其民,使不致逃亡,则岁有恒收,非陛下大仓库乎!"忽必烈最后裁定:"知体,其勿问。"①忽必烈听罢张弘范的辩白和谏言,居然赞同其擅自免除灾民租税的做法。这也是择善而从吧!

御史台建立后,一度设立两名大夫为长官,监察御史姚天福向忽必烈进言:"古称一蛇九尾,首动尾随;一蛇二首,不能寸进。今台纲不张,有一蛇二首之患。陛下不急拯之,久则紊不可理。"忽必烈依其言而行,裁减了一位御史大夫。后来,姚天福又藉御史大夫玉昔帖木儿连夜密奏,劝阻废罢按察司。忽必烈答复说:"此天下安危计也,其勿罢。"②

至元二十年(1283年),有人举报江南赵宋宗室造反,忽必烈下令派遣使者拘捕至京师。宿卫士阿鲁浑撒理进谏说:"言者必妄,使不可遣。"忽必烈问其理由。阿鲁浑撒理回答:"果若反,郡县何以不知。言者不由郡县,而言之阙庭,必其仇也。且江南初定,民疑未附,一旦以小民浮言辄捕之,恐人人自危,徒中言者之计。"忽必烈大悟,立刻召回使者,追究举报真相,果然是诬告。忽必烈称赞阿鲁浑撒理说:"非卿言,几误,但恨用卿晚耳。"③

至元二十一年(1284年)正月,诸王百官为忽必烈上尊号曰宪天述道仁文义武大光孝皇帝,朝臣集议大赦天下。参知政事张雄飞劝谏:"古人云:无赦之国,其刑必平。故赦者,不平之政也。圣明在上,岂宜数赦!"忽必烈高兴地采纳了张的意见。还对张雄飞说:"大猎而后见善射,集议而后知能言,汝所言者是,朕今从汝。"

---

① 《元史》卷一百五十六《张弘范传》。
② 《元史》卷一百六十八《姚天福传》;《元文类》卷六十八《大都路都总管姚公神道碑》。
③ 《元史》卷一百三十《阿鲁浑撒理传》。

结果仅颁布了轻刑之诏①。

有人盗窃上都大安阁祭祀神仙之币，忽必烈命令诛杀此人，群臣没有人敢提出异议。提点太医院事许扆独自劝谏说："敬神，善事也。因置于死地，臣恐神不享所祭。"忽必烈听罢，立即下令释放了盗币人。事后，又赏赐许扆白玉带，且对他说："以汝洁无瑕，有类此玉，故以赐汝也。"②

忽必烈在上都行宫帐殿大宴群臣时，有不能大杯饮酒的，就脱去衣服帽子，以示处罚。监察御史魏初上疏："臣闻君犹天也，臣犹地也，尊卑之礼，不可不肃。方今内有太常，有史官，有起居注，以议典礼，记言动；外有高丽、安南使者入贡，以观中国之仪。昨闻锡宴大臣，惟一弗谨，非所以尊朝廷，正上下也"。忽必烈欣然采纳，又谕告侍臣今后不得复为此举③。大杯狂饮及其惩罚，盛行于蒙古草原。忽必烈听从臣下意见，废止行宫宴会中的此类旧俗，应该是难能可贵的。

臣下进谏和皇帝纳谏，不免引出犯龙颜、逆龙鳞等一系列问题，真正做起来并非易事。廉希宪进谏，"谠论具陈，无少回惜"，忽必烈听罢，并不舒坦。一次，他埋怨廉希宪说："汝昔事朕王邸，犹或容受，为天子臣，乃尔木强邪？"④说明忽必烈同样遇到臣下进谏伤害其颜面和权威的问题，只是忽必烈相对冷静一些、理智一些而已。

由于忽必烈比较能够接受臣下言辞激烈的进谏，比较能够容

---

① 《元史》卷一百六十三《张雄飞传》。
② 《元史》卷一百六十八《许扆传》。
③ 《元史》卷一百六十四《魏初传》。
④ 《元朝名臣事略》卷七《平章廉文正王》。

忍臣下的直言不讳,在他身旁长期有几名诤臣存在。如敢于公开顶撞忽必烈的廉希宪,"屡为直言,虽帝怒甚,其辞不少屈"的昂吉儿,"犯颜谏诤,刚毅不屈"的许衡,"不肯阿意承顺"的王磐,"负才气,刚直敢言"的崔彧等等①。这应是忽必烈朝政治比较清明和上层决策比较符合实际的重要保障性因素。

政治家的个人才能,未见得必须超越凡人多少,但用人之道则需要十分讲究。忽必烈的高明之处,既在于识别各类人才,也表现在运用灵活方法让人尽其才,物尽其用。忽必烈重名士,重家世,重故旧,不拘疏远,唯才是举,重实用,斥空言,惜臣节,用人不疑,特许便宜,乐纳谏等等,多数是独树一帜的个性化举措,少数是模仿前人。《元史》撰者称其为"知人善任使",殆非虚言。这也是忽必烈政治上取得成功的必要条件。

第三节　缔造元帝国的功业

综观忽必烈四十余年的政治生涯,不难窥见:作为成吉思汗继承者和元帝国缔造者的忽必烈,其一生最主要的功业建树,可概括为三项:少数族君主统一和治理南北的第一人,创立并实施"内蒙外汉"二元模式,多民族统一国家发展的推动者。这三者应是忽必烈对 13、14 世纪的中国及亚洲积极历史作用的集中体现,也是他可以超越秦皇、汉武、唐宗、宋祖和乃祖成吉思汗的地方。

---

① 《元史》卷一百二十六《廉希宪传》,卷一百三十二《昂吉儿传》,卷一百五十八《窦默传》,卷一百六十《王磐传》,卷一百七十三《崔彧传》。

一、少数族君主统一和治理南北的第一人

忽必烈首先是少数族皇帝统一中国南北的第一人。

在五千年的历史长河中,统一中国南北的汉族皇帝不乏其人,如秦始皇、汉武帝、隋文帝、唐太宗等等。相对而言,统一中国南北的少数族皇帝就比较少了。

386 年鲜卑人拓拔珪建北魏政权,398 年定都平城(今山西大同东北)。494 年魏孝文帝迁都洛阳,其疆域北至大漠,西至新疆东,东北至辽河,南至江淮,统治北方长达 149 年。

916 年契丹人耶律阿保机建契丹国,947 年改国号大辽,一度攻陷汴梁,掳掠人口财物北撤。迄 1125 年,辽朝一直雄据北方,以上京临潢府为统治中心,西至流沙,东至黑龙江,北至胪朐河(今克鲁伦河),南方疆域只达到河北中部。

1115 年女真人阿骨打建大金国,后灭辽朝和北宋,控制北方大部分地区。又迁都燕京,疆域东到日本海,北至大漠,西至河套,南至淮河,与南宋、西夏政权并存对峙近 120 年。

北魏、辽、金及大蒙古国等少数民族政权,都是入主中原的佼佼者,但他们只统一或占领了北方地区。江南及西南地区均未能囊括。

忽必烈成功地平定了南宋政权,结束了中国三百余年的分裂割据和南北对峙,完成了新的大一统。此处"中国"的概念,应是广义的,实际上涵盖了当今中国、蒙古为中心的东亚、中亚大陆。这正是魏孝文帝、耶律阿保机、海陵王、成吉思汗等未曾做到的,也是忽必烈超越他们的地方。

忽必烈所建立的元帝国不仅开了少数民族皇帝统一中国的先

河,所辖疆域也明显超过了秦、汉、隋、唐等汉族皇帝所建的统一王朝。

《元史·地理志》云:"自封建变为郡县,有天下者,汉、隋、唐、宋最盛,然幅员之广,咸不逮元。汉梗于北狄,隋不能服东夷,唐患在西戎,宋患常在西北。若元,则起朔漠,并西域,平西夏,灭女真,臣高丽,定南诏,遂下江南,而天下为一。故其地北逾阴山,西极流沙,东尽辽左,南越海表"。

所言"北狄"即匈奴,"南诏"即云南,"西戎"即吐蕃。西汉在西域"拓地虽远,而攻取有正谲,叛服有通塞"。唐帝国时期,虽然有唐蕃甥舅之盟,但唐与吐蕃始终是分辖东西的两个并立政权,二者不存在隶属关系。南诏也没有归入唐帝国的统辖之下。况且,后期又有"腹心之地为异域"的藩镇割据问题。时至元朝,云南设行省,吐蕃属宣政院,两地均正式隶属于元朝廷,从而奠定了我们多民族统一国家西南疆域的基本轮廓。也就是说,元帝国的大统一,比起秦、汉、隋、唐来,最突出的是首次将吐蕃和云南纳入版图之内。元人称:"古之一统,皆名浮于实",元帝国的大一统,"实协于名",真正做到了"六合同风,九州共贯"①。而吐蕃、云南及江南,都是忽必烈亲自置于元帝国统治之下的。

忽必烈又是少数族皇帝中有效治理中国南北的第一人。

在数十年的政治生涯中,忽必烈武功和文治相益彰,统一与治理共辉煌。他不仅以蒙古铁骑统一了中国南北,而且杂糅蒙汉制度对广袤疆域实施了卓有成效的中央集权式的治理。

第一,以汉法治汉地,卓有成效。

---

① 《至正集》卷三十五《大一统志序》。

如前所述,忽必烈政权建立之初,采纳汉儒士的建议,使用中统和至元两个年号,立大元国号,以示进入中原传统王朝系列。又废和林旧都,立漠南两都——上都、大都,将统治中心自漠北南移。又劝课农桑,兴办水利,恢复汉地的农业生产,禁止蒙古军践踏毁坏稼穑。还设置中书省、枢密院、御史台等汉地式官僚机构,罢黜汉世侯,重建路府州县及官吏迁调制度。又重用包括藩邸旧臣及新选精英在内的部分汉族士大夫,或参谋朝政,或举办儒学教育。占领江南后又大体保留原先的土地赋税制度,维持了当地较先进的经济结构和生产方式等。在吸收汉法和以汉法治汉地方面,忽必烈的确是蒙古统治者中最主动、最积极的一员,而且取得了卓越的成效。

　　第二,吸收汉法,弥补蒙古旧制的缺陷和不足。

　　譬如引入汉地王朝立太子储君制度,改变蒙古国汗位继承规则不完善而生内讧的弊端。尽管因为真金太子英年早逝,此项改进并不十分顺利,但毕竟打破了蒙古忽里台贵族会议选汗旧俗的支配,加大了预立太子在皇位传承中的作用,为元中后期太子储君制度的成熟铺平了道路。忽必烈还部分吸纳汉地食邑制和辽金二税户制,对蒙古投下分封制实施局部性改造,既保留蒙古贵族封君的权益,又将其限制在不危害朝廷中央集权的范围内。

　　第三,杂糅蒙汉,创立适合元帝国统治的新制度。

　　在治理元帝国的过程中,忽必烈因时因地制宜,开创了一些新的制度。譬如,融合蒙古国燕京等处三断事官和魏晋以来行台等因素,设置行中书省,作为中书省的派出机构和地方最高官府,统辖中书省直辖区以外的江浙、江西、湖广、云南、四川、陕西、甘肃、河南、辽阳等地区；根据成吉思汗"凡临官事者互相觉察"的旨意①,吸取汉地监察制度,创建江南行御史台和二十二道肃政廉访司为中心的地方监察制度；变通宋、金纸钞旧制,推行统一的中统钞和至元钞等货币制度；创立宣政院和帝师为首的政教合一体制,对吐蕃进行较直接的管辖；创设宗王出镇和行省治庶事相结合的体制,统制云南、甘肃、陕西、扬州、漠北等边徼要地。

由于实施了以上三条举措,忽必烈对大元帝国的治理,取得了超越成吉思汗等任何游牧君主的积极成效。《元史·地理志一》"盖岭北、辽阳与甘肃、四川、云南、湖广之远,唐所谓羁縻之州,往往在是,今皆赋役之,比于内地；而高丽守东藩,执臣礼惟谨,亦古所未见"等语,又足以表明忽必烈在包括吐蕃、云南、岭北、辽阳等广袤疆域内的中央集权治理,同样是相当有效和前无古人的。前述王恽、马可波罗、瓦撒夫、萨囊彻辰、赵翼诸人虽然对忽必烈的议论评价高下不一,但在"混一天下"和"留意治道"两方面,却是众口一词和同声赞誉。换言之,忽必烈治理元帝国的业绩受到中外史家的充分肯定和高度评价。

因此,我们认为,忽必烈既是第一位征服和统一了中国南北的少数族皇帝,也是第一位有效治理全中国的少数族皇帝。少数族皇帝统一和治理中国南北的第一人,统一与治理共辉煌,应是对忽必烈政治生涯恰当的概括总结。

元帝国的大统一和有效治理,标志着我国多民族统一国家成长和发展进入一个新阶段。它缔造了各民族、各地区在统一中央政府管辖下的相对安定的环境,促进了南北社会经济文化的交流

---

① 《元史》卷二百五《桑哥传》。

与发展,促进了边境少数民族地区的进一步开发与各民族间的交流、融合。元王朝的行省制度,在边疆管辖上独辟蹊径,开创了高层政区分寄式中央集权模式,为后世处理中央与地方关系留下了可贵的经验和启示。这些都是忽必烈元帝国的大统一和有效治理所发生的比较积极的历史作用。

另外,有的学者还认为,海外征伐及鼓励海外贸易的政策,给蒙元帝国已有游牧国家与农耕国家混合体带来海洋国家性质,从而使蒙元帝国的发展步入的第二阶段,即成为横跨欧亚、包括陆地海洋的前所未有的世界大帝国。忽必烈本人可以称为蒙元帝国的第二位创业者①。这应该是立足近世世界史发展轨迹的更为宏观的见解。

二、创立并实施"内蒙外汉"二元模式

忽必烈之所以能够成就其大统一和有效治理的非凡功业,还在于从疆域庞大、民族成分复杂、经济文化多元的客观条件出发,不拘泥祖制,也不照搬汉法,在治理方式上作出有益的探索,创立并实施比较切合实际的模式和办法,即"内蒙外汉"二元模式。

1939 年,法国学者格鲁塞率先提出了忽必烈统治政策的一个新的重要命题:

"忽必烈推行一种二元政策……从蒙古人的观点来看,他在原则上(如果不是在现实中)始终如一地维护了成吉思汗帝国精神上的统一。作为至高无上的汗,即成吉思汗和蒙哥统治的继承

① 杉山正明《遊牧民から見た世界史》,日本日經ビジネス人文庫 2003 年。

人,他坚持不断地要求成吉思汗各大封地的服从……在中国,他企图成为19个王朝的忠实延续者。其他的任何一位天子都没有像他那样严肃地扮演着自己的角色。他恢复的行政机构治愈了一个世纪之久的战争创伤。宋朝灭亡以后,他不仅保留了宋朝的机构和全部行政官员,而且还尽一切努力得到了当时任职官员们的个人的效忠。在征服土地以后,他也完成了对人们头脑的征服,他想获得的最伟大的名声也许不是'他是世界上第一位征服全中国的人',而是'第一位治理中国的人'"①。

格鲁塞的蒙汉"二元政策"的说法,将忽必烈评价提升到一个新的境界。至于忽必烈"完成了对人们头脑的征服"的见解,又可以得到前揭汉人官吏王恽的赞颂效忠这位蒙古皇帝的八首五言律诗的印证。

20世纪80年代,周良霄又认为,元世祖忽必烈在中国历史和蒙古族历史的发展上都是一个影响比较深远的人物。他创建元王朝后,重新确定中央集权政治,恢复濒于中断的社会生产,进而灭亡南宋,完成了全国规模的大统一。忽必烈迫于稳定统治的需要,不能不改行"汉法",采用与中原发达的经济基础相适应的"汉官仪制"。同时,他又把保持蒙古旧俗和推行民族压迫,当作维护蒙古贵族统治的另一个主要杠杆。而且在采行汉法上,忽必烈也经历了一个从积极开展到消极停顿的过程。总的来说,忽必烈的前期是进步与积极占主导,后期则主要是保守和消极,但后期的消极作用在他整个一生的事业中毕竟只占次要的地位。他的历史功勋

---

① 《草原帝国》蓝琪译本,第375页,商务印书馆1998年。

是值得我们肯定的①。

美国学者罗沙比进一步指出："忽必烈统治的成就是显著的。与其他蒙古大汗相同,他继续从事军事征伐。他最辉煌的胜利是征服中国的南宋……从而确保忽必烈作为蒙古人中的一位伟大统帅的地位。而他在政治上的成就可能是令人印象深刻的。他希望使汉人相信他日益汉化的同时,本民族同胞仍对他信任。他设立了进行统治的行政机构,在中原建立了一座首都,支持中原宗教和文化,并且为朝廷设计出合适的经济和政治制度。然而,他并未抛弃蒙古传统,保持着大量的蒙古习俗"②。

白钢又主张:忽必烈"附会汉法",是历史的必然,在历史上曾经起过一定的进步作用。但是,由于他的立足点是"附会",以致造成有元一代的典章制度呈现出蒙古旧制与金制、宋制兼容并蓄的局面。这种诸制并举的本身,反映了"附会汉法"带有很大的局限性,造成了社会制度混乱。元朝之所以不足百年而亡,不能说与忽必烈有意识地保留大量旧制没有关系。对忽必烈"附会汉法",不宜估计过高③。

如果是 14 世纪—19 世纪人们对忽必烈的评价尚处于功勋过错议论阶段,那么,20 世纪学者们的看法就开始上升到一个新的境界,即开始从政策的二元和矛盾性的角度,审视和考量忽必烈及

---

① 《忽必烈》,吉林教育出版社 1986 年;《论忽必烈》,《中国社会科学》1981 年第 2 期。

② 《剑桥中国辽西夏金元史》史卫民等译本,第 561 页,中国社会科学出版社 1998 年;另参阅 Rossabi, Morris. Khubilai Khan : His Life and Times. Berkeley and Los Angeles: Univisity of California Press, 1988.

③ 《忽必烈附会汉法的历史考察》,《中国史研究》1981 年第 4 期。

其时代。尽管大家的认识视角和部分见解不完全相同,但是,学者们逐渐达成了这样的共识:如何治理好以中原汉地为代表的广大被征服区域,如何整合蒙古统治模式和新征服地区原有的统治模式,是忽必烈难以回避的历史使命。忽必烈既行汉法,又存蒙古旧俗。他的政治生涯,他的政治文化二元政策,与祖辈父兄明显不同,一方面他是承袭草原传统的蒙古帝国第五位大汗,另一方面他又是作为中原王朝系列的元王朝的开国皇帝。可以说,他的一生都是在努力编织政治文化的蒙汉杂糅之"梦"。

笔者进而认为,上述蒙汉杂糅中,汉法和蒙古旧俗并非平分秋色,也未必存在二者在前期和后期主导位置的互换。忽必烈的政治文化二元政策,多数情况下是以"内蒙外汉"的形式表现出来的。草原旧俗为代表的蒙古制度,相当多地占据忽必烈政治文化政策的内核部分,汉法制度则往往居外围或从属位置。

这个问题本身比较复杂,又关系到忽必烈一生评价乃至元帝国的政策取向。有必要在前面详细叙述忽必烈一生具体事迹之后,分为政治上的蒙汉二元或"内蒙外汉",文化习俗上的蒙汉二元或"内蒙外汉","内蒙外汉"政策的根源与后果等三个方面,阐发笔者的这个新看法,也算是对忽必烈整体评价的新尝试、新探索。

忽必烈政治上的蒙汉二元或"内蒙外汉",可以从官制、军制、分封制、宫室制、户籍制等方面得到解读。

忽必烈所创建的元朝中央官制,是由中书省、枢密院、御史台三大衙门为主,另加数十个院、府、司、寺、监而构成。从性质归属上看,上述中央官制,又能分为蒙古游牧官、汉地官、管理皇室事务等特设官府三个系列。

蒙古游牧官包括札鲁忽赤断事官,必阇赤(掌文书)、扎里赤(书写圣旨者)、博儿赤(掌烹饪饮食者)、速古儿赤(掌尚供衣服者)、答剌赤(掌酒者)、舍利别赤(掌果汁饮料者)、阿察赤(掌架设帐幕者)、炷剌赤(掌宫中灯火者)、虎儿赤(奏乐者)、阿塔赤(掌牧养御马者)、火儿赤(主弓矢者)、云都赤(带刀者)、八剌哈赤(守城门者)诸怯薛执事官等。

汉地官即是中原王朝传统的中书省、枢密院、御史台、翰林国史院、太常寺、太府监、秘书监、司农司等。

管理皇室事务等特设官府,成分来源比较复杂,名目繁多。如为专门管辖皇帝宫廷事务,设置了数十种大小官署:宣徽院、典瑞监、太医院、太仆寺、尚乘寺、中尚监、章佩监、利用监等;为便于管辖诸王公主位下事务,设置王傅府、内史府、王相府、旭烈兀大王位下管领随路打捕鹰房民匠总管府、安西王位下管领本投下大都等路怯怜口民匠总管府等①;为替御位下和诸王贵族经营和管理斡脱钱,设立诸位下斡脱总管府、斡脱所、斡脱局等②。这些都是管理皇室事务、私属部民、工役造作、高利贷等而特意设置的。其数量名目,甚至超过了朝廷政务管理机构。

不难窥见,上述中央官制具有三个特色:

第一,通元一代,以博儿赤、速古儿赤、火儿赤、云都赤、扎里赤为首的怯薛执事组成内廷官,长期负责宫廷禁卫、宫内生活服侍和宫廷机务,且与中书省、枢密院、御史台三大衙门为首的外廷官,内外衔接,稳定配合,共同构建起中央官僚体制的基本框架。

---

① 《元史》卷八十五《百官志一》,卷八十九《百官志五》。
② 《元史》卷八十九《百官志五》。

第二,通过"别里哥选"途径,怯薛根脚者的蒙古及色目勋旧得以占据了中书省、枢密院、御史台等外廷官的长官职位。这些被称为"随朝""宿卫大臣"者,依旧履行其轮值怯薛的义务。由此,怯薛组织不仅充任高、中级官员的"候选学校",而且对外廷官也具有某种人事上的沟通或控驭联系。

第三,诸如大宗正府、宣徽院、太医院、太仆寺、尚乘寺、中尚监、章佩监等官署,多数是蒙古游牧官派生并与汉官名号相拼加而形成的。

以上官署三系列及三特色表明:蒙古游牧官和为皇室贵族服务的特设官署,确实占据着忽必烈朝中央官制的内核部分和数量上的较大比重,尽管这类官署都冠以院、府、司、寺、监之类的汉官名号,但那只是表面现象。即使是汉地式官署中书省、枢密院、御史台等内部,也渗入了相当多的蒙古因素,体现着蒙古主导性质。

元朝的地方官以行省和路府州县为主干。其间,汉地式官署的成分比重,似乎比中央官府大些。主要统治汉族百姓的管民官路府州县,其基本框架和层级承袭于宋、金制度,但也深深打下了蒙古统治的若干印痕。首先,路府州县均设有蒙古人充任的首席长官达鲁花赤;其次,按照户口多寡及蒙古投下封邑所在,路府州县设置做了局部的升级调整;再次,遵循忽必烈的种族分化和压迫政策,严格实行蒙古人任达鲁花赤,色目人任同知,汉人任总管的分职制度。

行省是元朝地方最高官府和中央控驭地方的枢纽。尽管其名称、官吏设置与魏晋以来的行台、行尚书省十分相近,尽管前期朝廷中书省派出机构的性质比较明显,但就实质内容而言,元朝的行省又是偏重于按照大蒙古国燕京、别失八里、阿母河三处"行断事官"模式建立的。在由朝廷直接委派，代表朝廷分镇，与朝廷行政中枢互为表里、分辖内外以及一府多员、圆议连署等方面，元朝行省与燕京等三处行断事官，如出一辙。

由此可见，元朝地方官系统虽然在蒙古官制占据核心方面不及中央官府突出，但无论路府州县抑或行省，蒙古的主导因素却是随处可见的。

就元朝官制整体而言，草原旧俗为代表的蒙古制度，同样打下了深刻的印痕：

第一，从中央到地方的诸色官府，均以正官、首领官、吏员三层级予以编组。

第二，从中央到地方的大多数官府，实行多员制和圆座连署制。

这两项制度，有些来源于金朝，如各级衙门普遍设置掌管案牍、统辖吏员、协助长官处理政务的首领官，就是直接承袭金制。首领官之下，又设许多享受较少俸禄而又能够出职任官的吏员，也承袭金制。但是，将各级政府机构主持政务和决策的正官，与首领官、吏员，依次排列为上、中、下三层级，来划一编组中央到地方的全部诸色官府，却是蒙古统治者发其端的。至少汉族中原王朝没有类似的制度。称之为蒙古人的制度，似乎不过言。我们把正官、首领官、吏员，比附为蒙古草原的那颜、必阇赤长、必阇赤，也说的过去。重要的还在于，多员制和圆座连署制，直接可以溯源于蒙古忽里台会议旧俗。这二者推行于中央到地方的大多数官府，显然属于蒙古制度。

鉴于此，我们可以说，从元朝官府总体构成和议事决策方式的角度，植根草原旧俗的蒙古制度仍占据某种主导和核心地位，这是不争的事实。

另外，有元一代，各级衙门的主要长官均被蒙古人把持。即使到元中叶，蒙古人和色目人在全国诸色官员总数中也可占到三分之一左右①。从这个意义上同样可以说，代表草原旧俗的蒙古制度在元朝官僚体系中占据着主导和核心地位。

总之，无论中央和地方官制，抑或元朝官府总体构成、议事决策方式及长官成分，都可以说是"内蒙外汉"，即代表草原旧俗的蒙古制度，占据着内核部分，汉法制度大多是其外围部分。

其次看军制。

元朝的军队，自忽必烈开始，总体上分为宿卫军和镇戍军两大系列。而在这两大系列中，蒙古的因素，至为突出。

宿卫军，同样是自忽必烈开始，由万人怯薛和诸卫侍卫亲军两部分组成。其中，负责皇帝宫廷宿卫和处于宿卫军核心地位的，依然是万人怯薛。即使是汉族军士占多数的诸卫侍卫亲军内，也存在蒙古人、色目人任长官或达鲁花赤的制度，还有少量蒙古侍卫亲军②。所以，元朝宿卫军系列中的"内蒙外汉"，又比较典型。至于元朝后期色目人侍卫亲军迅速膨胀，"准蒙古人"或非汉人军团的增加，亦可凸显宿卫军系列中的蒙古人和"准蒙古人"主导地位的

---

① 《廿二史劄记》卷三十《元制百官皆蒙古人为之长》；根据《元典章》卷七《吏部一》，《官制一·内外诸官员数》，大约在仁宗延祐年间，全国官员总数为26690人。其中，朝官2089人，京官506人，外任19895人，无品级4208人，色目官6782人。此次统计，未将蒙古官员及胥吏计算在内。如果以蒙古官员数相当于色目官的二分之一强估算，蒙古官员数应该在4000左右。把这个数字计算进去，延祐年间全国官员总数应是三万余人。如此，蒙古和色目官员应相当于全国官员总数三分之一左右。

② 《元史》卷九十九《兵志二·宿卫》；卷八十六《百官志二》。

进一步发展。

忽必烈以降的镇戍军,包括蒙古军、探马赤军、汉军和新附军。以蒙古人为主体的蒙古军和探马赤军,不仅地位高,而且镇戍位置布局最为重要。至元二十一年(1284年)和至元二十四年(1287年)组建的山东河北蒙古军都万户府、河南淮北蒙古军都万户府所属蒙古军、探马赤军,长期驻屯在山东、河南、河北一带。正如《经世大典叙录·屯戍》篇云:"及天下平,命宗王将兵镇边徼襟喉之地,而以蒙古军屯河洛,据天下腹心,汉军、探马赤军戍淮江之南,以尽南海,而新附军亦间厕焉"。另,汉军万户府及千户所,例设达鲁花赤一员,规定由蒙古人担任①。概言之,元朝镇戍军系列的"内蒙外汉",同样比较典型。

元朝的军队编组方式,除怯薛外,一律沿用蒙古草原的十进位万户、千户、百户制。蒙古军自不待言,探马赤军、汉军均如此。新附军和诸卫侍卫亲军虽然没有万户的建制,但千户和百户组织依然存在。换句话说,元朝的军队编组方式同样贯穿或体现着蒙古因素和蒙古制度。

元朝廷的军事指挥和管辖机关枢密院,虽然沿袭宋、金制度,但那只是机构形式。枢密院长官枢密使一直由皇太子兼领,其实际长官知枢密院事除元末贺均一人外,一直由蒙古和色目勋贵担任。担任副长官同知枢密院事的,十之八九也是蒙古人和色目人。军队数目因为是"军机重务",则由皇帝和枢密院蒙古长官直接管理,"汉人不阅其数"②。足见,元朝最高军事指挥机构的外壳是汉

---

① 《元史》卷九十一《百官志七》。

② 李涵、杨果《元枢密院制度述略》,《蒙古史研究》第三辑,内蒙古大学出版社1989年。

地制度,首脑官职和核心权力始终握于蒙古人之手。

此外,元朝军队特许实行军官世袭。这又是沿袭和保留蒙古草原万户长、千户长、百户长世袭的旧俗。

从宿卫军和镇戍军两大系列的蒙古因素、军队编组方式、最高指挥核心权力及军官世袭诸方面看,元朝军制的"内蒙外汉"性质也比较突出。

再看皇帝及相关制度。

元朝皇帝的名号,从忽必烈开始,均有了汉地王朝式的年号、庙号和谥号,如忽必烈先后使用中统、至元两个年号,其庙号为世祖,谥号为圣德神功文武皇帝,这无疑是汉法制度。但是,忽必烈还有蒙古语尊称薛禅皇帝或薛禅汗。在一般蒙古人中,并不懂得"世祖"等名号的涵义为何。"薛禅皇帝",蒙古语意谓"聪明之汗",以此来称呼忽必烈,似乎更崇敬、更亲切。所以,在蒙古人范围和蒙古语、藏语文献中,忽必烈大多使用薛禅皇帝或薛禅汗的称号①。显而易见,包括受到汉法制度影响颇深的忽必烈等元朝皇帝的名号,同样有"内蒙外汉"之别。

忽必烈把都城自漠北和林,南迁至开平和燕京,在那里建起了雄伟的汉地式宫殿,如大都的大明殿、延春阁、广寒殿、隆福宫,上都的大安阁和万安阁等。还建起了大都太庙和诸官衙。这诚然是汉法制度的影响和表现。但是,与这些宫殿并存的还有蒙古草原大汗的帐殿斡耳朵。如上都的失剌斡耳朵(蒙古语义为黄色宫帐)。马可波罗称之为"竹宫"。上都皇城中的草地上各式各样的

① 蔡美彪《元代白话碑集录》,《一二九六盝屋太清宗圣宫圣旨碑》,科学出版社 1955 年;《蒙古源流》道润梯步校注本,卷四,第 199 页,内蒙古人民出版社 1980 年;《红史》陈庆英译本,第 27 页,西藏人民出版社 1988 年。

野兽飞禽在生息繁衍,如麋鹿鹰兔等。忽必烈时常在围墙内驰马追逐麋鹿,一则取鹿肉喂鹰,二则消遣娱乐①。忽必烈的皇后和妃子虽然多数时间居住在汉地式宫殿内,可她们的等级位置仍然是依草原大汗四大斡耳朵的顺序排列的。如第一斡耳朵帖古伦大皇后,第二斡耳朵察必皇后、南必皇后,第三斡耳朵塔剌海皇后、奴罕皇后,第四斡耳朵伯要兀真皇后、阔阔伦皇后。忽必烈以后,也遵循这样的规则②。即使在大都皇宫的汉地式正殿大明殿举行元旦、天寿节之类的庆典,皇帝与皇后仍按照草原旧俗,并坐于御座之上。

此外,忽必烈朝依然保留着漠北成吉思汗四大斡耳朵的设置,曾经委派皇子北平王那木罕和皇长孙晋王甘麻剌负责守护③。自忽必烈逝世,又模仿漠北诸大汗保留生前斡耳朵的制度,在大都皇城东华门内也设此类斡耳朵,称为"火失房子"或"火失毡房","谓如世祖皇帝以次俱承袭皇后职位,奉宫祭管一斡耳朵怯薛、女孩儿,关请岁给不阙"。元人诗曰:

> 守宫妃子住东头,供御衣粮不外求。
> 牙仗穹庐护阑盾,礼遵估服侍宸游。④

此类祭奠已故皇帝的斡耳朵,也就是长信寺、长庆寺等官署的

---

① 《马哥孛罗游记》张星烺译本,第 125 页,商务印书馆 1936 年;《史集》余大钧、周建奇汉译本,第二卷,第 325 页,商务印书馆 1986 年。

② 《元史》卷一百六《后妃表》。

③ 《元史》卷一百一十五《显宗传》。

④ 《析津志辑佚》《岁纪》,第 216 页,北京古籍出版社 1983 年;杨允孚《滦京杂咏》;《可闲老人集》卷二《輂下曲》。

前身。

而且,上都、大都两都制度以及岁时巡幸本身,就隐含着蒙古草原夏营、冬营旧俗的背景。从蒙古本位的原则出发,上都的蒙古都城风格更重,每年夏季皇帝在这里召集忽里台聚会蒙古诸王,其地位应在大都之上。虞集所云:"世祖建上都,控引天下,重于大都"①,正是这个意思。

可见,元朝的都城、宫室,大体是汉地式与蒙古草原式杂糅并存,诸如元上都等场合,蒙古制度的主导或核心色彩更重些。

再次看御前奏闻制度。

如前所述,有元一代,虽无汉、唐、两宋等王朝式的"常朝",但中书省、枢密院、御史台等大臣参与的御前奏闻仍然是常见的中央最高决策形式。或者可以说,御前奏闻相当于元代的一种特殊"视朝"。

举办时间不固定,场所或两都宫内各殿,或巡幸途中纳钵,变化多端,靡有定所。这或许是元代御前奏闻的特殊"视朝"显得不甚正规而容易被人们忽视的重要原因。逐水草而居和"行国""行殿",是游牧国君栖息理政习俗。元代御前奏闻的时间和场所的不确定性(包括在"火儿赤房子里"、"西耳房"等较简陋的房室内举行),正是这种习俗在朝廷议政决策方式上的表现。

怯薛近侍参与陪奏,是元代御前奏闻中值得注意的现象。陪奏的怯薛执事大抵是依其所在的四怯薛番直,分别负责皇帝的生活服侍、护驾、文书记录、圣旨书写等职事。陪奏时有些怯薛执事官的作用又重在辅佐皇帝裁决机密事务,军政财刑,无不涉及。

---

① 《道园类稿》卷五三《上都留守贺公墓志铭》。

由于大部分蒙古皇帝不懂汉语，大部分汉族臣僚又不懂蒙古语，君臣间的上奏和听政，不能不受语言隔阂的较严重制约，而需要借助怯里马赤译员作中介。这种情况下，包括汉人、蒙古人、色目人诸民族成分的文武百官朝见皇帝和上奏议论政事，就显得十分困难。皇帝自然而然地会经常使用少数蒙古人和熟悉蒙古语的色目人、汉人大臣参加的御前奏闻，来代替汉地式的文武百官"常朝"。这似乎是元代御前奏闻所具有蒙古特色而异于前代百官"常朝"的一个直接原因①。

在采用类似汉地"视朝"决策方式的同时，忽必烈又在其御前奏闻的时间、场合、陪奏等环节，凸显蒙古草原旧俗的特色。

其他如投下分封、官工匠、朝会赏赐等，都是忽必烈沿袭蒙古旧俗的重点领域。有些几乎是地道的蒙古制度，就其本身而言，无所谓"内蒙外汉"。但它们在元朝整个政治制度中也可以归属于占核心地位的蒙古因素。

忽必烈在文化习俗上的蒙汉二元或"内蒙外汉"，具体表现在语言文字使用、学校教育、儒学政策、祭祀礼仪、朝会燕飨、行猎蒐狩等方面。

先看语言文字使用。

忽必烈朝，官方使用三种文字：蒙古语、汉语、波斯语。其中，蒙古语起初是成吉思汗时期畏吾儿人塔塔统阿创制的畏吾字蒙古语。后来，忽必烈命令帝师八思巴以吐蕃字拼蒙古语创制八思巴蒙古字，作为新的官方文字。当时，朝廷内外各民族官民频繁接触交流，汉人懂蒙古语，蒙古人学汉语，色目人懂蒙古语或学汉语的，

---

① 　拙文《元代"常朝"与御前奏闻考辨》，《历史研究》2002年第5期。

蔚然成风,数量甚伙。但是推行汉法比较积极的忽必烈,却只通晓蒙古语,不懂汉语。忽必烈和一般汉族臣僚的交谈或听取其上奏,就需要借助怯里马赤翻译。人们从世祖初参与御前奏闻的中书省宰执廉希宪、赵璧、张文谦都精通蒙古语,左右司郎中贾居贞"由善国语,小大庶政,不资舌人,皆特入奏";右丞相史天泽自称:"老夫有通译其间,为诸公调达耳"等史实①,也能窥见一斑。

值得注意的是,忽必烈本人不懂汉语,也不去提倡和鼓励其他蒙古人学习使用汉语,反而督促汉人和南人官僚学习蒙古语。忽必烈曾经亲自命令降元南人将领管如德学习蒙古语:"习成,当为朕言之。"若干年后,管如德遵照忽必烈的旨意学会了蒙古语,江淮行省丞相阿塔海派遣任职浙西宣慰使的管如德驰驿北上,向忽必烈奏闻出征日本事。由于管如德学会了蒙古语,君臣之间已没有语言障碍,忽必烈对他的上奏十分满意。还对管如德说:"有当奏闻者,卿勿惮劳,宜驰捷足之马,来告于朕。"②至元二十四年(1287年)以后,管如德迅速提升至行省参政和左丞,这虽然主要是基于他征讨钟明亮等的军功,但忽必烈格外喜欢懂得蒙古语的汉人、南人官员也应是一个重要因素。可以说,忽必烈在鼓励汉人、南人官员学习蒙古语方面是相当积极的。

至元六年(1269年)二月,忽必烈降诏颁布八思巴字时规定:"凡有玺书颁降,并用蒙古新字,仍各以其国字副之。"强调用八思巴蒙古字"译写一切文字"。还要把八思巴蒙古字当作国家的统一文字,"以同四海之文,以达四方之情,以成一代之制"。其后,

---

① 《元文类》卷六十一《参知政事贾公神道碑》;《秋涧集》卷四十八《开府仪同三司中书右丞相忠武史公家传》。

② 《元史》卷一百六十五《管如德传》。

颁布圣旨条画命令"省部台院凡有奏目用蒙古字写"。又在翰林国史院内设新字学士，至元十二年（1275年），另设蒙古翰林院，专掌宫廷蒙古语和其他语言的通译及玺书使用八思巴字。省部院台等朝廷衙门中还长期设置蒙古必阇赤①。说明忽必烈在允许蒙古语、汉语、波斯语等并行于世的同时，依然不放弃蒙古语母语，依然想以创制八思巴字的方式保持其本位和主体地位。换言之，在语言文字使用上，忽必烈的"内蒙外汉"倾向，也是不争的事实。

其次是学校教育。

与语言文字政策相关连，忽必烈在学校教育方面也竭力突出蒙古学校教育的中心地位。在朝廷已设国子学以教授蒙古、色目、汉人诸生儒学的基础上，忽必烈又于至元八年（1271年）正月下诏立蒙古国子学，专门为蒙古、汉人官宦及怯薛子弟教授八思巴蒙古语。在地方，至元六年（1269年）设诸路蒙古字学，除路府官子弟外，民间生徒上路三十人，下路二十五人，可免一身杂役，肄习朝廷所颁《通鉴节要》八思巴蒙古文译本。后又设路府州蒙古字学教授和江南三行省蒙古提举学校官。于是，忽必烈在儒学、阴阳学、医学之外，另行建立起一套从中央到地方独立的蒙古字学教育系统。由于"国字在诸字之右"，蒙古字学随而高于同级儒学及其他学校，蒙古字学教授的品秩也相应高于其他教授②。

由于官方的提倡，蒙古字学优于儒学的风气，也影响到部分

① 《元典章》卷一《诏令一·行蒙古字》，卷三十一《礼部四》《蒙古学·蒙古学校》；《元史》卷八十七《百官志三》；《道园类稿》卷四十三《顺德路总管张公神道碑》。
② 《元典章》卷三十一《礼部四》《蒙古学·蒙古学校》；《元史》卷八十一《选举志一·学校》。

儒士。

元人贡奎诗曰：

> 周宣石鼓久剥落，浮云变化字迹讹。
>
> 八分小篆亦已废，纷纷行草何其多。
>
> 洪惟盛世自作古，制书勒石传不灭。
>
> 知君达时尚所学，落笔星斗光森罗。
>
> 蒙恩千里领教职，养育多士培菁莪。
>
> 谐音正译妙简绝，穷究根本芟繁柯。
>
> 牙签玉轴点画整，照耀后世推名科。
>
> 愧予鄙俚事章句，儒冠多误将如何？①

贡奎是元中叶江南文学名士。他仰慕蒙古字学合乎时尚，赞扬其"谐音正译妙简绝"，"照耀后世推名科"。同时哀叹蒙元统治下汉文化的衰落，哀叹自己专事章句而为儒冠所误。当时"愿充房吏，皆习蒙古书，南人率学其字"②，似乎已成风气。贡奎的上述态度，在江南儒士中恐怕不是少数和孤立的。

再看儒化政策。

如前所述，忽必烈的儒学政策是十分强调其应用性。对学儒读经，基本要求是能为其治国经世所用。能用则受称道，不能用则受批评。同时，忽必烈特别喜欢让人把儒学经典口译或书面翻译为蒙古语，在不改变其母语的前提下，比较积极地吸收汉地儒家文

---

① 《云林集》卷三《赠送蒙古字周教授》。

② 《大义略叙》，《郑思肖集》第189页，上海古籍出版社1991年。

化。其结局是部分儒化而不汉化。如藩王时期的忽必烈,曾特命藩邸汉族儒士赵璧学习蒙古语,然后翻译《大学衍义》,在马上向他讲说。北征阿里不哥之际,忽必烈曾命"善国言"的中书省左司郎中贾居贞利用闲暇,以蒙古语"陈说《资治通鉴》,纳君为善"①。在听取北方儒学宗师许衡进讲儒术纪纲时,忽必烈还特意亲自选择擅长翻译者,口译其说,发觉翻译不确切,忽必烈则出面纠正②。前述《通鉴节要》也是忽必烈在至元八年(1271年)正月命令翰林院等处译史翻译为蒙古语,并用蒙古语抄录多份,颁发给蒙古国子学和诸路蒙古字学教授使用的。忽必烈这种对儒学的特殊政策,依然是基于其"内蒙外汉"的方略。采用儒术为其治国经世所用,学习儒术又不放弃母语文化和蒙古本位,可以部分儒化而拒不完全汉化,这似乎是忽必烈始终坚持的理念之一。

再看祭祀礼仪。

自忽必烈开始,元朝的祖宗祭祀大体是蒙古俗和汉地制度并行的。

以蒙古俗祭祖,通常在上都举行。元人周伯琦说:"国朝岁以七月七日或九日,天子与后素服望北方陵园,奠马酒,执事者皆世臣子弟。"③周伯琦所记虽然晚在元末,但可以判定其基本内容定制于忽必烈朝。至元十三年(1276年)五月初一忽必烈曾派遣伯颜等大臣赴上都近郊祭祀祖宗,告以平宋大捷。这是一次较特殊的祭祖,也没有皇室人员参加。遵照元枢密院的安排,被掳北上的

---

① 《元史》卷一百五十九《赵璧传》;《元朝名臣事略》卷十一《参政贾文正公》。
② 《元朝名臣事略》卷八《左丞许文正公》。
③ 《近光集》卷二《立秋日书事五首》。

南宋亡国之君赵㬎和全太后一行也随同参与。赵㬎等面对象征黄金家族太庙的锦制罘思(城角之屏),向北两拜。另有一名蒙古官员对着罘思前致语,拜两拜而退①。

依汉地制度祭祖,主要是大都太庙祭祀。大都太庙始建于中统四年(1263年)三月,至元三年(1266年)十月,太庙落成。增太庙七室为八室,又定尊谥庙号,即烈祖神元皇帝、太祖圣武皇帝、太宗英文皇帝、皇伯考术赤、皇伯考察合带、皇考睿宗景襄皇帝、定宗简平皇帝、宪宗桓肃皇帝。又定每岁冬季祀太庙。太庙神主起初用栗木。至元六年(1269年)十二月,帝师八思巴奉圣旨造木质金表牌位,特称"金主"。至元十三年(1276年)"金主"题名又依蒙古俗略作改动,太祖改称"成吉思皇帝",睿宗改称"太上皇也可那颜",诸皇后则直题其名讳②。忽必烈在大都太庙祭祀中并没有完全倒向汉法典制,而是有意无意地加入了不少蒙古及藏传佛教的东西。如宗庙祭祀祝祷之文,用蒙古文书写;祭祀用常馔外,增加野猪、鹿、羊、葡萄酒等。一度禁用豕及牛;作佛事于太庙;诸王、宰执及必阇赤摄行祀事③。太庙祭祀由此被改造为蒙汉杂糅的形态。

依蒙古俗祭祖的长期保留,太庙祭祀掺入蒙古因素以及忽必烈拒不亲祀,均说明忽必烈在祭祖上的"蒙古本位"倾向十分强烈。

忽必烈虽然从至元十二年(1275年)开始在大都丽正门东南

① 《元史》卷九《世祖纪六》;《钱塘遗事》卷九引《祈请使行程记》。
② 《元史》卷七十四《祭祀志三》。
③ 《元史》卷七十四《祭祀志三》;卷九《世祖纪六》至元十三年九月;卷七《世祖纪四》至元七年十月己丑,八年九月丙子。

七里设祭坛,仿汉地礼仪祭祀天地,但仅仅是派遣使臣代祀,仪式颇简单。较正规的祭祀天地,是成宗以后的事。忽必烈朝祭天仍主要在上都遵蒙古旧俗而行。中统二年(1261 年)四月八日,忽必烈亲率皇族成员,祀天于旧桓州西北郊,皇族以外不得参与。祭天依然采用洒白色牝马奶子的蒙古旧俗①。很显然,忽必烈在祭祀天地之际同样是"蒙古本位"。

再看朝会燕飨。

《元史·礼乐志一》云:"元之有国,肇兴朔漠,朝会燕飨之礼,多从本俗。太祖元年,大会诸侯王于阿难河,即皇帝位,始建九斿白旗。世祖至元八年,命刘秉忠、许衡始制朝仪。自是,皇帝即位、元正、天寿节,及诸王、外国来朝,册立皇后、皇太子,群臣上尊号,进太皇太后、皇太后册宝,暨郊庙礼成、群臣朝贺,皆如朝会之仪。而大飨宗亲、锡宴大臣,犹用本俗之礼为多。"

如前所述,至元六年(1269 年)十月忽必烈命令刘秉忠、许衡等承袭和变通汉、唐、金有关制度,主持订立汉地式的朝仪,其内容包括:平明设仪仗于崇天门内外,虎贲羽林,弧弓摄矢,分立东西,陛戟左右。教坊陈乐廷中。皇帝、皇后出阁升辇,升御榻。谒者传警,鸡人报时。妃嫔诸王驸马和丞相百官分班行贺礼。具体礼节有:二鞠躬、六拜、三舞蹈、三山呼、三叩头等。丞相祝赞曰:"溥天率土,祈天地之洪福,同上皇帝、皇后亿万岁寿。"②至元八年(1271

---

① 《元史》卷七十二《祭祀志一》;《秋涧集》卷八一《中堂事记》中;《马哥孛罗游记》张星烺译本,第 127 页,商务印书馆 1936 年。

② 《元史》卷六十七《礼乐志一》;《元文类》卷六十八《平章政事致事尚公神道碑》;《滋溪文稿》卷二十二《故昭文馆大学士中奉大夫知太史院侍仪事赵文昭公行状》。

年)八月忽必烈生日天寿节时正式启用。而后,元旦朝贺、冬至进历、册立皇后太子、诸国来朝等,也用此仪。

忽必烈批准并实行的上述朝仪,与汉唐仪制有四处差异:第一,皇帝、皇后列坐御榻,同受朝贺;第二,增加了三叩头。此叩头之礼,似来自窝阔台汗即位时诸王那颜们的"九次以首叩地"①;第三,朝仪结束后,还要举行蒙古传统的宴饮。第四,元旦庆典一律穿白色衣服。遵循蒙古人尚白习俗,"在那天,皆必须穿白色礼服。他们这样做,因为他们觉得白衣服是最好的东西,并且是好的预兆。所以在新年那天,他们全穿白衣,他们全年就可有幸福和快乐了"②。这四者明显掺入了蒙古草原礼俗。

此外,忽必烈还往往在上都举行忽里台朝会。中统五年(1264年),也是开平被定为上都的第二年,阿里不哥南下归降,又在上都召开了依据札撒赦免阿里不哥和处置其谋臣的忽里台贵族会议。包括汉地诸路总管史权等二十三人和高丽国王王植,也奉诏参加了这次"大朝会"③。

元人张昱诗曰:"至元典礼当朝会,宗戚前将祖训开。圣子神孙千万世,俾知大业此中来。"④所谓"祖训",就是成吉思汗宝训。在至元三十一年确定皇孙铁穆尔和甘麻剌谁取得汗位继承权的上都忽里台朝会上,真金妃阔阔真让二皇孙朗诵的就是成吉思汗宝训。

忽里台朝会期间,也含有蒙古传统的宴飨等内容。正如元初

---

① 《史集》余大钧、周建奇译本,第二卷,第175页。
② 《马哥孛罗游记》张星烺译本,第174页,商务印书馆1936年。
③ 《元史》卷五《世祖纪二》。
④ 《可闲老人集》卷二《辇下曲》。

王恽所言："国朝大事，曰征伐，曰蒐狩，曰宴飨，三者而已。虽天庙谋定国论，亦在于樽俎餍饫之际。"①

关于蒙古传统的宫廷宴饮，马可波罗的记述非常珍贵。他说：

皇帝的席是比别人的高好些。他坐在北边，面朝南向。靠近他的左边坐的，是他第一个妻子。在他右边略低的地方，坐着他的儿子、孙子，以及所有属于皇族的亲属。他们的头和大可汗的脚同一样高。皇太子坐在比别人稍微高一点的地方。其次，别的达官显宦坐在更较低的桌上。在他的左边较低的地方，坐着所有他的儿子、孙子以及亲属的媳妇。再次就是达观显宦和武将们的妻妾，坐在更较低的地方。每个人都知道他的座位。因为那是大可汗指定的。但是你们必须不要以为所有的人全坐在桌上。有许多武将和达观显宦，都坐在大厅地毯上吃，并没有桌子。宴席如此布置，使大可汗可以看见每一个人。他们人数是很多。在大厅外面，还有四万多人在那里吃。因为有许多人带着贵重的礼物聚集进来，例如外国来的人，带着许多奇怪的东西，还有从前曾经做过官，现在还想得到新差事的人，在大可汗临朝和公宴时候，他们全都来到了。

在大厅中央大可汗宴会的地方，有一个美丽的方柜，这东西很大。装饰的极富丽。每边三步宽，上面很精巧雕刻着好看黄金色兽像。柜中间是空的，里面立着一个纯金的大坛子。容量如同一个大桶，盛满着酒。这坛子周围的角上放着小的

---

① 《秋涧集》卷五十七《大元故关西军储大使吕公神道碑》。

酒瓮,容量如同一小桶。在这些小瓮里面,盛着最好的饮料。一个盛着马奶,另一个盛着骆驼奶。其他亦皆盛着相类的东西。在柜的上面放着大可汗的酒杯。就在这杯里面他接受臣下奉献的饮料。依照情形,酒或贵重的饮料,吸入大金坛中,可以供给八人或十人的饮量。每桌上放着一个酒瓮,可供两位宾客。每一位宾客有一个带柄的金酒杯。拿这个杯他可以从那金坛中取酒喝。那些妇女,也同男子一样,每二人有大金坛子一个和两个杯子。

……

在这大厅各门前,和其他大可汗所在屋子门前,每边站着两个长人,皆大如巨无霸。手里拿着棍子,不许行人触到门槛,皆必须迈过去。如有人偶尔触到门槛,这些看守人就剥去他的衣服。如要取回他的衣服,他必须要付若干罚金。假使他们不剥去他的衣服,他们就一定用棍子打他若干下。假如有外国客人不懂得这规则,那也有指定的达官告诉他们和领导他们。他们以为如果有人接触门槛必定带来恶运……。

当大可汗要喝酒时,厅中无数不同的乐器全都奏起来了。一个侍人呈献他酒杯后,立刻向后退三步再跪下去。在大可汗每次举杯时,所有的达官显宦和到场的别人全皆跪下去,表示他们恭敬以后大可汗才喝。每次大可汗饮时,他们都照你们所听到的那样子做。

马可波罗所言忽必烈宫廷宴会帝后皇室座次、酒局和宴饮礼节、禁触门槛等,与柏郎嘉宾、鲁布鲁克在贵由汗廷和蒙哥汗廷的见闻,惊人的相似①。因此,忽必烈宫廷宴饮基本是沿用蒙古国四大汗规制的。

元人张昱亦有诗为证:

> 静瓜约闹殿西东,颁宴宗王礼数隆。
> 酋长巡觞宣上旨,尽教满饮大金钟。②

质孙宴和质孙服,是宫廷宴飨中最具蒙古特色的。质孙,蒙古语意为颜色,质孙宴,即穿一样颜色的衣裳赴宴。关于质孙宴和质孙服,马可波罗同样有详细描述:

> 你们必须知道,照大可汗的命令,一年有十二个节期(鞑靼人依照阴历一年十三个月,用隆重仪式贺节)。在节里,我们先前讲过的一万二千贵官皆须加入庆贺。这些贵官他们叫怯薛歹,即皇帝之亲信卫军也。他赏他们每人有十三套皆是不同颜色的衣服。只可以在前述的节期中穿着。他们都用极华丽的珍珠宝石,和其他希奇的东西来装饰,全是非常值钱。另外他赐给这一万二千贵官,每人一条金带,一双鲛革靴,非常美丽和贵重。靴带银丝,做得极其精工。他们装饰得极其尊贵美丽。穿戴起来时,看着都像国王。十三节期,每一节他们都要穿特别不同的衣服,这些衣服是常备的。但是他们不需每年重作,因为每套可以穿十年左右。大可汗有十三套衣

① 《出使蒙古记》周良霄译本,第62、194页,中国社会科学出版社1983年。
② 《可闲老人集》卷二《辇下曲》。

服,颜色和他的贵官的相似。至于其余的他的衣服是比较的更美丽更值钱,装饰的更阔绰了。每次他也像他的那些贵官一样穿戴起来。"①

马可波罗有关质孙宴的描述,同样可以追溯到蒙古国时期。柏郎嘉宾《蒙古行记》记述朝见贵由汗类似情景时说:"第一天,他们都穿白天鹅绒的衣服,第二天——那一天贵由汗来到帐幕——穿红天鹅绒的衣服,第三天,他们都穿蓝天鹅绒的衣服,第四天,他们穿最好的织锦衣服。"②就是说,忽必烈朝举行的质孙宴及质孙服,也是沿袭蒙古国旧制。

总之,忽必烈在朝仪方面较多吸收汉法,又有意无意地掺入了不少蒙古因素,而在忽里台朝会燕飨之际又较完整地保留和沿用了蒙古旧俗。这方面的蒙汉二元或和"内蒙外汉"的倾向,依然非常顽固。

再看行猎蒐狩。

忽必烈建立元朝后,积极推行劝农桑和恢复发展农业生产的政策。然而,这主要是忽必烈统治汉地和增加赋税的需要,并不意味着忽必烈在经济政策和生活习俗上完全倒向农耕方式。如第十章所述,在位三十五年间,忽必烈始终保持行猎蒐狩等蒙古旧俗。忽必烈冬春之际的狩猎,一般正月出发,三月初以前返回。开始在大都近郊,后来多数在大都东南的柳林。忽必烈还常常在上都附近的东凉亭、察罕脑儿(白海)行猎。如中统二年(1261 年)十一

① 《马哥孛罗游记》张星烺译本,第 168、177 页,商务印书馆 1936 年。
② 《出使蒙古记》周良霄译本,第 60 页,中国社会科学出版社 1983 年。

月,忽必烈命令平章政事塔察儿以虎符征发燕京兵士,取道居庸关,围猎于汤山(大约在今北京昌平东)之东。至元十四年(1277年)八月,一度畋于上都之北①。

元人曾将蒐狩与征伐、宴飨当作三件"国朝大事"②。忽必烈岁时行猎蒐狩,无疑是在恪守蒙古草原贵族相沿已久的传统。

从以上论述中不难窥见,无论政治上和文化习俗上蒙汉二元都是忽必烈独具特色的国策,而且在较多情况下表现为"内蒙外汉"。或者可以说"内蒙外汉"应是忽必烈实施政治文化蒙、汉二元政策过程中奉行的一项重要原则。尽管忽必烈出于治理大漠南北的实际需要,吸收了大量汉法制度,但是,由于"蒙古本位"理念作祟,反映草原旧俗的蒙古制度,多占据其政治文化政策的内核部分,汉法制度则往往居于外围或从属位置。

忽必烈的"内蒙外汉"二元模式,客观上适应了大漠南北草原游牧与汉地农耕的并存格局,对保持蒙古族的独立性和延续性具有重要历史意义。

蒙古人建立的大蒙古国和元帝国是包括大漠南北和中亚东欧在内的世界性帝国,单就疆域而言,它比起传统的以汉地为主的中原王朝,地域要广袤的多,成分要复杂的多。所以,对忽必烈蒙汉二元或"内蒙外汉"政策的评价,也不能囿于"汉地文明本位",视野应更广阔些,角度应更客观些。

应该看到,"内蒙外汉"二元模式,客观上适应了大漠南北草原游牧与汉地农耕的并存格局,有利于多元文明的共存和繁荣发

---

① 《元史》卷九《世祖纪六》。
② 《秋涧集》卷五十七《大元故关西军储大使吕公神道碑》。

展,它比起蒙古国前四汗纯粹的"蒙古中心"和"蒙古本位",是要进步的多。

还应该特别注意,在"内蒙外汉"二元模式或政策之下,忽必烈为首的蒙古贵族和部众,没有像拓拔魏和满人那样举族南迁,没有像拓拔魏和满人在学习和吸收汉地先进文化的同时逐步汉化,逐步放弃了本民族原有的语言文化及习俗,从而被人数众多的汉民族所"吞没"同化。这种"吞没"同化,犹如一把双刃剑,对民族融合和汉民族的不断壮大诚然是好事,但对拓拔人和满人的民族延续生存,却又是灾难性的。

忽必烈为首的蒙古贵族和部众,基于"内蒙外汉"二元模式或政策,走上一条与拓拔人和满人稍有差别的发展道路。他们学习和吸收汉文化,多数只限于"儒化"而未必汉化,既把汉地先进的制度文明有选择地吸收进来,为我所用,也不完全改变和放弃本民族原有的语言文化及习俗,在国家体制和语言文化诸方面,始终保持蒙古原有制度和习俗的核心地位。所以,当元帝国在汉地的统治崩溃,大都和上都相继失守之际,蒙古人虽然在哀叹:"以诸宝装成之我大大都城,应时纳凉而居之我上都开平轮城","被汉人朱葛诺延席卷而去矣",但"各处转战蒙古人等四十万内",毕竟有六万人得以逃回漠北①。他们和当地的蒙古人会合,成为明清以来蒙古人的前身或主体。

换句话说,正是忽必烈的"内蒙外汉"二元模式或政策,才有可能使六万北逃的军士及漠北部众继续保持蒙古民族风貌和特征。在这个意义上,忽必烈的"内蒙外汉"二元模式或政策,对蒙

---

① 《蒙古源流》道润梯步译本,第222、227页,内蒙古人民出版社1981年。

古民族在元帝国灭亡后的独立性和延续性发挥了至为重要的历史作用。

三、多民族统一国家发展的推动者

诚如前人所言,成吉思汗对世界的影响甚大,忽必烈对中国的影响甚大。忽必烈对中国的影响和作用,不仅在于他统一和治理南北,创立并实施"内蒙外汉"二元模式,直接影响元帝国的构架、面貌及政策走向,还对我们多民族统一国家发展的历史进程施加了重要影响,作出了杰出贡献。

忽必烈对多民族统一国家发展的贡献杰出,表现有三:

其一,部分改变蒙古贵族傲视天下的观念,转而重视汉地,入主汉地。

在多民族统一国家发展历程中,唐太宗李世民、元世祖忽必烈和清康熙皇帝三人是独树一帜的人物。他们三人都以比较开明的理念和政策,推动了两千年多民族统一国家的发展进步。

唐太宗李世民声称:"自古皆贵中华,贱夷狄,朕独爱之如一"①。又以大唐皇帝和"天可汗"双重身份自居,实施和亲、羁縻府州及少数族首领入侍等政策,所以唐代的民族关系比较融洽,多民族统一国家得到很大的发展。

清康熙皇帝不以长城自限,"不设边防,以蒙古部落为之藩屏"②。他主持下的满蒙关系、满藏关系等均有十分高明而有益的举措,满汉民族矛盾也得到一定的缓和。清代多民族统一国家由

① 《资治通鉴》卷一百九十八,贞观二十一年五月。
② 《清圣祖实录》卷一百五十一。

此发展到一个新的阶段。

忽必烈的独特之处在于,他率先部分改变蒙古贵族傲视天下的观念,转而重视汉地汉民,迈出了入主汉地和混一南北的历史性一步。

由于成吉思汗军事征服的主攻方向是西域,其所建大蒙古国又横跨亚欧,征服功业和声绩亘古未有,成吉思汗及其继承者随而对本民族游牧文明充满自豪和优越感,对已征服和未征服的国家地区,则抱有比较顽固的傲慢与偏见。

成吉思汗曾训诫黄金家族的子孙说:"我们用这些律令,并推行了这些必里克,因此使我们的安宁、欢乐和自由的生活一直继续到现在。将来,直到五百年、千年、万年以后,只要承嗣汗位的后裔们依然遵守并永不改在全民族中普遍沿用的成吉思汗的习惯和法令,上天将佑助他们强国,使他们永远欢乐……如果属于国君的许多后裔们的权贵、勇士和异密们不严遵法令,国事就将动摇和停顿,他们再想找成吉思汗时,就再也找不到了。"

窝阔台、贵由、蒙哥等都恪守成吉思汗的札撒和法令,不敢有任何更改。蒙哥汗显得更为固执,他"性喜畋猎,自谓遵祖宗之法,不蹈袭他国所为",称得上是成吉思汗习惯和法令最忠实的守护者①。

窝阔台汗时一位蒙廷使臣别迭又提议:"虽得汉人亦无所用,不若尽去之,使草木畅茂,以为牧地。"②

在成吉思汗等蒙古贵族看来,蒙古人是最高贵的支配者,蒙古

① 《史集》余大钧、周建奇译本,第一卷第二分册,第354页;第二卷,第224页,商务印书馆1983年;《元史》卷三《宪宗纪》。
② 《元文类》卷五十七《中书令耶律公神道碑》。

人的习惯和法令最美好,应该世代相传,永远遵守。汉人等被征服民族的亡国之俗,则无足挂齿。在这方面,成吉思汗的征服伟业,似乎也给他的子孙们背上了比较沉重的包袱,使他们傲视天下的偏执观念很难改变。这恰恰是他们在南下征服汉地等先进文明区域时难以克服的弱点和障碍。

忽必烈却在金莲川幕府等智囊精英的帮助下,率先改变和屏弃了父兄们的陈旧观念,逐渐增加了"天下一家"和"奄四海以宅尊"的意识①。这两句措辞虽然出自汉人文臣之手,但基本可以反映忽必烈本人君临南北的意图和思想。至元八年(1271年)所建"大元"国号,实际上也和以上新增意识一脉相承,而且从大元帝国包容四海、南北之民悉为赤子的层面,给忽必烈的政治理念和政治行为方式带来的影响至深且重。

中统二年(1261年)八月,忽必烈颁手诏给刚刚归降的原南宋襄府守将刘整:

> 土地定其疆,固有朔南之异,而父母爱其子,曾何彼此之分。朕尝以四海为家,万方在己,凡有来宾之俗,敢忘同视之仁。近因宋国之未臣,遂致蜀川之重扰,彼军旅焉,老淹于屯戍;彼民人焉,力尽于转输。况值凶荒,举皆转徙。保聚山麓者,延生于岁月;潜匿泽薮者,横死于风霜。彼君有昧于天时,在朕心亦有其惭德,今兹刘整慕我国朝,既能顺德而来,当副愒苏之望。市肆勿异,田里俾安,尔有货财,毋令劫掠,尔有禾稼,罔使践伤。诸回回通事人等逃在彼军者,许令自还为良,

---

① 《元史》卷四《世祖纪一》,卷七《世祖纪四》。

不属旧主。除已行下陕西行省常加存恤，不使侵攘外，今降金牌五、银牌十，以旌有功者，当续具姓名，颁降宣命。凡在军民，各宁处所，故兹诏示，想宜知悉。①

至元十二年（1275年）五月，忽必烈对刚刚归降的原南宋湖北制置副使高达说：

> 昔我国家出征，所获城邑，即委而去之，未尝置兵戍守，以此连年征伐不息。夫争国家者，取其土地人民而已，虽得其地而无民，其谁与居？今欲保守新附城壁，使百姓安业力农，蒙古人未之知也。尔熟知其事，宜加勉旃。湖南州郡皆汝旧部曲，未归附者何以招怀，生民何以安业，听汝为之。②

至元十四年（1277年）四月，忽必烈又说："山以南，国之根本也。"③

忽必烈以总结蒙古征服以来治理山南农耕地区的经验教训为切入点，谈到南北一视同仁和政治中心南移后南部疆域的重要性，谈到江南百姓安业力农和新征服州郡的保守巩固，谈到委付给南人官僚进一步招降未归附者。这几段话至少披露了忽必烈对汉地农耕区政策倾向的三点重要信息：第一，明确主张"四海为家，万方在己"，南北一视同仁；第二，批评蒙古人对汉地单纯杀掠和委弃而去的陈旧政策，主张视蒙古、汉人同为百姓子民和精心治理汉

---

① 《秋涧集》卷八十二《中堂事记》（下）。
② 《元史》卷八《世祖纪五》。
③ 《元朝名臣事略》卷十四《左丞董忠献公》。

地汉民;第三,承认在"保守新附城壁,使百姓安业力农"方面蒙古人的懵然无知。这与成吉思汗到蒙哥汗的傲慢与偏见,的确形成了较大反差。

作出这样理念上的重要改变后,忽必烈就可以敞开胸怀,比较勇敢地面对如何治理汉地等广大被征服区域,如何整合蒙古统治模式和新征服地区原有的统治模式等棘手课题。忽必烈之所以能够成为少数族皇帝统一和治理南北的第一人,之所以能够创立并实施"内蒙外汉"二元模式,就是因为他率先部分改变蒙古贵族傲视天下的观念,转而用"天下一家"和"奄四海以宅尊"的意识,重视汉地,视蒙古、汉人同为子民。在这一点上,忽必烈和李世民的华夷如一、康熙帝不以长城自限,同样显得气度不凡,胸怀远大,包容四海。

忽必烈作出重视汉地汉民的选择或改变,是需要极大的勇气和魄力的。许衡曾说:"然万世国俗,累朝勋贵,一旦驱之下从臣仆之谋,改就亡国之俗,其势有甚难者。苟非聪悟特达,晓知中原实历代帝王为治之地,则必咨嗟怨愤,喧哗其不可也。"①忽必烈突破对被征服国家地区的傲慢与偏见,转而重视汉地和视蒙古、汉人同为子民,当然属于"聪悟特达"。

其二,兼容各民族的多元文化和先进文明。

忽必烈创立并实施"内蒙外汉"二元模式或政策,允许各存本俗,兼容来自不同民族的文化。汉地先进文化虽然未能成为元帝国的主体和内核,但它在国号、年号、官制等仪文制度方面的诸多外在表现,也足以令广大汉族民众感到宽松亲和。忽必烈在皈依

---

① 《许文正公遗书》卷七《奏疏》,《立国规模》。

藏传佛教的同时,并没有排斥伊斯兰教、基督教、道教和儒学,还采取了某些优待政策。这就避免了惟喇嘛教独尊的封闭性和排他性,保持了其他宗教文化的兼容并蓄和繁荣发展。忽必烈的另一项成功业绩,是起用、支持郭守敬和札马鲁丁等实施天文水利方面一系列世界领先的创造,又鼓励中国与西域的天文历法并存发展,交相辉映。忽必烈不甚干预汉地民间思想文化,元杂剧等文坛奇葩因而得以自由发展。

特别需要强调的是,忽必烈在保留江南的经济生产方式及土地赋税制度方面的历史贡献。前述汪元量赋诗记述道:

> 伯颜丞相吕将军,收了江南不杀人。
>
> 衣冠不改只如先,关会通行满市廛。
>
> 北客南人成买卖,京师依旧使铜钱。①

这大抵是攻占江南和南宋都城临安后鸡犬不惊,四民晏然,街市如故的写实。连始终敌视元政权的南宋遗民郑思肖,也不得不承认:"昔鞑人用兵,所破城邑,纵虏掠杀戮毕,不复守其土地;自南人教得一州守一州之法,鞑夺襄阳后,主于守土,势脉相应,根深枝连。"②

忽必烈根本改变了蒙古人攻略中原初期的大肆杀掠方式,基本维持了原南宋统治区域的经济结构和经济政策,从而使南宋境内繁荣的社会经济幸免遭受破坏,得以继续向前推进。据郑天挺

---

① 《增订湖山类稿》卷一《醉歌》,中华书局 1984 年,第 14 页。
② 《郑思肖集》《大义略叙》,第 189 页,上海古籍出版社 1991 年。

先生考证,元末杭州丝织业已经出现了雇佣劳动,估计是民间手工业资本主义的早期萌芽①。这应该是忽必烈保存江南原有先进生产方式的意想不到的硕果。

其三,率先统一南北和入主中国,大大增强了少数民族在多民族统一国家中的主角意识和亲和力、内聚力。

前面提到,由于实施"内蒙外汉"二元模式,忽必烈为首的蒙古贵族和部众,有选择地吸收汉地先进文明,并不完全改变原有的语言文化及习俗,在国家体制和语言文化诸方面,始终保持蒙古制度和习俗的核心地位。当元帝国在汉地的统治崩溃之际,六万北逃的蒙古军士及漠北部众遂藉此继续保持蒙古民族的风貌和特征,蒙古民族共同体赖以得到长期延续和发展。换言之,蒙古人入主中原,来去百年,元朝灭亡后,蒙古人亡国而未绝种,丧权而未灭族,仍然是大漠南北逐水草而居的游牧民族群。

蒙古人成功北归和继续栖息于大漠,虽然给长城以南的明帝国造成长期的军事骚扰或威胁,但其本身又遏制着该地蒙古族以外的其他部族的兴起和强盛。于是,14世纪至今的大漠南北,始终是蒙古人的世界。请不要忘记,这些蒙古人恰恰是大元帝国曾经统治汉地全境的主人。这段近百年的光荣经历,非常重要,既有征服和反抗的腥风血雨,又有各民族之间的水乳交融。它给蒙古族留下的心理印记难以磨灭。它让蒙古人视汉地为停云落月的第二故乡,一直和汉地保持着向心和内聚联系。清代以后特别是20世纪以来,蒙古族一直被公认为中华民族的基本成员之一。应该承认,蒙古族融入中华民族大家庭的进程,是从元王朝统治中国和

---

① 《关于徐一夔〈织工对〉》,《历史研究》1958年第1期。

元末蒙古人成功北归发轫的。

忽必烈率先统一南北和入主中原,打破了长期由汉族皇帝充当多民族统一国家主角的惯例,开启了少数族建立大一统王朝的先河。连明太祖朱元璋也不得不承认胡、汉轮流为中原主的事实。此例一开,后继效仿者不乏。谁曾料,300年后满族的顺治和康熙居然步忽必烈之后尘,再次演出一幕入主中原和统一全国的精彩戏。于是,两千年来秦、汉、隋、唐、元、清六个多民族大一统王朝中,少数民族为主角的竟然六居其二。这样的成果,显然是与忽必烈、康熙的名字紧密联系在一起的。

第四节　蒙汉杂糅梦的喜与悲

正如元末梁寅所言:

> 元之有天下,殊方绝域,靡不臣服,舆图之广,亘古所无。而世祖之定制也,本之以宽仁,加之以周密,继继承承勿替,引之宜无弊也。然立贤无方,学古入官,礼义廉耻,国之四维,治道之要也。世祖之约,不以汉人为相,故为相皆国族。而又不置谏官,使忠直路塞,文学之士虽世世不乏,而沉于下僚,莫究其用。所赖以为用者,惟吏师而已。其为法如是,是以朝皆苟且之政,世无謇谔之风,官有贪婪之实,而吏多欺诳之文。将欲求保万邦、比隆三代,无乃未之思乎?①

---

① 《梁石门集》卷八。

忽必烈虽然建立了不朽的功业,但蒙汉杂糅政策的客观局限及其难以避免的弱点,使他在奠定了元帝国大半基业的同时,又给身后留下了不少隐患弊端。或者可以说,忽必烈一生精心编织的蒙汉杂糅之"梦",多半是精彩靓丽的喜剧,有些场合特别是忽必烈身后则大抵是悲与喜相参的混成剧了。

第一,嗜利黩武,加重了财政危机,激化了社会矛盾。

"内蒙外汉"二元政策表现在军事和财政方面,又引发了忽必烈等统治者的黩武嗜利。黩武嗜利,是清人赵翼对忽必烈的中肯批评,而且得到后人的赞赏和认同。然而,究其根源,就能明显看到忽必烈黩武嗜利与"内蒙外汉"二元政策之间较为密切的联系。

基于政治文化"内蒙外汉"二元政策,忽必烈追求的不仅是成为一位中国皇帝,而且要成为一位蒙古帝国的大汗。对忽必烈来说,后者甚至比前者更重要。自忽必烈登上蒙古第五任大汗和大元皇帝的宝座,与阿里不哥、海都、昔里吉、乃颜等叛王的战争,平定南宋的统一战争以及对安南、日本、爪哇、缅国的征服战争等,接踵而来。前一部分对叛王的战争是忽必烈被迫举行的,后一部分则是忽必烈主动发起的。做一位中国皇帝,未必需要建立上述赫然武功。而作为成吉思汗的后继者和蒙古帝国第五任大汗,就必须取得这些战争的胜利,必须建立和祖辈父兄相媲美的军事征服伟业。蒙古大汗的身份地位,决定了"黩武"必须成为忽必烈政治生涯不可缺少的组成部分。

而与"黩武"相伴的,就是"嗜利",就是任用王文统、阿合马、卢世荣、桑哥等,帮助他敛取巨额财富,为其穷兵黩武的内外战争服务。黩武嗜利,不是忽必烈个人的什么严重的过错,而是忽必烈基于"内蒙外汉"二元模式,成就其蒙古第五任大汗和大元皇帝功业过程中必不可少的选择。

第二，"内蒙外汉"二元模式，也导致冗官、贪污等后果，使元代吏治败坏较早到来。

忽必烈建立元王朝后的杰出贡献，在于积极吸收汉法，吸收汉地王朝先进的官僚制度及经验，去履行其征服并有效治理南北混一大帝国的使命。忽必烈所企求的不仅是第一个征服占领全中国，而且是第一个有效治理全中国①。这正是忽必烈超越其祖父兄弟的高明之处。然而，蒙汉二元或"内蒙外汉"政策，阻止忽必烈沿着吸收汉地王朝先进的官僚制度及经验的道路继续走下去，而只允许他浅尝辄止和半途而废。这样一来，元王朝的政治制度无法将汉地王朝先进的官僚制度及经验全面吸收和贯彻进去，不可避免地造成蒙古旧俗与汉地制度的拼加混合。

这种政策表现在官制方面，就是汉地官与蒙古游牧官有意无意的拼加混合。既有对宋、金官制的沿用，也有蒙古游牧官衍生出的诸多官府汇入其间，还有蒙古贵族特权所需的"创置衙门"，以及蒙古早期国家所惯用的按职业分工设官。结果是官府设置无甚章法，叠床架屋，冗杂不堪。元之冗官，以官府名目繁多重叠、多员制泛滥、高官剧增等，肆虐于政坛，从而使元代成为继两宋以后又一个官府冗滥十分突出的时期。如果说宋代官府冗滥是统治者养官政策指导下，两汉三公九卿、唐五省六部翰林及试官员外制、晚唐五代枢密院差遣制等等纷然杂陈和畸形发展的产物②，那么，蒙古统治者对蒙古游牧官制和汉地官制的兼容并蓄以及出于维护特

---

① 格鲁塞《草原帝国》蓝琪译本，第 376 页，商务印书馆 1998 年。

② 郭正忠《中国古代官僚机构的膨胀规律及根源》，《晋阳学刊》1987 年第 3 期。

权目的的拼合、改造、增添，又是造成元代官署繁杂的基本原因。

这种政策表现在官僚秩序方面，又导致吏治迅速败坏和官吏贪赃恶性发展。

早在世祖朝前期，担任监察御史的王恽已有："仕途之间，廉耻道丧，赃滥公行"的批评①。王恽的批评，并非危言耸听。成宗初，"京师犯赃罪"的官吏就达到三百人，占当时"在京食禄者万人"的3%②。大德七年（1303年）七道奉使宣抚所罢赃污官吏又多达18473人③。这两个数字足以表明世祖、成宗二朝官吏贪赃较早有了泛滥成灾之象。

究其原因，可以列举俸禄微薄、选举不精、徇私曲赦、蒙古旧俗渗透等若干方面。其中影响最大的应该是蒙古旧俗渗透。由于没有全面吸收和采用汉地王朝先进的官僚制度及经验，蒙古草原旧俗同样地混入了官吏贪赃，甚至直接影响到朝廷的惩贪政策。蒙古贵族那颜向来有取财于部属的"撒花"旧俗，后来还传入中原及江南。汪元量"北师要讨撒花银，官府行移逼平民"的诗句，可以为证④。怯薛"别里哥选"在选举中的特殊地位及其对科举的排斥，多数蒙古贵族官僚只把儒学视为"宗教"而不当作治国修身之术等等，都是蒙古旧俗因与汉法抵牾而给官僚素质和官场秩序带来的不良影响。

忽必烈等元朝统治者虽然沿袭汉制设置御史台等监察官纠劾

---

① 《秋涧集》卷八十九《乌台笔补·论州县官经断罚事状》；另，刘埙《隐居通议》卷三十一《元贞陈言》也有类似议论。
② 《元史》卷十八《成宗纪一》至元三十一年五月壬申，十一月庚戌。
③ 《元史》卷二十一《成宗纪四》。
④ 《黑鞑事略》；《增订湖山类稿》卷一《醉歌》。

按治贪赃,还颁布赃罪条例以惩贪,但其惩贪政策和措施,又受到窝阔台汗以来宽纵曲赦贪赃行径的严重干扰。当年窝阔台汗明明知道汗廷必阇赤等官在商人与宫廷交易中因商人额外"开支"而中饱私囊,却下令高价支付商人货款,美其名曰替接受好处的必阇赤"付钱"①。多年来,窝阔台汗的做法像幽灵一样困扰着元朝的几个重要皇帝,使他们干出一些徇私曲赦贪赃的事情。尤其是杂入喇嘛僧的影响后,此类徇私曲赦愈演愈烈。成宗大德七年(1303年)取消赃罪十三等中的死刑条例,估计与此有一定关系。

有一个现象比较明晰:在元朝诸帝中,像世祖、英宗等采用汉法较多的皇帝,其惩治贪赃也比较严厉;而成宗、武宗、泰定帝等曾经久居漠北,受蒙古旧俗影响较深,其在徇私曲赦方面似乎就走得更远。只要从蒙汉二元体制和蒙古旧俗的渗透这一角度去观察,元代吏治迅速败坏和官吏贪赃恶性发展,就不难理解了。

第三,"内蒙外汉"二元政策引发了民族等级压迫,造成激化民族矛盾和妨碍民族融合等消极情况。

在元王朝建立和统一战争过程中,忽必烈从"内蒙外汉"二元模式出发,推行四等人民族压迫,使之成为维持或支撑元帝国统治的重要工具。

早在中统三年平定李璮之乱以后,重用蒙古人和色目人的倾向已初见端倪。如中统三年(1262年)设立的十路宣慰司16官员中,蒙古人和色目人竟多达9人,占总数的56.3%。相当于原十路宣抚司中非汉人的2.68倍②。至元二年(1265年)二月元廷又规

---

① 《史集》余大钧、周建奇译本,第二卷,第94页,商务印书馆1985年。
② 参阅李治安《行省制度研究》,第315页,南开大学出版社2000年版。

定："以蒙古人充各路达鲁花赤,汉人充总管,回回人充同知,永为定制。"中书省宰相的民族成分也发生了类似的变化。至元四年(1267年)六月,安童任中书省右丞相,汉人史天泽任左丞相;以下平章,蒙古人、汉人各一,右丞和左丞,蒙古人、色目人各一;参知政事,色目人、汉人各一①。此类规定的背景是,李璮之乱后忽必烈对汉人世侯官僚心存疑惧,蓄意借重色目人,以压抑和牵制汉人。

元末梁寅云："世祖之约,不以汉人为相,故为相皆国族。"②按照元朝的习惯,丞相与平章,合称宰相。梁寅所说的"相",实际上是指丞相与平章。准确地说,至元二十一年(1284年)以后汉人任中书省丞相与平章是彻底绝迹了。

在刑罚条文方面,忽必烈时期也相继出现了一些带有民族压迫性质的规定。如"禁止汉人聚众与蒙古人斗殴","蒙古人员殴打汉儿人,不得还报"③。

"禁民间私藏军器"的命令,又重在禁止汉人持有兵器。至元十三年(1276年)又把禁持兵器的政策进一步扩大到新征服的南人范围。至元二十二年(1285年)五月元廷又规定,江南地方拘收的弓箭军器,命令诸路达鲁花赤和色目官员提调管理,汉人和南人官员"休教管者"④。又禁止侍卫亲军以外的汉军平时执把武器,禁止汉人打捕户执把弓箭。还强制拘收汉人持有的铁尺、手撾等⑤。这又是提防汉人和南人官员率众造反的严厉措施之一。

---

① 《元史》卷六《世祖纪三》。
② 《梁石门集》卷八《元》。
③ 《通制条格》卷二十七《汉人殴蒙古人》;《元史》卷七《世祖纪四》;《元典章》卷四十四《刑部六》,《杂例》《蒙古人打汉人不得还》。
④ 《元典章》卷三十五《兵部二》《达鲁花赤提调军器库》。
⑤ 《元典章》卷三十五《拘收弓手军器》;《通制条格》卷二十七《禁约军器》。

忽必烈也十分清楚,元王朝是人口占少数的蒙古人所建立的"征服王朝",让蒙古人担任各级官府长官,维护其特权统治地位非常必要。而治理汉地,也不能不使用汉族官僚士人,尽管李璮之乱和王著杀阿合马事件,都令忽必烈对汉人的忠诚已心存怀疑。色目人多是蒙古军队征服掳掠来的仆从和奴隶,进入元帝国境内后,他们对蒙古贵族始终是牢固地依附和效忠,他们中间的相当部分已逐步蒙古化。对汉地而言,色目人和蒙古人,都是为数较少的外来者,二者一直保持着政治上、文化上的亲和性。重用和优待色目人,分割汉人官僚的一部分权力,既可以牵制汉人,防备其怀贰坐大,又能造成色目人与汉人的角逐,增加他们对蒙古统治者的依赖和忠诚。最终有利于蒙古人的居高监督和特权地位。

元末叶子奇曰:"治天下之道,至公而已尔。公则胡越一家,私则肝胆楚越。此古圣人所以视天下为一家,中国为一人也。元朝自混一以来,大抵皆内北国而外中国,内北人而外南人,以至深闭固拒,曲加防护,自以为得亲疏之道。是以王泽之施,少及于南,渗漉之恩,悉归于北。"[1]

叶氏的批评,大体正确。身为一代英主的忽必烈,所制定的民族等级压迫方略,的确造成"内北国而外中国,内北人而外南人"的消极后果,人为地激化了民族矛盾,妨碍了民族融合。至元十九年爆发的王著杀阿合马事件,扬言:"杀掉所有的带胡须的人";顺帝至元五年(1339 年)河南行省掾范孟伪传皇帝圣旨,杀行省月鲁

---

① 《草木子》卷三之上《克谨篇》。

不花、左丞劫烈、廉访使完者不花等蒙古、色目官员多人①；都暴露了元朝民族压迫和民族矛盾的严重性。元朝统治中国，不足百年而亡，民族等级压迫带来诸多社会弊端，应该是重要原因之一。在这方面，忽必烈推行的蒙汉二元或"内蒙外汉"政策，可谓始作俑者。

第四，"内蒙外汉"二元模式，带来忽必烈等蒙古皇帝政治文化取向的两难，加剧了统治集团的分歧、冲突和内讧。

由于实施"内蒙外汉"二元模式，包括此政策的制定者忽必烈，往往会在处理汉法与蒙古旧俗关系以及相关集团利益时，陷入两难，左右摇摆。胡祗遹所云："南不能从北，北不能长南"②，道出了问题的症结。

如至元前期忽必烈尽管非常赏识姚枢、窦默、廉希宪、刘秉忠、许衡等汉法派儒臣，但对可以为他穷兵黩武而收敛钱财的回回宰相阿合马又信赖有加，百般呵护。

至元十九年（1282年）王著、高和尚等冒充太子真金在大都以暴动方式杀阿合马后，忽必烈立即调兵予以镇压，还处死了与此事件有牵连的枢密副使张易。时隔不久，又下令将阿合马剖棺戮尸，籍没其家，诛其子侄忽辛、抹速忽及党羽等。

阿合马死后，和礼霍孙任右丞相，在太子真金的支持下积极推行汉法。但是，忽必烈对和礼霍孙重儒术而"讳言财利事"感到不满，也对动摇蒙古贵族入仕特权的科举之议十分恼火。就在和礼

---

① 《庚申外史》任崇岳笺证本，卷上，第25页，中州古籍出版社1991年；《马哥孛罗游记》张星烺译本，第164页，商务印书馆1936年。
② 《紫山集》卷二十一《论治法》。

霍孙奏请重开科举一个月后,忽必烈解除了他的相权,改而起用卢世荣理财。

起初,忽必烈对卢世荣极为信任倚重,几乎是言听计从,致使卢世荣当权期间肆无忌惮,十分跋扈。不到半年时间,御史台官等群起而攻之,忽必烈又杀掉卢世荣,割其肉以喂鹰隼猎兽。

至元二十四年到二十八年,是桑哥丞相理财和专权时期。桑哥的赫然权势和专横跋扈,比起阿合马,的确是有过之而无不及。忽必烈对桑哥几乎是全力支持的。后来,在以安童为首的汉法儒臣派和以玉昔帖木儿为首的蒙古权贵及怯薛宿卫的猛烈攻击下,忽必烈又杀掉了桑哥。

忽必烈在上述复杂的朝廷政争中,态度频繁变化,左右摇摆,活像"两面人",一方面是他在各种政治势力中取得一定平衡的权术使然,另一方面,也是忽必烈在处理汉法与蒙古旧俗关系以及相关集团利益时陷入两难的被动表演。

因为上述两难,忽必烈本人与其继承人真金太子,曾经发生过一些不大不小的矛盾。如前所述,忽必烈吸收和推行汉法,造就一个率先儒化的太子真金,但忽必烈"内蒙外汉"政策又酿成父子二人的理念冲突和真金忧惧身亡的悲剧。

忽必烈之后的诸位皇帝,基本上沿袭其蒙汉二元或"内蒙外汉"政策模式,治理元帝国。

由于成宗、武宗、仁宗、英宗等在位时间较短,较少发生处理汉法与蒙古旧俗关系以及相关集团利益时左右摇摆、态度频繁变动的情况,但他们难免有重视汉法或留恋蒙古旧俗的政策差异,甚至因之引发或派生了一些政治斗争。

武宗海山久镇漠北,入继大统后,带回的滥行赏赐,滥授官爵,滥封王号等蒙古草原旧制颇多。而仁宗爱育黎拔力八达儒化较深，即位后废除皇兄的诸多弊政，还冲破重重阻力，恢复科举考试，在推行汉法的道路上迈进了一大步。他俩虽然是同胞兄弟，但同样因为处理汉法与蒙古旧俗关系而矛盾很深。

又如英宗硕德八剌和丞相拜住推行重用儒臣、罢汰冗员、行助役法等内容的新政，太皇太后答己、铁木迭儿、铁失等守旧势力却竭力阻挠，最终酿成暗杀英宗和拜住的"南坡之变"。

上述情况，虽然含有统治阶级上层争权夺利的因素，但也和忽必烈"内蒙外汉"政策取向的两难，有着直接或间接的联系。

第五，"内蒙外汉"二元模式，派生出忽必烈频繁诛杀宰相等君臣关系的消极变化。

忽必烈"知人善任使"为世人所称道，但有一点需要特别指出，频繁杀死宰相及其他大臣，在忽必烈朝比较突出。这应是忽必烈将蒙古草原主奴从属习俗带入元王朝并直接影响后世君臣关系的突出表现。

至元十六年（1279 年）九月，忽必烈诏谕："今后所荐，朕自择之。凡有官守不勤于职者，勿问汉人、回回，皆论诛之，且没其家。"[1]在忽必烈的心目中，宰相也好，一般臣僚也好，都是自己的奴仆。勤于职守，为主人效犬马之劳，就是称职的好官。反之，不勤于职守者，格杀勿论。本着这样的原则，平章王文统、右丞卢世荣、右丞相桑哥以及参政郭佑、杨居宽等正副宰相，一个个难逃被诛杀的厄运。这种情况，与赵宋三百年文臣士大夫犯罪一般不杀的制度相比，无疑是形成了鲜明的对照。即使成吉思汗到蒙哥的

---

① 《元史》卷十《世祖纪七》。

前四汗时期,也很少发生此类诛杀所用大臣的现象。

人们注意到,数十年后元顺帝妥欢帖睦尔和明太祖朱元璋,又相继步其后尘,在诛杀大臣的道路上走得愈来愈远。元顺帝妥欢帖睦尔像走马灯似的撤换和诛杀宰相,被他杀掉的一品大臣据说有 500 余人①。朱元璋大杀开国功臣,也是骇人听闻,非常残暴。如果说朱元璋的行径主要是模仿汉高祖刘邦,元顺帝则可能大抵仿效世祖皇帝忽必烈了。在这个意义上,称忽必烈开了元朝诛杀宰相的先河,是毫不过言的。

另外,汉唐时期,宰相和三公坐而论道,奏闻政事时皆有座位。自北宋初,宰相奏闻开始失去了座位,常被论者视作相权式微的表现。忽必烈朝确立的省院台大臣奏闻,大臣一律下跪奏闻。只有许衡之类的名儒,经皇帝特许,方能得到"赐坐"的优遇。臣下的地位比起宋代又大大下降了。这应该视为北方民族臣下即奴婢习俗对元代君臣关系的严重浸染渗透,恰恰是忽必烈把省院台大臣奏闻时大臣跪奏的仪制正式规定下来。而且,一定程度上影响了明清两代的相关仪制。

总之,忽必烈的蒙汉杂糅或"内蒙外汉"政策是忽必烈辉煌政治生涯的产物。它支撑和造就了忽必烈创建元帝国、统一和有效治理南北、推动多民族统一国家发展进程等伟大功业。然而,由于本身的矛盾和局限性,注定它仅仅能把南北统一之后包括阶级矛盾、民族矛盾、统治阶级内部矛盾等种种社会矛盾,在一定方面范围和时期内加以缓和或维持,根本不可能在解决上述矛盾中有所突破。结局就是忽必烈所建造的元帝国大厦非常雄伟庞大,但它

---

① 《庚申外史》任崇岳笺证本,卷下,第 156 页,中州古籍出版社 1991 年。

的根基并不十分稳固,存在着许多隐患和潜在危机。而财政危机、吏治败坏的恶性发展、民族矛盾激化、统治集团的冲突和内讧,以及君臣关系主奴化等,恰恰构成了元末农民战争较少爆发和最终推翻元帝国的基本原因。元王朝不可能像大多数汉地王朝那样享国二、三百年,其不足百年覆亡的命运,似乎是在劫难逃。

责任编辑:于宏雷

图书在版编目(CIP)数据

忽必烈传/李治安 著.-2 版.-北京:人民出版社,2015.3
　(2024.5 重印)
　(中国历代帝王传记)
ISBN 978-7-01-014455-9

Ⅰ.①忽…　Ⅱ.①李…　Ⅲ.①忽必烈(1215~1294)-传记
Ⅳ.①K827=47

中国版本图书馆 CIP 数据核字(2015)第 019160 号

忽必烈传
HUBILIE ZHUAN

李治安　著

人民出版社 出版发行
(100706　北京市东城区隆福寺街 99 号)

北京新华印刷有限公司印刷　新华书店经销

2015 年 3 月第 2 版　2024 年 5 月北京第 2 次印刷
开本:850 毫米×1168 毫米 1/32　字数:565 千字　印张:25.5　插页:1

ISBN 978-7-01-014455-9　定价:85.00 元

邮购地址 100706　北京市东城区隆福寺街 99 号
人民东方图书销售中心　电话 (010)65250042　65289539